BADEN-WÜRTTEMBERG

NATUR UND TECHNIK

Physik

Gesamtband

Cornelsen

NATUR UND TECHNIK

Physik **Gesamtband**

Autorinnen und Autoren: Volker Abegg (Heidelberg), Siegfried Bresler (Bielefeld), Holger Hellendrung (Dietenheim-Illerrieden), Dr. Jochim Lichtenberger (Fahren), Franz Mangold (Schwäbisch Hall), Claudia Täubner (Ammerbuch), Sven Theis (Harsewinkel)

Mit Beiträgen von: Bernd Heepmann (Herford), Dr. Heinz Muckenfuß (Ravensburg), Wilhelm Schröder (Herford)

Unter beratender Mitarbeit von: Harald Leber (Mannheim), Georgios Mpouras (Onstmettingen), Matthias Pollmann (Marl)

Redaktion: Stephan Möhrle

Grafik und Illustration: Rainer Götze, Tom Menzel, Matthias Pflügner

Umschlaggestaltung: SOFAROBOTNIK GbR, Augsburg & München

Layout und technische Umsetzung: Typo Concept GmbH, Hannover

Begleitmaterialien zum Lehrwerk:
978-3-06-015484-5 Handreichungen für den Unterricht
978-3-06-015390-9 Kopiervorlagen
978-3-06-015698-6 Begleitmaterialien auf USB-Stick
978-3-06-010697-4 Physik – richtig gut erklärt 1 (Erklärfilme)
978-3-06-010698-1 Physik – richtig gut erklärt 2 (Erklärfilme)

www.cornelsen.de

Dieses Werk enthält Vorschläge und Anleitungen für Untersuchungen und Experimente.
Vor jedem Experiment sind mögliche Gefahrenquellen zu besprechen.
Beim Experimentieren sind die Richtlinien zur Sicherheit im Unterricht einzuhalten.

1. Auflage, 3. Druck 2019

Alle Drucke dieser Auflage sind inhaltlich unverändert und können im Unterricht nebeneinander verwendet werden.

Druck und Bindung: Livonia Print, Riga

ISBN 978-3-06-015485-2 (Schülerbuch)
ISBN 978-3-06-015389-3 (E-Book)

PEFC/12-31-006

PEFC zertifiziert
Dieses Produkt stammt aus nachhaltig bewirtschafteten Wäldern und kontrollierten Quellen.

www.pefc.de

Inhaltsverzeichnis

* Geht über das Grundniveau des Bildungsplans hinaus.

Akustik* 76

Magnetismus und Elektromagnetismus 94

Energie 116

Elektrische Energie 152

Bewegungen 222

Kräfte und ihre Wirkungen 244

Elektromagnetische Induktion Klasse 10 286

Wärme Klasse 10 — 310

Struktur der Materie Klasse 10 — 348

Anhang — 380

So funktioniert das Buch

Das Buch ist einfach aufgebaut. Zu jedem Thema findest du folgende Seiten:

Basis

Lesen und Verstehen

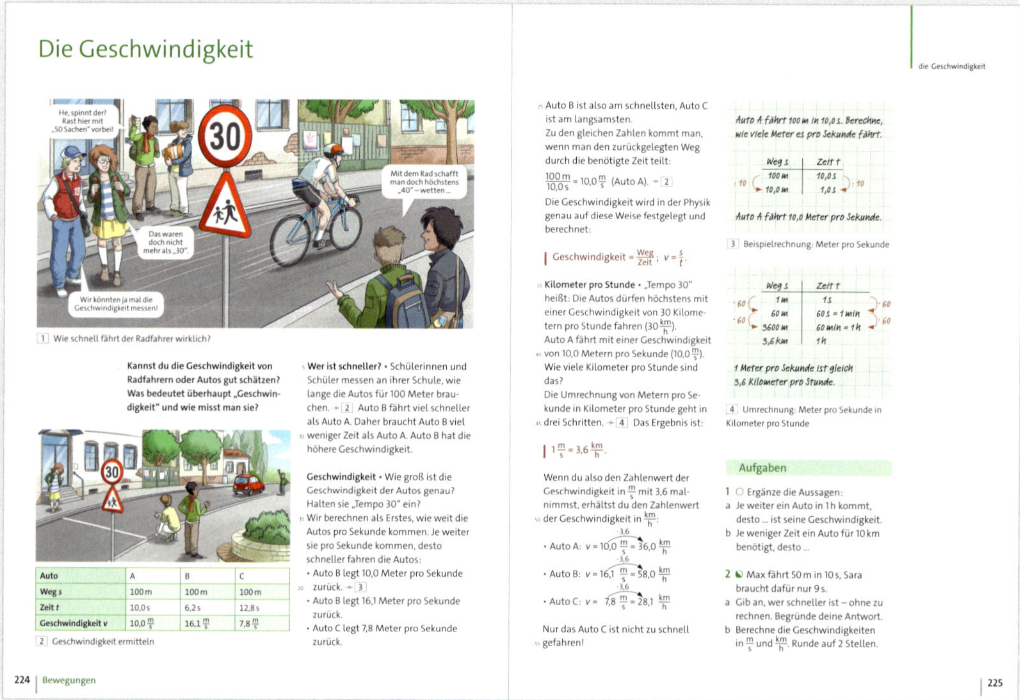
Die Geschwindigkeit

1 Wie schnell fährt der Radfahrer wirklich?

Kannst du die Geschwindigkeit von Radfahrern oder Autos gut schätzen? Was bedeutet überhaupt „Geschwindigkeit" und wie misst man sie?

Auto	A	B	C
Weg s	100 m	100 m	100 m
Zeit t	10,0 s	6,2 s	12,8 s
Geschwindigkeit v	$10{,}0\,\frac{m}{s}$	$16{,}1\,\frac{m}{s}$	$7{,}8\,\frac{m}{s}$

2 Geschwindigkeit ermitteln

Wer ist schneller? • Schülerinnen und Schüler messen an ihrer Schule, wie lange die Autos für 100 Meter brauchen. → 2 Auto B fährt viel schneller als Auto A. Daher braucht Auto B viel weniger Zeit als Auto A. Auto B hat die höhere Geschwindigkeit.

Geschwindigkeit • Wie groß ist die Geschwindigkeit der Autos genau? Halten sie „Tempo 30" ein? Wir berechnen als Erstes, wie weit die Autos pro Sekunde kommen. Je weiter sie pro Sekunde kommen, desto schneller fahren die Autos:

- Auto B legt 10,0 Meter pro Sekunde zurück. → 3
- Auto B legt 16,1 Meter pro Sekunde zurück.
- Auto C legt 7,8 Meter pro Sekunde zurück.

224 | Bewegungen

die Geschwindigkeit

Auto B ist also am schnellsten, Auto C ist am langsamsten. Zu den gleichen Zahlen kommt man, wenn man den zurückgelegten Weg durch die benötigte Zeit teilt:
$\frac{100\,m}{10{,}0\,s} = 10{,}0\,\frac{m}{s}$ (Auto A). → 2

Die Geschwindigkeit wird in der Physik genau auf diese Weise festgelegt und berechnet:

Geschwindigkeit = $\frac{\text{Weg}}{\text{Zeit}}$; $v = \frac{s}{t}$.

Kilometer pro Stunde • „Tempo 30" heißt: Die Autos dürfen höchstens mit einer Geschwindigkeit von 30 Kilometern pro Stunde fahren ($30\,\frac{km}{h}$). Auto A fährt mit einer Geschwindigkeit von 10,0 Metern pro Sekunde ($10{,}0\,\frac{m}{s}$). Wie viele Kilometer pro Stunde sind das? Die Umrechnung von Metern pro Sekunde in Kilometer pro Stunde geht in drei Schritten. → 4 Das Ergebnis ist:

$1\,\frac{m}{s} = 3{,}6\,\frac{km}{h}$.

Wenn du also den Zahlenwert der Geschwindigkeit in $\frac{m}{s}$ mit 3,6 malnimmst, erhältst du den Zahlenwert der Geschwindigkeit in $\frac{km}{h}$:

- Auto A: $v = 10{,}0\,\frac{m}{s} \cdot 3{,}6 = 36{,}0\,\frac{km}{h}$
- Auto B: $v = 16{,}1\,\frac{m}{s} \cdot 3{,}6 = 58{,}0\,\frac{km}{h}$
- Auto C: $v = 7{,}8\,\frac{m}{s} \cdot 3{,}6 = 28{,}1\,\frac{km}{h}$

Nur das Auto C ist nicht zu schnell gefahren!

Auto A fährt 100 m in 10,0 s. Berechne, wie viele Meter es pro Sekunde fährt.

Weg s	Zeit t
100 m	10,0 s
10,0 m	1,0 s

Auto A fährt 10,0 Meter pro Sekunde.

3 Beispielrechnung: Meter pro Sekunde

Weg s	Zeit t
1 m	1 s
60 m	60 s = 1 min
3600 m	60 min = 1 h
3,6 km	1 h

1 Meter pro Sekunde ist gleich 3,6 Kilometer pro Stunde.

4 Umrechnung: Meter pro Sekunde in Kilometer pro Stunde

Aufgaben

1 ○ Ergänze die Aussagen:
a Je weiter ein Auto in 1 h kommt, desto ... ist seine Geschwindigkeit.
b Je weniger Zeit ein Auto für 10 km benötigt, desto ...

2 ◐ Max fährt 50 m in 10 s, Sara braucht dafür nur 9 s.
a Gib an, wer schneller ist – ohne zu rechnen. Begründe deine Antwort.
b Berechne die Geschwindigkeiten in $\frac{m}{s}$ und $\frac{km}{h}$. Runde auf 2 Stellen.

225

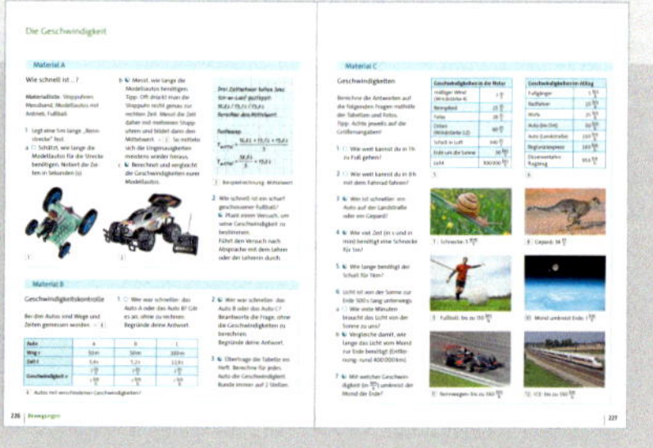

Jedes Kapitel startet mit zwei **Auftaktseiten**. Kapitel umfassen immer mehrere Themen.

Jedes Thema beginnt mit **Basis** und **Material**.

Basisseiten informieren und erklären. Rote Merksätze fassen das Wichtigste zusammen. Neue Lernwörter findest du jeweils oben rechts neben dem grünen Balken.

Materialseiten bieten Versuche und Aufgaben zur Auswahl an. Ein blauer Kasten links auf der Basisseite weist auf Materialien hin, mit denen man Inhalte erarbeiten kann.

Alle Aufträge sind mit leicht ○, mittel ◐ und schwer ● gekennzeichnet.

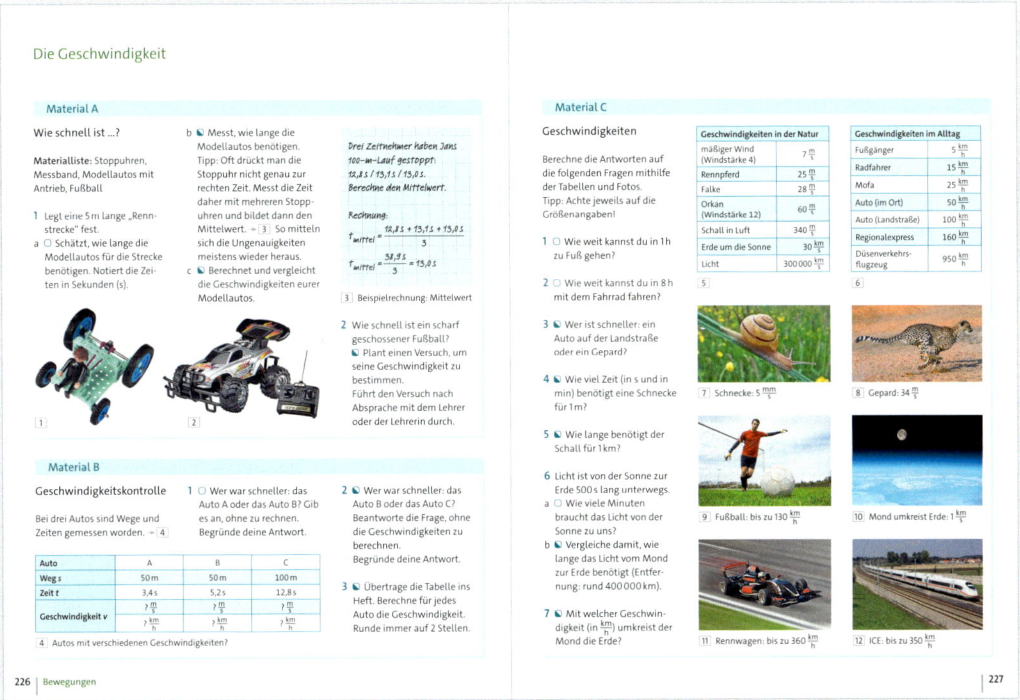

Die Geschwindigkeit

Material A

Wie schnell ist …?

Materialliste: Stoppuhren, Messband, Modellautos mit Antrieb, Fußball

1 Legt eine 5 m lange „Rennstrecke" fest.
a Schätzt, wie lange die Modellautos für die Strecke benötigen. Notiert die Zeiten in Sekunden (s).
b Messt, wie lange die Modellautos benötigen. Tipp: Oft drückt man die Stoppuhr nicht genau zur rechten Zeit. Messt die Zeit daher mit mehreren Stoppuhren und bildet dann den Mittelwert. → 3 So mitteln sich die Ungenauigkeiten meistens wieder heraus.
c Berechnet und vergleicht die Geschwindigkeiten eurer Modellautos.

Drei Zeitnehmer haben Jans 100-m-Lauf gestoppt: 12,8 s / 13,1 s / 13,0 s. Berechne den Mittelwert.
Rechnung:
$t_{mittel} = \frac{12{,}8\,s + 13{,}1\,s + 13{,}0\,s}{3}$
$t_{mittel} = \frac{38{,}9\,s}{3} = 13{,}0\,s$

3 Beispielrechnung: Mittelwert

2 Wie schnell ist ein scharf geschossener Fußball? Plant einen Versuch, um seine Geschwindigkeit zu bestimmen. Führt den Versuch nach Absprache mit dem Lehrer oder der Lehrerin durch.

1
2

Material B

Geschwindigkeitskontrolle

Bei drei Autos sind Wege und Zeiten gemessen worden. → 4

Auto	A	B	C
Weg s	50 m	50 m	100 m
Zeit t	3,4 s	5,2 s	12,8 s
Geschwindigkeit v	? $\frac{m}{s}$? $\frac{km}{h}$	? $\frac{m}{s}$? $\frac{km}{h}$	? $\frac{m}{s}$? $\frac{km}{h}$

4 Autos mit verschiedenen Geschwindigkeiten?

1 Wer war schneller: das Auto A oder das Auto B? Gib es an, ohne zu rechnen. Begründe deine Antwort.

2 Wer war schneller: das Auto B oder das Auto C? Beantworte die Frage, ohne die Geschwindigkeiten zu berechnen. Begründe deine Antwort.

3 Übertrage die Tabelle ins Heft. Berechne für jedes Auto die Geschwindigkeit. Runde immer auf 2 Stellen.

226 | Bewegungen

Material C

Geschwindigkeiten

Berechne die Antworten auf die folgenden Fragen mithilfe der Tabellen und Fotos. Tipp: Achte jeweils auf die Größenangaben!

1 Wie weit kannst du in 1 h zu Fuß gehen?

2 Wie weit kannst du in 8 h mit dem Fahrrad fahren?

3 Wer ist schneller: ein Auto auf der Landstraße oder ein Gepard?

4 Wie viel Zeit (in s und in min) benötigt eine Schnecke für 1 m?

5 Wie lange benötigt der Schall für 1 km?

6 Licht ist von der Sonne zur Erde 500 s lang unterwegs.
a Wie viele Minuten braucht das Licht von der Sonne zu uns?
b Vergleiche damit, wie lange das Licht vom Mond zur Erde benötigt (Entfernung: rund 400 000 km).

7 Mit welcher Geschwindigkeit (in $\frac{km}{h}$) umkreist der Mond die Erde?

Geschwindigkeiten in der Natur	
mäßiger Wind (Windstärke 4)	7 $\frac{m}{s}$
Rennpferd	25 $\frac{m}{s}$
Falke	28 $\frac{m}{s}$
Orkan (Windstärke 12)	60 $\frac{m}{s}$
Schall in Luft	340 $\frac{m}{s}$
Erde um die Sonne	30 $\frac{km}{s}$
Licht	300 000 $\frac{km}{s}$

5

Geschwindigkeiten im Alltag	
Fußgänger	5 $\frac{km}{h}$
Radfahrer	15 $\frac{km}{h}$
Mofa	25 $\frac{km}{h}$
Auto (im Ort)	50 $\frac{km}{h}$
Auto (Landstraße)	100 $\frac{km}{h}$
Regionalexpress	160 $\frac{km}{h}$
Düsenverkehrsflugzeug	950 $\frac{km}{h}$

6

7 Schnecke: 5 $\frac{mm}{s}$
8 Gepard: 34 $\frac{m}{s}$
9 Fußball: bis zu 130 $\frac{km}{h}$
10 Mond umkreist Erde: 1 $\frac{km}{s}$
11 Rennwagen: bis zu 360 $\frac{km}{h}$
12 ICE: bis zu 350 $\frac{km}{h}$

227

■ **Material**

Forschen und Bearbeiten

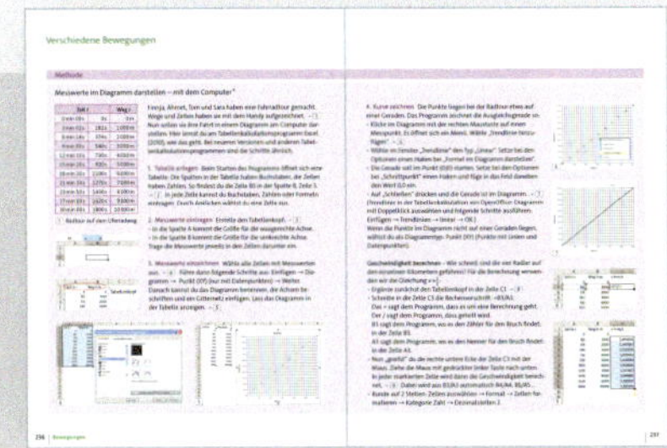

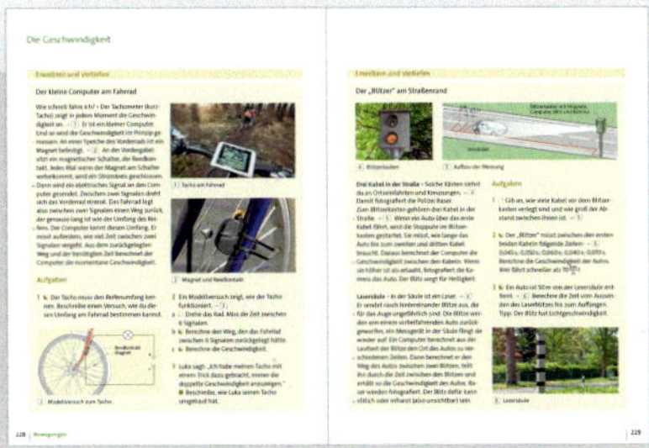

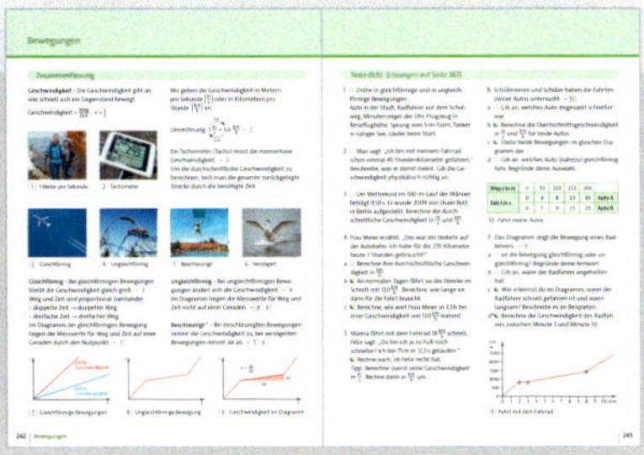

■ **Methoden** zeigen dir Schritt für Schritt an einem Beispiel, wie du erfolgreich vorgehst.

■ **Erweitern und Vertiefen** bietet interessante zusätzliche Texte mit Bildern und Aufgaben an.

Die **Zusammenfassung** gibt einen Überblick über das Fachwissen des Kapitels.

Die Aufgaben **Teste dich!** helfen dir, dein Fachwissen selbst einzuschätzen. Die Lösungen sind im Anhang.

Ein * zeigt an, was über das Grundniveau des Bildungsplans hinausgeht.

Optik

Diese Lightshow in der Disco kann sich sehen lassen. Laser und Spiegel zaubern ein buntes Spektakel aus Licht.

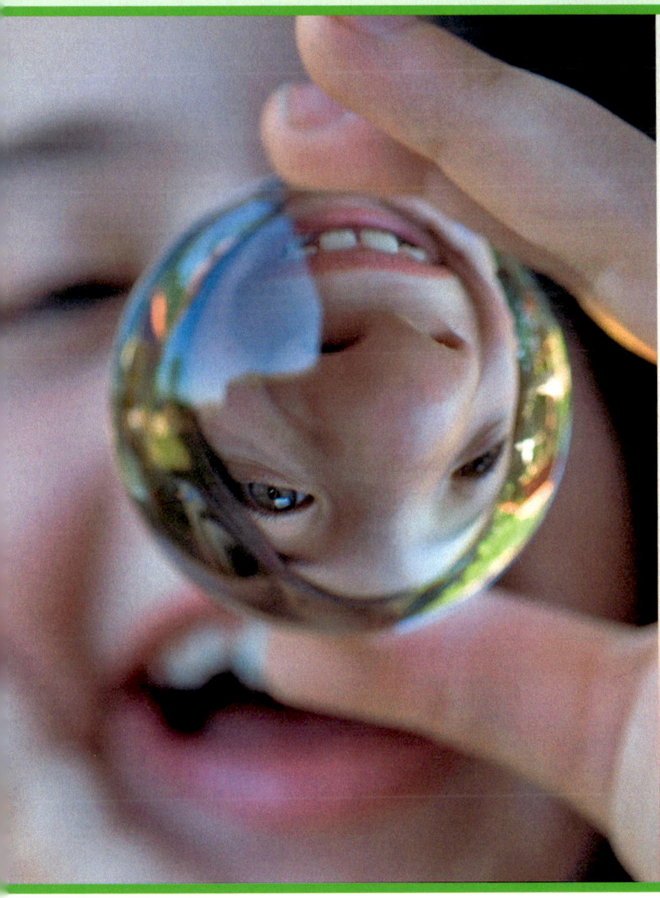

Ein komisches Bild – warum ist das Gesicht an der Rückseite der Glaskugel zu sehen und wieso steht es auf dem Kopf?

Sind Schatten immer schwarz? Wie entsteht eigentlich ein Schatten?

Lichtquellen und Lichtempfänger

1 Höhlenforscher

Materialien zur Erarbeitung: A–C

Mira erforscht Höhlen. In ihrem „Steckbrief" schreibt sie:

- **Lieblingstier: Grottenolm**
- **Ausrüstung: wasserfeste Kleidung, Helm, Seil, Hammer, Felshaken, Kamera, Handy**

Das wichtigste Ausrüstungsteil fehlt aber noch – ohne es geht gar nichts!

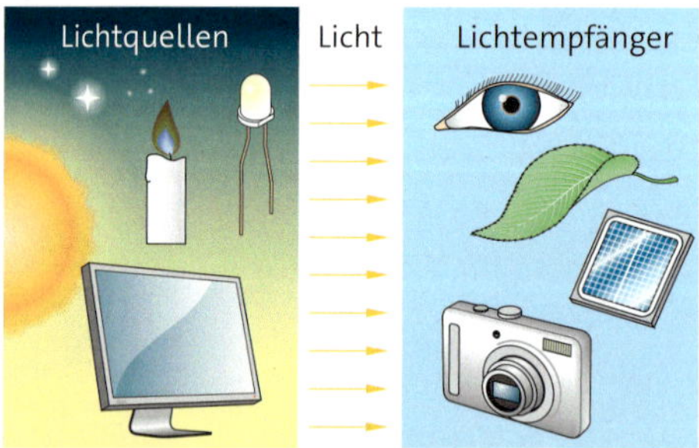

2 Lichtquellen und Lichtempfänger

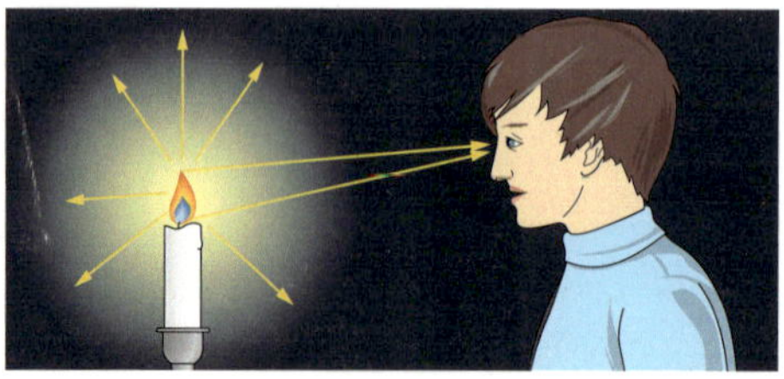

3 Die Lichtquelle sehen

Licht aussenden und empfangen • Licht ist nie von alleine da. Es kommt immer von irgendwo: von einer Kerze, von einer Lampe, der Sonne, den Sternen … Lichtquellen erzeugen Licht. → 2 Eine Kamera braucht Licht – im Dunkeln werden die Bilder schwarz. Auch Solarzellen, die Blätter von Bäumen und unsere Augen nehmen Licht auf und nutzen es. Sie sind Lichtempfänger.

Lichtquellen senden Licht aus. Lichtempfänger fangen Licht auf.

Lichtquellen sehen • Du siehst die Flamme, wenn ihr Licht in deine Augen gelangt. → 3 Die Flamme sendet Licht aus, die Augen empfangen es. „Ich blicke zur Flamme" bedeutet: Meine Augen sind so gerichtet, dass Licht von der Flamme hineingelangt. Die Augen selbst senden kein Licht zur Flamme hin aus. Wenn sie Lichtquellen wären, müssten sie im Dunkeln von alleine leuchten. Aber das tun sie nicht – nicht einmal Katzenaugen.

Augen sind Lichtempfänger. Wir sehen Lichtquellen nur, wenn ihr Licht in unsere Augen gelangt.

Aufgaben

1 ○ Ordne nach Lichtquelle und Lichtempfänger: Sonne, Bildschirm, Kamera (ohne Blitz), Solarzelle, Auge.

2 ◐ Erkläre den Unterschied zwischen Lichtquellen und Lichtempfängern.

die Lichtquelle
der Lichtempfänger
das Sehen

Material A

Im Dunkeln sehen?

Materialliste: Textmarker (mit Neonfarben), Rückstrahler (für das Fahrrad, auf einer Warnweste ...), Teelicht, Feuerzeug

1 ○ Geht in ein vollständig verdunkeltes Zimmer.

a Beschreibt, was ihr seht:
- sofort, wenn es dunkel ist
- nach einiger Zeit, wenn sich die Augen an die Dunkelheit gewöhnt haben

b Könnt ihr den Textmarker oder die Rückstrahler im Dunkeln sehen? Beschreibt eure Beobachtung.

c Zündet das Teelicht an. Beschreibt, was ihr jetzt seht.

Material B

Leuchtet die Lampe?

Materialliste: Taschenlampe, schwarzer Karton, leere Blechdose (innen schwarz)

1 ○ Im dunklen Raum wird das Licht der Taschenlampe in die geschwärzte Dose gerichtet. → 4

a Seht ihr von der Seite, ob die Lampe leuchtet? Beschreibt eure Beobachtung.

b Beschreibt, wie man von der Seite her sicher feststellen kann, ob die Lampe leuchtet.

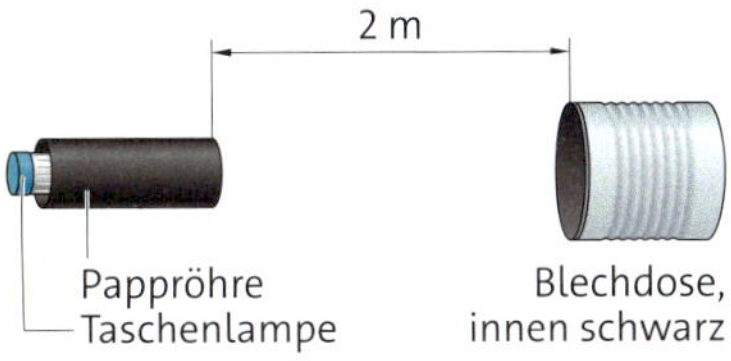

4 Von der Seite gesehen

Material C

Licht und Gegenstände

1 Bei dieser Tabelle fehlen die Überschriften noch. → 5

a ◐ Was haben alle Gegenstände in der linken Spalte gemeinsam, was alle in der rechten Spalte? Übertrage die Tabelle ins Heft und ergänze die Überschriften.

b ◐ Trage diese Gegenstände in die Tabelle ein: Display eines Tablets, Handykamera, Blitz, Glühwürmchen.

c ● In welche Spalte gehören das Auge und der Mond? Besprecht es miteinander.

?	?
Taschenlampe	Kamera
Kerze	Laubblatt
Sonne	Sonnenkollektor

5 Was haben sie gemeinsam?

Material D

Tiere im Dunkeln

1 ◐ Grottenolme leben in dunklen Höhlen. → 6 Ihre winzigen Augen funktionieren nicht. Erkläre, warum ihnen selbst gute Augen nichts nützen würden.

6 Grottenolm

2 ◐ Koboldmakis jagen in der Dämmerung und nachts. → 7 Die Augäpfel sind größer als ihr Gehirn. Vermute, welchen Vorteil ihre großen Augen bringen.

7 Koboldmaki

Wenn Licht auf Gegenstände trifft

1 Im Kino: gar nicht so dunkel!

Materialien zur Erarbeitung: A–B

Im Kino ist nur die Notbeleuchtung an. Warum sind die Gesichter so hell?

Licht trifft auf Gegenstände • Leuchte im dunklen Raum mit der Taschenlampe auf eine weiße Wand. Dann wird nicht nur die angestrahlte Stelle hell, sondern auch Dinge in der Nähe. Die helle Stelle verteilt Licht in alle Richtungen. Sie streut das Licht. → 2

Trifft weißes Licht auf rote Gegenstände, ist das Streulicht rot. → 3

Schwarze Gegenstände nehmen das Licht auf. Sie absorbieren es. → 4

Spiegel lenken Licht in eine bestimmte Richtung. Sie reflektieren es. → 5

Glas lässt einen großen Teil des Lichts ungehindert durch. → 6

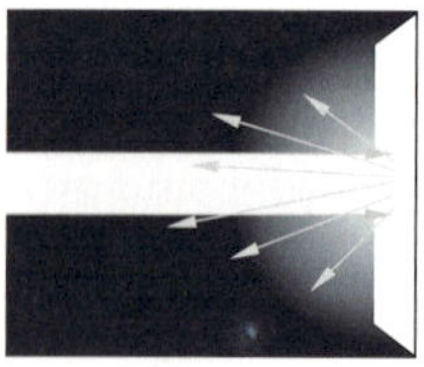

2 Streuung

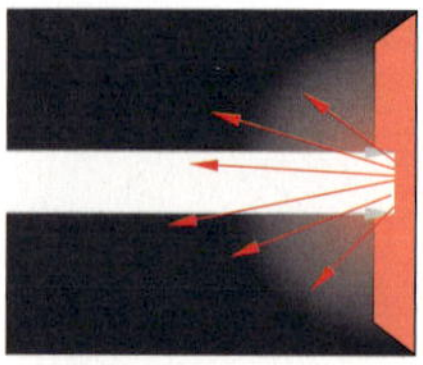

3 Streuung

4 Absorption

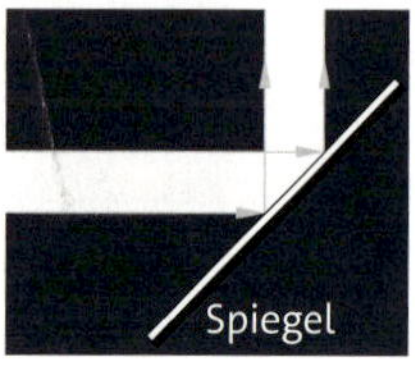

5 Reflexion

6 Durchlassen

Beleuchtete Gegenstände sehen • Das Buch ist keine Lichtquelle. Du siehst es trotzdem. Das Licht von der Sonne oder einer Lampe beleuchtet das Buch. Das Buch streut das Licht. Ein Teil des Streulichts fällt in deine Augen. → 7

Wenn Licht auf einen Gegenstand trifft, kann es von ihm gestreut, absorbiert, reflektiert oder durchgelassen werden.
Wir sehen beleuchtete Gegenstände, wenn das gestreute oder reflektierte Licht in unsere Augen fällt.

7 Das beleuchtete Buch sehen

Aufgaben

1 ○ Ohne Streuung könnten wir fast nichts sehen. Erkläre diese Aussage.

2 ◐ Der Vollmond erhellt die Nacht. Erkläre, wie das möglich ist.

3 ◐ „Du leuchtest mit dem Spiegel in meine Augen!" Der Spiegel ist keine Lichtquelle: Erkläre, was gemeint ist.

4 ◐ Beschreibe Streuung, Absorption und Reflexion an je einem Beispiel.

die Streuung
die Absorption
die Reflexion

Material A

Überall Licht

Materialliste: helle Taschenlampe

1 ▢ Stellt die Lampe in einem dunklen Raum so ein, dass sie aus 2 m Abstand einen möglichst kleinen Lichtfleck auf der Wand macht.

a Schaltet die Lampe eine Minute lang aus. Beschreibt, was ihr seht.

b Leuchtet in die Nähe einer Zimmerecke. Seht ihr Dinge, die ihr vorher nicht gesehen habt? Beschreibt genau.

Material B

Indirektes Licht

Materialliste: Taschenlampe, Karton (weiß, rot, schwarz ...), Transparentpapier, zerknitterte Alufolie, Spiegel

1 Schneidet ein Loch in den weißen Karton. Schiebt die Lampe hindurch. → 8 Geht in einen dunklen Raum.

a ▢ Schaltet die Lampe ein. Haltet den roten Karton ins Licht. Schaut von seiner Seite her auf den weißen Karton. Beschreibt, was ihr dort beobachtet.

b ◐ Haltet die Materialien nacheinander ins Licht. Notiert, was ihr auf dem Karton an der Lampe beobachtet.

2 ◐ Wie verläuft das Licht von der Lampe bis zum weißen Karton? Fertige eine Skizze an und zeichne den Lichtweg mit Pfeilen.

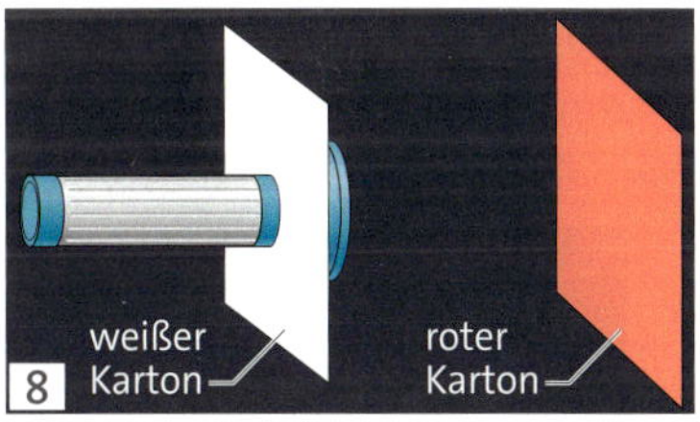

8

Material C

Schwarz und Weiß

1 ◐ Gesicht und Hände ohne Körper? Erkläre, wie dieser Eindruck entsteht. → 9

9

Material D

Der „Zauberstock“

1 ◐ Nikolas schwenkt den weißen Stock im Licht des Diaprojektors sehr schnell immer wieder auf und ab. → 10 Die Sonnenblumen sind dort zu sehen, wo sich der Stock bewegt. Erkläre diese Beobachtung.

10

Wenn Licht auf Gegenstände trifft

Erweitern und Vertiefen

Sehen und gesehen werden

Lichtquellen im Straßenverkehr • Motorräder fahren am Tag mit Licht, alle neuen Autos auch. Hier geht es nicht darum, die Straße zu beleuchten, sondern gesehen zu werden. Besonders auffällig sind Blinklichter: Das gelbe Blinklicht eines Autos gibt an, wohin es abbiegen wird. Bei Blaulicht heißt es, schnell Platz zu machen. → 1

Auch Ampeln und Blinklichter an Bahnschranken dienen nicht der Beleuchtung, sondern der Information der Verkehrsteilnehmer.

1 Blinkendes Blaulicht – schnell zur Seite fahren!

2 Warnwesten und Leuchtstreifen

Nachts gesehen werden • Personen und Gegenstände auf der Straße müssen im Dunkeln gut zu sehen sein. Fahrradfahrer und Fußgänger sollten deshalb nachts helle Kleidung tragen. → 2 Sie streut nämlich viel mehr Licht als dunkle Kleidung. Leuchtstreifen und Katzenaugen reflektieren das Licht der Scheinwerfer. Autofahrer können deshalb hell gekleidete Personen mit Warnwesten schon von Weitem erkennen und ihnen rechtzeitig ausweichen.

Aufgaben

1 ○ Blinkende Lichter fesseln die Aufmerksamkeit – nicht nur im Straßenverkehr. Wo noch? Beschreibe weitere Beispiele.

2 ○ Welche Farbe sollte Kleidung haben, wenn man bei Dunkelheit auf die Straße geht? Begründe deine Antwort.

3 ◐ „Das Rücklicht am Fahrrad schützt dein Leben.“ Erkläre diesen Satz.

4 ◐ Autofahrer müssen für Gefahrensituationen immer Rettungswesten im Auto dabeihaben.
Überprüfe im Versuch, ob diese Westen tatsächlich gut zu erkennen sind.

Erweitern und Vertiefen

Gesehen werden – in der Tierwelt

3 4 Malaysia-Leuchtkäfer

Blinkende Käfer • An einem Fluss in Malaysia sitzen kurz nach Sonnenuntergang Tausende Leuchtkäfer auf einem Baum. → 3 4 Zuerst blinken sie wild durcheinander. Doch dann passen sie sich ihren Nachbarn an. Bald blinken alle Käfer im gleichen Takt. Damit wollen die Männchen Weibchen anlocken.

5 Morpho-Schmetterling

Morpho-Schmetterling • Dieser Schmetterling lebt im dichten Regenwald. → 5 Im düsteren Licht ist er schon von Weitem gut zu sehen. Seine grellen, schillernden Farben wechseln je nach Blickrichtung von Blau über Türkis bis Grün.

Leuchtende Meeresbewohner • Manche Tintenfische können leuchten. → 6
Der Anglerfisch lebt in der dunklen Tiefsee. → 7 Er lockt Beute mit dem Leuchtorgan an seinem Kopf an.

Aufgabe

1 ▢ Manche Tiere senden Licht aus. Nenne verschiedene Gründe dafür.

6 Leuchtende Tintenfische

7 Anglerfisch

Licht unterwegs

1 Wo hat sich die Sonne versteckt?

Material zur Erarbeitung: A

Die Sonne wird von Wolken verdeckt. Trotzdem kann man ziemlich genau vermuten, wo sie am Himmel steht.

Licht wird sichtbar • Wenn Staub oder Nebel in der Luft sind, sieht man, wie sich Licht ausbreitet. → 2 3 Jedes beleuchtete Staubkörnchen oder Wassertröpfchen streut ein wenig Licht in alle Richtungen. Ein Teil des gestreuten Lichts fällt in unsere Augen. Die im Licht aufleuchtenden Körnchen oder Tröpfchen sind zwar einzeln nicht zu erkennen. Sie machen aber zusammen den Weg des Lichts sichtbar.

2 3 „Lichtwürfel" – ohne und mit Nebel in der Luft

Geradlinig • Unter dem „Lichtwürfel" steht eine Glühlampe. Der Kreidestaub macht sichtbar, dass sich das Licht geradlinig ausbreitet.
Auch das Licht von der Sonne breitet sich geradlinig aus. → 1 Tröpfchen in der Luft machen die Lichtwege sichtbar.

Strahlenmodell • In Zeichnungen stellen wir den Weg des Lichts durch gerade Linien dar. → 4 Pfeilspitzen an den Linien zeigen die Ausbreitungsrichtung an. Die Linien mit den Pfeilspitzen werden als Strahlen bezeichnet. Man spricht vom Strahlenmodell des Lichts.

Das Licht breitet sich von einer Lichtquelle geradlinig in alle möglichen Richtungen aus.

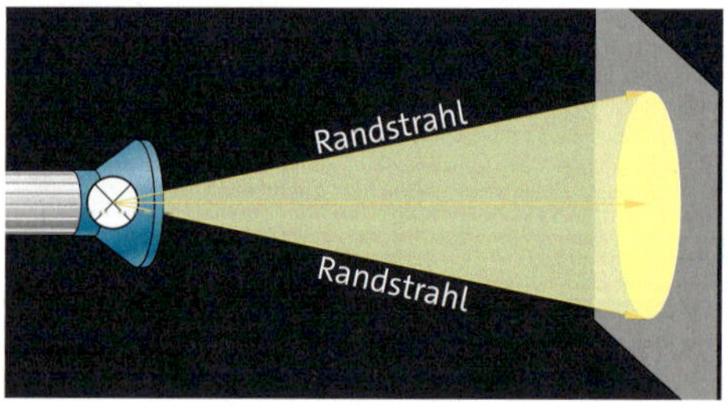

4 Gezeichnete Lichtwege

Aufgaben

1 ○ Bei einer Taschenlampe sieht man den Lichtweg im Nebel gut. Erkläre diese Beobachtung.

2 ◐ Bestimme mit zwei Linealen, wo sich die Sonne versteckt. → 1 Erkläre, wie du vorgehst.

die geradlinige Lichtausbreitung
das Strahlenmodell

Material A

Licht wird sichtbar

Materialliste: Kreidestaub oder Nebelmaschine, Karton aus Pappe, Glühlampe mit Lampenfassung, Anschlusskabel

1 Stecht viele Löcher in den Karton. Stülpt ihn über die Lampe. Schaltet die Lampe an.
▢ Beschreibt, was ihr seht.

2 Die Umgebung des Kartons wird „vernebelt".
a ▢ Beschreibt, was ihr jetzt seht.
b ◪ Schreibe auf, was der Versuch über die Ausbreitung des Lichts zeigt.

3 ▢ Vergleiche den Versuch mit Bild 1: Was entspricht der Lampe, was dem Karton und was dem Kreidestaub (Nebel)?

Material B

Blick durch den Schlauch

Materialliste: Schlauch (rund 50 cm lang), Teelicht, Feuerzeug

1 ▢ Blicke durch den Schlauch hindurch auf die Flamme. → 5 Beschreibe, wie es dir gelingt.

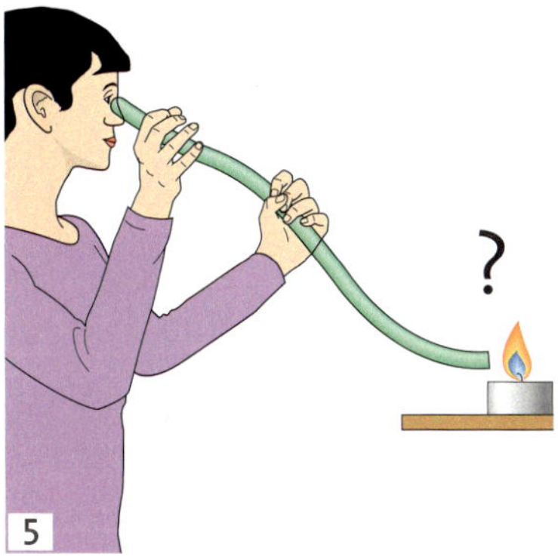

5

Material C

Laserstrahl und Schnur

Materialliste: Laserpointer, Schnur, Kreidestaub, Stativ

Die Lehrkraft baut den Laserpointer auf. → 6

1 Befestige die Schnur am Laserpointer. Spanne sie bis zum Lichtfleck an der Wand. Mache den Laserstrahl jetzt mit Kreidestaub sichtbar.
▢ Beschreibe deine Beobachtungen.

Achtung • Mit dem Laserpointer nicht in Augen leuchten! Nicht hineinblicken!

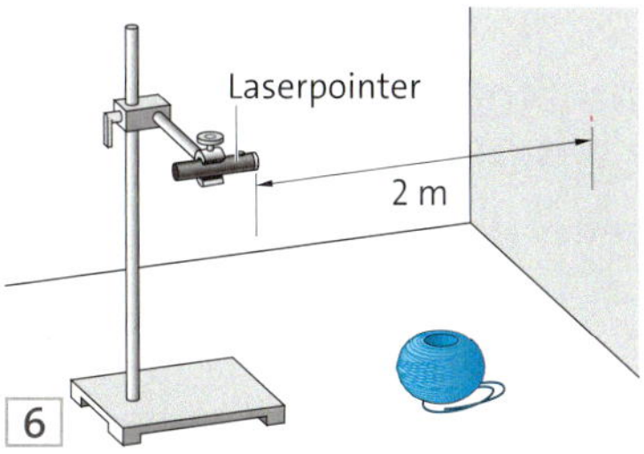

6

Material D

Lichtwege

1 Eine kleine Lampe sendet Licht in alle Richtungen aus. Ein Teil davon geht durch ein Blendenloch hindurch auf eine Pappe. → 7

▢ Zeichne das Bild groß ins Heft ab. Ergänze die Randstrahlen des Lichts, das vom Mittelpunkt der Lampe zur Pappe geht. Zeichne den ganzen Lichtfleck auf der Pappe ein.

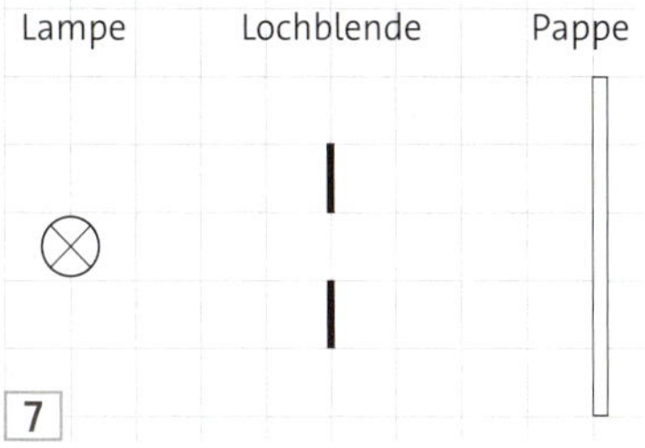

7

Licht und Sehen

Zusammenfassung

Licht aussenden und empfangen • Lichtquellen erzeugen Licht und senden es aus. Lichtempfänger fangen Licht auf. → 1

Lichtquellen sehen • Augen sind Lichtempfänger. Wir sehen Lichtquellen nur, wenn ihr Licht in unsere Augen gelangt. → 2

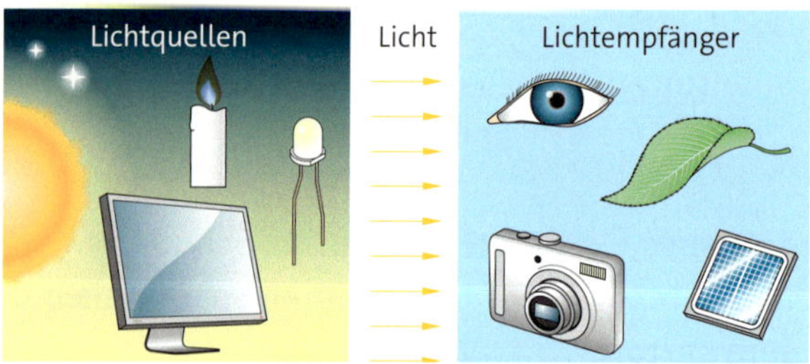

1 Lichtquellen und Lichtempfänger

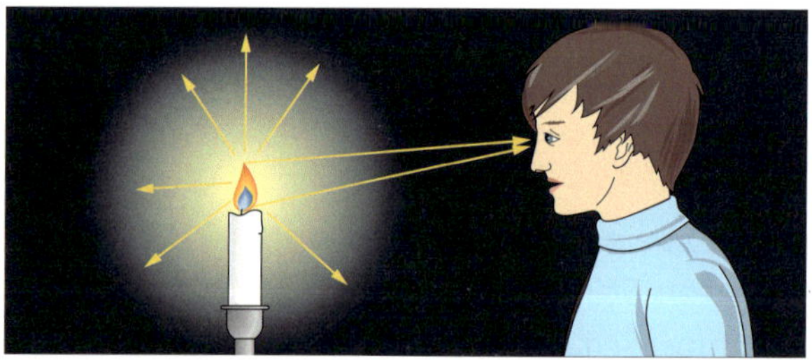

2 Die Kerzenflamme sehen

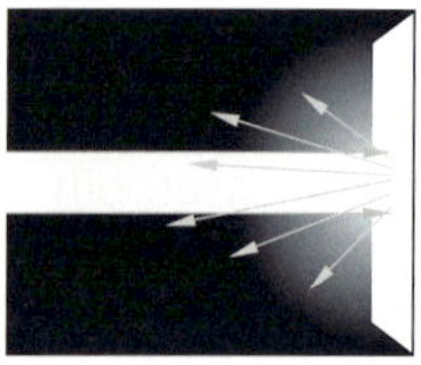

3 Streuung

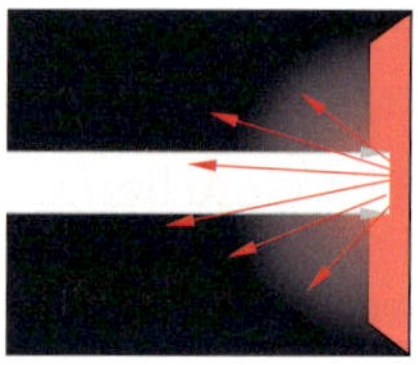

4 Streuung

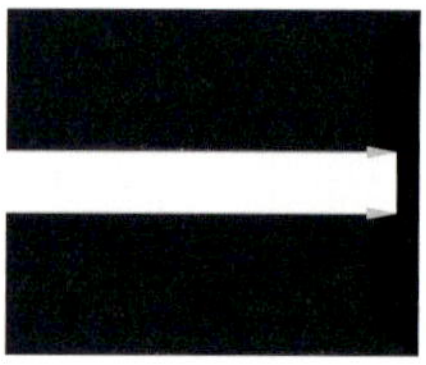

5 Absorption

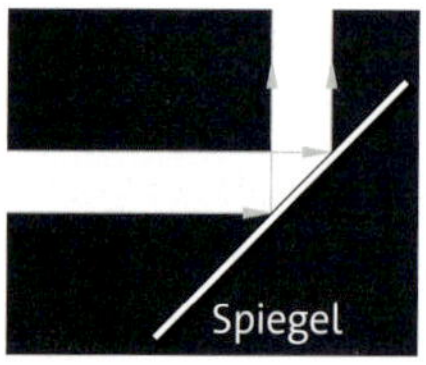

6 Reflexion

7 Durchlassen

Licht trifft auf Gegenstände • Wenn Licht auf Gegenstände trifft, kann es gestreut, absorbiert, reflektiert oder durchgelassen werden. → 3 – 7

Beleuchtete Gegenstände sehen • Wir sehen beleuchtete Gegenstände, wenn sie Licht in unsere Augen streuen oder reflektieren. → 8

8 Das Buch sehen

Licht unterwegs • Das Licht breitet sich von einer Lichtquelle geradlinig in alle möglichen Richtungen aus.

Strahlenmodell • Wir zeichnen den geraden Weg des Lichts durch gerade Linien (Strahlen). Pfeilspitzen zeigen die Ausbreitungsrichtung an. → 9

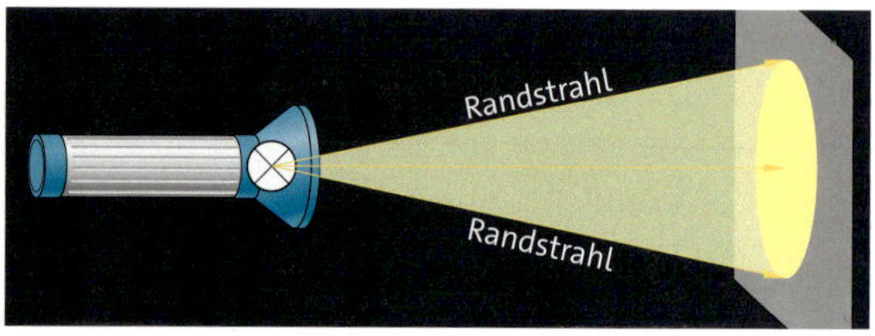

9 Lichtwege mit Strahlen darstellen

Aufgaben

1 ▢ Nenne jeweils 5 Lichtquellen und Lichtempfänger aus dem Alltag.

2 ◔ In einer klaren Vollmondnacht kann man im Freien auch ohne Lampe lesen. Erkläre diese Beobachtung. Tipp: Die Streuung spielt zweimal eine Rolle.

3 ▢ Schreibe mit diesen Begriffen einen Satz zur Verkehrssicherheit: Fußgänger – weiß – schwarz – Kleidung – Nacht.

4 ◔ Aljoscha: „Nebel verschlechtert die Sicht." Christine: „... und manches macht er erst sichtbar." Nimm Stellung dazu.

5 ◔ Die Sonne ist hinter Wolken verborgen. Trotzdem können wir draußen ohne Lampe lesen. Erkläre diese Beobachtung.

6 ◔ Deckenfluter beleuchten nur die Zimmerdecke. → 10 Und doch wird es im ganzen Zimmer hell. Erkläre die Beleuchtungstechnik.

10 Deckenfluter

11 Lasershow

7 Lasershow bei einem Konzert → 11

a ▢ Das Foto zeigt eine Eigenschaft des Lichts sehr deutlich. Nenne sie.

b ◔ Die Personen im Vordergrund sehen dunkel aus. Erkläre diese Beobachtung.

8 ◔ Dieser Rauchmelder funktioniert so: → 12 Wenn Licht von der Leuchtdiode auf den Lichtempfänger fällt, ertönt ein Warnsignal. Das Signal wird aber nur ausgelöst, wenn Rauch in die schwarze Kammer gelangt. Erkläre das.

12 Rauchmelder (geöffnet)

Der Schatten

1 Im Schatten stehen und Schatten sehen

Material zur Erarbeitung: A

Im Schatten unter dem Torbogen ist es dunkel und kühl. Wie entstehen die Schatten der Blumen und Bäume?

Schatten • Wir erklären die Beobachtungen mit einem „Schattenspiel“: → 2
Das Licht breitet sich von der Kerze geradlinig in alle Richtungen aus. Ein Teil des Lichts geht an der Hand vorbei. Ein anderer Teil des Lichts wird von der Hand nicht durchgelassen.
Die Wand wird dort hell beleuchtet, wo das Licht der Kerze hinkommt. Die Wand bleibt dort dunkel, wo das Licht der Kerze nicht hinkommt. Die dunkle Fläche auf der Wand hat den gleichen Umriss wie die Hand. Wir bezeichnen diese dunkle Fläche deshalb als Schattenbild der Hand.
Zwischen der Hand und der Wand ist ein dunkler Bereich ohne Licht. Wir bezeichnen ihn als Schattenraum.

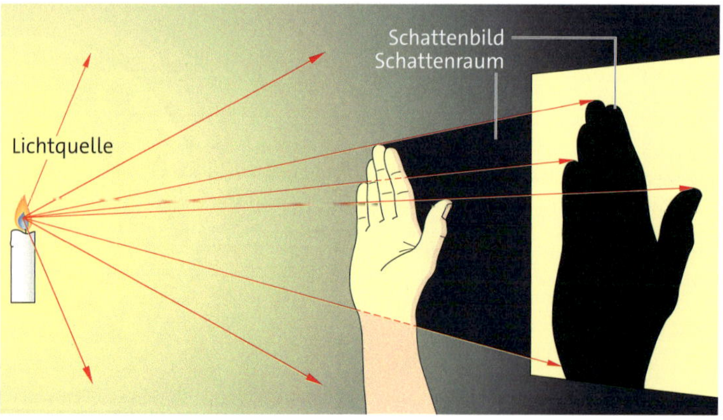

2 Im Schatten fehlt Licht.

Wenn ein beleuchteter Gegenstand Licht nicht durchlässt, fehlt hinter ihm Licht:
- Auf einer Wand (oder dem Boden) hinter dem Gegenstand entsteht ein dunkles Schattenbild.
- Zwischen dem Gegenstand und der Wand ist ein dunkler Schattenraum.

Aufgaben

1 ○ Nenne drei Dinge, die für ein Schattenbild erforderlich sind.

2 ◑ Wenn wir von Schatten sprechen, ist mal das Schattenbild gemeint und mal der Schattenraum. Erläutere die beiden Begriffe.

3 Im Schatten ist es dunkler als in der Sonne. → 1
a ○ Erkläre diese Beobachtung.
b ◑ Erkläre, warum es im Schatten auch kühler ist. Tipp: Energie

der Schatten
der Schattenraum
das Schattenbild

Material A

Schattenbilder zeichnen

Materialliste: Lampe oder Kerze, große Papierblätter, Zeichenstifte

1 ▢ Zeichnet gegenseitig eure Schattenbilder. → 3

2 Die Schattenbilder sollen nun ineinanderliegen. → 4 Wie müsst ihr die Lichtquelle oder die sitzende Person verschieben?
◪ Beschreibt, wie ihr vorgeht und wie sich das Schattenbild dabei verändert. Skizziert eure Anordnung.

3

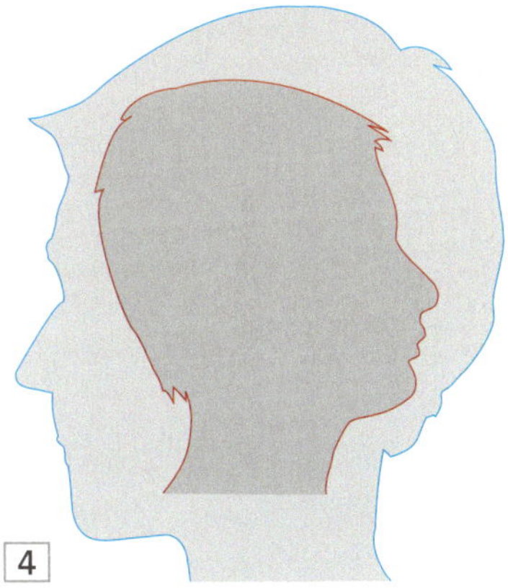
4

Material B

Schattenbild vorhersagen

Materialliste: Glühlampe mit Fassung, Brett, Schnur, Stativ

1 Baue den Versuch auf. → 5
a ◪ Schalte die Lampe noch nicht ein. Zeichne mithilfe der Schnur das Schattenbild des Bretts auf die Tafel.
b ◪ Schalte die Lampe jetzt ein. Hast du das Schattenbild richtig vorgezeichnet? Begründe Unterschiede.

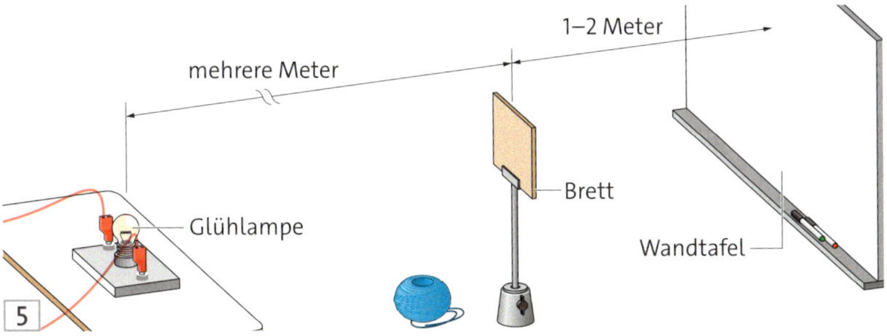

5

Material C

1 Am Strand gibt es viel Sonne und wenig Schatten. → 6
a ▢ Gib an, wo sich das Schattenbild des Sonnenschirms befindet.
b ◪ Beschreibe, wo sich der Schattenraum befindet.

6

Kern- und Halbschatten

1 Bunte Schatten?

Materialien zur Erarbeitung: A–B

Zwei Lampen und eine Hand: Wie entstehen die bunten Schattenbilder?

Kernschatten – Halbschatten • Das Mädchen wird von zwei Lampen beleuchtet. → 2 An der Wand sieht man mehrere Schatten des Kopfs. Der dunkle Schatten wird Kernschatten genannt. Die etwas helleren Schatten heißen Halbschatten.

Du siehst auch bei den Schatten der Hand einen dunklen Kernschatten – und farbige Halbschatten: → 1 3

- In den Kernschatten gelangt von keiner Lampe Licht.
- In den roten Halbschatten kommt nur Licht von der roten Lampe.
- In den grünen Halbschatten kommt nur Licht von der grünen Lampe.

Wenn ein Gegenstand von zwei Lichtquellen beleuchtet wird, können hinter ihm verschiedene Schatten auftreten:
- Der Kernschatten ist der dunkle Bereich, in den gar kein Licht fällt.
- Halbschatten sind die etwas helleren Bereiche, in die nur Licht von einer Lichtquelle fällt.

Aufgabe

1 ○ Der Kernschatten des Mädchens ist dunkler als die beiden Halbschatten. → 2 Erkläre den Unterschied.

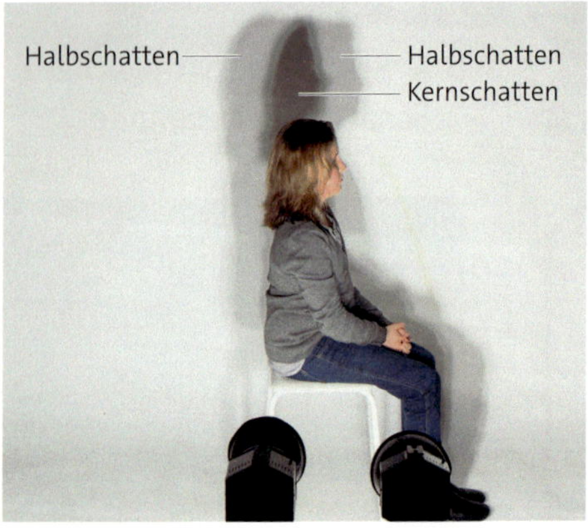

2 Kernschatten und Halbschatten

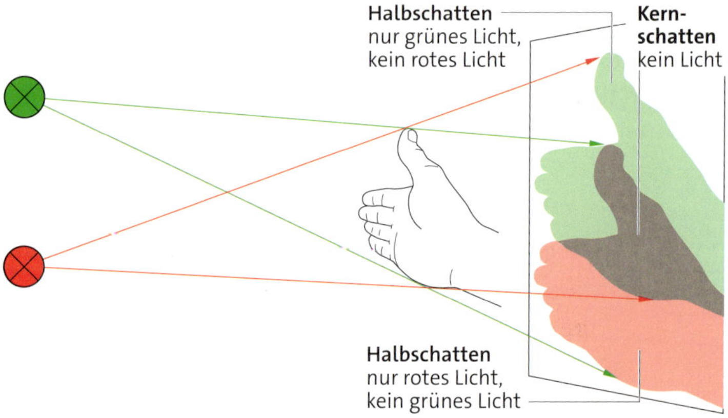

3 Erklärung für Kern- und Halbschatten

der Kernschatten
der Halbschatten

Material A

Verschiedene Schatten

Materialliste: 2 Kerzen und Kerzenständer, stehender Gegenstand, Feuerzeug

4

1 Stelle die Kerzen dicht nebeneinander vor den Gegenstand. → 4 Zünde sie an.

a ▢ Beschreibe genau, was du auf dem Tisch hinter dem Gegenstand beobachtest.

b Skizziere Kerzen, Gegenstand und Schatten auf dem Tisch, wie du sie von oben siehst.

c Vergrößere den Abstand der Kerzen voneinander. Skizziere wieder.

d Verschiebe den Gegenstand und skizziere.

Material C

Zwei Schatten

1 ◐ Das Mädchen wird von zwei Lampen beleuchtet. → 5 Vergleiche die Schatten mit denen in Bild 2. Erkläre den Unterschied.

5

Material B

Farbige Schatten erzeugen

Materialliste: 2 farbige Spotlampen oder Taschenlampen (rot und grün), Stativ

Baue die Lampen im Abstand von rund 60 cm übereinander auf. → 1 Schalte sie noch nicht ein.

1 ▢ Halte eine Hand wie in Bild 1 vor die Wand. Nur die rote Lampe soll gleich eingeschaltet werden. Vermute zunächst, was auf der Wand zu sehen sein wird. Welche Farbe wird der Schatten haben? Schalte dann die rote Lampe ein. Beschreibe, was du siehst. Vergleiche mit deiner Vermutung.

2 ▢ Diesmal soll nur die grüne Lampe eingeschaltet werden. Stelle wieder eine Vermutung auf. Schalte dann die Lampe ein und beobachte.

3 ◐ Schalte beide Lampen zusammen ein. Beschreibe genau, was du siehst.

Material D

Farbige Schatten

1 ● Erkläre, wie die Schatten des Mädchens auf der Wand entstehen. → 6

6

Der Mond – Licht und Schatten

1 Halbmond

„Seht ihr den Mond dort stehen?
Er ist nur halb zu sehen,
Und ist doch rund und schön!“
(aus „Der Mond ist aufgegangen“)

Wechselnde Gestalt • Der Mond ist eine riesige Kugel. Er wird von der Sonne beleuchtet. → 2 Dadurch ist immer eine Hälfte des Monds hell und eine dunkel. Sonne, Mond und Erde stehen manchmal so, dass wir die ganze beleuchtete Hälfte sehen: Dann ist Vollmond.

In ungefähr einem Monat umkreist der Mond einmal die Erde. Seine Gestalt ändert sich daher für uns von Nacht zu Nacht. Wir sprechen von Mondphasen.

Der Mond ist stets von der Sonne zur Hälfte beleuchtet. Wir sehen unterschiedlich viel von der beleuchteten Hälfte – je nachdem, wie Mond, Sonne und Erde zueinander stehen.

Aufgabe

1 Der Mond ist immer zur Hälfte beleuchtet.

a ○ Erkläre diese Aussage.

b ◔ Erkläre, warum wir nachts nicht immer einen Halbmond sehen.

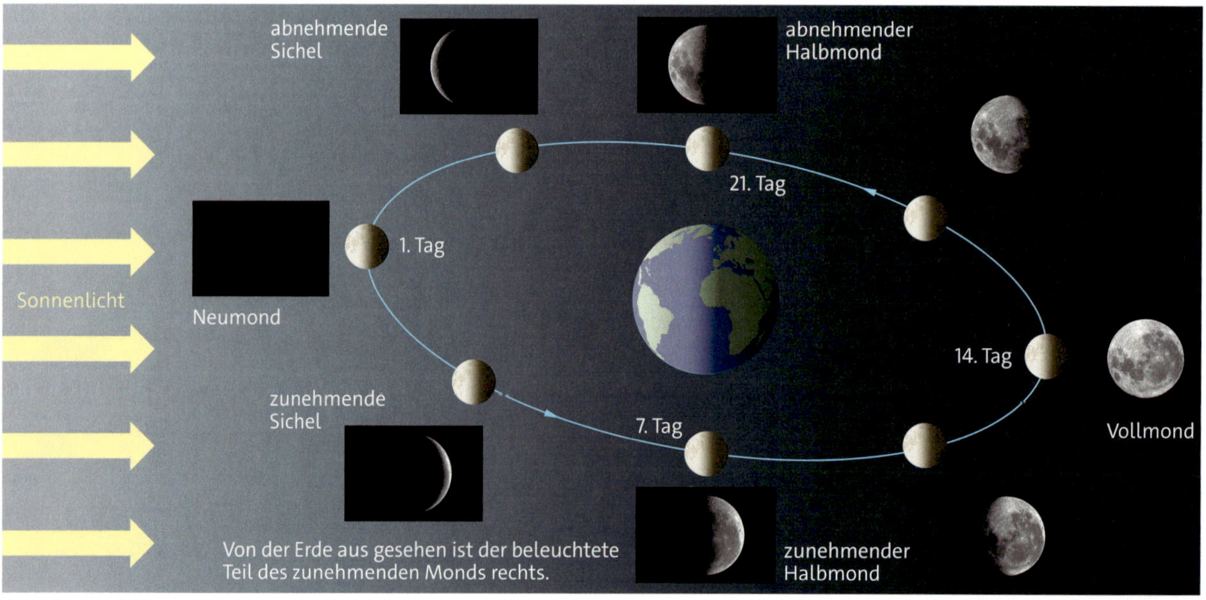

2 Die kleinen Fotos zeigen, wie wir von der Erde aus den Mond in den verschiedenen Nächten sehen.

der Vollmond
die Mondphasen
der Halbmond
der Neumond

Material A

Mondphasen im Foto

Hier sind die Mondphasen durcheinandergeraten. → 3

1 Ordne in der Tabelle die richtigen Fotos zu. → 4
Tipp: Die Rundung eines abnehmendem Monds sieht wie bei einem **a** aus.

2 Ordne alle Fotos in der richtigen Reihenfolge. Fange mit dem Neumond an.
Tipp: Richtig geordnet ergeben die Buchstaben einen englischen Begriff.

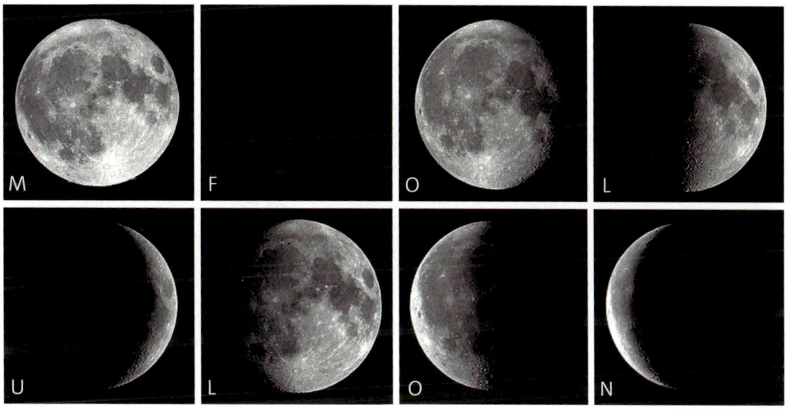

3 Vertauschte Mondphasen

Mondphase	Neumond	Vollmond	zunehmend	abnehmend
Foto	?	?	?	?

4 Welches Foto gehört zu welcher Mondphase?

Material B

Mondphasen im Modell

Materialliste: kleiner weißer Ball (Styroporkugel), Tageslichtprojektor

1 Stellt die Mondphasen nach. → 5 Die Personen „auf der Erde" schauen immer zum „Mond".

a Der „Mond" läuft um die „Erde". Er stoppt an den Stellen A–D. Alle Personen in der Mitte skizzieren, wie sie den „Mond" sehen.

b Vergleicht eure Skizzen mit den Fotos in Bild 2. Nennt die Mondphasen an den Stellen A–D.

c Stellt den „Mond" so auf, dass ihr eine zunehmende Sichel seht. Zeichnet wieder.

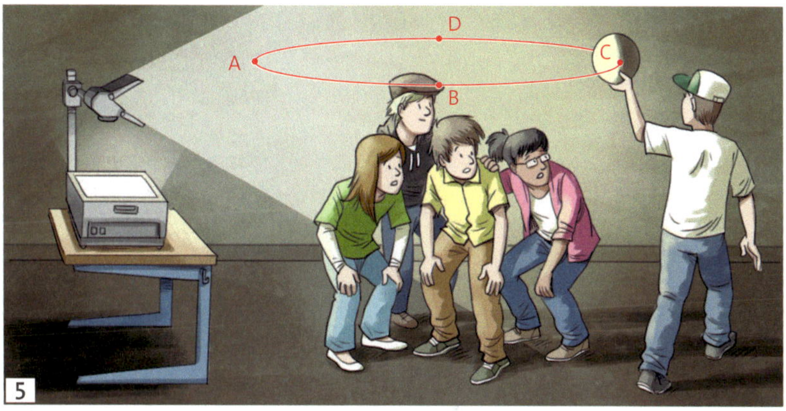

5

2 Sonne, Erde und Mond: Informiert euch über ihren Durchmesser und die Abstände voneinander. Vergleicht mit eurem Modell.

Finsternisse am Himmel

1 Mondfinsternis

2 Sonnenfinsternis

Manchmal scheint sich etwas Schwarzes in den Mond oder in die Sonne „hineinzufressen". Wie kommt es dazu?

Mondfinsternis • Die Sonne bescheint die Erde ständig. Hinter der Erde reichen Kern- und Halbschatten weit in den Weltraum. → 3 Der Mond umkreist die Erde auf einer etwas „gekippten" Bahn. Sie verläuft hinter der Erde meistens oberhalb oder unterhalb der Schattenräume. Nur manchmal streift oder durchquert der Mond den Kernschatten der Erde. Dann sieht man das Schattenbild der Erde auf dem Mond. → 1 Bewegt sich der Mond ganz im Kernschatten, wird er von der Erde total verfinstert.

Sonnenfinsternis • Der Schatten hinter dem Mond geht meistens an der Erde vorbei. Nur manchmal steht der Mond so, dass sein Schatten die Erde trifft. → 4 Wer dann im Halbschatten des Monds ist, sieht die Sonne teilweise vom Mond verdeckt. → 2 Im Kernschatten wird die Sonne total verdeckt.

Bei einer Mondfinsternis wird der Mond verdunkelt, weil er durch den Schattenraum der Erde läuft.
Bei einer Sonnenfinsternis wird die Sonne für uns vom Mond verdeckt. Sein Schatten fällt auf die Erde.

Aufgabe

1 ▢ Wer verdeckt wen? Beschreibe es für beide Finsternisse.

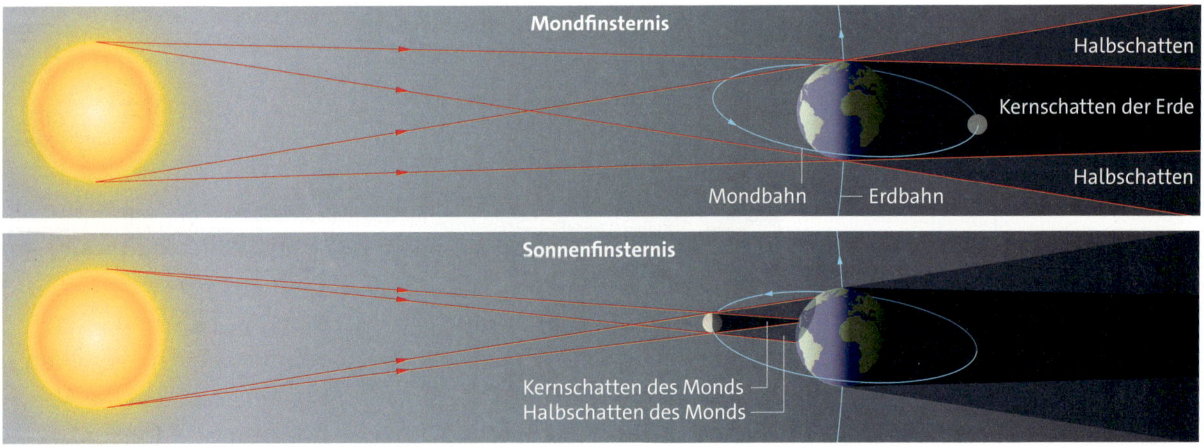

3 4 Mondfinsternis und Sonnenfinsternis

die Mondfinsternis
die Sonnenfinsternis

Material A

Sonnenfinsternis (Modell)

Materialliste: kugelförmige Lampe (ca. 12 cm Durchmesser, mattiert), Tennisball

1 Die leuchtende Lampe stellt die Sonne dar, der Ball den Mond, dein Kopf die Erde.

a ▢ Stehe 2 m von der Lampe entfernt. Halte den Ball so vor ein Auge, dass er die Lampe vollständig verdeckt. Bewege den Kopf hin und her. Beschreibe, was du siehst.

b ◪ Der Ball wirft einen Schatten auf dein Gesicht. Beschreibe, in welchem Teil des Schattens sich dein Auge befindet, wenn die Lampe vom Ball:
- vollständig verdeckt wird
- teilweise verdeckt wird

Material B

Finsternisse darstellen

Materialliste: Experimentierleuchte, Stativ, kleiner Ball, Faden, Globus

1 Die Experimentierleuchte stellt die Sonne dar, der Globus die Erde und der Ball den Mond. → 5

a ◪ Stelle eine Sonnenfinsternis dar. Zeichne die Anordnung auf.

b ◪ Stelle eine Mondfinsternis dar. Zeichne wieder.

c ◪ Bei einer totalen Mondfinsternis wird der ganze Mond abgedunkelt, bei einer totalen Sonnenfinsternis nur ein Teil der Erde. Erkläre den Unterschied.

d ● Eine totale Sonnenfinsternis kann es nur bei Neumond geben, eine totale Mondfinsternis nur bei Vollmond. Erkläre beides.

5 Modellversuch für Finsternisse

Material C

Finsternis

1 Die Fotos wurden bei derselben totalen Finsternis aufgenommen. → 6 7

a ▢ Gib an, um welche Art von Finsternis es sich handelt.

b ◪ Beschreibe und erkläre, was in den Fotos zu sehen ist.

6 Blick von der Erde zum Himmel

7 Blick von einer Raumstation auf die Erde

Licht und Schatten

Zusammenfassung

Schatten • Wenn ein beleuchteter Gegenstand Licht nicht durchlässt, fehlt hinter ihm Licht: → 1
- Auf einer Wand (oder dem Boden) hinter dem Gegenstand entsteht ein dunkles Schattenbild des Gegenstands.
- Zwischen dem Gegenstand und der Wand ist ein dunkler Schattenraum.

Kern- und Halbschatten • Wenn ein Gegenstand von zwei Lichtquellen beleuchtet wird, können verschiedene Schatten auftreten: → 2
- Der Kernschatten ist der Bereich hinter dem Gegenstand, in den kein Licht fällt.
- Halbschatten sind die Bereiche, in die nur Licht von einer Lichtquelle fällt.

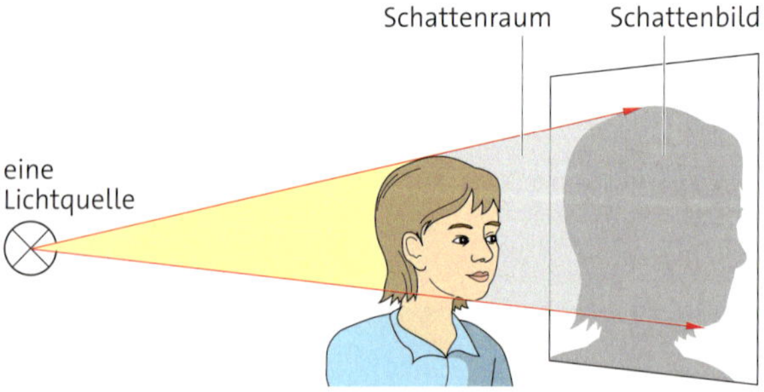

1 Schatten

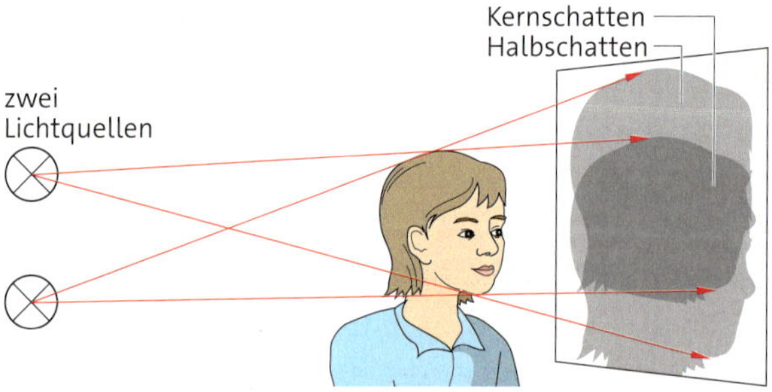

2 Kern- und Halbschatten

Mondphasen • Der Mond wird von der Sonne zur Hälfte beleuchtet. Wir sehen unterschiedlich viel von der beleuchteten Hälfte – je nachdem, wie Mond, Sonne und Erde zueinander stehen. → 3

Mondfinsternis • Der Mond wird von der Erde verdunkelt, wenn er den Schattenraum der Erde durchquert. → 4

Sonnenfinsternis • Die Sonne wird für Beobachter auf der Erde vom Mond verdeckt, wenn die Beobachter im Schattenraum des Monds sind. → 5

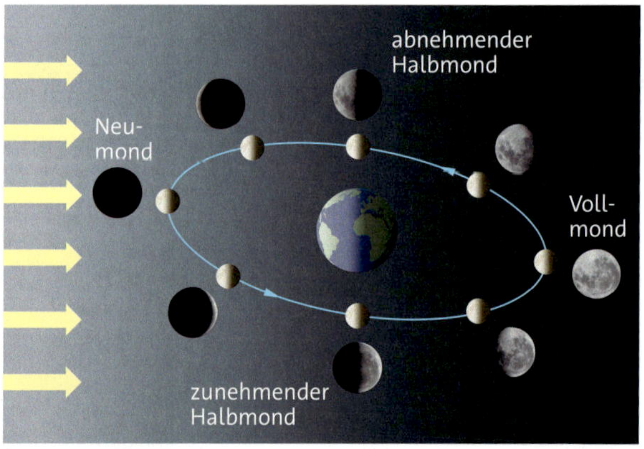

3 Mondphasen

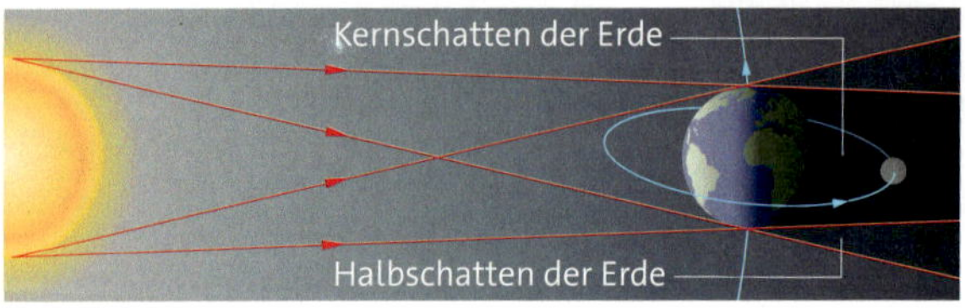

4 Mondfinsternis

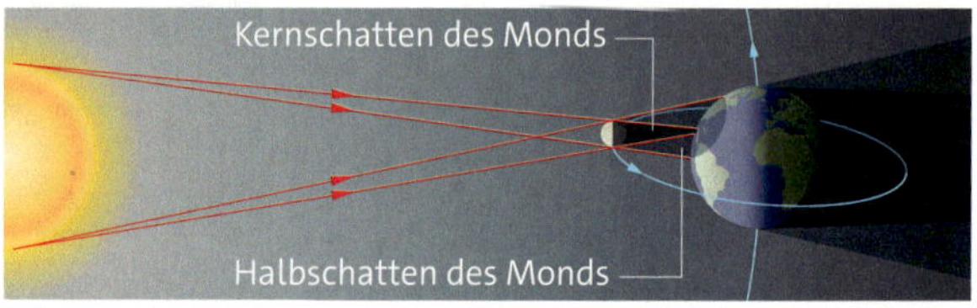

5 Sonnenfinsternis

Aufgaben

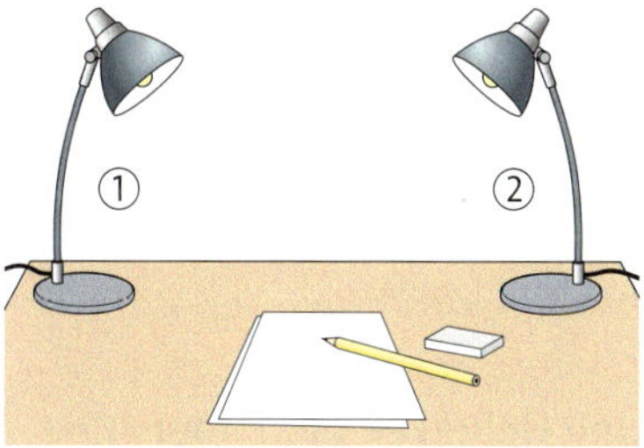

6 Richtig beleuchten

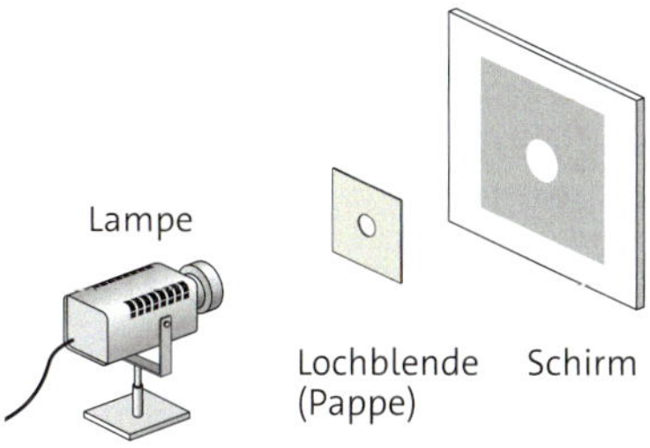

7 Schattenbild mit Loch

8 Verschiedene Schatten

Schatten

1 Diana schreibt mit rechts.

a ○ Beschreibe, wohin der Schatten ihrer Hand fällt, wenn die Lampe an den verschiedenen Orten steht. → 6

b ◐ Welcher Lampenort ist für Diana günstiger? Begründe.

2 ◐ Du hältst einen Stift zwischen eine Kerze und eine Wand. Skizziere:

a So entsteht ein großes Schattenbild des Stifts.

b So entsteht ein kleines Schattenbild des Stifts.

3 ● „Der Schatten der Pappe ist rundum größer als die Pappe selbst. Also ist der helle Fleck kleiner als das Loch.“ → 7 – „Der helle Fleck ist größer als das Loch. Im Schattenbild ist nämlich alles vergrößert.“ Nimm Stellung dazu. Begründe mit einer Zeichnung.
Tipp: Material D auf Seite 19

9 Weiße Vase – farbige Schatten

Kern- und Halbschatten

4 Hinter dem Bauklotz sind verschiedene Schatten. → 8

a ○ Benenne die Schatten.

b ◐ Erkläre sie.

5 ◐ Erkläre die farbigen Schatten auf der Wand. → 9

Mondphasen

6 ○ In manchen klaren Nächten ist der Mond nicht zu sehen. Nenne die Mondphase.

7 ◐ Zeichne die acht Mondphasen in richtiger Reihenfolge. → 3 Beginne beim Neumond.

8 ◐ Wie entstehen Vollmond, zunehmender und abnehmender Halbmond? Zeige es mit einer Taschenlampe und einem Tischtennisball.

Finsternisse

9 ◐ Bei einer totalen Mondfinsternis liegen Sonne, Erde und Mond auf einer Geraden – wie bei einer totalen Sonnenfinsternis. Es gibt aber einen Unterschied! Beschreibe ihn. Fertige dazu zwei Skizzen an.

Löcher machen Bilder

1 2 Das Foto aus der Mülltonne

Material zur Erarbeitung: A

3 Das umgekehrte Bild der Flamme

Die Häuser sind mit einer besonderen Kamera fotografiert worden – einer Mülltonne mit einem Loch in der Seite!

Das Bild hinter dem Loch • Wenn man eine brennende Kerze vor eine Wand stellt, wird die Wand beleuchtet. Hält man eine Postkarte dazwischen, sieht man ihren Schatten auf der Wand. Und wenn die Karte ein kleines Loch hat, sieht man auf der Wand – ein umgekehrtes Bild der Flamme! → 3

So entsteht das Bild • Die Flamme sendet Licht geradlinig in alle Richtungen aus. Ein Teil des Lichts geht durch das Loch hindurch: → 4 – 6

- Licht von der Flammenspitze geht durch das Loch und erzeugt unten auf der Wand einen Lichtfleck. → 3
- Licht vom Fuß der Flamme geht durch das Loch und erzeugt oben auf der Wand einen Lichtfleck. → 4
- Auch von den anderen Punkten der Flamme geht Licht durch das Loch und ergibt jeweils einen „zugehörigen“ Lichtfleck auf der Wand. → 5

Von jedem Punkt der Flamme geht Licht durch das Loch in der Blende. Auf einer Wand hinter dem Loch entsteht zu jedem Punkt der Flamme ein kleiner Lichtfleck. Alle Lichtflecke zusammen ergeben das Bild der Flamme.

Schärfe und Helligkeit der Bilder • Die Größe des Lochs bestimmt, wie scharf und hell die Bilder sind:

- Das Bild der Flamme besteht aus sehr vielen Lichtflecken. Beim großen Loch sind die Lichtflecke groß. → 7 Weil sich benachbarte Lichtflecke überlappen, ist das Bild unscharf.
- Beim kleinen Loch sind die Lichtflecke klein. → 8 Weil sich benachbarte Lichtflecke kaum überlappen, ist das Bild scharf.
- Das kleine Loch lässt viel weniger Licht durch als das große.

Große Löcher erzeugen unscharfe und helle Bilder. Kleine Löcher erzeugen scharfe und dunkle Bilder.

Aufgaben

1 ○ Beschreibe den Lichtweg von der Flammenspitze zum Lichtfleck auf der Wand. → 4

2 Erkläre die Beobachtungen:

a ○ Das Bild der Flamme steht auf dem Kopf. → 3

b ◐ Im Bild der Flamme sind rechts und links vertauscht.

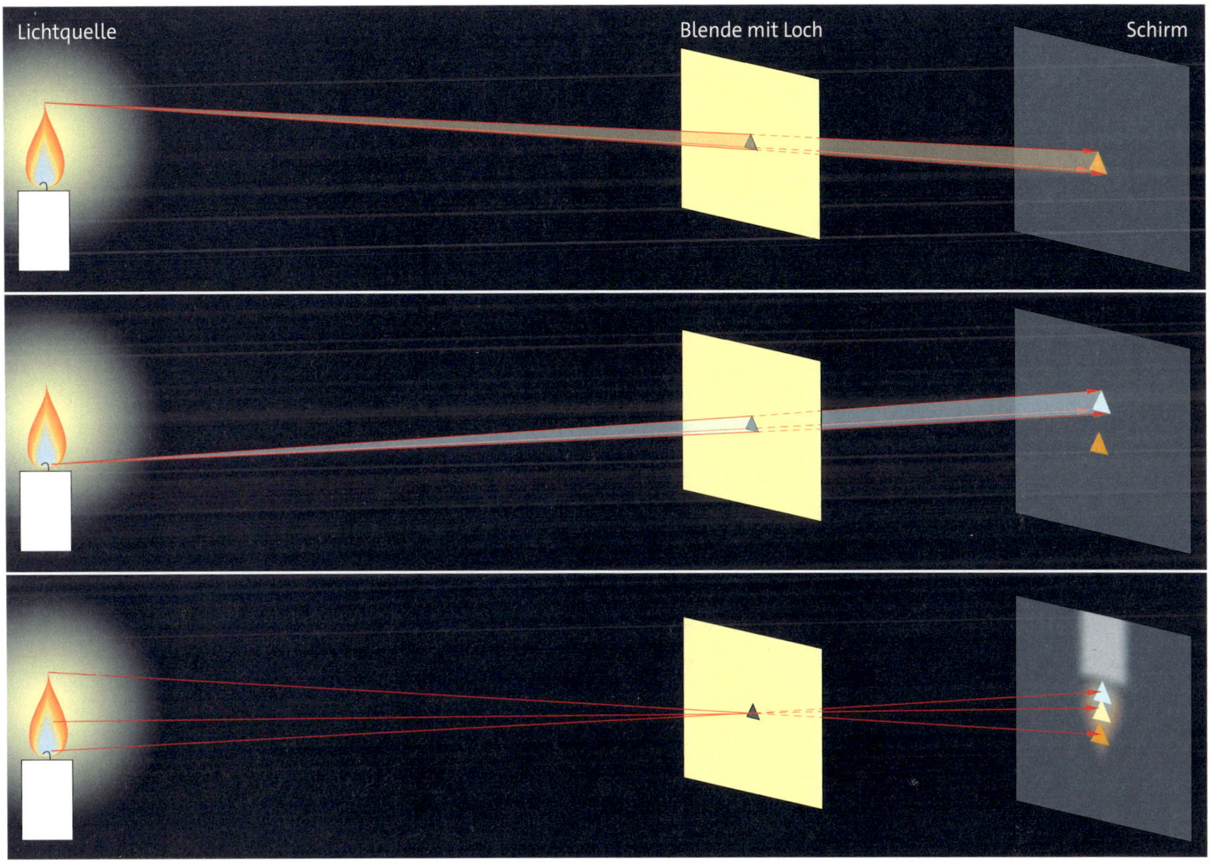

4 – 6 Schritt für Schritt zum Bild der Kerzenflamme

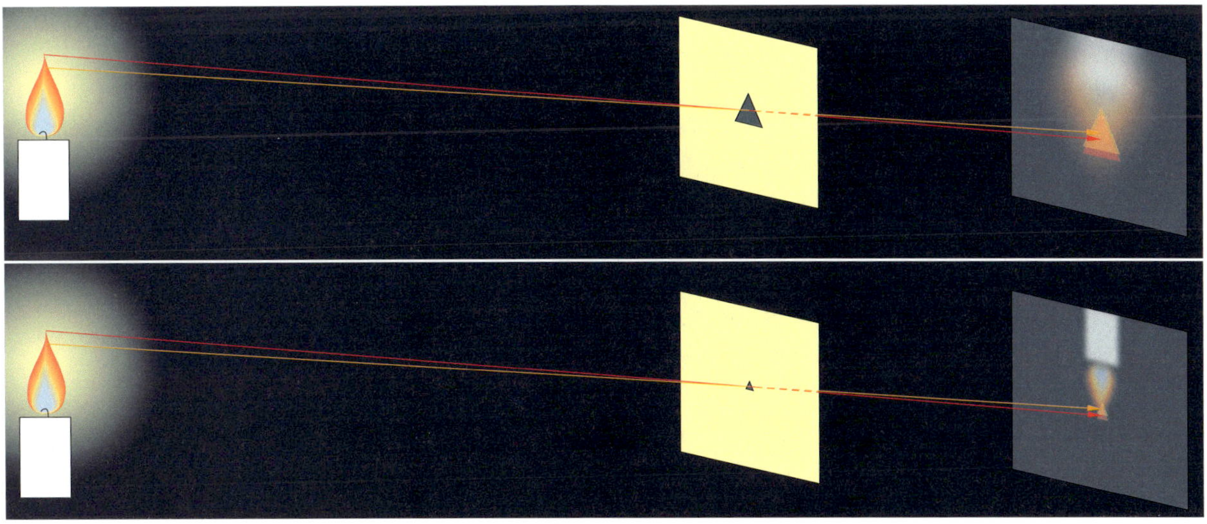

7 8 Großes Loch: Bild unscharf und hell – kleines Loch: Bild scharf und dunkel

Löcher machen Bilder

Material A

Ein Loch macht Bilder

Materialliste: Postkarte, weißes Papier (oder Transparentpapier), Alufolie, Klebstoff, Pinnwandnadel, Teelicht, Feuerzeug

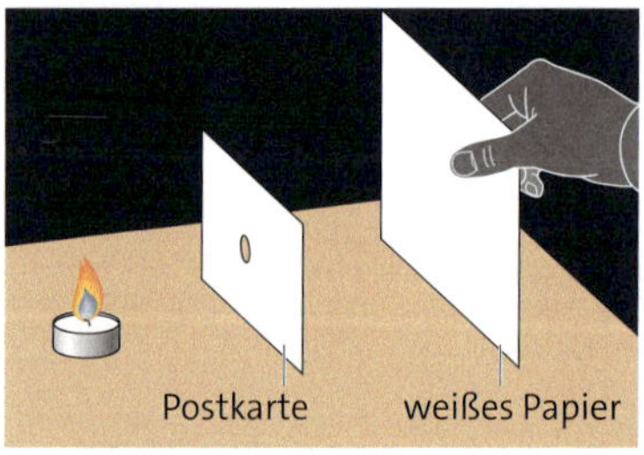

1 Was sieht man auf dem Papier?

1 Schneide ein Loch in die Postkarte, etwa so groß wie eine 1-Cent-Münze.

2 Gehe in einen dunklen Raum und zünde das Teelicht an. Halte die Postkarte zwischen das Teelicht und das Papier. → 1
○ Beschreibe, was du auf dem Papier siehst.

3 Klebe das Loch mit Alufolie zu. Stich ein kleines Loch in die Folie. Halte die Karte zwischen Teelicht und Papier.
○ Vergleiche die Bilder hinter den verschieden großen Löchern.

4 Halte das Papier dicht hinter die Postkarte. Schiebe es dann langsam immer weiter weg.
○ Wie verändert sich das Bild? Ergänze im Heft: „Je weiter ich das Blatt Papier vom Loch entferne, desto ..."

Material B

2 Bild der Flamme

Scharf oder hell

1 Ein Loch erzeugt dieses Bild der Flamme. → 2
a ○ Das Loch wird einmal vergrößert und einmal verkleinert. Beschreibe jeweils, wie sich das Bild der Flamme verändert.
b ◑ Erkläre die Veränderungen.

Material C

Der Nautilus

1 Der Nautilus lebt im Pazifik. → 3 Sein Auge besteht aus einer Kammer voll Wasser, die vorne ein Loch hat. Erstaunlicherweise entstehen auf der Rückseite des Auges Bilder von der Umgebung.
◑ Erkläre, wie das Bild des Wals im Auge des Nautilus entsteht.

3 Das Auge des Nautilus

Material D

Eine Lochkamera

Materialliste: Chipsdose, 2 Bogen schwarzer Karton (jeweils 25 cm × 25 cm), Transparentpapier (15 cm × 15 cm), Küchenschere, Klebstoff, Klebeband, Lineal, Alufolie (2 cm × 5 cm), Pinnwandnadel

1 Baue deine eigene Lochkamera. → 4 5

4 Lochkamera im Einsatz

A Stich mit der Nadel ein kleines Loch mitten in den Boden der Chipsdose. Vergrößere das Loch von außen mit der Schere auf einen Durchmesser von rund 1 cm.

B Rolle den ersten schwarzen Kartonbogen zu einer Röhre. Schiebe sie in die Dose.

C Bestreiche den Rand der Chipsdosenöffnung mit Klebstoff. Klebe das Transparentpapier möglichst glatt über die Öffnung. Schneide die überstehenden Ecken ab.

D Rolle den zweiten schwarzen Kartonbogen zu einem Trichter. Die kleine Öffnung des Trichters muss gerade so groß sein, dass du mit einem Auge hindurchschauen kannst. In die große Öffnung muss die Chipsdose hineinpassen. Klebe mehrere Streifen Klebeband von außen auf den Trichter, sodass er sich nicht aufrollt.

E Stecke die Chipsdose mit der Transparentpapieröffnung in den Trichter.

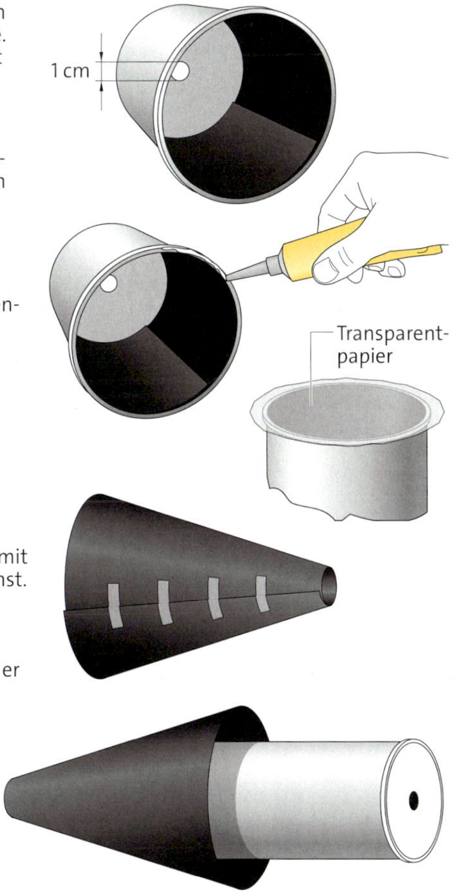

5 So wird die Lochkamera gebaut.

2 Betrachte eine Kerzenflamme mit der Lochkamera.

a Gehe mit der Lochkamera nah an die Flamme heran.
○ Beschreibe die Form und Größe des Bilds auf dem Transparentpapier.

b Entferne die Lochkamera langsam von der Flamme.
○ Beschreibe, wie sich das Bild ändert.

c Schiebe die Kerze nach links, rechts und nach oben.
○ Beschreibe, wie sich das Bild verschiebt.

d ◐ Fasse die Beobachtungen in zwei Sätzen zusammen.

3 Beobachte draußen im Sonnenschein Bäume, Autos und Menschen. → 4
○ Beschreibe deine Beobachtungen.

4 ◐ Untersuche, wie sich das Bild verändert, wenn das Loch im Boden der Dose kleiner ist. Klebe dazu die Alufolie mit dem Klebeband über das Loch. Stich dann ein kleines Loch durch die Folie.

5 ◐ Untersucht, wie sich die Bilder bei verschieden langen Chipsdosen unterscheiden. Dazu könnt ihr die Dosen mit der Schere einstechen und abschneiden.

Löcher machen Bilder

Erweitern und Vertiefen

Vom „Sonnentaler“ zum „Pinhole Day“

Sonnentaler • Im Wald kannst du nicht nur Pflanzen und Tiere entdecken. Wenn die Sonne auf das dichte Blätterdach scheint, sind am Boden helle Flecke zu sehen. → 1 Sie sind kleine Bilder der Sonne:
Von jedem Punkt der Sonnenoberfläche geht Licht aus. Ein Teil davon fällt durch die Löcher zwischen den Blättern. Auf dem Waldboden entstehen winzige Lichtflecke von jedem Punkt der Sonnenoberfläche. Die vielen Lichtflecke zusammen ergeben Bilder der Sonne.
Bei einer Sonnenfinsternis verdeckt der Mond einen Teil der Sonne. Wir sehen die Sonne als Sichel. Und die „Sonnentaler“ auf dem Waldboden sind dann auch sichelförmig. → 2

Begehbare Lochkameras • Früher gab es keine Kameras wie heute. Manche Maler nutzten große Lochkameras. → 3 Das waren Hütten ohne Fenster mit einem kleinen Loch in der Wand. Um ein Haus zu zeichnen, ließ der Maler die Hütte neben dem Haus aufbauen. Vom Haus fiel Licht durch das Loch in der Hütte. An der Rückwand der Hütte entstand ein umgedrehtes Bild des Hauses. Der Maler hängte seine Leinwand an dieser Stelle auf. Dann zeichnete er das Haus ab. Zum Schluss stellte er die Leinwand auf den Kopf.

1 „Sonnentaler“

2 bei Sonnenfinsternis

Moderne Lochkameras • Bei vielen Kameras kann man das Objektiv abnehmen. Sie lassen sich als Lochkamera einsetzen. → 4 5
Dazu bohrt man ein 2-mm-Loch in den Objektivdeckel. Er wird statt Objektiv auf die Kamera geschraubt. Das Loch wird mit Alufolie zugeklebt. In die Folie wird ein winziges Loch gestochen.

3 Begehbare Lochkamera

4 5 Lochkamera: großes Loch – kleines Loch

6 Fotografen am Pinhole Day

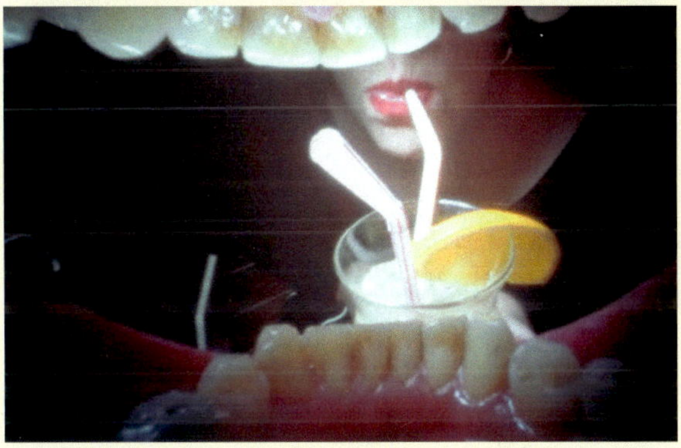

7 Lochkamera im Mund (nicht nachmachen!)

Tag der Lochkamera • Am letzten Sonntag im April ist weltweiter Tag der Lochkamera – der „Pinhole Day". Die Teilnehmer sind dann mit ihren Lochkameras unterwegs und „schießen" außergewöhnliche Fotos. → 6 7
Nur mit Lochkameras werden sowohl nahe als auch ferne Gegenstände gleichzeitig scharf abgebildet. → 8

8 Scharf abgebildet: nah und fern

Aufgaben

1 ○ Lukas sagt: „Im Wald gibt es viele riesige Lochkameras." Hat er recht? Nimm Stellung dazu.

2 ◐ Manche „Sonnentaler" auf dem Waldboden sind klein, manche sind groß. → 1 Erkläre diesen Unterschied.

3 ○ Der Maler hat ein Problem. → 3 Seine Leinwand ist kleiner als das Bild des Hauses. Wie kann er trotzdem das ganze Haus abzeichnen? Beschreibe es.

4 ◐ Bei der modernen Lochkamera steht das Bild im Display nicht auf dem Kopf. → 5 Stelle Vermutungen auf, wie und warum das Bild gedreht wird.

Sammellinsen machen scharfe Bilder

[1] Lochkamera

[2] Linsenkamera

Materialien zur Erarbeitung: A–C

Die Lochkamera macht ein unscharfes Bild. Mit der Linsenkamera wird das Bild gestochen scharf – obwohl sie ein viel größeres Loch hat!

Lochkamera – Bildflecke • Die Lochkamera macht ein unscharfes Bild, weil sie jeden Punkt des Gegenstands als großen Lichtfleck abbildet. → [3]

Linsenkamera – Bildpunkte • Im Objektiv der Linsenkamera ist eine Sammellinse aus Glas. Die Linse ist in der Mitte dicker als am Rand. → [4]
Sammellinsen erzeugen scharfe und helle Bilder: → [5]
Das Licht von einem Punkt des Gegenstands geht nicht geradlinig durch die Sammellinse. Die Linse „knickt" das Licht so, dass es hinterher wieder zusammenläuft. Es entsteht ein heller Bildpunkt. Alle Bildpunkte zusammen ergeben das helle und scharfe Bild des Gegenstands.

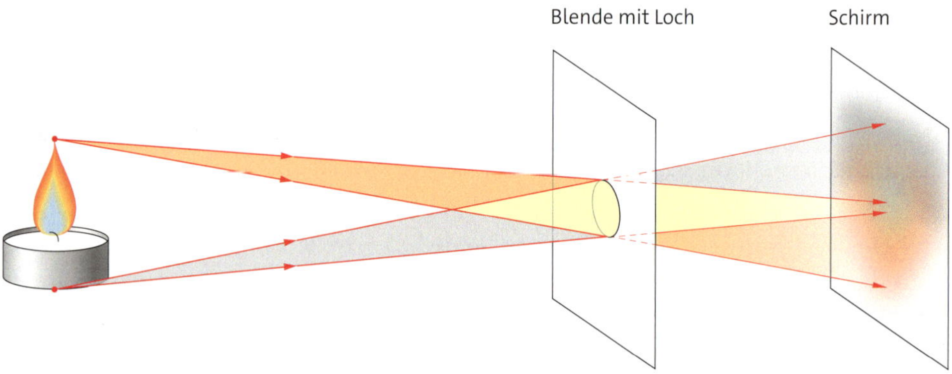

[3] Das große Loch erzeugt ein helles, unscharfes Bild.

die Sammellinse
die Bildweite
die Gegenstandsweite
die Brennweite

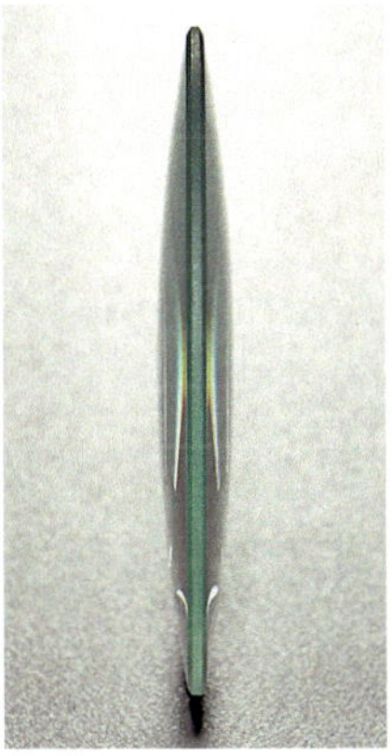

4 Sammellinse

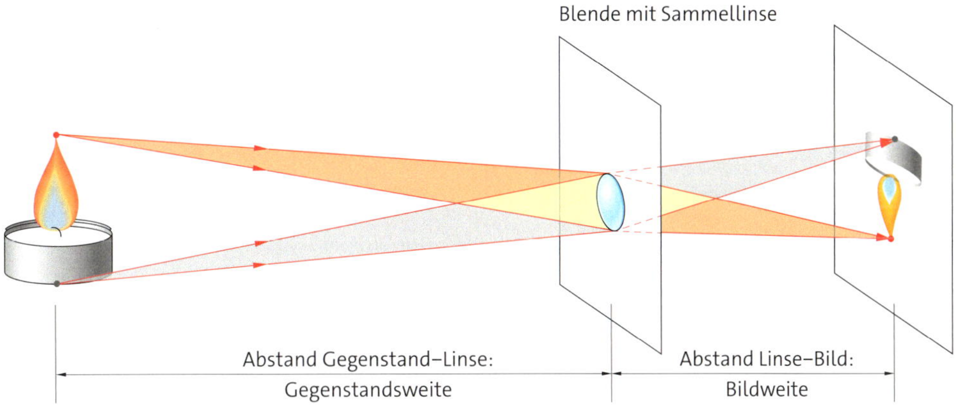

5 Die Sammellinse erzeugt ein helles, scharfes Bild.

Die Sammellinse erzeugt helle und scharfe Bilder. Sie bildet jeden Punkt des Gegenstands als Bildpunkt ab.

Richtiger Abstand • Wenn man den Schirm von der Sammellinse entfernt, ist das Bild erst unscharf. Dann wird es an einer Stelle scharf. Danach wird es erneut unscharf, weil das Licht wieder auseinanderläuft. → 6

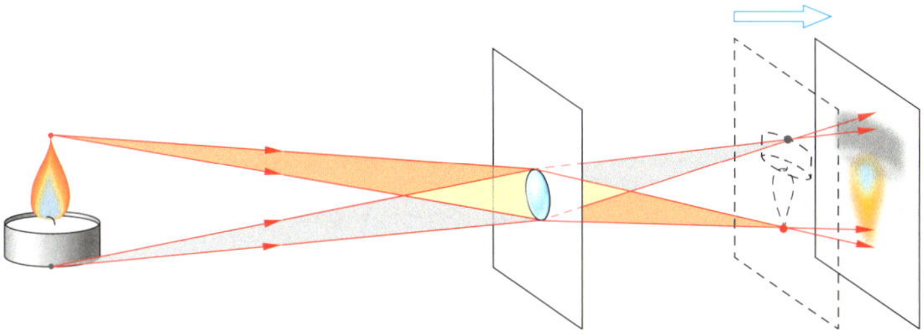

6 Der Schirm wird verschoben: Das Bild wird wieder unscharf.

Das Bild ist nur in einem einzigen Abstand zur Sammellinse scharf. Dieser Abstand heißt Bildweite.

Brennweite • Das „Brennglas“ ist eine stark gewölbte Sammellinse. → 7
Sie „knickt“ das Licht besonders stark und erzeugt ein kleines, sehr helles Sonnenbild dicht hinter der Linse. → 8

7 Ein „Brennglas“ in Aktion

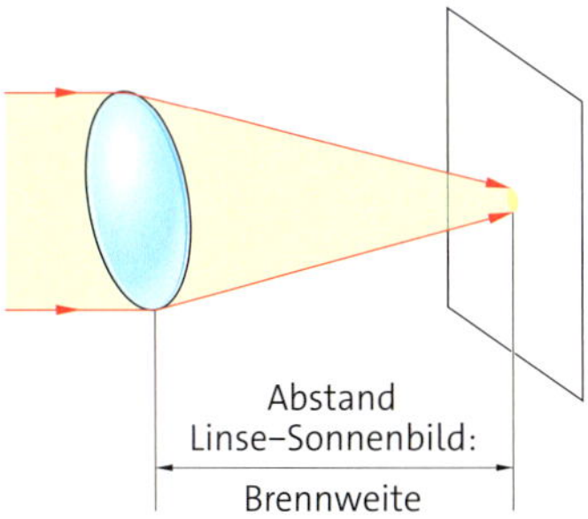

8 Die Brennweite

Der Abstand zwischen der Sammellinse und ihrem scharfen Sonnenbild heißt Brennweite. Je stärker die Sammellinse gewölbt ist, desto kleiner ist ihre Brennweite (und desto kleiner ist das Sonnenbild).

Aufgaben

1 ○ Ergänze: „Licht geht nicht geradlinig durch die Linse, sondern …“

2 ◐ Erkläre, wie eine Sammellinse scharfe und helle Bilder erzeugt.

Sammellinsen machen scharfe Bilder

Material A

Bilder erzeugen – mit einer Lupe

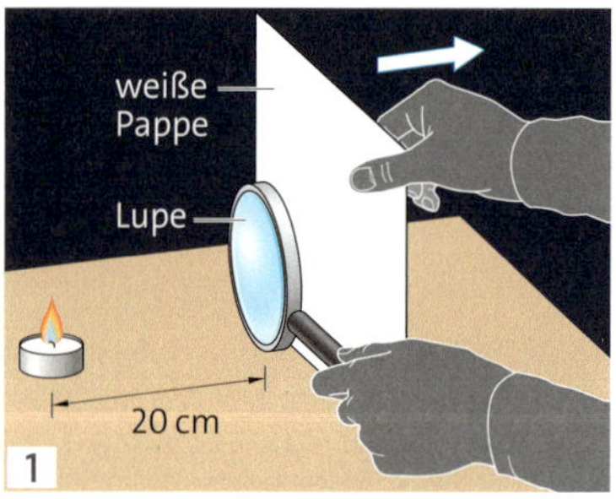

1

Materialliste: Lupe, weiße Pappe (oder Transparentpapier), Teelicht, Feuerzeug

1 Halte die Lupe hinter die Flamme. → 1 Halte die Pappe direkt hinter die Lupe. Entferne sie dann langsam immer weiter von der Lupe.
○ Beschreibe, was du auf der Pappe beobachtest.

Material B

„Lichtknicker“

Materialliste: Taschenlampe, Lupe, Staub oder Nebel

1 Geht in einen dunklen Raum. Richtet die leuchtende Taschenlampe auf die Lupe. Macht den Lichtweg sichtbar.
○ Beschreibt den Lichtweg.

Material C

„Brenngläser“

Materialliste: Sammellinsen (unterschiedlich dick), Zeitungspapier, feuerfeste Unterlage

1 Gehe an einem sonnigen Tag nach draußen. Versuche vorsichtig, das Zeitungspapier mit den Sammellinsen anzubrennen.
a ◐ Beschreibe, wie du vorgehst und was du beobachtest.
b ◐ Mit welcher Linse kannst du den kleinsten Lichtfleck erzeugen? Untersuche es und vergleiche sie mit den anderen Linsen.
c ◐ Was sammelt eine Sammellinse? Beschreibe es anhand der Beobachtungen.

Material D

Licht und Schatten

1 Auf dem transparenten Schirm sind ein heller Fleck und eine runde dunkle Fläche zu sehen. → 2
◐ Erkläre diese Beobachtungen.

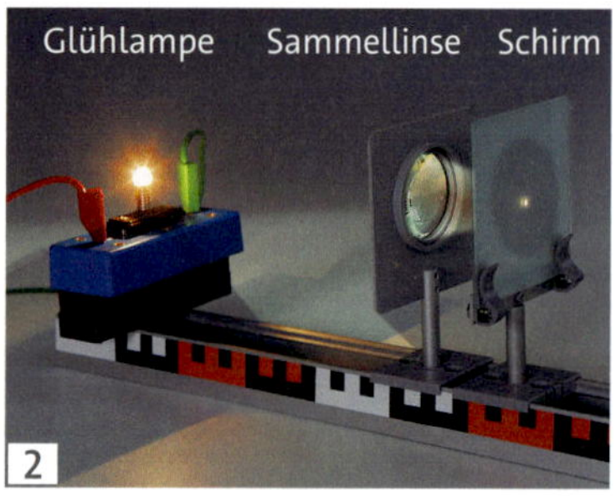

2

Material E

Brennweite

1 Die beiden Sammellinsen erzeugen Bilder auf der Wand. → 3
a ○ Beschreibe und vergleiche die Bilder genau.
b ◐ Welche Linse hat die kleinere Brennweite? Begründe deine Antwort.

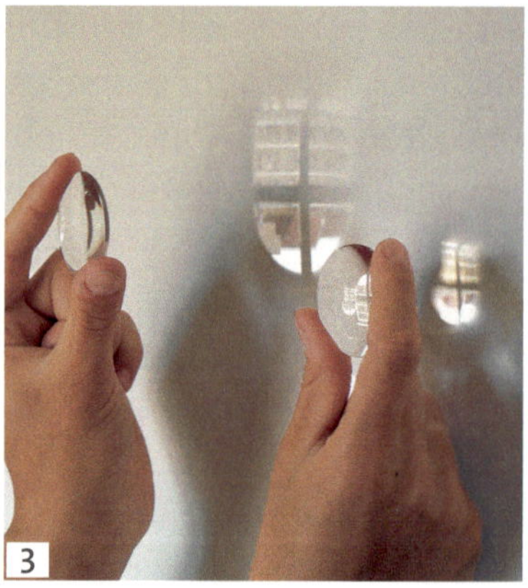
3

Material F

Von der Lochkamera zur Linsenkamera

Materialliste: Chipsdose, Transparentpapier, Schere, Leim, Klebestreifen, Sammellinse (Brennweite: $f = 100\,\text{mm}$)

1 Baue aus der Chipsdose eine Lochkamera mit einem großen Loch. → 4

a Beobachte ferne, hell leuchtende Gegenstände mit deiner selbst gebauten Lochkamera.

▢ Beschreibe die Bilder, die du auf dem Transparentpapier siehst.

b Klebe die Sammellinse über das Loch.

▢ Vergleiche die Bilder mit den Lochkamerabildern.

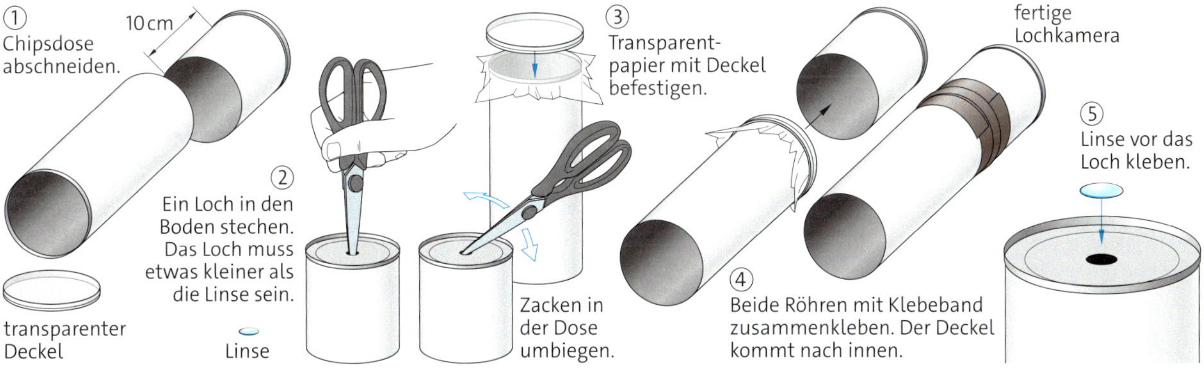

4 Kamera aus einer Chipsdose

Material G

Bilder erzeugen – nicht nur mit Sammellinsen

Materialliste: bauchiges Trinkglas, Wasser, große Glasmurmel, Kerze, Transparentpapier

1 ▢ Probiere, mit dem Trinkglas (leer, voll) Bilder auf der Wand zu erzeugen. → 5

2 Die Glaskugel erzeugt ein Bild der Umgebung. → 6

◪ Untersuche mit der Glaskugel, der Kerze und dem Transparentpapier, wo das Bild entsteht. Du wirst sehen: Mit und ohne Transparentpapier entsteht das Bild an der gleichen Stelle. Es scheint dicht hinter der Kugel zu schweben.

5

6

Vergrößern und verkleinern*

1 Eine Sammellinse – verschieden große Bilder

Gegenstände können verkleinert und vergrößert abgebildet werden – mit der gleichen Sammellinse!

Verkleinern – vergrößern • Die Sammellinse erzeugt von einer fernen Kerze ein stark verkleinertes Bild (fast) in der Brennweite. → 2

Wenn man die Kerze immer näher an die Linse rückt, ändert sich das Bild:

- Das verkleinerte Bild rückt weiter von der Linse weg und wird größer. → 3
- Das Bild wird größer als die Kerze, wenn die Kerze näher als die doppelte Brennweite herankommt. → 4
- Es entsteht kein Bild mehr, wenn die Kerze näher als die Brennweite an die Linse heranrückt. → 5

Sammellinsen bilden ferne Gegenstände stark verkleinert in der Brennweite ab. Die Brennweite ist die kleinste Bildweite.
Je näher ein ferner Gegenstand an die Linse rückt, desto weiter rückt sein Bild von ihr weg und desto größer wird es.

Material zur Erarbeitung: A

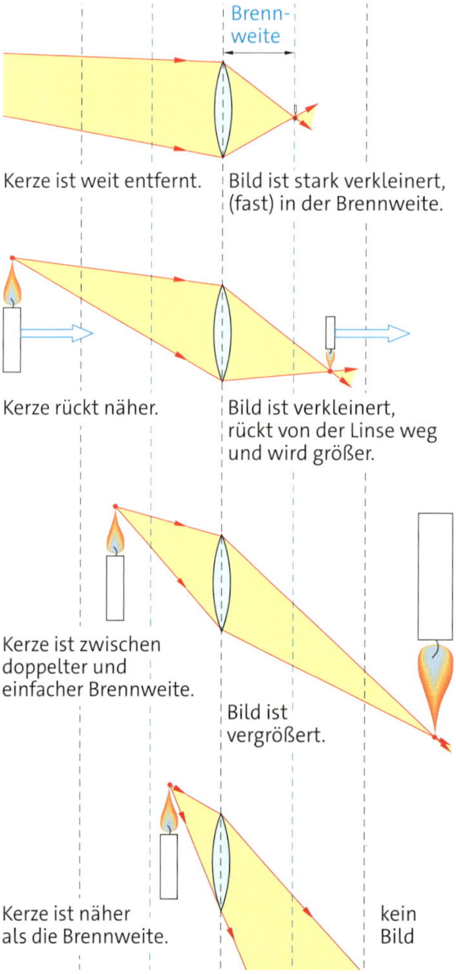

2 – 5

Aufgaben

1 ○ Beschreibe die Größe und die Lage der Kerzenbilder. → 2 – 4

2 ◐ Manuel erzeugt mit einer Sammellinse ein Bild von einer Kerze auf der Wand. Das Bild soll größer werden. Beschreibe, wie er die Kerze und die Linse verschieben muss. Tipp: Eine Zeichnung kann helfen.

Material A

Große und kleine Bilder mit einer Sammellinse

Materialliste: Sammellinse (Brennweite: $f = 100\,mm$), Teelicht, Schirm, Meterstab, Tonnenfüße

1 Stelle die Sammellinse 50 cm hinter dem Teelicht auf. → 6 Verschiebe den Schirm, bis das Bild der Flamme scharf ist.
▢ Miss die Bildweite. Beschreibe das Bild.

2 Schiebe die Linse etwas weiter vom Teelicht weg.
▢ Miss wieder die Bildweite und vergleiche mit dem Wert von Teil 1. Beschreibe, wie sich die Größe des Bilds geändert hat.

3 Verschiebe Linse und Schirm und erzeuge so verschiedene Bilder der Flamme:
- ein möglichst großes Bild
- ein möglichst kleines Bild
- ein Bild, das genauso groß wie die Flamme ist

a ◪ Protokolliere dein Vorgehen.
b ▢ Beschreibe den Zusammenhang zwischen Bildweite und Bildgröße:
- Je größer die Bildweite ist, desto ...
- Je kleiner die Bildweite ist, desto ...

c ▢ Beschreibe, wie die Gegenstandsweite mit der Bildweite zusammenhängt.

4 ◪ Miss die kleinstmögliche Bildweite. Vergleiche den Messwert mit der Brennweite der Linse.

5 ● Kann die Linse beliebig große Bilder erzeugen, indem man sie immer näher an die Kerze heranrückt? Untersuche diese Frage mit einem Versuch und schreibe ein Protokoll.

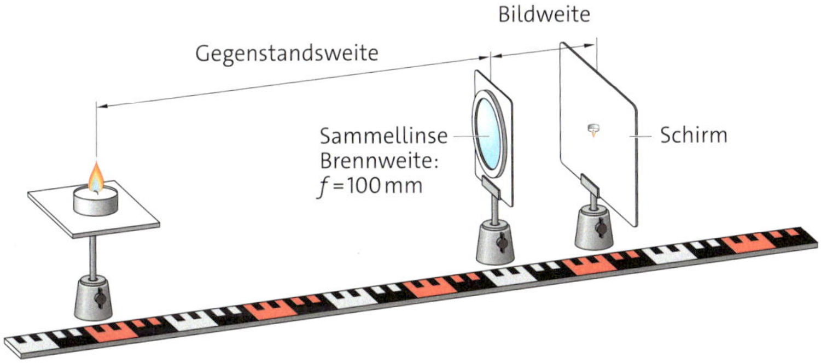

6

Material B

7

Bildgröße und Brennweite

1 Die Glasmurmel erzeugt ein Bild der Kerze. → 7
a ▢ Gib an, ob das Bild der Flammen verkleinert oder vergrößert ist.
b ◪ Mache Aussagen über die Brennweite der Glaskugel.

Nah heranholen*

1 Tierfotografen leben manchmal gefährlich.

Material zur Erarbeitung: A

Eine Großaufnahme – das wär toll! Leider kann man nicht immer so nah herangehen, wie man möchte.

Brennweite und Bildgröße • „Komm ein wenig näher – du bist so klein auf dem Foto!" So war das früher mit einfachen Kameras.

Bei modernen Kameras muss man den Abstand nicht mehr verringern. Sie haben ein verstellbares Objektiv, das Zoomobjektiv:

- In der Weitwinkeleinstellung wirkt das Objektiv wie eine dicke, stark gewölbte Sammellinse. → 2 Die Brennweite ist klein. Das Bild entsteht nahe an der Linse und ist klein.
- In der Tele-Einstellung wirkt das Objektiv wie eine dünne, schwach gewölbte Sammellinse. → 3 Die Brennweite ist groß. Das Bild entsteht weit von der Linse entfernt und ist groß. Das Objektiv ist jetzt sehr lang, weil die Bildweite so groß ist.

Bei gleicher Gegenstandsweite gilt:

Je größer die Brennweite der Sammellinse ist, desto größer sind die Bildweite und das Bild.

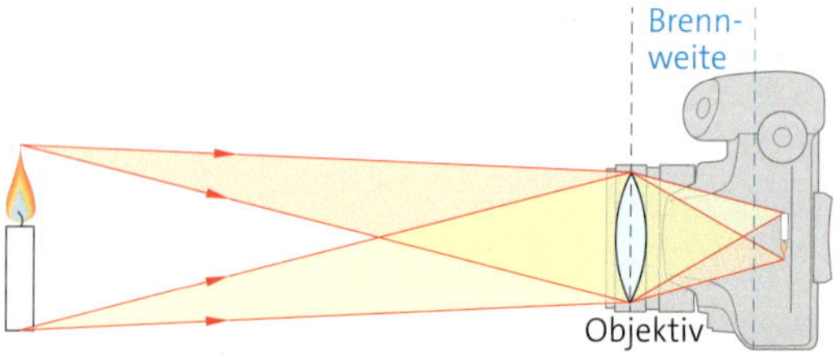

2 Weitwinkel: kleine Brennweite – kleine Bildweite – kleines Bild

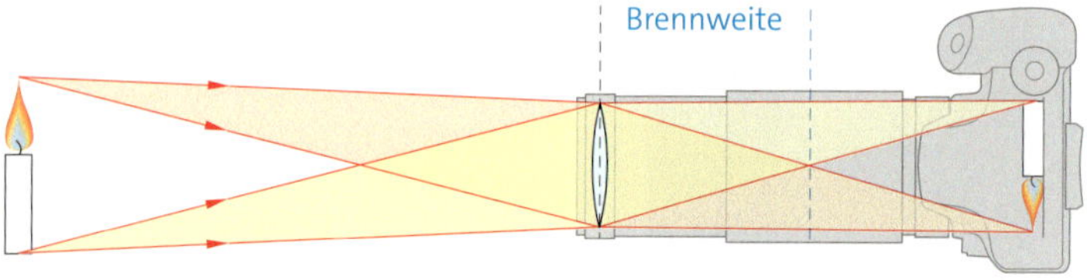

3 Tele: große Brennweite – große Bildweite – großes Bild

Aufgaben

1 ○ Gib an, wie sich die Größen beim Heranzoomen ändern: → 2 3
- Brennweite des Objektivs
- Bildweite
- Bildgröße

2 ◐ Jana hat zwei Sammellinsen in der Physiksammlung gefunden – eine mit 50 mm Brennweite und eine mit 300 mm. Beurteile, welche sich besser für die Tele-Einstellung einer Kamera eignen würde.

Material A

Brennweite und Bildgröße

Materialliste: Sammellinsen (Brennweite: f = 50 mm, 100 mm, 300 mm ...)

1 Erzeuge im Unterrichtsraum mit den verschiedenen Sammellinsen jeweils das scharfe Bild eines Fensters auf der gegenüberliegenden Wand.
◐ Fasse deine Beobachtungen zusammen:
„Je kleiner die Brennweite der Linse ist, desto ...“
Tipp: Für verschiedene Sammellinsen mit gleichem Durchmesser gilt: Je dicker die Sammellinse in der Mitte ist, desto kleiner ist ihre Brennweite.

Material B

Objektive von Kameras

4 Weitwinkeleinstellung (W)

5 Tele-Einstellung (T)

1 Viele Kameras haben ein verstellbares Objektiv (Zoomobjektiv). → 4 5

a ○ Vergleiche die Weitwinkeleinstellung mit der Tele-Einstellung. Gib an, was dir am Objektiv auffällt.

b Beschreibe, wofür man die Tele-Einstellung nutzt.

2 Ein Teleobjektiv erkennt man sofort. → 6
○ Beschreibe sein Erkennungszeichen.

6 Verschiedene Objektive

Material C

Weitwinkel und Tele

1 Die Bilder sind mit verschiedenen Objektiven gemacht worden. → 7 8

a ○ Gib an, welches Bild mit einem Weitwinkel- und welches mit einem Teleobjektiv gemacht wurde.

b ◐ Beschreibe, wie sich die Objektive voneinander unterscheiden.

7

8

Linsen zum Sehen*

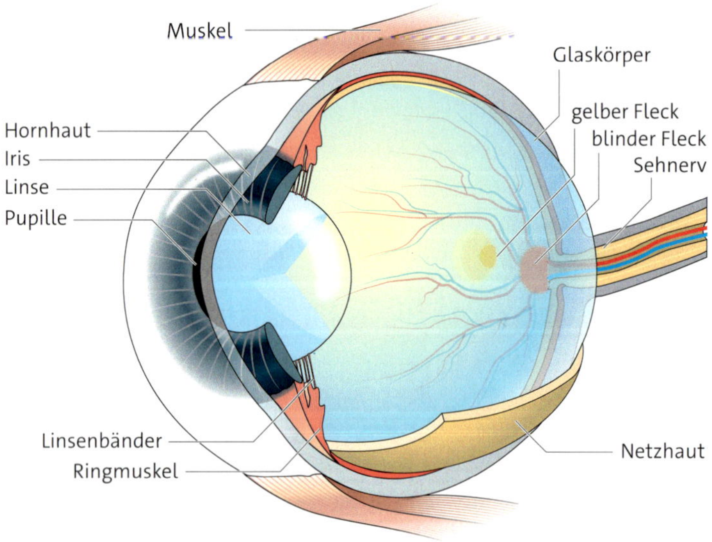

1 So ist unser Auge aufgebaut.

Das Auge erzeugt Bilder. Wenn sie nicht scharf genug sind, hilft eine Brille.

Die Abbildung im Auge • Das Licht von einem Gegenstand geht zuerst durch die durchsichtige, gewölbte Hornhaut. → 1 Dann folgt eine Blende mit einem Loch in der Mitte: die bunte Iris (Blende) mit der schwarzen Pupille (Loch). Hinter der Pupille trifft das Licht auf die Augenlinse. Sie erzeugt zusammen mit der Hornhaut das Bild des Gegenstands auf der Netzhaut. Beim Blick auf einen fernen Baum ist die Augenlinse dünn und damit nur schwach gewölbt. → 2 Bei einer nahen Ameise ist die Augenlinse dick und damit stark gewölbt. → 3 Für die Veränderung der Linse sorgen die Linsenbänder und der Ringmuskel. → 1

In der Netzhaut sitzen die Sehsinneszellen. Sie werden durch das Licht gereizt und schicken dann elektrische Signale über den Sehnerv zum Gehirn.

Hornhaut und Augenlinse erzeugen zusammen Bilder auf der Netzhaut. Bei fernen Gegenständen ist die Brennweite der Augenlinse groß, bei nahen Gegenständen ist sie klein. Die Bildweite bleibt immer gleich.

Normalsichtig • Normalsichtige sehen Nahes und Fernes gleich gut. Ihr Augapfel ist von der Hornhaut bis zur Netzhaut etwa 24 mm lang.

Kurzsichtig • Kurzsichtige sehen nur nahe Dinge scharf. Ihr Augapfel ist länger als normal. → 4 Dadurch entstehen scharfe Bilder ferner Gegenstände schon vor der Netzhaut. Die Bilder auf der Netzhaut sind unscharf.

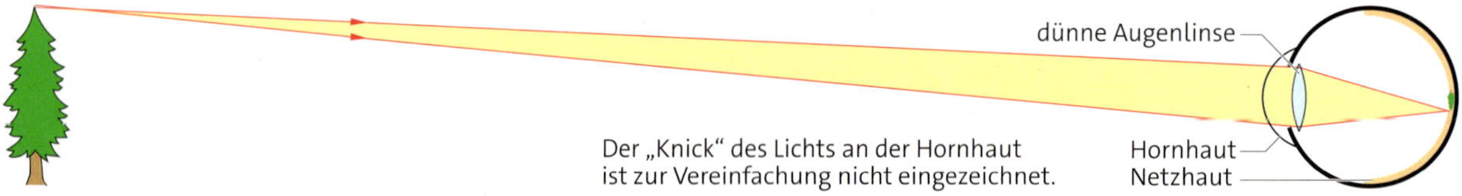

Der „Knick" des Lichts an der Hornhaut ist zur Vereinfachung nicht eingezeichnet.

2 Großer Abstand – dünne Augenlinse

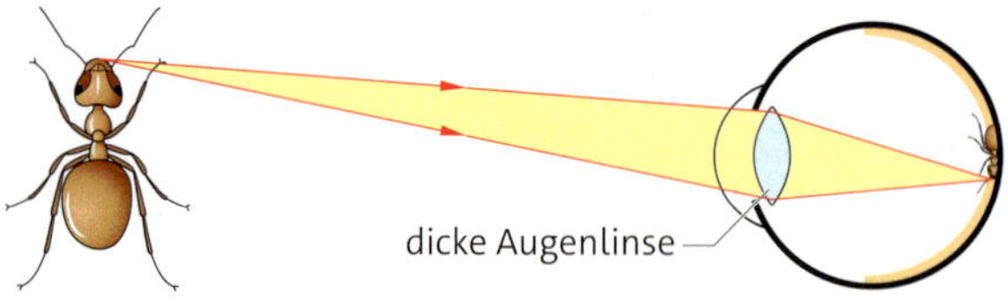

3 Kleiner Abstand – dicke Augenlinse

das **Auge**
die **Brille**
die **Kurzsichtigkeit**
die **Weitsichtigkeit**

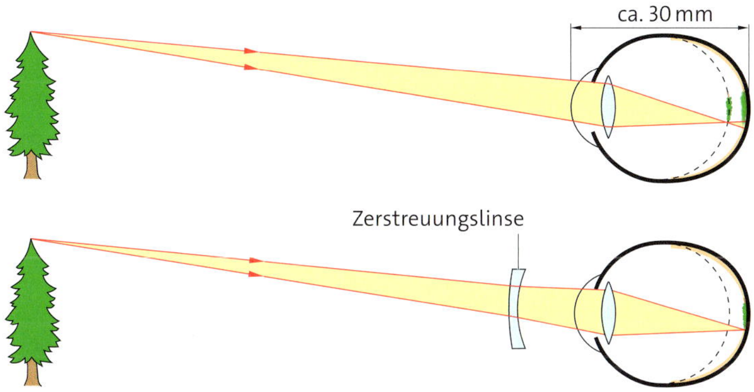

4 5 Kurzsichtig: ohne und mit Brille

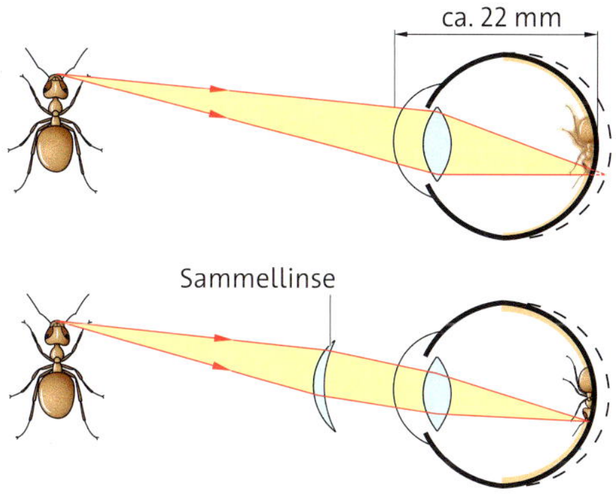

6 7 Weitsichtig: ohne und mit Brille

Kurzsichtige brauchen eine Brille mit Zerstreuungslinsen. Diese Linsen sind in der Mitte dünner als am Rand. → 5 Sie „knicken“ das Licht von einem Gegenstandspunkt so, dass es hinter der Linse stärker auseinanderläuft als vorher. Dadurch kann die Augenlinse das Licht erst etwas weiter hinten zusammenführen – auf der Netzhaut.

Kurzsichtige sehen ferne Gegenstände unscharf. Durch Brillen mit Zerstreuungslinsen entstehen scharfe Bilder erst auf der Netzhaut.

Weitsichtig • Weitsichtige sehen nur ferne Gegenstände scharf. Dafür gibt es zwei Ursachen:

- Der Augapfel ist kürzer als normal. → 6 Das scharfe Bild würde erst hinter der Netzhaut entstehen.
- Die Augenlinse wölbt sich beim Sehen naher Gegenstände nicht genug. Die Brennweite der Linse ist so groß, dass das scharfe Bild erst hinter der Netzhaut entstehen würde.

Weitsichtige brauchen eine Brille mit Sammellinsen. Diese Linsen führen das Licht von einem Gegenstandspunkt zusätzlich zur Augenlinse zusammen. → 7 Dadurch entsteht das scharfe Bild schon auf der Netzhaut.

Weitsichtige sehen nahe Gegenstände unscharf. Durch Brillen mit Sammellinsen entstehen scharfe Bilder schon auf der Netzhaut.

Aufgaben

1 ○ Nenne die Teile des Auges, die das Bild auf der Netzhaut erzeugen.

2 ◐ Ergänze im Heft: „Die ... der Augenlinse kann verändert werden. Die ... bleibt bei nahen und fernen Gegenständen gleich groß.“

3 Kurzsichtig – weitsichtig

a ○ Ergänze im Heft:
- Ein Kurzsichtiger sieht ... Dinge scharf und ... Dinge unscharf.
- Ein Weitsichtiger sieht ... Dinge scharf und ... Dinge unscharf.

b ◐ Erkläre jeweils, wie Brillen helfen.

Linsen zum Sehen*

Material A

Ein Augenmodell

Materialliste: Tennisball, Pergamentpapier, Säge, kräftige Schere, Klebstoff, kleine Sammellinse (Brennweite etwa 60 mm)

1 Der Tennisball wird erst angesägt und dann wird ein großes Stück abgeschnitten. → 1 Die Schnittfläche soll möglichst gerade sein. Gegenüber von diesem großen Loch wird ein kleines Loch ausgeschnitten.
Achtung • Verletzungsgefahr beim Sägen und Schneiden!

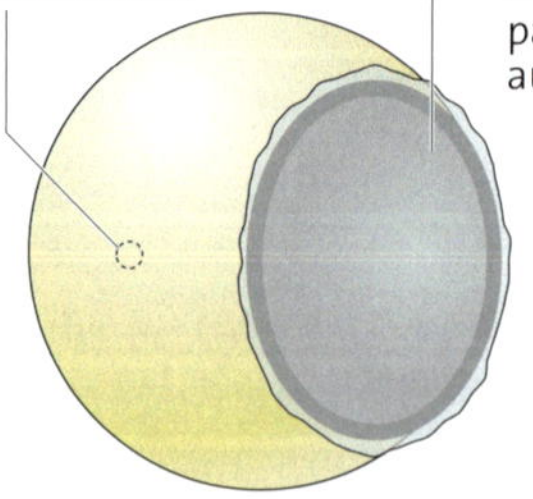

1 Tennisball als Augenmodell

Die Sammellinse wird auf das kleine Loch geklebt, das Pergamentpapier auf das große Loch.

2 ○ Beobachte mit dem Augenmodell eine Kerzenflamme, eine Landschaft in der Sonne ... Beschreibe deine Beobachtungen.

3 ◐ Vergleiche das Augenmodell mit dem Auge.

Material B

Kurzsichtig – weitsichtig

Kurzsichtige brauchen Brillen mit Zerstreuungslinsen. Im Modellversuch entspricht die Sammellinse der Augenlinse und der Schirm entspricht der Netzhaut. → 2

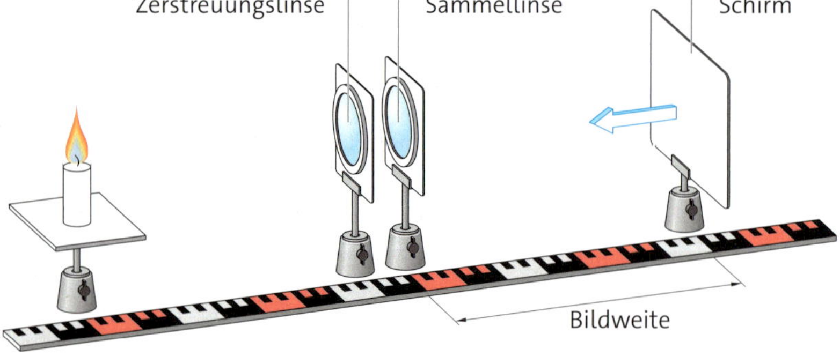

2 Versuch zur Kurzsichtigkeit

Materialliste: Zerstreuungslinse, Sammellinse, Kerze, Schirm, Tonnenfüße, Metermaß

1 Stelle die Zerstreuungslinse dicht vor die Sammellinse.
a ○ Verschiebe den Schirm, bis das Bild der Kerze scharf zu sehen ist. Miss jetzt die Bildweite.
b ○ Nimm die Zerstreuungslinse weg. Beschreibe das Bild auf dem Schirm.
c ◐ Verschiebe den Schirm, bis das Bild wieder scharf ist. Der Aufbau entspricht jetzt dem „normalsichtigen“ Auge. Miss die Bildweite.
d ◐ Vergleiche die Bildweiten. Welches Auge ist kürzer: das normalsichtige oder das kurzsichtige?

2 ● Weitsichtige brauchen Brillen mit Sammellinsen. Plane einen Modellversuch dazu und führe ihn durch. Schreibe ein Protokoll.

Material C

Verschiedene Linsen

1 ▢ Ordne die Linsen in Sammellinsen und Zerstreuungslinsen. → 3 Begründe deine Zuordnung.

2 Sammellinse – Zerstreuungslinse

a ◪ Ordne die Linsen den Bildern zu. → 4 5 Begründe deine Zuordnung. Tipps: Linsenform, „Knick" im Licht

b ▢ Gib an, welche Linse wem hilft:
- kurzsichtigen Menschen
- weitsichtigen Menschen

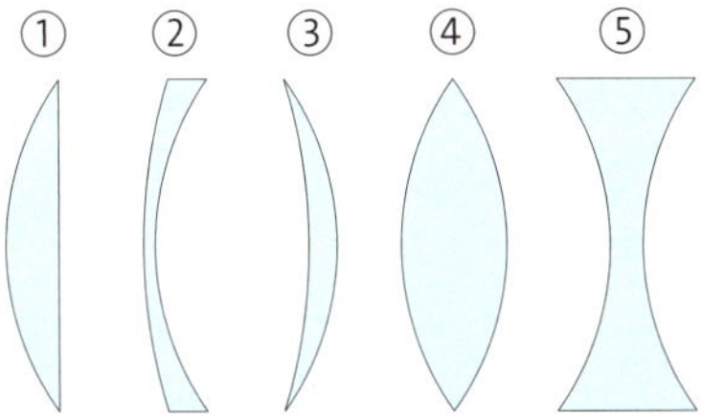

3 Verschiedene Linsenformen

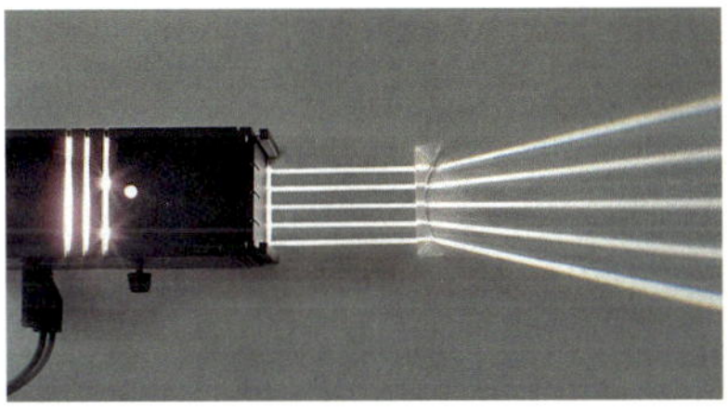

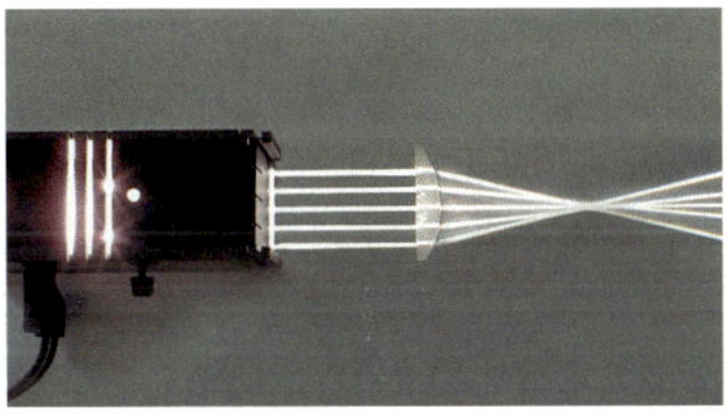

4 5 Was sind das für Linsen?

Material D

„Brillenstärke"

1 Die „Brillenstärke" wird in Dioptrien angegeben. → 6

a ◪ Berechne die fehlenden Werte in der Tabelle. → 7

b ▢ Gib die „stärkste" Linse an.

Brennweite	Dioptrie
2,0 m	?
0,5 m	?
?	10
20 cm	?

7 Verschieden „starke" Linsen

„Brillenstärke" und Dioptrie

Stark gewölbte Sammellinsen „knicken" das Licht stark. Ihre Brennweite ist klein. Der Kehrwert der Brennweite (in m) ist groß. Er beschreibt die „Brillenstärke" und wird in Dioptrien angegeben.
Beispiel: Eine Sammellinse mit einer Brennweite von 0,2 m hat eine „Brillenstärke" von 5 Dioptrien: $\frac{1}{0{,}2} = 5$. Sie führt das Licht stärker zusammen als eine Sammellinse mit 2 Dioptrien, weil diese eine größere Brennweite von 0,5 m hat: $\frac{1}{0{,}5} = 2$.
Bei Zerstreuungslinsen gibt man die „Brillenstärke" durch negative Dioptrien an.

6

Material E

Nahpunkt

1 Nähert euch dem Buch so weit, dass ihr den Text gerade noch scharf erkennt → 8

a ▢ Messt den Abstand Auge – Buch. Vergleicht eure Werte.

b ● Geht noch näher heran. Beschreibt und erklärt, was ihr beobachtet.

8

Das Gehirn bestimmt, was wir sehen*

1 Seht ihr alle das Gleiche?

Mal siehst du zwei Köpfe, mal einen Pokal. → 1 Auf deiner Netzhaut ist aber beide Male das gleiche Bild!

Auge und Gehirn • Das Netzhautbild der Blume steht auf dem Kopf. → 2 Wir sehen die Welt aber aufrecht. Das Gehirn „betrachtet" das Netzhautbild nämlich nicht einfach wie ein Foto. Vielmehr wertet es die Signale aus, die von der Netzhaut kommen. Dabei spielt die Erfahrung eine große Rolle. Unsere Erfahrung ist, dass eine Blume aufrecht steht. Das Gehirn schließt daher aus dem umgekehrten Netzhautbild auf einen aufrecht stehenden Gegenstand.

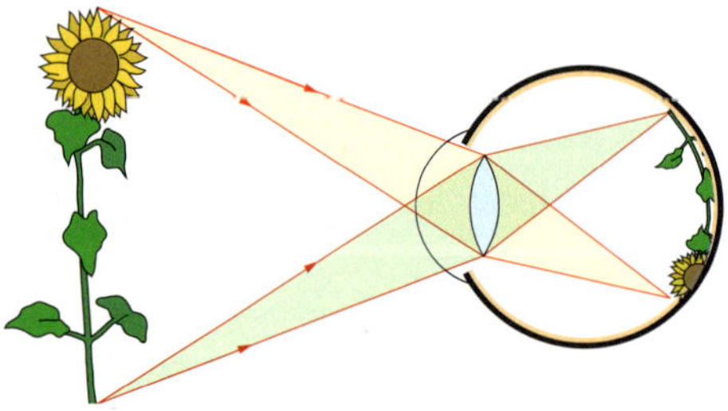

2 Aufrechte Blume – umgekehrtes Bild

Manchmal erkennt dein Gehirn zwei verschiedene Dinge an der gleichen Stelle. → 1 Es deutet dann das gleiche Netzhautbild zum Beispiel mal als Pokal und mal als Köpfe.

Räumliches Sehen • Wir haben zwei Augen – warum sehen wir nicht alles doppelt? Peile mit dem Daumen ein Ziel an. → 3 Halte dazu erst das linke, dann das rechte Auge geschlossen. Du erkennst, dass sich der Daumen an verschiedenen Stellen vor dem Hintergrund befindet. Unser Gehirn erzeugt aus dem Unterschied der Netzhautbilder einen räumlichen Seheindruck.

3 Linkes Auge offen – rechtes Auge offen

Der Seheindruck von unserer Umgebung entsteht erst im Gehirn.

Aufgaben

1 ○ Wir sehen Dinge aufrecht, obwohl ihr Netzhautbild auf dem Kopf steht. Erkläre dies.

2 ◐ Erkläre, weshalb wir nicht alles doppelt sehen.

Material A

Vertrackte Farben

1 Die Liste mit den Farbnamen hat es in sich. → 4

a ▢ Lies die Wörter nicht vor, sondern nenne laut und möglichst schnell die Farben, in denen sie gedruckt sind.

b Fünfjährige haben keine Schwierigkeiten mit dieser Aufgabe.
◐ Erkläre den Unterschied.

4 blau grün rot gelb blau gelb grün rot blau weiß schwarz weiß gelb

Material B

Mit zwei Augen sehen

Materialliste: Papier, Stift, leere Flasche

1 Schließe ein Auge und halte eine Röhre aus Papier vor das andere Auge. Schaue durch die Röhre in die Ferne. Öffne dann auch das zweite Auge. → 5
a ▢ Beschreibe, was du siehst.
b ◐ Erkläre deine Beobachtung.

5

2 Eine leere Flasche steht auf dem Tisch. Stecke von oben einen Stift hinein – halte dabei aber ein Auge geschlossen. Wiederhole dann den Versuch mit beiden Augen geöffnet.
◐ Erkläre den Unterschied.

3 Stelle dich ans Fenster. Bei gestreckten Armen sollen sich die Spitzen der Zeigefinger berühren. → 6
Blicke nicht auf die Finger, sondern über sie hinweg zum Himmel. Ziehe dann die Fingerspitzen etwas auseinander.
▢ Beschreibe, was du jetzt siehst.

6

Material C

Lass dich täuschen!

1 Folge den Hinweisen unter den Bildern. → 7 8
◐ Beschreibe deine Seheindrücke.

7 Ist die Zimmerwand im Hintergrund breiter als die Vorderkante des Teppichs? Miss nach!

8 Krumm und schief? Prüfe es.

Bilder erzeugen

Zusammenfassung

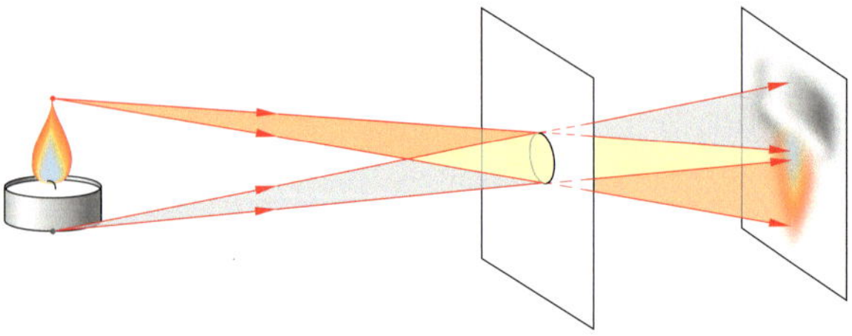

1 Großes Loch: Bild hell, aber unscharf

Löcher machen Bilder • Vom Gegenstand geht Licht durch das Loch in der Blende. Auf dem Schirm hinter der Blende entsteht zu jedem Punkt des Gegenstands ein Lichtfleck. Alle Lichtflecke zusammen ergeben das umgekehrte Bild des Gegenstands. → 1
Je weiter man den Schirm vom Loch entfernt, desto größer wird das Bild.

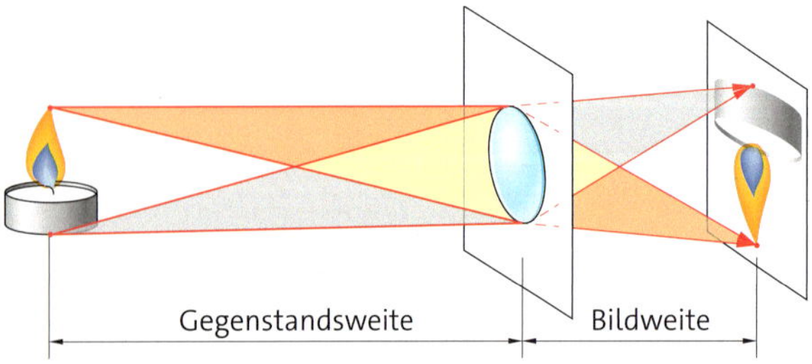

2 Sammellinse: Bild hell und scharf

Sammellinsen machen Bilder • Die Sammellinse bildet jeden Gegenstandspunkt in einem Bildpunkt ab. Das umgekehrte Bild ist hell und scharf – aber nur in einem einzigen Abstand zwischen Sammellinse und Schirm. → 2 Der Abstand zwischen Linse und scharfem Sonnenbild heißt Brennweite. Je schwächer die Sammellinse gewölbt ist, desto größer ist ihre Brennweite.

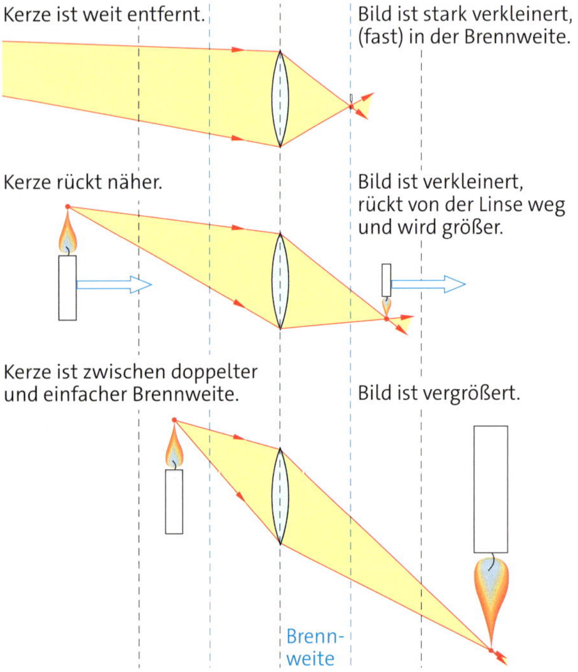

3 Verschiedene Abstände – verschiedene Bilder

Bildweite und Brennweite* • Ferne Gegenstände werden von der Sammellinse stark verkleinert in der Brennweite abgebildet. → 3 Je näher der Gegenstand an die Sammellinse heranrückt, desto weiter rückt sein Bild von ihr weg und desto größer wird das Bild.
Je größer die Brennweite einer Sammellinse ist, desto größer ist das Bild des Gegenstands (bei gleicher Gegenstandsweite). → 4

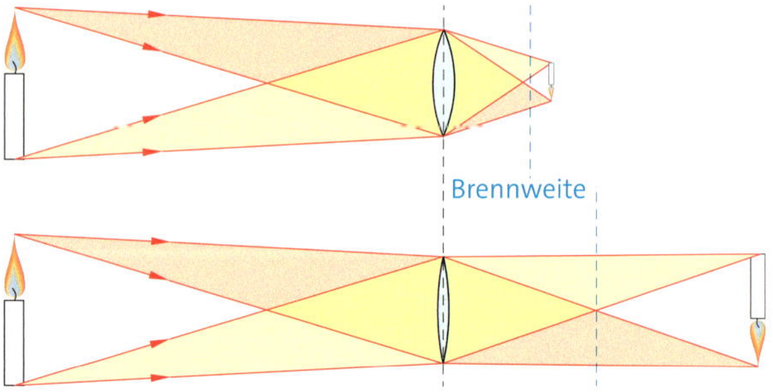

4 Größere Brennweite – größeres Bild

Auge und Seheindruck* • Das Licht fällt durch die Hornhaut und die Pupille ins Auge. → 5 Die Hornhaut und die Augenlinse „knicken“ das Licht und führen es auf der Netzhaut zusammen. Dort entstehen umgekehrte Bilder von Gegenständen in der Umgebung.
Der Seheindruck von unserer Umgebung entsteht erst im Gehirn. Beim Auswerten der Netzhautbilder spielen Erfahrung und Erinnerung eine große Rolle.

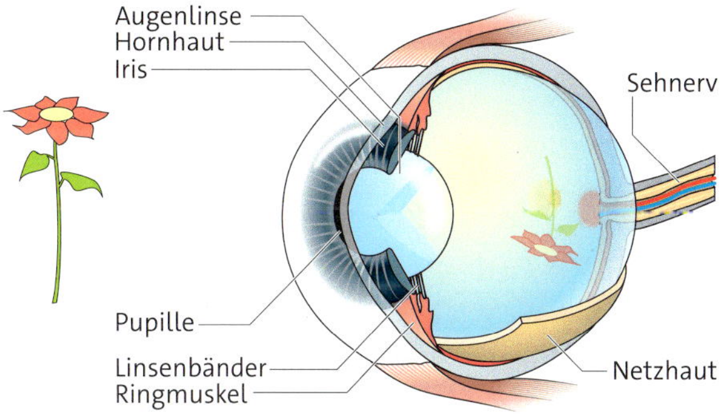

5 Aufbau unseres Auges

Nah und fern* • Bei nahen Gegenständen ist die Brennweite der Augenlinse klein. → 6 Bei fernen Gegenständen ist die Brennweite groß. Die Bildweite bleibt immer gleich.

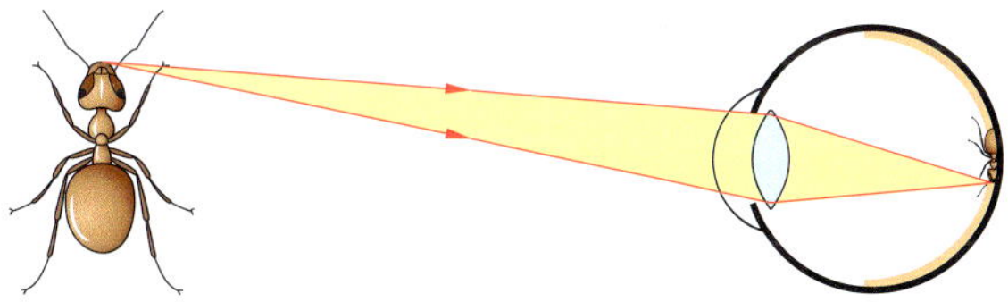

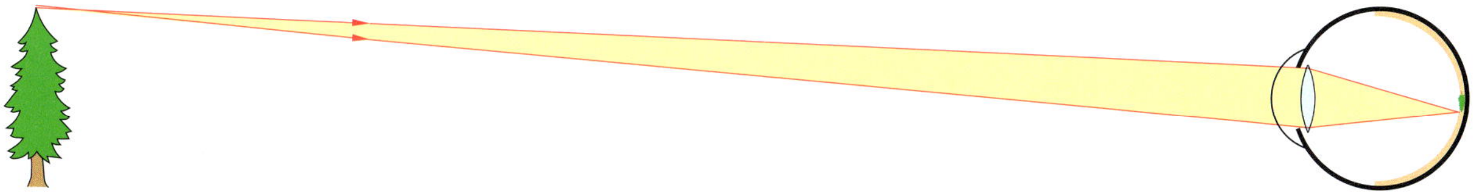

6 Naher Gegenstand – kleine Brennweite; ferner Gegenstand – große Brennweite

Kurzsichtig* • Kurzsichtige sehen ferne Gegenstände unscharf. Das scharfe Bild entsteht vor der Netzhaut. Durch die Zerstreuungslinse entsteht es erst auf der Netzhaut. → 7

Weitsichtig* • Weitsichtige sehen nahe Gegenstände unscharf. Das scharfe Bild würde hinter der Netzhaut liegen. Durch die Sammellinse entsteht es schon auf der Netzhaut. → 8

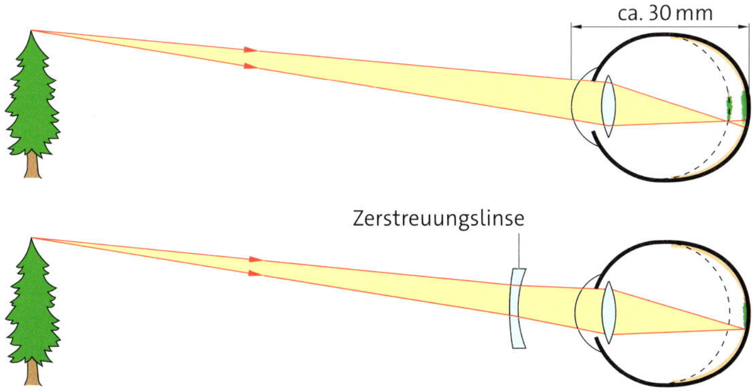

7 Kurzsichtiges Auge mit Brille

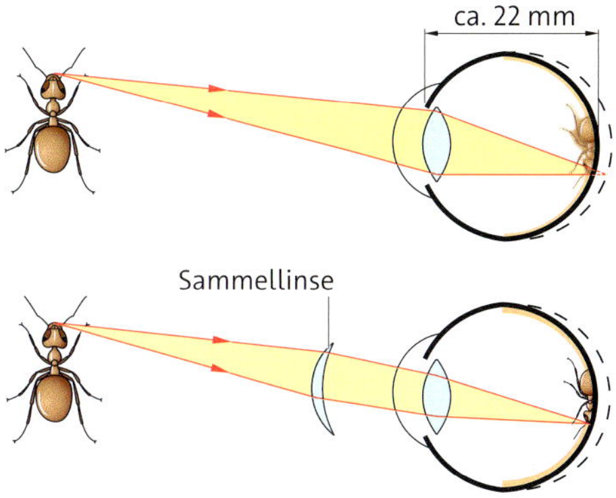

8 Weitsichtiges Auge mit Brille

Bilder erzeugen

Aufgaben

Bilder von Löchern und Linsen

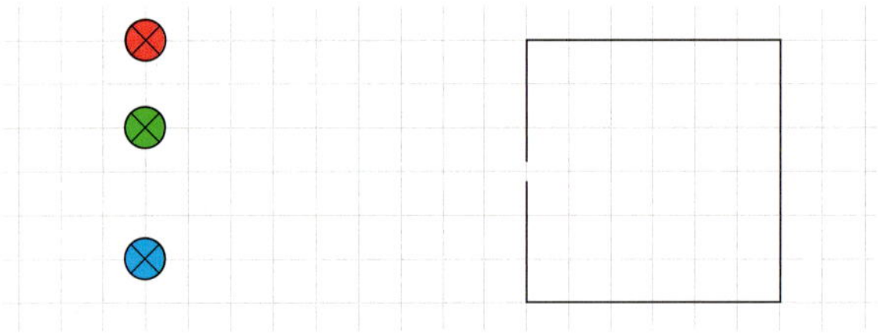

1 Vorlage für die Zeichnung

1 ○ Vor einer Lochkamera stehen drei kleine Lämpchen. → 1 Übertrage die Anordnung in dreifacher Größe in dein Heft. Zeichne die Bilder der Lämpchen ein.

2 Lochkamera – Linsenkamera

a ○ Nenne Gemeinsamkeiten und Unterschiede der Bilder.

b ◐ Erkläre, wieso die Bilder umgedreht sind.

3 ◐ Erkläre, wie die „Brennweite" einer Sammellinse zu ihrem Namen kommt.

4 ◐ So wird das Licht einer fernen Leuchtturmlampe von einer stark gewölbten Sammellinse zusammengeführt. → 2

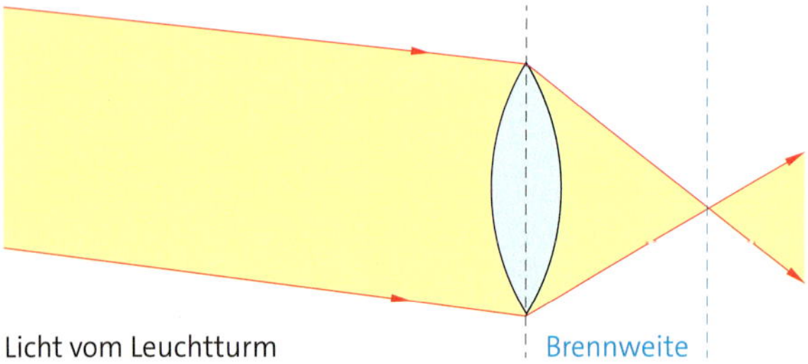

2 Ferne Lampe und stark gewölbte Linse

a Skizziere das Gleiche für eine schwach gewölbte Sammellinse.

b Beschreibe den Zusammenhang: „Je stärker eine Sammellinse gewölbt ist, desto ... ist ihre Brennweite."

5* ○ Vergrößert – verkleinert

a Beschreibe, wie du mit der Sammellinse das verkleinerte Bild einer Kerze erzeugst.

b Beschreibe, wie du mit der Sammellinse das vergrößerte Bild einer Kerze erzeugst.

6* Die Kerze steht ganz nahe an der Sammellinse. → 3 Es entsteht kein Bild der Kerze.
● Erkläre diese Beobachtung.

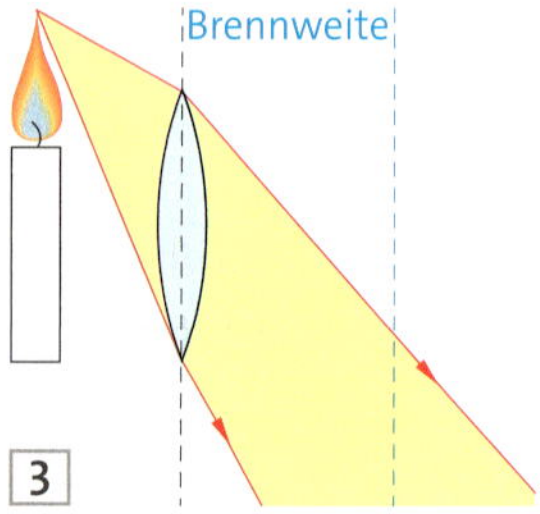

3

Das Auge*

7 ○ Du gehst vom dunklen Flur auf die helle Straße. Beschreibe, wie sich deine Pupille dabei ändert.

8 ◐ Ein Auto fährt auf dich zu. Beschreibe, wie sich sein Bild auf deiner Netzhaut ändert.

9 ◐ Du siehst einen Kalender und eine Rose zunächst so wie im Bild 4 und dann so wie im Bild 5. Beschreibe, wie sich deine Augenlinse dabei verändert.

4

5

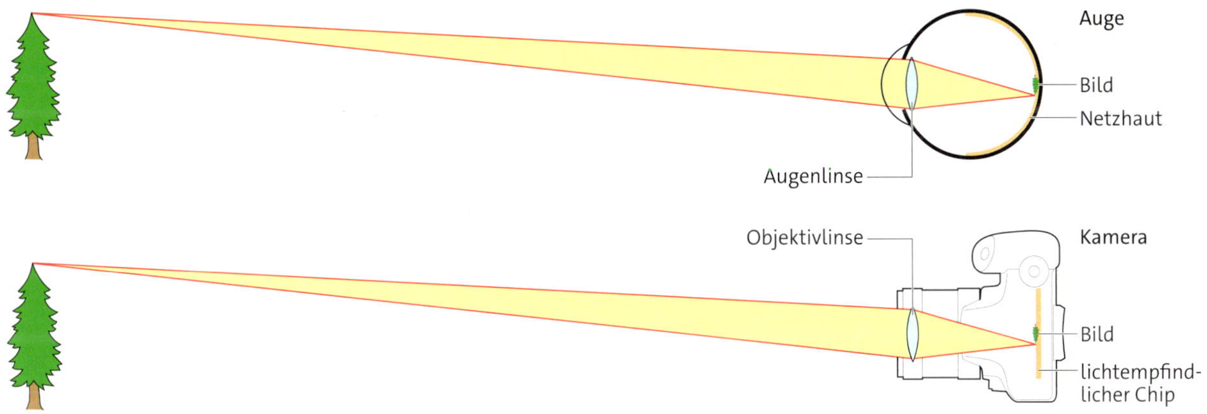

6 Auge und Kamera im Vergleich

10 ◐ Auge und Kamera sind ähnlich aufgebaut. → 6 Übertrage die Tabelle ins Heft und fülle sie aus. → 7 Setze ein:
Bild auffangen, Bild erzeugen, Chip, Iris, Linse verformbar, Linse verschiebbar, Objektivlinse, Lichteinfall regeln.

Auge	Kamera	Funktion
Augenlinse	?	?
?	Blende	?
Netzhaut	?	?
?	?	scharf stellen

7 Auge und Kamera im Vergleich

Die Brille*

11 Kurzsichtig – weitsichtig
a ▢ Beschreibe, was Kurzsichtige scharf sehen können und was nicht.
b ▢ Benenne die Linsen in den Brillen für Kurzsichtige.
c ◐ Beschreibe, wie Brillen für Kurzsichtige funktionieren.
d ◐ Löse die Aufgaben a–c für Weitsichtige.

Auge und Seheindruck*

12 ▢ Auf der Netzhaut ist ein umgedrehtes Bild des Baums. → 6 Erkläre, weshalb wir den Baum trotzdem aufrecht wahrnehmen.

13 Halte eine Münze zwischen das Buch und deine Augen. Blicke sie abwechselnd mit dem rechten und dem linken Auge an.
a ▢ Beschreibe deine Beobachtung.
b ◐ Beschreibe, was deine Beobachtung mit dem räumlichen Sehen zu tun hat.

14 Drehe die Bilder richtig herum. → 8
a ▢ Beschreibe deine Beobachtung.
b ◐ Erkläre, warum dir das Sonderbare nicht schon vorher auffällt.

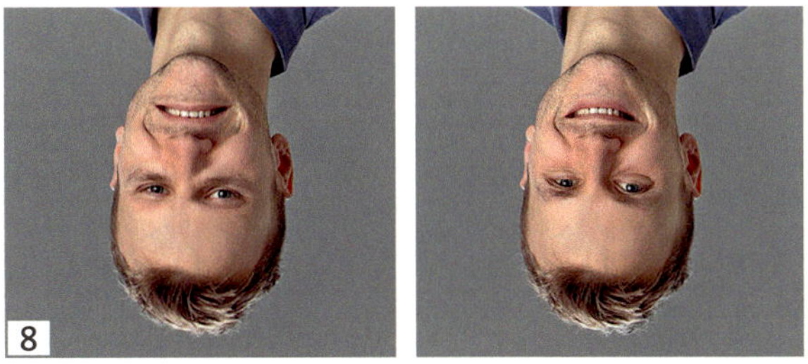
8

Licht wird reflektiert

1 Spiegelkugel

Materialien zur Erarbeitung: A–B

Hunderte kleine Spiegel lenken Licht in alle Richtungen. Sie halten sich dabei alle an ein Gesetz ...

Reflexion • Wenn Licht auf einen Spiegel trifft, lenkt er es um. → 2 Man sagt, der Spiegel reflektiert das Licht. Einfallende und ausfallende Lichtstrahlen bilden stets ein V, das senkrecht auf dem Spiegel steht.

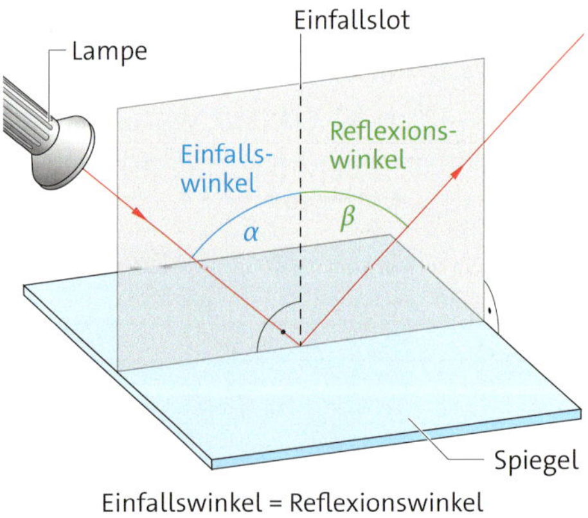

2 Das Reflexionsgesetz

Das V kann breit oder schmal sein. Das hängt davon ab, in welchem Winkel das Licht auf den Spiegel trifft. Die Senkrechte mitten im V nennt man Einfallslot.

Am Spiegel gilt das Reflexionsgesetz:
- Der Einfallswinkel ist genauso groß wie der Reflexionswinkel.
- Einfallender und reflektierter Lichtstrahl liegen in einer Ebene mit dem Einfallslot.

Aufgaben

1 ○ Nennen Gegenstände, die wie der Spiegel Licht reflektieren.

2 ◐ Weiße Wände streuen Licht, Spiegel reflektieren es. Beschreibe den Unterschied.

die **Reflexion**
das **Reflexionsgesetz**

Material A

Der Lichtweg am Spiegel

Materialliste: abgeklebte Taschenlampe mit Lichtspalt, Papier (DIN A4), Taschenspiegel

1 Lege das Blatt Papier auf den Tisch und baue den Versuch darauf auf. → 3

a ▢ Zeichne die Stellung des Spiegels und einige Punkte des Lichtwegs auf dem Papier ein. Zeichne dann den Lichtweg sorgfältig nach.

b ▢ Drehe den Spiegel etwas zur Seite. Zeichne wieder.

c ◪ Formuliere eine Gesetzmäßigkeit.

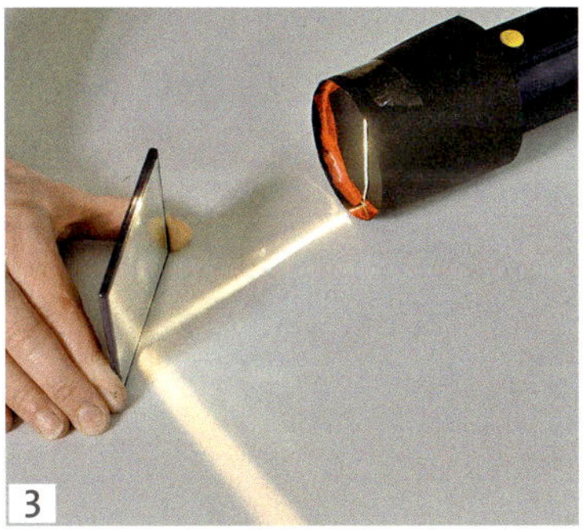
3

Material B

Gespiegeltes Licht im Visier

Materialliste: 2 Pappröhren, Taschenlampe, Spiegel

1 Ein Versuch für zwei → 4

a ▢ Dein Partner leuchtet durch seine Pappröhre auf den Spiegel. Verschiebe und drehe deine Pappröhre, bis Licht in dein Auge fällt.

b ◪ Die Richtung der ersten Röhre wird verändert. Suche wieder das umgelenkte Licht. Wie musst du die Röhre halten? Stellt Regeln auf.

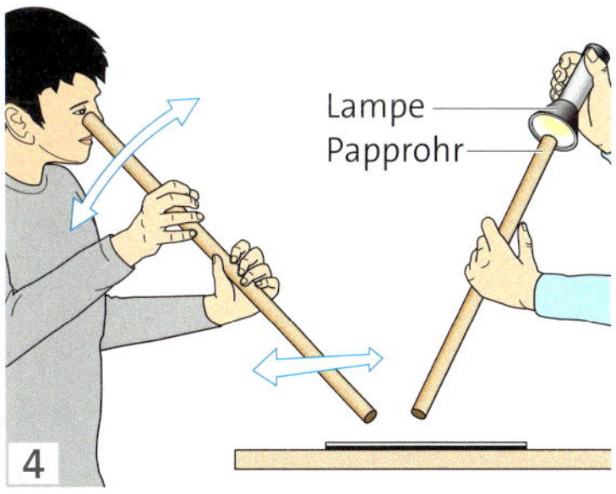

4

Material C

Licht ins Ziel lenken

Materialliste: abgeklebte Taschenlampe mit Lichtspalt (wie in Bild 3), Papier (DIN A4), 2 Taschenspiegel

1 Die Zeichnung zeigt den Grundriss eines Zimmers. → 5 Die Wand steht dem Licht im Weg. Die beiden Spiegel sollen senkrecht auf den Grundriss gestellt werden, sodass sie das Licht zum Kreuz lenken.

a ◪ Zeichnet das Zimmer groß auf eurem Blatt Papier auf. Überlegt euch, wo die Spiegel stehen müssen. Zeichnet sie und den vermuteten Lichtweg ein.

b ▢ Stellt die Spiegel jetzt an den vorgezeichneten Stellen auf eure Zeichnung. Überprüft mit der Lampe, ob ihr das Kreuz trefft.

c ◪ Zeichnet selbst einen Grundriss für andere Teams. Ihr könnt auch mehr als zwei Spiegel verwenden.

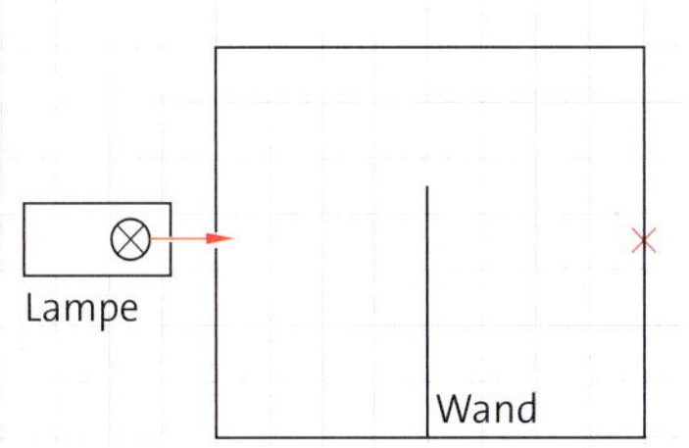

5 Zimmer (Blick von oben)

Spiegelbilder*

1 Spiegelbilder

Material zur Erarbeitung: A

Spiegelbilder hast du schon oft gesehen. Manchmal lohnt es sich aber, etwas genauer hinzuschauen.

Spiegelbild • Wir sehen die Kerze und die Tasse im Spiegel. → 1 Die Spiegelbilder scheinen genauso weit vom Spiegel entfernt zu sein wie die Gegenstände selbst. Hinter dem Spiegel sind aber weder eine Kerze noch eine Tasse. Die Spiegelbilder sind „Trugbilder".

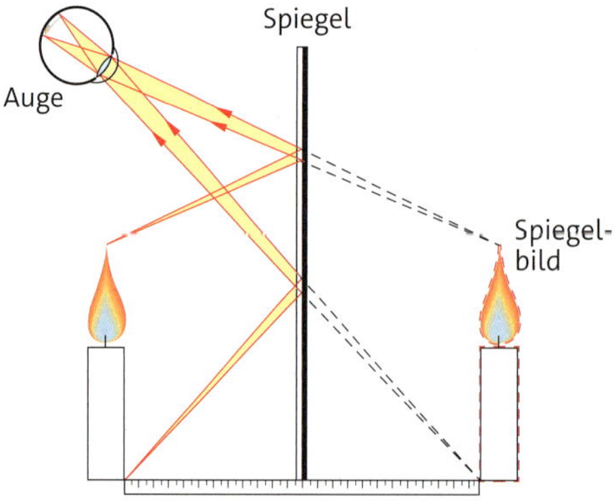

2 So entsteht das Spiegelbild.

Das Spiegelbild der Flammenspitze entsteht so: Licht von der Spitze trifft auf den Spiegel. Der Spiegel reflektiert einen Teil des Lichts ins Auge. → 2 Das Auge und das Gehirn bekommen vom „Knick" im Lichtweg nichts mit. Du siehst das Spiegelbild der Flammenspitze genau in der Richtung, aus der das Licht ins Auge einfällt.

Wenn der Spiegel das Licht eines Gegenstands ins Auge reflektiert, sehen wir ein Spiegelbild des Gegenstands. Es liegt in der Richtung, aus der das reflektierte Licht ins Auge einfällt.
Vom Ort des Spiegelbilds geht kein Licht aus, wir sehen ein „Trugbild".

Aufgaben

1 ◐ Ergänze den Satz:
Das Spiegelbild der Kerze scheint vom Spiegel … entfernt zu sein wie die Kerze selbst. → 1

2 ◐ Erkläre, wie das Spiegelbild der Tasse entsteht. → 1

3 ◐ Erkläre den „Trick" mit dem Teller und dem Keks. → 1

4 ◐ Spiegelbilder sind „Trugbilder". Erkläre, was damit gemeint ist.

5 ● Levent sagt: „Ohne das Auge gäbe es gar kein Spiegelbild der Kerze." → 2 Nimm Stellung zu seiner Aussage.

Material A

Hinter den Spiegel gießen

Kathrin sieht das Becherglas 1 und sein Spiegelbild. → 3
Sie gibt Michael Anweisungen: Er soll das Becherglas 2 genau über das Spiegelbild halten und dort abstellen.
Jetzt sieht Kathrin das Becherglas 2 nicht mehr. → 4 Sie gießt das Wasser genau „in das Spiegelbild hinein"!

Materialliste: großer Spiegel, Halterungen, 3 Bechergläser, Wasser, Lineal

3 Vorbereitung

4 In das Spiegelbild gießen

1 Führt den Versuch durch.

a ○ Messt den Abstand der beiden Gläser vom Spiegel. Wiederholt den Versuch mit unterschiedlichen Abständen zum Spiegel.

b ◐ Formuliert als Ergebnis einen Satz, in dem die folgenden Wörter vorkommen: Gegenstand, Spiegelbild, Spiegel, Entfernung.

Material B

Spiegelverkehrt

1 ◐ Vertauscht der Spiegel links und rechts? → 5 Ergänze:

a Der rote Stift zeigt nach ... Sein Spiegelbild zeigt ...

b Der gelbe Stift ...

c Der grüne Stift ...

d Der Spiegel vertauscht ...

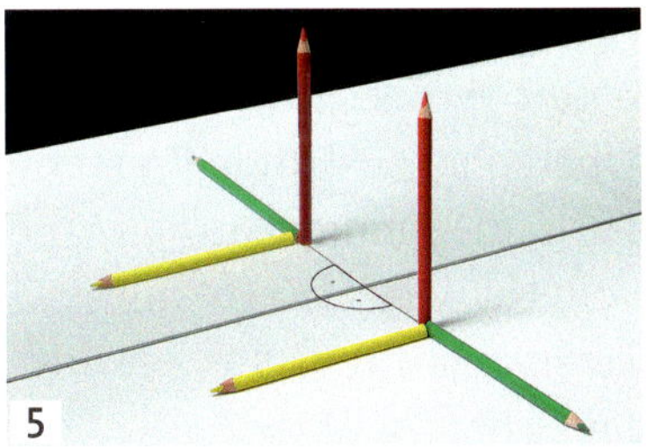

5

Material C

Wo ist Martin?

1 Tina sieht Martins Spiegelbild. → 6 Wie gelangt das Licht von Martin zu ihr?

a ○ Übertrage die Skizze ins Heft. Bestimme, wo Martin steht.

b ◐ Zeichne den Lichtweg von Martins Nase in Tinas Auge.

6

Material D

Der „tote Winkel"

1 ◐ Erkläre, weshalb der Lkw-Fahrer den hinteren Radfahrer sieht, den vorderen aber nicht. → 7

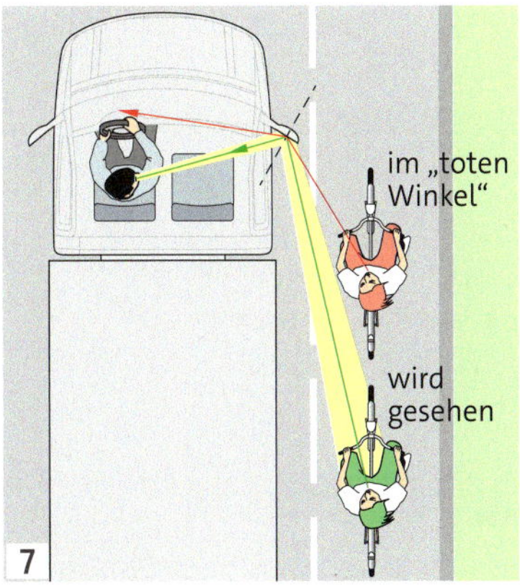

7

Licht wird gebrochen

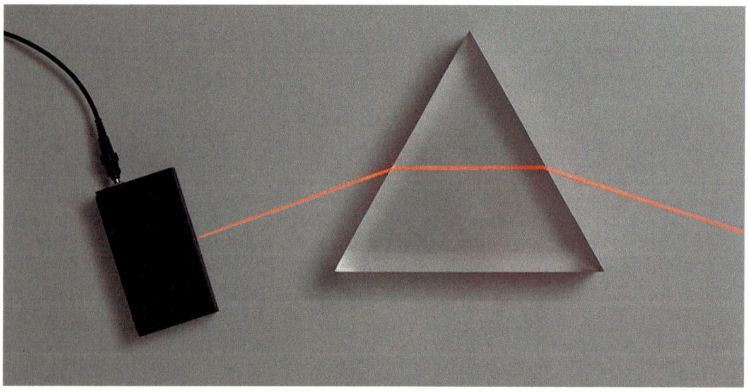

1 Das Prisma aus Glas lenkt das rote Laserlicht um.

Material zur Erarbeitung: A

Licht kann man nicht nur mit einem Spiegel oder einer Linse umlenken.

Brechung • Wenn Licht durch die Luft geht und schräg auf einen Gegenstand aus Glas oder auf Wasser trifft, wird es umgelenkt. → 1 Wir sprechen von der Brechung des Lichts.

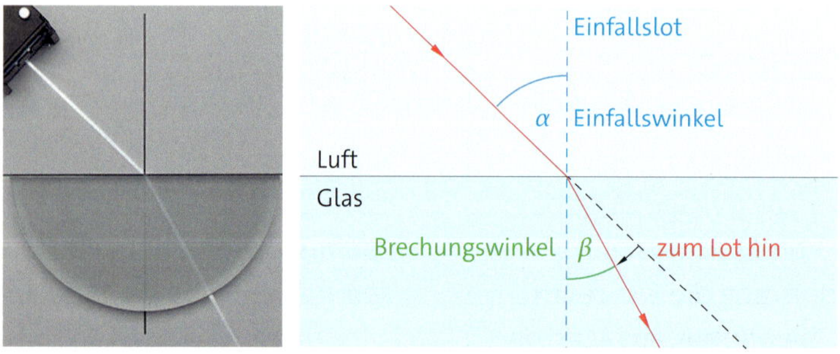

2 Licht geht aus der Luft in Glas über: Brechung zum Lot hin.

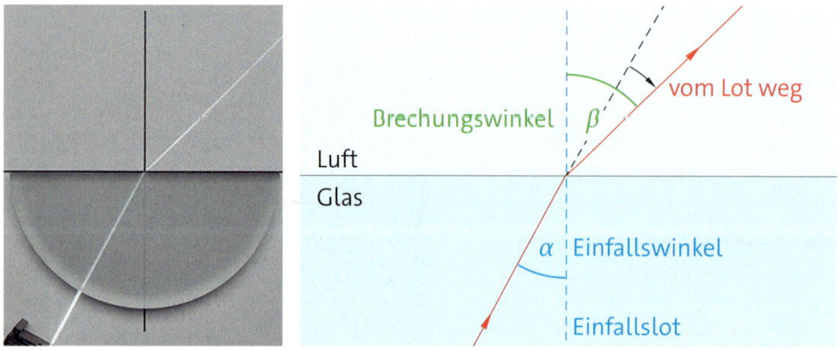

3 Licht geht aus dem Glas in Luft über: Brechung vom Lot weg.

Für die Brechung des Lichts gelten folgende Regeln:

- Das Licht wird zum Einfallslot hin gebrochen, wenn es aus der Luft ins Glas (Wasser) übergeht. → 2
- Das Licht wird vom Einfallslot weg gebrochen, wenn es aus dem Glas (Wasser) in die Luft übergeht. → 3
- Je flacher das Licht auftrifft, desto stärker ist der „Knick".

Licht wird gebrochen, wenn es schräg auf die Grenzfläche zwischen zwei durchsichtigen Stoffen trifft.

Totalreflexion • Wenn das Licht sehr schräg aus dem Wasser (Glas) auf die Luft trifft, wird es reflektiert. → 4

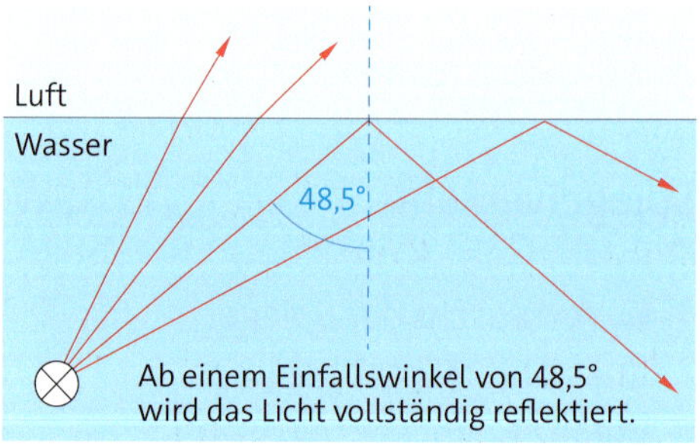

4 Totalreflexion des Lichts

Aufgabe

1 ○ Ergänze die Sätze im Heft:

a Licht wird gebrochen, wenn es ... auf die Wasseroberfläche trifft.

b Beim Übergang von Luft in Wasser wird das Licht ... gebrochen.
Tipp: vom Lot weg, zum Lot hin

c Beim Übergang von Wasser in Luft wird das Licht ...

Material A

Licht geht von Luft in Wasser über

Materialliste: Glasbecken, Wasser, Laserpointer (Klasse-1-Laser), Beobachtungsschirm, Stativmaterial

1 Der Laserpointer leuchtet auf die Wasseroberfläche. → 5 Der Laserstrahl streift am Schirm entlang. Das Licht soll zuerst senkrecht, dann immer flacher auf das Wasser treffen.
Beschreibt eure Beobachtungen.

Achtung • Mit dem Laserpointer nicht in Augen leuchten! Nicht hineinblicken!
Vorsicht: Das Licht wird an der Wasseroberfläche auch reflektiert.

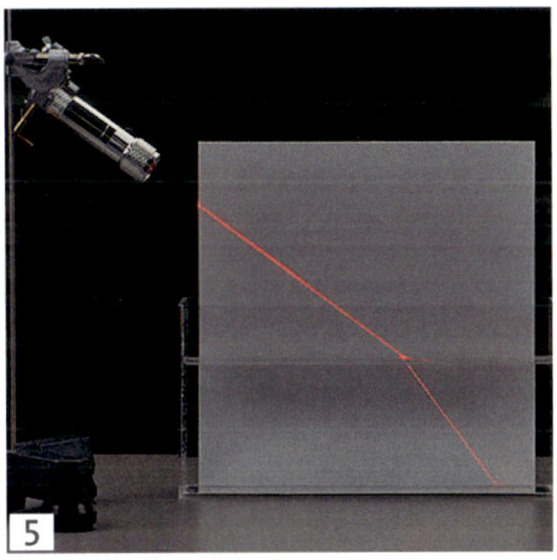
5

Material B

Licht geht von Wasser in Luft über

1 Die Lampe leuchtet unter Wasser. → 6
Ergänze: „Je flacher das Licht auf die Luft trifft, desto ... wird es gebrochen. Wenn das Licht sehr flach auftrifft, wird es ... “

6

Material C

Der richtige „Knick“

1 Von den drei gebrochenen Lichtstrahlen ist jeweils nur einer richtig eingezeichnet. → 7 8

a Gib an, welche beiden Lichtstrahlen richtig sind.

b Begründe deine Auswahl jeweils.

c Übertrage die Bilder in dein Heft. Zeichne aber nur die richtigen Lichtstrahlen ein. Trage außerdem jeweils den Einfalls- und den Brechungswinkel ein.

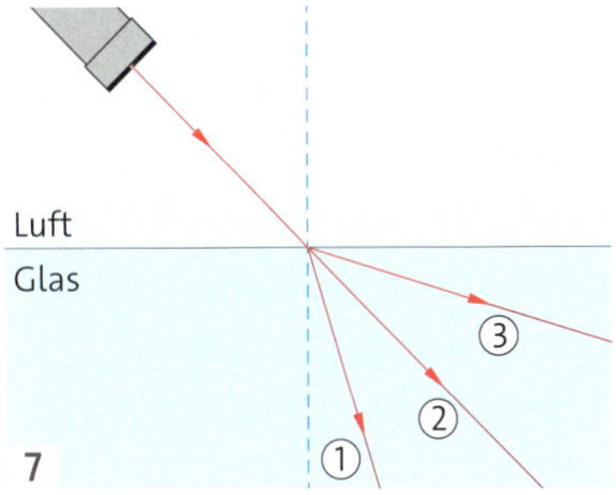

7

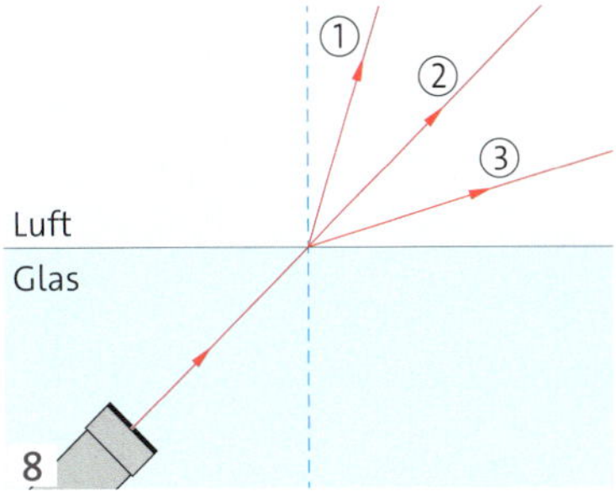

8

Material D

Ein Bild wird entschlüsselt

1 Beschreibe den Versuch und deine Beobachtung. → 9

2 Erkläre deine Beobachtung.

9

Trugbilder durch Brechung*

1 – 3 Eine Münze „taucht auf“.

Material zur Erarbeitung: A

Auf dem Boden der Tasse liegt eine Münze. Warum ist sie nur zu sehen, wenn Wasser in der Tasse ist? Die Münze schwimmt doch nicht!

Optische Hebung • Ohne Wasser in der Tasse sieht man die Münze nicht. → 1 Das erklären wir so: → 4 Die Münze streut das auftreffende Licht. Das Streulicht geht am Auge vorbei.

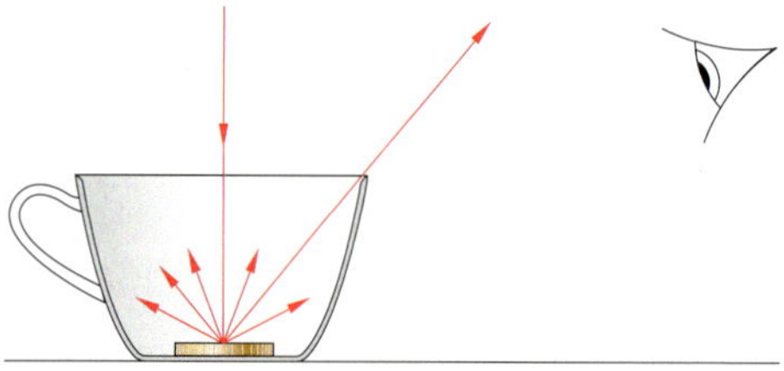

4 Ohne Brechung ist die Münze nicht zu sehen.

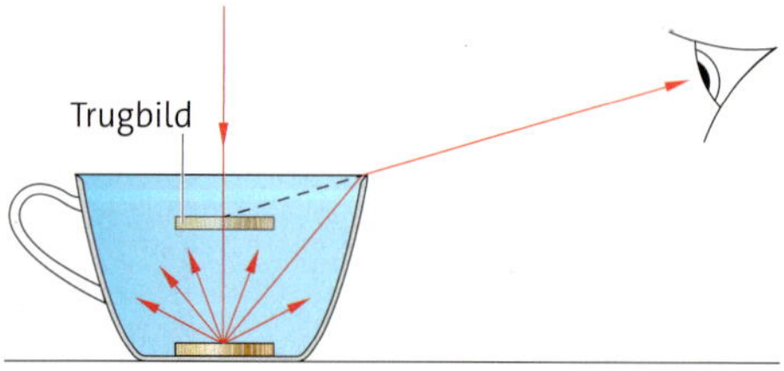

5 Mit Brechung ist die Münze zu sehen.

Mit Wasser in der Tasse sieht man die Münze. → 3 Sie wird scheinbar angehoben. Das erklären wir mit der Brechung des Lichts: → 5 Das Streulicht der Münze wird an der Wasseroberfläche vom Lot weg gebrochen. Ein Teil des Streulichts fällt ins Auge. Auge und Gehirn merken den „Knick“ im Lichtweg nicht. Wir sehen ein Trugbild der Münze in der Richtung, aus der das Licht ins Auge einfällt.

Gegenstände unter Wasser sehen wir scheinbar angehoben. Wir sehen sie in der Richtung, aus der das gebrochene Licht ins Auge fällt.

Aufgabe

1 Die Münze im Wasser ist scheinbar angehoben. → 3

a ◐ Erkläre, wie es zum Trugbild der Münze kommt. → 5

b ● Erkläre, wieso die Münze im Bild 3 höher zu sehen ist als im Bild 2.

Material A

Richtig zielen

Materialliste: Münze, großes Glasbecken, Wasser, Glasrohr, Gummistopfen mit Loch, langer Stab, Laserpointer, Stativmaterial

1 ▢ Blicke durch das Rohr und ziele genau auf die Münze. → 6 Schiebe nun den langen Stab durch das Rohr bis zum Boden des Glasbeckens. Beschreibe, was du beobachtest.

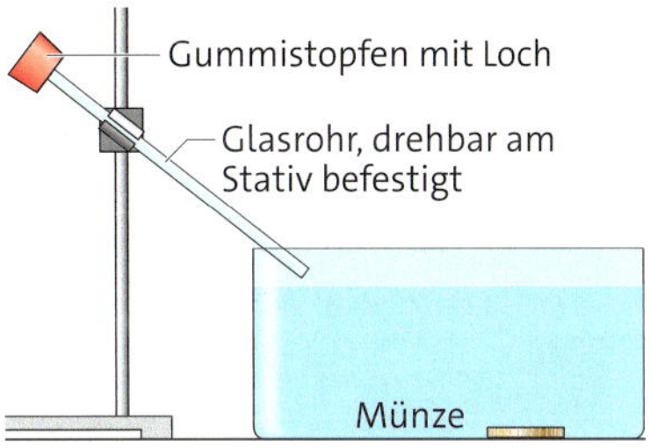

6 Triffst du die Münze?

2 ▢ Leuchte jetzt mit dem Laserpointer durch das Rohr. Beschreibe wieder.

Achtung • Nicht in das Laserlicht blicken oder in die Augen leuchten!
Vorsicht: Ein Teil des Laserlichts wird an der Wasseroberfläche reflektiert.

Material B

Löffel im Wasser

1 ◐ Hat der Löffel einen Knick? → 7 Begründe deine Antwort.

7

Material C

Spuckender Fisch

Der Schützenfisch spuckt Wasser auf eine Fliege, damit sie herunterfällt. → 8 Das richtige Zielen ist gar nicht so einfach!

1 ● Muss der Fisch höher oder tiefer zielen? Erkläre deine Antwort mit einer Zeichnung.

8

Material D

Die doppelten Finger

1 ◐ Eine Hand taucht von oben in das Wasserbecken. → 9 Von unten sieht man die Finger im Wasser nicht nur einmal.
Erkläre den merkwürdigen Seheindruck.

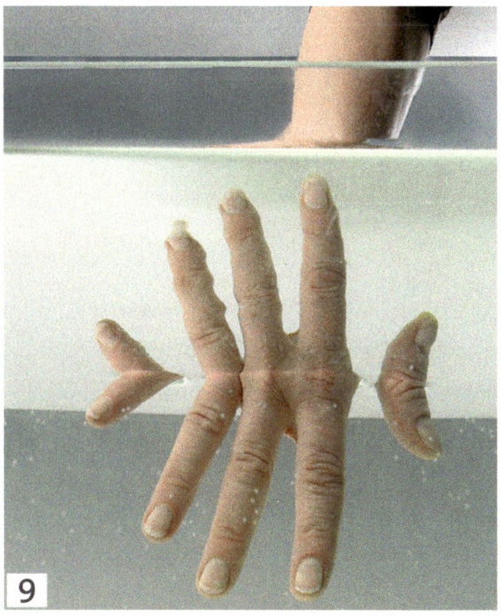

9

Trugbilder durch Brechung*

Erweitern und Vertiefen

Wundervoller Sonnenuntergang

[1] Untergehende Sonne

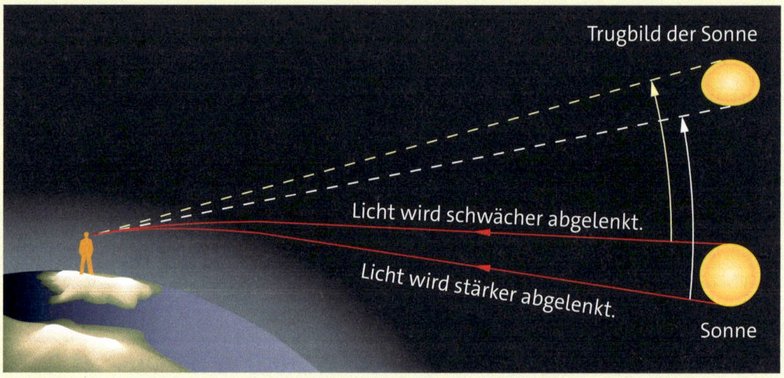

[2] So entsteht dasTrugbild der untergehenden Sonne.

Die Abendsonne ist nicht rund • Beim Sonnenuntergang erscheint uns die Sonne platt gedrückt. → [1] Das hat folgenden Grund: Wir sehen ein Trugbild der Sonne. Es entsteht, weil das Sonnenlicht in der Lufthülle der Erde gebrochen wird. Die Lufthülle wird zur Erdoberfläche hin immer dichter. Wenn das Licht in die Lufthülle eindringt, wird es nach und nach immer stärker gebrochen. Dadurch macht es eine Kurve. Unsere Augen bekommen diese Kurve nicht mit. Wir sehen die Sonne in der Richtung, aus der das Licht ins Auge fällt. → [2] Die Sonne wird scheinbar angehoben. Das Licht von ihrem unteren Rand wird stärker gebrochen als das vom oberen. Der untere Rand scheint somit stärker angehoben als der obere. So kommt es zur scheinbaren Abplattung.

Der goldene Wal • Die Sonne wird jeden Abend von einem goldenen Wal verschlungen – so erzählt es eine indianische Legende. Tatsächlich scheint an warmen, klaren Sommerabenden eine zweite Sonne aus dem Meer aufzutauchen und mit der echten Sonne zu verschmelzen. → [3] Bei der zweiten Sonne handelt es sich um ein Spiegelbild. Es entsteht durch Totalreflexion. → [4] Die Luftschicht direkt über dem warmen Meer ist viel wärmer als die Luft wei-

[3] Die untergehende Sonne spiegelt sich – in der Luft!

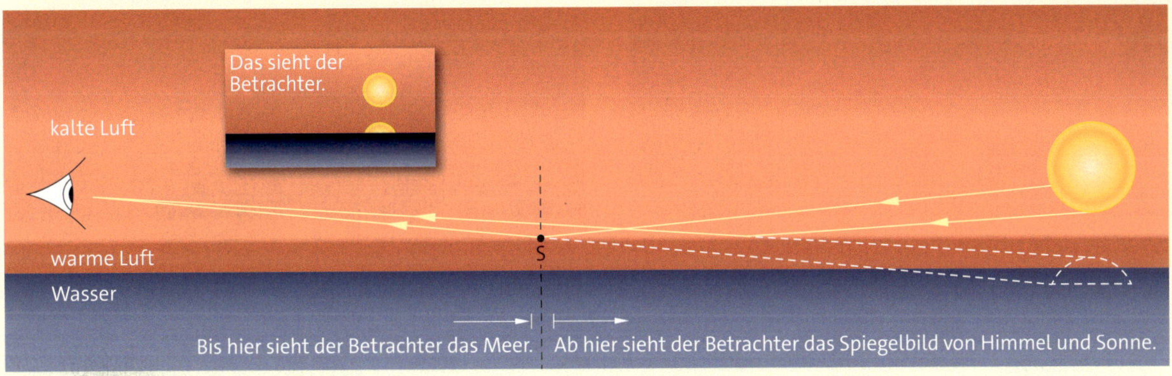

4 So entsteht die Luftspiegelung.

ter oben. Wenn das Licht von der kalten Luft her sehr flach auf die warme Luftschicht trifft, wird es vollständig reflektiert. Die Grenze zwischen kalter und warmer Luft wirkt dann wie ein riesiger Spiegel:

- Bis zum Punkt S sieht der Betrachter die Oberfläche des Meers.
- Weiter entfernt sieht er ein Spiegelbild des Himmels mit der Sonne. Das Licht von allem, was hinter dem Punkt S ganz flach über dem „Luftspiegel" liegt, wird vollständig reflektiert.
- Das Licht von Gegenständen weiter oben trifft so steil auf die warme Luftschicht, dass es nicht mehr vollständig reflektiert wird.

Aufgaben

1 Die „platte" Sonne ist ein Trugbild. → 1
○ Gib an, ob du ihren oberen Rand zu tief oder ihren unteren Rand zu hoch siehst.

2 Die untergehende Sonne sieht „platt" aus.
◐ Erkläre diese Beobachtung einem Mitschüler anhand von Bild 2.

3 Beim Blick über das warme Meer sieht man manchmal merkwürdige „Inseln", die in der Luft zu schweben scheinen. → 5
● Erkläre, wie die „Inseln" zustande kommen.

5 Was schwebt denn da?

Weißes Licht steckt voller Farben

1 Weißes Licht trifft auf ein Prisma aus Glas.

2 Regenbogen

Material zur Erarbeitung: A

Hinter dem Prisma leuchtet ein bunter Streifen auf dem Boden. Die Farben sind wie beim Regenbogen.

Licht wird zerlegt • Licht wird am Prisma gebrochen, ähnlich wie an einer Linse. → 3 Dabei wird es zu einem bunten Streifen aufgespreizt. So wird etwas sichtbar, das wir sonst nicht erkennen: Das weiße Licht besteht aus Licht mit ganz vielen verschiedenen Farben. Die Brechung ist je nach Farbe verschieden stark: Rotes Licht wird am schwächsten gebrochen, violettes Licht am stärksten. Dadurch laufen die farbigen Bestandteile des weißen Lichts ab dem Prisma auseinander.

3 Weißes Licht wird vom Prisma gebrochen und zerlegt.

Auch Regentropfen brechen Licht. Sie zerlegen das Sonnenlicht in seine farbigen Bestandteile. Das farbige Licht von vielen Tropfen ergibt den Regenbogen.

Spektrum • Alle farbigen Bestandteile des Lichts nebeneinander bilden sein Spektrum. → 4

Licht wird je nach Farbe unterschiedlich stark gebrochen.

4 Sichtbares Spektrum des weißen Lichts und Spektralfarben

Aufgaben

1 ○ Nenne die Spektralfarben in der richtigen Reihenfolge. → 4 Beginne mit der Farbe, die das Prisma am schwächsten bricht.

2 ◐ Beschreibe, wie man zeigen kann, dass weißes Licht aus farbigem Licht besteht.

Material A

Weißes Licht geht durch ein Prisma

Materialliste: Prisma aus Glas, Tageslichtprojektor, schwarzer Karton, weißer Karton, Stativmaterial

1 Deckt die Glasscheibe des Projektors mit der dunklen Pappe ab, sodass nur ein schmaler Spalt in der Mitte frei bleibt. Stellt das Prisma in den Lichtweg. → 5
Haltet den weißen Karton dicht hinter das Prisma. Entfernt ihn dann langsam bis auf 2 m Abstand. Dabei soll der Karton weiterhin das Licht auffangen.
▢ Beschreibt (und fotografiert), was ihr in verschiedenen Entfernungen auf dem weißen Karton beobachtet.

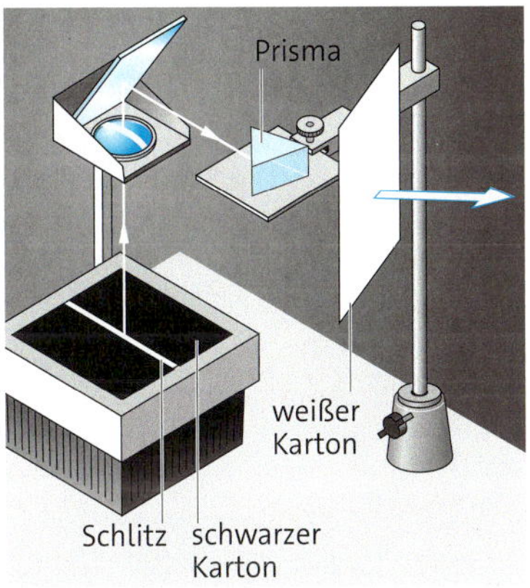

5 Prisma im Lichtweg

Material B

Weißes Licht trifft auf eine DVD

Materialliste: DVD oder CD

1 Halte die spiegelnde Unterseite der DVD ins Sonnenlicht.
▢ Beschreibe (und fotografiere) deine Beobachtung.

2 Wenn euer Unterrichtsraum verdunkelt werden kann, könnt ihr diesen Versuch durchführen:
Lasst die Verdunkelung bis auf einen kleinen Streifen herunter. Lenkt das Licht mit der DVD auf eine weiße Wand oder Leinwand.
▢ Beschreibt (und fotografiert) eure Beobachtung.

Material C

Rotes Licht geht durch ein Prisma

1 Der Laserstrahl wird nicht zu einem bunten Streifen aufgespreizt. → 6
◪ Erkläre die Beobachtung.

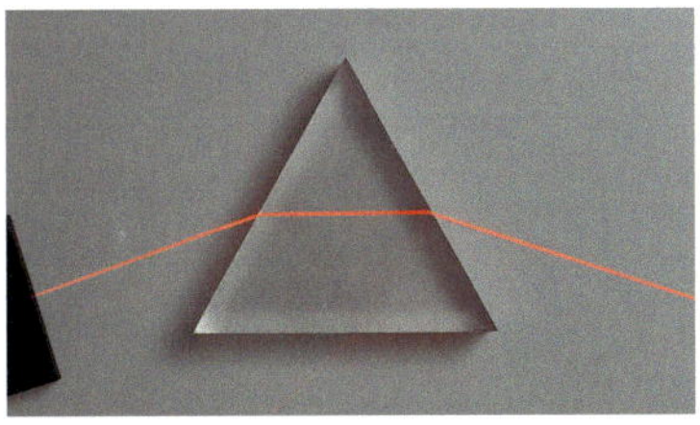

6 Kein „Regenbogenstreifen"?

Material D

Dreimal weißes Licht

1 Drei verschiedene Leuchten mit weißem Licht – ihre Spektren sind aber verschieden. → 7 – 9

a ▢ Vergleiche die Spektren.

b ◪ „Weißes Licht muss nicht aus allen Farben bestehen." Erläutere diese Aussage an einer der Lampen.

7 Spektrum Halogenleuchte

8 Spektrum Energiesparleuchte

9 Spektrum LED-Leuchte

Infrarot und Ultraviolett*

1 Wärmebildkamera im Einsatz

Die Wärmebildkamera zeigt das Haus in ungewöhnlichen Farben. Wärmere Stellen erscheinen gelb oder rot, kältere grün oder blau.

Infrarot • Jeder Körper sendet Strahlung aus – je wärmer er ist, desto mehr. Die Sonne und andere sehr heiße Körper erzeugen hauptsächlich sichtbare Strahlung. Wir nennen sie Licht. Das viel kühlere Haus sendet dagegen unsichtbare Strahlung aus. Sie liegt im Spektrum vor dem roten Bereich. → 2 Man nennt sie infrarote Strahlung. Die Wärmebildkamera fängt sie auf und macht daraus ein Foto.
Infrarotlampen werden in der Medizin eingesetzt, um die Haut zu erwärmen und Verspannungen zu lösen. → 3

Ultraviolett • Die Sonne sendet noch eine zweite unsichtbare Strahlung aus. Sie liegt im Spektrum hinter dem violetten Bereich. → 2 Man nennt sie ultraviolette Strahlung.
UV-Strahlung bräunt die Haut und tötet Keime ab. Zahnärzte härten Füllungen damit aus. → 4

Jeder Körper sendet unsichtbare infrarote Strahlung aus. Die Sonne und viele weitere heiße Körper senden auch Licht und unsichtbare ultraviolette Strahlung aus.

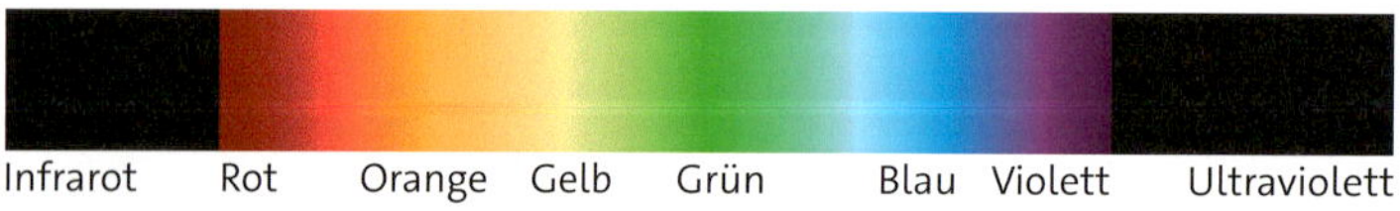

2 Spektrum der Sonnenstrahlung – sichtbar und unsichtbar

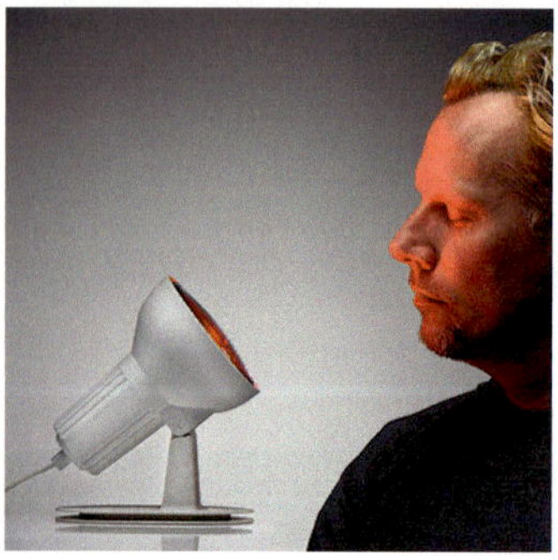

3 Infrarotlampe

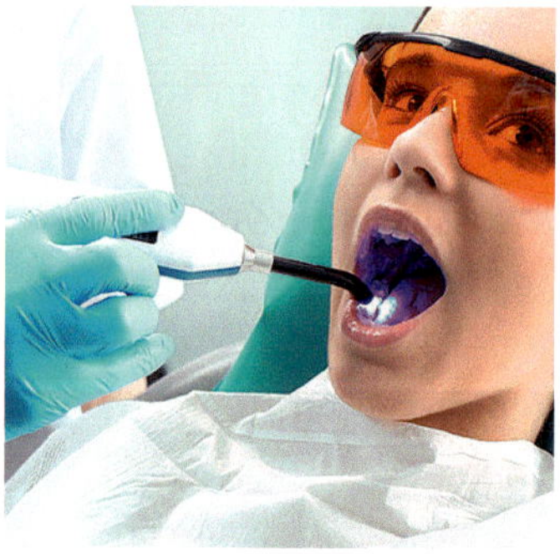

4 UV-Lampe

Aufgaben

1 ○ Nenne die unsichtbaren Bestandteile der Sonnenstrahlung.

2 ◐ „Die Wärmebildkamera zeigt, wo das Haus besser wärmegedämmt werden müsste." → 1 Erkläre diese Aussage.

3 ◐ „Die UV-Lampe sendet nicht nur ultraviolette Strahlung aus." → 4 Erkläre diese Aussage.

die infrarote Strahlung
die ultraviolette Strahlung

Material A

Infrarot nachweisen

Materialliste: Fernbedienung (infrarot), Handy mit Kamera

1 Dunkelt den Raum ab. Eine Person zielt mit der Fernbedienung auf euch und drückt eine Taste. Dabei fotografiert oder filmt ihr die Fernbedienung.
Beschreibt und erklärt eure Beobachtung.

Material B

Sonnenschutz

1 Zu viel UV-Strahlung kann deine Haut schädigen. Die Eigenschutzzeit gibt an, wie lange du in der starken Mittagssonne „von Natur aus" geschützt bist. Sie hängt vom Hauttyp ab. → 5

a Bestimme deinen Hauttyp und die Eigenschutzzeit.

b Gib an, welchen Lichtschutzfaktor deine Sonnencreme haben sollte.

c Lichtschutzfaktor 10 bedeutet: Mit dieser Sonnencreme bist du 10-mal so lange geschützt wie ohne.
Berechne, wie lange du mit deiner Sonnencreme geschützt bist.

	**Hauttyp 1** • sehr helle Haut, Sommersprossen, helle Augen, rotblondes Haar • keine Bräunung, in kürzester Zeit Sonnenbrand • Eigenschutzzeit: unter 10 min • Lichtschutzfaktor: 35 und mehr	**Hauttyp 2** • helle Haut, helle Augen, blonde oder braune Haare, oft Sommersprossen • langsame Bräunung, häufig Sonnenbrand • Eigenschutzzeit: zirka 10–20 min • Lichtschutzfaktor: 25 und mehr	
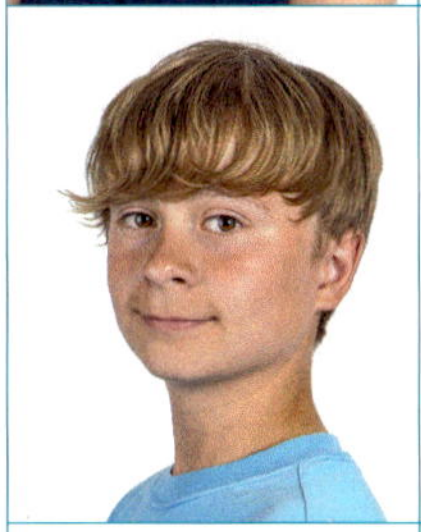	**Hauttyp 3** • mittlere Hautfarbe, helle bis dunkle Augen, dunkelblondes oder braunes Haar • langsame Bräunung, manchmal Sonnenbrand • Eigenschutzzeit: zirka 20–30 min • Lichtschutzfaktor: 20 und mehr	**Hauttyp 4** • bräunliche oder olivfarbene Haut, braune Augen, dunkles Haar • schnelle Bräunung, selten Sonnenbrand • Eigenschutzzeit: zirka 30–45 min • Lichtschutzfaktor: 15 und mehr	
	**Hauttyp 5** • braune Haut, schwarze Augen, schwarzes Haar • schnelle Bräunung bis dunkelbraun, selten Sonnenbrand • Eigenschutzzeit: zirka 90 min • Lichtschutzfaktor: 10 und mehr	**Hauttyp 6** • dunkelbraune bis schwarze Haut, schwarze Augen, schwarzes Haar • wenig empfindliche Haut, sehr selten Sonnenbrand • Eigenschutzzeit: mehr als 90 min • Lichtschutzfaktor: 5 und mehr	

5 Hauttypen und Eigenschutzzeiten

Licht lässt sich addieren*

1 Leuchtendes Gelb = gelbes Licht?

Materialien zur Erarbeitung: A–B

Im Display des Handys leuchten winzige Lämpchen – aber nur in den Farben Rot, Grün und Blau!

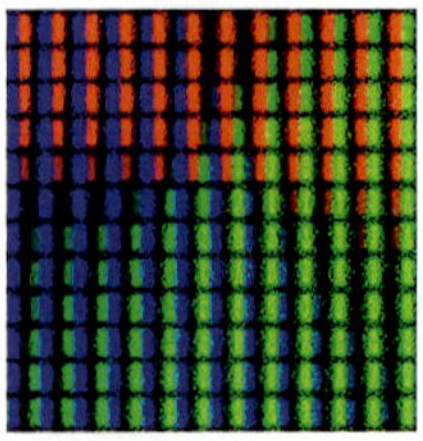

2 Bunte Leuchtpunkte

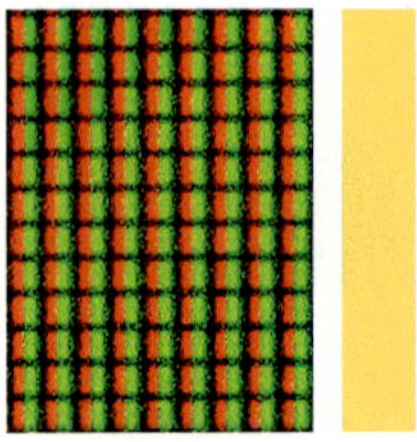

3 Rot + Grün: Farbeindruck Gelb

Farben auf dem Display • Unter dem Mikroskop sieht man auf einem Display bunte Leuchtpunkte. → 2 Gelbe Punkte gibt es nicht. Dort, wo die gelbe Tasse auf dem Display zu sehen ist, leuchten rote und grüne Punkte. → 3 Sie sind winzig und liegen so dicht zusammen, dass unser Auge benachbarte Punkte ohne Mikroskop nicht getrennt wahrnimmt. Rotes und grünes Licht „mischen" sich und ergeben für uns einen neuen Farbeindruck: Gelb. Millionen weitere Farbeindrücke entstehen, indem man die roten, grünen und blauen Streifen auf dem Display verschieden hell leuchten lässt.

Wenn sich Licht mit verschiedenen Farben im Auge mischt, entstehen neue Farbeindrücke. Man spricht von Farbaddition.

Farbaddition • Auf eine Wand treffen rotes, grünes und blaues Licht. → 4
Die Farbaddition ergibt:
- Rot + Grün = Gelb
- Rot + Blau = Magenta
- Grün + Blau = Cyan
- Rot + Grün + Blau = Weiß

Je mehr Licht dazukommt, desto heller erscheint der Wandbereich.
Leuchtstofflampen geben rotes, grünes und blaues Licht ab. → 5 Die Farbaddition ergibt den Farbeindruck Weiß.
Das Licht von der Sonne oder von Glühlampen enthält alle Farben. Die Farbaddition ergibt ebenfalls Weiß.

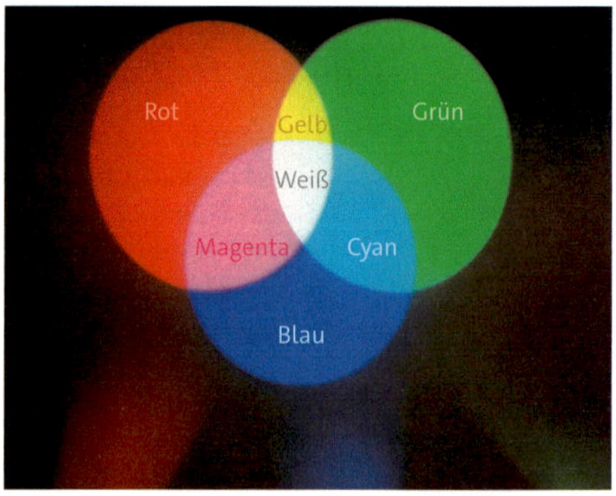

4 Farbiges Licht auf einer Wand

5 Spektrum einer Leuchtstofflampe

Aufgaben

1 ○ Nenne die Farben der Leuchtstreifen im Display eines Handys.

2 ○ Gib an, wie die Farbeindrücke Magenta und Cyan entstehen. → 4

Material A

Das Handy unter der Lupe

Materialliste: Stereolupe, Handy

1 Betrachte das leuchtende Display deines Handys mit der Stereolupe. → 6

a ▢ Stelle auf dem Display ein Bild mit großen weißen Stellen ein. Untersuche die weißen Stellen unter der Stereolupe. Skizziere deine Beobachtung.

b ▢ Untersuche auch farbige Stellen auf dem Display. Skizziere wieder.

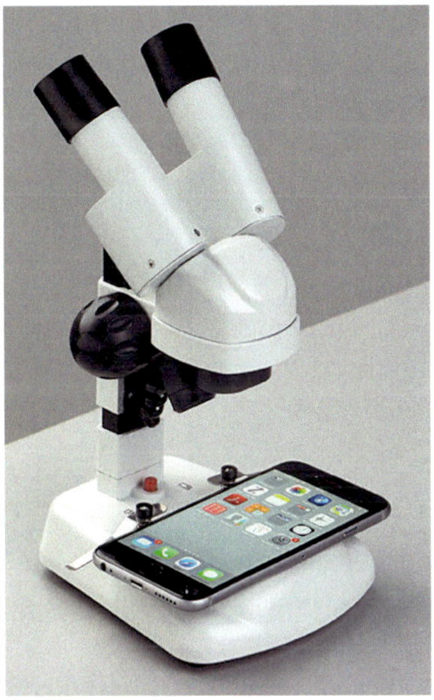

6 Stereolupe und Handy

Material B

Farben auf der Wand

Materialliste: Taschenlampen oder Strahler mit rotem, blauem und grünem Licht

1 ▢ Richte die Lampen auf eine weiße Wand (oder den Tisch). Ihre Lichtflecke sollen sich überlappen.

a Beobachte die Farben auf der Wand genau. Gib an, wie du die „neuen" Farben erzeugst.

b Erzeuge einen weißen Lichtfleck. Beschreibe, wie du vorgehst.

Material C

Newtons Versuch zur Farbaddition

1 Isaac Newton war einer der ersten Naturforscher, die mit farbigem Licht experimentierten. Der Versuch rechts geht auf ihn zurück. → 7

a ▢ Beschreibe den Versuchsaufbau.

b ◐ Beschreibe und erkläre, was du auf dem weißen Karton (ganz rechts) beobachtest.

7

c Wir führen den Versuch noch einen Schritt weiter: Mit einer Pappe blockieren wir den roten und den gelben Lichtstreifen kurz vor der Sammellinse.

● Stelle eine Vermutung an, was jetzt auf dem weißen Karton zu sehen sein wird. Begründe deine Vermutung. Überprüfe sie nach Möglichkeit.

Reflexion und Brechung

Zusammenfassung

Reflexion • Glatte Oberflächen von Metallen, Glas und Flüssigkeiten reflektieren das Licht. Der Reflexionswinkel ist genauso groß wie der Einfallswinkel. → 1

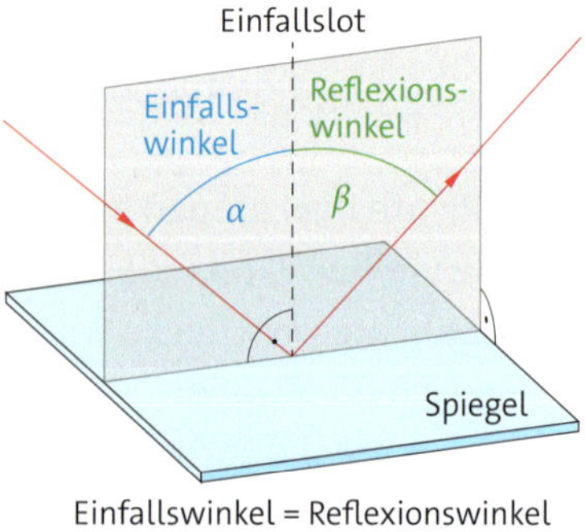

1 Reflexionsgesetz

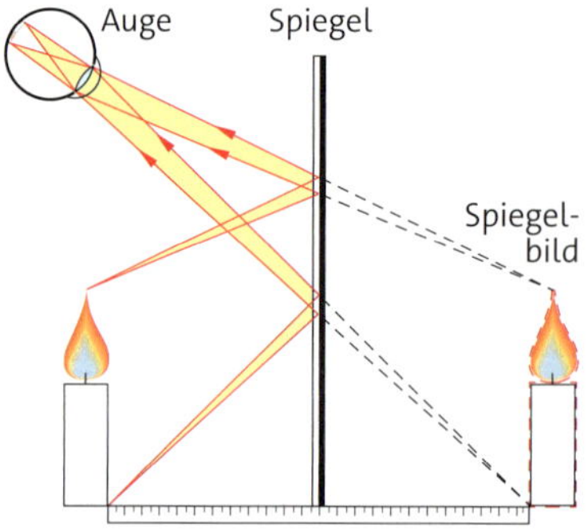

2 Spiegelbild

Spiegelbild* • Spiegelbilder entstehen durch Reflexion des Lichts. → 2
Wir sehen das Spiegelbild eines Gegenstands in der Richtung, aus der das reflektierte Licht ins Auge fällt.
Vom Spiegelbild geht kein Licht aus, wir sehen ein Trugbild.

Brechung • Licht wird gebrochen, wenn es von einem Stoff schräg in einen anderen übergeht. → 3
Beim Übergang aus Wasser oder Glas in die Luft kann es zur Totalreflexion kommen. → 4

Optische Hebung* • Gegenstände unter Wasser sehen wir scheinbar angehoben. Wir sehen das Trugbild in der Richtung, aus der das gebrochene Licht ins Auge fällt. → 5

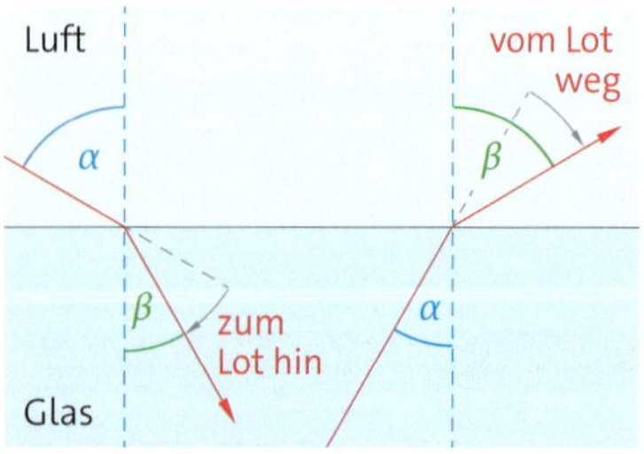

3 Brechung

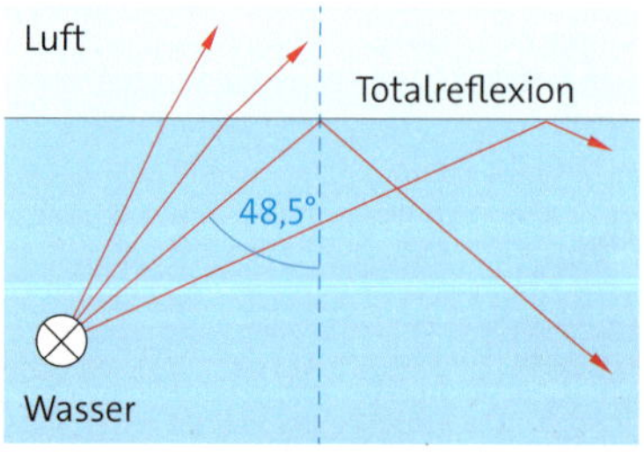

4 Totalreflexion

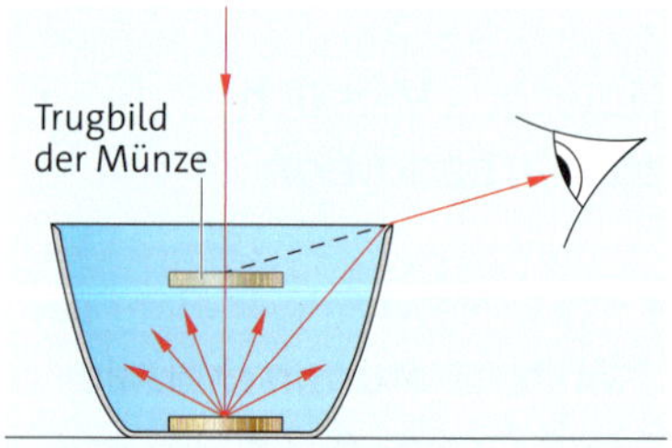

5 Optische Hebung

Zerlegung von Licht • Licht wird je nach Farbe unterschiedlich stark gebrochen. → 6

Farbaddition* • Wenn sich Licht mit verschiedenen Farben im Auge mischt, entstehen neue Farbeindrücke. → 7

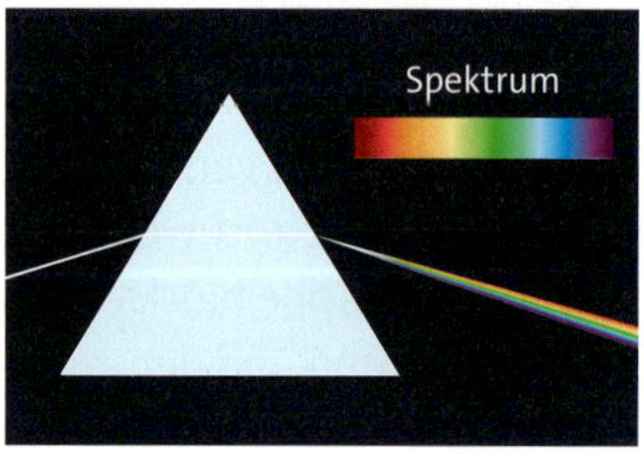

6 Zerlegung des Lichts

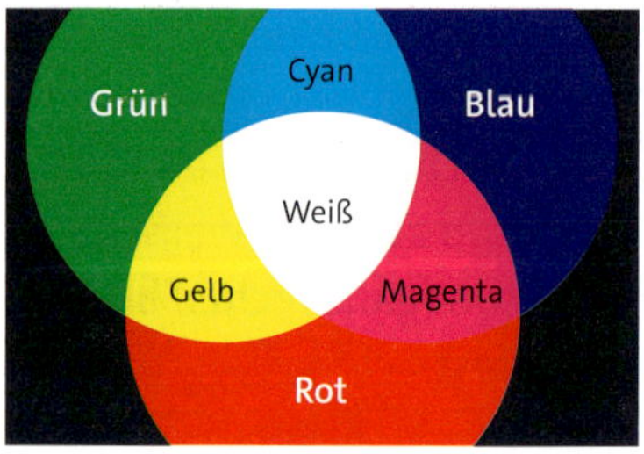

7 Addition von Rot, Grün, Blau

Aufgaben

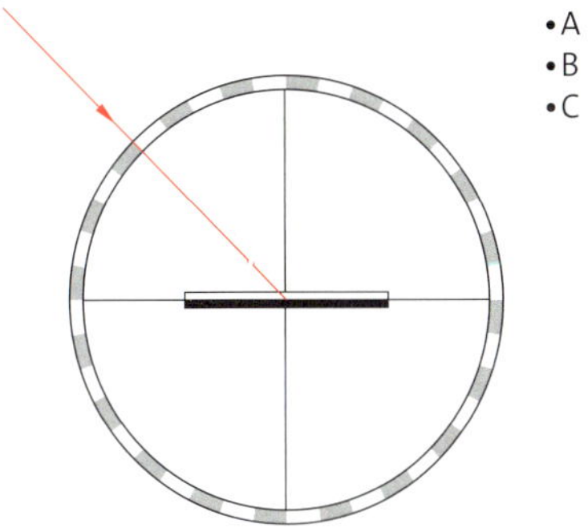

8 Reflexion am Spiegel

9 Labyrinth aus Spiegeln

10 Abbieger

Reflexion

1 ○ Licht fällt auf einen Spiegel. → 8 Gib an, auf welchen Punkt (A, B oder C) das Licht reflektiert wird. Begründe deine Antwort.

2 ◐ Im Kasten sind mehrere Spiegel. → 9 Gib an, welchen Gegenstand (Auto, Blume oder Kerze) das Mädchen sieht. Begründe.

3* ◐ Beim Blick in den Rückspiegel sieht der Fahrer ein blinkendes Auto. → 10 In welche Richtung wird es abbiegen? Begründe.

4* ◐ Schreibe deinen Namen auf ein Blatt Papier. Betrachte die Schrift im Spiegel. Erkläre deine Beobachtung.

Brechung

5 Der Taucher will seinem Freund auf dem Boot ein Lichtsignal geben. → 11

a ○ Gib an, welcher Lichtstrahl in das Auge des Freunds gelangt.

b ◐ Begründe deine Antwort.

6* ◐ Auf welchen Punkt muss der Jäger mit dem Speer zielen, um den Fisch zu treffen? → 12 Begründe deine Antwort.

7 Das Prisma aus Glas wird mit weißem Licht beleuchtet. → 13

a ○ Erkläre den „Knick" im Licht.

b ◐ Erkläre, wie es zu dem bunten Streifen auf dem Tisch kommt.

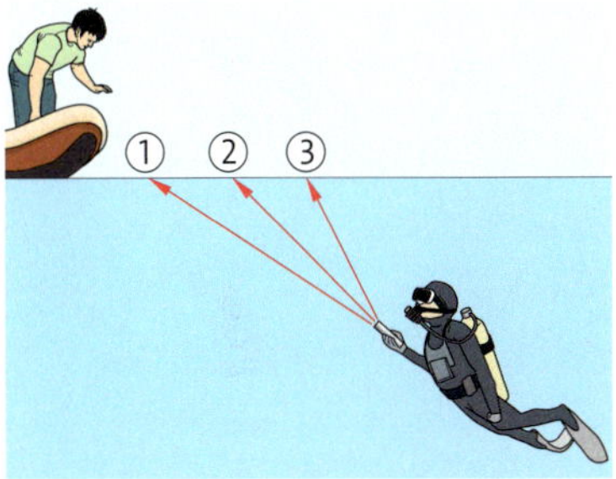

11 Nur ein Lichtstrahl trifft.

12 Wohin zielen?

13 Brechung am Prisma

Teste dich! (Lösungen auf Seite 382)

Licht und Sehen

1 „Gesehen werden“ bringt mehr Sicherheit im Straßenverkehr.

a Am Straßenrand sind Fußgänger zu sehen. → 1 Nenne die Lichtquelle und den Lichtempfänger. Beschreibe den Lichtweg.

b Beurteile das Verhalten der Fußgänger. Beschreibe, was sie besser machen könnten.

c Gib an, wodurch ein Radfahrer im Dunkeln seine Sicherheit erhöhen kann.

d „Wenn die Straßenlaternen leuchten, kann ich alles sehen. Da brauche ich doch kein Licht am Fahrrad.“ Bewerte diese Aussage.

Licht und Schatten

2 Tim geht nachts an Straßenlaternen vorbei.

a Auf dem Gehweg ist ein Schattenbild zu sehen. Erkläre, wie es entsteht.

b Wann ist das Schattenbild kurz, wann lang? Unter welchen Umständen hat Tim zwei Schatten? Antworte mit drei Zeichnungen.

Bilder erzeugen

3 Die Lochkamera

a Beschreibe eine Lochkamera.

b Skizziere, wie in einer Lochkamera das Bild einer Tanne entsteht.

c Die Lochkamera soll einmal größere und einmal schärfere Bilder erzeugen. Beschreibe, wie man dazu vorgehen muss.

d Gib die richtige Aussage an.
Das Bild auf dem Schirm: → 2
- ist ein runder Lichtfleck
- ist ein dreieckiger Lichtfleck
- hat die Form einer Flamme
- hat die Form einer kopfstehenden Flamme

4 Sammellinsen erzeugen Bilder.

a Vor dem Loch einer Lochkamera wird eine Sammellinse befestigt. Nenne den wichtigsten Vorteil und Nachteil der Sammellinse.

b Beurteile das Regentropfenfoto: → 3
- Das ist eine Fotomontage mehrerer Bilder.
- Das Foto ist bearbeitet – das Haus ist verzerrt.
- Das Foto steht auf dem Kopf.
- Das Foto steht richtig.

5★ Sara fotografiert ein Nashorn im Zoo. Als es näher kommt, wird das Bild unscharf.

a Der Fotoapparat hat eine Sammellinse. Gib an, wie sich die Bildweite verändert.

b Die Sammellinse kann verschoben werden. In welche Richtung muss Sara sie verschieben,

1

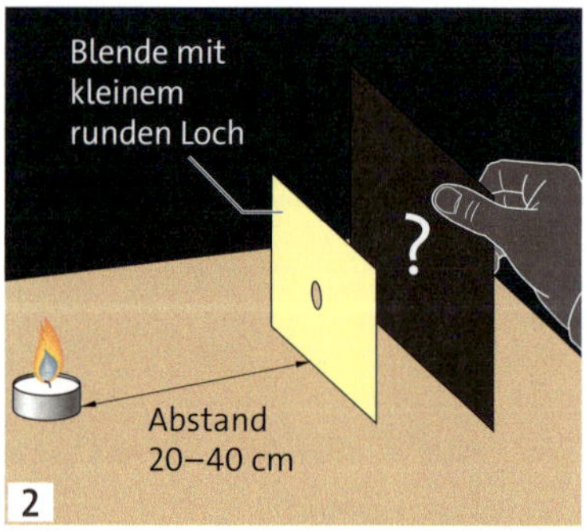

2

3

damit das Bild wieder scharf wird? Begründe deine Antwort.

c ◐ Beschreibe, wie das Auge für scharfe Bilder sorgt, wenn das Nashorn näher kommt.

6* Unser Auge → 4

a ○ Ordne folgenden Teilen des Auges die Zahlen im Bild zu: Netzhaut, Hornhaut, Sehnerv, Ringmuskel, Linse, Pupille.

b ◐ „Damit wir etwas sehen können, ist nicht nur das Auge wichtig." Erläutere diesen Satz an einem Beispiel.

Reflexion und Brechung

7 Der Spiegel

a ○ Gib die richtige Begründung an.
Der Spiegel sieht schwarz aus, weil: → 5
- kein Licht auf ihn fällt
- er mit schwarzer Folie beklebt wurde
- er das Licht nicht in die Kamera reflektiert
- er das Licht nach rechts oben reflektiert

b ◐ Nenne das Reflexionsgesetz. Fertige eine Skizze dazu an.

c ● Mit einem Periskop kann man über eine Menschenmenge hinwegsehen. → 6 Es besteht aus einem Rohr und zwei Spiegeln. Skizziere, wie die Spiegel im Rohr angeordnet sind.

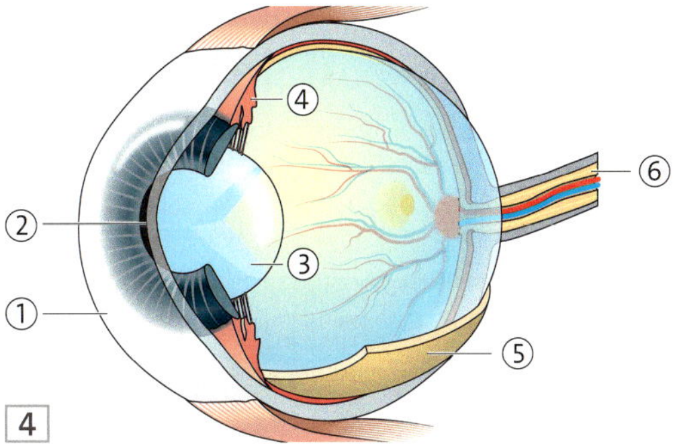

4

8 Brechung

a ◐ Wähle die richtige Antwort aus.
Licht wird beim Übergang von Luft in Glas gebrochen, wenn:
- das Glas gewölbt ist
- das Licht schräg auftrifft
- das Licht senkrecht auftrifft

b* ◐ Hat der Strohhalm einen „Knick"? → 7
Erkläre die Beobachtung mit einer Zeichnung.

9 Farben

a ○ Nenne die Spektralfarben in der richtigen Reihenfolge. Beginne mit Rot.

b* ◐ Nenne die Farben, die sich an das sichtbare Spektrum anschließen. Beschreibe jeweils ein Beispiel aus dem Alltag, wo sie auftreten.

c* ○ Aus drei Spektralfarben entsteht auf dem Monitor der Farbeindruck Weiß. Nenne sie.

5

6

7

Akustik*

Wir leben in einer Welt von Stimmen, Tönen und Geräuschen – wie entstehen sie und wie kommen sie zum Zuhörer?

Lärm stört. Ab welcher Lautstärke gefährdet er die Gesundheit?

Licht und Schall sind verschieden – und haben doch viel gemeinsam.

Schallquellen und Schallempfänger

1 Jahrmarkt im Central Park von New York

Material zur Erarbeitung: A

Menschen, Musikinstrumente, Hupen, Motoren, Blätter im Wind, Vögel, eine Biene – sie alle erzeugen Schall.

Schall • Schall ist alles, was wir hören: der Ton einer Stimmgabel, das Geräusch eines Motors oder das Gebell von Hunden ...

So entsteht Schall • Mit einer Stricknadel kannst du Schall erzeugen. → 2 Nach dem Anzupfen schwingt das freie Ende schnell auf und ab – und du hörst einen Ton. Auch die angezupfte Saite der Gitarre schwingt schnell hin und her. → 3 Bei einer angeschlagenen Stimmgabel schwingen die Zinken. Hält man sie ins Wasser, spritzt es hoch. → 4 Das Trommelfell einer angeschlagenen Trommel schwingt ebenfalls schnell hin und her – das zeigen die hüpfenden Reiskörner. → 5 Wenn du über eine Flasche pustest, schwingt die Luft darin schnell hin und her. Es ist ein „Huuuh“ zu hören. → 6

Schall entsteht, wenn ein Körper schnell hin- und herschwingt.

So wird Schall in der Luft übertragen • Beim Anschlagen eines Tamburins wird sein Trommelfell rasch eingedrückt. → 7 Die Luft direkt hinter dem Trommelfell kann nicht so schnell ausweichen und wird zusammengepresst. Es entsteht eine Luftverdichtung. Gleich nach dem Anschlagen schwingt das Trommelfell zurück. Die Luft kann nicht so schnell folgen, es entsteht eine Luftverdünnung. → 8 Die Folge aus Luftverdichtung und Luftverdünnung überträgt sich von einer Luftschicht auf die nächste. Sie „wandert“ vom Trommelfell weg. → 9 Gleich danach folgen die nächsten Luftverdichtungen und -verdünnun-

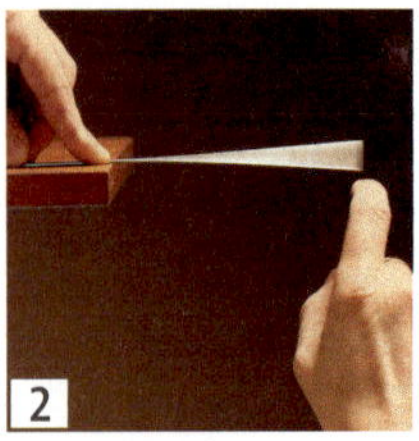

2

3

4

5

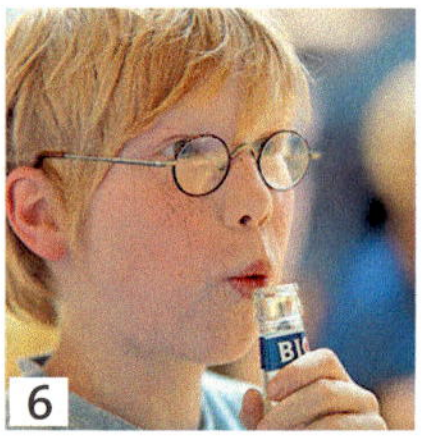

6

der Schall
die Schallquelle
der Schallsender
der Schallempfänger

gen – das Trommelfell schwingt ja weiter hin und her.

In der Luft breitet sich Schall als Folge von Luftverdichtungen und Luftverdünnungen aus. Der Schall legt in 3 s etwa 1 km zurück. → 10

Schall – in vielen Stoffen • Du hörst nicht nur in der Luft etwas, sondern auch unter Wasser, durch eine Wand, eine Tür, ein Fenster hindurch ... Schall breitet sich im Prinzip in allen Stoffen aus, nicht aber im leeren Weltall.

Schall braucht einen Stoff, um sich auszubreiten.

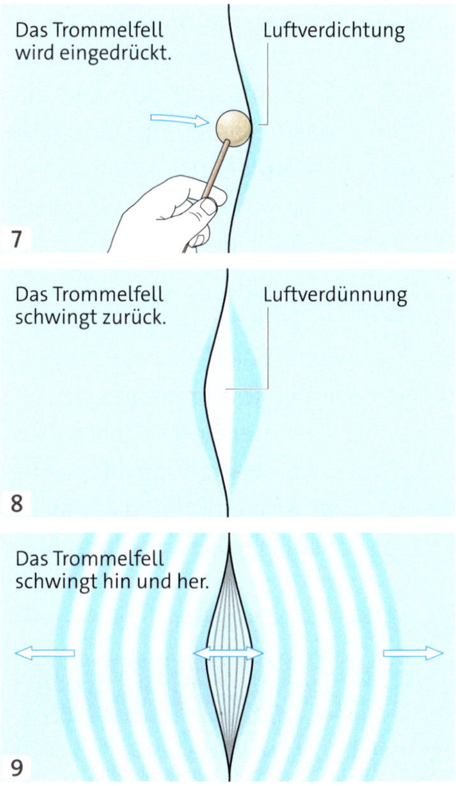

7 – 9 Schallausbreitung in Luft

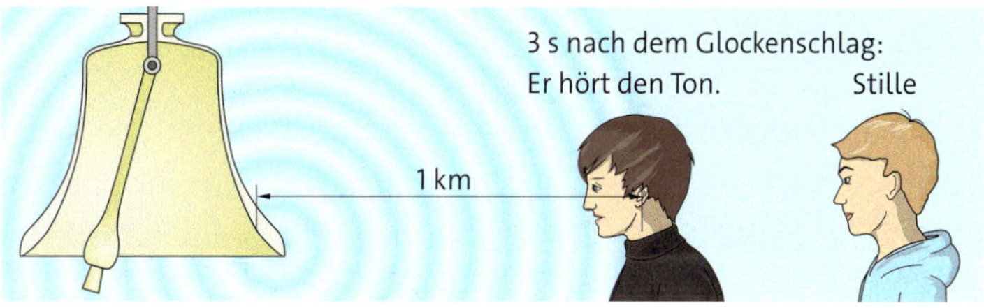

10 So schnell ist der Schall in Luft.

Vom Sender zum Empfänger • Schallquellen senden Schall aus. → 11 Die Luft oder ein anderer Stoff überträgt den Schall. Wenn der Schall an unsere Ohren gelangt, hören wir etwas. Die Ohren sind Schallempfänger.

11 Schall – vom Sender zum Empfänger

Aufgaben

1 ○ Eine fliegende Mücke ist eine Schallquelle. Gib an, was bei ihr schwingt.

2 ◐ Nenne fünf Schallquellen. Beschreibe jeweils, was schwingt.

3 ○ Der Donner folgt 6 Sekunden nach dem Blitz. Berechne, wie weit der Blitz entfernt war.

4 ◐ Beschreibe drei weitere Beispiele für „Schall – vom Sender zum Empfänger“. → 11

Schallquellen und Schallempfänger

Material A

Schallerzeugung beobachten und vergleichen

Führt die Versuche durch. Beschreibt, was ihr hört und seht. Nennt Gemeinsamkeiten.

Materialliste: Stricknadel aus Metall, Stimmgabel, Glas voll Wasser, Gummiband, Kuchenform, Trommel, Sand (Reis)

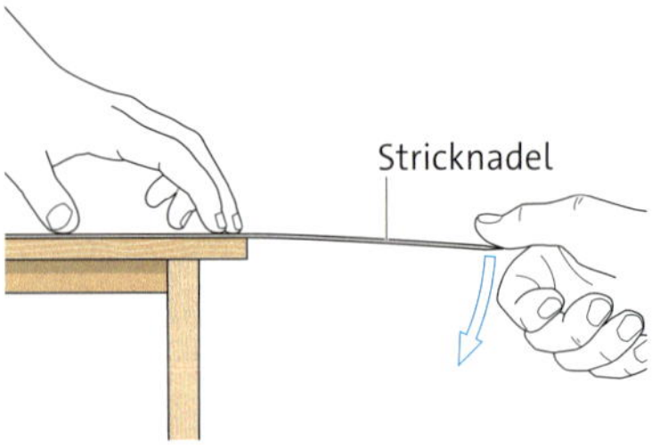

1 Schallquelle: Stricknadel

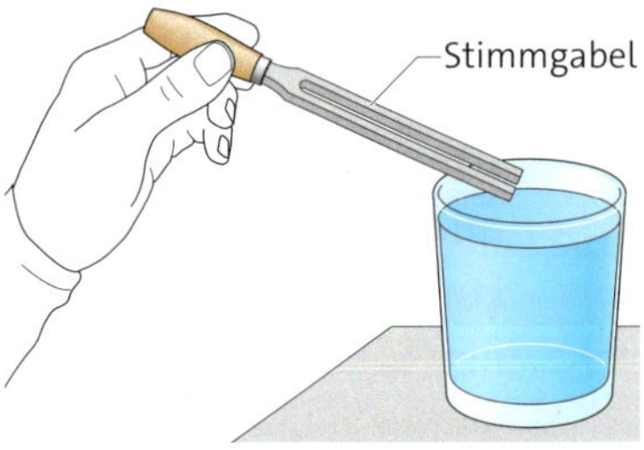

2 Schallquelle: Stimmgabel

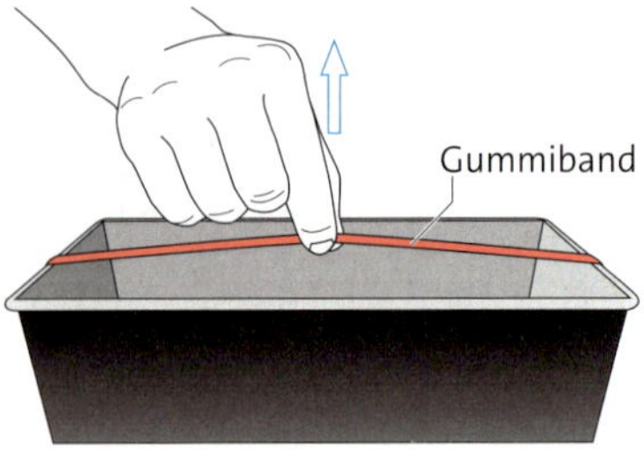

3 Schallquelle: Gummiband

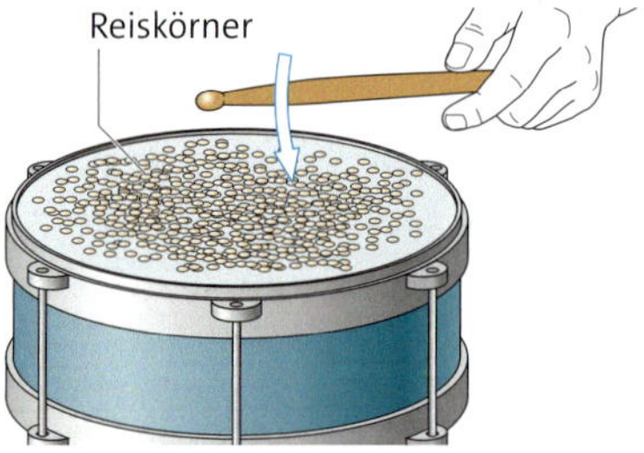

4 Schallquelle: Trommel

1 Spannt die Stricknadel an der Tischkante fest, sodass ein Ende frei ist. Zupft am freien Ende. → 1

2 Schlagt die Stimmgabel an. Haltet ihre Enden dann in das Glas Wasser. → 2

3 Spannt das Gummiband über die Kuchenform. Zupft an dem Band. → 3

4 Streut Sand oder Reis auf das Trommelfell. Schlagt die Trommel an. → 4

Material B

Schallausbreitung

Führt die beiden folgenden Versuche durch. Beschreibt, was ihr hört und seht. Erklärt eure Beobachtungen.

Materialliste: 3 Stative, 2 Stativklemmen, 2 Handtrommeln (Tamburine), Faden, Tischtennisball, Klöppel; Pappröhre, Luftballon, Gummiband, Kerze, Feuerzeug

1 Schlagt das linke Tamburin kräftig mit dem Klöppel an. → 5

2 Verschließt eine Seite der Pappröhre mit einer gespannten Luftballonhaut. → 6 Haltet das offene Ende an die brennende Kerze. Schlagt die Ballonhaut an.

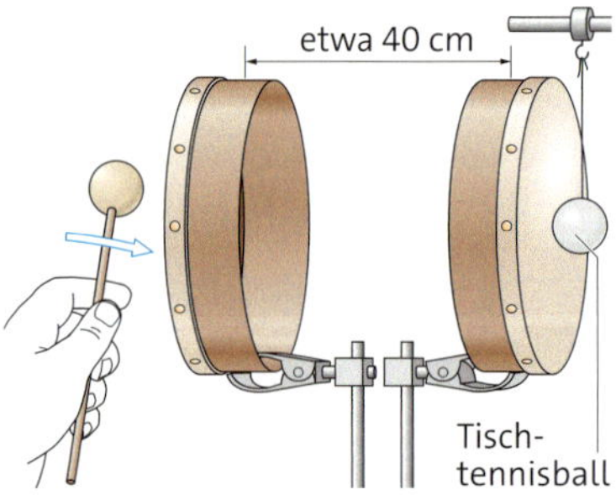

5 Schallsender und -empfänger

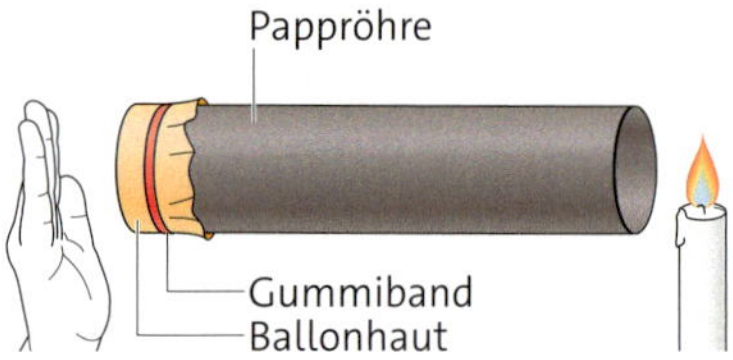

6 „Schallkanone“

Material C

Schnurtelefon

Materialliste: 2 Plastikbecher, Nylonschnur (dick, einige Meter lang), 2 Streichhölzer

1 Führe den Versuch mit deinem Tischnachbarn zusammen durch.

a Verbindet die beiden Becher über die lange Nylonschnur. → 7

b Geht nun auseinander. Flüstere in deinen Becher. Dein Nachbar hält dabei sein Ohr an seine Becheröffnung. Hört er dein Flüstern? Beschreibt, wie das Fadentelefon am besten funktioniert.

c Untersucht, ob man das Flüstern auch außerhalb des zweiten Bechers hört. Erklärt die Beobachtung.

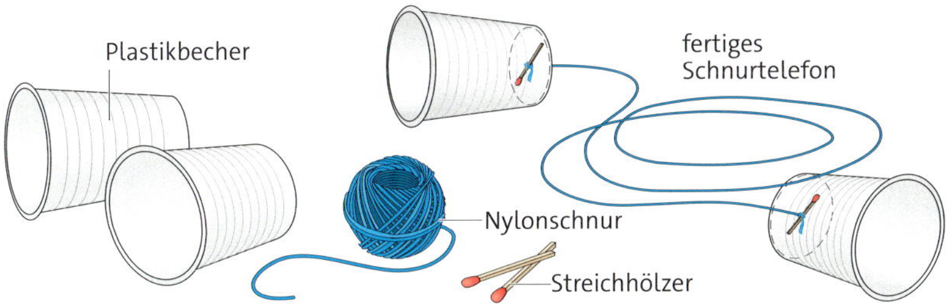

7 Vorbereitung für das Fadentelefon

Material D

Kein Schall ohne ...

1 Die Saugpumpe hat die Luft unter der Glasglocke abgesaugt. → 8 Man sieht, dass der Wecker klingelt – aber man hört ihn nicht.
Erkläre die Beobachtung.

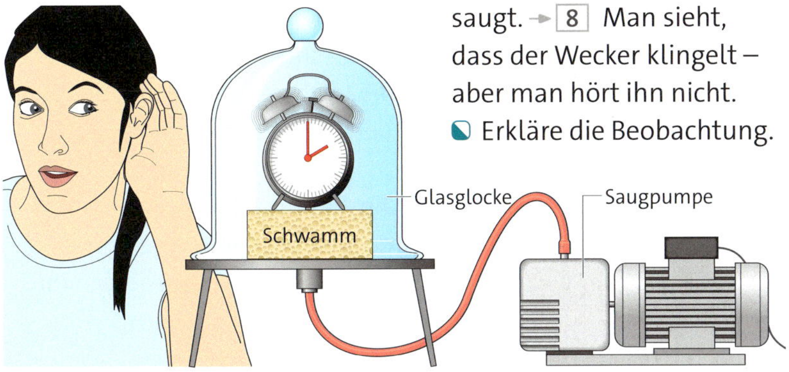

8 Wecker im luftleeren Raum

Material E

Feuerwerk

1 Maren ist begeistert vom Feuerwerk. → 9 Zum Schluss steigt eine Rakete besonders hoch und explodiert direkt über ihr. Kurz darauf ist ein lauter Knall zu hören. Maren fragt sich, wie hoch die Rakete gekommen ist. Beschreibe, wie man es berechnen kann.

9 Wie hoch steigen die Raketen?

Hoch und tief – laut und leise

1 Lautsprecherboxen

Material zur Erarbeitung: A

Die hellen, kreisrunden Flächen in den Lautsprecherboxen wirken wie Trommelfelle. Bei einem Song erzeugen sie verschieden laute und hohe Töne.

Lautstärke • Je kräftiger das Gummiband angezupft wird, desto lauter ist der Ton. → 2 Es schwingt weiter hin und her als beim leisen Ton. Die Amplitude („Schwingungsweite") ist größer.

Je weiter eine Schallquelle hin- und herschwingt, desto größer ist die Lautstärke.

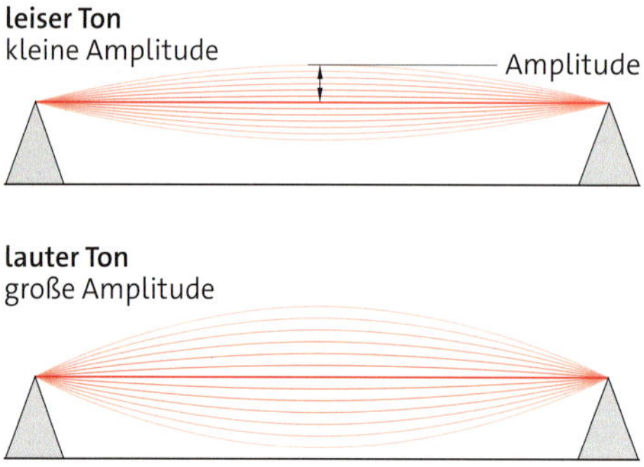

2 Lautstärke

Tonhöhe • Je kürzer die Stricknadel übersteht, desto höher ist der Ton. → 3 Die verkürzte Stricknadel schwingt schneller hin und her. Die Frequenz („Anzahl der Schwingungen pro Sekunde") ist größer.

Je schneller eine Schallquelle hin- und herschwingt, desto größer ist die Tonhöhe.

Die Frequenz wird in Hertz (Hz) angegeben. Heinrich Hertz (1857–1894) war ein wichtiger deutscher Physiker.

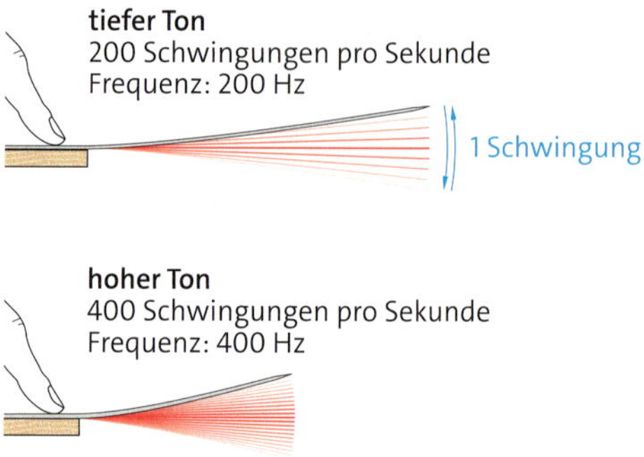

3 Tonhöhe

Aufgaben

1 ○ Auf einer Stimmgabel steht „440 Hz", auf einer anderen „261,62 Hz". Vergleiche die Töne der beiden Stimmgabeln. Begründe.

2 ◐ Die „Trommelfelle" in den Lautsprecherboxen schwingen hin und her. → 1 Beschreibe, wie sich ihre Schwingungen verändern:

a Der Ton wird höher.

b Der Ton wird lauter.

die Lautstärke
die Amplitude
die Tonhöhe
die Frequenz
die Schwingung

Material A

Verschiedene Töne

Materialliste: Gummiband, Lineal, Stimmgabel, PET-Flasche, Wasser

1 Erzeuge verschieden laute Töne mit der gleichen Schallquelle. Verwende:
- ein gespanntes Gummiband
- ein Lineal, das an der Tischkante festgehalten wird
- eine Stimmgabel

a Beschreibe jeweils, wie du die verschieden lauten Töne erzeugst.

b Wie hängt die Lautstärke mit den Schwingungen der Schallquelle zusammen? Stelle eine Regel auf: „Je stärker die Schallquelle hin- und herschwingt, desto ..."

2 Erzeuge verschieden hohe Töne mit der gleichen Schallquelle. Verwende:
- ein gespanntes Gummiband
- ein Lineal, das an der Tischkante festgehalten wird
- eine teilweise mit Wasser gefüllte Flasche

a Beschreibe jeweils, wie du die verschieden hohen Töne erzeugst.

b Wie hängt die Tonhöhe mit den Schwingungen der Schallquelle zusammen? Stelle eine Regel auf: „Je schneller die Schallquelle hin- und herschwingt, desto ..."

Material B

Eine „Saite" – verschieden hohe Töne

Materialliste: Nylonfaden (2 m lang), 2 PET-Flaschen voll Wasser (1 L), 2 Bleistifte

1 Binde die Flaschen an den Enden des Nylonfadens fest. Lege den Faden dann so auf den Tisch, dass die Flaschen links und rechts herunterhängen. → 4 Schiebe nun die Bleistifte mit einem Abstand von rund 60 cm unter den Faden.

a Zupfe an dem gespannten Fadenstück zwischen den Bleistiften. Berühre es dann leicht mit dem Handrücken. Beschreibe, was du hörst und fühlst.

b Wie verändert sich der Ton der „Saite", wenn die Bleistifte enger zusammen- oder weiter auseinanderliegen? Untersuche es.

4 Gespannter Faden als „Saite"

Stelle Regeln auf:
- Je kürzer das schwingende Fadenstück ist, desto ...
- Je länger ...

c Wie verändert sich die Tonhöhe, wenn der Faden stärker gespannt wird? Ziehe dazu die Flaschen vorsichtig noch etwas weiter nach unten. Der Abstand zwischen den Bleistiften soll gleich bleiben. Stelle eine Regel auf: „Je stärker der Faden gespannt ist, ..."

d Wie erzeugt man möglichst hohe Töne mit der „Saite"? Fasse deine Ergebnisse zusammen.

Na hör mal!

[1] Die Richtung bestimmen – mit dem Gehör!

Auch mit verbundenen Augen kannst du die Richtung bestimmen, aus der ein Laut kommt. Wie arbeitet unser Gehör?

Ohr • Schall wird von der Ohrmuschel aufgefangen und zum Trommelfell geleitet. → [2] Die Schwingungen des Trommelfells werden von den Gehörknöchelchen auf die Schnecke übertragen. Sie ist mit Flüssigkeit gefüllt. Die Schwingungen erzeugen Wellen, die durch die Flüssigkeit wandern. In der Schnecke sitzen rund 20 000 Hörsinneszellen. Je nach Tonhöhe werden verschiedene Hörsinneszellen von den Wellen gereizt. Die Hörsinneszellen eines Kinds reagieren auf Töne zwischen 16 Hz und 20 000 Hz. Die obere Grenze sinkt mit dem Lebensalter.

Ohren und Gehirn • Die gereizten Hörsinneszellen schicken elektrische Signale über den Hörnerv zum Gehirn. Das Gehirn wertet die Signale aus: Jetzt erst nimmst du die Stimmgabel wahr, unterscheidest Stimmen und weißt, ob ein Geräusch weit entfernt oder bedrohlich ist. Die Richtung einer Schallquelle kann dein Gehirn bestimmen, weil du zwei Ohren hast: Liegt die Schallquelle links von dir, kommt der Schall erst ins linke Ohr und ganz kurze Zeit später ins rechte Ohr. Das Gehirn nutzt den winzigen Zeitunterschied zur Richtungsbestimmung.

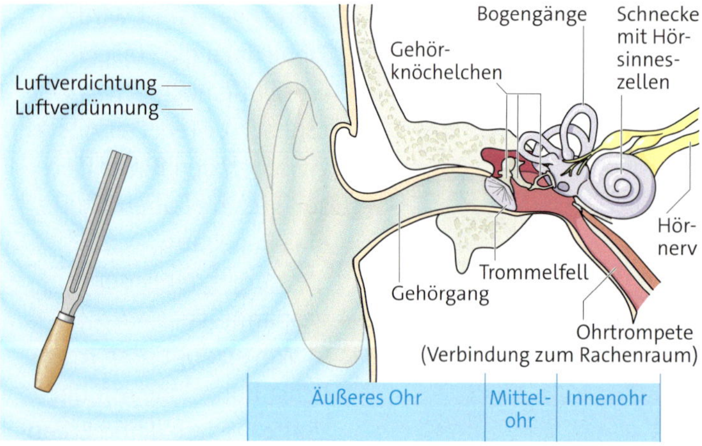

[2] So ist unser Ohr aufgebaut.

Unsere Ohren empfangen Schall und schicken daraufhin Signale ans Gehirn. Das Gehirn erzeugt aus den Signalen beider Ohren einen gemeinsamen Höreindruck.

Aufgaben

1 „Das Ohr wandelt den Schall erst in Schwingungen und dann in Wellen um.“ Erkläre diese Aussage.

2 Jemand kommt von rechts auf dich zu. Obwohl du ihn nicht siehst, drehst du deinen Kopf zur richtigen Seite. Erkläre diese Beobachtung.

das Ohr
der Höreindruck

Material A

Richtungshören

Materialliste: Wattestöpsel, Gummischlauch (1 m lang)

1 So könnt ihr das Richtungshören erproben.
a ▢ Alle stehen im Kreis um die Versuchsperson herum und klatschen einzeln. Sie soll mit verbundenen Augen angeben, aus welcher Richtung das Klatschen kommt.
b ▢ Die Versuchsperson verschließt ein Ohr mit einem Wattestöpsel. Kann sie die Richtungen immer noch erkennen?
c ◪ Erklärt den Unterschied.

2 Wenn eine Schallquelle schräg hinter uns ist, kann das Gehirn ihre Richtung bestimmen. Denn der Schall braucht unterschiedlich lang zu beiden Ohren. Wie groß ist der Zeitunterschied?
a ◪ Markiere genau die Mitte des Gummischlauchs. Dein Versuchspartner hält nun die beiden Schlauchenden an seine Ohren. → 3 Klopfe mit einem Stift leicht in der Mitte auf den Schlauch. Gehe dann langsam von der Mitte weg, bis dein Versuchspartner sagt, dass er das Klopfen rechts oder links von der Mitte hört. Markiere die Stelle und miss den Abstand zur Mitte.
b ● Berechne, wie lange der Schall von dieser Stelle zu jedem Ohr braucht. Berechne aus beiden Werten den Zeitunterschied.
Tipp: Der Schall legt 340 m in 1 s zurück.

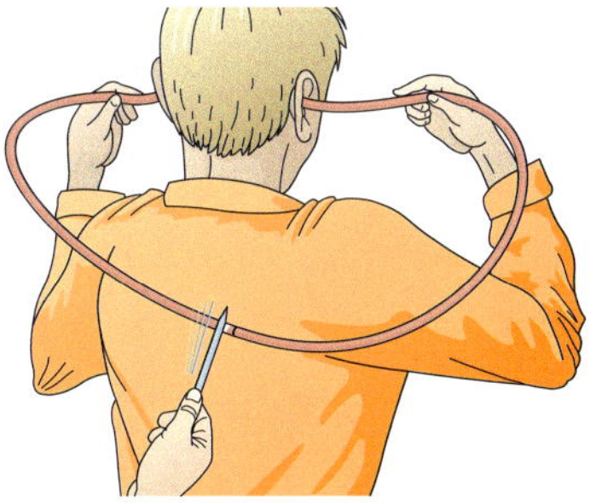

3 Mitte oder links?

Material B

Hohe Töne hören

Materialliste: Tongenerator, Kopfhörer

1 Wer hört die höchsten Töne?
a ▢ Messt eure Hörgrenze mit dem Tongenerator. → 4
b ◪ Vergleicht die Werte. Hört der Lehrer so gut wie ihr? Begründet den Unterschied.

Achtung • Die Ohren können bei zu großer Lautstärke geschädigt werden!

4 So könnt ihr die obere Hörgrenze bestimmen.

Wenn Schall zu laut wird

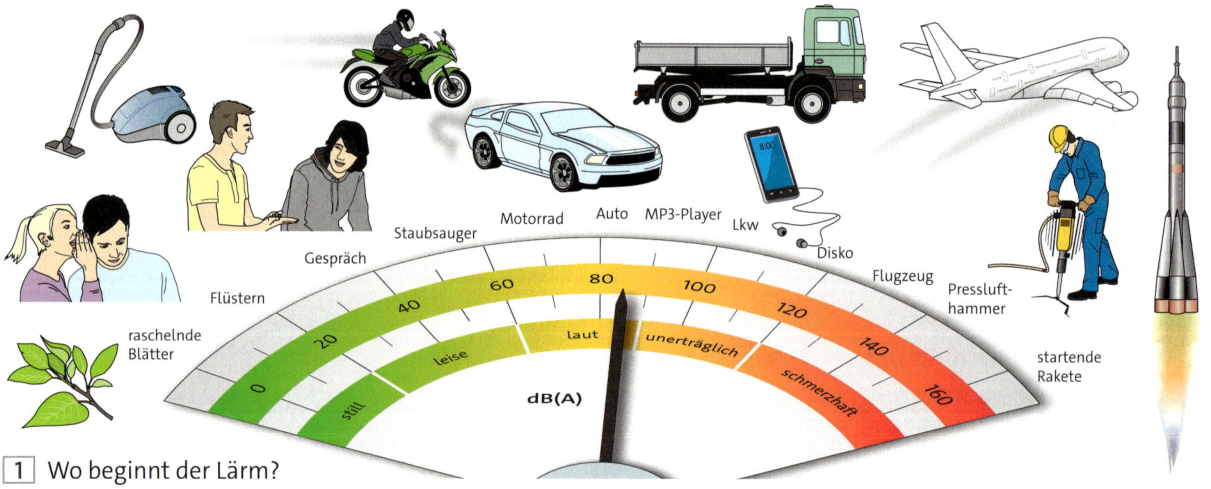

1 Wo beginnt der Lärm?

Laute Musik gefällt dem einen, der andere ist vom Lärm genervt. Ab welcher Lautstärke sind die Ohren in Gefahr?

Lautstärke messen • Die Lautstärke kann mit dem Handy gemessen werden. → 2 Der „Schallpegel" wird in Dezibel A angezeigt.
Bei 0 dB(A) hören wir nichts. → 1
Geräusche bis 30 dB(A) empfinden wir als ruhig. Ab 70 dB(A) setzen nervliche Belastungen ein. Dauernder Lärm über 85 dB(A) macht schwerhörig.
Zehn gleiche Schallquellen sind zusammen doppelt so laut wie eine. → 3

Lärmschutz • Der Lärmschutz ist im Arbeitsleben gesetzlich geregelt. Im Büro darf es nicht lauter als 70 dB(A) sein. Ab 90 dB(A) ist ein Gehörschutz Pflicht. In der Freizeit bist du für deinen Lärmschutz selbst verantwortlich. Du stellst dich bei einem Rockkonzert gerne an die Lautsprecherboxen? Dann bekommen deine Ohren Schall wie bei einem Presslufthammer ab. Dabei können Hörsinneszellen zerstört werden. Sie wachsen nie wieder nach – und du bist für den Rest des Lebens schwerhörig!

Die Lautstärke wird in Dezibel A gemessen. Bei zu großer Lautstärke ist unsere Gesundheit gefährdet.

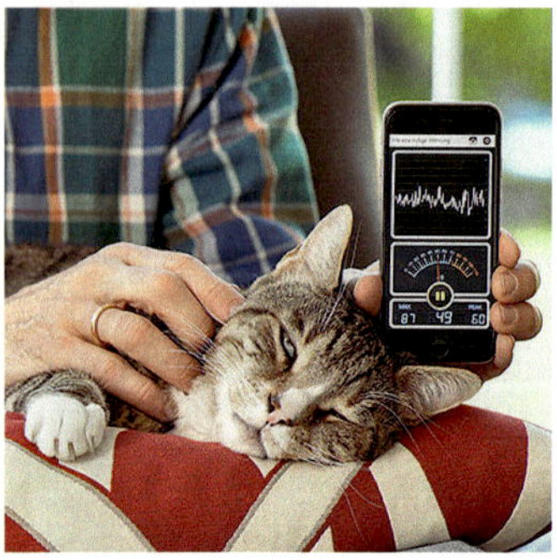

2 Messung der Lautstärke

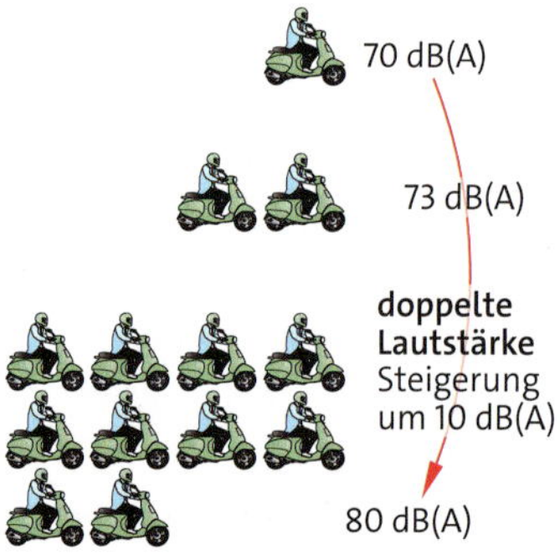

3 Doppelte Lautstärke

Aufgaben

1 ○ Liste Schallquellen auf, die das Gehör schädigen können.

2 ◐ „Doppelt so viele Autos sind doppelt so laut." Bewerte die Aussage.

der Schallpegel
der Lärmschutz

Material A

Lautstärke messen

Materialliste: Schallpegelmesser oder Handy mit App zur Schallpegelmessung

1 ▢ Messt die Lautstärke an verschiedenen Orten in der Schule, direkt an einem Kopfhörer bei lauter Musik, an einer Lautsprecherbox, an Mofas ... → 4 Notiert die Messwerte in einer Tabelle.

2 ◪ Übertragt die Beispiele aus der Lärmskala in eure Tabelle. → 1 Beurteilt, ob euer Alltag eher leise oder laut ist.

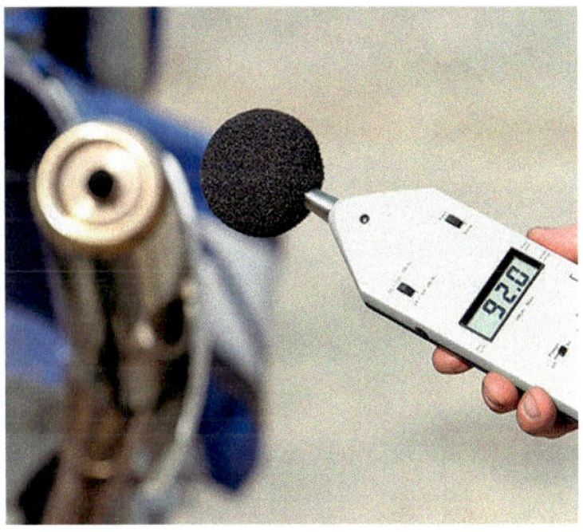

4 Schallpegelmesser

Material B

Schall dämpfen

Materialliste: Schallpegelmesser oder Handy mit App zur Schallpegelmessung, Wecker, Schuhkarton, Dämmstoffe (Styropor, Watte, Teppich, Waben von Eierkartons ...)

1 ▢ Viele Dämmstoffe „verschlucken" den Schall. Welcher Stoff dämpft den Schall am besten?

a Miss die Lautstärke eines klingelnden Weckers in 1 m Abstand. Notiere den Messwert in einer Tabelle.

b Miss die Lautstärke bei gleichem Abstand für folgende Anordnungen:
- Wecker im Schuhkarton
- Karton, mit verschiedenen Dämmstoffen ausgelegt

c Gib an, welche Anordnung Schall am besten dämpft.

Material C

Schall weglenken

Materialliste: Schallpegelmesser oder Handy mit App zur Schallpegelmessung, Tongenerator, Lautsprecher, tiefe Box, Schaumstoff, Spanplatte

1 Kleide die tiefe Box mit Schaumstoff aus und lege den Lautsprecher hinein. → 5 Schließe den Lautsprecher an den Tongenerator an.

a ▢ Miss die Lautstärke 1 m über dem Lautsprecher.

b ▢ Halte jetzt erst die Spanplatte schräg über die Box. Miss die Lautstärke an der gleichen Stelle wie zuvor. Vergleiche mit der Lautstärke ohne Spanplatte.

c ◪ Untersuche, wo der „fehlende" Schall bleibt.

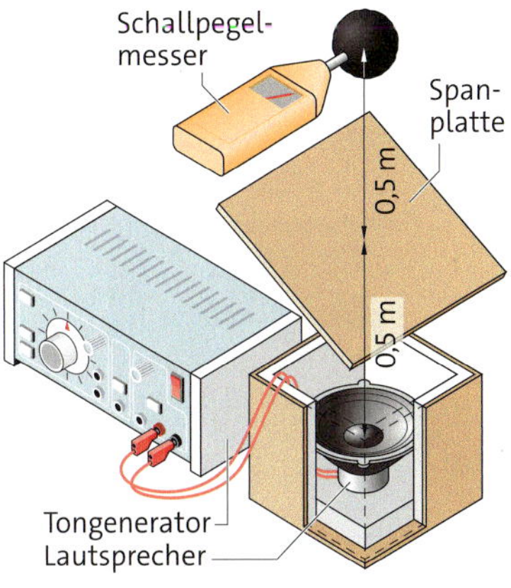

5 Schall weglenken

Schall und Licht

1 Von Licht und Klang umgeben – ein unvergesslicher Abend

Wir brauchen Schall und Licht, um etwas hören und sehen zu können. Sie haben erstaunlich viel gemeinsam!

Senden • Schallquellen erzeugen Schall. → 2 Natürliche Schallquellen sind z. B. unsere Stimmbänder oder die rasch schlagenden Flügel einer Biene. Technische Schallquellen sind z. B. Lautsprecher und Autohupen.
Lichtquellen erzeugen Licht. Natürliche Lichtquellen sind z. B. die Sonne, Blitze und Flammen. Technische Lichtquellen sind z. B. Lampen und Displays.

2 Sender, Übertragung, Empfänger

Übertragen • Schall breitet sich von der Schallquelle in den Raum aus. Er legt in der Luft 340 m pro Sekunde zurück. Im Wasser oder im Erdboden breitet er sich sogar noch schneller aus. Schall braucht einen Stoff, um sich auszubreiten.
Licht breitet sich von der Lichtquelle in den Raum aus. Es ist fast eine Million Mal schneller als Schall: Licht legt fast 300 000 km pro Sekunde zurück. Für 300 m braucht es nur eine millionstel Sekunde – das ist so schnell, dass wir seine Ausbreitung im Alltag gar nicht bemerken. Licht braucht keinen Stoff, um sich auszubreiten, es durchquert auch den Weltraum.

Empfangen • Wir können Schall empfangen: mit den Ohren. Mikrofone sind technische Schallempfänger. Unsere Ohren unterscheiden sehr fein zwischen laut und leise, hoch und tief.

der Ultraschall
der Infraschall

Wir nehmen Tonhöhen zwischen 16 Hz und 20 000 Hz wahr. → 3 Unter 16 Hz schließt sich der Infraschall an, über 20 000 Hz der Ultraschall.
Wir können Licht empfangen: mit den Augen. Die Chips in Kameras sind technische Lichtempfänger. Unsere Augen unterscheiden hell und dunkel sowie Millionen Farben. Das sichtbare Spektrum beginnt bei Rot und endet bei Violett. → 4 Jenseits von Rot schließt sich Infrarot an, jenseits von Violett folgt Ultraviolett.
Zu lauter Schall kann Ohren und Nervensystem schädigen. Zu helles Licht kann Augen und Haut schädigen.

Gegenstände im Weg • Schall kann durchgelassen, aufgenommen und umgelenkt werden. Harte, glatte Oberflächen werfen den Schall in eine bestimmte Richtung zurück (Reflexion). → 5 Raue Wände, Gardinen und Vorhänge absorbieren Schall.
Licht kann durchgelassen, aufgenommen und umgelenkt werden. Eine Glasscheibe lässt Licht fast ungehindert hindurch. Ein Spiegel reflektiert es. → 6 Eine weiße Wand streut das Licht in alle Richtungen. Ein mattschwarzer, dicker Vorhang absorbiert das Licht fast ganz.

Schall und Licht werden erzeugt und breiten sich aus. Sie können unterwegs von Gegenständen beeinflusst werden. Wir können Schall und Licht empfangen. Unser Gehirn erzeugt daraus einen Eindruck unserer Umwelt.

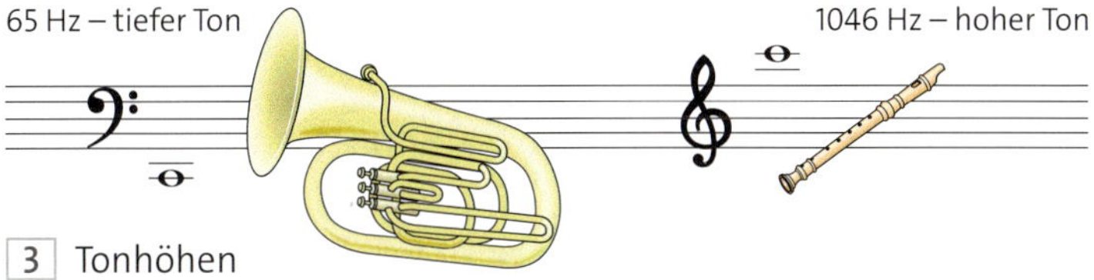

3 Tonhöhen

4 Spektrum des Lichts und Farben

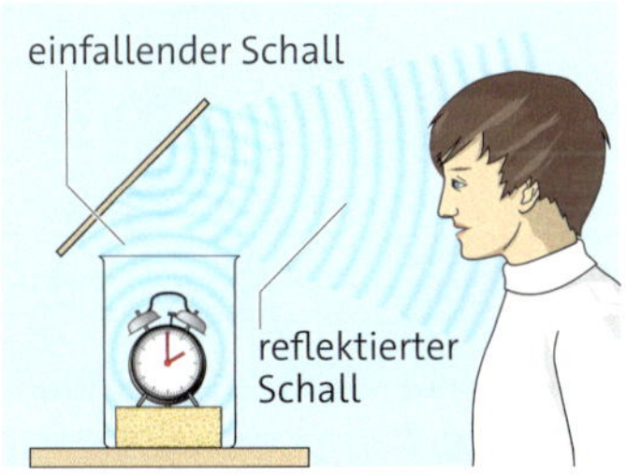

5 Reflexion von Schall

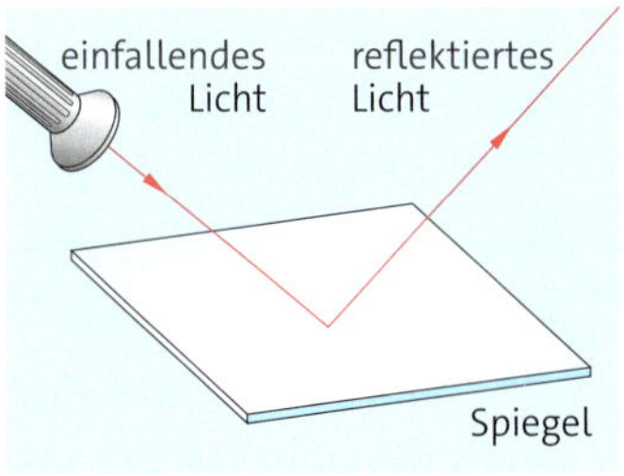

6 Reflexion von Licht

Aufgaben

1 ○ Nenne Schall- und Lichtsorten, die wir mit Ohren und Augen nicht wahrnehmen können.

2 ◐ Beim Sportfest hören weit entfernte Zuschauer den Knall der Starterpistole später als die Sportler. Erkläre den Unterschied.

3 ◐ Vergleiche Schall und Licht. → 7

	Schall	Licht
Quellen	?	?
Empfänger	?	?
Geschwindigkeit	?	?
...	...	...

7 Beispieltabelle

Schall und Licht

Material A

Schallgeschwindigkeit überprüfen

1 Elf Schülerinnen und Schüler haben auf dem freien Feld eine 250 m lange Strecke abgemessen. Ramon steht am einen Ende der Strecke. Er schlägt mit einem Hammer kräftig auf ein Kuchenblech. Die anderen stehen am anderen Ende der Strecke. Sie messen mit Stoppuhren, wie lange der Knall bis zu ihnen braucht.

a ○ Bestimme den Mittelwert der Zeiten. → 1 Beschreibe dein Vorgehen.

b ◐ Berechne damit:
- wie lange der Schall für 1 km braucht
- wie weit der Schall in 1 s kommt

Zeitnehmer	Zeit für 250 m
1	0,7 s
2	0,6 s
3	0,8 s
4	0,8 s
5	0,7 s
6	0,7 s
7	0,9 s
8	0,7 s
9	0,7 s
10	0,8 s

1 Gemessene Zeiten

Material B

Schall und Licht haben viel gemeinsam

1 ◐ Sortiere die Bilder 2 bis 9 so, dass Paare aus den Bereichen Schall und Licht entstehen, bei denen es um das Gleiche geht. Gib jedem Paar eine Überschrift. Begründe jeweils deine Zuordnung.

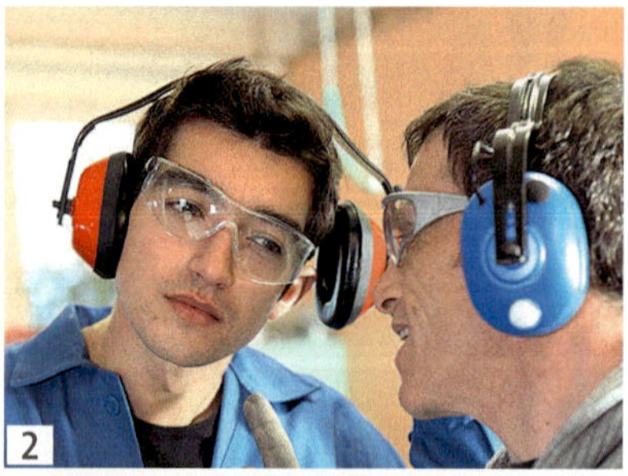
2

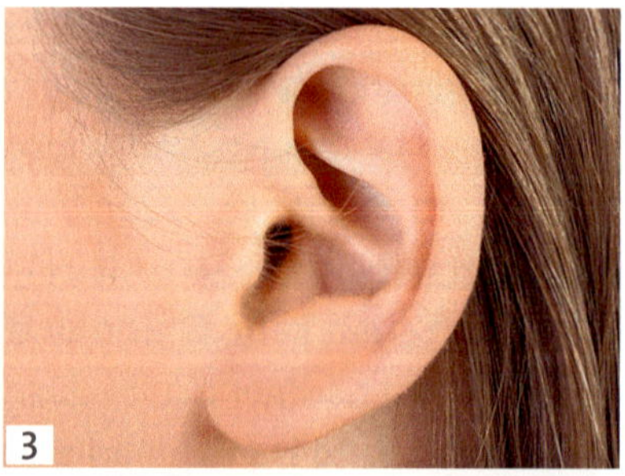
3

4

5

6

7

8

9

Erweitern und Vertiefen

Zwei „Ultras“ auf Nahrungssuche

Bienen sehen Ultraviolett • Bienen können kein rotes oder gelbes Licht wahrnehmen, dafür aber ultraviolette Strahlung. Die Blüte der Sumpfdotterblume erscheint für uns einfarbig gelb. → 10 Für eine Biene ist sie zweifarbig und weist ein Muster auf. → 11 12 Das Muster zeigt der Biene den Zugang zum Nektar.

Fledermäuse „sehen“ mit den Ohren • Fledermäuse jagen in der Dämmerung nach Insekten. → 13 Sie orientieren sich mit ihren sehr empfindlichen und großen Ohren. Dazu stoßen sie rasch hintereinander Schreie im Ultraschallbereich aus. Wenn der Schall auf einen Gegenstand oder ein Beutetier trifft, wird er wie ein Echo zurückgeworfen. → 14 Die Fledermaus hört das Echo. Es zeigt ihr an, wo und wie weit entfernt das Beutetier ist, wie groß es ist und wie es sich bewegt. Dann passt die Fledermaus ihr Flugverhalten daran an. Einige Nachtfalter können Ultraschall hören. Wenn sie von den Schreien einer Fledermaus getroffen werden, lassen sie sich im Flug plötzlich fallen. Der Jäger verliert die Beute dann „aus den Ohren“.

10 Biene im Anflug auf eine Sumpfdotterblume

11 12 Die Sumpfdotterblume sieht für uns anders aus als für eine Biene.

Aufgabe

1 ◐ Entfernungen bestimmen – mit dem Echo: Jana steht vor einer Felswand und ruft. Nach 1 s hört sie das Echo. Berechne den Abstand zwischen Jana und der Felswand.

13 Schreiende Fledermaus

14 Das Echo verrät den Nachtfalter.

Akustik

Zusammenfassung

Schall erzeugen • Schall ist alles, was wir hören können.
Schall entsteht, wenn eine Schallquelle schnell hin- und herschwingt. → 1

Schall übertragen • Schall braucht einen Stoff, um sich auszubreiten. In der Luft breitet er sich als Folge von Luftverdichtungen und Luftverdünnungen aus. → 2 Dabei legt der Schall 1 km in rund 3 s zurück.
Schall kann von Gegenständen durchgelassen, aufgenommen und umgelenkt werden. Harte, glatte Oberflächen reflektieren den Schall.

Schall empfangen • Unser Ohr ist ein Schallempfänger. → 3 Die Hörsinneszellen im Innenohr werden durch den Schall gereizt und senden daraufhin Signale an das Gehirn. Das Gehirn erzeugt daraus einen Höreindruck unserer Umgebung. Lärm kann die Hörsinneszellen zerstören.

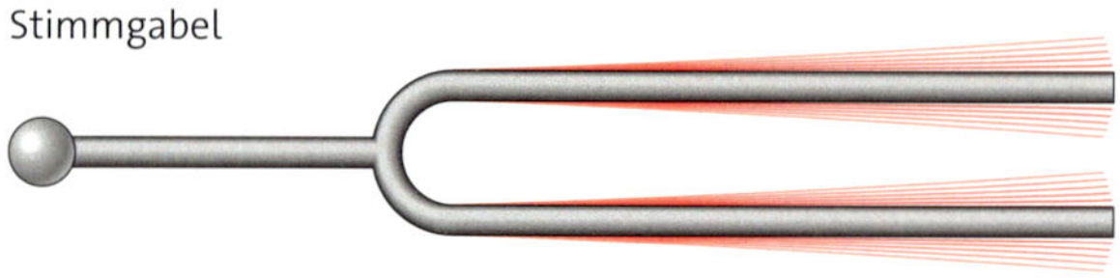

1 Schallquelle: schwingende Zinken

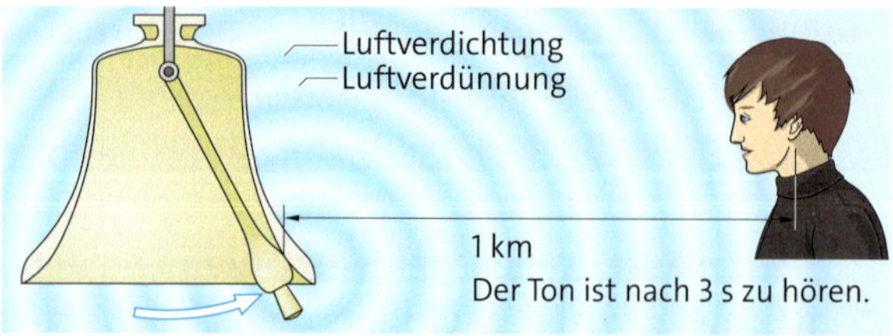

2 Ausbreitung von Schall in der Luft

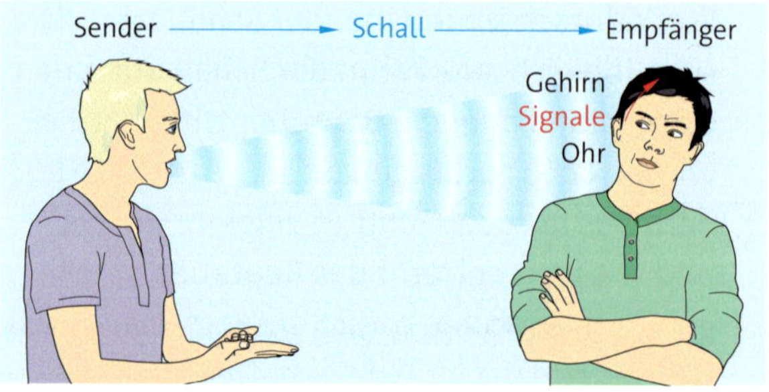

3 Senden – Übertragen – Empfangen

Laut und leise • Je weiter eine Schallquelle hin- und herschwingt, desto größer ist ihre Lautstärke. → 4
Die Amplitude gibt an, wie weit die Schallquelle schwingt.

Hoch und tief • Je schneller eine Schallquelle hin- und herschwingt, desto größer ist ihre Tonhöhe. → 5
Die Frequenz gibt an, wie oft die Schallquelle pro Sekunde hin- und herschwingt.
Kinder können Töne zwischen 16 Hz und 20 000 Hz hören.

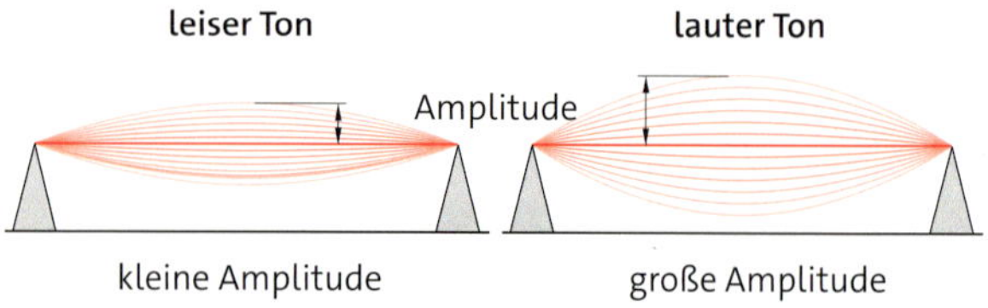

4 Je größer die Amplitude, desto lauter der Ton

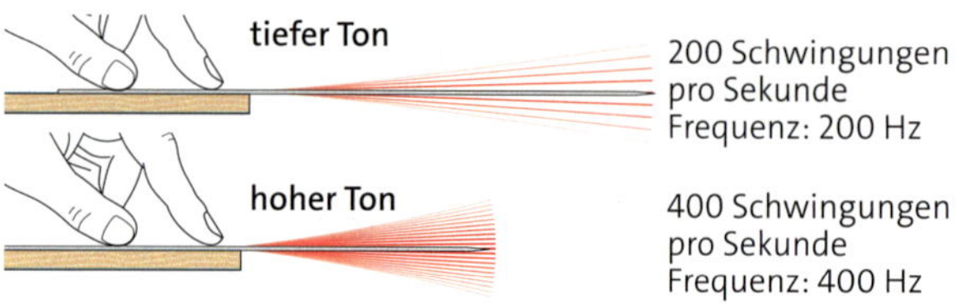

5 Je größer die Frequenz, desto höher der Ton.

Teste dich! (Lösungen auf Seite 383)

1 ▢ Nenne jeweils mehrere Beispiele für:
a Schallquellen
b Lichtquellen
c Schallempfänger
d Lichtempfänger

2 ◐ Sara spielt Gitarre, Björn hört zu. Bringe die Sätze dazu in die richtige Reihenfolge:
- Sara zupft die Gitarrensaite an.
- Die breiten sich in der Luft aus.
- Die Saite beginnt zu schwingen.
- Wenn sie Björns Ohr erreichen, hört er den Gitarrenton.
- Dadurch entstehen Luftverdichtungen und -verdünnungen.
- Die schwingende Saite reißt die Luft in der Umgebung immer wieder mit.

3 ◐ Ein gespanntes Gummiband wird angezupft. Setze den folgenden Satz richtig fort: Das Gummiband erzeugt einen lauten, hohen Ton, wenn es ...
a schwach angezupft wird und schnell schwingt.
b straff gespannt und stark angezupft wird.
c langsam schwingt und stark angezupft wird.
d schwach angezupft wird und stark schwingt.

4 Viele Insekten senden beim Fliegen Summtöne aus.
a ▢ Beschreibe, wie diese Töne entstehen.
b ◐ Eine Hummel summt mit 240 Hz und eine Mücke mit 600 Hz. Vergleiche die Tonhöhe und erkläre den Unterschied.

5 ◐ Blitz und Donner
a Beschreibe eine Methode, mit der du die Entfernung eines Gewitters bestimmen kannst.

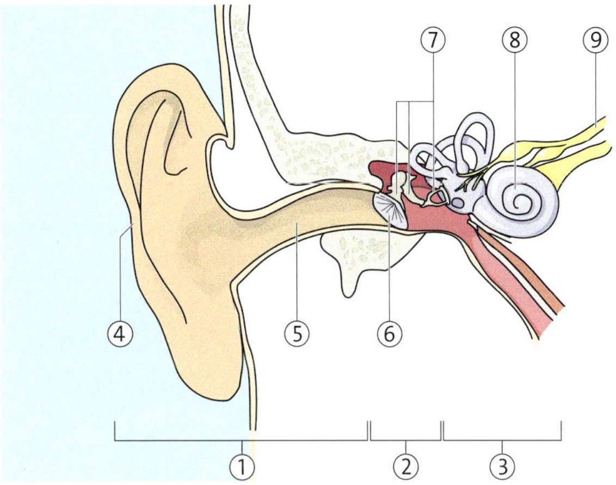

6 Aufbau des Ohrs

b Es blitzt – und schon eine Sekunde später hörst du den Donner krachen. Berechne, wie weit entfernt der Blitz eingeschlagen hat.
c Du siehst den Blitz immer zuerst und hörst den Donner später. Erkläre den Unterschied.

6 ◐ „Jedes Ohr besteht aus drei Ohren!“
a Erkläre, was mit dieser Aussage gemeint ist.
b Beschreibe den Aufbau des Ohrs und nenne die Bereiche des Ohrs mit ihren wichtigsten Teilen. → 6 Beschreibe jeweils ihre Funktion.
c Morgens klingelt der Wecker und hört nicht mehr auf. Du drückst mit geschlossenen Augen die Abschalttaste. Erkläre, weshalb du sie zielsicher finden kannst.

7 „Die neue Lärmschutzwand aus Glas senkt die Lautstärke an der Bundesstraße von 60 auf 50 Dezibel. Die Anwohner sind unzufrieden, weil sie eine Verringerung um mindestens ein Drittel gefordert haben.“
a ◐ Beschreibe, wie die Lärmschutzwand funktioniert.
b ● Nimm Stellung zur Zeitungsmeldung.

Magnetismus und Elektromagnetismus

Eine Stecknadel im Heu zu finden ist sehr schwierig. Es gibt aber eine Hilfe ...

Der Kompass zeigt die Himmelsrichtungen an. Hier spielen Magnetfelder die Hauptrolle. Was sind Magnetfelder?

Mit diesen Flitzern kommt man flott vorwärts. Sie werden von Elektromotoren angetrieben.

Magnete und ihre Eigenschaften

1 Warum fallen die Buchstaben nicht vom Kühlschrank ab?

Materialien zur Erarbeitung: A–E

Magnete sorgen für Halt. Ziehen sie alle Gegenstände an?

Anziehung • Magnete gibt es in vielen Formen. → 2 Mit ihnen kann man feststellen, ob ein Gegenstand Eisen enthält. → 3

Magnete ziehen Gegenstände an, die Eisen (Nickel, Cobalt) enthalten.

Magnetpole • Wenn man einen Stabmagneten in eine Schachtel mit Nägeln hält, bleiben an seinen Enden besonders viele Nägel hängen. → 4 Hier befinden sich die Pole des Magneten. Ein frei aufgehängter Stabmagnet dreht sich in Nord-Süd-Richtung. → 5 Der Magnetpol, der nach Norden zeigt, wird als Nordpol bezeichnet.

Die Anziehung eines Magneten ist an seinen Polen besonders groß. Jeder Magnet hat (mindestens) einen Nordpol und einen Südpol.

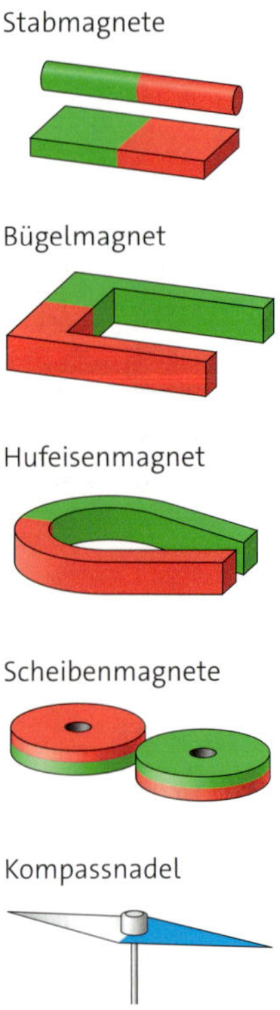

2 Magnete

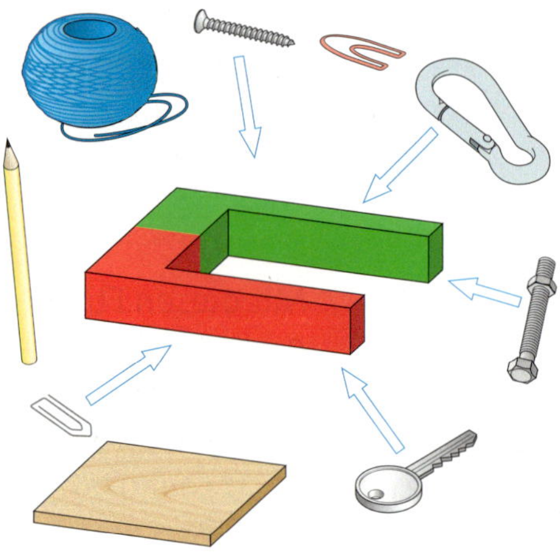

3 Der Magnet zieht Eisen an.

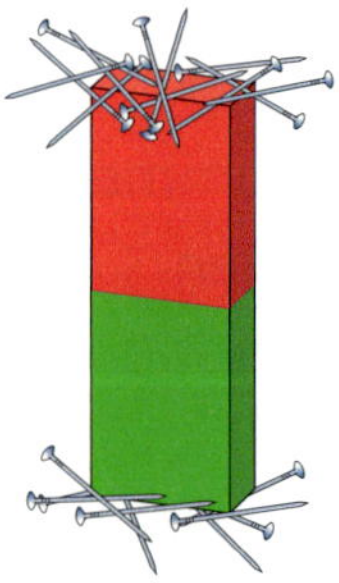

4 Magnetpole

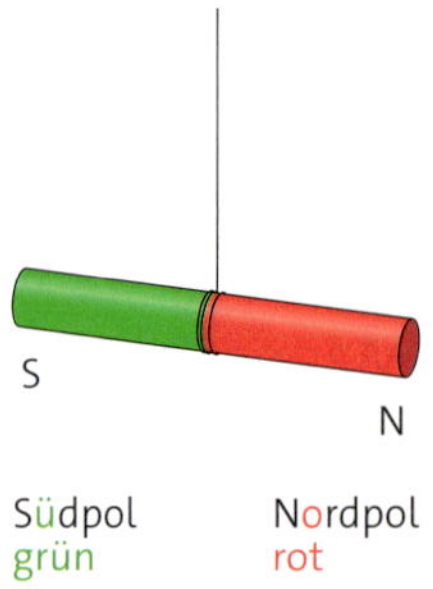

5 Südpol/Nordpol

der Magnet
der Magnetpol
das Magnetfeld

Anziehen – Abstoßen • Ein Magnet und ein Gegenstand aus Eisen ziehen sich immer gegenseitig an. Zwei Magnete können sich ebenfalls anziehen – oder abstoßen. → 6 Es kommt darauf an, welche Pole sich gegenüberstehen:

Ungleiche Pole zweier Magnete ziehen sich an.
Gleiche Pole zweier Magnete stoßen sich ab.

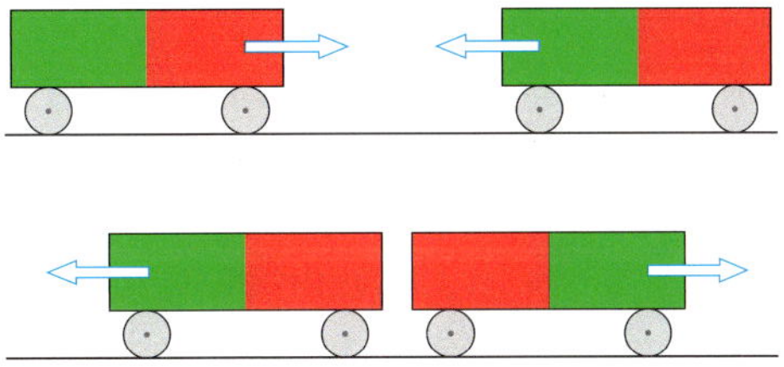

6 Anziehung – Abstoßung

Magnetfeld • Ein Magnet zieht Gegenstände aus Eisen und andere Magnete an – ohne sie zu berühren. Seine Anziehung reicht weit. Der Magnet wirkt durch einen Karton hindurch, nicht aber durch ein Eisenblech. → 7

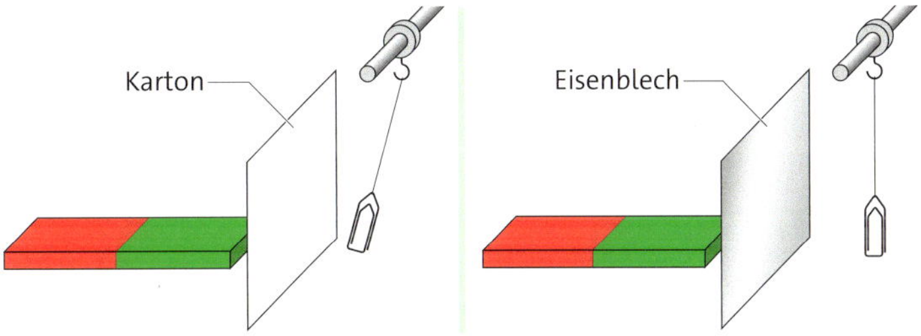

7 Die Büroklammer hinter dem Karton wird vom Magneten angezogen, die Büroklammer hinter dem Eisenblech nicht.

Als Magnetfeld bezeichnen wir den Bereich um einen Magneten, in dem er seine Wirkung zeigt.

Starke Magnete* • Legt man mehrere Scheibenmagnete mit ungleichen Polen aufeinander, erhält man einen besonders starken Magneten. → 8 Kleine starke Magnete („Supermagnete“) bestehen aus einer Verbindung von Eisen, Neodym und Bor.

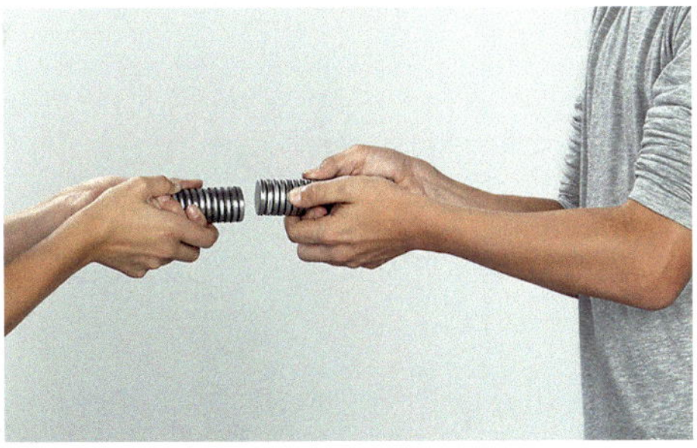

8 Starke Magnete aus vielen Magneten

Aufgaben

1 ○ Nenne Stoffe, die von Magneten angezogen werden.

2 ○ Wie kann man herausfinden, wo die Pole eines Magneten sind? Beschreibe es.

3 ◐ „Magnete ziehen sich immer gegenseitig an.“ Nimm Stellung dazu.

4 ◐ Gib an, welche Büroklammer sich im Magnetfeld des Stabmagneten befindet. → 7 Begründe.

5* ◐ Das Mädchen (links) hält einen starken Magneten in den Händen. → 8 Zeichne im Heft, wie er aufgebaut sein könnte. Markiere die Magnetpole rot und grün.

Magnete und ihre Eigenschaften

Material A

Welche Gegenstände zieht ein Magnet an?

Materialliste: Magnet, verschiedene Gegenstände

1 Prüfe, welche Gegenstände ein Magnet anzieht.

a ○ Trage deine Beobachtungen in eine Tabelle ein. → 1

b ○ Wenn die Gegenstände nur aus einem Stoff bestehen, gib ihn an.

c ◐ Schreibe eine Regel auf, welche Stoffe von Magneten angezogen werden.

Gegenstand	Vom Magneten angezogen	Stoff
Ohrring	nein	Silber
Schere	ja	?
Nagel	ja	?
...	...	...

1 Beispieltabelle

Material B

Wo ist die Anziehung am stärksten?

Materialliste: Stabmagnet, Nagel aus Eisen, Nähgarn

1 Der Nagel soll die Mitte des Magneten treffen. → 2

a ○ Beschreibe deine Beobachtungen.

b ◐ Die Stellen des Magneten mit der stärksten Anziehung heißen Pole.
Notiere, wie viele Pole der Stabmagnet hat und wo sie liegen.

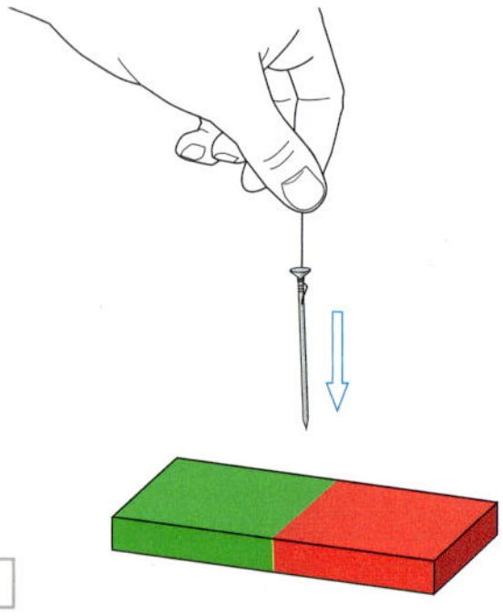
2

Material C

Ziehen sich zwei Magnete immer an?

Materialliste: 2 Stabmagnete, 4 Rollen (nicht aus Eisen)

1 Ein Stabmagnet hat zwei Pole. Der eine Pol ist oft rot gefärbt, der andere grün.

a ○ Lege die Magnete im Abstand von etwa 5 cm auf Rollen. → 3 Nähere sie einander. Notiere deine Beobachtungen.

b ◐ Stelle eine Regel auf: Gleiche Pole ..., ungleiche Pole ...

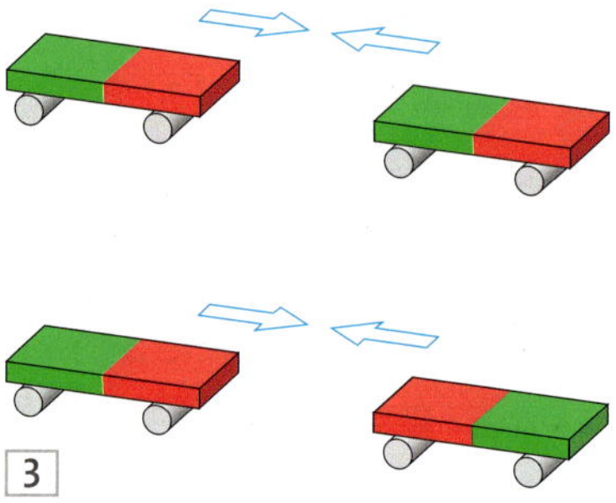
3

Material D

Magnet „abschirmen“

Materialliste: Stabmagnet, Büroklammer aus Eisen, Nähgarn, Karton, Holzplatte, Glasplatte, Alublech, Eisenblech, Kupferblech, Stativmaterial

1 Schiebe die Platten und Bleche einzeln und nacheinander zwischen den Magneten und die Büroklammer. → 4
○ Notiere deine Beobachtungen in einer Tabelle.

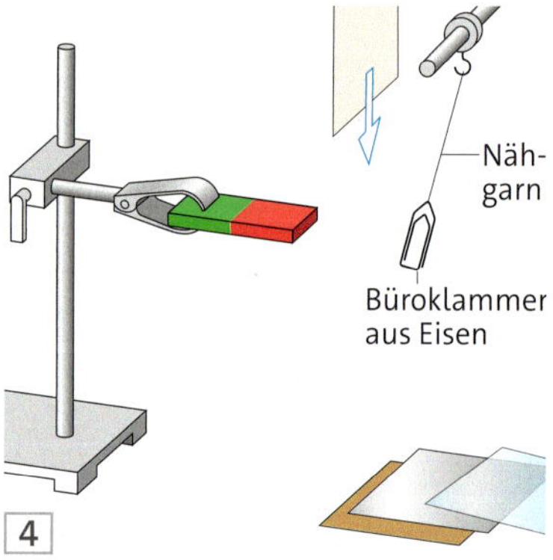

4

Material E*

Mehrere Magnete

Materialliste: viele Scheibenmagnete, 2 Stabmagnete, 1-Cent-Münzen, Stativmaterial

1 Jeder Scheibenmagnet hat zwei Pole.

a ○ Finde heraus, wo die Pole des Scheibenmagneten sind.

b Lege mehrere Scheibenmagnete so aufeinander, dass sie zusammen besonders stark wirken.
○ Beschreibe, wie es gelingt.

2 Hänge so viele Münzen an einen Pol des ersten Stabmagneten untereinander, wie der Magnet gerade noch halten kann. → 5
Nähere dann den zweiten Stabmagneten – mal mit dem gleichen Pol, mal mit dem anderen.

a ○ Notiere deine Beobachtungen.

b ◑ Stelle eine Regel auf.

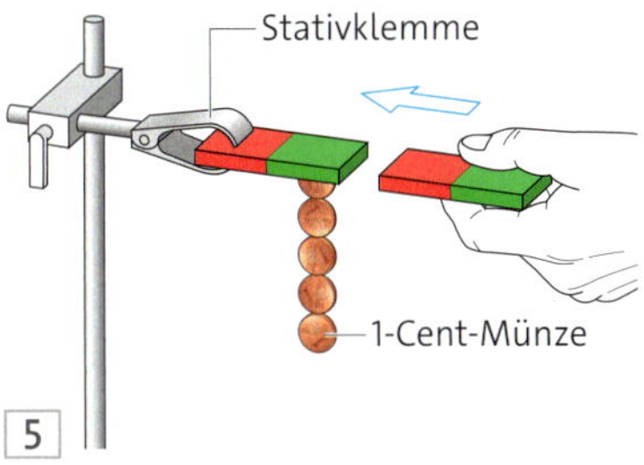

5

Material F

Magnete im Einsatz

1 ○ Übertrage die Zeichnungen in dein Heft. → 6 7
Ergänze die richtigen Pole.

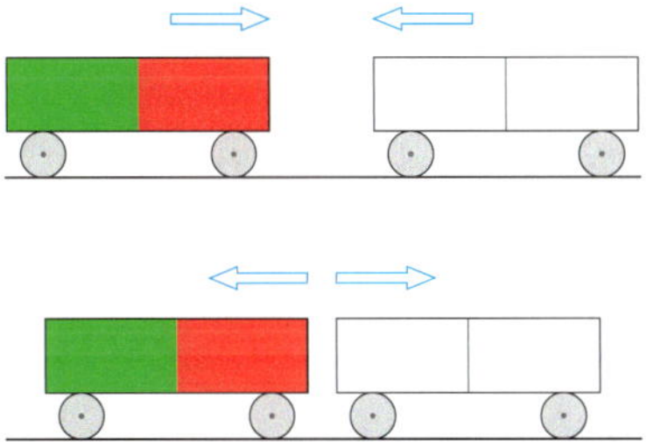

6

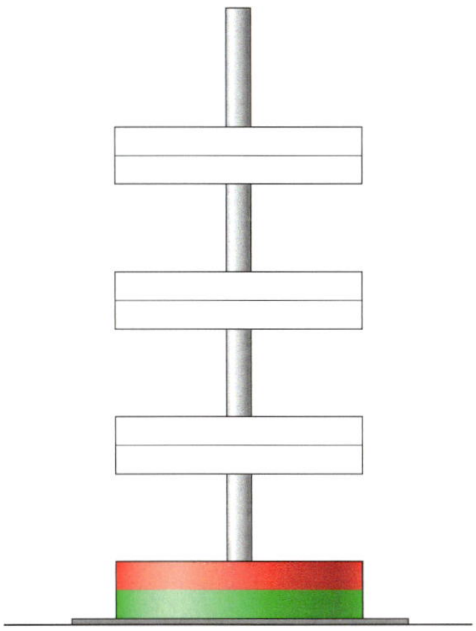

7

2 Der gelbe „Käfer“ gleitet über die Pappe – wie von Geisterhand bewegt. → 8
◑ Erkläre das Kunststück.

8

3 Die Einzelteile eines Fahrrads bestehen aus verschiedenen Stoffen.

a ○ Beschreibe, wie du die Teile herausfinden kannst, die Eisen enthalten.

b ◑ Untersuche dein Fahrrad und notiere die Ergebnisse in einer Tabelle. → 9

Gegenstand	Stoff
Lenker	Eisen
Rahmen	?
Sattel	?
Sattelstütze	?
Schutzblech	?
Felge	?
Speiche	?
Kette	?
...	...

9 Beispieltabelle

Magnete – ganz elementar

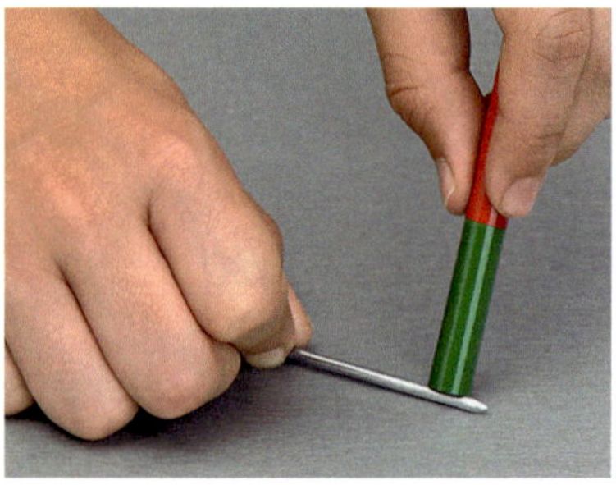

1 Der Nagel wird magnetisch.

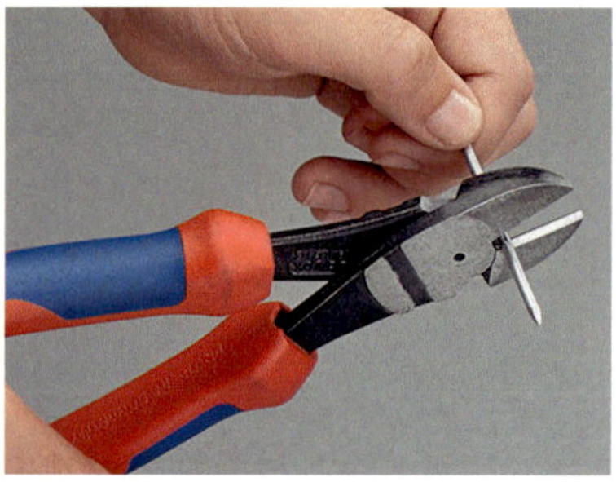

2 Der Magnet wird geteilt.

3 Der Magnet wird geschwächt.

Material zur Erarbeitung: A

Magnete kann man herstellen, teilen und schwächen. Was geschieht dabei im Magneten?

Magnete herstellen • Wenn du einen Eisennagel immer wieder in einer Richtung mit einem Magneten bestreichst, wird der Nagel zum Magneten. → 1

Magnete teilen • Wenn du den magnetischen Nagel in der Mitte teilst, erhältst du zwei neue Magnete – mit jeweils zwei Polen. → 2

Magnete schwächen • Die magnetische Wirkung des Nagels lässt sich durch kräftige Schläge schwächen. → 3

Elementarmagnete • Wie lässt sich das Herstellen, Teilen und Schwächen von Magneten erklären? Physiker haben sich dazu eine Vorstellung vom inneren Aufbau der Magnete gemacht: → 4

Wir stellen uns vor, dass jeder Magnet aus ganz vielen „Minimagneten" besteht. Sie werden als Elementarmagnete bezeichnet. Alle Elementarmagnete sind in derselben Richtung ausgerichtet und verstärken sich in ihrer Wirkung.

Heftige Schläge bringen die Ausrichtung der Elementarmagnete durcheinander. → 5 Sie schwächen sich nun in ihrer Wirkung gegenseitig ab. Streicht man mit einem Magneten über ein unmagnetisches Eisenstück, werden die Elementarmagnete alle in derselben Richtung ausgerichtet.

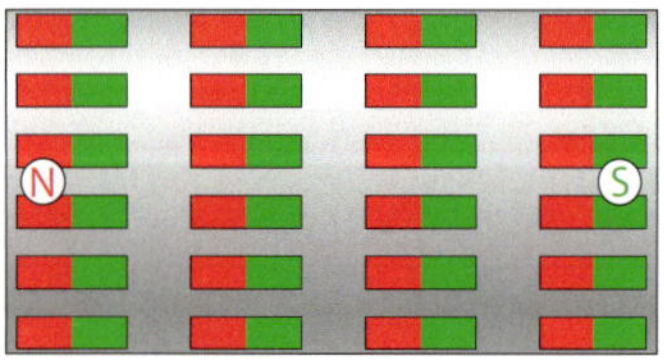

4 Aufbau eines Magneten

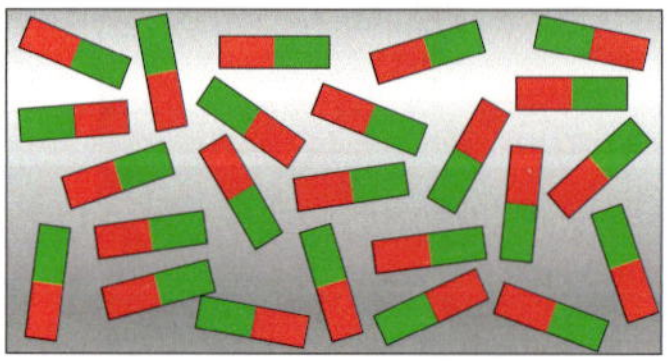

5 Unmagnetisches Eisen

Aufgaben

1 ○ Ein unmagnetischer Nagel und ein magnetisierter Nagel sehen von außen gleich aus. Beschreibe, wie sich ihr Aufbau in unserer Vorstellung unterscheidet.

2 ◐ Erkläre, wieso beim Teilen des magnetischen Nagels zwei Magnete mit Nord- und Südpol entstehen. Fertige eine Skizze dazu an.

Material A

Einen Magneten herstellen, teilen und schwächen

Materialliste: Stabmagnet, gerader Eisendraht (20 cm), Kompassnadel, Kneifzange, Hammer, Büroklammern aus Eisen

1 ▢ So wird der Draht zum Magneten: Bestreiche ihn mehrmals in gleicher Richtung von einem Ende zum anderen mit dem Stabmagneten. → 1
Stelle nun mit der Kompassnadel fest, an welchem Ende des Drahts der magnetische Nordpol liegt und an welchem der Südpol.

2 ▢ Teile den magnetisierten Draht mit einer Kneifzange in zwei gleiche Teile. → 2
Prüfe, ob die Drahtteile noch immer magnetisch sind.
Teile ein Drahtteil noch einmal. Prüfe wieder.

3 ▢ Nimm ein kurzes magnetisches Drahtteil. Prüfe seine magnetische Wirkung: Wie viele Büroklammern hält es? Lege das Drahtteil dann auf eine unempfindliche, harte Unterlage und schlage mit dem Hammer darauf. → 3
Prüfe wieder die magnetische Wirkung des Drahtteils.

Material B

Geteilter Magnet

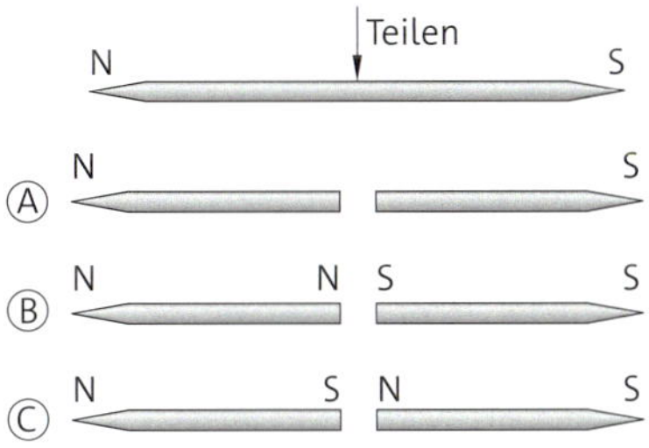

6 A, B oder C?

1 Eine Stricknadel aus Eisen ist magnetisiert. → 6 Jetzt wird sie in der Mitte geteilt.

a ▢ Gib an, wo die Pole der Nadelhälften richtig dargestellt sind: bei A, B oder C.

b ◪ Begründe deine Angabe. Verwende dazu die Vorstellung von den Elementarmagneten.

Material C

Elementarmagnete

1 ▢ Jeder aus der Klasse spielt einen Elementarmagneten. Dafür kommt auf die eine Handfläche ein N für Nordpol und auf die andere ein S für Südpol. → 7

a Bewegt euch mit ausgebreiteten Armen frei im Klassenraum. Auf ein Signal hin haltet ihr an. Stellt eure Klasse jetzt einen Magneten dar? Begründet eure Antwort.

b Bildet jetzt einen großen Magneten. Beschreibt, wie ihr vorgeht.

c Teilt den großen Magneten in der Mitte.

d Schwächt den Magneten.

7 „Elementarmagnete“

Elektromagnete

1 Ein Stahlcontainer wird verladen.

Materialien zur Erarbeitung: A–B

Der Stahlcontainer hängt an einem starken Magneten. Zum Ablegen wird der Magnet einfach ausgeschaltet!

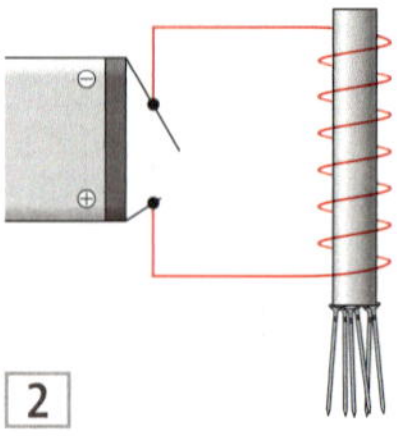

2

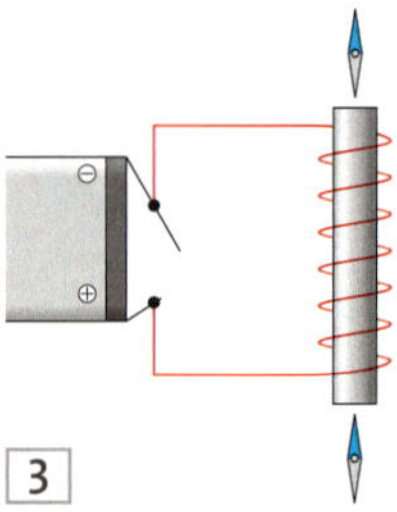

3

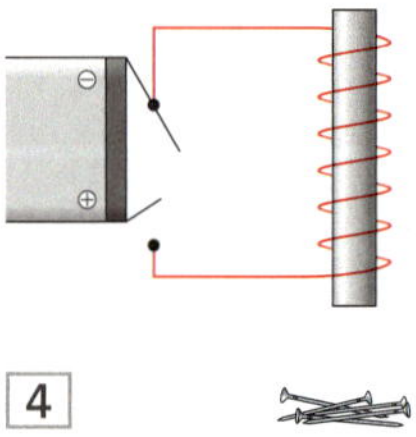

4

Elektromagnet • Der Magnet am Kran besteht aus einem aufgewickelten Draht und einem „Kern“ aus Eisen. → 2 Der aufgewickelte Draht wird Spule genannt. Wenn ein elektrischer Strom durch die Spule fließt, wird sie magnetisch. Der Eisenkern verstärkt die Wirkung. Der Elektromagnet hat einen Nord- und einen Südpol. → 3 Die Pole wechseln, wenn man die Anschlüsse an der Batterie tauscht. Je mehr Windungen die Spule hat, desto stärker ist der Elektromagnet. Ohne Strom verliert der Elektromagnet seine Wirkung. → 4

Elektromagnete bestehen aus einer Spule mit Eisenkern. Sie wirken nur bei eingeschaltetem Strom wie Magnete aus Eisen. Ihre Magnetpole können vertauscht werden.

Draht und Magnetfeld* • Auch ohne Eisenkern ist die Spule ein Magnet. Wie ist das möglich? Vor rund 200 Jahren machte der dänische Forscher Hans Christian Oersted eine wichtige Entdeckung. Er hielt einen Draht über eine Kompassnadel. → 7 Wenn er elektrischen Strom durch den Draht schickte, wurde die Nadel abgelenkt. Der Draht war also von einem Magnetfeld umgeben. Biegt man den Draht zu einem offenen Ring, so wirkt er wie ein schwacher Scheibenmagnet. → 5 Eine Spule wirkt wie ein stärkerer Magnet aus vielen Scheibenmagneten.

Jeder Draht, durch den elektrischer Strom fließt, ist von einem Magnetfeld umgeben.

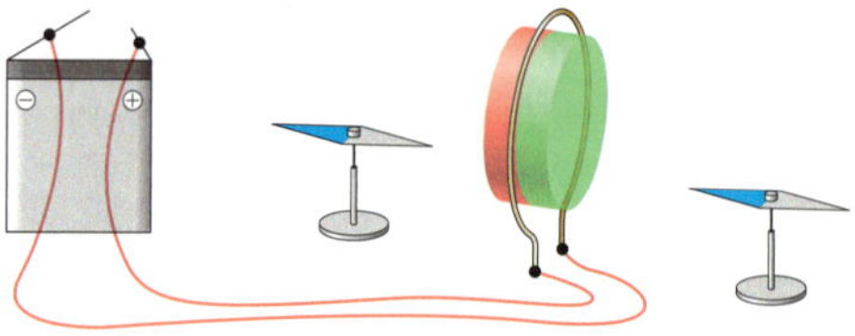

5 Der Drahtring wirkt wie ein Magnet.

Aufgaben

1 ○ Nenne die Bauteile, aus denen ein Elektromagnet besteht.

2 ○ Nenne die Aufgabe des Eisenkerns im Elektromagneten.

3 ◐ „Der Elektromagnet ist magnetisch, weil er einen Eisenkern hat.“ Nimm Stellung dazu.

der Elektromagnet
die Spule

Material A

Elektromagnet – selbst bauen und untersuchen

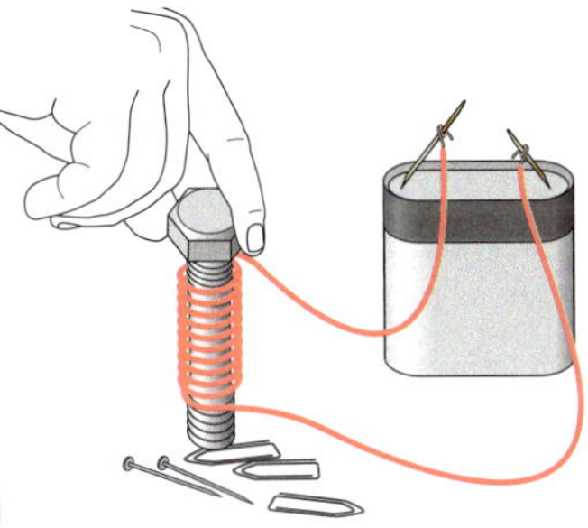

6

Materialliste: lackierter Kupferdraht (1 m lang, 0,2 mm dick), Eisenschraube, Batterie (4,5 V), Nägel oder Büroklammern aus Eisen, Kompassnadel, dünner Klebestreifen, Schleifpapier

1 Umwickle das Gewinde der Schraube erst mit einer Lage Klebestreifen und dann mit dem Draht (immer in gleicher Richtung wickeln). → 6 Schleife den Lack von den Drahtenden ab. Schließe den Draht kurz an die Batterie an:

a ▢ Prüfe, ob du einen Magneten hergestellt hast.

b ◪ Prüfe, ob der Magnet zwei Pole hat.

c ▢ Tausche die Drahtenden an der Batterie. Wiederhole die Versuche.

Material B*

Magnetisches Kabel?

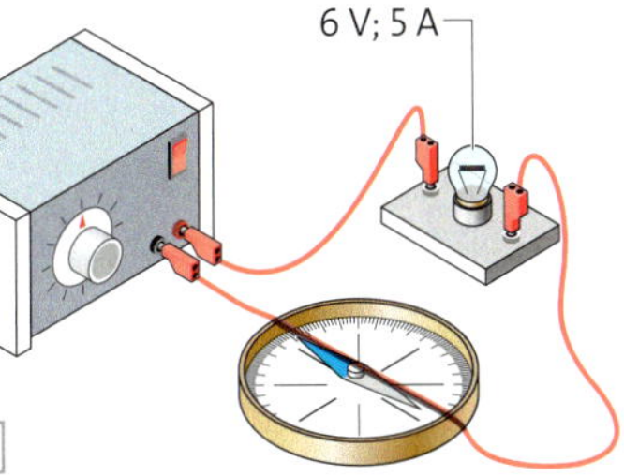

7

Materialliste: Kompass, 2 lange Kabel, Glühlampe (6 V; 5 A), Fassung, Netzgerät (6 V)

1 ▢ Lege ein Kabel genau über die Kompassnadel. → 7

a Schalte das Netzteil ein. Beobachte die Kompassnadel. Zeichne rasch auf, wie sie sich ausrichtet. Schalte das Netzteil dann wieder aus.

b Vertausche die Anschlüsse am Netzteil. Schalte es wieder ein. Vergleiche mit Teil a.

Achtung • Netzgerät nicht lange einschalten, Kabel können heiß werden.

Material C

Dauermagnet und Elektromagnet im Vergleich

1 Hier sind die Eigenschaften von Dauer- und Elektromagneten durcheinandergeraten. → 8
▢ Ordne die Eigenschaften dem Dauer- und dem Elektromagneten in einer Tabelle zu.

- Der Magnet lässt sich ausschalten.
- Der Magnet und Gegenstände aus Eisen ziehen sich an.
- Der Magnet hat einen Nordpol und einen Südpol.
- Der Magnet besteht aus zwei Bauteilen.
- Der Magnet lässt sich nicht ausschalten.
- Der Magnet hat ein Magnetfeld.
- Der Magnet besteht aus einem Teil.
- Die Pole des Magneten lassen sich vertauschen.

8

Magnetfelder sichtbar machen*

1 Elektromagnet auf einem Schrottplatz

Materialien zur Erarbeitung: A–B

Der Elektromagnet hält viele kleine Eisenteile fest. Sie bilden einen merkwürdig geformten „Bart". Wie kommt das?

Feldlinien • Feine Eisenspäne verteilen sich in der Nähe eines Magneten nicht zufällig. → 2 3 Sie ordnen sich zu Mustern. Diese Muster machen die Magnetfelder sichtbar.
Ähnliche Linien zeichnet man auf, wenn man die Umgebung eines Magneten mit einer Kompassnadel „abtastet". → 4 5 Diese Linien nennen wir Feldlinien. Mit Pfeilen zeigen wir an, in welche Richtung sich der Nordpol der Kompassnadel einstellt. Die Feldlinien verlaufen also vom Nord- zum Südpol des Magneten. Je stärker die Wirkung des Magneten in einem Bereich ist, desto dichter zeichnen wir dort die Feldlinien. Die Kompassnadel „spürt" den Magneten auch zwischen den Feldlinien: Man könnte noch viel mehr Feldlinien zeichnen.

Mit Feldlinien zeichnen wir Magnetfelder. Die Feldlinien zeigen an, wie stark und in welche Richtung eine Kompassnadel abgelenkt wird.

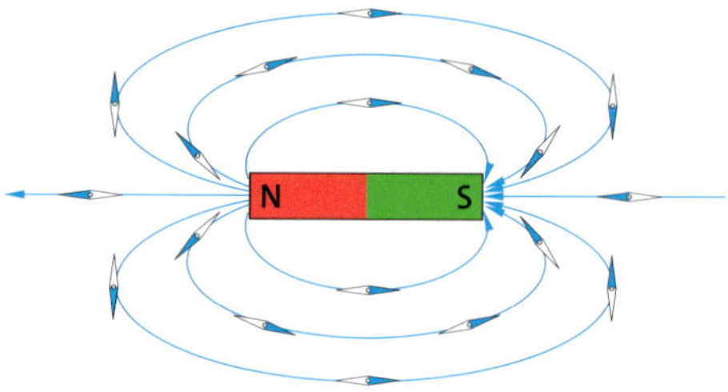

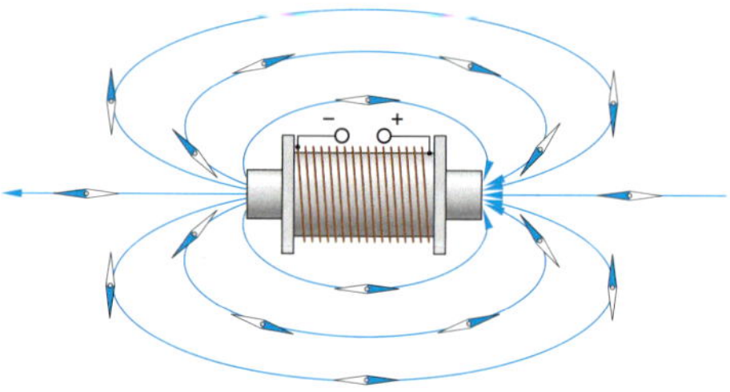

4 5 Feldlinienbilder von Magneten

2 Stabmagnet (Südpol im „Öltank") und Eisenspäne

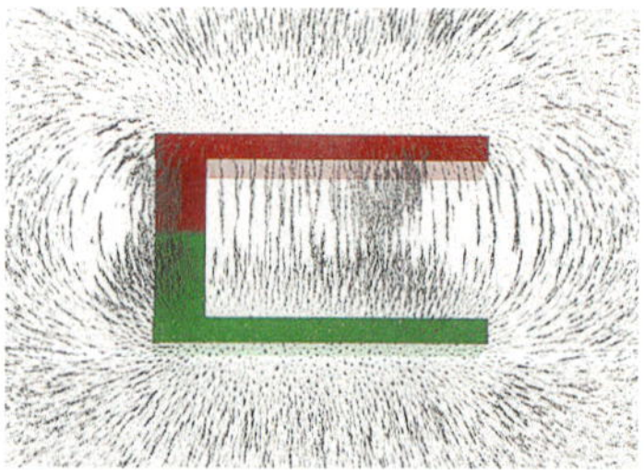

3 Bügelmagnet (unter einer Glasplatte) und Eisenspäne

Aufgaben

1 ○ Beschreibe zwei Möglichkeiten, wie du ein Magnetfeld sichtbar machen kannst.

2 ○ Beschreibe, wie du die Richtung der Feldlinien bestimmst.

Material A

Ein Magnetfeld sichtbar machen

Materialliste: Stabmagnet, Hufeisenmagnet, feine Eisenspäne (im Salzstreuer), Bücher, Pappe, weißes Papier, Kamera

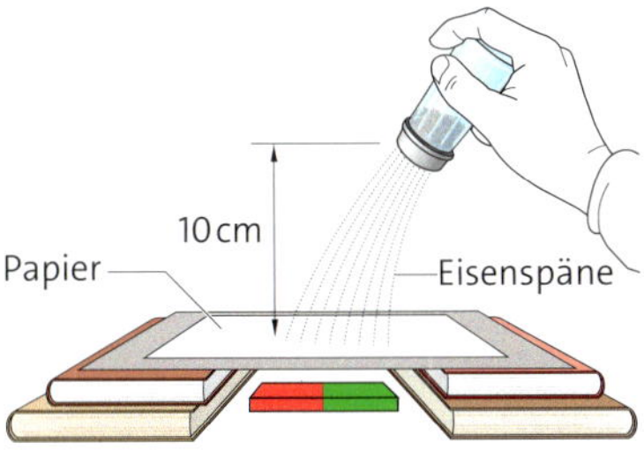

6 Magnetfeld sichtbar machen

1 Lege den Stabmagneten zwischen die Bücher. → 6 Lege die Pappe und das Blatt Papier auf die Bücher. Der Abstand zwischen Magnet und Pappe soll nur klein sein. Streue die Eisenspäne dünn und gleichmäßig auf das Papier. Klopfe leicht gegen die Pappe.
▢ Fotografiere das Bild aus Eisenspänen und beschreibe es.

2 Mache das Magnetfeld des Hufeisenmagneten sichtbar.

Material B

Ein Magnetfeld „abtasten"

Materialliste: Spule, Netzgerät (6 V), Kompassnadel, weißes Papier

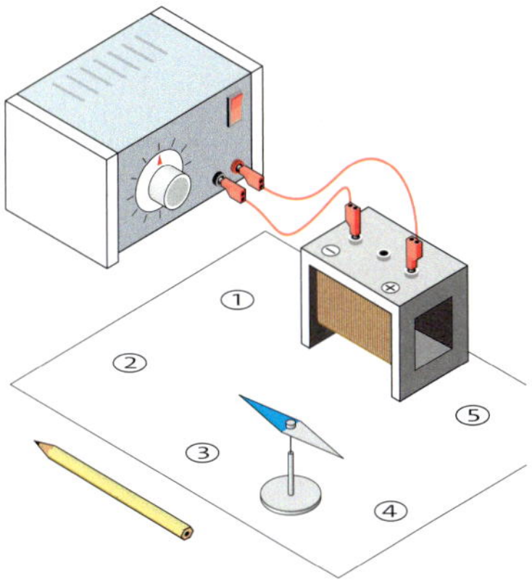

7 Magnetfeld „abtasten"

1 Lege die Spule auf das Blatt Papier. → 7 Zeichne ihren Umriss ab.
Schließe die Spule dann an das Netzgerät an.

a ▢ Stelle die Kompassnadel nacheinander ungefähr an den Stellen 1–5 auf das Blatt Papier. Zeichne die Ausrichtung der Nadel jeweils durch einen Pfeil auf das Papier: „Pfeilrichtung = Richtung des Nordpols".

b ▢ Untersuche die Ausrichtung der Kompassnadel in der Nähe der Stellen 1 und 5 noch genauer.

Material C

Das Magnetfeld eines Bügelmagneten

1 Ganz viele Kompassnadeln sind zwischen zwei Glasplatten aufgestellt. → 8

a ◪ Erkläre, warum die Kompassnadeln nicht alle in dieselbe Richtung zeigen.

b ◪ Skizziere in deinem Heft, wie die Feldlinien des Bügelmagneten verlaufen. Verwende dazu auch Bild 3.

c ▢ Ergänze im Heft den folgenden Satz:
„Die Feldlinien gehen vom ...pol des Magneten zum ...pol."

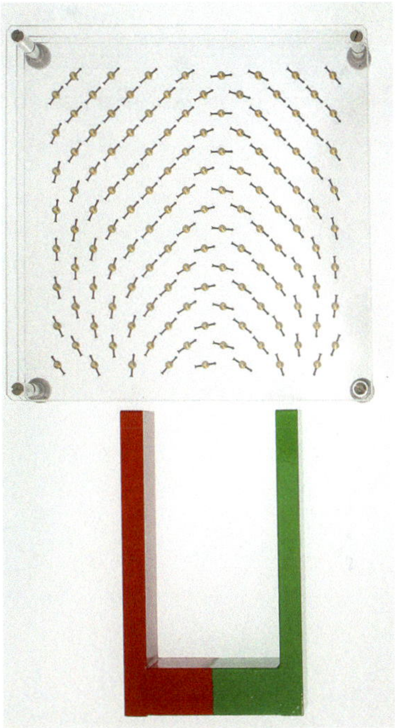

8 Magnet und Kompassnadeln

Orientieren mit dem Kompass*

1 Wegweiser in der weißen Winterwüste

Lange Zeit dachte man, dass sich Kompassnadeln zum Polarstern ausrichten. Wie funktioniert ein Kompass wirklich?

Die Erde – ein Magnet • Wir können uns die Erde stark vereinfacht wie einen riesigen Stabmagneten mit zwei Magnetpolen vorstellen. → 2 Der magnetische Südpol der Erde liegt in Kanada, der magnetische Nordpol in der Antarktis.

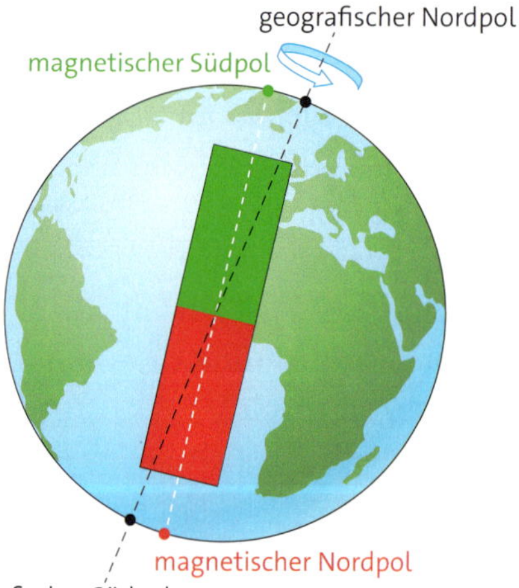

2 Verschiedene Pole der Erde

Die Magnetpole der Erde liegen Hunderte Kilometer von den geografischen Polen entfernt. Deshalb weist die Kompassnadel nicht genau nach Norden. Die Abweichung ist bei uns nur klein, sie beträgt 1–3 Grad.

> Die Erde ist ein riesiger Magnet mit einem magnetischen Nordpol und einem magnetischen Südpol.

Kompass • Die Kompassnadel ist ein kleiner Magnet. Sie dreht sich im Magnetfeld der Erde.
Die Kompassnadel hat am Nordpol eine eingefärbte Spitze. → 3 Die Windrose wird so gedreht, dass ihr N unter dieser Spitze liegt. Dann liest man die Himmelsrichtungen ab.

3 Einfacher Wanderkompass

Aufgaben

1 ○ Gib an, in welcher Himmelsrichtung der magnetische Nordpol der Erde liegt.

2 ◐ Erkläre, wie ein Kompass funktioniert.

Material A

Einfacher Kompass

Materialliste: Flaschendeckel aus Kunststoff, Stecknadel aus Eisen (oder Stahl), Magnet, Zeichenkarton, Flüssigkleber, Untertasse, Wasser

1 Bau den Kompass. Es geht ganz einfach. → 4

2 Nutze den Kompass:

a Fülle etwas Wasser in die Untertasse. Setze den Kompass in die Mitte. Er dreht sich langsam und zeigt an, wo Norden ist.

b Die Sonne geht im ... auf, im ... geht sie unter. Bestimme die Himmelsrichtungen mit deinem Kompass.

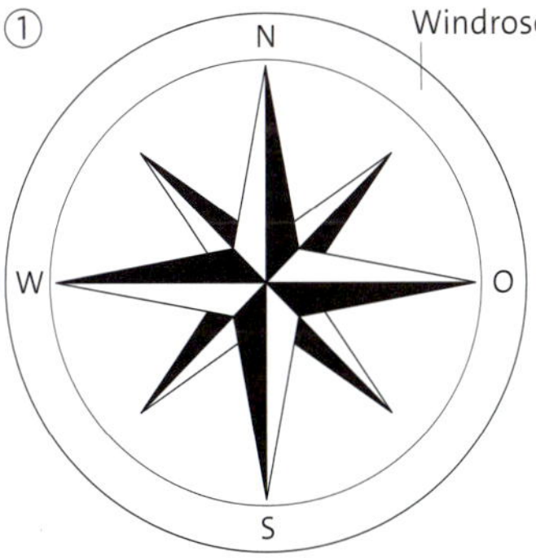

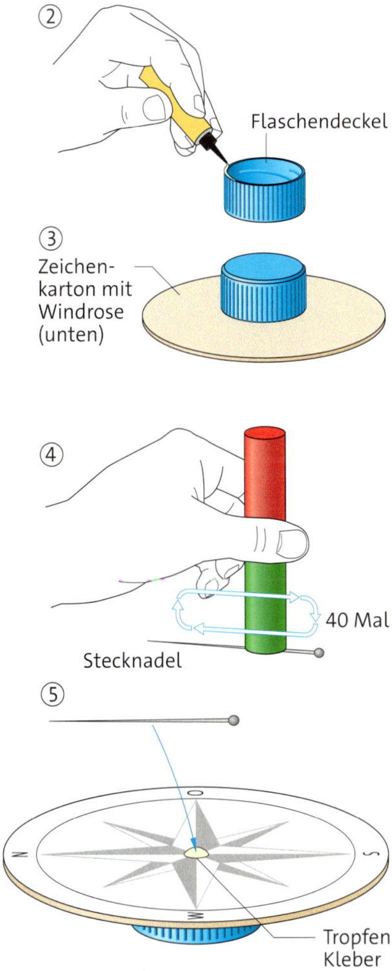

① Übertrage die Windrose auf den Zeichenkarton. Schneide sie rund aus.

② Bestreiche den ganzen Rand des Deckels mit etwas Flüssigkleber (Sicherheitshinweise beachten).

③ Drücke die Windrose vorsichtig auf den Rand des Deckels. Lege sie umgekehrt auf den Tisch. Drücke nun den Deckel fest auf den Zeichenkarton. Lass den Kleber trocknen.

④ Streiche mit dem Südpol des Magneten 40-mal über die Stecknadel – immer zur Nadelspitze hin. Nun ist die Nadel selbst ein Magnet, die Spitze ist der Nordpol.
Lege den anderen Magneten danach weit weg.

⑤ Ein kleiner Tropfen Flüssigkleber kommt auf die Mitte der Windrose. Lege die Kompassnadel so in den Klebetropfen, dass die Nadelspitze zum N zeigt. Lass alles ein paar Minuten antrocknen.

4 So baust du deinen Kompass.

Material B

Das Erdmagnetfeld

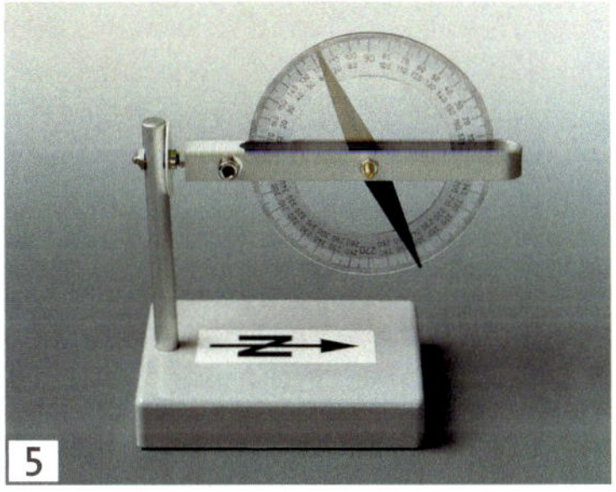

5

1 Hier ist ein Kompass senkrecht gedreht worden. → 5
Erkläre, weshalb die Kompassnadel schräg zum Erdboden zeigt. Lies dazu den Text. → 6

Die magnetischen Feldlinien der Erde verlaufen ähnlich wie bei einem Stabmagneten. Sie treten an den Magnetpolen fast senkrecht in die Erdoberfläche ein. Bei uns treten sie schräg in den Erdboden ein. Der Winkel beträgt rund 65°.

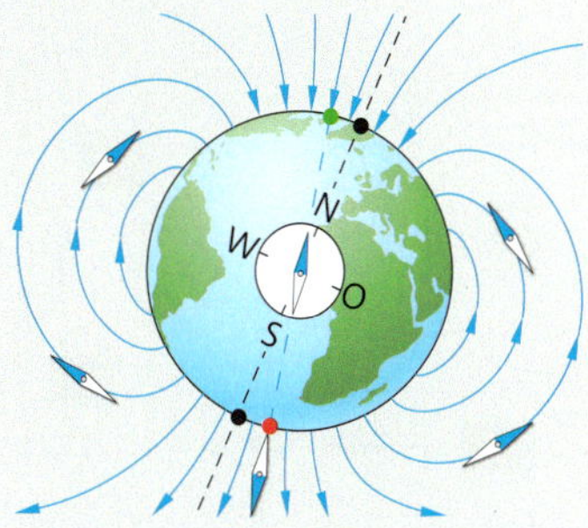

6 Das Magnetfeld der Erde

Orientieren mit dem Kompass*

Erweitern und Vertiefen

Kompass – früher und heute

Erste Kompasse • Wahrscheinlich benutzten Chinesen schon vor über 2000 Jahren Magnete zur Richtungsanzeige. Den ersten richtigen Kompass erfanden sie vor über 1000 Jahren. In einem Buch aus dem Jahr 1085 heißt es: „Wenn Zauberer die nördliche Richtung suchen, greifen sie zu einer Nadel, reiben sie an einem Magnetstein und hängen sie an einem Faden auf. Dann zeigt die Nadel nach Norden.“ → 1

In einem Bericht aus Frankreich aus dem Jahr 1250 ist zu lesen: „Die Matrosen legen eine magnetisierte Nadel auf zwei Strohhalme, die im Wasser schwimmen. Die Nadel wendet sich in Nord-Süd-Richtung. Die Nadel dreht sich zum Polarstern und hilft so den Seeleuten.“ Dieser Kompass funktionierte wie dein selbst gebauter schwimmender Kompass.

Der Seefahrer Kolumbus glaubte noch im Jahr 1495, dass die Kompassnadel vom Polarstern am Nordhimmel angezogen wird.

Elektronischer Kompass • Viele Handys haben einen eingebauten Kompass ohne Magnetnadel. Ein eingebautes „Magnetometer“ misst Daten zum Magnetfeld. Die Messwerte werden verarbeitet und auf dem Display als drehbare Kompassnadel angezeigt. → 2 Damit kannst du die Himmelsrichtungen bestimmen oder das Feld eines Magneten untersuchen.

Aufgaben

1 ○ Gib an, wo und wann der erste richtige Kompass benutzt wurde.

2 ○ Beschreibe, wie eine einfache Nadel zur Kompassnadel wird.

3 ○ Nenne den „Denkfehler“ der Matrosen im Bericht aus dem Jahr 1250.

4 ◐ Untersuche mit dem Handy (und der Kompass-App) das Feld eines Magneten.

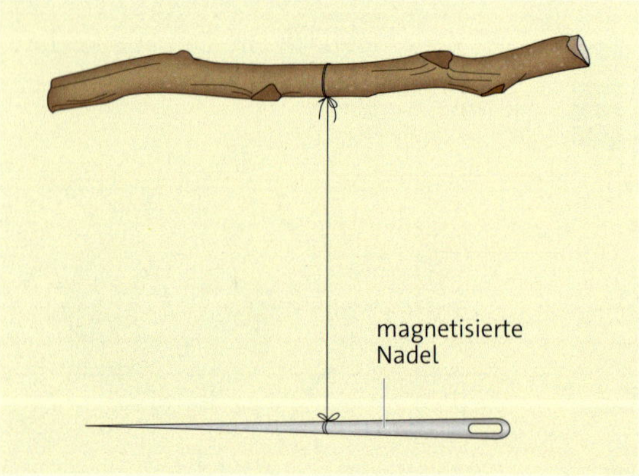

1 Einfacher Kompass

2 Handy mit Kompass-App

Erweitern und Vertiefen

Tiere mit „eingebautem" Kompass

Brieftauben • Die Vögel werden oft Hunderte von Kilometern weit verschickt. → 3 Meist finden die Tauben ohne große Mühe zum heimatlichen Schlag zurück. Dabei hilft ihnen auch ihr Magnetsinn, der das Magnetfeld der Erde zur Orientierung nutzt.

Meeresschildkröten • Die Loggerhead-Schildkröten robben vom warmen Strand ins Wasser, nachdem sie in Florida geschlüpft sind. Dann schwimmen sie mit dem Golfstrom einmal quer durch den Atlantik. Vor Afrika biegen sie nach Süden ab und verbringen dort viele Jahre in nahrungsreichen Gewässern. Die erwachsenen Schildkröten schwimmen Tausende Kilometer zurück nach Florida. → 4 Sie legen ihre Eier dort ab, wo sie selbst geschlüpft sind. Biologen vermuten, dass die Schildkröten bei ihrem Weg zurück von einem Magnetsinn geleitet werden.

Magnetsinn • Wissenschaftler haben einen Magnetsinn auch bei Aalen, Forellen, Zugvögeln und sogar bei Hunden festgestellt. Wie er jeweils funktioniert, ist nicht sicher geklärt. Bei Tauben hat man magnetische Kristalle in Schnabel und Nase gefunden, die vielleicht die Orientierung im Erdmagnetfeld ermöglichen. Man vermutet bei ihnen und den meisten Vögeln auch einen Magnetsinn im Auge und Ohr.

Aufgaben

1 ▢ Nenne verschiedene Tiere mit Magnetsinn.

2 ▢ Beschreibe, wo Wissenschaftler den Magnetsinn der Brieftauben vermuten.

3 ◐ Erstelle ein Lernplakat zum Thema „Wie finden Brieftauben zurück?".

3 Start von 140 Brieftauben

4 Meeresschildkröte vor Florida

Elektromagnete sorgen für Bewegung

1 Der Antrieb für den Smoothiemaker ist ein Elektromotor.

Material zur Erarbeitung: A

Elektromotoren sorgen bei uns zu Hause für Bewegung: im Mixer, in der Waschmaschine, in der Bohrmaschine ... Vielleicht fahren bald auch viele Autos mit Elektromotoren auf den Straßen.

Aufbau • Einfache Elektromotoren enthalten zwei Magnete: → 2
- Ein Magnet dreht sich (Rotor).
- Ein Magnet steht fest (Stator).

Einer der beiden Magnete muss ein Elektromagnet sein.

2 Elektromagnet und Dauermagnet – Teile eines Elektromotors

Funktion • Der drehbare Magnet setzt sich in Bewegung, weil sein Nordpol vom Nordpol des festen Magneten abgestoßen und vom Südpol des festen Magneten angezogen wird (1 und 2 in Bild 3). Gleiches gilt für den Südpol des drehbaren Magneten.
Wenn der Nordpol des drehbaren Magneten an der Mitte des festen Südpols vorbeidreht, wird der drehbare Magnet automatisch umgepolt (3 und 4 in Bild 3). Aus seinem Nordpol wird ein Südpol. Er wird vom festen Südpol abgestoßen – die Drehung geht weiter.

Jeder Elektromotor enthält zwei Magnete. Ein Magnet muss ein Elektromagnet sein. Ein Magnet wird gedreht, einer steht fest. Die Drehung kommt zustande, weil sich immer wieder aufs Neue ungleiche Magnetpole gegenseitig anziehen und gleiche Magnetpole abstoßen.
Die Drehung des Magneten wird genutzt, um Geräte anzutreiben.

Aufgaben

1 ○ Nenne 10 oder mehr Geräte mit Elektromotoren.

2 ○ Nenne die Bauteile des einfachen Elektromotors. → 3

3 ◐ „Der Elektromotor würde stehen bleiben, wenn die Magnetpole des Elektromagneten nicht immer wieder wechseln würden.“ → 3
Erkläre diese Aussage.

der Elektromotor
der Rotor
der Stator

1 Gleiche Magnetpole von Rotor und Stator stehen sich gegenüber. Sie stoßen sich gegenseitig ab:
Der Rotor dreht sich.

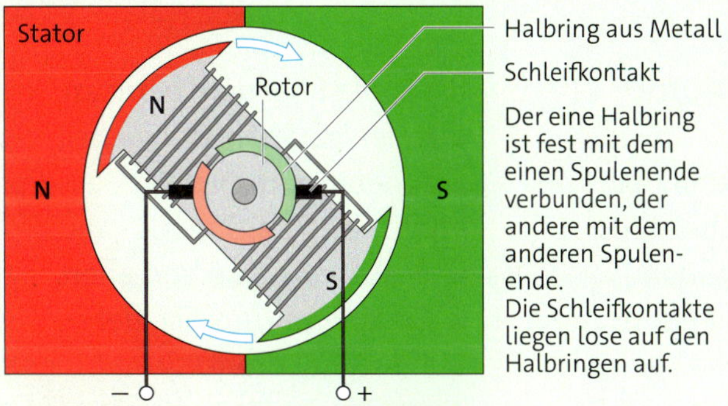

2 Ungleiche Magnetpole von Rotor und Stator ziehen sich gegenseitig an:
Der Rotor dreht sich weiter.

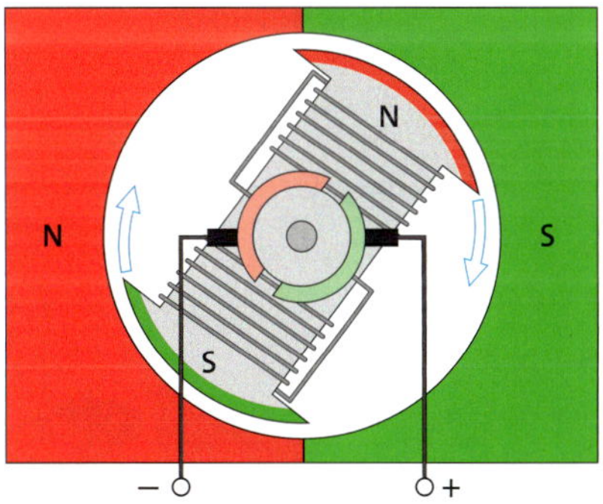

3 Wenn sich Nord- und Südpole gerade gegenüberstehen, wäre ihre Anziehung am größten. Die Drehung würde aufhören. Genau jetzt haben die Schleifkontakte aber keine Verbindung zu den Halbringen. Der Stromkreis ist unterbrochen. Der Rotor ist unmagnetisch.
Durch den Schwung läuft der Rotor weiter.

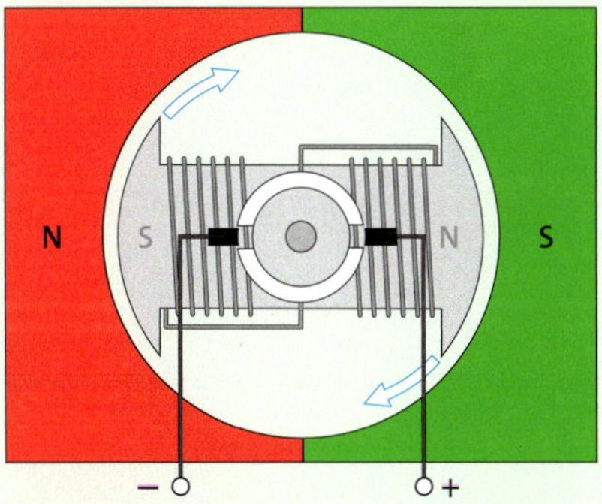

4 Jetzt liegen die Schleifkontakte jeweils auf dem anderen Halbring als vorher. Die Anschlüsse an der Spule sind also vertauscht. Aus dem Nordpol des Rotors ist ein Südpol geworden und umgekehrt.
Gleiche Pole von Rotor und Stator stehen sich gegenüber. Sie stoßen sich gegenseitig ab:
Der Rotor dreht sich weiter.

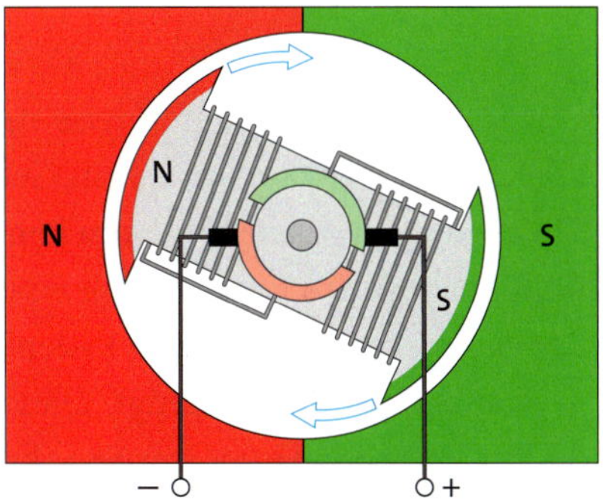

3 So funktioniert ein einfacher Elektromotor (für Gleichstrom).

Elektromagnete sorgen für Bewegung

Material A

Einfacher Elektromotor

Materialliste: Netzgerät (6 V, Gleichspannung), Kabel, Krokodilklemme, Taster, Spule (400 Windungen) mit Eisenkern, Stabmagnet mit Lagerbuchse, Drehachse aus Metall, Klebestreifen

1 Lege den Stabmagneten auf die Achse. → 1 Schließe die Spule über den Taster an das Netzgerät an. Bringe den Magneten zum Drehen – ohne ihn zu berühren!
a ◐ Beschreibe dein Vorgehen.
b ◐ Erkläre, warum sich der Stabmagnet dreht.
Tipp: Gleiche Magnetpole ..., ungleiche Magnetpole ...

2 Der Stabmagnet kann auch ohne Taster in Drehung versetzt werden. → 2 Baue den Versuch auf.
a ○ Verfolge die Kabel vom Netzgerät über Spule und Drehachse zurück zum Netzgerät. Je nach Stellung des Stabmagneten kann der Strom fließen oder nicht. Beschreibe es genau.
b ◐ Erkläre, warum sich der Stabmagnet diesmal fortlaufend dreht.

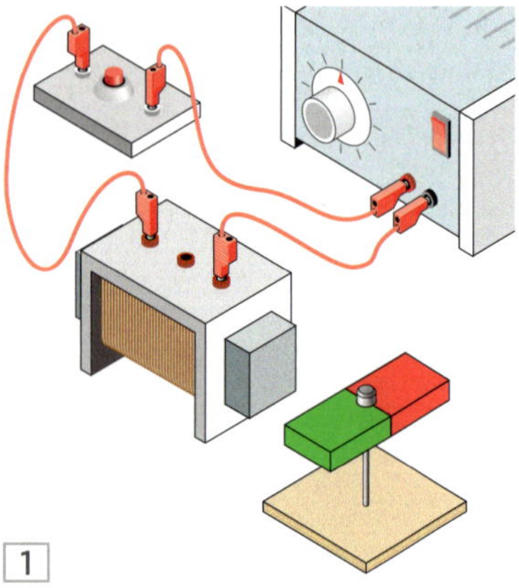

1

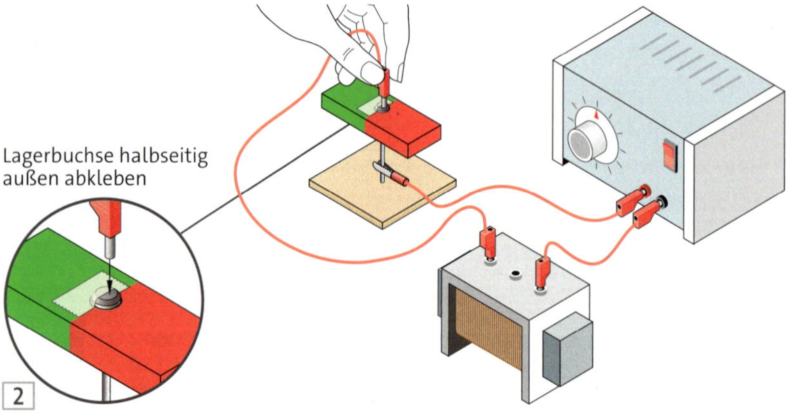

2

Material B

Elektroautos

1 ○ Nenne Vor- und Nachteile von Elektroautos. → 3

2 ◐ „Elektroautos fahren schadstofffrei." Nimm Stellung zu dieser Aussage.

Die Elektromotoren laufen leise und stoßen keine Abgase aus. Sie brauchen keinen Tank und kein Getriebe.
Mit einem voll geladenen Akku kommt ein Elektroauto rund 200 km weit. Benzinautos kommen mit einer Tankfüllung viel weiter.
Die elektrische Energie zum Laden der Akkus wird zum großen Teil in Kohlekraftwerken erzeugt. Diese Kraftwerke stoßen Abgase aus, die zur Erwärmung unserer Erde beitragen.

3 Einiges zum Thema Elektroauto

Erweitern und Vertiefen

Lautsprecher – Elektromagnete machen Musik

Aufbau • Der Lautsprecher enthält einen Dauermagneten und eine Spule. → 4 Die Spule ist mit einer gespannten „Haut“ verbunden. Man bezeichnet sie als Membran.

So funktioniert der Lautsprecher • Die Spule „taucht“ in den Spalt zwischen den Magnetpolen ein. Sie wird magnetisch, wenn man sie an eine Batterie anschließt. Je nach Polung der Batterie wird die Spule in den Spalt hineingezogen oder herausgedrückt. → 4 Wenn man die Spule an eine Stereoanlage anschließt, wirkt die Anlage wie eine Batterie mit rasch wechselnder Polung. Die Spule schwingt sehr schnell hin und her. Sie lässt die Membran „zittern“ wie ein gespanntes Gummiband oder ein Trommelfell. → 5 Das Zittern der Membran nehmen wir als Musik oder Sprache wahr.

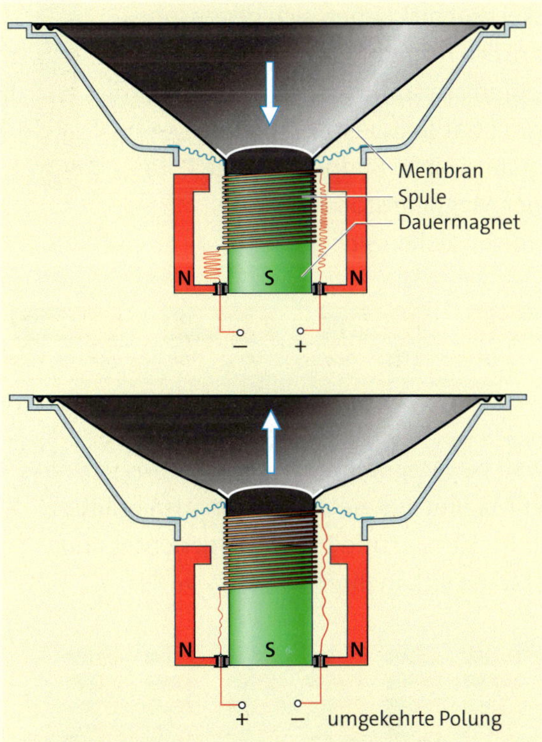

4 Spule und Membran werden bewegt.

Aktivboxen • Wenn man die Spule an einen MP3-Player anschließt, ist nichts zu hören. Der Player alleine kann die Spule nicht kräftig genug bewegen. Aktivboxen verstärken die Bewegung, sodass man etwas hören kann.

5 „Zitternde“ Membran

Aufgaben

1 ○ Nenne die drei Hauptbestandteile des Lautsprechers.

2 ◐ Beschreibe, wie die Membran ins „Zittern“ gerät.

3 ◐ Beschreibe die Aufgabe von Aktivboxen.

Zusammenfassung

Eigenschaften von Magneten • Ein Magnet und Gegenstände aus Eisen (Nickel, Cobalt) ziehen sich gegenseitig an. Die Anziehung ist an den Magnetpolen am stärksten. → 1 Jeder Magnet hat (mindestens) einen Nord- und einen Südpol. Gleiche Pole zweier Magnete stoßen sich ab, ungleiche ziehen sich an. → 2 3

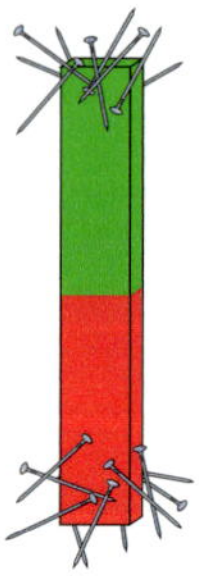
1

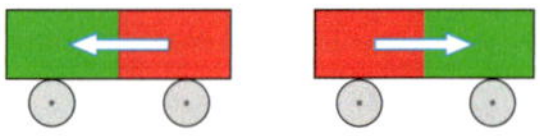
2

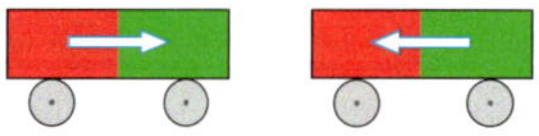
3

Magnet Erde • Die Erde hat einen magnetischen Nordpol und einen magnetischen Südpol. → 7

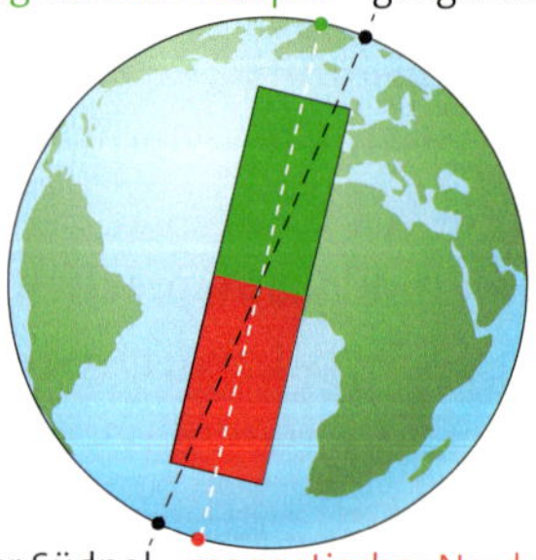

7

Aufbau von Magneten • Wir stellen uns vor, dass jeder Magnet aus vielen Elementarmagneten besteht. Sie sind alle gleich ausgerichtet und verstärken sich in ihrer Wirkung. → 4

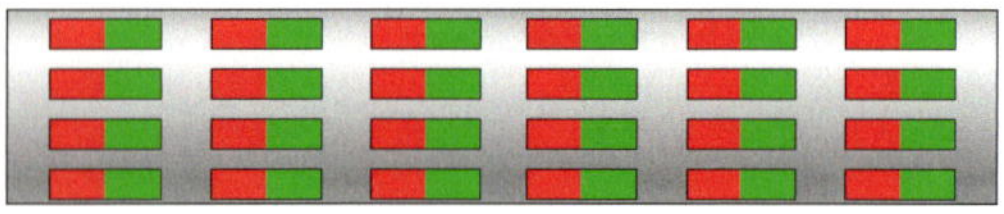

4

Magnetfeld • Als Magnetfeld bezeichnen wir den Bereich um einen Magneten herum, in dem die magnetische Wirkung nachweisbar ist.

Feldlinien* • Das Feldlinienbild eines Magneten zeigt für jeden Ort an, wie der Nordpol einer Kompassnadel ausgerichtet wird. → 5 6 Große Kräfte werden durch dichte Feldlinien angezeigt.

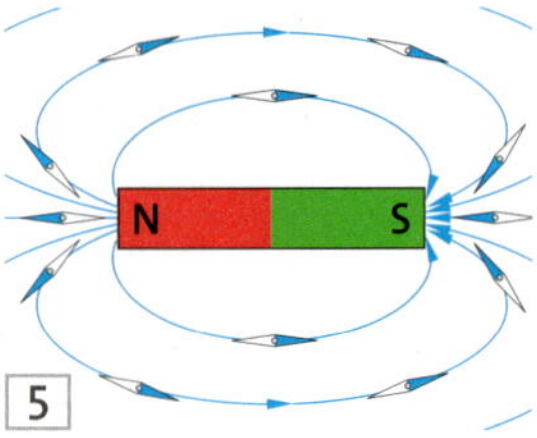

5

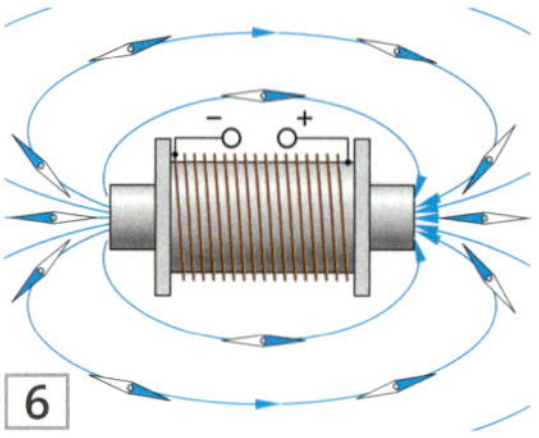

6

Elektromagnet • Eine Spule wirkt wie ein Magnet, wenn ein elektrischer Strom durch sie fließt. Die magnetische Wirkung wird durch einen Eisenkern in der Spule verstärkt.

Elektromotor • Jeder Elektromotor enthält zwei Magnete. Davon ist mindestens einer ein Elektromagnet. Ein Magnet wird gedreht (Rotor), ein Magnet steht fest (Stator). → 8
Die Drehung kommt zustande, weil sich immer wieder aufs Neue ungleiche Magnetpole anziehen und gleiche Pole abstoßen.

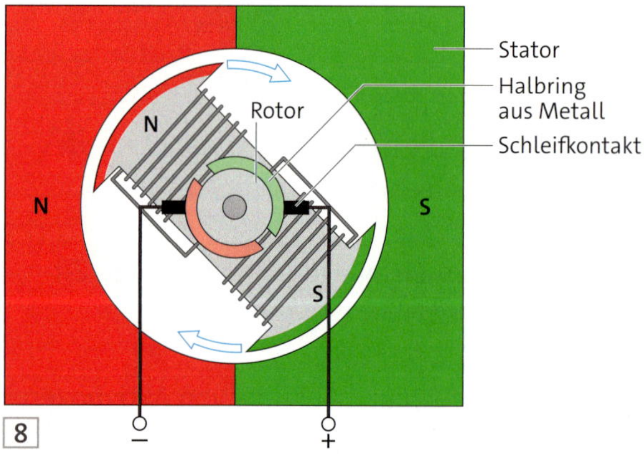

8

Teste dich! (Lösungen auf Seite 384)

Magnete

1 Anziehung – Abstoßung

a ▢ Nenne Stoffe, die Magneten anziehen.

b ▢ Nenne die Stellen des Magneten, wo seine Anziehung am stärksten ist.

c ◑ Zwei Magnete ziehen sich gegenseitig nicht immer an. Erkläre die Beobachtung.

2 Wo liegen bei diesem Magneten Nordpol und Südpol? → 9

◑ Beschreibe und erkläre, wie du es mit einer Kompassnadel herausfindest.

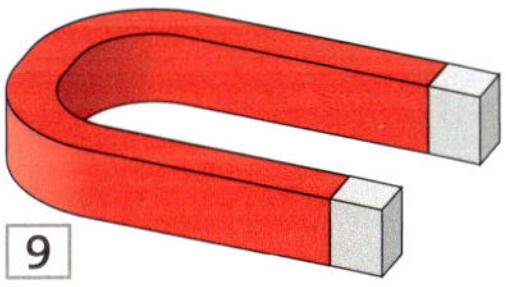

9

3 ◑ Wo ist Norden?

a Skizziere, wie du mit diesen drei Teilen eine Antwort findest. → 10

b Beschreibe mithilfe der Skizze, wie du die Himmelsrichtungen bestimmst.

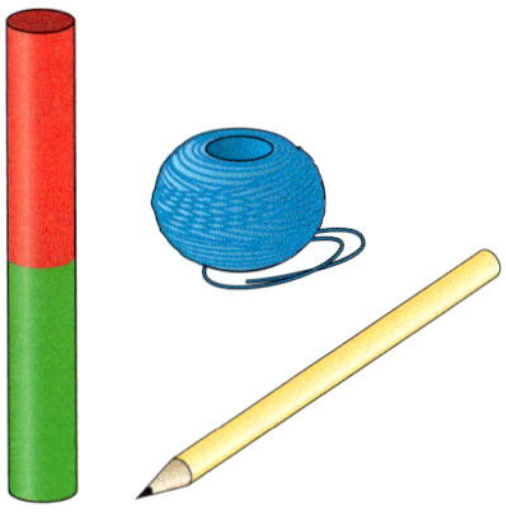

10

4 ▢ Ergänze richtig. Der Ringmagnet hat: → 11

a keine Pole, weil er rund ist

b nur einen Pol unten

c einen Nord- und einen Südpol (mindestens)

11

5 Ein Nagel aus Eisen soll mit einem Stabmagneten magnetisiert werden.

a ▢ Beschreibe, wie du vorgehst.

b ◑ Erkläre, weshalb der Nagel zum Magneten wird. Fertige dazu zwei Skizzen an.

Elektromagnet und Elektromotor

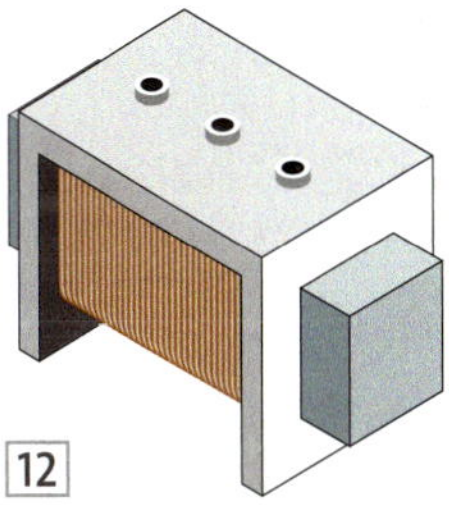

12

6 Elektromagnet und Stabmagnet

a ▢ Beschreibe, wie die Spule zum Elektromagneten wird. → 12

b ◑ Vergleiche die Eigenschaften von Elektromagnet und Stabmagnet.

7 ◑ Beschreibe, wie der Elektromotor in Bewegung kommt. → 8 Schreibe dazu die folgenden Sätze in der richtigen Reihenfolge auf:

- Gleiche Pole von Rotor und Dauermagnet stoßen sich gegenseitig ab.
- An den Enden des Rotors bilden sich ein Nordpol und ein Südpol aus.
- Der Rotor dreht sich.
- Der Strom wird eingeschaltet.

Magnetfelder

8 ▢ Beschreibe zwei Wege, um das Magnetfeld eines Stabmagneten sichtbar zu machen.

9* ◑ Magnetfelder gibt es nicht nur bei Magneten, sondern auch bei Drähten, durch die Strom fließt. Beschreibe einen Versuch, mit dem du das zeigen kannst. Skizziere ihn.

10* ◑ Ergänze im Heft die folgenden Sätze zu den Feldlinien eines Magneten:

a Die Feldlinien gehen vom ... eines Magneten zu seinem ...

b Der Pfeil an einer Feldlinie zeigt an, ...

c Je dichter die Feldlinien in einem Bereich gezeichnet sind, desto ...

Energie

Wind und Wellen transportieren Energie zur Küste. Wie können wir diese Energie nutzen?

Der Flummi erreicht schon beim ersten Sprung die Starthöhe nicht mehr. Wo ist seine Energie geblieben?

Wolkenkratzer Taipei 101: Thomas Dold rennt 2007 bei einem Wettlauf 91 Stockwerke in 11,57 Minuten hoch. Das schaffen nur die besten Treppenläufer der Welt. Wie viel kann unser Körper leisten?

Energie – Antrieb für alles

1 Überall Energie

Energie treibt alles an – nicht nur auf dem Jahrmarkt.

Energie • Die Wagen im Autoscooter werden von Elektromotoren bewegt, der Laster von einem Verbrennungsmotor, das Spielzeugboot von einem aufgeblasenen Luftballon. → 1 Das Ergebnis ist immer dasselbe: Ein Fahrzeug wird bewegt.

Wenn du kalte Hände hast, kannst du sie gegeneinanderreiben, ins Sonnenlicht halten, an eine Wärmflasche oder einen Heizkörper legen. Das Ergebnis ist immer dasselbe: Die Hände werden erwärmt.

Stell dir einen „Wirkstoff" vor, der das Bewegen und Erwärmen erreicht. Man braucht ihn auch, um etwas zu heben, eine Feder zu spannen, einen Luftballon aufzublasen, Musik zu machen … Diesen „Wirkstoff" nennen wir Energie.

Wir brauchen Energie, um Dinge zu bewegen, zu erwärmen, zu beleuchten, zu heben …

die Energie
die Energieform
der Energiewandler
die Energieumwandlung

Energieformen • Die elektrischen Leitungen bringen viel Energie zum Jahrmarkt. Damit werden Autoscooter, Kassen, Beleuchtung, der Elektrogrill und vieles mehr betrieben.
Ein Fahrzeug braucht ständig Energie zum Antrieb. Sie ist meist im Fahrzeug gespeichert: im Benzin, in einer Batterie oder im aufgeblasenen Luftballon.

Energie begegnet uns in verschiedenen Energieformen: → 2
- elektrische Energie
- chemische Energie
- Strahlungsenergie
- mechanische Energie: Lageenergie, Bewegungsenergie, Spannenergie
- thermische Energie (Wärme)

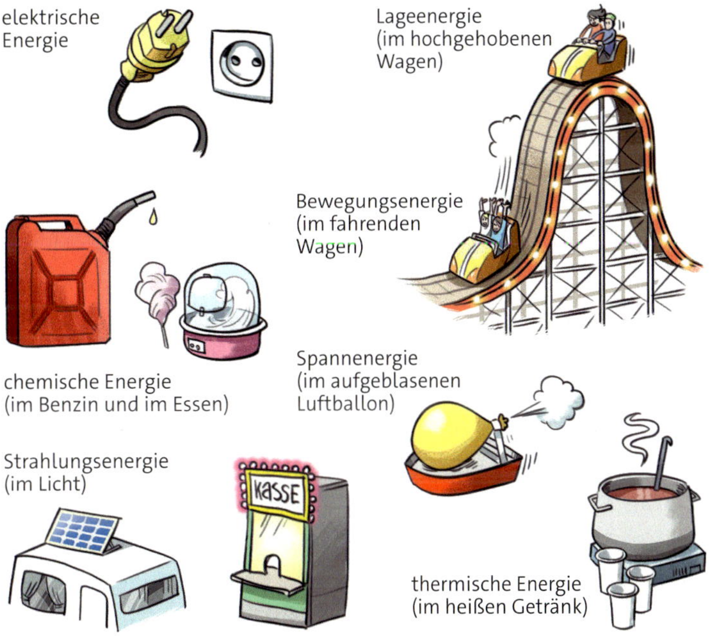

2 Energieformen

Energiewandler • Der Autoscooter wandelt elektrische Energie in Bewegungsenergie um. → 3
Die Solarzellen im Solarkraftwerk nehmen Strahlungsenergie von der Sonne auf und geben elektrische Energie ab. → 4 Mit der elektrischen Energie kann ein Ventilator angetrieben werden. Er setzt die Luft in Bewegung.

Energie kann von einer Form in eine andere umgewandelt werden.

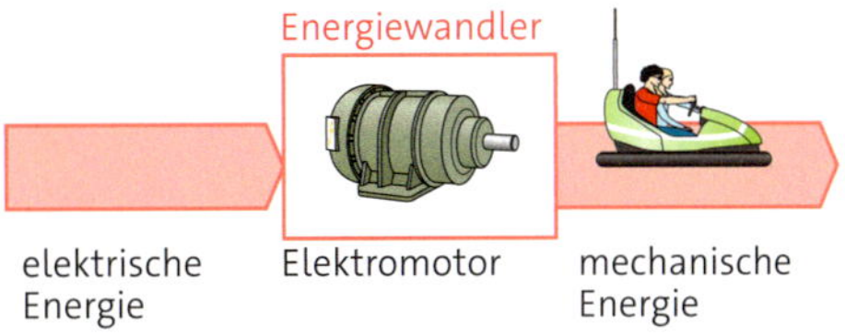

3 Energiekette: Elektromotor

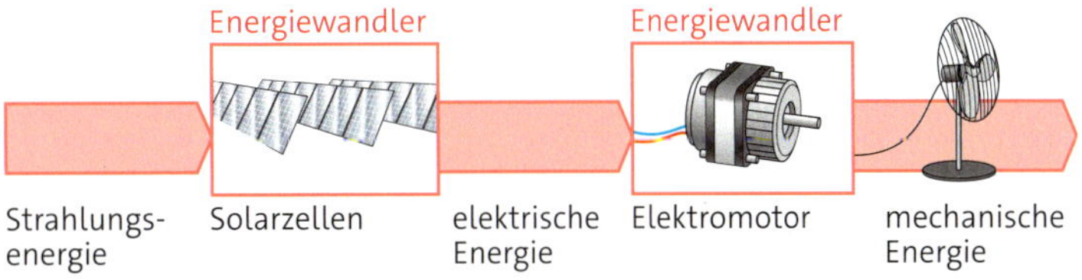

4 Energiekette: Solarzellen und Ventilator

Aufgaben

1 ○ Nenne alle Energieformen, die du kennst.
Gib zu jeder Energieform ein Beispiel vom Jahrmarkt an. → 1

2 ◔ Zwischen Aufstehen und Schule nutzt du Energie in vielen Formen. Schreibe drei Geräte auf und zeichne ihre Energieketten.

Energie – Antrieb für alles

Material A

Station: Brauserakete

Materialliste: Filmdose, Brausetablette, Wasser, Auffangbecken oder Backblech

1 Füllt die Dose zu einem Viertel mit Wasser. → 1 Legt die Brausetablette hinein. Schließt dann schnell den Deckel und stellt die Dose kopfüber in das Becken.

a ○ Beschreibt eure Beobachtung.

b ◐ Zeichnet die Energiekette und beschriftet sie.

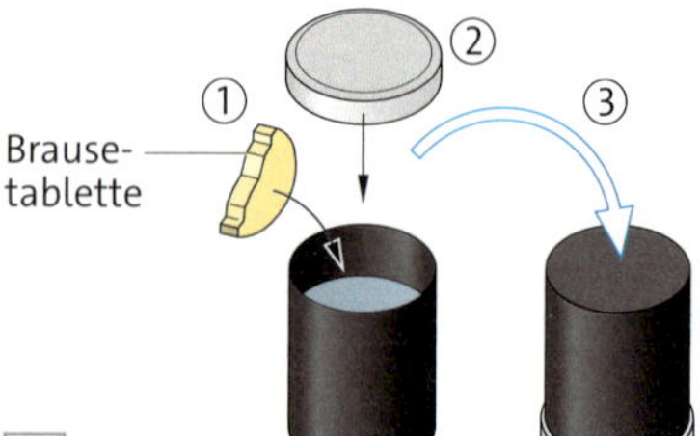

1

Material B

Station: Jo-Jo-Mobile

Materialliste: Stativ, Jo-Jo-Mobile → 2

1 Hängt das Mobile ans Stativ. Wickelt das Mobile auf und lasst es dann los.

a ○ Beobachtet und beschreibt, was geschieht.

b ◐ Gebt an, wann die Lageenergie am größten ist und wann am kleinsten. Wann dreht sich das Mobile am schnellsten, wann am langsamsten?

2

Material C

Station: Energiesparlampe

Materialliste: Luftballon, Leuchtstofflampe (Energiesparlampe) mit frei liegender Röhre, Pullover

Achtung • Die Lampen sind zerbrechlich! Mit einem Tuch anfassen!

1 Reibt den aufgeblasenen Ballon mehrmals am Pulli. Nähert den Ballon mit der geriebenen Seite im Dunklen der Lampe. Beobachtet. ◐ Zeichnet die Energiekette und beschriftet sie.

Material D

Station: Solarpropeller

Materialliste: Taschenlampe, Solarmodul, Solarmotor mit Propeller, 2 Kabel

1 Schließt den Solarmotor mit den Kabeln an das Solarmodul an. → 3 Bringt den Motor zum Laufen. ◐ Zeichnet die Energiekette und beschriftet sie.

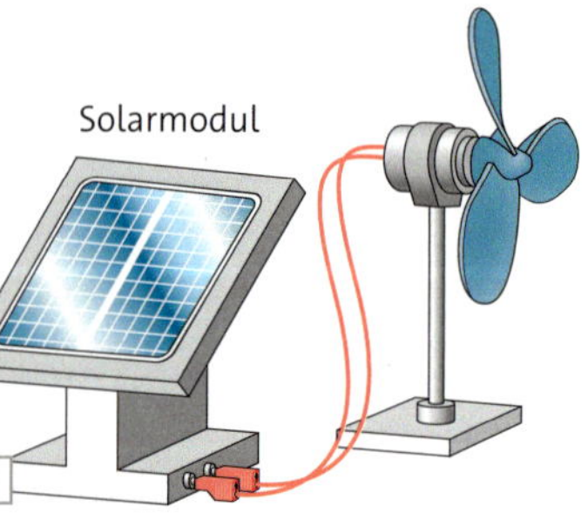

3

Material E

Station: Aufziehautos

Materialliste: Modellautos mit Schwungrad und mit Federantrieb, Messband (10 m)

1 Untersucht die Autos.

a ○ Beschreibt, was ihr tun müsst, damit sie fahren.

b ○ Wovon hängt es ab, wie weit sie auf ebener Strecke fahren? Untersucht, messt und beschreibt.

c ◐ Zeichnet für jedes Auto die Energiekette und beschriftet sie.

Material F

Station: Lichtmühle

Materialliste: Lichtmühle, Taschenlampe

Achtung • Die Lichtmühle ist zerbrechlich!

1 Leuchtet im Dunkeln mit der Taschenlampe auf die Lichtmühle. → 4
Zeichnet die Energiekette und beschriftet sie.

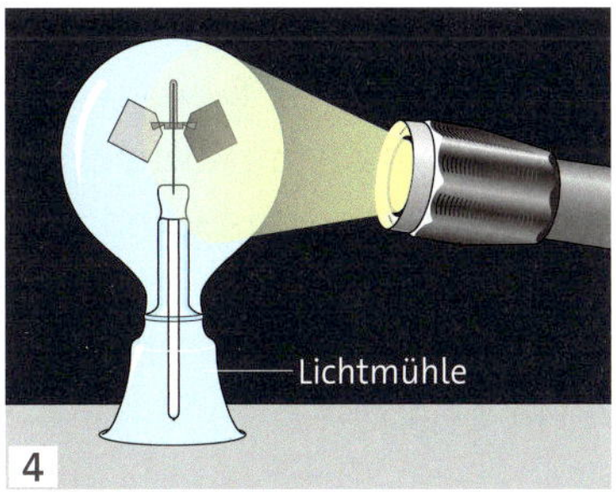

4

Material G

Station: Kartoffelbatterie

Materialliste: 4 Kartoffeln, 4 Fünf-Cent-Münzen, 4 Unterlegscheiben (verzinkt), 5 Kabel mit Krokodilklemmen, Leuchtdiode (rot, „2 mA")

1 Steckt in jede Kartoffel eine Münze und eine Unterlegscheibe. → 5 Verbindet das lange Bein der Leuchtdiode mit der ersten Münze. Schließt die Unterlegscheibe in dieser Kartoffel an die Münze in der nächsten Kartoffel an ... Verbindet die letzte Unterlegscheibe mit dem kurzen Bein der Leuchtdiode.
Gebt die beteiligten Energieformen an.

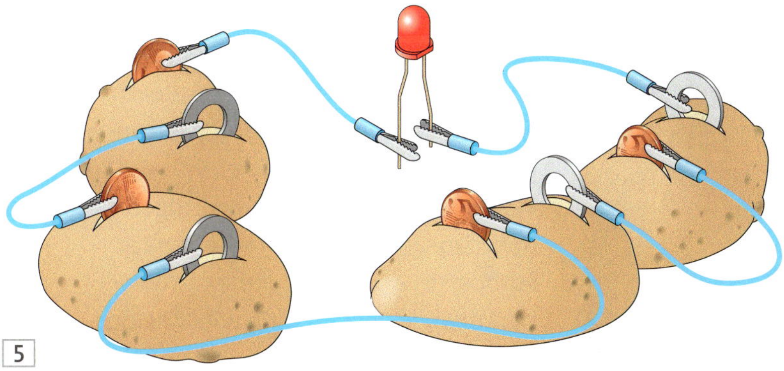
5

Material H

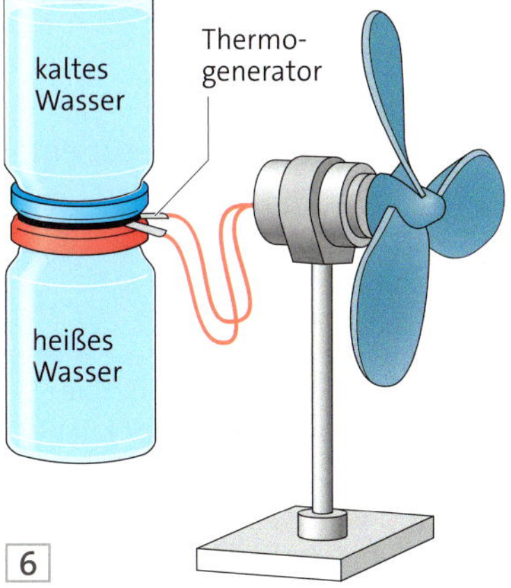

6

Station: Thermogenerator

Materialliste: Thermogenerator, Solarmotor mit Propeller, 2 Honiggläser mit Metalldeckeln, Wasser (60 °C, 0 °C), Topflappen

Achtung • Hände schützen: Topflappen benutzen!

1 Steckt den Thermogenerator vorsichtig zwischen die beiden Gläser. → 6
a Beschreibt, was ihr beobachtet.
b Zeichnet die Energiekette und beschriftet sie.

2 Tauscht die Gläser: heißes Wasser nach oben, kaltes nach unten. Beobachtet den Propeller. Vergleicht.

Energie wird transportiert

1 Hochspannungsleitungen

Materialien zur Erarbeitung: A–C

Wie gelangt die Energie dorthin, wo sie benötigt wird?

2 Pipeline für Erdöl

Große Energietransporte • Am Meer weht oft Wind. Dort lohnen sich Windenergieanlagen. Sie erzeugen elektrische Energie. Hochspannungsleitungen transportieren die Energie. → 1 Pipelines bringen Erdöl und Erdgas über Tausende von Kilometern nach Europa. → 2 Eine Pipeline transportiert etwa so viel Energie wie 80 Hochspannungsleitungen.
Die Sonne ist unsere wichtigste Energiequelle. Sie liefert innerhalb von etwa 20 Minuten so viel Energie, wie alle Menschen zusammen jährlich nutzen. Ihre Strahlungsenergie ist 150 Millionen Kilometer bis zur Erde unterwegs.

Kleine Energietransporte • Sie begleiten uns auf Schritt und Tritt:

- Die Fahrradkette transportiert mechanische Energie von den Pedalen zum Hinterrad. → 3
- Warmes Wasser transportiert thermische Energie vom Heizkessel zu den Heizkörpern. → 4

Energie lässt sich transportieren.

Transportarten • Energie wird auf unterschiedliche Weise transportiert:

- elektrische Energie mit Kabeln
- chemische Energie mit Erdöl, Erdgas, Benzin, Kohle und Nahrungsmitteln
- Strahlungsenergie mit Licht, Radiowellen, Mikrowellen ...
- mechanische Energie mit Ketten, Seilen, Stangen ... oder mit Wind und Wasser
- thermische Energie mit heißen Flüssigkeiten und Gasen

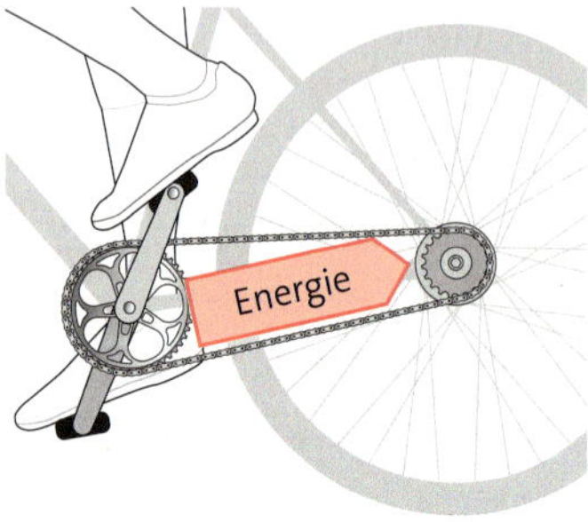

3 Fahrradantrieb

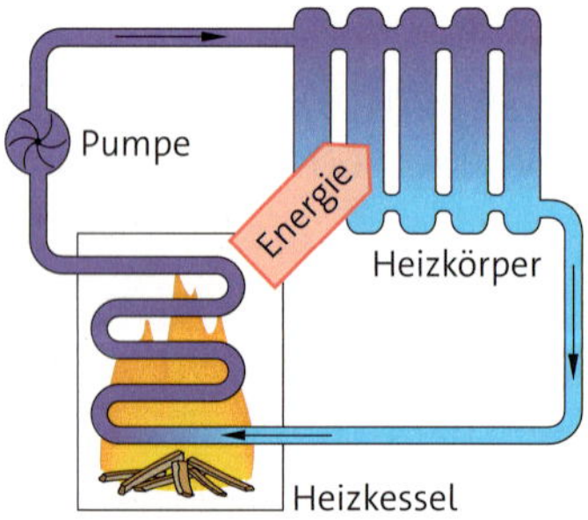

4 Heizungsanlage

Aufgaben

1 ○ Nenne unsere wichtigste Energiequelle und die von ihr abgegebene Energieform.

2 ◔ Beschreibe je ein Beispiel für eine Transportart der Energie. → 5

Beispiele für Energietransport
Kabel transportieren elektrische Energie vom Kraftwerk bis zum Mixer in der Küche.
Ein Tankwagen mit Benzin transportiert ...

5 Beispieltabelle

Material A

Mechanische Energie

Materialliste: 2 Handtrommeln, Schlägel, Tischtennisball, Schnüre, Stative

1 Schlage gegen die linke Handtrommel. → 6
○ Beobachte den Ball. Vermute, wie die Energie zu ihm kommt. Schreibe Beobachtung und Vermutung auf.

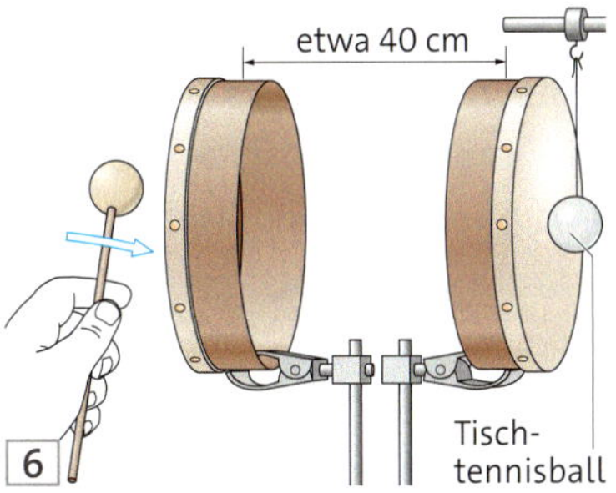

6

Material B

Thermische Energie

Materialliste: Zirkulationsrohr, Stativ, Drahtnetz, Wasser, buntes Badesalz, Gasbrenner

Achtung • Schutzbrille aufsetzen!

1 Streue etwas Badesalz ins Wasser. → 7 Erhitze dann vorsichtig unter einer Seite.
○ Beschreibe deine Beobachtungen.

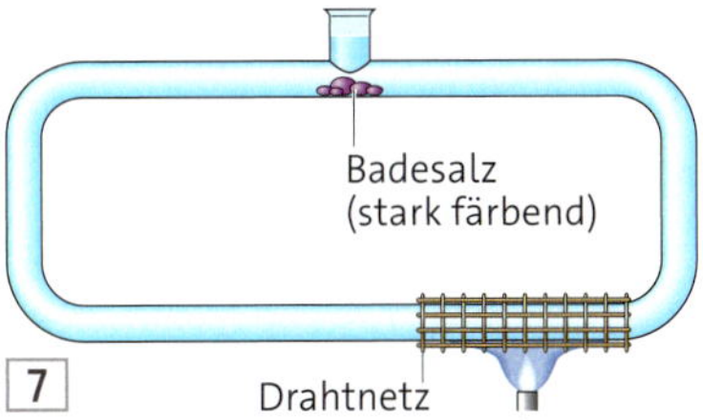

7

Material C

Elektrische Energie

Materialliste: Handgenerator, viele Kabel, Glühlampe (6 V; 30 W)

1 Probiert mit vielen Kabeln aus, wie weit sich die elektrische Energie im Raum transportieren lässt. → 8
○ Beschreibt eure Beobachtungen.

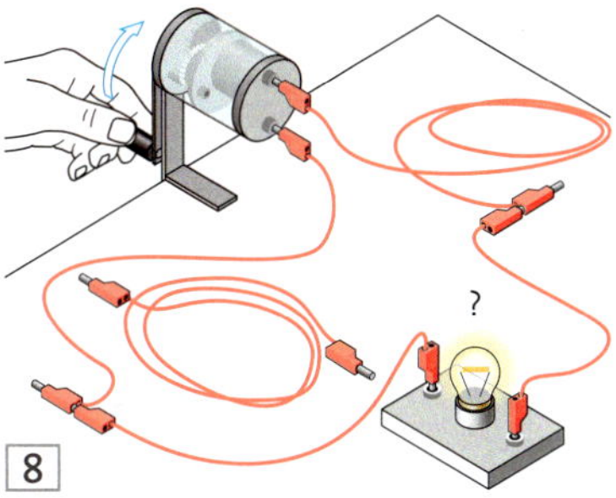

8

Material D

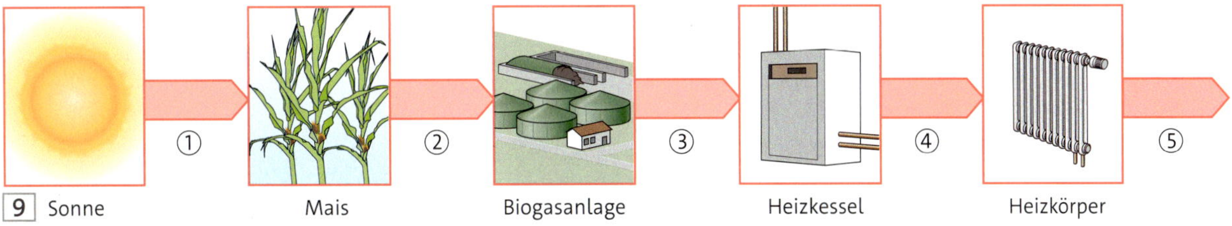

9

Heizen mit Biogas

Energieabgabe	Energieform	Energieaufnahme
Sonne	Strahlungsenergie	Mais

10 Beispieltabelle

1 Die Nummern in der Energiekette stehen für verschiedene Energieformen. → 9
a ○ Vervollständige die Beispieltabelle im Heft. → 10
b ◔ Beschreibe jeweils, wie die Energie transportiert wird oder werden könnte.

Energie wird gespeichert

1 Ein Roboter zum Rasenmähen

Materialien zur Erarbeitung: A–C

Der Rasenmäher fährt nach 2 Stunden an die Ladestation. Dann muss der Akku wieder elektrische Energie „tanken“.

Energie im „Tank“ • Stell dir vor, alle Busse und Autos würden an Oberleitungen fahren. → 2 Sie könnten nur dorthin fahren, wo Leitungen sind. Um überallhin fahren zu können, haben sie Energie im Tank gespeichert. → 3

Energie lässt sich speichern.

Speicherarten • Energie wird auf verschiedene Arten gespeichert:

- chemische Energie in Energieträgern wie Benzin, Holz, Kohle und Erdöl oder in Batterien und Akkus → 3 – 5
- elektrische Energie in Kondensatoren → 6
- thermische Energie in heißen Flüssigkeiten → 7
- mechanische Energie in gespannten Gegenständen und in Stauseen → 8 9

Nur Strahlungsenergie kann man nicht direkt speichern.

Erneuerbare Energiequellen • Erdöl ist über Jahrmillionen entstanden. Die natürlichen Speicher von Erdöl werden in absehbarer Zeit leer sein, weil wir viel Erdöl verbrauchen.
Holz wächst dagegen immer wieder nach. Sonne, Wind und Wasser liefern uns ständig neue Energie. Wir sprechen von erneuerbaren Energiequellen.

2 Die Oberleitung transportiert elektrische Energie.

3 Benzin: Speicher für chemische Energie

der Energieträger
die erneuerbaren Energiequellen

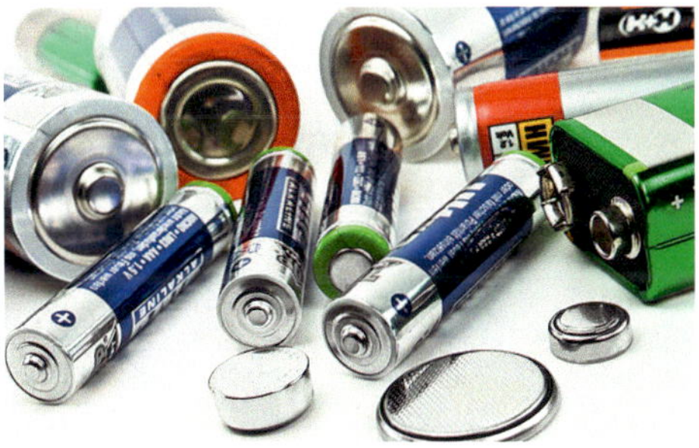

4 5 Brennholz und Batterien: Speicher für chemische Energie

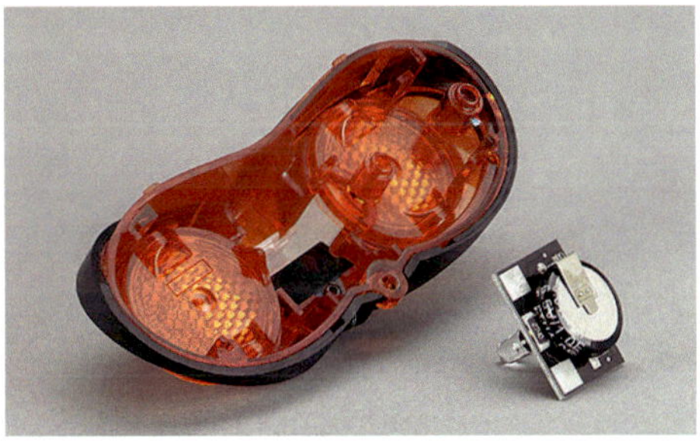

6 Kondensator (rechts): Speicher für elektrische Energie

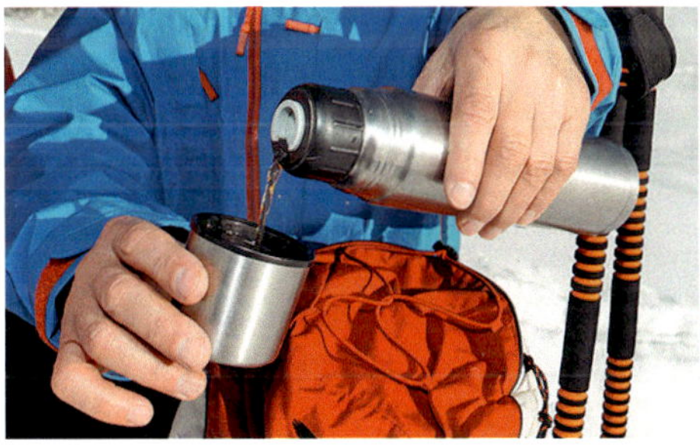

7 Thermoskanne: Speicher für thermische Energie

8 9 Gespannter Bogen, Stausee: Speicher für mechanische Energie

Aufgaben

1 ▢ Beschreibe je ein Beispiel: Speicher für chemische, elektrische, thermische, mechanische Energie.

2 ▢ Kerzen wandeln die gespeicherte Energie beim Verbrennen um. Nenne alle beteiligten Energieformen.

3 ▢ Eine der Energieformen, die du kennst, lässt sich nicht direkt speichern. Nenne sie.

4 ◙ „Energiespeicher sind für Sonnen- und Windenergieanlagen besonders wichtig." Begründe diese Aussage.

Energie wird gespeichert

Material A

Handwärmer

Materialliste: Handwärmer („aufgeladen“)

1 Drücke auf das kleine Metallplättchen im Handwärmer. → 1 Nimm das Wärmekissen dann in die Hand.
▢ Beschreibe, was du beobachtest und mit der Hand fühlst.

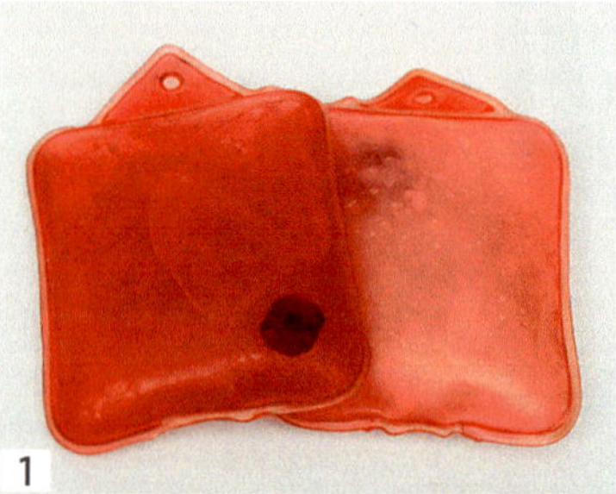

1

Material B

Elektrischer Energiespeicher

Materialliste: Goldcap-Kondensator (1 F; 5,5 V), 2 Kabel mit Krokodilklemmen, Solarmotor mit Propeller, Batterie (1,5 V)

1 Verbinde den Kondensator für 1 Minute mit der Batterie. Beachte die Polung! → 2 Schließe ihn dann an den Solarmotor an.
▢ Beschreibe deine Beobachtungen.

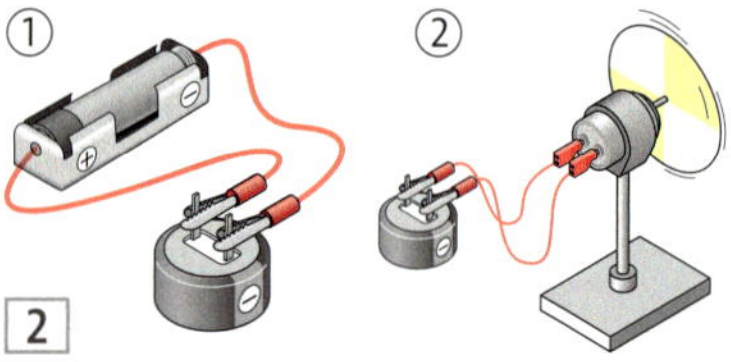

2

Material C

„Magnetkanone“

Materialliste: Magnetkugel, 4 Stahlkugeln, Rinne (aus Holz oder Kunststoff)

1 Lass die Stahlkugel langsam gegen die Magnetkugel rollen. → 3
a ▢ Beschreibe deine Beobachtung.
b ◐ Erkläre die Beobachtung. Tipp: Woher kommt die Energie? Wenn du die Anlage für den nächsten Schuss vorbereitest, merkst du es.

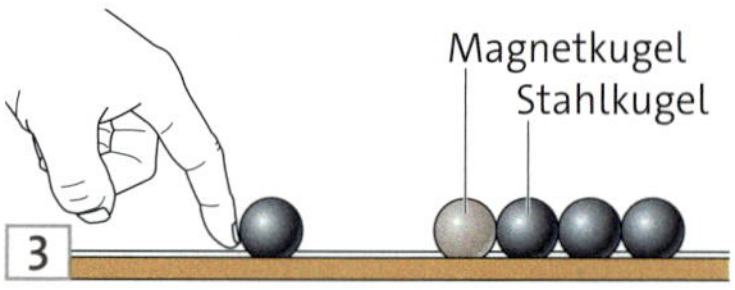

3

Material D

Meisterspringer

1 Lies den Text. → 4
a ▢ Nenne die Energieformen, die beim Spannen, Abspringen und Fliegen auftreten.
b ● Gib an, wann die Spannenergie (die Bewegungsenergie, die Lageenergie) der Zikade am größten ist.

2 ◐ Zeichne eine Energiekette für den Absprung.

Manche Zikaden springen 1 m weit – das 200-Fache ihrer Körperlänge. Die Tiere nutzen gespeicherte mechanische Energie für den Absprung.
Mit ihren dicken Muskelpaketen spannt die Zikade zwei elastische Spangen in ihrer Brust. Die Spangen sind mit den Hinterbeinen verbunden. Zwei „Stifte“ halten sie sprungbereit. Bei Gefahr löst die Zikade die Stifte. Die Hinterbeine schnellen dann los und schleudern die Zikade außer Gefahr.

4 Zikaden – Weltmeister im Weitsprung

Erweitern und Vertiefen

Lageenergie speichern – mit Wasser

Wasserkraftwerke • Das Wasser hinter der Staumauer speichert wegen seiner hohen Lage viel Energie. → 5 Wenn es durch die Rohre nach unten strömt, wandelt sich seine Lageenergie in Bewegungsenergie um. → 6 Das strömende Wasser treibt Turbinen an. An die Turbinen sind Generatoren angeschlossen. Sie wandeln mechanische Energie in elektrische Energie um.

Pumpspeicherkraftwerke • Bei starkem Wind oder strahlendem Sonnenschein erzeugen Wind- und Solarenergieanlagen oft viel mehr elektrische Energie, als gerade benötigt wird. Die überschüssige Energie kann im Pumpspeicherwerk genutzt werden, um Wasser in das obere Becken zu pumpen. → 7 Dort ist dann viel Lageenergie gespeichert. Wenn später einmal besonders viel elektrische Energie benötigt wird, lässt man das Wasser wieder nach unten strömen. Dabei treibt es Turbinen und Generatoren an.

5 Wasserkraftwerk

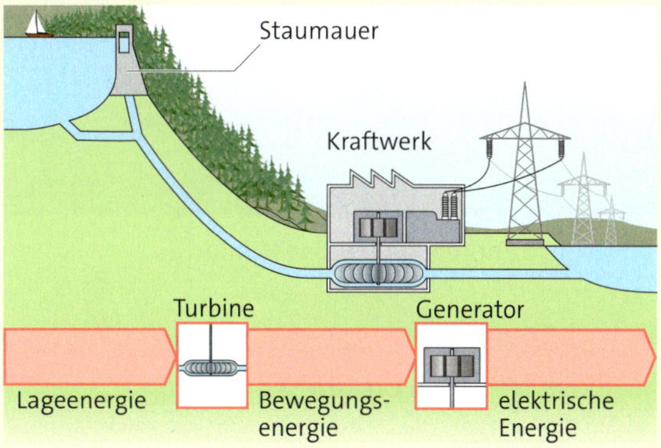

6 Wasserkraftwerk: Prinzip und Energiekette

7 Pumpspeicherkraftwerk

Aufgaben

1 ○ Beschreibe die Aufgaben von Turbinen und Generatoren in Wasserkraftwerken.

2 ◐ Begründe, warum Wasserkraftwerke eine möglichst hohe Staumauer haben.

3 ● „Speicherkraftwerke sind Unsinn! Erst wird das Wasser mühsam hochgepumpt, um es später wieder runterlaufen zu lassen." Nimm Stellung dazu.

Wo bleibt die Energie?

1 Mit voller Energie gegen das Hindernis

Materialien zur Erarbeitung: A–B

Wo bleibt die Bewegungsenergie beim Crashtest?

Energie geht nicht verloren • Das Auto fährt mit ordentlicher Geschwindigkeit gegen den Prellbock. → 1 Da steht es nun – nur noch ein Haufen Schrott. Wo ist die Bewegungsenergie des Wagens geblieben?

Ein Teil der Energie hat das Blech verbogen. Dabei ist das Blech warm geworden. Bewegungsenergie hat sich in thermische Energie umgewandelt. → 2 Die thermische Energie wird allmählich an die Luft abgegeben. Und schließlich ist auch Energie auf den Prellbock übertragen und dort in thermische Energie umgewandelt worden.

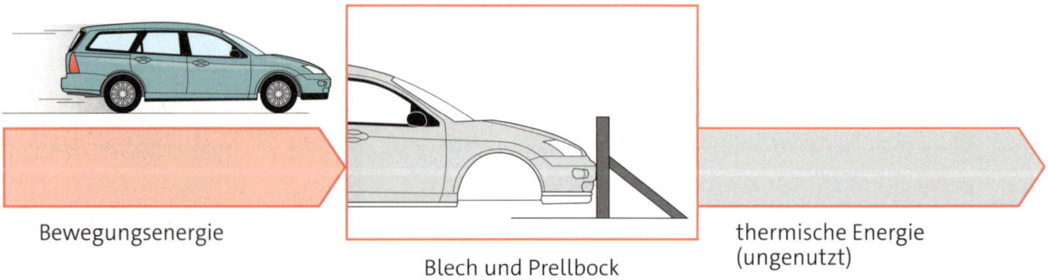

2 Energiekette beim Crashtest

die Energieerhaltung
die Energieentwertung

Energie nimmt nicht von alleine zu • Toms Nase ist nicht in Gefahr. → 3 Das Pendel steigt beim Zurückschwingen nicht höher als beim Start. Seine Energie nimmt von allein nicht zu. Im Gegenteil: Ein Teil der mechanischen Energie wird durch Reibung in thermische Energie umgewandelt und geht für die Bewegung verloren.

Energie kann umgewandelt, transportiert und gespeichert werden. Ihre Menge ändert sich dabei insgesamt nicht (Energieerhaltungssatz).

Energie verliert an „Wert" • Die Bewegungsenergie des Autos wird im Crashtest umgewandelt und verteilt. Sie kann nicht mehr genutzt werden, um das Auto wieder anzutreiben.
Auch beim Bremsen geht mechanische Energie verloren. Die Bremsen werden heiß. → 4 Mechanische Energie wird durch Reibung in thermische Energie umgewandelt. Die thermische Energie verteilt sich in der Umgebung. Wir können sie nicht mehr nutzen.

Energie verschwindet nie aus der Welt. Nichts geht verloren, aber die Energie verliert insgesamt bei jedem Vorgang an Wert für uns. Zuletzt heizt die Energie als nutzlose Abwärme die Umwelt.

Mit Energie ist es wie mit Wasser. Du kannst ein Glas Wasser umkippen. Dann versickert das Wasser im Boden. Es ist für uns wertlos geworden – aus der Welt verschwunden ist es nicht.

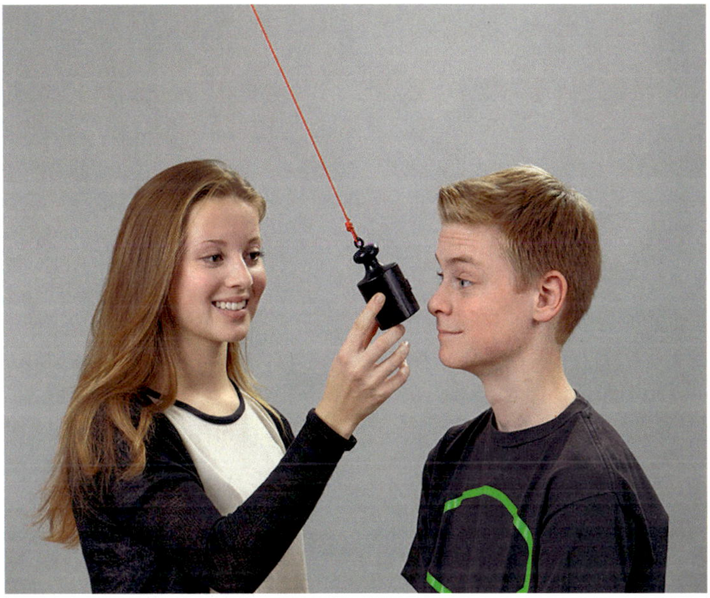

3 Gleich wird das Pendel losgelassen.

4 Glühende Bremsscheibe beim Bremsen

Aufgaben

1 ▢ Beschreibe, was mit der Bewegungsenergie des Autos geschieht. → 1 Zeichne die Energiekette.

2 ◓ Das Pendel erreicht beim Zurückschwingen die Starthöhe nicht mehr. → 3 Erkläre die Beobachtung.

Wo bleibt die Energie?

Material A

Knetekugel

Materialliste: Knete, Digitalthermometer (auf 0,1 °C genau)

1 Forme eine Kugel aus Knete.
a Miss die Temperatur im Innern der Kugel. Ziehe das Thermometer danach wieder heraus.
b Wirf die Kugel 10-mal kräftig auf festen Boden. Miss dann wieder die Temperatur in ihrem Innern.
c ▢ Vergleiche die Messwerte.
d ◐ Erkläre das Ergebnis. Verwende dabei die Begriffe mechanische Energie und thermische Energie.

Material B

Flummi

Materialliste: Flummi

1 Lass den Flummi aus verschiedenen Höhen fallen.
a ▢ Notiere, wie viele Sprünge er jeweils schafft.
b ◐ Vermute, was mit seiner Energie geschieht.

Material C

Draht biegen

Materialliste: Draht (10 cm lang, 1 mm dick)

1 Biege den Draht in der Mitte 20-mal schnell hin und her.
a ▢ Beschreibe, was du danach an der Biegestelle fühlst.
b ◐ Erkläre die Beobachtung. Verwende dabei die Begriffe mechanische Energie und thermische Energie.

Material D

Pendel

Materialliste: Wägestück, Bindfaden (1 m), Stativmaterial, Papier, Klebeband

1 Lass das Pendel los. → 1
a ▢ Vergleiche die 1. mit der 20. Schwingung.
b ◐ Verändere das Pendel, sodass seine Schwingungen schneller aufhören. Beschreibe, wie du vorgehst.

2 ◐ Vermute, was jeweils mit der Energie des Pendels geschieht.

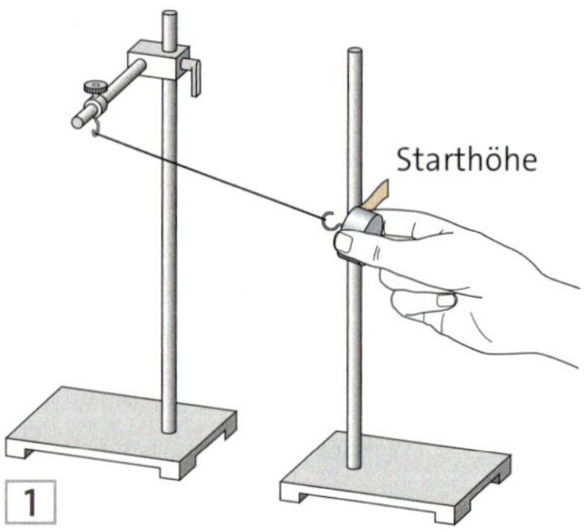

1

Material E

Wärmebild „lesen“

1 Ein Bohrer hat ein Loch in einen Eisenstift gebohrt. → 1 Im Wärmebild zeigen die Farben Lila, Violett, Orange, Gelb und Weiß die Temperatur von kalt nach heiß an.
a ▢ Gib an, welche Stellen am heißesten geworden sind.
b ◐ Erkläre, weshalb es an diesen Stellen besonders heiß ist.
c ● Zeichne die Energiekette für das Bohren.

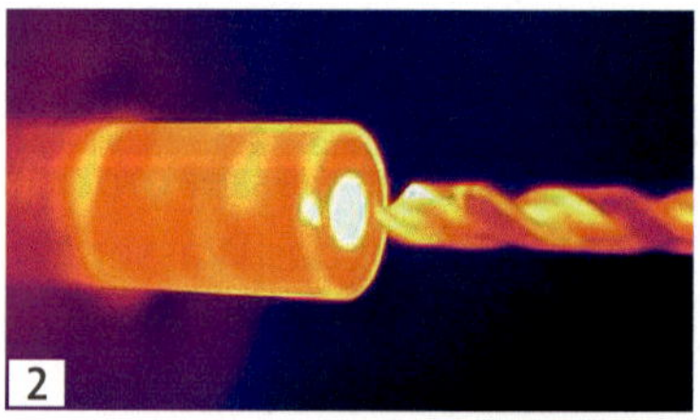
2

Erweitern und Vertiefen

Die Suche nach der ewig laufenden Maschine

Harte Arbeit • Im Altertum war man auf Muskeln, Wind und Wasser angewiesen, wenn Getreide gemahlen, Lasten transportiert oder Felder bewässert werden sollten. „Energiequellen" waren oft Sklaven oder Tiere.

Immer in Bewegung? • Seit dem 12. Jahrhundert versuchten Tüftler, eine besondere Maschine zu bauen. Sie sollte von selbst immer weiterlaufen und dabei z. B. einen Schleifstein antreiben. → 3 Solch ein „Perpetuum mobile" (lateinisch perpetuum: dauernd, mobilis: beweglich) hat niemals funktioniert. Die beiden Gründe dafür siehst du an unserer Schleifmaschine: → 3

- Bei der Bewegung des Wassers, der Räder, Zahnräder und des Schleifsteins wird ständig mechanische Energie durch Reibung in thermische Energie umgewandelt. Diese Energie ist entwertet und steht der Bewegung nicht mehr zur Verfügung.
- Beim Schleifen des Messers wird Energie abgegeben. Die Maschine kann diese Energie selbst nicht neu erzeugen: Energie nimmt nicht von alleine zu.

Damit eine Maschine ständig weiterläuft, muss ihr immer wieder Energie von außen zugeführt werden.

Aufgaben

1 ◔ „Wasser wird mit der Eimerkette nach oben gehoben. Es erhält Lageenergie. Dann fließt es ..." → 3 Setze die Beschreibung der Maschine fort.

2 ● Tine hat einen Elektromotor an den Dynamo ihres Fahrrads angeschlossen. → 4 Der Motor treibt das Hinterrad an. Tine schaltet den Dynamo ein und fährt los. Sie meint: „Nach kurzer Fahrt muss ich nicht mehr treten." Bewerte Tines Idee.

3 Eine ewig laufende Maschine?

4 Tines Erfindung

Wärme und Teilchenbewegung

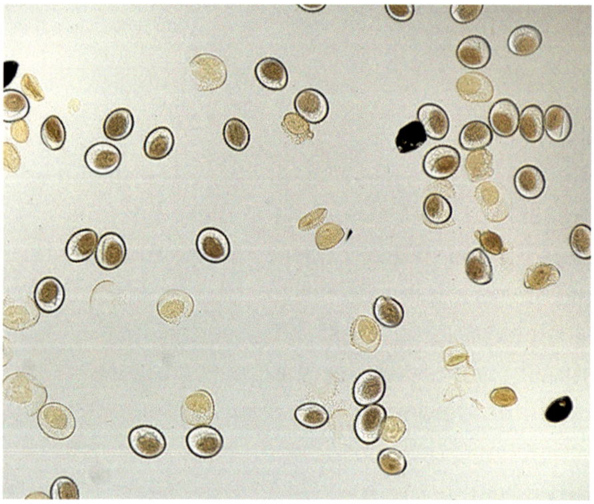

1 Pollenkörner in einem Wassertropfen unter dem Mikroskop

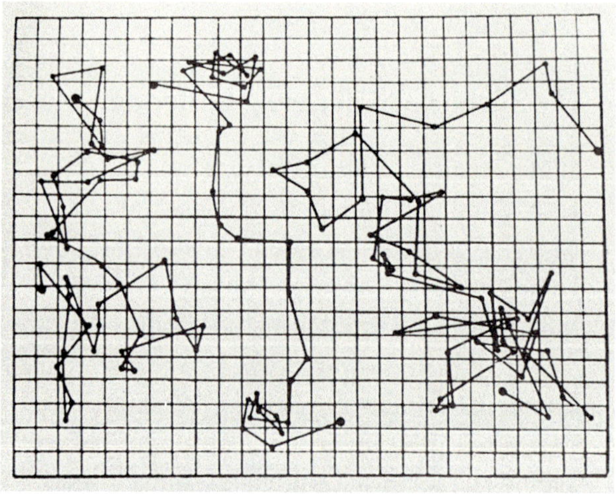

2 Bewegung von drei Pollenstückchen (aufgezeichnet von Robert Brown)

Pollenkörner im Wassertropfen: Sie bewegen sich ständig im Zickzack hin und her. Auch nach Wochen lässt die Bewegung nicht nach. Wie ist das möglich?

Brownsche Bewegung • Im Jahr 1827 macht der schottische Biologe Robert Brown eine merkwürdige Entdeckung. → 2 Mit einem starken Mikroskop betrachtet er zerquetschte Pollenkörner in einem Wassertropfen. Er ist sehr überrascht, dass sich die Stückchen ständig im Zickzack bewegen. Zunächst denkt Brown, dass sie lebendig sind. Dann beobachtet er die gleiche Bewegung im Wasser auch bei winzigen Stückchen von Ruß und Eisen. Brown kann sich diese Bewegung nicht erklären. Sie wird bald nach ihm benannt: die brownsche Bewegung.

Teilchen und Bewegung • Erst 70 Jahre später löst der Physiker Albert Einstein das Rätsel. Er stellt sich vor, dass alle Stoffe aus unvorstellbar vielen Teilchen bestehen. Diese Teilchen sind so winzig, dass wir sie nicht sehen können. Und sie bewegen sich ständig von alleine. Auch die Wasserteilchen bei unserem Tropfen mit den Pollenstückchen bewegen sich. In jedem Moment stoßen viele Wasserteilchen gegen die viel größeren Pollenstückchen. → 3 Mal wird ein Pollenstückchen insgesamt etwas stärker nach rechts „geschubst" als nach links. Dann bewegt es sich nach rechts. Im nächsten Moment überwiegen die Stöße nach

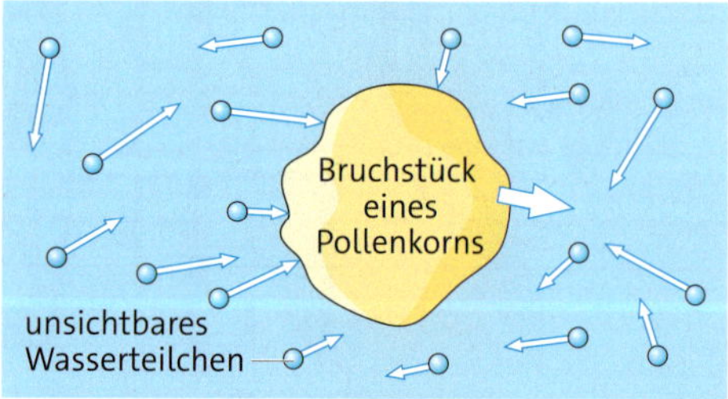

3 Die Wasserteilchen stoßen das Pollenstückchen in diesem Moment nach rechts.

die brownsche Bewegung
die Teilchenvorstellung

oben: Nun bewegt sich das Pollenstückchen nach oben. Und so geht es immer weiter hin und her.

Wir stellen uns vor, dass alle Stoffe aus Teilchen bestehen. Die Teilchen sind in ständiger Bewegung.

Teilchenbewegung und Temperatur • In heißem Wasser bewegen sich die Stückchen von Pollen, Ruß oder Eisen stärker hin und her als in kaltem Wasser. Wir erklären das damit, dass sich die Wasserteilchen bei heißem Wasser schneller bewegen als bei kaltem Wasser. → 4 Dadurch stoßen sie heftiger gegen die Pollenstückchen.

Bei hoher Temperatur bewegen sich die Teilchen schneller als bei niedriger Temperatur.

Damit kannst du z. B. erklären, warum Hände beim Reiben warm werden. Wir stellen uns vor, dass die Haut aus vielen Teilchen besteht. → 5 Sie sind wie mit Federn verbunden und schwingen auf ihren Plätzen hin und her. Beim Reiben verhaken sich die Hautoberflächen der beiden Hände ineinander.

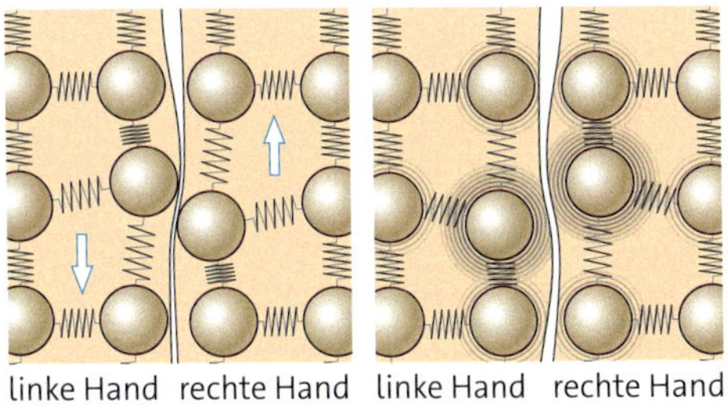

5 Zwei Hände reiben aneinander – in der Teilchenvorstellung.

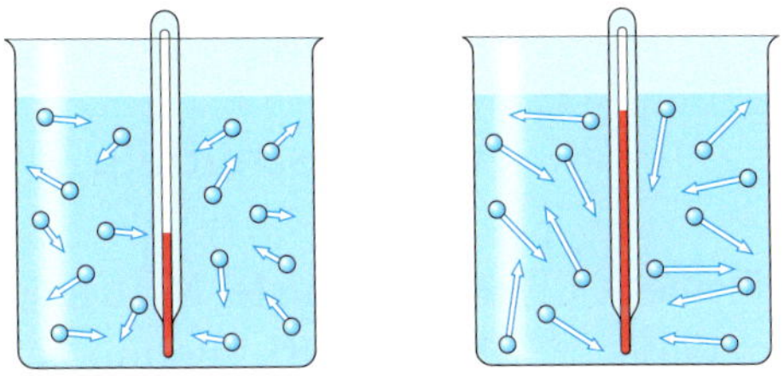

4 Heftigere Bewegung im heißen Wasser

Teilchen werden von ihrem Platz weggezogen. Wenn sie sich wieder losreißen, schwingen sie stärker hin und her als zuvor. Auch die umliegenden Teilchen schwingen stärker. Wir nehmen ihre heftigere Bewegung als höhere Temperatur wahr.

Teilchenbewegung und Energie • Wenn du Wasser erwärmst, nimmt seine thermische Energie (Wärme) zu. Bei der höheren Temperatur bewegen sich die Wasserteilchen schneller. Also ist ihre Bewegungsenergie höher als zuvor.

Die thermische Energie eines Gegenstands stellen wir uns als Bewegungsenergie seiner Teilchen vor.

Aufgaben

1 ○ Erkläre die brownsche Bewegung von Pollenstückchen in Wasser.

2 ○ Beschreibe, wie sich die Bewegung der Teilchen beim Erwärmen eines Körpers verändert.

3 ◐ Leonie meint: „Thermische Energie ist eigentlich Bewegungsenergie.“ Erkläre, was sie damit meint.

Wärme und Teilchenbewegung

Material A

Tusche verteilt sich

Materialliste: Tusche, kleiner Pinsel, Glas mit heißem Wasser, Glas mit kaltem Wasser

1 Lass je einen Tropfen Tusche in beide Gläser fallen. Bewege die Gläser dann nicht mehr. Beobachte einige Minuten lang.

a ○ Beschreibe die Beobachtungen und vergleiche sie.

b ◐ Erkläre die Beobachtungen mit der Teilchenvorstellung.

Material B

Wasser schütteln

Materialliste: Mixbecher (aus Kunststoff), Thermometer (auf 0,1 °C genau), Wasser (10 cm^3), Taschentücher

1 Fülle das Wasser in den Becher. Miss die Wassertemperatur. Notiere den Messwert.

a ○ Nimm den Becher mit den Taschentüchern in die Hand. → 1 Schüttle ihn 1 Minute lang kräftig. Miss wieder die Temperatur. Schüttle ihn dann noch mehrmals 1 Minute lang und miss danach jedes Mal die Temperatur.

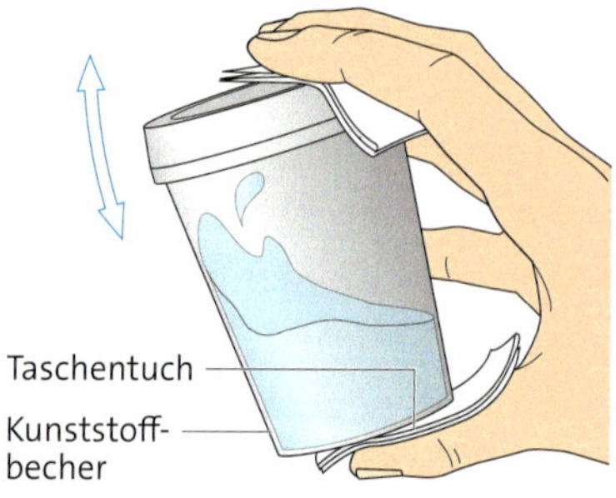

1

b ○ Beschreibe, wie sich die Wassertemperatur durch das Schütteln verändert.

c ◐ Erkläre das Versuchsergebnis:
- mithilfe der Energie
- mit der Teilchenvorstellung

Material C

Brownsche Bewegung

Die brownsche Bewegung von Fetttröpfchen in Wasser kann man gut mit dem Mikroskop beobachten. Das Einstellen von Mikroskop und Beleuchtung ist aber nicht einfach. Lasst euch von einer erfahrenen Lehrkraft helfen.

Materialliste: Mikroskop mit 400-facher Vergrößerung und „Dunkelfeldbeleuchtung“, Objektträger, Deckglas, Dosenmilch, Tasse voll Wasser

1 Lass rund 20 Tropfen Dosenmilch in das Wasser fallen und vermische beides durch Rühren oder Schütteln. Gib einen Tropfen der verdünnten Milch auf den Objektträger. Decke ihn mit dem Deckglas ab.

a ○ Betrachte den Tropfen bei 400-facher Vergrößerung. Stelle auf mehrere Fetttröpfchen scharf. → 2 Beschreibe ihre Bewegung.

b ◐ Erkläre die Bewegung der Fetttröpfchen mit der Teilchenvorstellung.

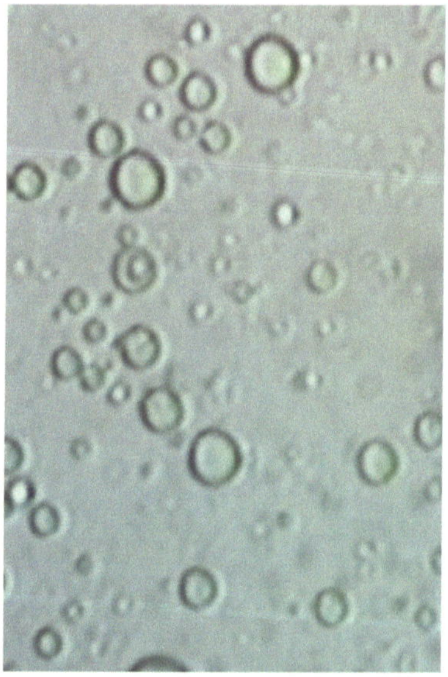

2 Fetttröpfchen in Wasser

Erweitern und Vertiefen

Was ist Wärme?

Gibt es einen „Wärmestoff"? • Wir reden oft von der Wärme, als wäre sie ein Stoff: „Tür zu, die Wärme geht raus!" „Die Heizung gibt Wärme ab." „Die Wärme verteilt sich im Raum." Viele Wissenschaftler stellten sich Ende des 19. Jahrhunderts einen „Wärmestoff" vor. In jedem Gegenstand sollte ein wenig davon „stecken". Beim Erhitzen von Wasser mit einer Flamme floss nach dieser Vorstellung zusätzlicher Wärmestoff in das Wasser. Und die Flüssigkeit im Thermometer stieg beim Erwärmen an, weil der hineinfließende Wärmestoff zusätzlichen Platz benötigte.
Einige Wissenschaftler zweifelten: Gegenstände werden beim Erhitzen nicht schwerer. Wärmestoff – der einzige Stoff, der nichts wiegt?

Wärme und Bewegung • Der Amerikaner Benjamin Thompson (1753–1814), Graf von Rumford, war 1789 bayerischer Kriegsminister. Er beobachtete, dass Kanonenrohre beim Ausbohren heiß wurden. → 3 Wenn man Wasser zum Kühlen über die Rohre laufen ließ, wurde es ebenfalls heiß. Die Anhänger des Wärmestoffs erklärten dies so: Der reibende und schneidende Bohrer presst den Wärmestoff aus dem Kanonenrohr heraus, der Wärmestoff strömt ins Wasser. Thompson überlegte, dass dann nach längerem Bohren kein Wärmestoff mehr im Kanonenrohr übrig sein dürfte. Das Kühlwasser würde also irgendwann nicht mehr erwärmt werden. Er überprüfte seine Überlegung mit einem Versuch. Auch nach vielen Stunden Bohren wurde das Kühlwasser immer weiter erhitzt. Man konnte bohren, solange man wollte – der Wärmestoff schien niemals auszugehen. Thompson schloss daraus, dass die Wärme kein Stoff sein kann. Er schrieb: „Es erscheint mir schwierig, ... mir vorzustellen, dass Wärme irgendetwas anderes sein kann als das, was bei diesem Experiment andauernd zugeführt wurde, während die Wärme in Erscheinung trat, nämlich Bewegung." Oder mit unseren Worten: Die thermische Energie eines Gegenstands „steckt" in der Bewegungsenergie seiner Teilchen.

3 Benjamin Thompson an einem Kanonenrohr

Aufgaben

1 ○ Beschreibe, warum manche Wissenschaftler an der Vorstellung vom Wärmestoff zweifelten.

2 ◑ Beim Bohren der Kanonenrohre wurde das Kühlwasser heiß. Erkläre dies mit der Teilchenvorstellung.

Wie gut wird die Energie genutzt?

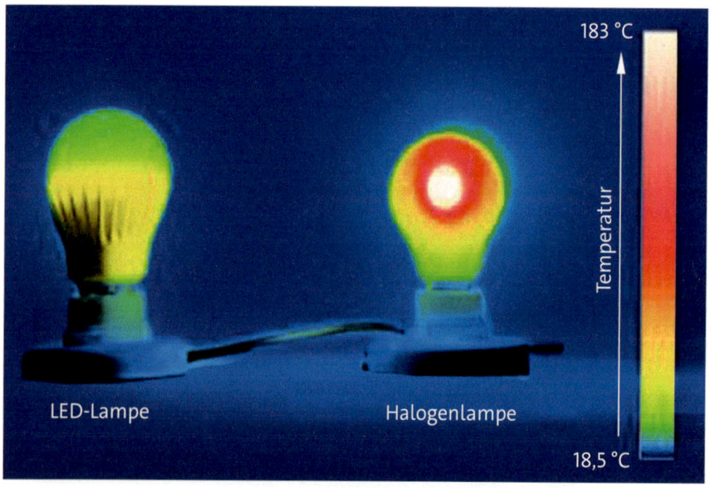

1 Wärmebild von zwei gleich hellen Lampen

Die Halogenlampe wird viel heißer als die LED-Lampe. Zum Heizen sind die Lampen aber gar nicht gedacht!

Wirkungsgrad • Die Halogenlampe wird schön hell – und heiß. Sie wandelt nur 5 % der elektrischen Energie in Strahlungsenergie um! → 2 Der Rest wird in thermische Energie umgewandelt und nicht genutzt. Der Wirkungsgrad der Halogenlampe beträgt 5 %.

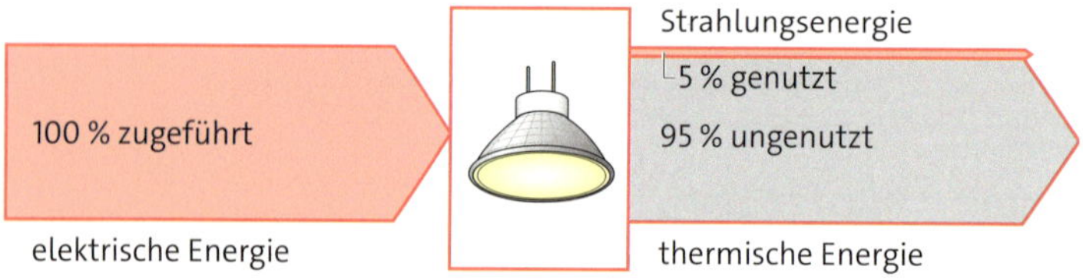

2 Halogenlampe: Wirkungsgrad 5 %

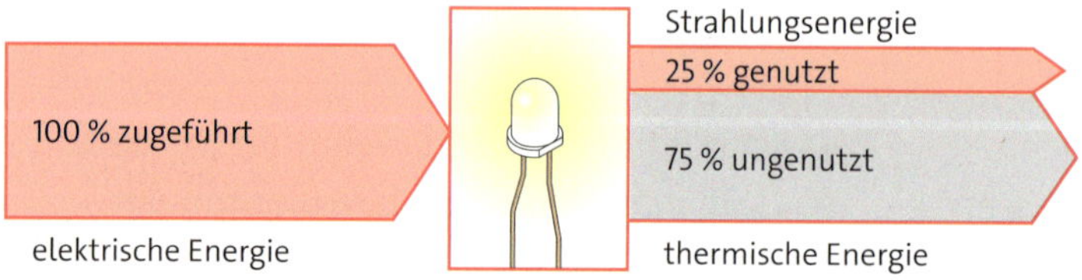

3 LED-Lampe: Wirkungsgrad 25 % (Beispiel)

Die LED-Lampe nutzt die elektrische Energie viel besser. → 3 Sie wandelt ein Viertel der elektrischen Energie in Strahlungsenergie um. Ihr Wirkungsgrad beträgt 25 %.

Beim Staubsauger kannst du fühlen, dass die ausgestoßene Luft warm ist. Er nutzt nur einen Teil der elektrischen Energie zum Saugen, einen anderen Teil gibt der Staugsauger als thermische Energie ab.

Geräte nutzen nur einen Teil der zugeführten Energie. Der Wirkungsgrad gibt an, wie groß der genutzte Anteil ist. Er liegt zwischen 0 und 100 %. → 4

Aufgaben

1 „Die LED-Lampe hat einen Wirkungsgrad von 25 %."

a Gib die genutzte und die ungenutzte Energie bei der Lampe an.

b Erkläre die Aussage.

2 Die LED-Lampe ist genauso hell wie die Halogenlampe – sie braucht aber nur ein Fünftel der elektrischen Energie.

Erkläre den Unterschied.

3 Ein Flummi fällt aus 1 m Höhe. Er springt wieder auf 80 cm Höhe.

a Berechne den „Wirkungsgrad".

b Berechne, welche Höhe der Flummi beim zweiten Sprung erreicht. Tipp: Der „Wirkungsgrad" des Flummis bleibt gleich.

Material A

Genutzte und ungenutzte Energie

1 Zeichne Energieketten für die Energiewandler in der Tabelle. → 4
Schreibe Prozentsätze und Energieformen an die Energiepfeile.

Energiewandler	Wirkungsgrad
Generator im Kraftwerk	95 %
Wasserkocher	90–95 %
Elektromotor	50–90 %
Zentralheizung	bis 85 %
Nabendynamo	60 %
Automotor	25–35 %

4

Material B

Das Notstromaggregat

1 Lies zunächst den Text. → 5

a Gib den Wirkungsgrad des Notstromaggregats an.

b Wohin verschwindet die Energie, die nicht in elektrische Energie umgewandelt wird? Stelle Vermutungen auf.

c Erkläre, warum nicht jedes Haus seine elektrische Energie mit einem Notstromaggregat erzeugt.

d Überlege, wo der Einsatz von Notstromaggregaten sinnvoll ist. Schreibe Anwendungsbeispiele auf. Tipp: Informiere dich auch im Internet.

Im Notstromaggregat treibt ein Benzinmotor einen Generator an. Der Generator erzeugt elektrische Energie. Ein kleines Notstromaggregat läuft mit einer Tankfüllung von 15 Liter Benzin 7 Stunden lang. Es kann genug elektrische Energie für ein Einfamilienhaus liefern, wenn nicht gerade Herd und Waschmaschine gleichzeitig in Betrieb sind. Bei der Verbrennung des Benzins im Motor wird chemische Energie umgewandelt. Etwa 10 % davon werden als elektrische Energie abgegeben.

5

Material C

Der Wirkungsgrad einer elektrischen Anlage

Materialliste: 2 Handgeneratoren, 2 Seilrollen, 2 Kabel, 2 Wägestücke (500 g), Stativmaterial

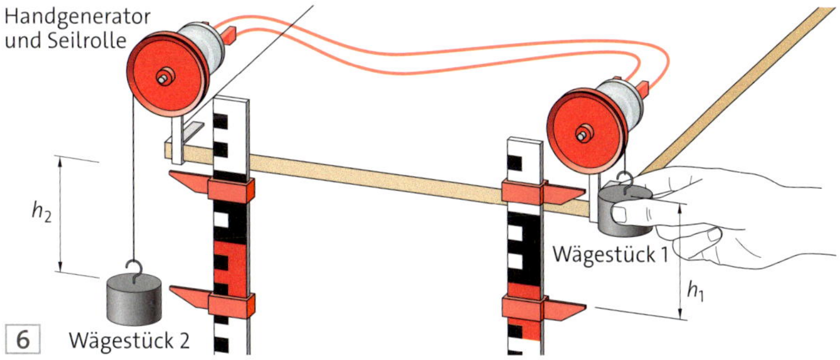

6

1 Lass Wägestück 1 los. → 6

a Beschreibe, was du beobachtest.

b Wägestück 1 sinkt um die Höhe h_1 ab. Wägestück 2 wird um die Höhe h_2 gehoben. Vergleiche beide Höhen.

c Berechne den Wirkungsgrad der Anlage.

d Zeichne die Energiekette der Anlage.

e „Energie verliert bei jedem Vorgang an Wert.“ Erläutere dies am Beispiel der elektrischen Anlage.

Das Kohlekraftwerk

1 Steinkohlekraftwerk Werdohl-Elverlingsen (Sauerland)

Dieses Kraftwerk kann eine Großstadt von 750 000 Einwohnern mit elektrischer Energie versorgen. Es erzeugt allerdings weniger elektrische Energie als thermische Energie!

Energieumwandlungen • Im Dampferzeuger wird Kohle verbrannt, um Wasser zu verdampfen und den Dampf auf über 500 °C zu erhitzen. → 2 Chemische Energie wird in thermische und mechanische Energie des Dampfs umgewandelt. Der Dampf treibt die Turbine an, die Turbine den Generator. Der Generator erzeugt elektrische Energie.

Wirkungsgrad • Rund 40 % der zugeführten chemischen Energie werden in elektrische Energie umgewandelt. Der größere Rest bleibt als thermische Energie im Dampf. Sie heizt das Kühlwasser im Kondensator und gelangt über den Kühlturm in die Umgebung. Der Dampf kühlt ab und wird flüssig (er kondensiert). Das Wasser wird wieder in den Dampferzeuger geleitet.

Moderne Kohlekraftwerke haben einen Wirkungsgrad von rund 40 %.

Aufgabe

1 ◯ Das Kohlekraftwerk ist ein Energiewandler. Gib an, in welcher Form:
- Energie zugeführt wird
- Energie nutzbar abgegeben wird
- Energie ungenutzt abgegeben wird

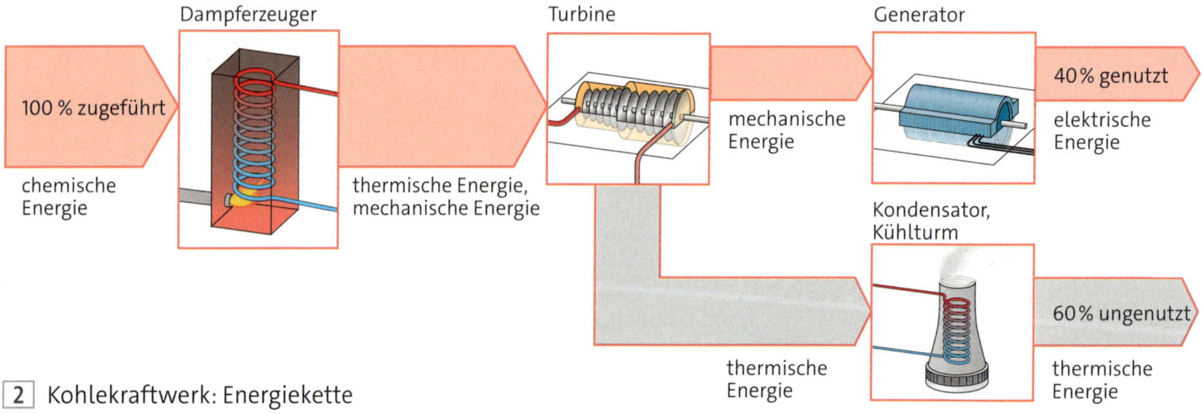

2 Kohlekraftwerk: Energiekette

das Kohlekraftwerk
der Dampferzeuger
die Turbine
der Generator
der Kondensator

Material A

Kraftwerke

1 ▢ Gib an, was man unter dem Wirkungsgrad eines Kraftwerks versteht. → 3

2 Kohlenstoffdioxid (CO_2)

a ▢ Lies jeweils ab, wie viel CO_2 ein Kraftwerk ausstößt, wenn es 1 kWh elektrische Energie erzeugt. → 4

b ◪ „0,73 Gramm Kohlenstoffdioxid pro Kilowattstunde" – das ist nicht viel. Das Steinkohlekraftwerk erzeugt aber 750 000 kWh elektrische Energie in einer Stunde! Berechne, wie viele Kilogramm CO_2 das Kraftwerk in einer Stunde ausstößt.

3 Gas-und-Dampf-Kraftwerke → 3

a ▢ Nenne den Brennstoff im GuD-Kraftwerk.

b ◪ Beschreibe, wie die Turbinen beim GuD-Kraftwerk angetrieben werden.

c ▢ Nenne zwei Vorteile von GuD-Kraftwerken im Vergleich zu Kohlekraftwerken.

4 ◪ Biomassekraftwerke verbrennen Holz oder Pflanzenreste. → 3 Nenne zwei Vorteile dieser Kraftwerke im Vergleich zu Kohlekraftwerken.

Wirkungsgrad Verbrennungskraftwerke wandeln nur einen Teil der zugeführten chemischen Energie in elektrische Energie um. Der Rest erwärmt einen Fluss oder steigt im warmen Nebel aus dem Kühlturm. Der Wirkungsgrad eines Kraftwerks gibt an, welcher Anteil der zugeführten Energie als elektrische Energie genutzt wird. → 4

Kohlenstoffdioxid Beim Verbrennen von Kohle, Öl und Erdgas entsteht Kohlenstoffdioxid (CO_2). Dieses Gas verstärkt den Treibhauseffekt der Atmosphäre, durch den die mittlere Temperatur auf der Erde steigt. Die Kraftwerke stoßen unterschiedlich viel Gramm CO_2 aus, wenn sie eine Kilowattstunde (kWh) elektrische Energie erzeugen. → 4 (Rund 1 kWh elektrische Energie braucht z. B. der Backofen, um eine große tiefgekühlte Pizza zu backen.)

Gas-und-Dampf-Kraftwerke GuD-Kraftwerke haben einen besonders hohen Wirkungsgrad. → 4 Sie verbrennen meist Erdgas. Die rund 1600 °C heißen Abgase strömen mit hoher Geschwindigkeit gegen eine Turbine und treiben sie an. Danach sind die Abgase noch immer rund 600 °C heiß. Ihre thermische Energie wird in einem Dampferzeuger genutzt, um Wasser zu verdampfen und den Dampf auf über 500 °C zu erhitzen. Der heiße Wasserdampf treibt eine weitere Turbine an. Beide Turbinen treiben jeweils einen Generator an.

Biomassekraftwerke Diese Kraftwerke nutzen Holz oder Pflanzenreste als „nachwachsende" Brennstoffe. Beim Verbrennen wird CO_2 erzeugt. Aber genauso viel CO_2 haben die Pflanzen zum Wachsen aus der Luft aufgenommen. Nimmt man Wachsen und Verbrennen zusammen, belasten diese Kraftwerke die Atmosphäre nicht mit CO_2.

3 Wichtiges zum Thema „Kraftwerke"

Kraftwerk	Wirkungsgrad	CO_2-Ausstoß
Braunkohlekraftwerk	43 %	0,94 g pro kWh
Steinkohlekraftwerk	46 %	0,73 g pro kWh
Gas-und-Dampf-Kraftwerk	58 %	0,35 g pro kWh

4 Wirkungsgrad und CO_2-Ausstoß verschiedener Kraftwerke

Energie in Zahlen

1 Das gibt Energie!

Sara treibt viel Sport. Kann sie einen Döner essen, ohne zuzunehmen? → 1

Ein Maß für die Energie • Ohne Energie bewegt sich nichts – auch nicht dein Körper. Täglich musst du mit der Nahrung neue Energie aufnehmen. Aber besser nicht zu viel: Überschüssige Energie wird als Fett gespeichert. Beim Sport kannst du sie wieder loswerden. Der Brennwert gibt an, wie viel Energie ein Nahrungsmittel enthält. → 2

Die Energie E wird in Joule (sprich: dschuul) angegeben. Die Einheit ist 1 Joule (1 J).

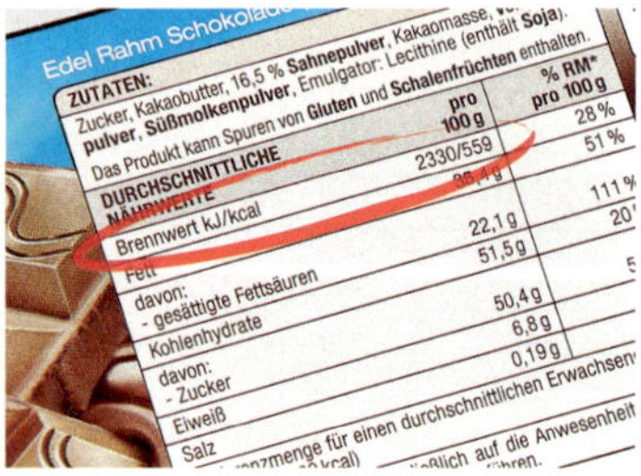

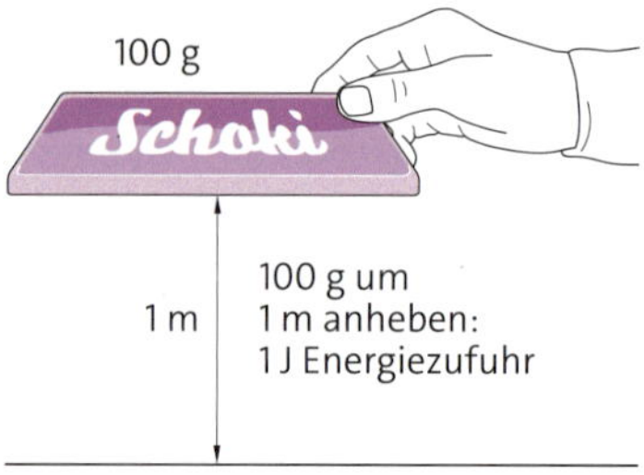

2 3 Chemische Energie und Lageenergie in 100 g Schokolade

1 Joule ist sehr wenig Energie. Wenn du 100 g Schokolade 1 m hochhebst, führst du ihr 1 Joule Energie zu. → 3 Isst du die Schokolade, nimmst du etwa 2,3 Millionen Joule zu dir! Energie wird deshalb oft in Millionen Joule (Megajoule, MJ) oder in tausend Joule (Kilojoule, kJ) angegeben: 1 MJ = 1 000 000 J; 1 kJ = 1000 J. → 4

Täglicher Energiebedarf • Dein Körper braucht täglich 4–6 MJ für seine „Heizung“ und den Betrieb der inneren Organe. Jede Bewegung benötigt zusätzliche Energie. In der Wachstumsphase brauchst du täglich 9–11 MJ Energie.

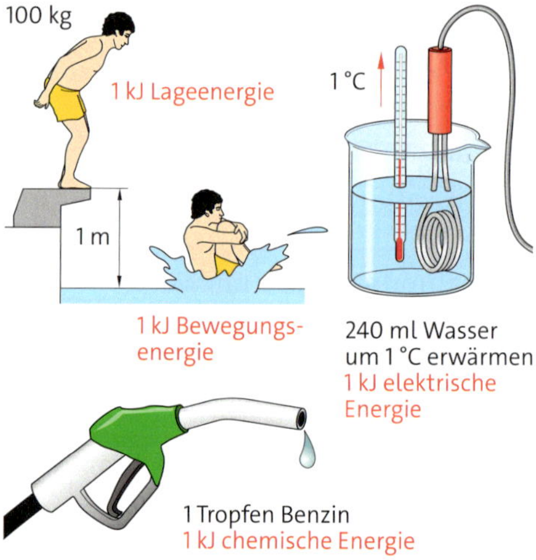

4 Beispiele für 1 Kilojoule

Aufgabe

1 Ben nimmt täglich 12 MJ Energie mit seiner Nahrung auf.

a ○ Berechne, wie viele Tafeln Schokolade so viel Energie haben.

b ◐ Gib Ben einen Ernährungstipp. Begründe ihn.

der Brennwert
das Joule

Material A

Tägliche Energieaufnahme

Materialliste: PC oder Tablet mit Internet, Küchenwaage

1 Wie viel Energie nimmst du zu dir?
a ○ Wiege alles, was du an einem Tag isst und trinkst. Notiere die Werte. → 5
b ◐ Suche im Internet nach einem Nährwertrechner. Berechne für alle Einträge in deiner Tabelle die Energie in Kilojoule (kJ).
c ◐ Berechne deine gesamte Energieaufnahme am Tag.

Nahrungsmittel	Masse	Energie
Ei	60 g	388 kJ
Apfelsaft	250 g	?
...	...	...
	Summe	?

5 Beispieltabelle

Material B

Kilokalorien (kcal)

1 ◐ Die Energie von Nahrungsmitteln wird oft in Kilokalorien (kcal) statt in Joule (J) angegeben. → 2 Gib eine Umrechnungsregel an:
1 kcal = ... J.

Material C

Energie und Sport

Als 13- bis 15-jähriger Junge benötigst du etwa 11 MJ Energie täglich, als gleichaltriges Mädchen 9 MJ. Wenn du mehr isst, musst du sportlich sehr aktiv sein – sonst nimmst du zu.
→ 6 7

1 ◐ Sara frühstückt ein Käsebrötchen. In der Schule isst sie 2 Schokoriegel, zum Mittag 1 Teller Nudeln mit Soße, am Nachmittag 1 Stück Käsekuchen und am Abend 1 Bratwurst mit Pommes frites. Dazwischen nascht sie noch eine halbe Tafel Schokolade und trinkt 3 kleine Cola.
a Berechne, wie viel Energie Sara an diesem Tag aufnimmt.
b Sara möchte die überschüssige Energie des Tages wieder loswerden. Mache ihr drei Vorschläge.

2 ◐ Tarek hat eine Tafel Schokolade gegessen. Er sagt: „Ich radle 5 km zur Schule. Da verbrauche ich die Energie wieder.“
Beurteile Tareks Aussage.

Nahrungsmittel	Energie
Vollmilch (0,5 L)	1,3 MJ
Cola (0,33 L)	1,2 MJ
Apfelsaft (0,2 L)	0,4 MJ
Hamburger	1,1 MJ
Schokolade (Tafel)	2,3 MJ
Schokoriegel	1,0 MJ
Pommes frites (200 g)	1,8 MJ
Döner Kebap	3,2 MJ
Nudeln mit Soße	2,0 MJ
Käsekuchen (Stück)	1,6 MJ
Käsebrötchen	1,5 MJ
Bratwurst	0,9 MJ
Müsli (Portion)	1,0 MJ
Banane (170 g)	0,4 MJ
Paprikaschote (200 g)	0,2 MJ
Schlagsahne (50 g)	0,6 MJ

6 Energie in Nahrungsmitteln

Tätigkeit	Energie
Bergsteigen	4,8 MJ
Skilanglauf	3,8 MJ
Fußballspielen	3,0 MJ
Jogging	2,5 MJ
Schwimmen	1,8 MJ
Tanzen	1,8 MJ
Radfahren (Flachland)	1,2 MJ
Gymnastik	1,2 MJ
Spazierengehen	0,4 MJ
Stehen	0,1 MJ
Sitzen	0,1 MJ

7 Energiebedarf, jeweils für eine Stunde Bewegung

Energie beim Heben

1 Um wie viel Energie geht es hier?

Material zur Erarbeitung: A

Nina und Roman schleppen für ihre Party Limonade in den 4. Stock. Dabei wechselt viel Energie den „Besitzer".

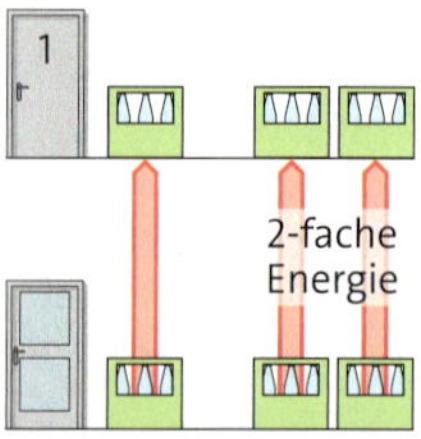

2 2-fache Masse – 2-fache Lageenergie

Lageenergie • Nina und Roman übertragen beim Hochtragen Energie auf die Kästen mit der Limonade. Diese Energie wird in den Kästen als Lageenergie gespeichert.

Je schwerer die Kästen sind und je höher sie getragen werden, desto mehr Energie wird übertragen:

- 2 Kästen in den 1. Stock heben – man überträgt 2-mal so viel Energie wie bei 1 Kasten. → 2
- 1 Kasten in den 4. Stock heben – man überträgt 4-mal so viel Energie wie beim 1. Stock. → 3
- 2 Kästen in den 4. Stock heben – man überträgt $2 \cdot 4 = 8$-mal so viel Energie wie bei 1 Kasten in den 1. Stock.

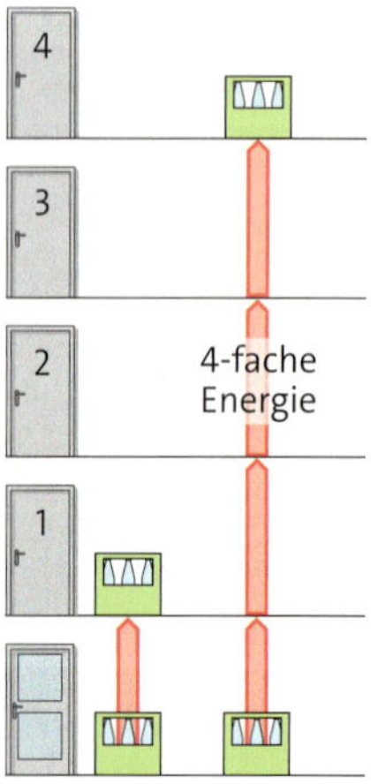

3 4-fache Höhe – 4-fache Lageenergie

Die Lageenergie eines Gegenstands ist umso größer:
- je größer seine Masse ist
- je größer der Höhenunterschied ist

Lageenergie berechnen • Eine Tafel Schokolade (0,1 kg) hat in 1 m Höhe eine Lageenergie von 1 J. Bei 1 kg Schokolade in 1 m Höhe sind es 10 J. Damit kannst du weitere Lageenergien schrittweise berechnen. → 4

Berechne die Lageenergie von 2 kg Schokolade in 4 m Höhe.

Masse in kg	Lageenergie in J
1	10
$\cdot 2$ → 2	20 ($\cdot 2$)

Höhe in m	Lageenergie in J
1	20
$\cdot 4$ → 4	80 ($\cdot 4$)

Die Lageenergie beträgt 80 J.

4 Beispielaufgabe

Lageenergie berechnen – mit einer Formel* • Die Berechnung lässt sich in einer Gleichung zusammenfassen:

Lageenergie eines Gegenstands:
$E = 10\,\frac{\text{J}}{\text{kg} \cdot \text{m}} \cdot M \cdot h$ → 5

Die Masse kürzen wir hier mit einem großen M ab, damit sie nicht mit dem kleinen m für Meter verwechselt wird.

Berechne die Lageenergie E von 2 kg Schokolade in 4 m Höhe.

$$E = 10\,\frac{\text{J}}{\text{kg} \cdot \text{m}} \cdot M \cdot h$$

$$E = 10\,\frac{\text{J}}{\text{kg} \cdot \text{m}} \cdot 2\,\text{kg} \cdot 4\,\text{m} = 80\,\text{J}$$

5 Beispielaufgabe*

Material A

Energieportionen

Materialliste: „Treppe“ mit 6 gleich hohen Stufen (z. B. eine Leiter), 2 gleiche Bausteine

6 Anheben: 1 Energieportion

1 ▢ Beim Heben überträgst du Energie. Rechne hier mit „Energieportionen“: Wenn du einen Baustein eine Stufe hochhebst, überträgst du 1 Energieportion (1 EP) auf ihn. → 6

a Setze einen Baustein vom Boden auf die 4. Stufe. Gib an, wie viele Energieportionen (EP) du auf den Stein überträgst. Trage dein Ergebnis in eine Tabelle ein. → 7

Steine	Stufe	Energieportionen
1	4	?
2	4	?
?	?	?

7 Beispieltabelle

b Setze 2 Bausteine vom Boden auf die 4. Stufe. Gib an, wie viele Energieportionen (EP) du jetzt überträgst.

2 ▢ Du hast 10 EP. Finde verschiedene Möglichkeiten, die beiden Bausteine vom Boden auf die Treppe zu setzen. Notiere sie.

3 ◪ Wie viele Energieportionen (EP) würdest du übertragen, wenn du 4 Bausteine 7 Stufen hochsetzt?

a Berechne die Energieportionen.

b Beschreibe, wie du dabei vorgehst.

Material B

Lageenergie berechnen

1 Wenn du 0,1 kg Schokolade 1 m hochhebst, überträgst du 1 J Energie auf die Schokolade. Wie viel überträgst du bei anderen Massen und Hubhöhen?
◪ Übertrage die Tabelle ins Heft. → 8 Berechne jeweils die fehlende Energie:

a schrittweise → 4

b* mit einer Formel → 5

Masse	Hubhöhe	Energie
0,1 kg	1 m	1 J
0,4 kg	1 m	? J
1,0 kg	1 m	? J
3,0 kg	1 m	? J
3,0 kg	6 m	? J
20 kg	8 m	? J

8 Energie berechnen

Material C

Gewichtheben

1 Die Gewichtheberin Zhou Lulu stemmte bei einem Wettkampf 2014 eine 192 kg schwere Hantel 1,90 m hoch. Das bedeutete Weltrekord!
◪ Berechne die Lageenergie der hochgestemmten Hantel:

a schrittweise → 4

b* mit einer Formel → 5

Wer leistet mehr?

1 Sina und Leon: Treppenlauf zum Ziel in 12 m Höhe

Sina kommt vor Leon oben an. Der Sportlehrer gratuliert zu ihrer Leistung. Die Physiklehrerin meint: „Leon ist schwerer. Seine Leistung war größer!“

Leistung • Im Wettlauf kommt es nur darauf an, wer zuerst oben ist. In der Physik geht es nicht nur um die Zeit: Jörg muss mehr chemische Energie in Lageenergie umwandeln, weil er schwerer ist. Je mehr Energie er pro Sekunde umwandelt, desto größer ist seine physikalische Leistung.

Die Leistung *P* (engl. power) gibt an, wie viel Energie pro Sekunde umgewandelt wird.
Die Leistung wird in Watt angegeben. Die Einheit ist 1 Watt (1 W):
$1\,W = 1\frac{J}{s}$.

Kleine Leistungen werden in Milliwatt (mW) angegeben, große in Kilowatt (kW) oder Megawatt (MW):
- 1 mW = 0,001 W
- 1 kW = 1000 W
- 1 MW = 1 000 000 W

Leistung berechnen* • Um die Energie pro Sekunde zu berechnen, teilt man die Energie (in J) durch die Zeit (in s):

Leistung = $\frac{\text{Energie}}{\text{Zeit}}$; $P = \frac{E}{t}$

Jörg wiegt 50 kg und braucht für die 12 m hohe Treppe 20 s. Berechne seine Leistung.

Lageenergie: $E = 10\,\frac{J}{kg \cdot m} \cdot m \cdot h$

$E = 10\,\frac{J}{kg \cdot m} \cdot 50\,kg \cdot 12\,m = 6000\,J$

Leistung: $P = \frac{E}{t}$

$P = \frac{6000\,J}{20\,s} = 300\,W$

2 Beispielaufgabe

Aufgaben

1 ○ Vergleiche, was man im Sportunterricht und in der Physik unter Leistung versteht.

2 ○ Rechne in Watt um: 2,5 kW; 75 kW; 1,2 MW; 50 mW.

3* ◐ Sina (45 kg) braucht 18 s für die Treppe. Berechne ihre Leistung. → 2

die Leistung
das Watt

Material A

Station: Treppenlauf

Materialliste: Messband, Stoppuhr, Personenwaage

1 Die Gruppe geht (leise) in das Treppenhaus der Schule.
a Jeder bestimmt seine Masse mit der Waage. Tragt die Werte in eine Tabelle ein. → 3
b Messt die senkrechte Höhe der Treppe vom Erdgeschoss bis in den 2. Stock.
c Lauft einzeln möglichst schnell die Treppe hinauf. Die anderen stoppen jeweils die Zeit.
d Berechnet für jeden Läufer die beim Treppenlauf „gewonnene" Lageenergie.
e* Berechnet für jeden Läufer die Leistung.

Name	Masse in kg	Höhe in m	Zeit in s	Lageenergie in J	Leistung in W
?	?	?	?	?	?

3 Beispieltabelle

Material C

Station: Heben

Materialliste: Medizinball (4 kg), Messband, Stoppuhr

1 So wird's gemacht:
a Jeder misst den Höhenunterschied: den Ball mit herunterhängenden Armen halten, dann über dem Kopf.
b Jeder hebt den Ball möglichst schnell 10-mal von der tiefsten in die höchste Lage. Die anderen messen die Zeit.
c Berechnet die auf den Ball übertragene Energie.
d* Berechnet die Leistung.

Material B

Station: Liegestütze

Materialliste: Personenwaage, Messband, Stoppuhr

1 So wird's gemacht:
a Jeder misst die Masse, die die Waage im Liegestütz anzeigt. → 4 Tipp: Wer keine Liegestütze schafft, stützt sich auf den Knien ab. Notiert die Werte in einer Tabelle. → 3
b Bestimmt mit dem Messband jeweils an der Schulter den Höhenunterschied beim Liegestütz.

4

c Jeder macht möglichst schnell 10 Liegestütze (auf dem Boden, nicht auf der Waage). Die anderen stoppen die Zeit.
d Berechnet die „gewonnene" Lageenergie bei den Liegestützen.
e* Berechnet jeweils die Leistung.

Material D

Station: Kniebeugen

Materialliste: Messband, Stoppuhr, Personenwaage

1 So wird's gemacht:
a Jeder bestimmt seine Masse.
b Jeder misst an seiner Schulter den Höhenunterschied beim Kniebeugen.
c Jeder macht möglichst schnell 10 Kniebeugen. Die anderen stoppen die Zeit.
d Berechnet die „gewonnene" Lageenergie.
e* Berechnet die Leistung.

Wer leistet mehr?

Erweitern und Vertiefen

So viel kann ein Mensch leisten

1 3000 Watt: Höchstleistung beim Absprung

2 400 Watt: hohe Dauerleistung beim Radrennen

Tätigkeit	Mechanische Leistung
Spazierengehen	30–40 W
Hausarbeit, Radfahren	75–120 W
Fußballspielen, Sprinten	220 W
Skilanglauf, Schwimmen	250 W

3 Mechanische Leistung der Muskeln

Höchstleistung • Die Fünfkämpferin Brianne Theisen Eaton aus Kanada katapultiert sich 2016 bei den Hallenweltmeisterschaften der Leichtathletik über 185 cm. → 1 Ihre Muskeln wandeln die Energie dafür in knapp 0,2 s um. Die Leistung beträgt beim Absprung mehr als 3000 Watt! Solche Höchstleistungen sind aber nur für sehr kurze Zeit möglich.

Dauerleistung • Unser Körper kann normalerweise nicht mehr als 75 Watt über längere Zeit leisten. Die chemischen Vorgänge, mit denen wir Energie aus Nahrungsmitteln und körpereigenen Energiespeichern gewinnen, laufen nicht schneller ab. Aber wenn die Muskelmasse durch Training vergrößert wird, erhöht sich die Leistungsfähigkeit. Die besten Rennfahrer erreichen über längere Zeit Leistungen von mehr als 400 Watt. → 2

Hohe Leistung – hoher Energiebedarf • Beim Fußballspielen wandeln deine Muskeln viel chemische Energie in mechanische Energie um. Die mechanische Leistung der Muskeln beträgt ungefähr 220 Watt. → 3 Das ist aber nur etwa ein Viertel ihrer Gesamtleistung: Drei Viertel der zugeführten Energie wandeln die Muskeln

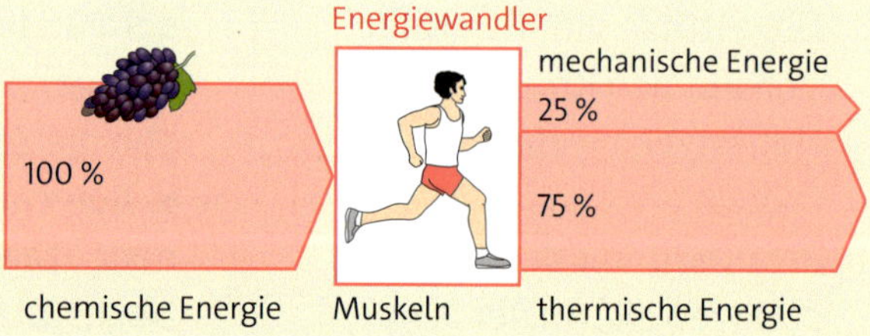

4 Energiekette: Muskeln

in thermische Energie um. → 4 Das geschieht in einer Art Verbrennung. Die thermische Energie daraus erwärmt den Körper und die Umgebung. Die Muskeln brauchen Sauerstoff für die Verbrennung. Bei hoher Leistung atmet man daher viel häufiger und das Herz schlägt schneller.

Leistungsmessung • Der Arzt misst die Leistung der Frau mit dem Fahrrad-Ergometer. → 5 Das Treten wird vom Ergometer unterschiedlich stark abgebremst. Je stärker es gebremst wird, desto mehr muss die Frau beim Radfahren leisten. Das Rad fährt dann sozusagen „bergauf". Die Höchstleistung eines Menschen hängt von verschiedenen Umständen ab: Alter und Geschlecht, Körpergewicht, Training und Gesundheitszustand.

Grundumsatz • Unser Körper wandelt ständig chemische Energie um. Dadurch hält er den Blutkreislauf und die Atmung in Gang. Außerdem wird der Körper auf 37 °C „geheizt". Bei einem Körpergewicht von 50 kg braucht man dafür täglich etwa 5000 kJ. In Ruhe hat der Körper deshalb immer noch eine Leistung von rund 60 Watt. → 6 In der Biologie nennt man das den Grundumsatz des Körpers.

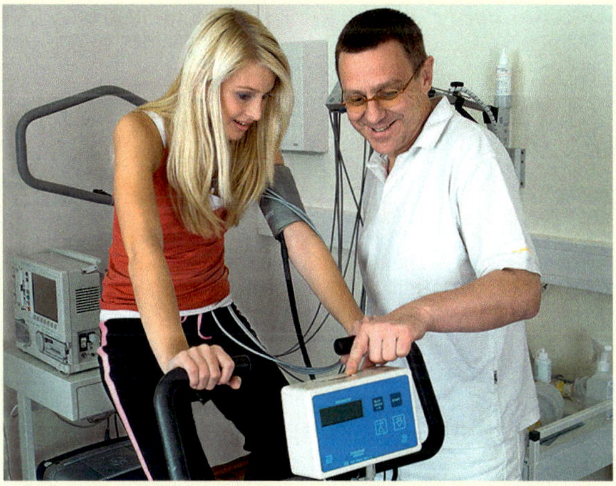

5 Leistung messen mit dem Fahrrad-Ergometer

6 60 Watt: Ruheleistung

Aufgaben

1 ▢ Beschreibe, wie körperliche Leistung, Herzschlag und Atmung zusammenhängen.

2 ▢ Gib an, wovon die Höchstleistung eines Menschen abhängt.

3* Dein Körper braucht für jedes Kilogramm Körpergewicht etwa 100 kJ pro Tag, um den Blutkreislauf und die Atmung in Gang und die Körpertemperatur auf 37 °C zu halten. Berechne deine Ruheleistung.

Zusammenfassung

Energie • Wir brauchen Energie, um Dinge zu bewegen, zu erwärmen, zu beleuchten, zu heben ... Energie begegnet uns in vielen Formen.

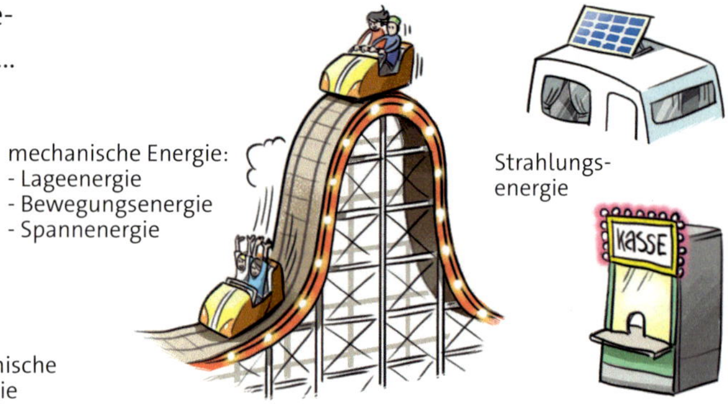

1 Energieformen

Energie nutzen • Energie kann transportiert, umgewandelt und gespeichert werden.

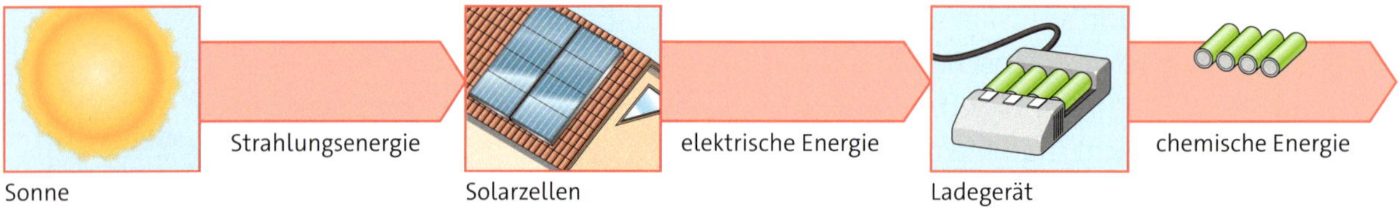

2 Einfache Energiekette (genutzte Energieumwandlungen)

Energieerhaltung • Die Menge der Energie bleibt insgesamt stets erhalten.

Energieentwertung • Ein Teil der Energie verliert bei jedem Vorgang an Wert für uns.
Bei allen Bewegungen wird mechanische Energie zum Teil in thermische Energie umgewandelt. Diese Energie erwärmt die Umgebung und ist für uns praktisch wertlos.

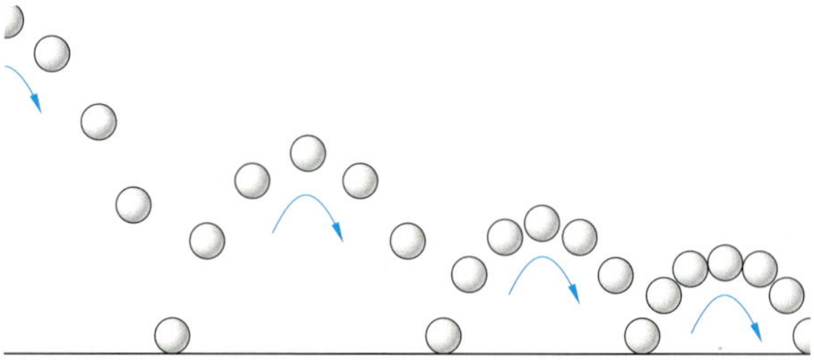

3 Die mechanische Energie des Balls nimmt ab.

Wirkungsgrad • Alle Geräte nutzen nur einen Teil der zugeführten Energie. Der Wirkungsgrad gibt an, wie groß der genutzte Anteil ist. Er liegt zwischen 0 und 100 %.
Je höher der Wirkungsgrad ist, desto besser nutzt ein Gerät die zugeführte Energie.

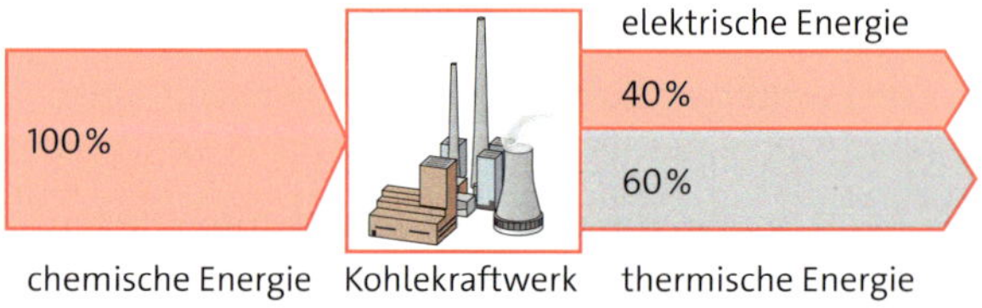

4 Wirkungsgrad des Kohlekraftwerks: 40 %

Einheit der Energie • Die Energie *E* wird in Joule gemessen. Die Einheit ist 1 Joule (1 J).

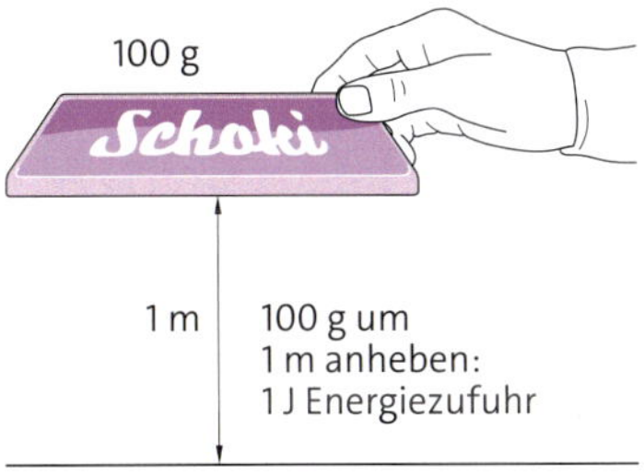

5 Einheit der Energie: 1 Joule

Leistung • Die Leistung *P* gibt an, wie viel Energie pro Sekunde umgewandelt wird. Die Einheit ist 1 Watt (1 W): $1\,W = 1\frac{J}{s}$.

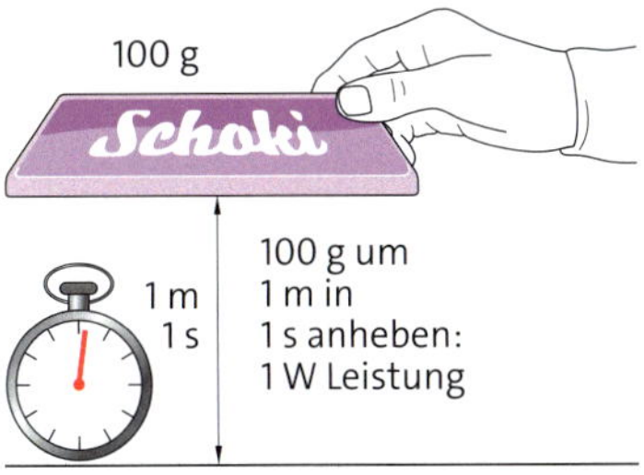

6 Einheit der Leistung: 1 Watt

Leistung berechnen* • Leistung = $\frac{\text{Energie}}{\text{Zeit}}$; $P = \frac{E}{t}$

Lageenergie • Die Lageenergie eines Gegenstands ist umso größer, je schwerer er ist und je höher er liegt. Ein Gegenstand von 1 kg hat in 1 m Höhe eine Lageenergie von 10 J.

Lageenergie von Mark (60 kg) in 5 m Höhe

Masse in kg	Lageenergie in J
1	10
60	600

(· 60 / · 60)

Höhe in m	Lageenergie in J
1	600
5	3000

(· 5 / · 5)

Mark hat eine Lageenergie von 3000 J.

7 Lageenergie in zwei Schritten berechnen

Lageenergie von Mark (60 kg) in 5 m Höhe

$$E = 10\,\frac{J}{kg \cdot m} \cdot m \cdot h$$

$$E = 10\,\frac{J}{kg \cdot m} \cdot 60\,kg \cdot 5\,m = 3000\,J$$

8 Lageenergie mit einer Formel berechnen*

Wärme und Bewegung • Wir stellen uns vor, dass alle Stoffe aus winzigen Teilchen bestehen. Die Teilchen sind in ständiger Bewegung. Bei hoher Temperatur bewegen sich die Teilchen schneller als bei niedriger Temperatur.
Die thermische Energie eines Gegenstands „steckt“ in der Bewegungsenergie seiner Teilchen.

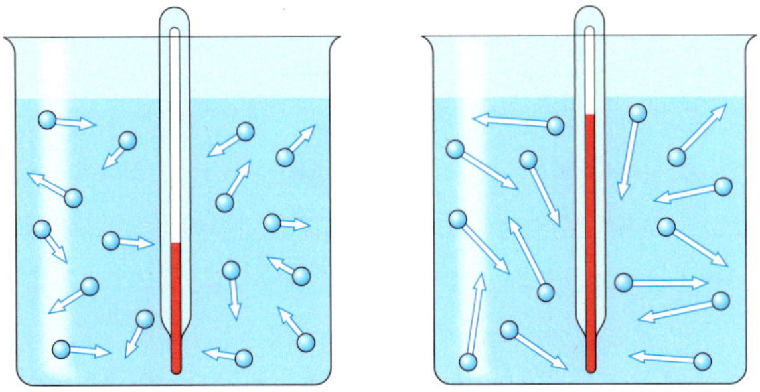

9 Temperatur und Teilchenbewegung

Teste dich! (Lösungen auf Seite 384)

Energie und Energieerhaltung

1 ○ Gib jeweils an, welche Energieformen beteiligt sind. → 1 – 4

1

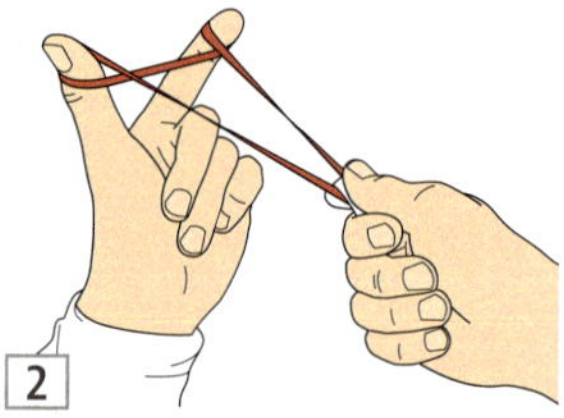

2

3

4

2 ○ Zeichne die Energieketten ab (Energiewandler nicht abmalen). → 5 – 8 Ergänze die Energieformen. Gib jeweils die genutzte Energieumwandlung und den Wirkungsgrad an.

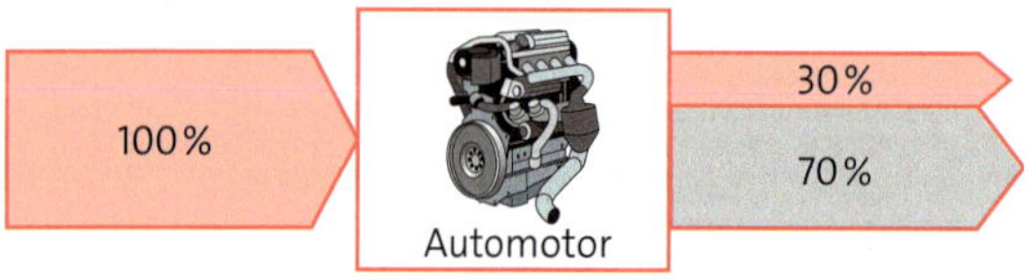

5

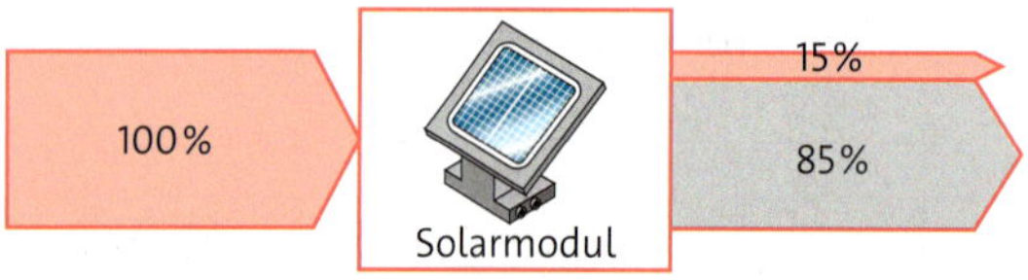

6

7

8

3 ◐ Vom Essen zum Licht: Übertrage die Energiekette in dein Heft. → 9 Trage die Energieformen an den Pfeilen und die Energiewandler in den Kästen ein.

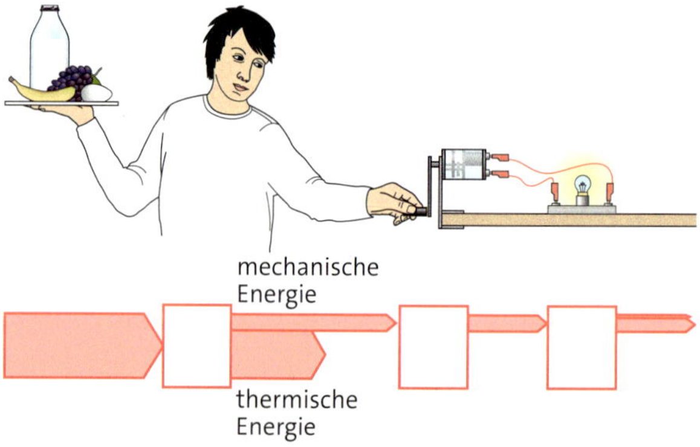

9 Energiekette

4 Die folgenden Gegenstände haben jeweils Energie gespeichert:
Kerze, gespannter Bogen, Apfel, Tank mit Heizöl, Warmwasserspeicher, rollendes Fahrrad, Magma im Vulkan, Kachelofen, zusammengedrückte Stahlfeder, Wasser im Stausee, Batterie, heiße Kochplatte, Achterbahnwagen ganz oben, fahrendes Auto, Wind.

a ○ Übertrage die Tabelle ins Heft. → 10 Ordne die Gegenstände den Energieformen zu.

b ◐ Ergänze zu jeder Energieform noch drei weitere Energiespeicher.

Energieform	Energiespeicher
chemische Energie	?
thermische Energie	?
Spannenergie	?
Lageenergie	?
Bewegungsenergie	?

10 Energiespeicher (Beispieltabelle)

11

5 Ordne den Abschnitten des Trampolinsprungs die folgenden Sätze zu: → 11

a Die Lageenergie ist am größten.

b Die Spannenergie ist am größten.

c Die Bewegungsenergie nimmt zu.

d Die Lageenergie nimmt zu.

6 Das Modellauto startet. → 12

a Gib an, bis zu welchem Punkt es kommt.

b Begründe deine Auswahl.

c „Das Auto kommt bis Punkt 2. Die Energie bleibt ja erhalten." Nimm Stellung dazu.

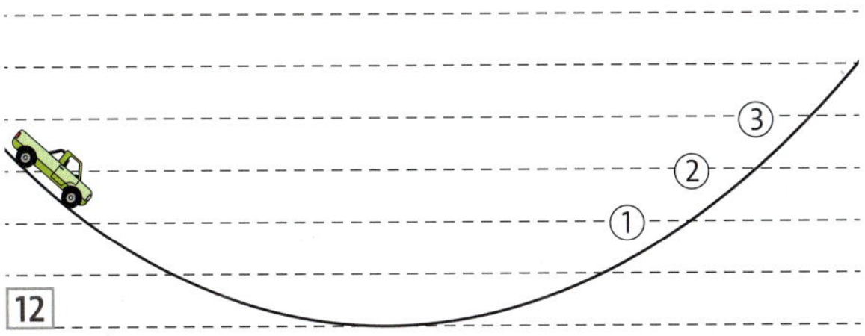

12

7 Unsere Muskeln haben bei Bewegungen einen Wirkungsgrad von höchstens 25 %.

a Beschreibe, was damit gemeint ist.

b Jan steht mit seinem Rad vor einem 200 m hohen Berg. „Das kostet mich 150 kJ. Wie viel Schokolade muss ich dafür essen?" Hilf ihm durch eine kleine Rechnung.
Tipp: Rechne mit einem Wirkungsgrad von 25 %. Jan muss nicht nur 150 kJ zu sich nehmen, sondern ...

Energie und Leistung

8 Vor mehr als hundert Jahren wurden mechanische Staubsauger eingesetzt. → 13

13

a Gib die Dauerleistung des „Motors" an.

b Die Leistung von neuen elektrischen Staubsaugern darf ab 2017 nicht mehr als 900 W betragen. Vergleiche mit der Leistung des mechanischen Staubsaugers.

9 Mathis pumpt Wasser von einem Eimer am Boden in ein Aquarium auf dem Tisch. Die Leistung der elektrischen Pumpe soll ermittelt werden.

a Gib an, was gemessen werden muss.

b Beschreibe, wie man die Leistung der Pumpe bestimmt.

10 Martin (56 kg) und Tobias (53 kg) klettern 5 m lange Taue hoch. Nach 7 s schlagen sie gleichzeitig oben an.

a Gib an, bei wem die physikalische Leistung größer ist.

b Begründe deine Antwort.

c Berechne jeweils die Lageenergie oben.

d* Berechne jeweils die Leistung.

Elektrische Energie

Modellautos brauchen Energie, um im Kreis fahren zu können. Wie wird die Energie zu den kleinen Flitzern übertragen?

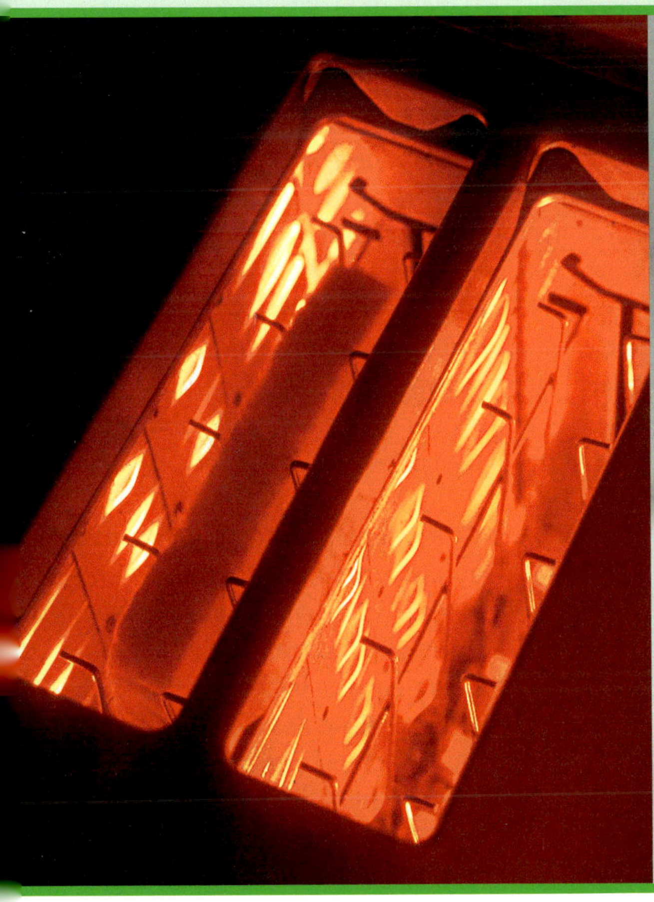

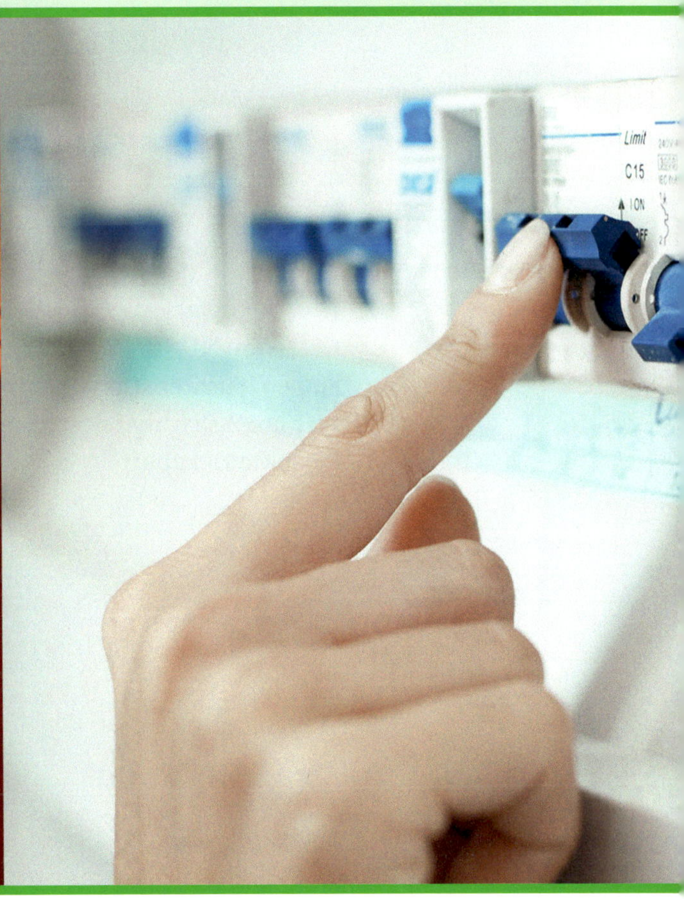

Im Toaster wird es glühend heiß: Wir wandeln elektrische Energie in andere Energieformen um, damit wir sie nutzen können.

Sicherungen schützen vor Unfällen mit dem elektrischen Strom.

Der elektrische Stromkreis

1 Mikrowelle

Material zur Erarbeitung: A

Die Mikrowelle ist eingeschaltet, die Lampen leuchten. Der Teller mit der Tasse dreht sich aber noch nicht. Ist der Motor kaputt?

Geschlossener Stromkreis • Mit einer Batterie und zwei Kabeln kann man eine Glühlampe leuchten lassen. → 2 Die Batterie ist die elektrische Energiequelle. Wenn du mit dem Finger vom Minuspol der Batterie am Kabel entlang zur Lampe und am anderen Kabel weiterfährst, kommst du wieder zur Batterie zurück. Wir sprechen von einem geschlossenen Stromkreis – auch wenn die Schaltung nicht wie ein Kreis aussieht.

Unterbrochener Stromkreis • Die Lampe leuchtet nicht mehr, wenn auch nur eine Verbindung im Stromkreis unterbrochen ist. Das ist zum Beispiel der Fall, wenn ein Schalter geöffnet wird oder der Glühdraht in der Lampe zerrissen ist. → 3

Glühlampen, Motoren und andere elektrische Geräte funktionieren nur, wenn sie einen geschlossenen Stromkreis mit der elektrischen Energiequelle bilden.
Jeder Kontakt des Geräts muss mit einem Pol der elektrischen Energiequelle verbunden sein.

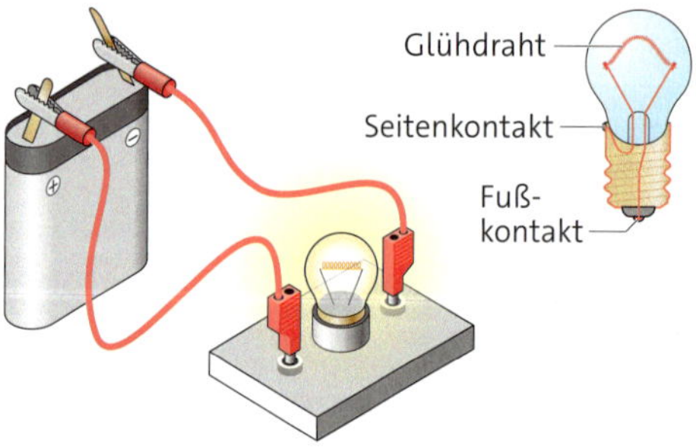

2 Geschlossener Stromkreis

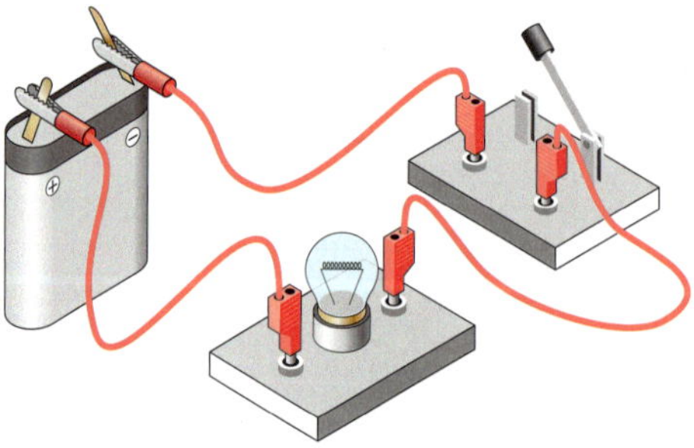

3 Unterbrochener Stromkreis

Schaltpläne • Um Stromkreise einfach und übersichtlich zu zeichnen, verwenden wir Schaltzeichen. → 7 Man erhält Schaltpläne. → 4

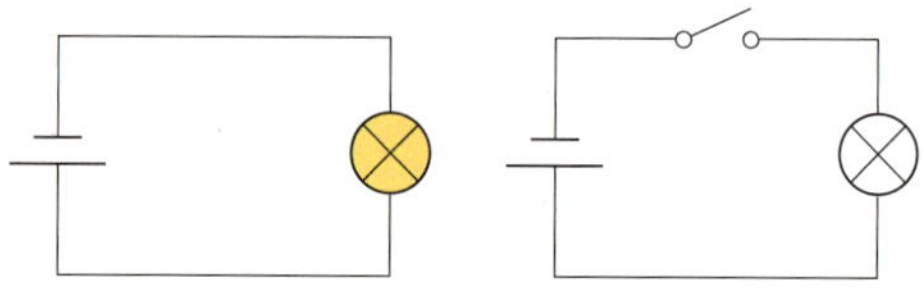

4 Schaltpläne

der Stromkreis
das Schaltzeichen
der Schaltplan
die Reihenschaltung
die Parallelschaltung

Reihenschaltung • Die Schaltung für den Motor der Mikrowelle ist komplizierter. Der Motor läuft nur, wenn der Schalter 1 am Gerät *und* der Taster 2 in der Tür gedrückt werden. → 5 Die Tür muss also noch geschlossen werden.

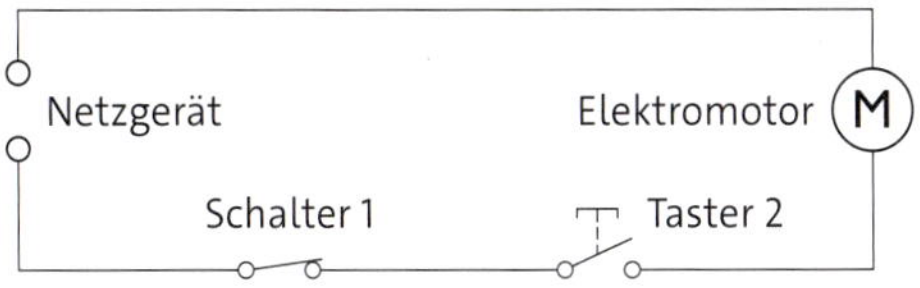

5 Reihenschaltung (unterbrochen)

Parallelschaltung • In Mehrfamilienhäusern hat jede Wohnung zwei Klingelknöpfe – einen an der Haustür und einen an der Wohnungstür. Die Klingelknöpfe sind Taster. Sie sind nicht in einer Reihe, sondern parallel geschaltet. → 6 Die Klingel läutet, wenn der Taster 1 *oder* der Taster 2 gedrückt ist.

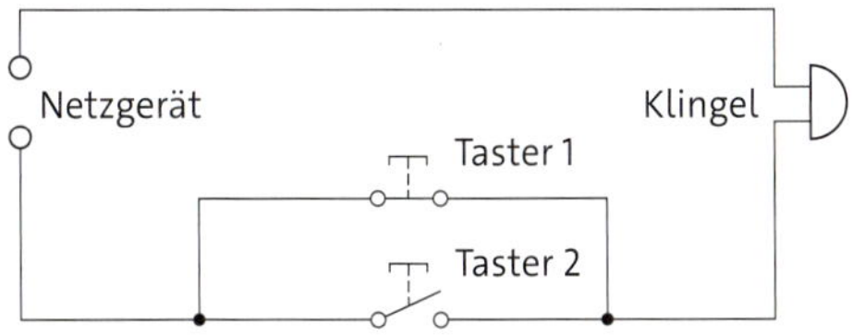

6 Parallelschaltung (geschlossen)

Aufgaben

1 ▢ Zeichne den Schaltplan für einen Stromkreis aus Batterie, Motor, Schalter und Kabeln.

2 ◔ Zwei Lampen sind gleichzeitig an eine Batterie angeschlossen. Dafür gibt es zwei Möglichkeiten. Zeichne die Schaltpläne.

Bauteil	Zeichnung	Schaltzeichen
Batterie 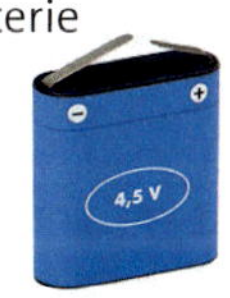	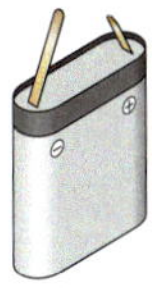	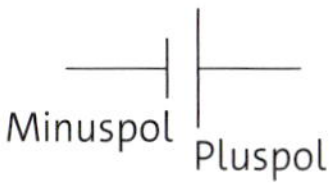
Netzgerät (elektrische Energiequelle) 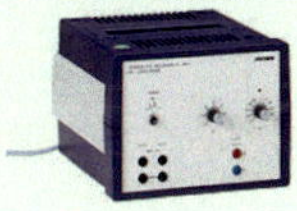	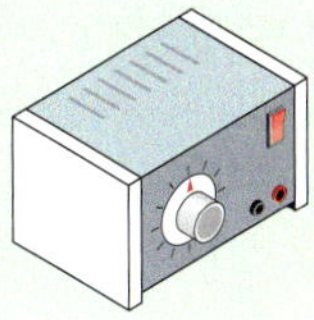	
Kabel (Leitung) 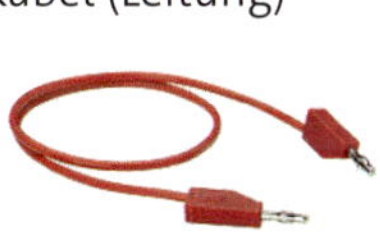	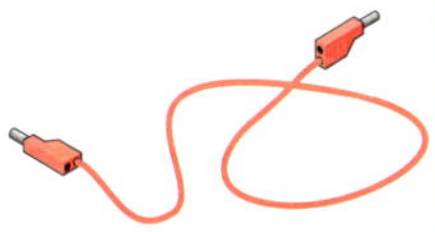	
Schalter (geöffnet) 	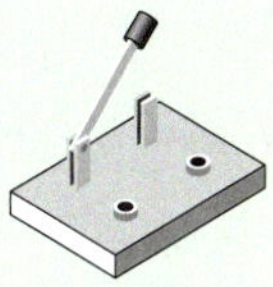	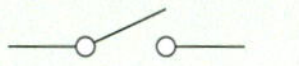
Taster (EIN) 	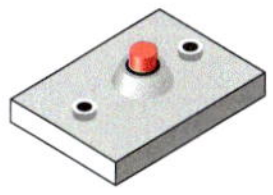	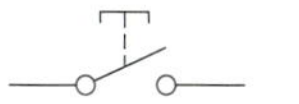
Glühlampe 		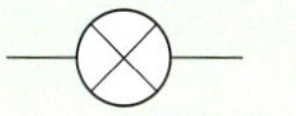
Elektromotor 	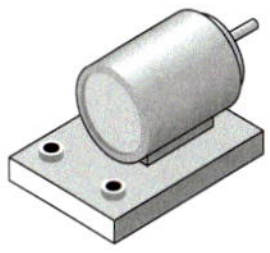	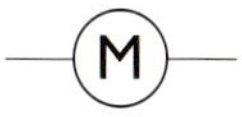
Klingel 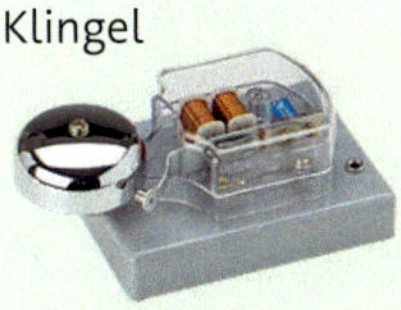	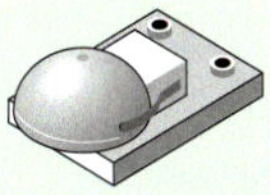	

7 Schaltzeichen (weitere siehe Anhang)

Der elektrische Stromkreis

Achtung • Die folgenden Versuche sind mit Batterien oder Netzgeräten für Schülerversuche ungefährlich. Sonst besteht Lebensgefahr:

- Führe keine Versuche direkt mit der Steckdose als elektrischer Energiequelle durch!
- Bastle nie an Elektrogeräten herum!

Material A

Geschlossener Stromkreis

Materialliste: Batterie (4,5 V) oder Netzgerät (6 V), Schalter, Taster, Lampe (6 V; 2,4 W), Kabel, Krokodilklemmen

1 Baue mit der Batterie (oder dem Netzgerät), der Lampe und den Kabeln jeweils einen geschlossenen Stromkreis auf: → 1
- ohne Schalter
- mit Schalter
- mit Taster

▢ Beschreibe, wie sich die Funktion der Schaltungen unterscheidet.

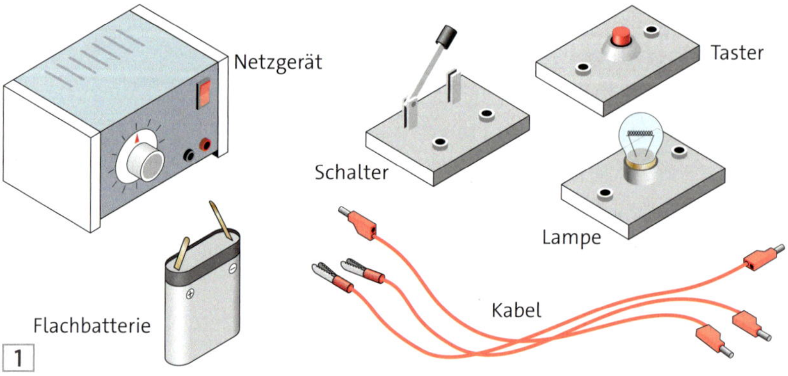

1

Material B

Die Mikrowellenschaltung

Schalter am Gerät	Taster an der Tür	Mikrowelle
aus (offen)	nicht gedrückt	aus
aus (offen)	gedrückt	?
ein (geschlossen)	nicht gedrückt	?
ein (geschlossen)	gedrückt	?

2 Beispieltabelle

Eine Mikrowelle läuft nur, wenn ihr Schalter auf EIN gestellt ist und der Taster von der Tür hereingedrückt wird.

Materialliste: Batterie (4,5 V) oder Netzgerät (6 V), Schalter, Taster, Lampe (6 V; 2,4 W), Kabel

1 ▢ Überlege, wann die Mikrowelle in Betrieb sein soll. → 2 Ergänze die Tabelle im Heft.

2 ◔ Baue die Schaltung mit den Teilen aus der Materialliste auf. Die Lampe steht für die Mikrowelle. Überprüfe, ob die Schaltung so funktioniert wie in der Tabelle.

3 ◔ Zeichne den Schaltplan.

Material C

3 Eine Wohnung – zwei Klingelknöpfe

Die Türklingelschaltung

Die Klingel in der Wohnung läutet, wenn der Taster an der Haustür oder an der Wohnungstür gedrückt wird. → 3

Materialliste: Batterie (4,5 V) oder Netzgerät (6 V), 2 Taster, Lampe (6 V; 2,4 W), Kabel

1 ○ Überlege, wann die Klingel läuten soll. → 4

Ergänze die Tabelle in deinem Heft.

2 ◔ Baue die Schaltung auf. Die Lampe steht für die Klingel. Überprüfe, ob die Schaltung so funktioniert wie in der Tabelle.
Tipp: Jeder Taster bildet mit der Lampe und der Batterie einen eigenen Stromkreis.

3 ◔ Zeichne den Schaltplan.

Taster 1 (Haustür)	Taster 2 (Wohnungstür)	Klingel
nicht gedrückt	nicht gedrückt	?
nicht gedrückt	gedrückt	?
gedrückt	nicht gedrückt	?
gedrückt	gedrückt	?

4 Beispieltabelle

Material D*

Die Fahrradbeleuchtung

Am Fahrrad sind Scheinwerfer und Rücklicht gemeinsam am Dynamo angeschlossen. → 5

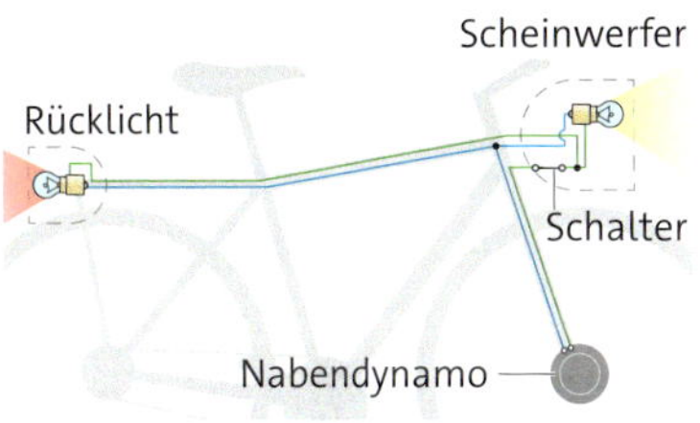

5 Fahrradbeleuchtung

Materialliste: Batterie (4,5 V) oder Netzgerät (6 V), 2 Scheinwerferlampen (6 V; 2,4 W), Rücklichtlampe (6 V; 0,6 W), Schalter, Kabel

1 ◔ Baue die Fahrradbeleuchtung nach. Die Batterie (das Netzgerät) ersetzt den Dynamo. Beide Lampen sollen gemeinsam ein- und ausgeschaltet werden.

a Baue die Schaltung auf. Beide Lampen müssen zugleich hell leuchten.

b Drehe eine Lampe aus der Fassung. Geht auch die andere Lampe aus?

c Zeichne den Schaltplan.

2 ◔ Ergänze einen zweiten Scheinwerfer. Beschreibe, wie du vorgehst. Zeichne wieder den Schaltplan.

Elektrisch geladen

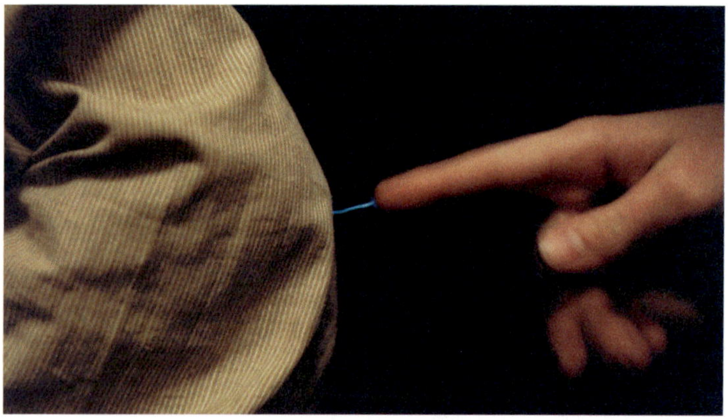

1 Autsch – hier bekommt jemand einen „Schlag“!

Material zur Erarbeitung: A

Sicher hat es bei dir schon manchmal geknistert, wenn du einen Pullover ausgezogen hast. Im Dunkeln siehst du vielleicht sogar kleine Funken.

Elektrisch geladene Gegenstände • Wenn man einen Luftballon am Pullover reibt, funkt und knistert es. Danach ziehen sich Pullover und Luftballon an. Wir sagen: Die Gegenstände sind elektrisch geladen. Wir stellen uns vor, dass nach dem Reiben ein „elektrischer Stoff“ auf Pullover und Ballon ist. Wir nennen ihn „elektrische Ladung“. Reibt man einen zweiten Luftballon am Pullover, so stoßen sich die Ballons ab. → 2 Vom Pullover werden sie dagegen angezogen. Um dies zu erklären, nehmen wir an, dass es zwei Arten elektrischer Ladung gibt:

2 Abstoßung bei gleicher Ladung

Gegenstände können positiv (+) oder negativ (–) geladen sein.
Zwei gleich geladene Gegenstände stoßen sich ab. → 2
Zwei ungleich geladene Gegenstände ziehen einander an. → 3

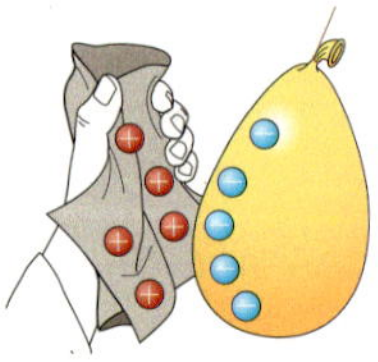

3 Anziehung bei ungleicher Ladung

Elektrische Teilchen • Wenn man einen Luftballon mit Papier reibt, werden beide ungleich geladen. → 3 Um das zu erklären, stellen wir uns vor, dass alle Gegenstände aus Teilchen aufgebaut sind. → 4 Die Teilchen sind elektrisch positiv oder negativ. Nur die negativen Teilchen (Elektronen) sind beweglich. Vor dem Reiben sind Papier und Ballon ungeladen. Sie haben jeweils gleich viele negative und positive Teilchen. Beim Reiben gehen Elektronen vom Papier zum Ballon über, er wird negativ geladen. Das Papier verliert Elektronen, es ist positiv geladen.

Ein ungeladener Gegenstand hat gleich viele positive und negative Teilchen. Durch Abgeben oder Aufnehmen von negativen Teilchen (Elektronen) wird er geladen.

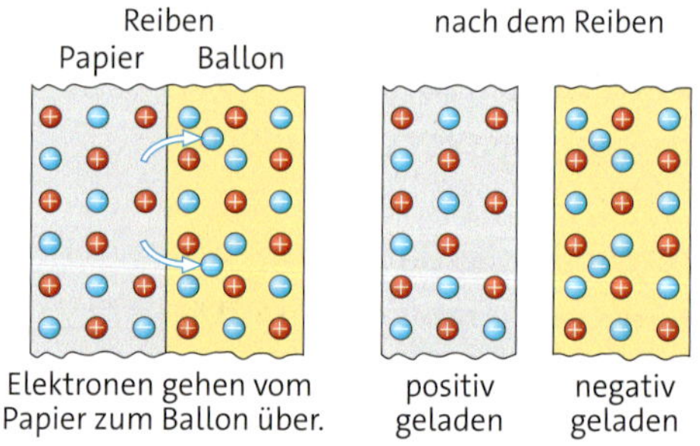

4 Vorstellung vom elektrischen Aufladen

Aufgaben

1 ○ Zwei Gegenstände ziehen sich an. Gib an, wie sie geladen sind.

2 ◐ Beschreibe, wie Papier und Ballon geladen werden. → 4

die elektrische Ladung
das Elektron

Material A

Magische Luftballons?

Materialliste: Luftballons, Tuch (Pullover) aus Wolle, Faden

1 Reibe die Luftballons mit dem Tuch (Pullover). Du kannst sie auch aneinanderreiben.
a ▢ Beobachte, wann sich die Ballons wie auf einem der Bilder verhalten. → 5 – 7
b ◐ Beschreibe, was du tust, damit sie sich so verhalten.
c ◐ Stelle Regeln auf, wann sich die Ballons wie verhalten.

2 ▢ Nenne Fälle, in denen sich geriebene Gegenstände anziehen oder abstoßen. → 8

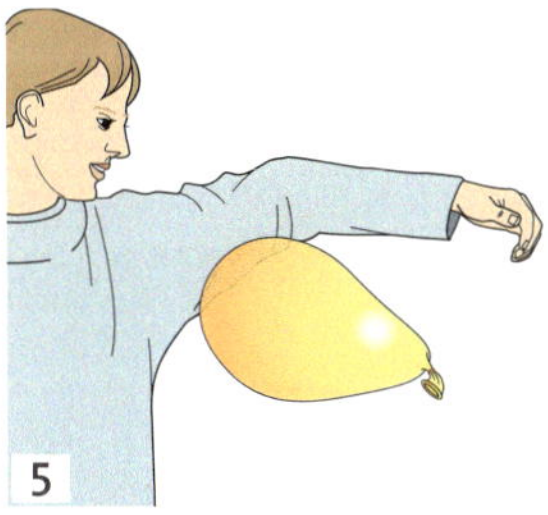
5

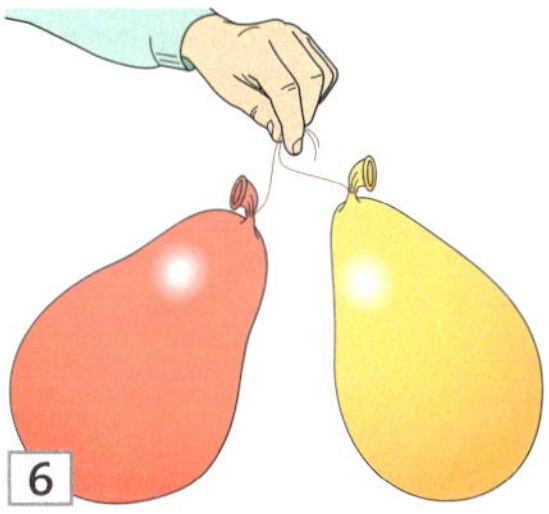
6

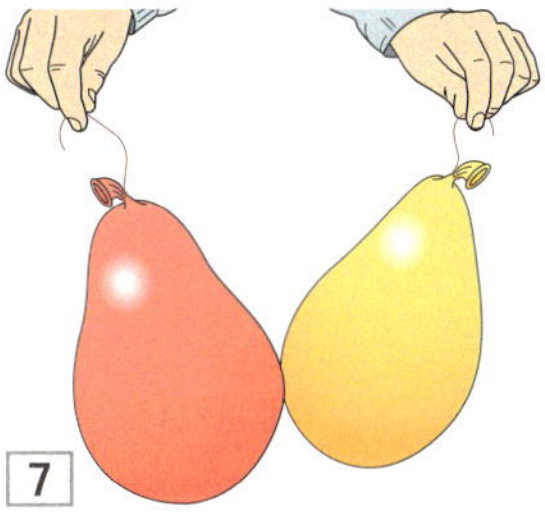
7

8

Material B

Funken ziehen

Materialliste: Luftballon, Wolltuch, Blechboden einer Tortenform, Trinkglas

1 Reibe den ganzen Ballon mit dem Tuch. Lege ihn auf den Blechboden. → 9 Du darfst dabei das Metall nicht mit den Fingern berühren.
▢ Nähere einen Finger dem Rand des Blechbodens. Beschreibe deine Beobachtung. Tipp: Raum verdunkeln.

9

Material C

Ladungsprüfer

Materialliste: Glimmlampe, geriebener Ballon (Müllbeutel)

1 Halte die Glimmlampe an einer Anschlusskappe. → 10 Drücke die Lampe mit der anderen Kappe an den geladenen Ballon. Leuchtet die Elektrode an seiner Seite auf, ist er negativ geladen. Leuchtet die andere Elektrode auf, ist er positiv geladen.

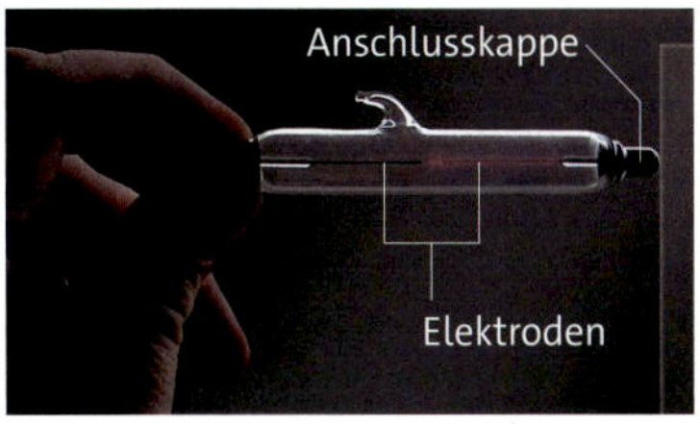

10 Glimmlampe

Nicht alles leitet

1 Eine Schnur als Kabel?

Materialien zur Erarbeitung: A–B

Der Leitungsdraht ist alle – was nun? Ist es egal, was man als Leiter verwendet?

Leiter • Viele Kabel haben innen einen Draht aus Kupfer. → 2 Kupfer und alle anderen Metalle leiten elektrischen Strom gut. In Leitern sind viele negative Teilchen (Elektronen) beweglich.

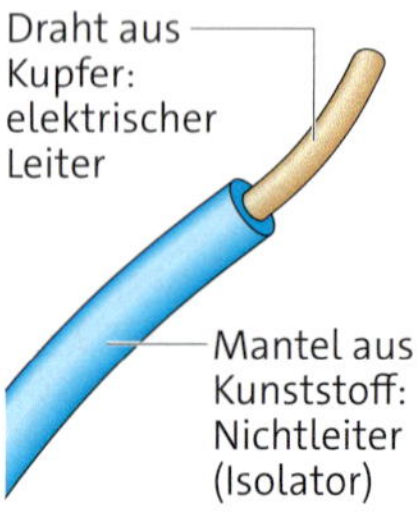

2 Kabel

Alle Metalle sind elektrische Leiter. Kupfer und Silber gehören zu den besten Leitern.

Nichtleiter • Der Mantel des Kabels schützt uns vor elektrischem Strom. Kunststoffe leiten nämlich den elektrischen Strom nicht. In Nichtleitern sind die negativen Teilchen (Elektronen) nicht beweglich. Auch Glas, Holz, Gummi oder Kork leiten den elektrischen Strom praktisch nicht.

Kunststoffe, Glas, Holz, Gummi oder Kork sind Nichtleiter (Isolatoren).

Achtung • Fasse kein Kabel ohne Isolierung an, das an eine Steckdose angeschlossen ist: Lebensgefahr! → 3

Flüssigkeiten • Öl und destilliertes Wasser sind Nichtleiter. Manche Flüssigkeiten sind Leiter: Dazu gehören Limonade, Essig und Salzwasser.

Mensch • Unser Körper besteht zu zwei Dritteln aus salzhaltigem Wasser.

Unser Körper leitet elektrischen Strom. Bei Stromunfällen mit der Steckdose besteht Lebensgefahr.

Maßnahmen beim Stromunfall

- Unterbrich als Erstes den Stromkreis. Drücke dazu den Not-AUS-Schalter oder schalte die Sicherung aus.
- Fasse den Verunglückten auf keinen Fall vorher an – sonst fließt der Strom auch durch dich!
- Rufe den Notarzt bzw. den Rettungswagen (112).
- Bei Atemstillstand sind Maßnahmen zur Wiederbelebung erforderlich: Atemspende, Herzdruckmassage (Defibrillator).

3 Falls es doch zu einem Stromunfall kommt

Aufgaben

1 ○ Nenne jeweils drei Stoffe, die
a elektrischen Strom leiten,
b elektrischen Strom nicht leiten.

2 ○ Unser Körper ist ein elektrischer Leiter. Nenne den Grund dafür.

3 ◐ Erkläre, warum Kabel aus Draht und Kunststoffmantel bestehen.

der Leiter
der Nichtleiter
der Isolator
der Stromunfall

Material A

Leitungstester für feste Stoffe

Materialliste: 3 Kabel, Batterie (4,5 V), Glühlampe (6 V; 2,4 W), Testgegenstände

1 Baue den Leitungstester auf. → 4 Überbrücke dann die „Leitungslücke" nacheinander mit Gegenständen. Wenn die Lampe aufleuchtet, leitet ein Gegenstand den elektrischen Strom gut.

a ▢ Notiere die Ergebnisse in einer Tabelle. → 5

b ▢ Schreibe jeweils in einer Liste auf, welche Stoffe den elektrischen Strom gut leiten und welche nicht.

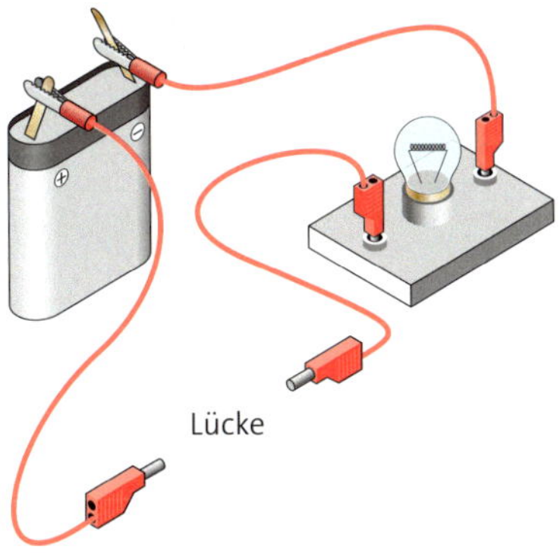

4 Leitungstester

Gegenstand	Leitet?	Stoff
Schere	ja	Stahl
?	?	?

5 Beispieltabelle

Material B

Leitungstester für Flüssigkeiten

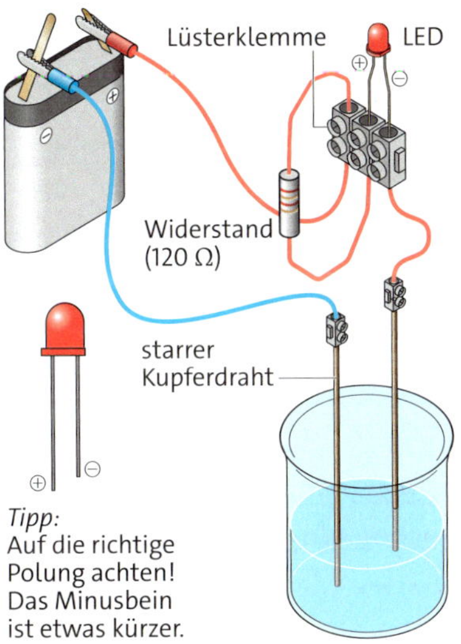

6 Leitungstester

Gegenstand	Leitet gut
Speiseöl	?

7 Beispieltabelle

Materialliste: biegsamer Kupferdraht, starrer Kupferdraht (oder Metallstricknadeln), Batterie (4,5 V), LED-Lampe (5 mm, 20 mA), Widerstand (120 Ω), Lüsterklemmen, Becherglas; Testflüssigkeiten: Speiseöl, Saft, Salzwasser, Essig, Seifenwasser ...

1 Baue den Leitungstester auf. → 6 Die Drahtenden müssen abisoliert sein. Die starren Kupferdrähte dürfen sich nicht berühren.
Gieße eine Testflüssigkeit ins Becherglas. Wenn die LED leuchtet, leitet die Flüssigkeit den Strom gut.
▢ Trage deine Beobachtungen in eine Tabelle ein. → 7 Gib an, welche Flüssigkeiten gut leiten.

Material C

Ein ungewöhnlicher Stromkreis

1 Die rote LED-Lampe leuchtet. → 8 Zwischen den beiden roten Kabeln ist doch aber eine breite Lücke!
◐ Erkläre, wie der elektrische Stromkreis in diesem Fall dennoch geschlossen wird.

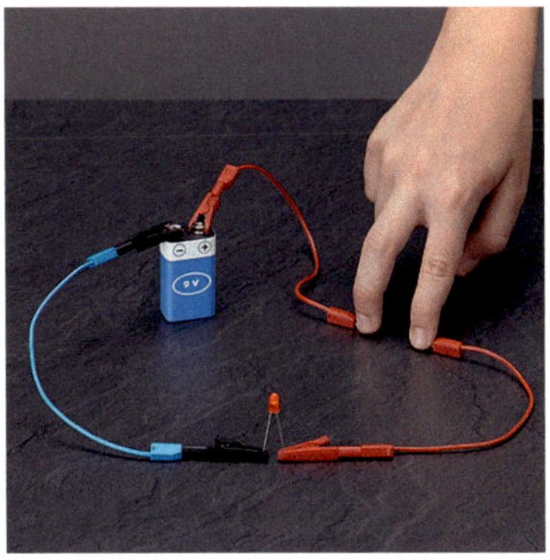

8 Geschlossener Stromkreis

Was elektrische Energie alles kann

1 Viele Elektrogeräte für vielfältige Aufgaben

Materialien zur Erarbeitung: A–C

Elektrogeräte machen uns das Leben leichter.

Elektrische Energie nutzen • Mit elektrischer Energie können wir Wasser kochen, Kuchenteig rühren, unsere Haare trocknen oder ein Zimmer beleuchten. Dazu benötigen wir immer eine elektrische Energiequelle. → 2 Die Energie aus Batterien, Akkus, Dynamos, Netzgeräten, Steckdosen oder Solarzellen wird zu den Elektrogeräten übertragen. Wasserkocher, Mixer, Haartrockner und Lampen sind Energiewandler. Sie wandeln elektrische Energie in Energieformen um, die wir nutzen.

Elektrogeräte nehmen elektrische Energie auf und wandeln sie in die Energieformen um, die wir zum Erwärmen, Beleuchten, Bewegen ... nutzen.

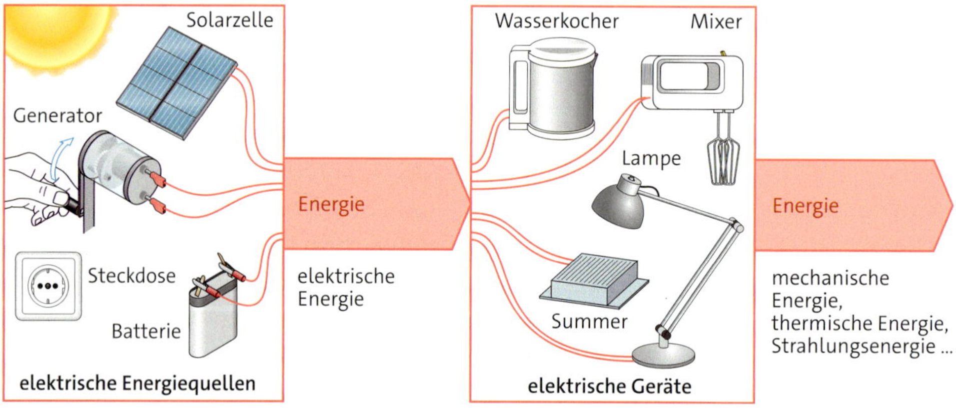

2 Elektrogeräte wandeln elektrische Energie um.

die elektrische Energie
das Elektrogerät

Thermische Energie • Elektrische Energie wird oft in thermische Energie (Wärme) umgewandelt. Das wird vor allem an den Heiz- oder Glühdrähten elektrischer Geräte sichtbar. → 3 Die Heizspiralen dürfen nicht berührt werden. Sie sind deshalb beim Bügeleisen in Keramik eingebettet oder beim Haartrockner (Föhn) von einem schützenden Gehäuse umgeben.

Strahlungsenergie • Glühlampen und Halogenlampen enthalten einen Draht, der zu einer Wendel gewickelt ist. → 4 Er wird bis zur Weißglut erhitzt und gibt dann Strahlungsenergie ab. Ein Teil der Strahlung ist sichtbar (Licht), ein Teil ist unsichtbar (Infrarotstrahlung).
In Energiespar- und LED-Lampen wird elektrische Energie auf andere Weise in Strahlungsenergie umgewandelt. → 5 Sie erwärmen die Umgebung nicht so stark wie Glühlampen.
Auch Mikrowellen und Handys wandeln elektrische in Strahlungsenergie um. Ihre Strahlung ist unsichtbar.

Bewegungsenergie • Wenn ein elektrischer Strom durch eine Spule fließt, wirkt sie wie ein Magnet. Elektromagnete werden zum Beispiel in Elektromotoren von Bohrmaschinen und Haartrocknern genutzt. → 6

Chemische Energie • Elektrische Energie kann chemische Veränderungen in Stoffen hervorrufen. Das wird beim Laden von Akkus oder zum Beschichten von Metallen genutzt.

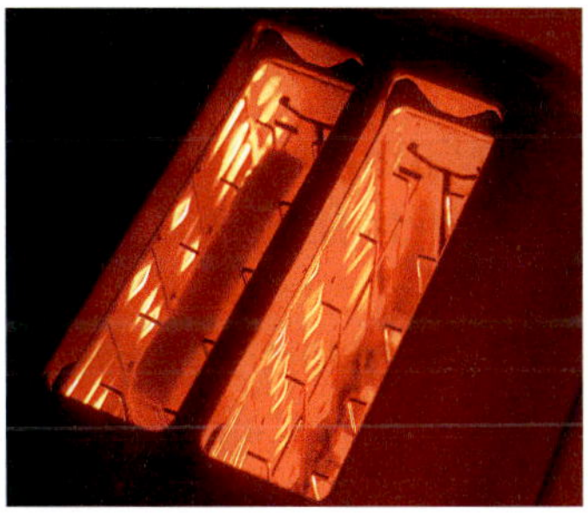

3 Toaster: rot glühender Heizdraht

4 Glühlampe: hell glühende Glühwendel

5 LED-Lampen: hell, aber nicht heiß

6 Föhn: Elektromotor (mit Propeller) und Heizdraht

Aufgaben

1 Elektrische Energie kann fast alles.

a ○ Nenne 10 Geräte oder Maschinen, die mit elektrischer Energie betrieben werden.

b ◑ Nenne jeweils die Energieform, die das Elektrogerät liefert. Stelle die Ergebnisse in einer Tabelle zusammen.

c ◑ Zeichne für drei deiner Beispiele eine Energiekette. → 2

2 ◑ Nenne 5 Elektrogeräte, die bei Betrieb warm werden und deren Wärme wir nicht nutzen.

Was elektrische Energie alles kann

Material A

Wärme durch elektrische Energie

Materialliste: Konstantandraht (25 cm lang, 0,2 mm dick), Isolatoren, Tonnenfüße, Kabel, Netzgerät (regelbar, 5 A), Papier

1 Spanne den Draht zwischen die Isolatoren. → [1] Lege das gefaltete Papier darauf. Schließe den Draht mit den Kabeln an das Netzgerät an.
○ Schalte das Netzgerät ein. Drehe den Regler, bis der Draht glüht. Notiere deine Beobachtungen.

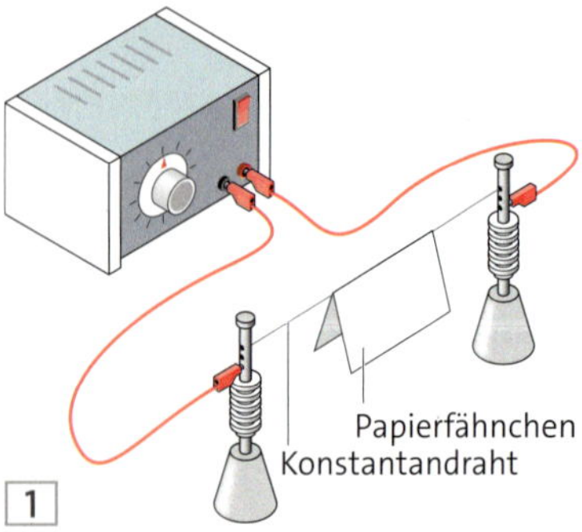

1

Achtung • Heißen Draht nicht berühren!

2 ○ Nenne mindestens fünf Geräte im Haushalt, die elektrische Energie in thermische Energie (Wärme) umwandeln sollen.

Material B

Wärme und Licht durch elektrische Energie

Materialliste: Glühlampe, Lupe, Konstantandraht (50 cm lang, 0,2 mm dick), Stricknadel, Isolatoren, Tonnenfüße, Kabel, Netzgerät (regelbar, 5 A)

1 ○ Betrachte die Glühwendel der Lampe unter der Lupe. Beschreibe sie.

2 ○ Wickle den Konstantandraht eng um die Stricknadel. → [2] Ziehe die Nadel dann aus der Wendel heraus. Schließe die Wendel an das Netzgerät an. → [3] Schalte es ein. Drehe den Regler, bis die Wendel glüht.

Achtung • Heißen Draht nicht berühren!

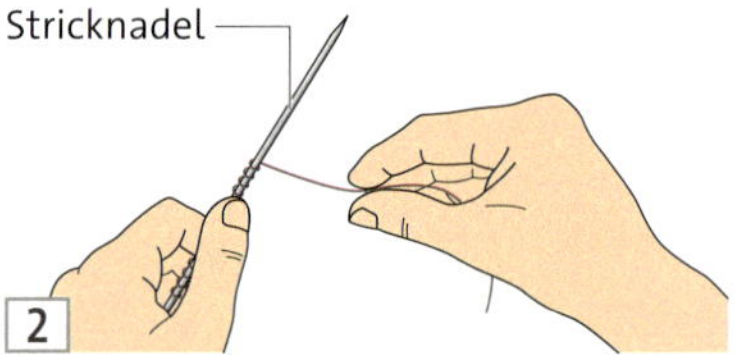

2

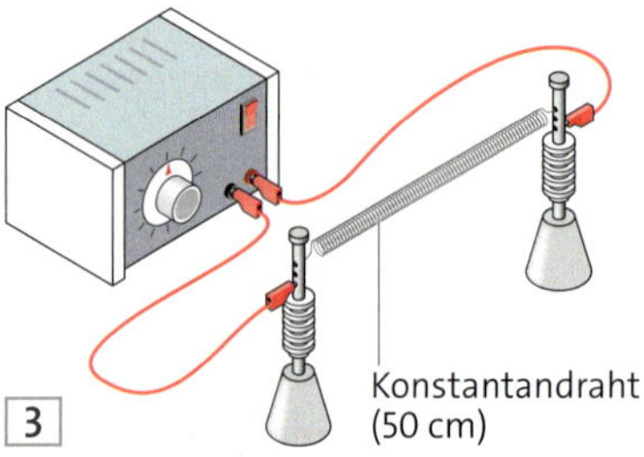

3

Material C

Bewegung durch elektrische Energie

Materialliste: Elektromotor (6 V), Flachbatterien, Umschalter, Kabel

1 ○ Nenne Haushaltsgeräte mit Elektromotoren, bei denen man verschiedene Geschwindigkeiten einstellen kann.

2 ◑ Experimentiere mit dem Elektromotor und den beiden Batterien. → [4] Verändere:

a die Geschwindigkeit des Motors

b die Drehrichtung des Motors

3 ◑ Baue das Modell eines Bohrers mit zwei Geschwindigkeitsstufen. Verwende den Umschalter, den Motor und zwei Batterien.

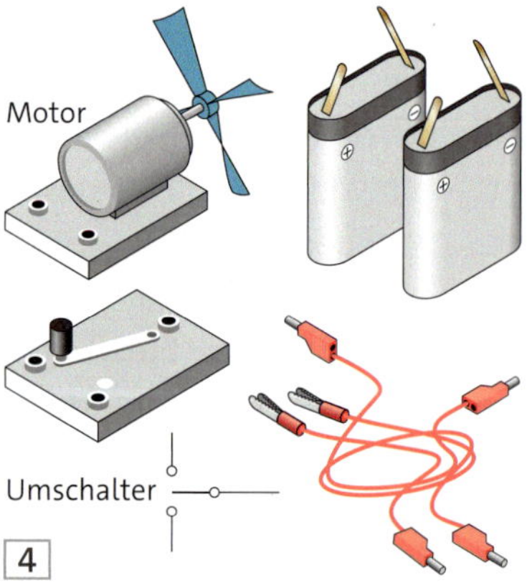

4

Material D

Nagel verkupfern durch elektrische Energie

Materialliste: Kupfersulfatlösung ◇! ◇ (von der Lehrkraft vorbereitet), Becherglas, 2 Nägel, 2 Krokodilklemmen, Netzgerät, Kabel

1 Tauche die Nägel in die blaugrüne Lösung ein. → 5
Schalte das Netzgerät ein. Stelle es auf 12 Volt Gleichspannung ein.
○ Schaue 15 Minuten später nach, was sich an der Flüssigkeit und den Nägeln verändert hat. Beschreibe deine Beobachtung genau.

Achtung • Das Kupfersulfat schädigt die Gesundheit. Verschlucke es nicht, vermeide Haut- und Augenkontakt. Die Lösung muss fachgerecht entsorgt werden.

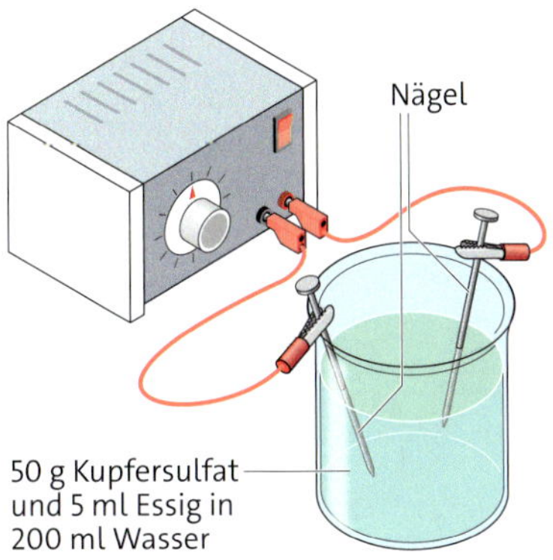

5 Nagel verkupfern

Material E

Geräte im Haushalt – heute und früher

6 Staubsauger – Teppichklopfer

7 Bohrmaschinen

1 ○ Im Haushalt benutzen wir einige dieser Geräte. → 6 – 9 Gib jeweils an, wozu sie dienen. → 10

Gerät	Dazu dient es:
Staubsauger	reinigt die Wohnung
...	...

10 Beispieltabelle

2 ◐ „Die Handbohrmaschine wandelt die Energie aus den Muskeln in Bewegungsenergie um." → 7
Beschreibe vier weitere Geräte auf diese Weise. Zeichne die Energieketten.

3 ◐ Schreibe eine Geschichte: „Ein Tag ohne elektrische Geräte". Beschreibe deinen Tagesablauf ohne Handy, elektrische Beleuchtung ... Beschreibe auch Vorteile.

8 Waschmaschine – Waschbrett

9 Bügeleisen

So wird elektrische Energie transportiert

1 Hier wird die Beleuchtung am Fahrrad getestet.

Material zur Erarbeitung: A

Was gehört alles zur Beleuchtung des Fahrrads?

Elektrische Anlagen • Wenn das Rücklicht nicht leuchtet, überprüft man die Lampe, das Kabel und vielleicht sogar den Dynamo. Diese drei Teile bilden zusammen eine elektrische Anlage.

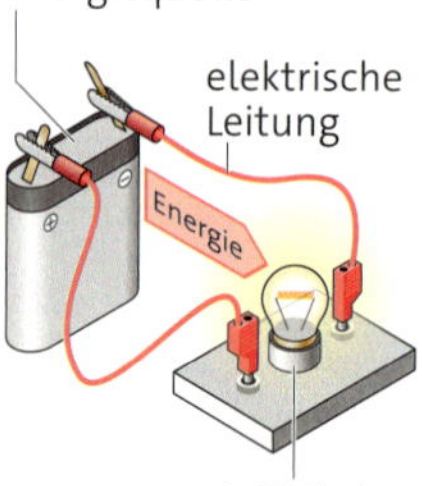

2 Einfache elektrische Anlage

Elektrische Anlagen enthalten immer drei Teile: → 2
- Die elektrische Energiequelle (Dynamo, Batterie ...) gibt elektrische Energie ab.
- Die elektrischen Leitungen transportieren die elektrische Energie.
- Das elektrische Gerät (Lampe, Elektromotor ...) wandelt die transportierte elektrische Energie in die gewünschte Energieform um.

Energiequellen – Energiewandler • Der Dynamo gibt nur elektrische Energie ab, wenn sich das Rad dreht. Er wandelt Bewegungsenergie in elektrische Energie um. Auch andere elektrische Energiequellen sind Energiewandler: Batterien wandeln chemische Energie in elektrische um, Solarzellen wandeln Strahlungsenergie um ...

Kreisläufe • Energie wird nicht nur beim elektrischen Stromkreis mithilfe von Kreisläufen transportiert:
- Bei der Heizung strömt Wasser im Kreis. → 3 Im Kessel erhält es thermische Energie, am Heizkörper gibt es wieder Energie ab.
- Beim Radfahren läuft die Kette im Kreis. → 4 Am Antriebskranz erhält sie mechanische Energie, am hinteren Kranz gibt sie wieder Energie ab.

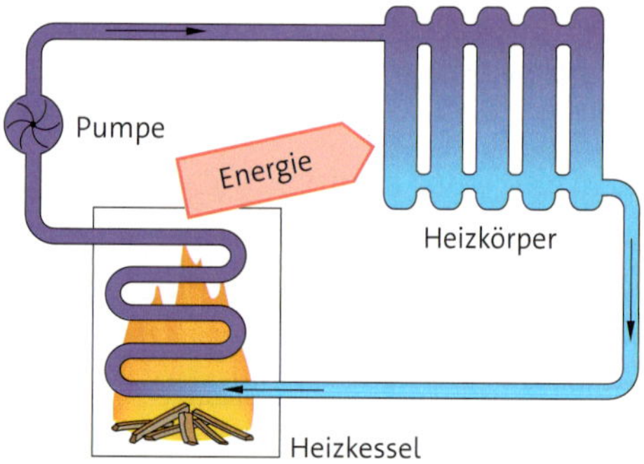

3 Kreislauf „Heizung“

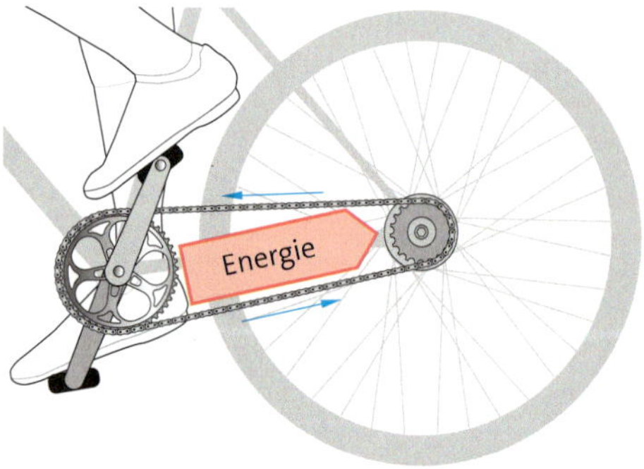

4 Kreislauf „Fahrrad“

die elektrische Anlage
die elektrische Energiequelle
der Elektronenstrom

Energie kann von Kreisläufen transportiert werden. Die Energiequelle treibt das Transportmittel (Wasser, Kette, Riemen ...) an. Das Transportmittel bewegt sich im Kreis und überträgt Energie zum Nutzer.

Elektrischer Strom im Draht • Bei elektrischen Stromkreisen kann man das Transportmittel nicht sehen. Wir stellen uns aber vor, dass die Drähte aus sehr vielen elektrischen Teilchen aufgebaut sind: → 5

- Die positiven Teilchen sitzen fest an ihren Plätzen.
- Gleich viele negative Teilchen (Elektronen) sind frei beweglich.

Die Elektronen werden von der elektrischen Energiequelle angetrieben und im Kreis verschoben – wie die Kettenglieder beim Fahrrad.

In elektrischen Anlagen strömen Elektronen im Kreis. → 6 Die elektrische Energiequelle treibt den Elektronenstrom an. Er transportiert Energie von der Quelle zum Gerät.

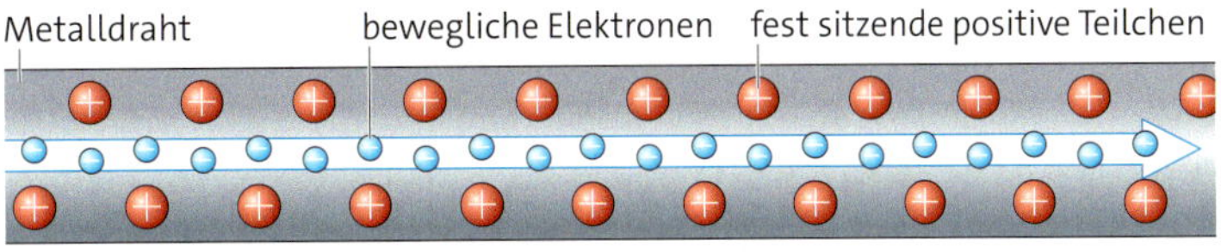

5 Modell für den elektrischen Strom im Draht

Aufgaben

1 Die Fahrradbeleuchtung ist eine elektrische Anlage.

a ▢ Nenne die Bestandteile dieser elektrischen Anlage.

b ▢ Nenne die beteiligten Energieformen.

c ◪ Zeichne die Energiekette.

2 Stromkreise transportieren elektrische Energie.

a ▢ Nenne die drei Grundbestandteile eines elektrischen Stromkreises.

b ▢ Gib an, was beim Stromkreis im Kreis strömt.

c ◪ „Bei elektrischen Anlagen strömt die elektrische Energie immer im Kreis.“ Nimm Stellung zu dieser Aussage.

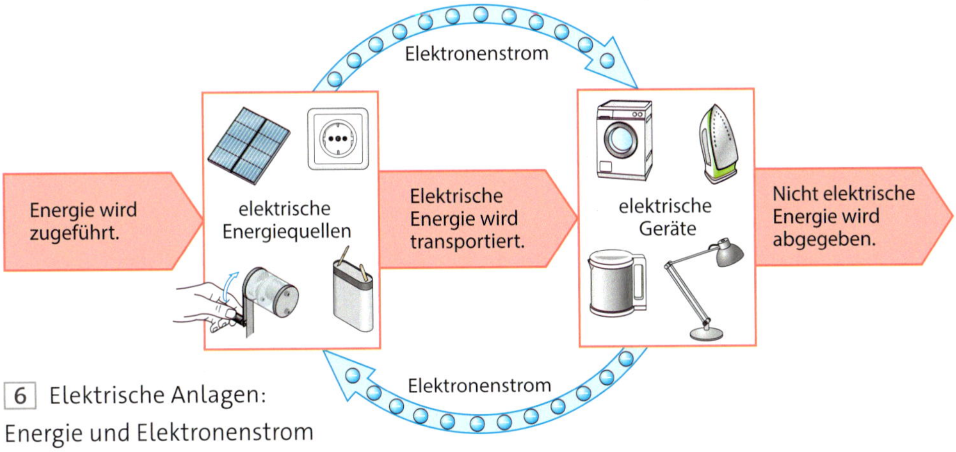

6 Elektrische Anlagen: Energie und Elektronenstrom

So wird elektrische Energie transportiert

Material A

Energie transportieren – mit Kreisläufen

Materialliste: 2 Räder, Riemen, Gewichte (1 kg, 5 kg), Faden, 2 Handgeneratoren, 2 Kabel, Stativmaterial

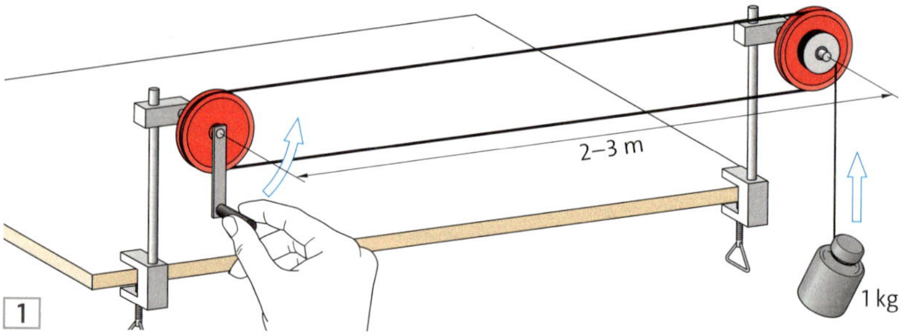

1

1 Am linken Rad wird Energie zugeführt. → 1 Der Riemen transportiert sie zum rechten Rad. Dort wird die Energie zum Heben eines Gewichts genutzt.
▢ Hebe die Gewichte mit dem Riemenkreislauf an. Vergleiche, was du spürst.

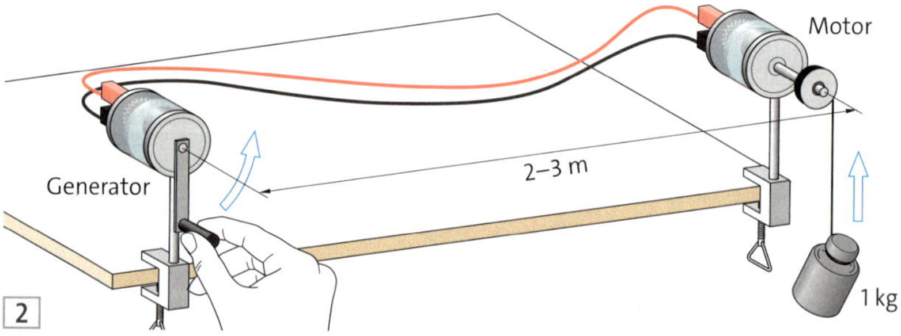

2

2 Tausche die Räder gegen Generatoren aus und den Riemen gegen Kabel. → 2

a ▢ Hebe die Gewichte mit dem elektrischen Kreislauf hoch. Vergleiche wieder.

b ◐ Beschreibe Gemeinsamkeiten und Unterschiede der beiden Anlagen.

Material B

Kreislauf Heizung

1 Schau dir die Heizungsanlage auf der vorigen Seite an.

a ▢ Nenne die thermische Energiequelle, die Leitungen und das „thermische Gerät".

b ◐ Zeichne die Energiekette.

c ◐ Vergleiche Heizungsanlage und elektrische Anlage. Stelle die wichtigsten Bauteile und Energieformen in einer Tabelle gegenüber.

Material C

Solaranlage

1 ◐ Zeichne die Energiekette der Solaranlage. → 3 Gib jeweils an, in welcher Form die Energie zugeführt, transportiert und genutzt wird.

2 ◐ Zeichne den Schaltplan der Solaranlage. Verwende für das Solarmodul das Schaltzeichen einer Solarzelle. → 4

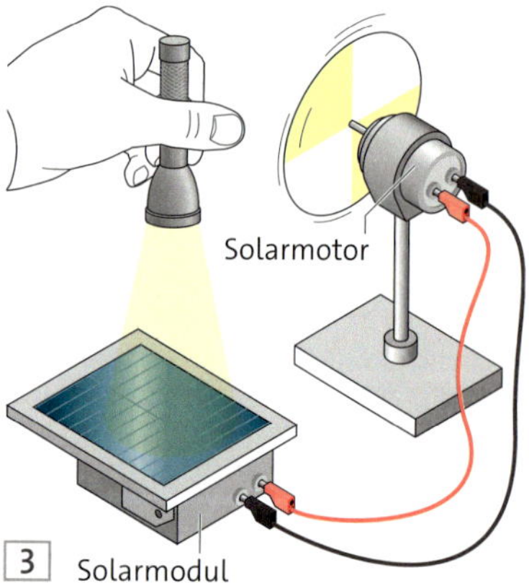

3

4 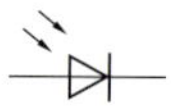

Material D

Licht durch Kurbeln

Materialliste: Handgenerator, mehrere Lampen „6 V; 2,4 W", eine Lampe „6 V; 30 W", Autoscheinwerfer „12 V; 60 W", Fassung, Kabel; kleine Akkubohrmaschine

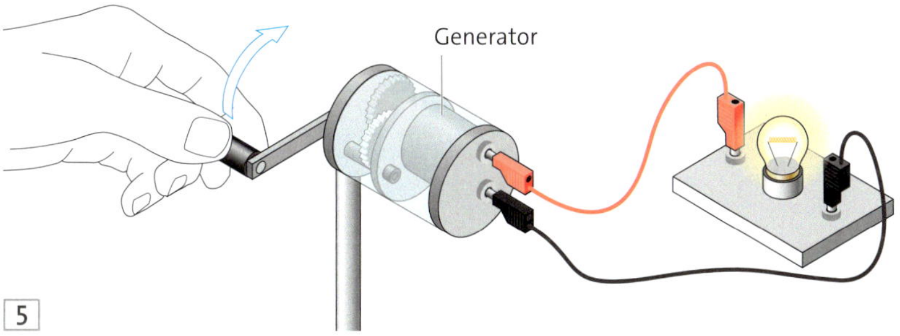

5

1 Elektrische Energie gibt es nicht umsonst. Das spürst du beim Kurbeln. → 5 Bringe erst eine und dann mehrere Lampen gleichzeitig zum Leuchten.
▢ Beschreibe den Unterschied, den du spürst.

2 Verwende nun die Scheinwerferlampe.
Achtung • Die Lampe kann heiß werden!
a ▢ Vergleiche deine Beobachtung mit Versuch 1.
b Unterbrich beim Kurbeln die Verbindung zur Lampe.
▢ Beschreibe die Veränderung, die du spürst.

3 Schließe die Akkubohrmaschine an den Generator an. Bohre ein Loch.
▢ Vergleiche, wie du beim Bohren und im Leerlauf kurbeln musst.

Material E

Erwärmen durch Kurbeln

Materialliste: Handgenerator, Krokodilklemmen, Kabel, Chromnickeldraht (20 cm lang, 0,4 mm dick), Kugelschreibermine, Becherglas, 50 mL Wasser, Thermometer, Stoppuhr

1 Wickle den Draht immer wieder um die Kugelschreibermine, sodass eine Wendel entsteht. Benutze sie als Minitauchsieder. → 6
a ▢ Miss die Wassertemperatur. Notiere den Wert.
b ▢ Kurble 5 Minuten lang am Handgenerator. Miss, um wie viel Grad Celsius die Wassertemperatur steigt.

2 Wie lange müsstest du kurbeln, bis das Wasser siedet: 10 Minuten?
a ◑ Berechne die Zeit.
b Wie viele Menschen müssten kurbeln, um in der gleichen Zeit 1 Liter Wasser zum Kochen zu bringen?
◑ Berechne es.

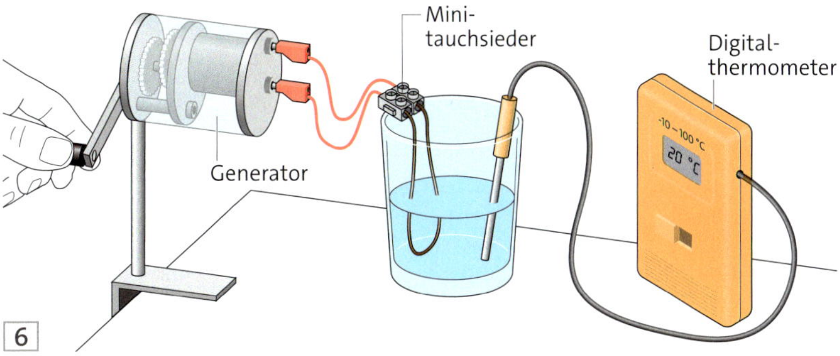

6

„Power“ – gemessen in Watt

1 Hoher Ton und volle Leistung

Materialien zur Erarbeitung: A–B

Diese Box hat viel „Power“. Dein Lautsprecher im Handy könnte das Glas nicht zerspringen lassen.

Leistung von Elektrogeräten • Die Box hat mehr als 100 Watt, der Lautsprecher im Handy nur ein paar Watt. Mehr Watt bedeutet hier: Die Box wandelt mehr elektrische Energie pro Sekunde in Schall um als das Handy – die Box ist viel lauter.

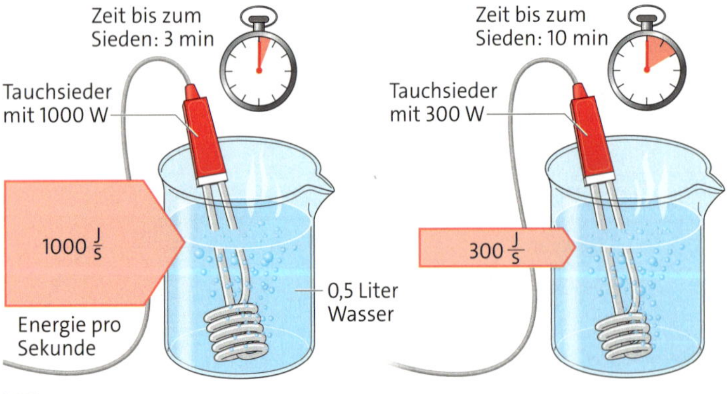

2 Große Leistung – kleine Leistung

Ähnlich ist es bei Tauchsiedern: → 2 Der Tauchsieder mit 1000 Watt wandelt viel mehr elektrische Energie pro Sekunde in thermische Energie um als der Tauchsieder mit 300 Watt. Daher kocht das Wasser beim Tauchsieder mit 1000 Watt viel schneller als beim Tauchsieder mit 300 Watt.

Die Leistung *P* gibt an, wie viel elektrische Energie ein Elektrogerät pro Sekunde umwandelt.

Die Leistung wird auch bei elektrischen Geräten in Watt gemessen:
$1\,\mathrm{W} = 1\,\frac{\mathrm{J}}{\mathrm{s}}$.

Strömende Energie • In elektrischen Anlagen strömt die elektrische Energie von der Quelle zum Gerät. Im Alltag meinen wir oft diesen Energiestrom, wenn wir vom „elektrischen Strom“ reden.

Aufgaben

1 ○ Ergänze den folgenden Zusammenhang im Heft:
„Je größer die Leistung eines Elektrogeräts ist, desto ... Energie wandelt es pro ... um.“

2 ○ Gib an, wie viel elektrische Energie ein Lautsprecher mit 100 Watt in einer Sekunde umwandelt.

3 ◐ „Der Mixer braucht einen elektrischen Strom von 300 Watt.“ Erkläre, was in diesem Fall mit „Strom“ gemeint ist.

die **Leistung**
das **Watt**

Material A

„Wattzahlen" auf Geräten

Auf den Typenschildern von Elektrogeräten ist die „Wattzahl" angegeben. → 3 Was bedeutet diese Zahl?

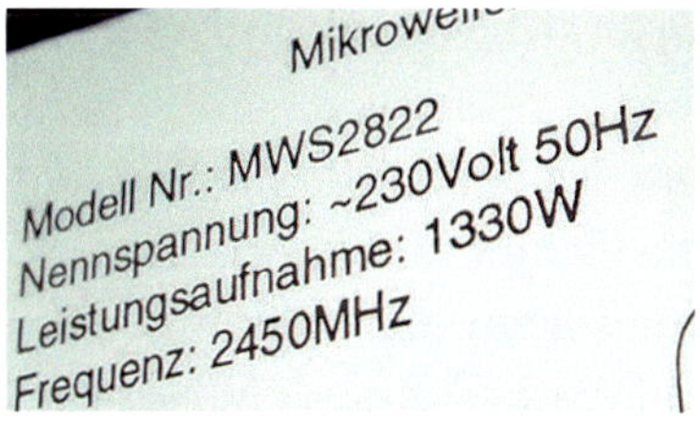

3 Mikrowelle: 1330 Watt

1 ▢ Lies die Wattzahlen von einigen Geräten ab und notiere sie in einer Tabelle.

2 ◔ Lies die Wattzahl von verschiedenen Energiesparlampen ab. Stelle die Wattzahl und die Helligkeit der Lampen in einer Tabelle gegenüber. → 4

Wattzahl	Helligkeit
23 Watt	sehr hell
...	...

4 Energiesparlampen

3 ◔ Untersuche die Wirkung von Haartrocknern mit verschiedenen Wattzahlen. Tipp: Welcher Haartrockner heizt stärker? Welcher pustet stärker?

Material B

Wasserkocher

Materialliste: Tauchsieder, Wasserkocher, Becherglas, 1 L Wasser, Stoppuhr

1 Mit welchem Gerät kocht das Wasser schneller?

a ▢ Lies die Wattzahl von den Geräten ab und notiere sie.
b ▢ Bringe jeweils einen halben Liter Wasser zum Sieden. Miss die Zeit.
c ◔ Ergänze den Zusammenhang: „Je höher die Wattzahl des Geräts ist, desto ..."

Material C

Leistung messen

Materialliste: Messgerät für elektrische Leistung (Energie), Elektrogeräte

1 ▢ Miss die Leistung einiger Elektrogeräte. → 5 Dokumentiere die Ergebnisse übersichtlich. Beispiele:
a Wasserkocher
b Bohrmaschine, im Leerlauf und beim Bohren von Holz oder Beton
c Computer und Drucker im Betrieb und im Stand-by

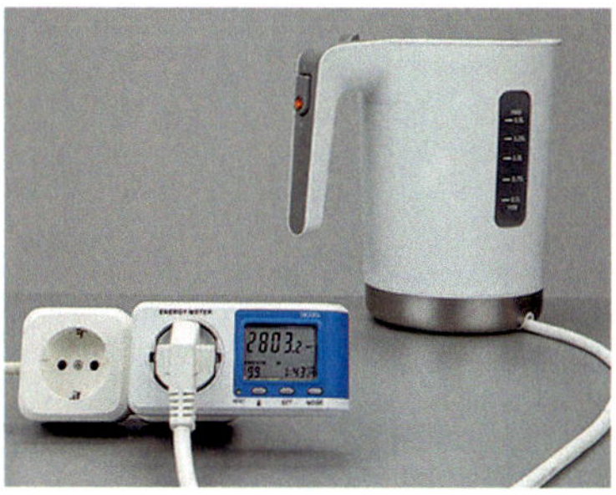

5 Leistung messen

Material D

Elektrische Energie – gut genutzt?

1 ◔ Diese Lampen leuchten alle ungefähr gleich hell. → 6 Trotzdem sind ihre Leistungen ganz verschieden. Erkläre diesen Unterschied.

6 Lampen und ihre Leistung

Wie teuer ist elektrische Energie?

1 Elektrische Energie gibt es nicht umsonst.

Material zur Erarbeitung: A

Ständig sind bei uns zu Hause elektrische Geräte eingeschaltet. Wie teuer ist wohl der „Strom“ dafür?

„Stromkosten“ • Um den Preis für die elektrische Energie zu berechnen, braucht man zwei Informationen:

- Wie viel elektrische Energie hat das Elektrogerät umgewandelt?
- Wie viel muss man für eine „Einheit“ elektrische Energie bezahlen?

Elektrische Energie • Eine Zimmerlampe braucht in zwei Stunden doppelt so viel Energie wie in einer Stunde. → 2

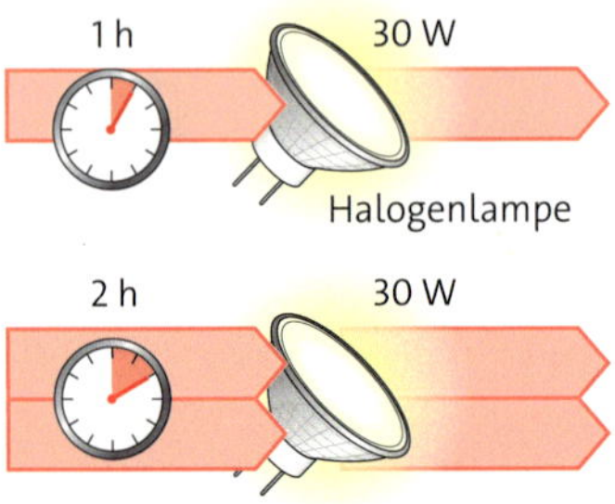

2 Doppelte Zeit – doppelte Energie

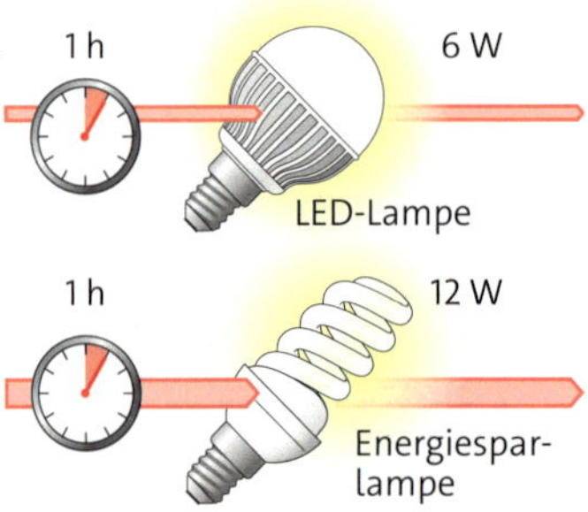

3 Doppelte Leistung – doppelte Energie

Eine Energiesparlampe mit 12 W Leistung wandelt in einer Stunde doppelt so viel elektrische Energie um wie eine LED-Lampe mit 6 W. → 3

> Ein Elektrogerät wandelt umso mehr elektrische Energie *E* um, je größer seine Leistung *P* ist und je länger die Einschaltzeit *t* ist. Es gilt: Energie = Leistung mal Zeit; $E = P \cdot t$.

Einheiten • Die Einheit für die Leistung ist 1 W. Die Einheit für die Zeit ist 1 s. Nimmt man sie miteinander mal, erhält man 1 Wattsekunde (1 Ws) als Einheit für die Energie. Es gilt: 1 Ws = 1 J. Auf „Stromrechnungen“ wird die elektrische Energie in Kilowattstunden (kWh) angegeben. Zum Rechnen setzen wir die Geräteleistung daher in kW (1 kW = 1000 W) ein und die genutzte Zeit in Stunden (h). 1 kWh elektrische Energie kostet uns rund 0,30 €.

Aufgaben

1 ○ Max bügelt 2 Stunden lang Wäsche. Das Bügeleisen hat 1000 Watt.

a Berechne die genutzte elektrische Energie. → 5

b Berechne die „Stromkosten“.

2 ◐ Ergänze: „Bei doppelter Einschaltzeit und doppelter Leistung wandelt ein Elektrogerät ... so viel elektrische Energie um.“

3 ● Es gilt: 1 kWh = 3 600 000 J. Begründe durch eine Rechnung.

die **elektrische Energie**
die **Wattsekunde**
die **„Stromrechnung“**
die **Kilowattstunde**

Material A

Elektrische Energie in der Schule messen

Materialliste: Energiemessgerät, Stoppuhr, Elektrogeräte (Wasserkocher, Bügeleisen, Computer ...)

1 Schließe jeweils ein Elektrogerät über das Energiemessgerät an eine Steckdose an. Schalte das Gerät ein und starte gleichzeitig die Stoppuhr.
○ Miss die Energie nach 1 min, 2 min ... Notiere die Messwerte. → 4

2 ◐ Ergänze: Die elektrische Energie ist umso größer,
a je ... die Leistung ist.
b je ... die Einschaltzeit ist.

Elektrogerät	Leistung	Elektrische Energie		
		nach 1 min	nach 2 min	...
Wasserkocher	? kW	? kWh	? kWh	...
Bügeleisen	? kW	? kWh	? kWh	...

4 Beispieltabelle

Material B

Energiekosten berechnen

1 ◐ Berechne die „Stromkosten“: → 5
a Haare trocknen: 15 min mit 600 W
b Bügeln: 20 min mit 1200 W
c Akku laden: 5 h mit 10 W

2 ◐ Ermittle die Jahreskosten für das Haaretrocknen, Bügeln und Akkuladen. Schätze, an wie vielen Tagen das Gerät benutzt wird.

Frau Blacks Kaffeemaschine läuft jeden Tag 15 min lang mit 400 W. Berechne die Kosten für die Energie am Tag und im Jahr.

Umrechnungen: $P = 400\,W = 0{,}4\,kW$
$t = 15\,min = 15 \cdot \frac{1}{60}\,h = \frac{15}{60}\,h = 0{,}25\,h$

Elektrische Energie am Tag: $E = P \cdot t$; $E = 0{,}4\,kW \cdot 0{,}25\,h = 0{,}1\,kWh$

„Stromkosten“ am Tag: $0{,}1\,kWh \cdot 0{,}30\,\frac{Euro}{kWh} = 0{,}03\,Euro$

„Stromkosten“ im Jahr: $0{,}03\,\frac{Euro}{Tag} \cdot 365\,Tage = 10{,}95\,Euro$

5 Beispielrechnung

Material C

Kilowattstunde

1 Mit 1 kWh kann man: → 6

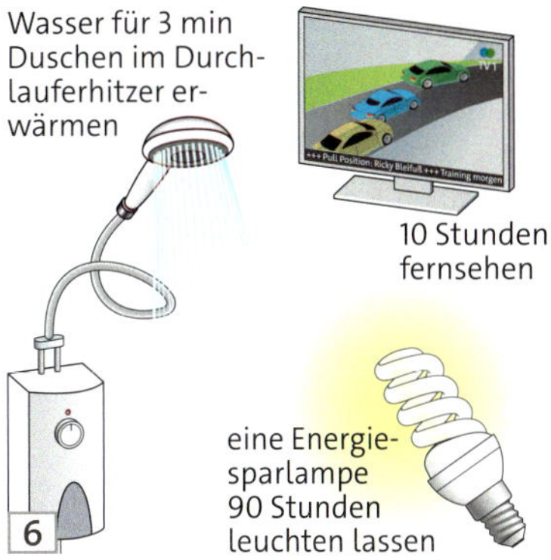

6

a ○ Trage die elektrischen Geräte und Einschaltzeiten in eine Tabelle ein. Beginne mit der kürzesten Zeit.
b ● Welches Gerät hat die größte Leistung? Begründe deine Antwort.

Wie teuer ist elektrische Energie?

Erweitern und Vertiefen

Projekt: Energiesparen in der Schule – wir helfen mit

Projektideen

- Startet eine Umfrage zum Energiebedarf an eurer Schule. Dabei ergeben sich vielleicht schon Ideen für Einsparmöglichkeiten ...
- Man kann Energiemessgeräte kaufen oder beim Elektrizitätswerk leihen. Führt Messungen damit durch und veröffentlicht Messprotokolle (Klassenräume, Computerraum, Stand-by-Schaltungen von Fernsehern oder Computern).
- Lest den Stand der Energiezähler in der Schule regelmäßig ab. → [2] Zeichnet monatlich den elektrischen Energieverbrauch der Schule auf und veröffentlicht die Daten (Plakate, Grafiken, Spitzenwerte ...).
- Messt den Energiebedarf der Elektrogeräte in jedem Raum (Lampen, Computer, Projektor ...).
- Entwickelt Energiespartipps für die ganze Schule und für jeden Klassenraum. → [3] Holt euch dazu Informationen von Verbraucherzentralen und von Energieversorgern. Informiert alle Schüler und Lehrer über energiesparendes Verhalten (Plakate, Flugblätter, Videofilm, Internetseite ...).

2

3

1 Wir sparen Energie ein!

Aufgaben

1 ◐ Zählt die Lampen in den Klassenzimmern und notiert ihre Wattzahl. Schätzt ab, wie viel elektrische Energie sie insgesamt brauchen.
Beispiel: In jedem Klassenzimmer leuchten 30 Glühlampen zu je 75 Watt an 200 Schultagen durchschnittlich 2 Stunden lang. Bei 20 Klassenräumen ergibt sich ein Jahresbedarf von 18 000 kWh.

a Die Glühlampen wurden durch Sparlampen mit 13 W ersetzt. Schätzt den Energiebedarf ab. Vergleicht mit den Glühlampen.

b Rechnet auf gleiche Weise für Computer, Beamer ...

2 ● Stellt den geschätzten Jahresenergiebedarf für unterschiedliche elektrische Geräte in eurer Schule dar (Lampen, Computer, Beamer ...). Fertigt dazu ein Säulendiagramm an.

Erweitern und Vertiefen

Lampen, die weniger elektrische Energie brauchen

4 Glühlampe

5 Halogenlampe

6 Energiesparlampe

7 LED-Lampe

Größe	Angabe in	Bedeutung
Leistung	Watt (W)	Je größer die „Wattzahl" ist, desto mehr elektrische Energie wandelt die Lampe pro Sekunde um.
Lichtstrom	Lumen (lm)	Je größer die „Lumenzahl" ist, desto heller leuchtet die Lampe.
Farbtemperatur	Kelvin (K)	Je niedriger die Farbtemperatur einer Lampe ist, desto „wärmer" erscheint uns ihr Licht.
Lebensdauer	Stunden (h)	Je größer die Lebensdauer einer Lampe ist, desto länger leuchtet sie im Durchschnitt.
Energieeffizienz	verschiedenen Klassen	Lampen mit Energieklasse A haben einen höheren Wirkungsgrad als Lampen mit Energieklasse B (C, D, E).

8 Angaben auf Verpackungen von Lampen

Energieverbrauch senken • Normale Glühlampen werden nicht mehr hergestellt, weil sie fast 95 % der elektrischen Energie in Wärme statt in Licht umwandeln! Energiesparlampen und LED-Lampen sind genauso hell, brauchen dafür aber viel weniger elektrische Energie. Die Angaben auf den Verpackungen helfen, die Lampen zu vergleichen. → 4 – 8

Lebensdauer • LED-Lampen „leben" besonders lange. Energiesparlampen „leben" kürzer, wenn sie oft ein- und ausgeschaltet werden.

Umweltverträglichkeit • Energiesparlampen enthalten hochgiftiges Quecksilber. Defekte Sparlampen gehören auf den Sondermüll!

Lichtausbeute • Die LED-Lampe braucht für etwa die gleiche Helligkeit weniger Watt als die Glühlampe. → 4 7 Die LED-Lampe hat die bessere „Lichtausbeute" (in Lumen pro Watt):

LED: $\frac{400\,\text{lm}}{6\,\text{W}} \approx 67\,\frac{\text{lm}}{\text{W}}$; Glühlampe: $\frac{415\,\text{lm}}{40\,\text{W}} \approx 10\,\frac{\text{lm}}{\text{W}}$

Aufgaben

1 ○ Auf einer LED-Verpackung sind Watt-, Lumen- und Kelvinzahlen angegeben. Erkläre, was diese Zahlen bedeuten.

2 ◐ Glühlampe, Halogenlampe und LED-Lampe leuchten 10 h lang. Berechne jeweils, wie viel Energie sie brauchen.

Energietransport im Stromkreis

Zusammenfassung

Elektrischer Stromkreis • Ein elektrisches Gerät leuchtet nur, wenn seine beiden Anschlüsse durch je ein Kabel mit den beiden Anschlüssen einer elektrischen Energiequelle verbunden sind. Der Stromkreis muss geschlossen sein. → 1 Schalter schließen oder unterbrechen einen Stromkreis. → 2

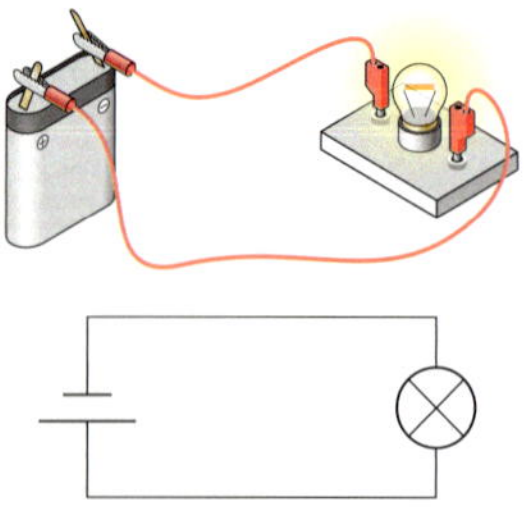

1 Stromkreis geschlossen

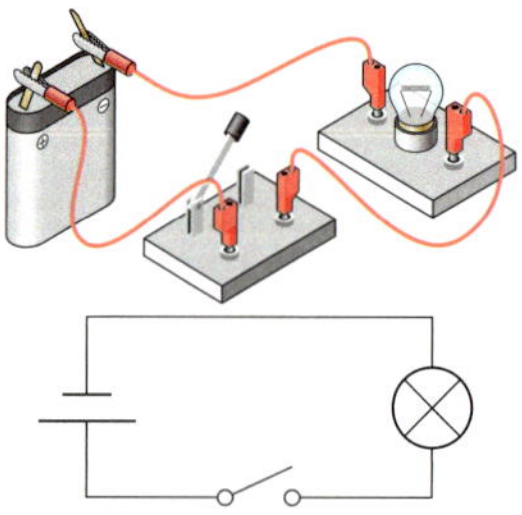

2 Stromkreis unterbrochen

Reihenschaltung • Zwei Taster sind in Reihe hintereinandergeschaltet. → 3 Das elektrische Gerät läuft nur, wenn beide Taster betätigt werden.

Parallelschaltung • Zwei Taster sind parallel nebeneinandergeschaltet. → 4 Das elektrische Gerät läuft, wenn mindestens ein Taster betätigt wird.

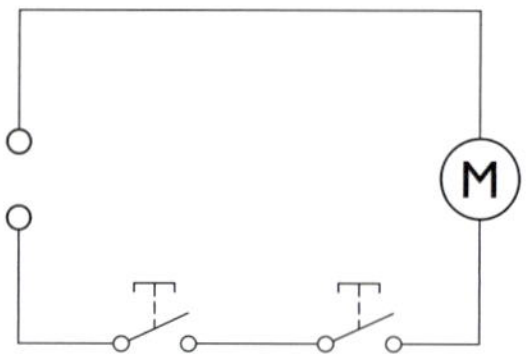

3 Reihenschaltung

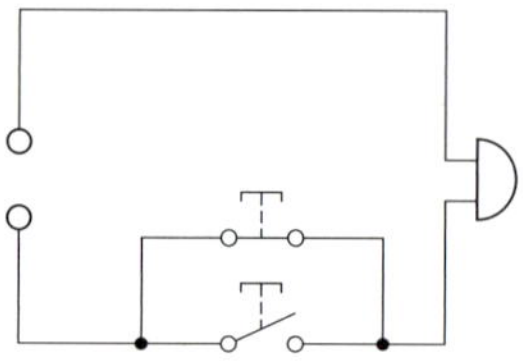

4 Parallelschaltung

Elektrische Ladung • Gegenstände können positiv (+) oder negativ (−) geladen sein. Gleich geladene Gegenstände stoßen sich ab. Ungleich geladene Gegenstände ziehen einander an. → 5

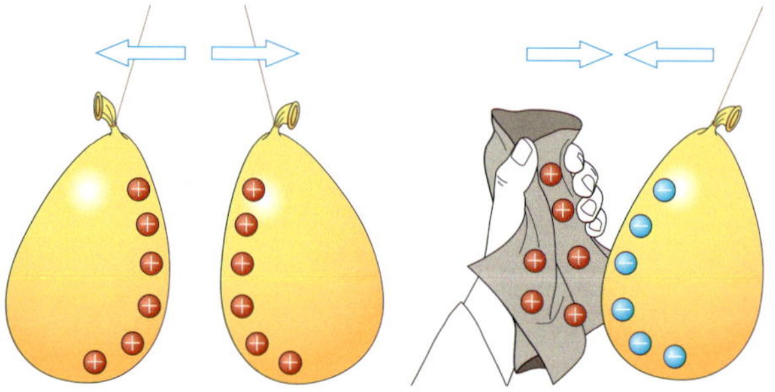

5 Abstoßung und Anziehung bei elektrischer Ladung

Aufladen • Ein ungeladener Gegenstand enthält gleich viele positive und negative Teilchen. Durch Abgeben oder Aufnehmen von negativen Teilchen (Elektronen) wird er elektrisch geladen. → 6

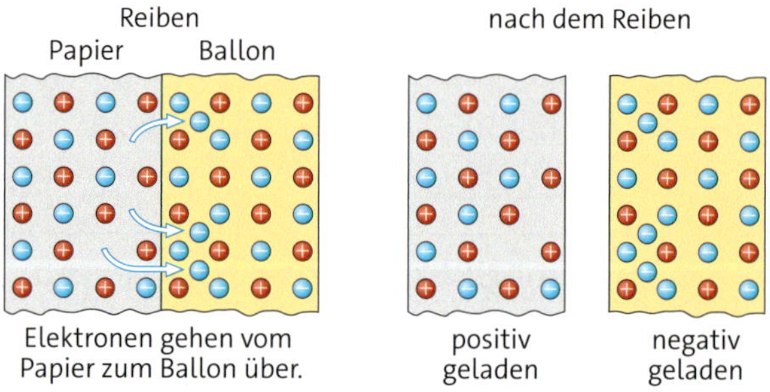

6 Vorstellung vom elektrischen Aufladen

Leiter und Nichtleiter • Alle Gegenstände aus Metall leiten elektrischen Strom. → 7 Auch salzige oder saure Flüssigkeiten gehören zu den Leitern. Kunststoffe, Glas und Porzellan sind Nichtleiter (Isolatoren). Sie verhindern bei Kabeln und elektrischen Geräten, dass wir mit dem elektrischen Strom in Berührung kommen.

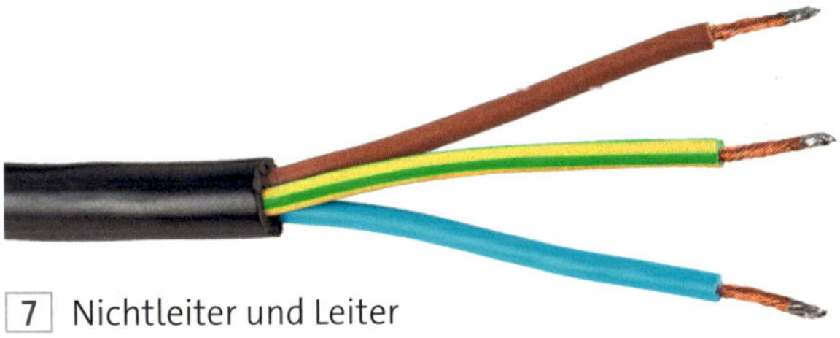

7 Nichtleiter und Leiter

Achtung • Dein Körper darf nicht Teil eines geschlossenen Stromkreises mit der Steckdose werden – Lebensgefahr!

Elektrische Anlagen • Jede elektrische Anlage besteht aus mindestens drei Teilen: → 8

- elektrische Energiequelle
- elektrische Leitungen
- elektrisches Gerät

In elektrischen Anlagen strömen Elektronen im Kreis. Die elektrische Energiequelle treibt den Elektronenstrom an. Er transportiert elektrische Energie von der Quelle zum Gerät.

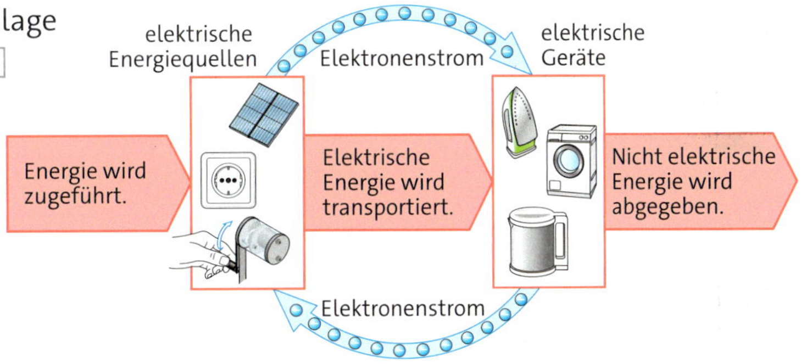

8 Elektrische Anlage

Leistung eines Elektrogeräts • Die Leistung gibt an, wie viel elektrische Energie das Gerät pro Sekunde umwandelt.
Die Einheit der Leistung ist 1 Watt (1 W).

Elektrische Energie berechnen • Ein Elektrogerät wandelt umso mehr elektrische Energie E um, je höher seine Leistung P und je länger die Einschaltzeit t ist:
Energie = Leistung mal Zeit
$E = P \cdot t$ → 9
Die elektrische Energie wird oft in Kilowattstunden (kWh) angegeben:
1 kWh = 3,6 MJ.
1 kWh elektrische Energie kostet rund 0,30 €.

Ein Bügeleisen mit einer Leistung von 800 W wird 30 min lang benutzt.
Berechne die umgewandelte elektrische Energie und die Kosten dafür.

Umrechnungen:
800 W = 0,8 kW; 30 min = 0,5 h

Elektrische Energie: $E = P \cdot t$
$E = 0{,}8\,\text{kW} \cdot 0{,}5\,\text{h} = 0{,}4\,\text{kWh}$

Energiekosten: $0{,}4\,\text{kWh} \cdot 0{,}30\,\frac{\text{Euro}}{\text{kWh}} = 0{,}12\,\text{Euro}$

9 Elektrische Energie und Kosten berechnen

Energietransport im Stromkreis

Aufgaben

Elektrische Stromkreise

1 In einer Kiste liegen mehrere Kupferkabel, Lampen und eine Flachbatterie.

a ◐ Du sollst testen, ob die Lampen funktionieren. Beschreibe, wie du vorgehst. Zeichne einen Schaltplan für den Lampentester.

b ◐ „Keine der Lampen leuchtet – sind alle kaputt?“ Begründe deine Antwort.

2 Die Mikrowelle läuft erst, wenn der Geräteschalter auf EIN steht und ihre Tür geschlossen ist.

a ○ Nenne Bauteile, mit denen du die Schaltung nachbauen kannst. Für die Maschine wird ein Motor eingebaut.

b ◐ Zeichne einen Schaltplan des Stromkreises. Baue ihn danach auf.

c ◐ Nenne weitere Geräte, die die gleiche Schaltung verwenden.

3 „Mit elektrischer Energie kann man doch nichts anderes anfangen, als eine Lampe zum Leuchten zu bringen!“

a ○ Beurteile diese Behauptung.

b ○ Nenne verschiedene Elektrogeräte. Gib an, in welcher Form sie Energie nutzen.

c ◐ Zeichne eine Energiekette und einen Stromkreis mit einem der genannten Geräte.

Ladung und Aufladen

4 ○ Wie unterscheidet sich ein negativ geladener Gegenstand von einem ungeladenen? Beschreibe es mit einer Modellvorstellung.

5 ◐ Positive Teilchen können in Metallen und vielen festen Stoffen nicht wandern. Trotzdem können die Gegenstände positiv geladen sein. Erkläre dies mit einer Modellvorstellung.

Elektrische Energie transportieren

6 Elektrische Anlagen

a ○ Nenne die Bestandteile einer elektrischen Anlage.

b ○ Beschreibe, wie die elektrische Energie von der Quelle zum Gerät transportiert wird.

7 Eine elektrische Anlage kann man mit einer Warmwasserheizung vergleichen.

a ○ Gib an, was bei den Anlagen im Kreis strömt.

b ○ Zeichne jeweils die Energiekette.

c ◐ Stelle die wichtigsten Teile der Heizungsanlage und der elektrischen Anlage in einer Tabelle gegenüber.

d ◐ Beschreibe jeweils die Aufgabe der einzelnen Bestandteile.

Elektrische Energie und Leistung

8 „LED-Lampen sind viel teurer als gleich helle Glühlampen. Trotzdem sind sie auf lange Sicht günstiger."
Begründe diese Aussage. Nimm das Bild zu Hilfe. → 1

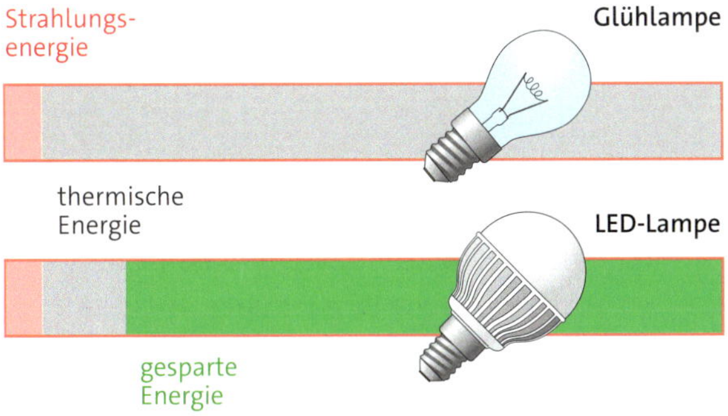

1 LED-Lampe und Glühlampe im Vergleich

9 Das Energielabel eines Haushaltgeräts zeigt, wie viel elektrische Energie das Gerät benötigt. → 2

a Gib an, um welches Gerät es sich handelt.

b Berechne die jährlichen Energiekosten.

c „A^{+++} ist viel günstiger als A^{+}." Erkläre, was damit gemeint ist.

10 Die Elektrogeräte in unserem Haushalt brauchen unterschiedlich viel elektrische Energie im Jahr. → 3

a Berechne für jedes Gerät die jährlichen „Stromkosten". Gehe davon aus, dass 1 kWh elektrische Energie 0,30 € kostet.

b Berechne die jährlichen „Stromkosten" für einen Plasma-Fernseher. Gehe davon aus, dass er eine Leistung von 400 W hat und an 300 Tagen im Jahr durchschnittlich 5 h lang läuft.

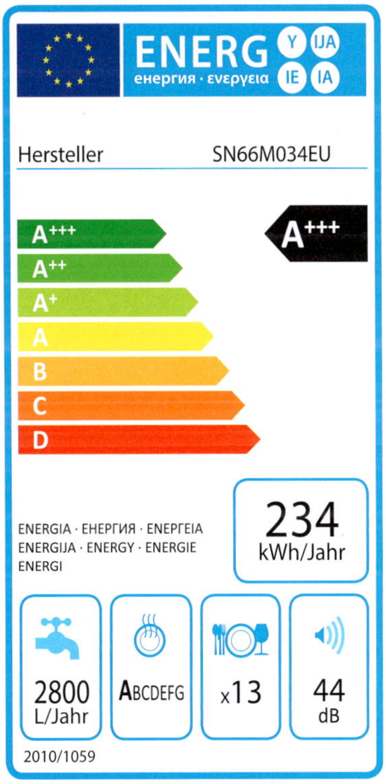

2 Energielabel Haushaltsgerät

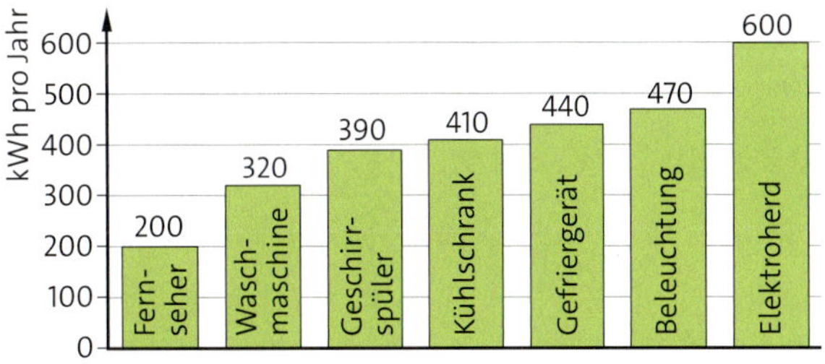

3 Elektrische Energie für einen 4-Personen-Haushalt

c In der Studenten-WG von Antonia läuft die Musikanlage jeden Tag im Durchschnitt 3 h lang. Den Rest der Zeit „wartet" das Gerät im Stand-by. Dabei beträgt seine Leistung 10 W.
Bewerte den Stand-by-Betrieb. Berechne dazu auch die jährlichen „Stromkosten", die im Stand-by anfallen.

Die elektrische Stromstärke

1 Flaschenstrom

Materialien zur Erarbeitung: A–B

Der Arbeiter überprüft die Flaschen. Wie viele sind es pro Minute?

„Stromstärke“ • Je schneller das Fließband läuft und je mehr Flaschen nebeneinanderstehen, desto mehr Flaschen fahren pro Minute am Arbeiter vorbei. Die „Stromstärke“ ist dann besonders groß.

Elektrische Stromstärke • Im elektrischen Stromkreis ist es ähnlich wie am Fließband. Wir stellen uns vor, dass in den Drähten sehr viele Elektronen im Kreis von der elektrischen Energiequelle zum Gerät und dann wieder zurückströmen. → 2 Je mehr Elektronen pro Sekunde an einer bestimmten Stelle des Stromkreises vorbeiströmen, desto größer ist die Stromstärke.

> Die elektrische Stromstärke I gibt an, wie viele Elektronen pro Sekunde an einer Stelle des Stromkreises vorbeiströmen.
> Die elektrische Stromstärke wird in Ampere (sprich: Ampehr) gemessen. Die Einheit ist 1 Ampere (1 A).

Kleine Stromstärken gibt man oft in Milliampere (mA) an: 1 A = 1000 mA; Beispiel: I = 0,02 A = 20 mA.

Stromstärke – davor und danach • Wenn du die Stromstärke vor und nach einem Gerät misst, kommst du zu einem überraschenden Ergebnis. → 3

> Im einfachen Stromkreis ist die Stromstärke überall gleich groß.

Wir stellen uns vor, dass sich die Elektronen im Stromkreis wie die Glieder einer Fahrradkette bewegen. Dabei gehen keine Elektronen verloren.

Stromstärke und elektrische Energie • Der Scheinwerfer leuchtet heller als das Rücklicht – obwohl beide vom selben Dynamo betrieben werden. → 4 Das liegt an der größeren Stromstärke im Stromkreis des Scheinwerfers. → 5

> Bei gleicher elektrischer Energiequelle gilt: Je größer die Stromstärke ist, desto mehr elektrische Energie wird pro Sekunde zum elektrischen Gerät transportiert.

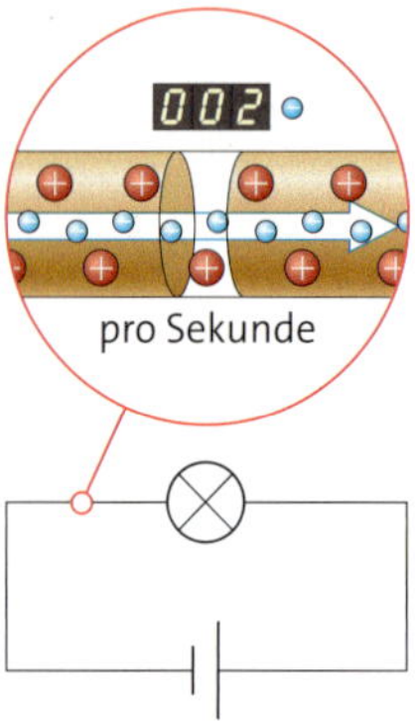

2 Stromstärke

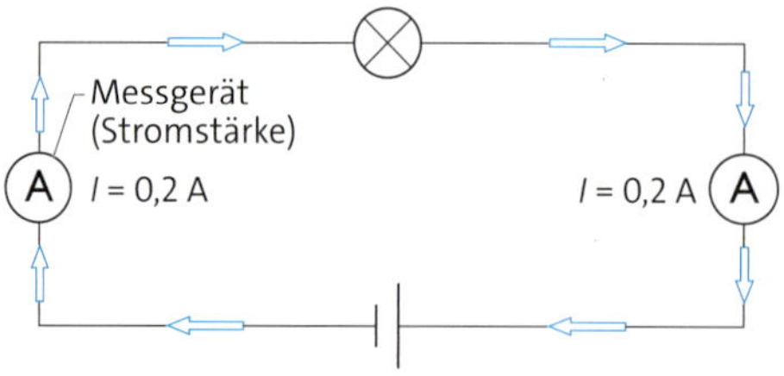

3 Die Stromstärke ist gleich groß.

die **Stromstärke**
das **Ampere**
die **Spannung**
der **Widerstand**

Wenn wir im Alltag von elektrischem Strom sprechen, können damit verschiedene Dinge gemeint sein:

- „Ich habe einen Strom von 2 A gemessen." Hier geht es um den Elektronenstrom und die Stromstärke.
- „Wir haben 3000 kWh Strom verbraucht." Hier geht es um die genutzte elektrische Energie.

Größen im Stromkreis • Die Stromstärke kennst du jetzt. Die Spannung und der Widerstand kommen bald dazu. Sie sind ebenfalls wichtig, um Stromkreise zu beschreiben: → 6

- Die elektrische Energiequelle treibt den Elektronenstrom an. Die Spannung gibt an, wie kräftig die Quelle den Elektronenstrom antreibt.
- Das elektrische Gerät bremst den Elektronenstrom. Der Widerstand gibt an, wie kräftig das Gerät den Elektronenstrom bremst.

4 Scheinwerfer und Rücklicht

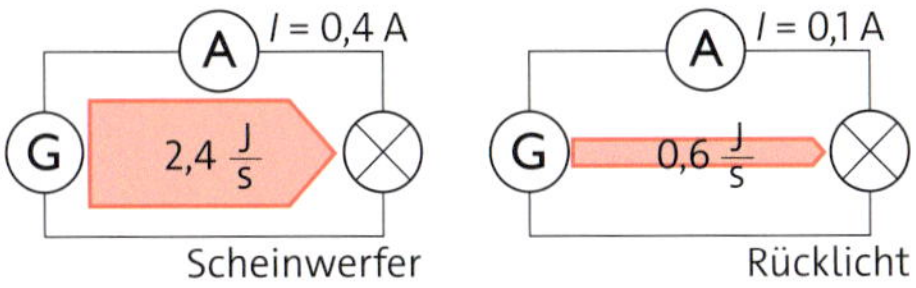

5 Größere Stromstärke → mehr Energie

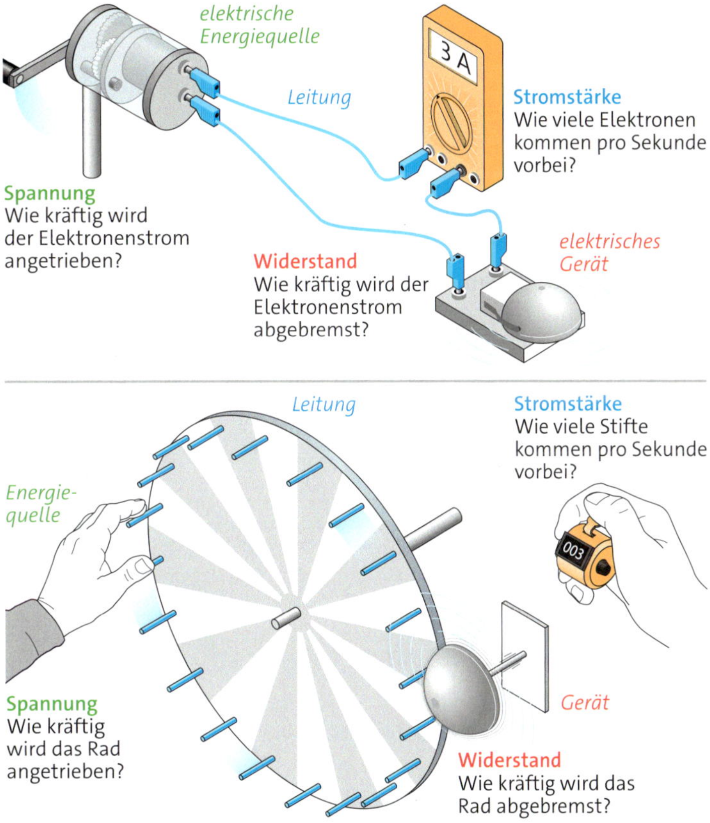

6 Größen im Stromkreis und im Modell

Aufgaben

1 ▢ Auf der Landstraße fahren 10 Autos pro Minute, auf der Autobahn 30. Vergleiche die Stromstärken.

2 ◔ Gib die größere Stromstärke an: I = 0,4 A oder I = 300 mA. Begründe.

3 ◔ Elektrische Energie oder Elektronenstrom? Gib es jeweils an und begründe:

a Der Stromkreis ist geschlossen.
b Eine Lampe verbraucht viel Strom.
c Lena misst einen Strom von 3 A.
d Unsere Stromrechnung ist zu hoch.

Die elektrische Stromstärke

Material A

Verschiedene Lampen – verschiedene Stromstärke?

Materialliste: Messgerät (Ampere), 2 verschiedene Lämpchen (Fahrrad: Scheinwerfer, Rücklicht), Netzgerät (6 V)

1 Baue einen einfachen Stromkreis mit dem Netzgerät und einem Lämpchen auf.
▢ Miss die Stromstärke (siehe Methode „Elektrische Stromstärke messen"). → 4
Notiere den Messwert.

2 Wiederhole die Messung mit dem anderen Lämpchen.
◪ Formuliere einen Zusammenhang zwischen der Stromstärke und der Helligkeit der Lämpchen.

Material B

Ist der Elektronenstrom nach der Lampe kleiner?

Materialliste: Messgerät (Ampere), 2 Lämpchen (6 V; 2,4 W), Netzgerät (6 V)

1 Baue den Stromkreis mit den beiden Lämpchen auf. → 1

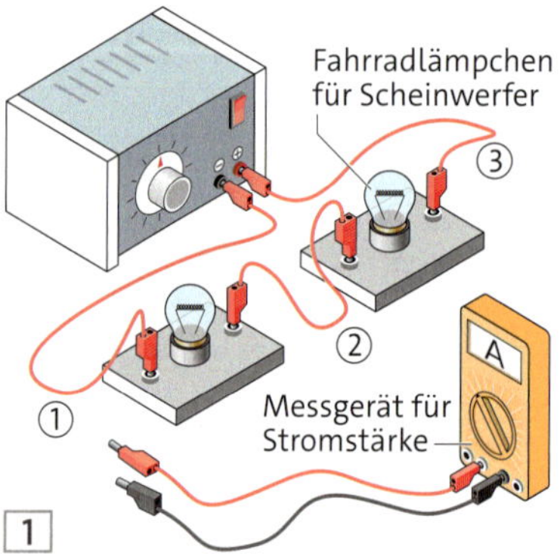

1

a ▢ Miss die Stromstärke am Minuspol des Netzgeräts (1).
b ▢ Miss auch die Stromstärke zwischen den Lämpchen (2) und am Pluspol (3).
c ◪ Vergleiche die Messwerte. Formuliere das Versuchsergebnis: „Die Stromstärke ist im einfachen Stromkreis überall ..."

Material C

Das Stromstärkespiel

Materialliste: Tennisbälle, Stoppuhr

1 ▢ Stellt euch im Kreis auf. → 2 Ihr seid die positiven Teilchen im Stromkreis. Jeder hat einen Tennisball als frei bewegliches Elektron.

a Eine Person schiebt als Batterie die Elektronen an: Sie gibt ihren Ball an den linken oder rechten Nachbarn weiter. Alle anderen geben ihren Ball gleichzeitig in die gleiche Richtung weiter.
b Eine zweite Person macht immer „Klick", wenn ein Elektron vorbeikommt.
c Eine dritte Person misst die Stromstärke. Stellt große und kleine Ströme dar ...

2

Methode

Elektrische Stromstärke messen

1. Stromkreis aufbauen Baue den Stromkreis ohne Messgerät auf. Teste, ob er richtig funktioniert. Unterbrich ihn dann an der Stelle, wo die Stromstärke gemessen werden soll.

2. Messgerät vorbereiten Stelle das Gerät auf Stromstärke ein: A⎓ oder DC bei Gleichströmen (z. B. von einer Batterie), A~ oder AC bei Wechselströmen (z. B. von einem Dynamo). → 3 Wähle den größten Messbereich (die größte Amperezahl). Stecke das rote Kabel (Pluskabel) in die Buchse, über der mA oder A steht. Das schwarze Kabel (Minuskabel) gehört in die COM-Buchse (engl. common: gemeinsam).

3. Messgerät anschließen Alle Elektronen müssen durch das Messgerät fließen. Daher wird es in die Lücke des Stromkreises eingebaut. Das rote Pluskabel des Messgeräts wird mit der Seite des Stromkreises verbunden, die zum Pluspol der elektrischen Energiequelle führt. → 4 Das schwarze Minuskabel wird mit der Seite des Stromkreises verbunden, die zum Minuspol der Quelle führt.

Nur bei Messgeräten mit Zeiger:

4. Skaleneinteilung beachten Die Amperezahl des eingestellten Messbereichs ist bei Vollausschlag des Zeigers erreicht. → 5

5. Messbereich anpassen Ist der Ausschlag kleiner als die höchste Amperezahl des nächstkleineren Messbereichs? Dann unterbrich den Stromkreis und schalte auf diesen Messbereich um. Schließe den Stromkreis wieder.

3 Elektronisches Messgerät

4 Stromkreis mit Messgerät für die Stromstärke

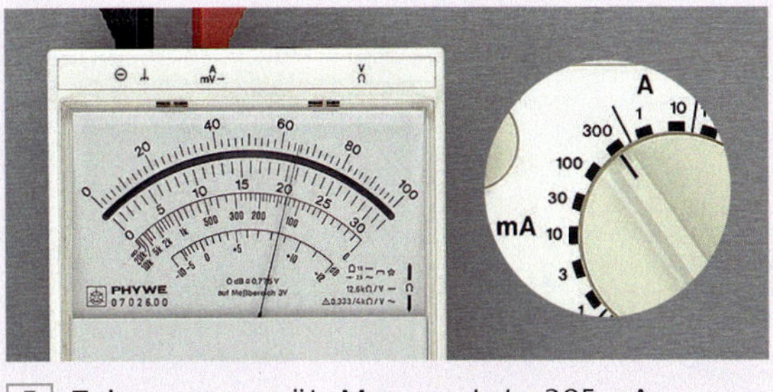

5 Zeigermessgerät; Messwert: I = 205 mA

Die elektrische Spannung

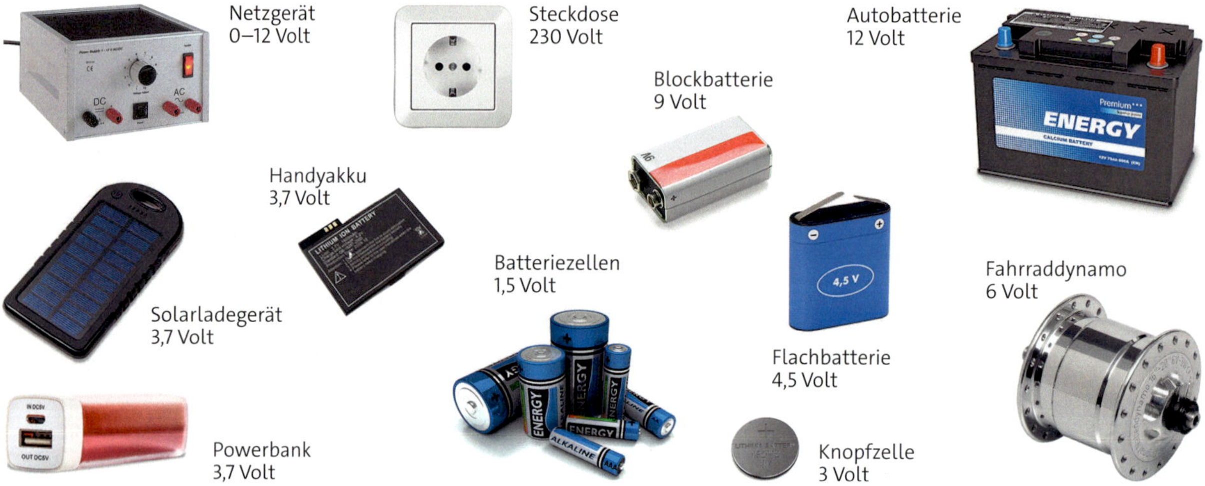

1 Elektrische Energiequellen – die Voltzahl macht den Unterschied!

Materialien zur Erarbeitung: A–B

Unsere elektrischen Energiequellen haben ganz verschiedene Voltzahlen. Was bedeutet das?

Elektrische Spannung • Elektrische Energiequellen treiben den Elektronenstrom an. Eine Batterie mit 4,5 Volt treibt ihn 3-mal so kräftig an wie eine Batterie mit 1,5 Volt.

> Die Spannung *U* gibt an, wie kräftig die elektrische Energiequelle den Elektronenstrom antreibt.
> Die Spannung wird in Volt gemessen. Die Einheit ist 1 Volt (1 V).

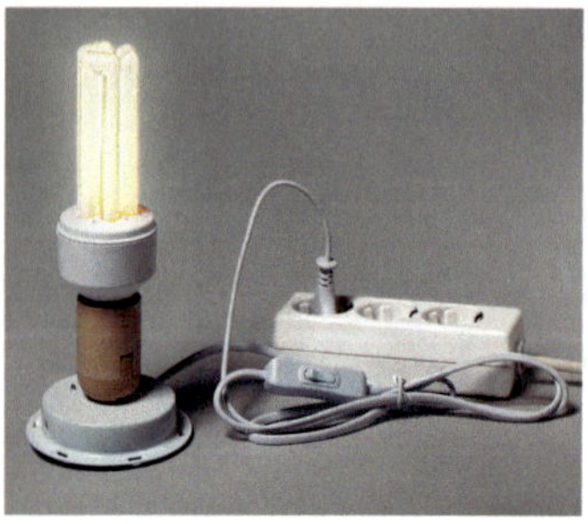

2 $I = 0{,}1\,\text{A};\ U = 230\,\text{V}$

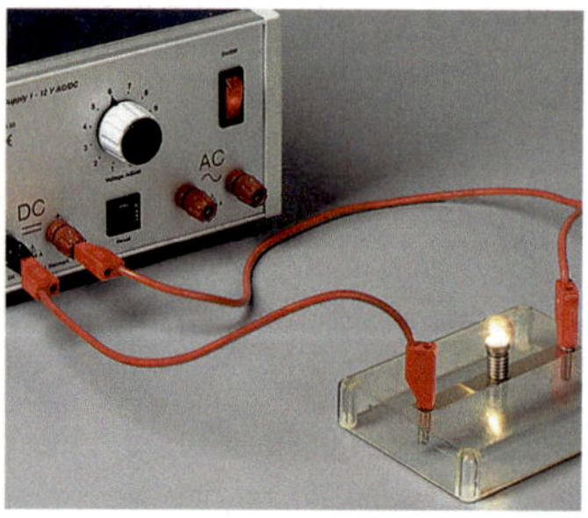

3 $I = 0{,}1\,\text{A};\ U = 6\,\text{V}$

Große Spannungen gibt man in Kilovolt (kV) an, kleine in Millivolt (mV): 1 kV = 1000 V; 1 mV = 0,001 V.

Achtung • Experimentiere niemals mit Spannungen über 25 V. Es besteht Lebensgefahr!

Die Spannung muss passen • Wenn du eine Fahrradlampe an eine Batterie mit 4,5 Volt anschließt, leuchtet die Lampe nur schwach. Wird die Lampe an eine Batterie mit 12 Volt angeschlossen, geht sie kaputt. Die Lampe ist für eine Spannung von 6 Volt ausgelegt.
Für alle Elektrogeräte gilt: Sie müssen mit der passenden Spannung betrieben werden. Sie ist auf den Typenschildern der Geräte in Volt angegeben.

Spannung und elektrische Energie • Die Energiesparlampe leuchtet heller als das Lämpchen. → 2 3 Sie wandelt mehr elektrische Energie in Strahlungsenergie um. Die Stromstärke ist in bei-

die **elektrische Spannung**
das **Volt**
die **Reihenschaltung**

den Lampen gleich groß – aber die Spannung ist verschieden.

Je größer die Spannung einer elektrischen Energiequelle ist, desto mehr elektrische Energie wird pro Sekunde bei gleicher Stromstärke transportiert.

Reihenschaltung von Batterien • Die Taschenlampe braucht eine Spannung von 3 Volt. → 4 Die 1,5-Volt-Batterien werden in einer Reihe hintereinander in das Gehäuse geschoben. → 5 Sie treiben den Elektronenstrom nacheinander an. Dadurch ist der Antrieb doppelt so groß wie bei nur einer Batterie.

Bei der Reihenschaltung von elektrischen Energiequellen summieren sich die einzelnen Spannungen zur Gesamtspannung:
$U_{gesamt} = U_1 + U_2 + \ldots$

Reihenschaltung von Geräten • Die Lichterkette ist an eine Steckdose mit 230 V angeschlossen. → 6 Die einzelnen Lämpchen sind aber nur für eine Spannung von 6,5 V ausgelegt. Sie sind in Reihe geschaltet. → 7 Um den Elektronenstrom durch ein Lämpchen zu treiben, sind 6,5 V erforderlich. Für 35 Lämpchen nacheinander sind insgesamt 227,5 V notwendig. An jedem einzelnen Lämpchen liegen aber nur 6,5 V.

Bei der Reihenschaltung von elektrischen Geräten teilt sich die Spannung der Quelle auf die Geräte auf:
$U_{Quelle} = U_1 + U_2 + \ldots$

4 3-Volt-Taschenlampe

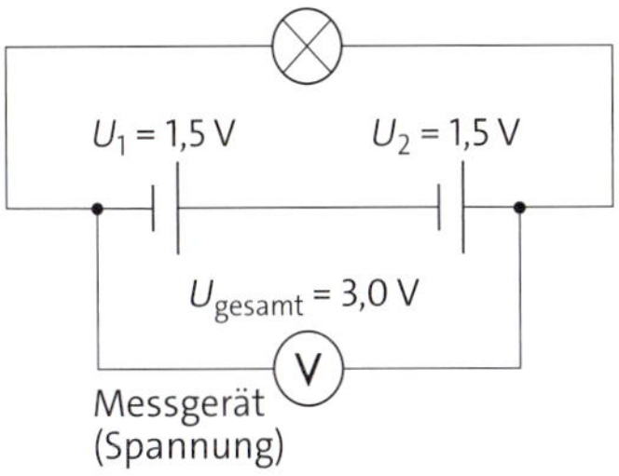

5 Reihenschaltung Batterien

6 230-Volt-Lichterkette

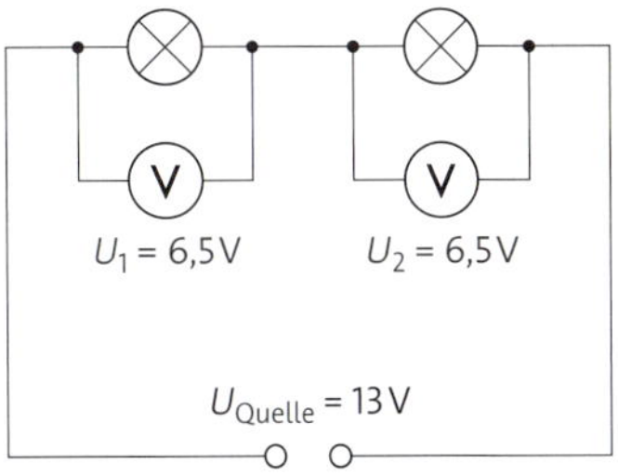

7 Reihenschaltung Lampen

Aufgaben

1 ○ Rechne in V um: 2,5 kV, 200 mV, 380 kV und 80 mV.

2 ◐ Ergänze die Sätze im Heft:
a Die … gibt an, wie kräftig der Elektronenstrom angetrieben wird.
b Die … gibt an, wie viele Elektronen pro Sekunde …

3 Bei einer Taschenlampe sind drei 1,5-V-Batterien in Reihe geschaltet.
a ○ Berechne die Gesamtspannung.
b ◐ Zeichne den Schaltplan. Füge auch den Schalter ein.

4 ◐ Bei einer 230-V-Lichterkette sind 46 Lämpchen in Reihe geschaltet. Berechne, für welche Spannung jedes Lämpchen ausgelegt ist.

Die elektrische Spannung

Material A

Spannung von elektrischen Energiequellen

Materialliste: Batterien, Netzgerät, Handgenerator, Messgerät (Volt), Kabel

1 ○ Lies die Voltzahlen auf den Batterien und am Netzgerät ab. Notiere sie. → 1

Quelle	Flachbatterie	?
Spannung: • abgelesen • gemessen	 4,5 V 4,3 V	 ? ?

1 Beispieltabelle

2 Miss die Spannung an den Batterien und am Netzgerät (siehe Methode). → 2 Vergleiche mit den abgelesenen Voltzahlen.

3 ○ Miss die Spannung am Generator. Drehe einmal langsam, einmal schnell.

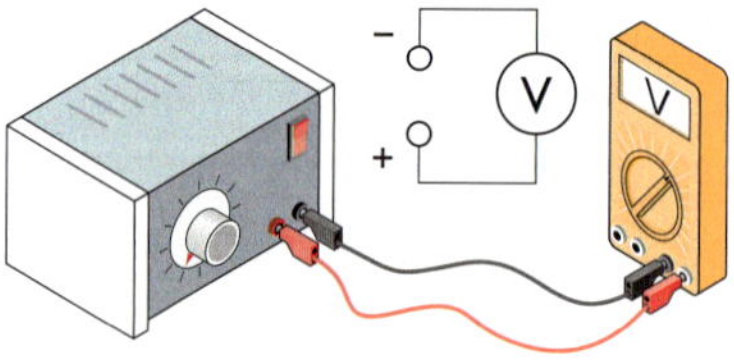

2 Spannung messen

Material B

Reihenschaltung Batterien

Materialliste: 3 Mignonzellen (1,5 V; AA), alte Flachbatterie, Messgerät (Volt), Kabel

1 ○ Miss zunächst die Spannung jeder einzelnen Mignonzelle. Notiere die Werte.

2 Schalte zwei Mignonzellen auf drei Arten in Reihe. → 3

a ○ Miss die Spannung an den äußeren Polen der „kombinierten" Batterien.

b ◐ Zeichne die Schaltpläne. Trage jeweils die gemessene Spannung ein.

c ◐ Erzeuge mit drei Mignonzellen eine Spannung von 4,5 V. Beschreibe, wie die Batterien geschaltet werden. Zeichne den Schaltplan.

3 ◐ Nimm die Flachbatterie vorsichtig auseinander. Beschreibe, wie die Spannung von 4,5 V erzeugt wird.

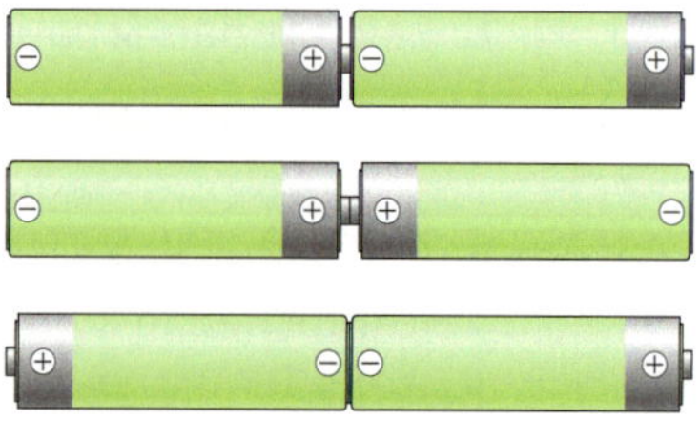

3 „Kombinierte" Batterien

Material C

Reihenschaltung Lampen

Materialliste: Lampe 1 (3,7 V; 0,3 A), Lampe 2 (6 V; 0,3 A), Messgeräte (Stromstärke, Spannung), Netzgerät (12 V), Kabel

1 Baue die Schaltung auf. → 4

a ○ Stelle die Spannung am Netzgerät so ein, dass die Stromstärke 0,3 A beträgt.

b ○ Miss die Spannung am Netzgerät und an den Lampen. Notiere die Messwerte.

c ◐ Formuliere einen Zusammenhang zwischen den gemessenen Spannungen.

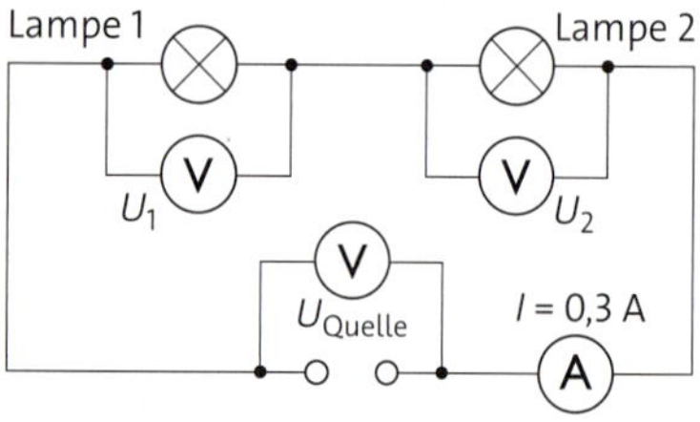

4 Reihenschaltung: Spannung

2 ◐ Die Lampen für 3,7 V sind an eine neue Batterie angeschlossen. → 5 Erkläre, warum sie kaum leuchten.

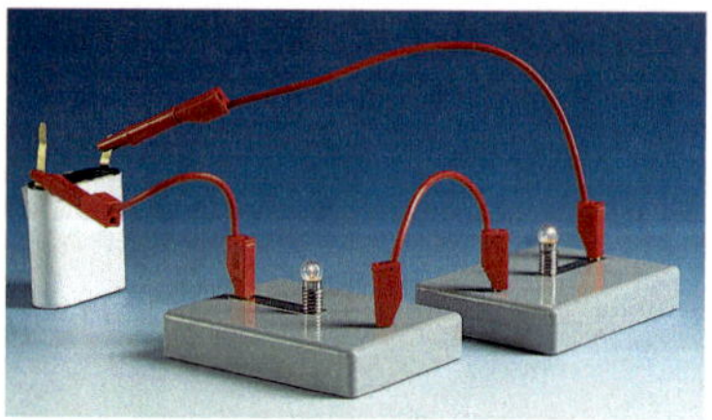

5 Geringe Helligkeit

Methode

Elektrische Spannung messen

1. Stromkreis aufbauen Baue den Stromkreis ohne Messgerät auf.

2. Messgerät vorbereiten Schalte das Gerät auf Spannungsmessung (V– oder V⎓). → 6
Wenn die elektrische Energiequelle ein Generator ist, musst du V~ einstellen. Wähle den größten Messbereich (die größte Voltzahl). Stecke das rote Kabel (Pluskabel) in die Buchse, die mit V gekennzeichnet ist. Das schwarze Kabel (Minuskabel) gehört in die COM-Buchse.

3. Messgerät anschließen Schließe die Kabel des Messgeräts an den beiden Punkten im Stromkreis an, zwischen denen du die Spannung messen sollst. Diese Punkte können z. B. an den Polen eines Netzgeräts sein. → 7
Das Gerät misst, wie stark die Elektronen zwischen den beiden Messpunkten angetrieben werden. Dazu müssen nur wenige Elektronen durch das Messgerät umgeleitet werden. Deshalb wird der Stromkreis bei der Messung der Spannung nicht unterbrochen.

Nur bei Zeigermessgeräten:

4. Skaleneinteilung beachten Die Voltzahl des eingestellten Messbereichs ist bei Vollausschlag des Zeigers erreicht.

5. Messbereich anpassen Ist der Ausschlag kleiner als die höchste Voltzahl des nächstkleineren Messbereichs? Dann schalte auf diesen Messbereich um.

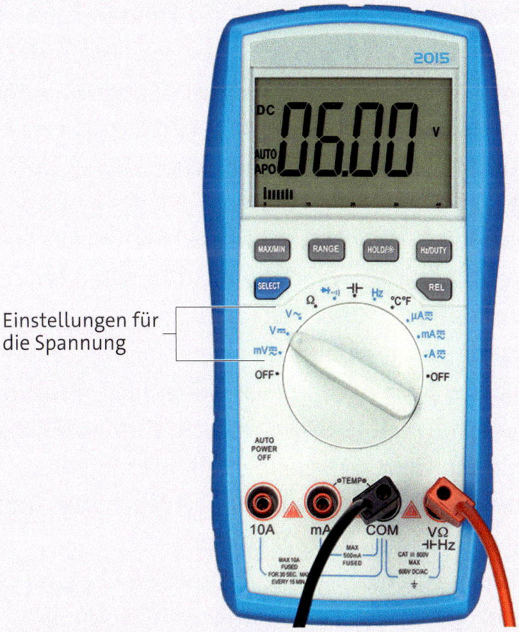

6 Elektronisches Messgerät

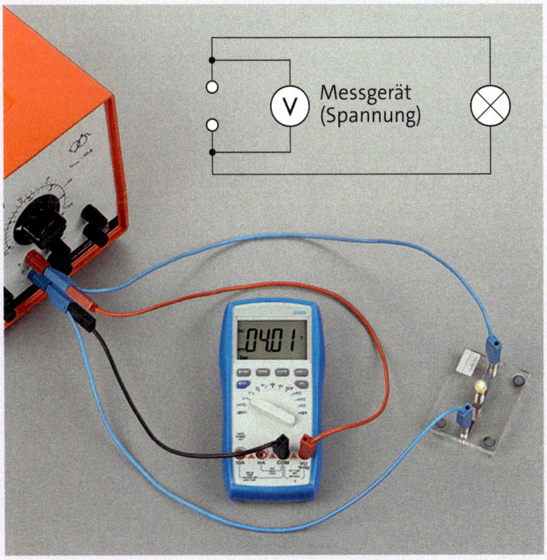

7 Spannung am Netzgerät messen

Die elektrische Spannung

Erweitern und Vertiefen

Vom Zitterrochen zum Defibrillator

Zitterfische • Es gibt Fische, die können Spannungen von mehreren Hundert Volt erzeugen – wenn auch nur für einige Tausendstelsekunden. Zu diesen Fischen gehören der Zitterrochen, der Zitteraal und der elektrische Wels. → 1 Sie werden Zitterfische genannt.
Die Spannung entsteht im elektrischen Organ. Es enthält umgewandelte Hautdrüsen oder Muskeln. Beim Zitterrochen besteht das elektrische Organ aus vielen parallelen Säulen. Sie sind aus Tausenden von Gewebeplatten zusammengesetzt. Jede Gewebeplatte kann wie eine kleine Batterie wirken. In der Säule sind diese kleinen Batterien in einer Reihe geschaltet und ergeben so eine hohe Spannung.
Das elektrische Organ steht aber nicht ständig unter Spannung. Sie entsteht erst, wenn die Gewebeplatten vom Gehirn ein Signal dazu erhalten.
Die hohe Spannung an den Säulenenden – also der Körperhaut – erzeugt einen elektrischen Strom im Wasser zwischen der Ober- und Unterseite des Rochens. Dadurch werden andere Fische in unmittelbarer Nähe gelähmt und Angreifer abgeschreckt.

Nerven und Spannung • Unsere Nerven leiten elektrische Signale von den Sinnesorganen zum Gehirn und vom Gehirn zu den Muskeln. Jede Nervenzelle ist über Nervenfasern mit anderen Nerven- oder Muskelzellen verbunden. → 2

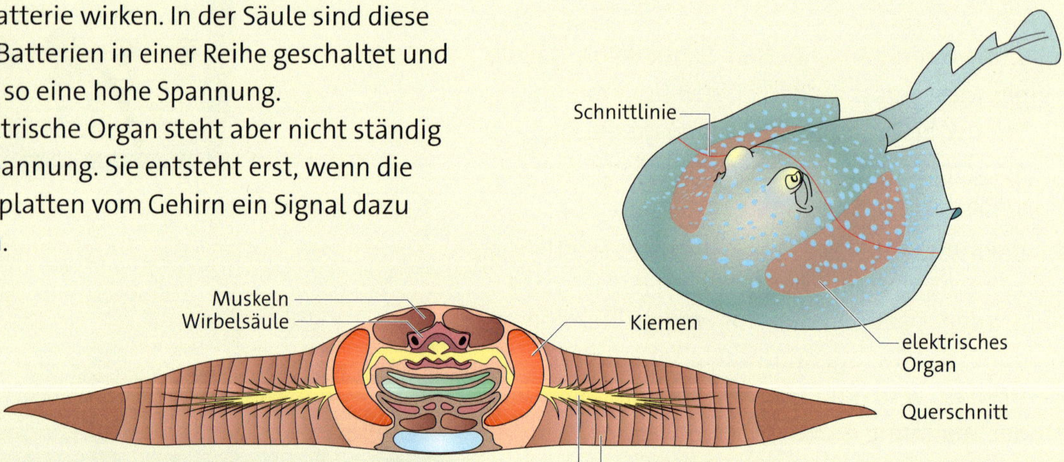

1 Taucher und Zitterrochen

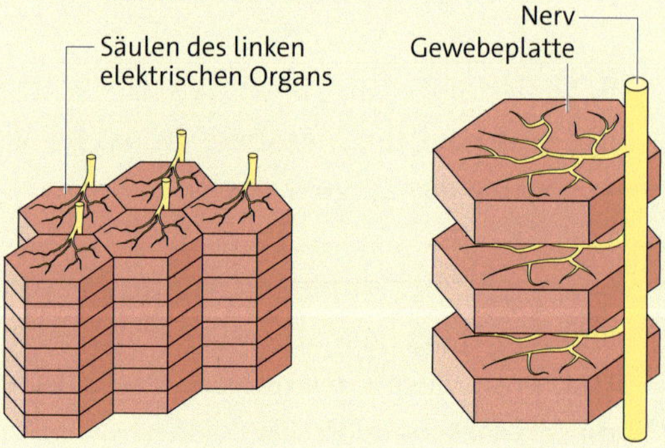

Milliarden Nervenfasern durchziehen deinen Körper. Aneinandergelegt würden sie bis zum Mond und zurück reichen. Vom Gehirn zum Fuß braucht ein elektrisches Signal aber nur eine Hundertstelsekunde! Das Signal ist eine Spannung von 0,1V zwischen dem Inneren und dem Äußeren einer Nervenzelle. Die Spannung „wandert" die Nervenfaser entlang, von einer Nervenzelle zur nächsten. Für starke Muskelbewegungen werden viele Signale von 0,1V gesendet.

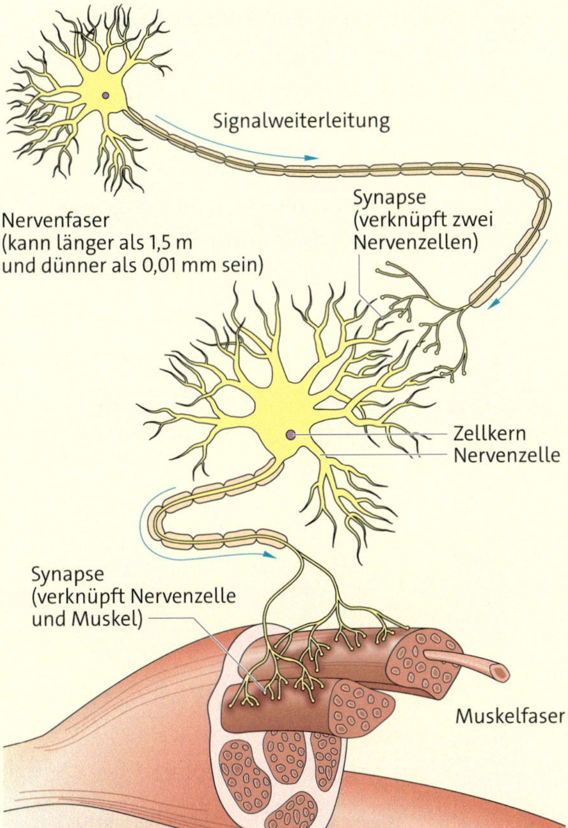

2 Nerven leiten elektrische Signale.

Defibrillator • Wenn der Herzmuskel schwer erkrankt ist, kann es zu Herzkammerflimmern und zum Herzstillstand kommen. Damit der Mensch nicht stirbt, muss sein Herz ganz schnell wieder in Gang gesetzt werden. Dazu dient der Defibrillator. → 3 Seine beiden elektrischen Kontakte werden an den Brustkorb gesetzt. Dann wird für einige Millisekunden eine Spannung von mehreren Hundert Volt eingeschaltet. Es fließt ein Strom von mehreren Ampere durch den Herzmuskel. Durch den Schock fängt das Herz wieder an, regelmäßig zu schlagen – wenn alles gut geht.

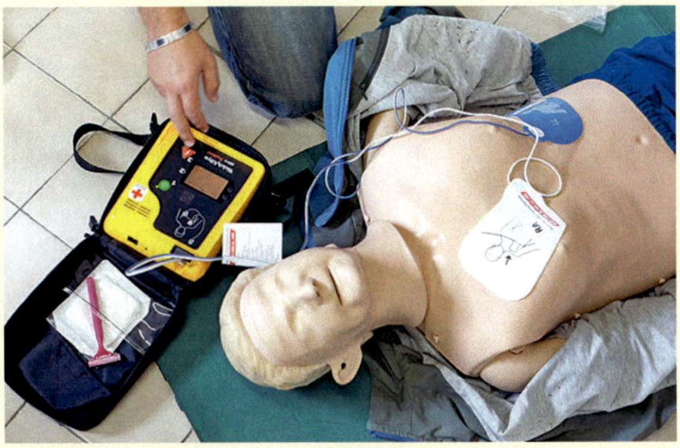

3 Defibrillator bei einer Übung

Aufgaben

1 Beschreibe, wozu Zitterrochen ihr elektrisches Organ nutzen. Erkläre, wie die hohe Spannung zustande kommt.

2 Beschreibe, wie ein Reiz vom Gehirn zu einem Muskel übertragen wird.

Energieversorgung im Haushalt*

1 Wie viele Stromkreise?

Material zur Erarbeitung: A

Die Geräte sind unabhängig voneinander in die Steckerleiste eingesteckt. Jedes Gerät hat einen eigenen Stromkreis.

Parallelschaltung • Hier sind drei Lampen parallel an eine elektrische Energiequelle angeschlossen. → 2 Die Quelle versorgt drei Stromkreise (rot, blau, gelb) mit elektrischer Energie. Die Elektronen strömen entweder durch Lampe 1, 2 oder 3.

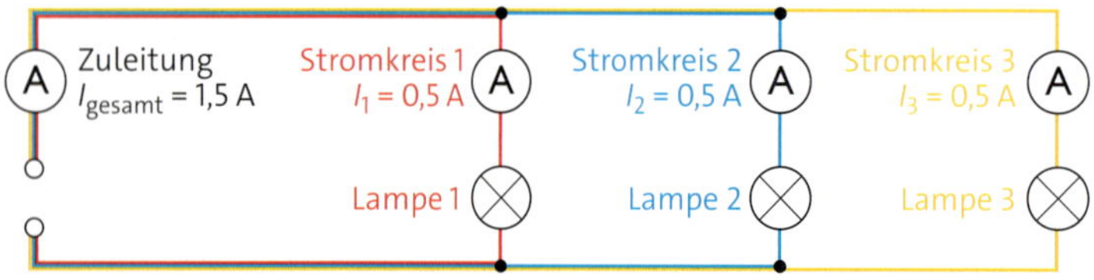

2 Drei Lampen in Parallelschaltung

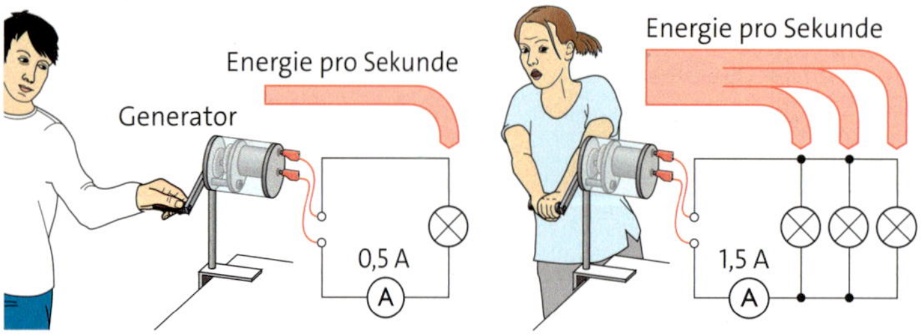

3 Energietransport bei der Parallelschaltung

Stromstärke • Je mehr Lampen parallel geschaltet sind, desto größer ist die Stromstärke in der Zuleitung. → 2 Denn hier kommen die Elektronenströme der drei Stromkreise zusammen.

Bei der Parallelschaltung summieren sich die Stromstärken:
$I_{gesamt} = I_1 + I_2 + I_3 + ...$

Spannung • Die Lampen sind alle direkt an die elektrische Energiequelle angeschlossen. → 2 Die Spannung ist also an jeder Lampe gleich groß.

Stromstärke und Energie • Der Handgenerator lässt sich umso schwerer drehen, je mehr Lampen parallel angeschlossen sind. → 3 Damit er mehr elektrische Energie pro Sekunde abgeben kann, muss die Stromstärke größer werden – und das strengt an.

Bei parallel geschalteten Geräten gilt für die transportierte Energie:
- **2-fache Stromstärke → 2-fache Energie pro Sekunde**
- **3-fache Stromstärke → 3-fache Energie pro Sekunde**

Aufgabe

1 Die Fahrradbeleuchtung ist eine Parallelschaltung.

a Zeichne den Schaltplan.

b Füge ein Messgerät für I_{gesamt} ein.

c Die Stromstärke beträgt im Scheinwerfer 0,4 A, im Rücklicht 0,1 A. Berechne die Gesamtstromstärke.

Material A

Parallelschaltung von Lampen

Materialliste: Messgerät (Ampere), 4 gleiche Lampen (4 V; 0,3 A), Netzgerät (6 V), Handgenerator

1 ○ Wie verändert sich die Stromstärke in der gemeinsamen Zuleitung, wenn man immer mehr Lampen parallel schaltet? → 4

a Baue einen einfachen Stromkreis mit einer Lampe und dem Messgerät auf. Miss die Stromstärke. Trage den Messwert in eine Tabelle ein. → 5

b Schalte eine weitere Lampe parallel hinzu, ohne den Stromkreis zu öffnen. Miss wieder die Stromstärke in der Zuleitung.

c Wiederhole die Messung mit drei und vier Lampen.

d Ergänze: „Je mehr Lampen parallel an das Netzgerät angeschlossen werden, desto ... wird die Stromstärke in der gemeinsamen Zuleitung."

e Ergänze: „Je mehr Lampen leuchten, desto mehr ... muss von der elektrischen Energiequelle übertragen werden."

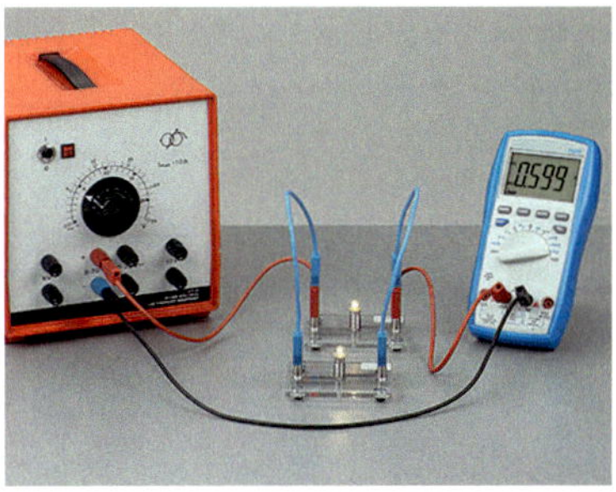

4 2 Lampen in Parallelschaltung

2 Ersetze das Netzgerät durch den Handgenerator.

a ○ Wiederhole den Versuch. Kurble beim Messen der Stromstärke immer etwa gleich schnell!

b ○ Beschreibe, was dir beim Kurbeln auffällt, wenn immer mehr Lampen dazukommen.

c ◐ Erkläre deine Beobachtung mithilfe der Energie.

Lampen	1	2	3	4
Stromstärke in der Zuleitung	?	?	?	?

5 Beispieltabelle

Material B

Stromstärke bei Haushaltsgeräten (Lehrerversuch)

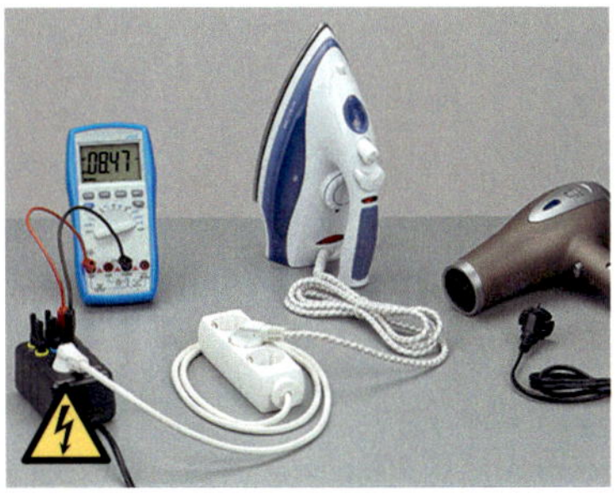

6 Stromstärke messen

Materialliste: Messgerät (Ampere), Steckdosenleiste, Sicherheitssteckdose, Elektrogeräte

Das Messgerät wird über die Sicherheitssteckdose in die Zuleitung einer Steckdosenleiste geschaltet. → 6

1 Die Elektrogeräte werden zuerst einzeln an die Steckdosenleiste angeschlossen.
○ Notiere die Stromstärke für jedes einzelne Gerät.

2 Nun werden alle Geräte gleichzeitig angeschlossen. Notiere die Gesamtstromstärke.
◐ Vergleiche die Gesamtstromstärke mit den einzelnen Stromstärken. Formuliere einen Zusammenhang.

Leistung: Spannung und Stromstärke

1 LED-Lampen für 230 Volt

Diese LED-Lampen werden alle mit 230 Volt betrieben. Sie leuchten aber verschieden hell. Wie ist das möglich?

Stromstärke, Spannung und Energie • Auf den LED-Lampen ist ihre Leistung angegeben: 3 W, 6 W, 7 W ... Je größer die Wattzahl ist, desto heller leuchtet die Lampe. Die Spannung an den Lampen ist jeweils gleich groß: 230 V. Aber die Stromstärke ist verschieden. Je größer sie ist, desto mehr elektrische Energie wird pro Sekunde transportiert und umgewandelt. → 2

Auch die Glühlampen in Bild 4 leuchten unterschiedlich hell. Bei ihnen ist die Stromstärke gleich groß. Aber die Spannung ist verschieden. Je höher sie ist, desto mehr elektrische Energie wird pro Sekunde transportiert und umgewandelt. → 3

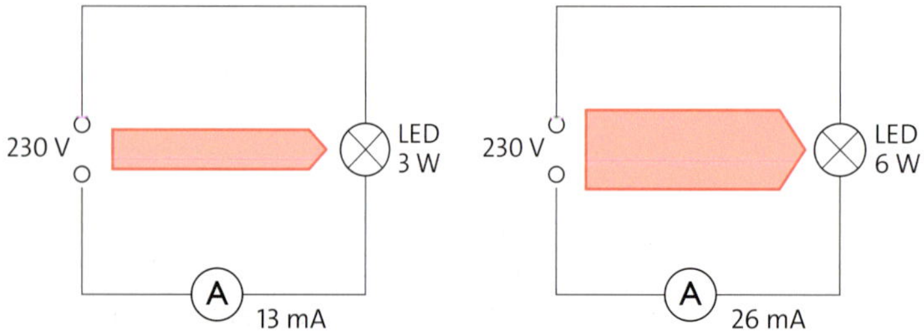

2 Gleiche Spannung, verschiedene Stromstärke

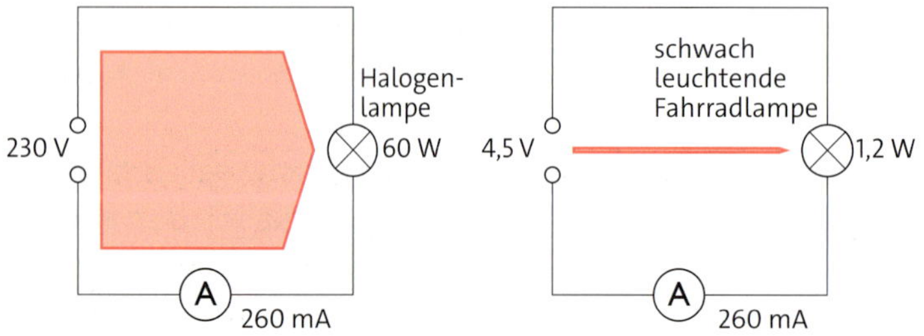

3 Gleiche Stromstärke, verschiedene Spannung

Die Leistung eines Elektrogeräts ist umso größer, je höher die Spannung ist und je größer die Stromstärke ist.

Leistung berechnen* • Wenn du die Spannung *U* und die Stromstärke *I* kennst, kannst du die Leistung *P* eines Elektrogeräts so berechnen:

Leistung =
Spannung mal Stromstärke
$P = U \cdot I$
$1\,W = 1\,V \cdot 1\,A = 1\,VA$

Aufgaben

1 ▢ Eine LED-Lampe hat eine Leistung von 3 W, eine andere 6 W. → 1
Vergleiche:
a die Stromstärken
b die Spannungen

2* ▢ Berechne jeweils die Leistung:
a Fahrradscheinwerfer (6 V; 0,4 A)
b Halogenlampe (230 V; 0,13 A)

Material A

Verschiedene Leistungen

1 In diesem Versuch sind zwei verschiedene Glühlampen an zwei verschiedene elektrische Energiequellen angeschlossen. → 4

a ◯ Gib die Spannungen an, mit denen die Lampen betrieben werden.

b ◯ Gib an, welche Größe gemessen wird. → 4

c ◐ Gib an, welche Lampe die größere Leistung hat. Begründe mithilfe von:
- Helligkeit und Energie
- Spannung und Stromstärke

d* ◯ Berechne die Leistung der beiden Lampen. Rechne mit $I = 0{,}26\,\text{A}$.

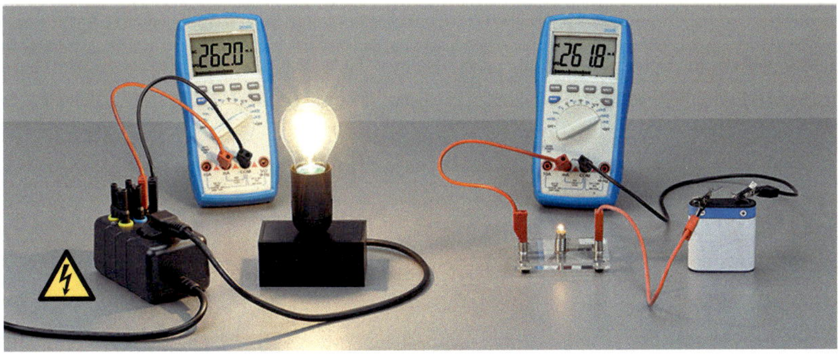

4 Stromstärke, Spannung, Leistung

Material C*

Leistung bestimmen

Materialliste: 2 Messgeräte (Ampere, Volt), Netzgerät (6 V), Elektrogeräte für 6 V (Lampen, Motor ...), Kabel

1 Aus Spannung und Stromstärke kann man die Leistung eines Geräts berechnen.

a ● Plane einen Versuch, mit dem du gleichzeitig die Spannung (in Volt) und die Stromstärke (in Ampere) der Geräte messen kannst. Zeichne den Schaltplan.

b ◐ Baue den Versuch auf. Miss bei jedem Gerät Spannung und Stromstärke.

c ◯ Berechne jeweils die Leistung.

Material B

Leistung und Stromstärke

Materialliste: Leistungsmesser, Elektrogeräte mit verschiedenen Leistungen (Wasserkocher, Haushaltslampen, Bügeleisen, Haartrockner ...)

1 ◯ Lies die Wattzahlen auf den Geräten ab. → 5 Überprüfe sie mit dem Messgerät.

2* ◐ Berechne jeweils die Stromstärke. → 6 Ergänze die Tabelle.

Gerät	Leistung, abgelesen	Leistung, gemessen	Stromstärke
Wasserkocher	1000 W	1001 W	4,35 A
Lampe	?	?	?

5 Beispieltabelle

Ein 1000-W-Tauchsieder wird mit 230 V betrieben. Berechne die Stromstärke.

$P = U \cdot I$

$1000\,\text{W} = 230\,\text{V} \cdot I \quad | : 230\,\text{V}$

$I = \frac{1000\,\text{W}}{230\,\text{V}} = \frac{1000\,\text{VA}}{230\,\text{V}} = 4{,}35\,\text{A}$

Die Stromstärke im Tauchsieder beträgt 4,35 A.

6 Beispielrechnung

Leistung: Spannung und Stromstärke

Erweitern und Vertiefen

7 Radfahrer = 1 Toast

Angenehmes Leben • Elektrische Geräte erleichtern unseren Alltag. Wir können uns ein Leben ohne elektrische Lampen, Fernseher, Computer, Handys, Waschmaschinen ... kaum noch vorstellen. Keine Fabrik, kein Krankenhaus und kein Supermarkt kann ohne elektrische Energie arbeiten. Was wäre, wenn die elektrische Energie nicht einfach aus der Steckdose käme?

Robert toastet • Ein Fahrraddynamo erzeugt elektrische Energie und damit kann man einen Toaster antreiben. Bekommt man eine Scheibe Toast durch Radfahren goldbraun? Der Bahnradprofi Robert Förstemann hat es versucht. → [1] Seine Trainingsmaschine war so eingestellt, als ob er einen extrem steilen Berg hochfahren würde. Sein Puls stieg beim Fahren bis auf 170 Herzschläge pro Minute – in Ruhe sind es nur rund 60. Nach zwei Minuten war der Profi völlig ausgepowert und musste sich auf dem Boden ausruhen. Und der Toast? Der ist blassgelb geworden.

Das „Radelkraftwerk" • Nur wenige Menschen sind so durchtrainiert wie Robert Förstemann. Um zu Hause einen 700-W-Toaster mit dem Fahrrad zu betreiben, bräuchte man rund 7 „normale" Radfahrer, die für mehrere Minuten kräftig in die Pedale treten. Zum Betrieb einer Waschmaschine mit 2 kW müssten 20 normale Radfahrer mehr als eine Stunde strampeln. → [2] Selbst drei Robert Förstemanns würden diese Zeit nicht durchhalten. Sie müssten ständig abgelöst werden.

[1] Robert Förstemann strampelt für einen Toast.

[2] 20 Radfahrer für einmal saubere Wäsche

Aufgaben

1 Berechne die elektrische Energie in kWh, die Robert Förstemann in 2 Minuten an den Toaster (700 W) übertragen hat.
Tipps: $700\text{ W} = 0{,}7\text{ kW}$; $1\text{ min} = \frac{1}{60}\text{ h}$

2 Jeder Einwohner einer Großstadt nutzt rein rechnerisch ständig eine elektrische Leistung von 1 kW. Berechne, wie viele Radfahrer Tag und Nacht für eine Millionenstadt schuften müssten.

der Akku
die Ladung
die Amperestunde

Erweitern und Vertiefen

Kleine und große Akkus

Energiewandler Akku • Viele elektronische Geräte sind unterwegs einsetzbar, weil sie mit leichten Akkus betrieben werden. Akkus können immer wieder aufgeladen werden. Sie wandeln die zugeführte elektrische Energie in chemische Energie um und speichern sie.

Ladung • Die Ladung eines Akkus wird in Milliamperestunden (mAh) oder in Amperestunden (Ah) angegeben: 1 Ah = 1000 mAh. Der Akku in einem Handy hat z. B. die Ladung 3000 mAh. → 3 Wenn das Gerät im Dauerbetrieb eine Stromstärke von 200 mA hat, kann man 15 h lang telefonieren.

Energie • Wenn man die Akkuladung mit der Spannung malnimmt, erhält man die gespeicherte Energie. Für unser Handy bedeutet das:
$E = 3{,}7\,\text{V} \cdot 3{,}0\,\text{Ah} = 11{,}1\,\text{VAh} = 11{,}1\,\text{Wh}$.

Speicher erweitern • Für größere Stromstärken bei gleicher Spannung schaltet man Akkus parallel. → 4 Drei Akkus mit einer Spannung von 1,2 V und einer Ladung von jeweils 2500 mAh speichern eine Energie von 9 Wh:
$E = 3 \cdot 1{,}2\,\text{V} \cdot 2{,}5\,\text{Ah} = 9{,}0\,\text{Wh}$.

Starterbatterie • Der Motor im Auto wird von einem großen Akku gestartet. → 5 Der Akku speichert eine Energie von fast 1 kWh:
$E = 12\,\text{V} \cdot 75\,\text{Ah} = 900\,\text{Wh} = 0{,}90\,\text{kWh}$.
Der Akku wird von der Lichtmaschine aufgeladen. Die Lichtmaschine ist ein Generator und wird vom Motor angetrieben.

Aufgaben

1 Eine Taschenlampe soll 40 h lang bei einer Stromstärke von 60 mA leuchten. Berechne, wie groß die Ladung des Akkus mindestens sein muss.

2 Herr Lux stellt sein Auto ab und lässt das Licht aus Versehen an. Es fließt ein ständiger Strom von 15 A.
Berechne, wie lange die Starterbatterie (75 Ah) Energie dafür hat.

3 Der Akku eines Elektroautos hat eine Spannung von 400 V und speichert eine Energie von 26 kWh. Beim Aufladen fließt ein Strom von 5 A.
Berechne, wie lange das Aufladen dauert.

3 Akku für das Handy

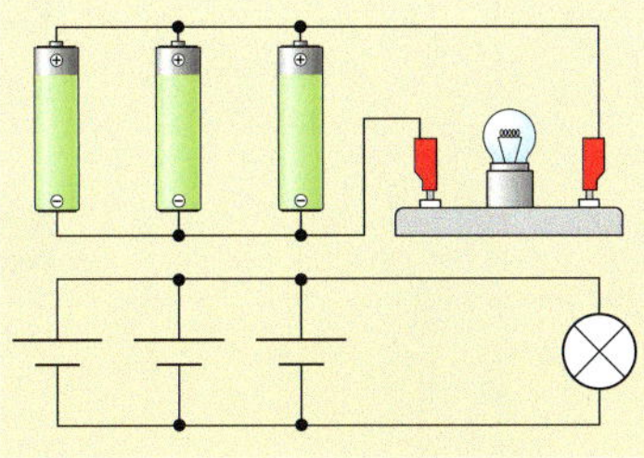
4 3 Akkus = 1 Energiespeicher

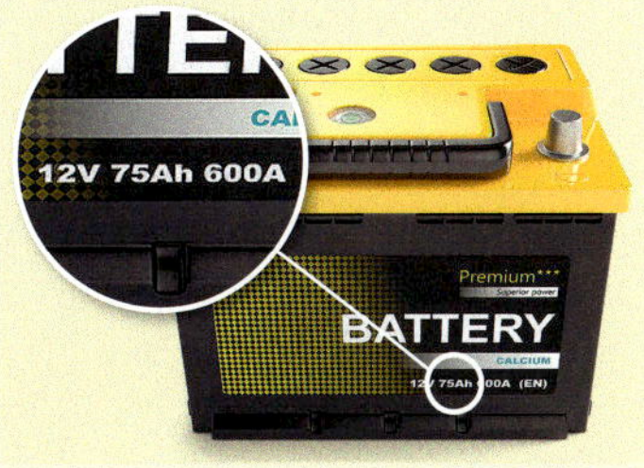

5 Starterbatterie

Schutzmaßnahmen im Stromnetz

1 Warum sind plötzlich alle Geräte aus?

Material zur Erarbeitung: A

Uli hat die Mikrowelle eingeschaltet – und plötzlich sind alle Geräte in der Küche aus. Die Sicherung ist „raus".

Sicherungen • Je mehr Geräte an eine Steckdose angeschlossen werden, desto größer wird die Stromstärke in der Zuleitung. Bei großer Stromstärke werden die Drähte heiß. Bevor ein Feuer ausbricht, unterbricht eine Sicherung den Stromkreis. → 2 Sie ist die „schwächste Stelle" im Stromkreis.

Schmelzsicherungen enthalten einen dünnen Draht. → 3 Er schmilzt, bevor die Stromstärke zu groß wird.
Sicherungsautomaten enthalten einen Elektromagneten. Bei großer Stromstärke öffnet er einen Schalter. Sicherungsautomaten können immer wieder von Hand eingeschaltet werden.

Schutzleiter • Die meisten Leitungen im Haushalt haben drei „Adern": Außenleiter, Neutralleiter und Schutzleiter. → 4 Außen- und Neutralleiter sind für den Transport der elektrischen Energie zuständig. Der Neutralleiter in der Zuleitung zum Haus ist leitend mit dem Erdreich verbunden („Erdung"). Der gelb-grüne Schutzleiter soll uns vor Elektrounfällen schützen:

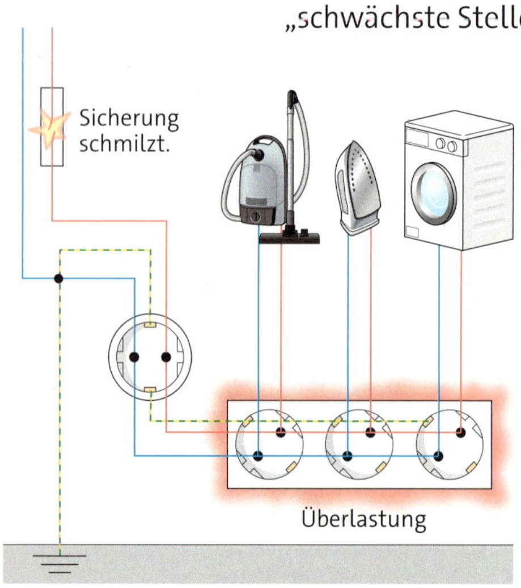

2 Überlastung und Schmelzsicherung

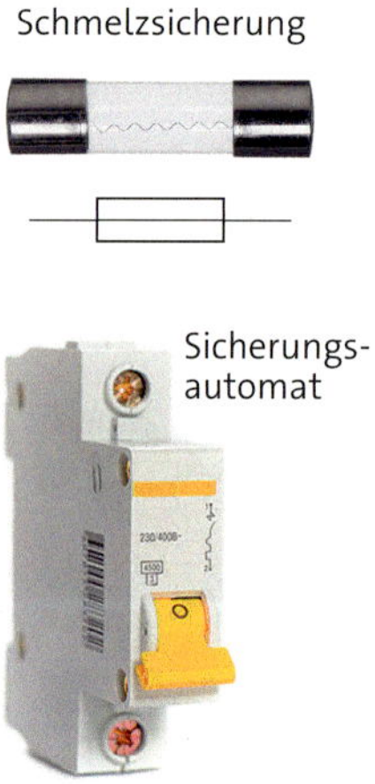

3 Sicherungen

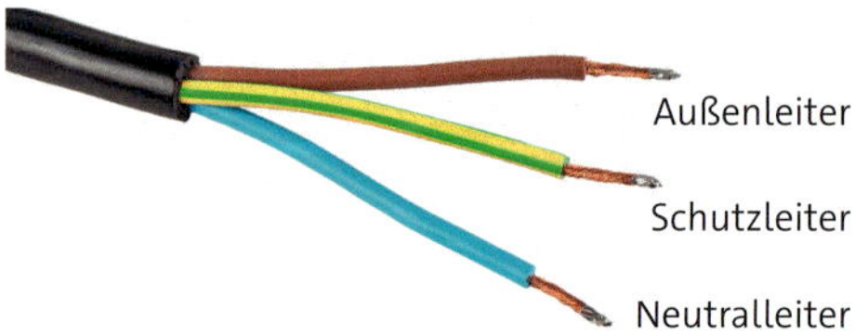

4 Leitung mit drei „Adern"

die **Sicherung**
der **Schutzleiter**
der **Fehlerstrom-schutzschalter**

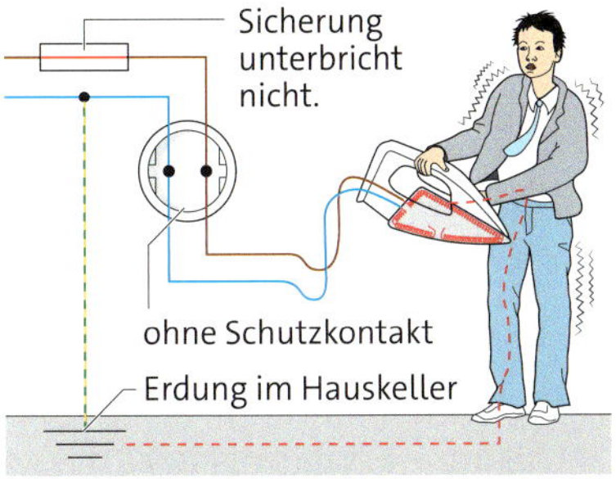

5 Bügeleisen ohne Schutzleiter

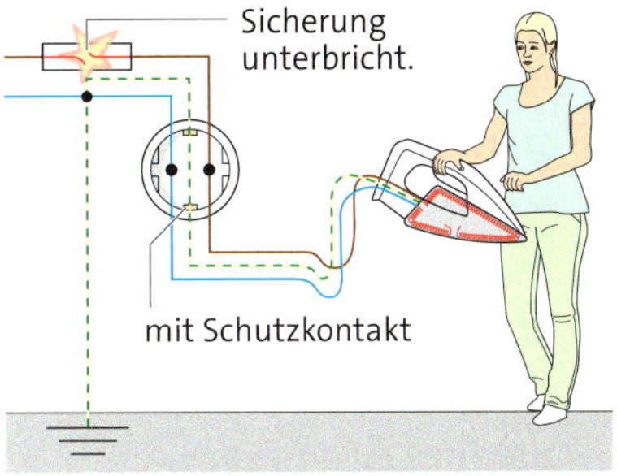

6 Bügeleisen mit Schutzleiter

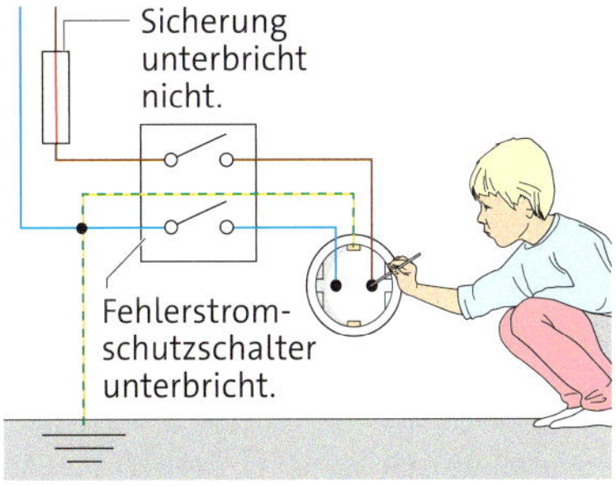

7 Fehlerstromschutzschalter

- Ulis Bügeleisen hat keinen Schutzleiter, die Steckdose keinen Schutzkontakt. → 5 Der Außenleiter im Bügeleisen ist kaputt, der blanke Draht stößt gegen das Gehäuse aus Metall. Uli fasst ans Gehäuse – und bekommt einen lebensgefährlichen Stromschlag! Ein Elektronenstrom fließt vom Außenleiter durch das Gehäuse, Uli, den Fußboden und die Erdung zum Neutralleiter. Der lebensgefährliche Strom ist nicht so groß, dass die Sicherung auslöst.
- Sarahs Bügeleisen hat einen Schutzleiter, die Steckdose einen Schutzkontakt. → 6 Der Schutzleiter ist leitend mit dem Gehäuse des Bügeleisens verbunden. Auch hier stößt der blanke Draht des Außenleiters gegen das Gehäuse aus Metall. Sarah schaltet das Bügeleisen ein – und sofort gehen alle elektrischen Geräte im Zimmer aus. Eine Sicherung hat den Stromkreis unterbrochen. Der Elektronenstrom ist vom Außenleiter durch den Schutzleiter direkt zum Neutralleiter geflossen – an Sarah vorbei. Die Stromstärke war so hoch, dass die Sicherung den Stromkreis unterbrochen hat.

Fehlerstromschutzschalter • Der Schalter unterbricht den Stromkreis automatisch, wenn die Stromstärken im Außenleiter und im Neutralleiter verschieden sind: → 7 8
Ein Kind steckt eine Nadel in die Steckdose. → 7 Nun fließt ein Elektronenstrom durch das Kind. Die Stromstärke ist so klein, dass die Sicherung nicht unterbricht. Im Fehlerstromschutzschalter ist die Stromstärke im Außenleiter aber ein klein wenig größer als im Neutralleiter. Deshalb unterbricht er den Stromkreis sofort – und dem Kind passiert nichts.

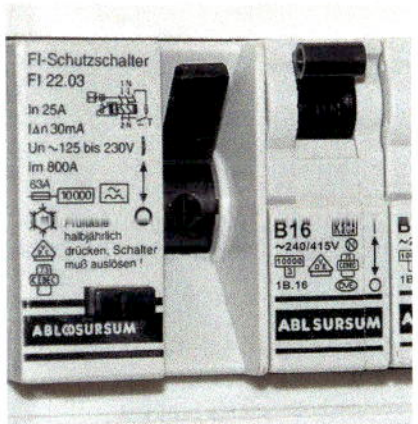

8 Fehlerstromschutzschalter

Sicherungen schützen elektrische Anlagen vor zu großer Stromstärke. Schutzleiter und Fehlerstromschutzschalter schützen den Menschen vor Elektrounfällen.

Aufgaben

1 ○ Viele Leitungen haben drei „Adern". Nenne sie und ihre Aufgaben. → 4

2 ◐ Erkläre, was mit der Sicherung bei Überlastung geschieht. → 2

Schutzmaßnahmen im Stromnetz

Material A

Überlastung und Sicherung (Lehrerversuch)

Materialliste: 3 Lampen (6 V; 2,4 W), 2 Konstantandrähte (5 und 15 cm lang, 0,2 mm dick), Netzgerät (6 V; 5 A), Messgerät (Ampere), 4 Tonnenfüße, 4 Isolatoren, Kabel

1 Nacheinander werden immer mehr Lampen parallel an das Netzgerät angeschlossen. → 1
○ Beobachte, wie sich die Stromstärke in der gemeinsamen Zuleitung verändert.

2 Das Netzgerät wird ausgeschaltet. Dann wird das Messgerät durch den kurzen Konstantandraht ersetzt und der lange Konstantandraht parallel zu den Lampen geschaltet. Jetzt wird das Netzgerät wieder eingeschaltet und die Stromstärke langsam erhöht, bis die „Sicherung" durchbrennt.
◑ Erkläre die Beobachtung.

Achtung • Konstantandrähte nicht berühren, solange sie Teil des Stromkreises sind.

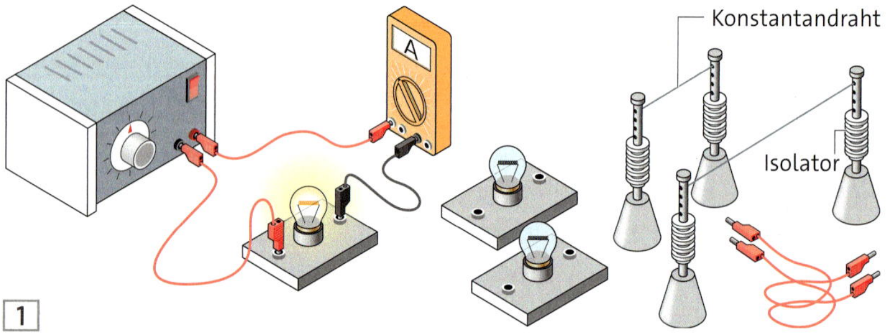

1

Material B

Kurzschluss (Lehrerversuch)

Das Kabel ist kaputt. → 2
Der Außenleiter hat Kontakt mit dem Neutralleiter. Es fließt ein großer Strom an der Lampe vorbei. Die Sicherung unterbricht den Stromkreis. Stelle diesen Kurzschluss im Versuch nach.

Materialliste: Lampe (6 V; 2,4 W), Konstantandraht (50 cm lang, 0,2 mm dick), Netzgerät (6 V; 5 A), Schraubendreher, 2 Tonnenfüße, 2 Isolatoren, Kabel

1 Baue den Versuch auf. → 3
Wenn die Lampe leuchtet, wird kurzzeitig mit dem Schraubendreher ein Kurzschluss hergestellt.
◑ Beschreibe und erkläre deine Beobachtung.

Achtung • Konstantandraht nicht berühren, solange er Teil des Stromkreises ist.

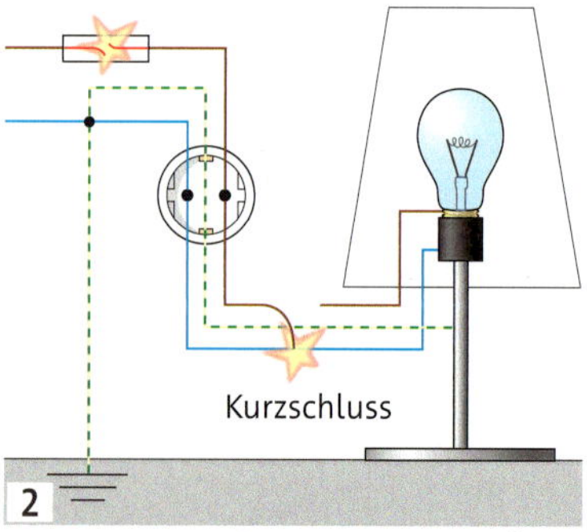

2

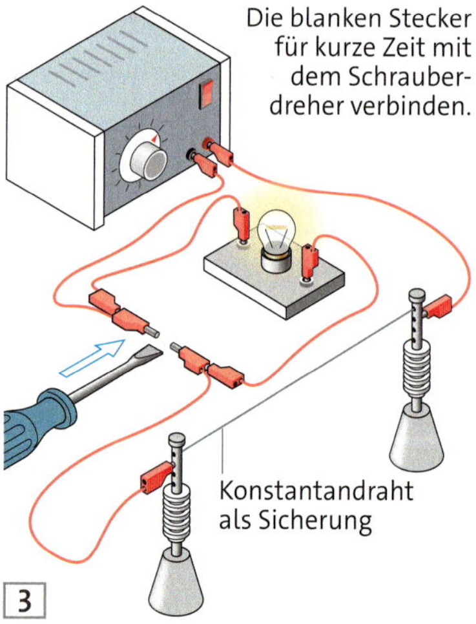

3

Material C

Alles gesichert

1 Zwei Elektromotoren und eine Glühlampe sind parallel geschaltet. → 4

a ▢ Gib an, für welche Geräte die Sicherung wirkt.

b ▢ Übertrage den Schaltplan in dein Heft. Ändere sie so, dass alle Geräte abgesichert sind.

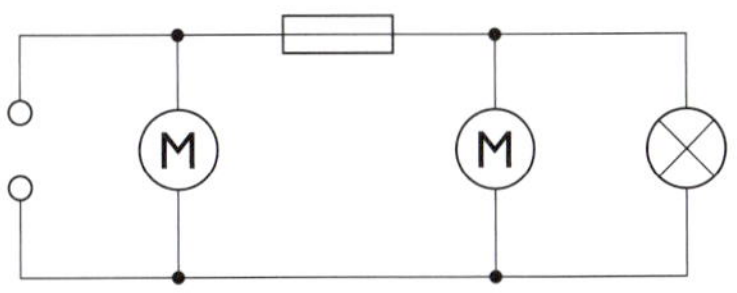

4

Material D*

Überlastung?

1 ◐ Die Waschmaschine wird gleich eingesteckt. → 5 Die Sicherung unterbricht den Stromkreis bei mehr als 16 A. Berechne, was geschieht.

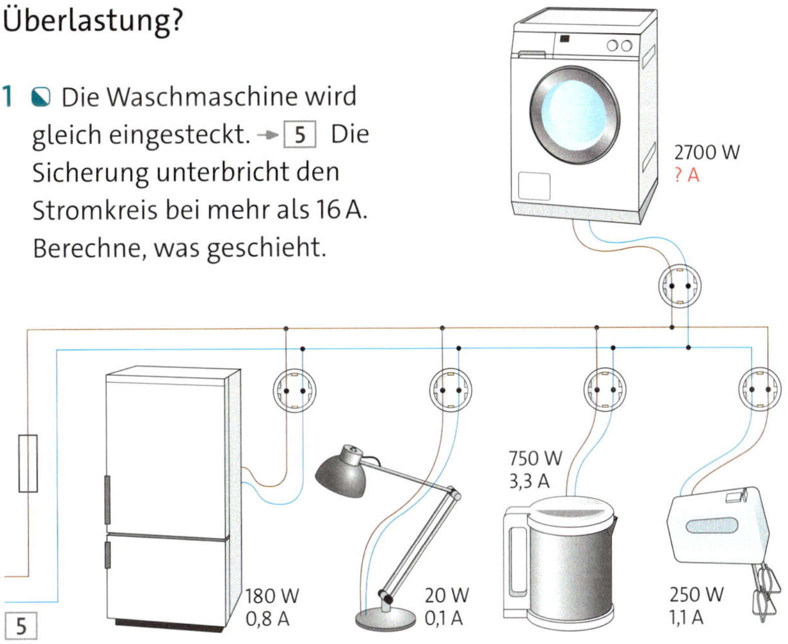

5

Material E

Ohne Schutzleiter

1 Zwei Geräte in dieser Steckdosenleiste haben Stecker ohne Schutzkontakt und ohne Schutzleiter. → 6
◐ Wähle dazu die richtige Aussage aus:

a Die beiden Geräte sind lebensgefährlich.

b Die beiden Geräte haben einfache Stecker, weil das billiger ist.

c Die beiden Geräte haben Gehäuse aus Kunststoff, der nicht leitet.

6

Material F

Sichere Kabeltrommel

1 ● Bevor man an der Kabeltrommel Geräte mit großen Leistungen betreibt, sollte man das Kabel abwickeln. → 7 Begründe diese Sicherheitsmaßnahme.

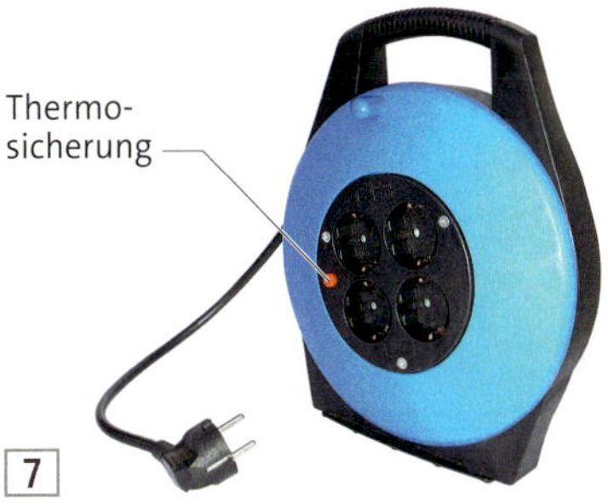

7

Stromstärke – Spannung – Leistung

Zusammenfassung

Kurz und knapp • Der Kreislauf von Elektronen überträgt elektrische Energie von der elektrischen Energiequelle zum Gerät. Die Quelle treibt den Elektronenstrom an, das Gerät bremst ihn.

Elektrische Spannung • Sie gibt an, wie kräftig die Quelle den Elektronenstrom antreibt.
Das Messgerät wird parallel angeschlossen. → 1
Einheit: 1 Volt (1 V)
Im einfachen Stromkreis ist die Spannung am Gerät genauso groß wie an der Quelle.
Je größer die Spannung ist, desto mehr elektrische Energie wird pro Sekunde zum Gerät transportiert (bei gleicher Stromstärke).

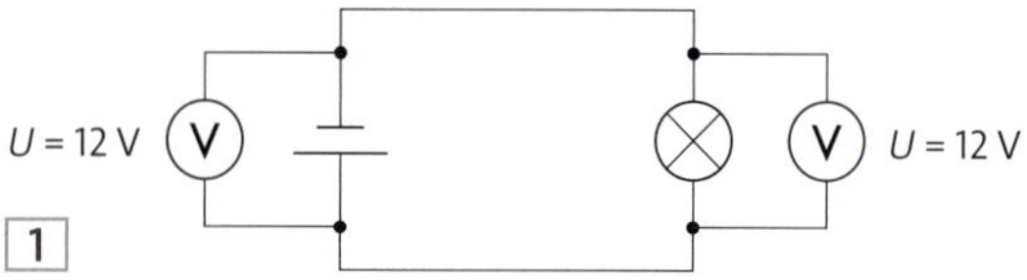

1

Elektrische Stromstärke • Sie gibt an, wie viele Elektronen pro Sekunde an einer Stelle des Stromkreises vorbeiströmen. → 2
Das Messgerät wird in Reihe eingebaut. → 3
Einheit: 1 Ampere (1 A)
Im einfachen Stromkreis ist die Stromstärke überall gleich groß.
Je größer die Stromstärke ist, desto mehr elektrische Energie wird pro Sekunde zum Gerät transportiert (bei gleicher Spannung).

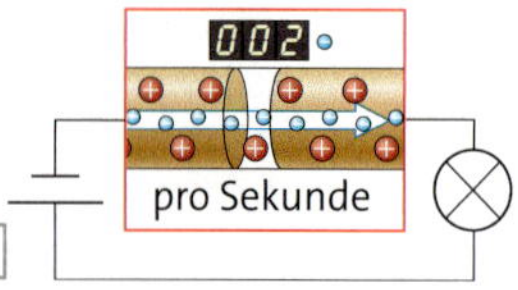

2

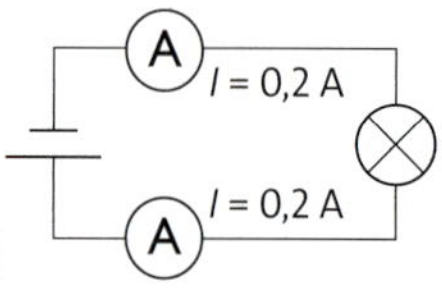

3

Elektrischer Widerstand • Er gibt an, wie kräftig das Gerät den Elektronenstrom bremst.

Reihenschaltungen • Bei elektrischen Energiequellen summieren sich die Spannungen:
$U_{gesamt} = U_1 + U_2$. → 4
Bei Geräten teilt sich die Spannung auf:
$U_{Quelle} = U_1 + U_2$. → 5
Die Stromstärke ist in jedem Gerät gleich groß.

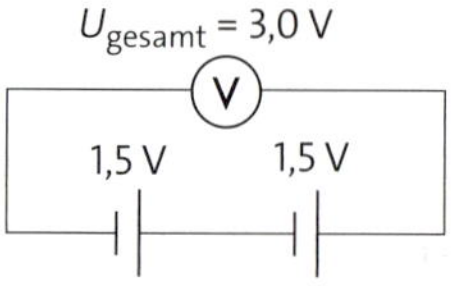

4

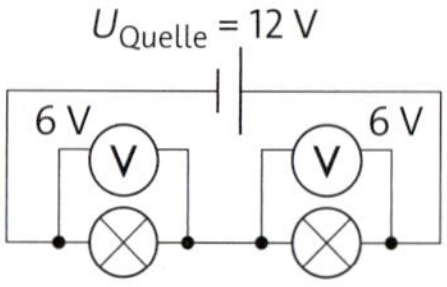

5

Parallelschaltung von Geräten* • Die Stromstärken summieren sich: $I_{gesamt} = I_1 + I_2$. → 6
Die Spannung ist an jedem Gerät gleich groß.

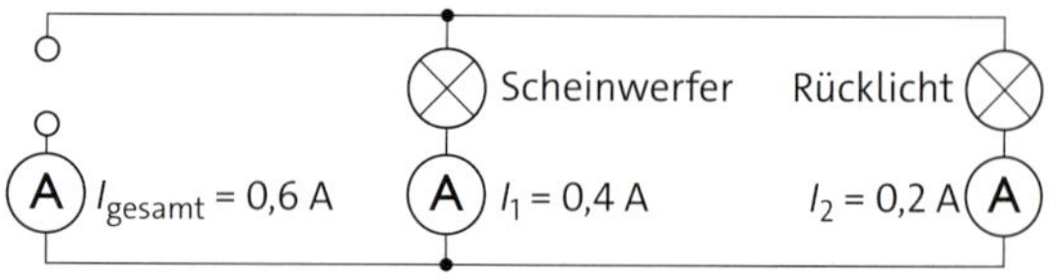

6

Elektrische Leistung • Sie gibt an, wie viel elektrische Energie das Gerät pro Sekunde umwandelt. Sie ist umso größer, je größer die Stromstärke und je größer die Spannung ist.
Berechnung:* $P = U \cdot I$

Schutzmaßnahmen • Sicherungen schützen elektrische Anlagen vor zu großer Stromstärke. → 7
Schutzleiter und Fehlerstromschutzschalter schützen den Menschen vor Elektrounfällen.

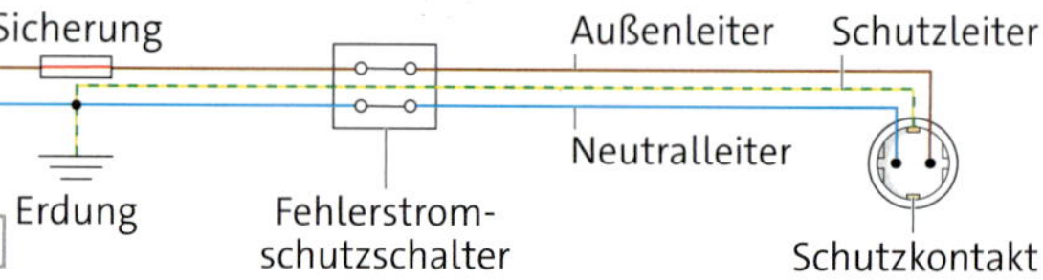

7

Aufgaben

Stromstärke

1 Ein Stromkreis besteht aus Netzgerät, Motor, Schalter und Kabeln.
a ○ Beschreibe, wie du die Stromstärke misst.
b ◐ Zeichne den Schaltplan mit Messgerät.

2 ○ Lies die Stromstärke richtig ab. → 8 – 10
Gib jeden Messwert in A und mA an.

8 – 10 Ableseübung

3 ● „Meine Taschenlampe verbraucht Strom."
Bewerte diese Aussage.

Spannung

4 Ein Stromkreis besteht aus Generator, Lampe, Schalter und Kabeln.
a ○ Beschreibe, wie du die Spannung am Generator misst.
b ◐ Zeichne den Schaltplan mit Messgerät.

5 ◐ Eine Energiesparlampe leuchtet nicht, wenn sie an eine Flachbatterie angeschlossen wird. Erkläre die Beobachtung.

Schaltungen

6 ◐ Eine Campinglampe braucht eine Spannung von 12 V.
a Gib an, mit wie vielen Batterien (1,5 V) man diese Spannung erreichen kann.
b Zeichne, wie die Batterien geschaltet sind.

7 ◐ Eine Lichterkette für das Wohnmobil hat 10 Lampen in einer Reihenschaltung. Sie ist an die Autobatterie (12 V) angeschlossen. Berechne die Spannungen an den Lampen.

8* ○ Zeichne die Parallelschaltung ohne die Messgeräte ab. → 6 Markiere die Stromkreise mit verschiedenen Farben.

9* Drei gleiche Lampen werden parallel an ein Netzgerät angeschlossen.
a ○ Zeichne den Schaltplan.
b ◐ In der gemeinsamen Zuleitung beträgt die Stromstärke 1,2 A. Berechne die Stromstärke in jeder Lampe.

Leistung

10 ◐ Eine Glühlampe hat eine Leistung von 60 W, eine andere hat nur 1,2 W Leistung. Die Stromstärke ist jeweils gleich. Erkläre, wie das möglich ist.

11* ◐ Berechne:
a Leistung einer Taschenlampe (4,5 V; 0,3 A)
b Stromstärke in einer Glühlampe (6 V; 2,4 W)
c Spannung an einer Lampe (2,4 W; 400 mA)

Schutzmaßnahmen

12* ● Im Wohnzimmer laufen mehrere Geräte, die Stromstärke beträgt 8,8 A. Berechne, ob die 10-A-Sicherung herausspringt, wenn der Staubsauger (800 W) eingeschaltet wird.

13 ● Klara schaltet das Bügeleisen ein – und die Sicherung springt heraus. Erkläre drei Möglichkeiten, wie das passiert sein kann.

Der elektrische Widerstand

1 2 Durch welchen „Wald" könntest du schneller laufen?

Material zur Erarbeitung: A

Zwischen den Apfelbäumen kommt man leicht voran. Der Wald aus Bambus ist dagegen voller Hindernisse. In Drähten ist es ähnlich.

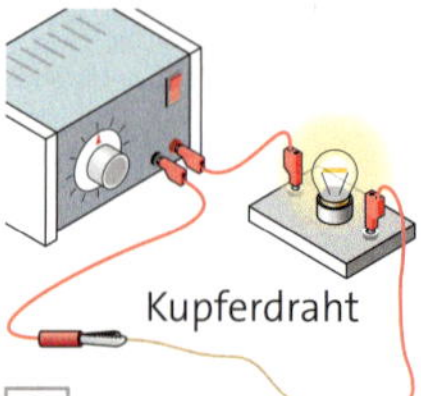

3

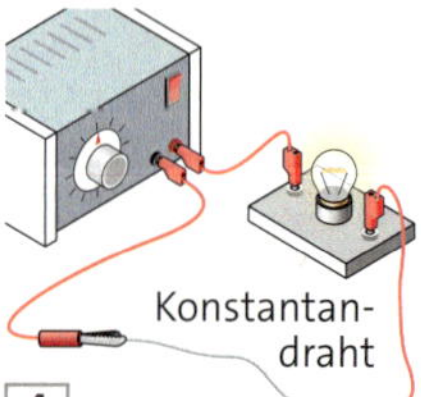

4

Drähte leiten unterschiedlich gut • Die gleiche Lampe leuchtet im Stromkreis mit dem Kupferdraht heller als im Stromkreis mit dem Konstantandraht. → 3 4 Die Stromstärke ist im Kupferdraht größer als im Konstantandraht. Der Kupferdraht leitet besser.

Erklärung im Modell • Wir stellen uns vor, dass die positiven Teilchen im Kupferdraht in Reihen stehen wie die Apfelbäume in der Obstplantage. → 5

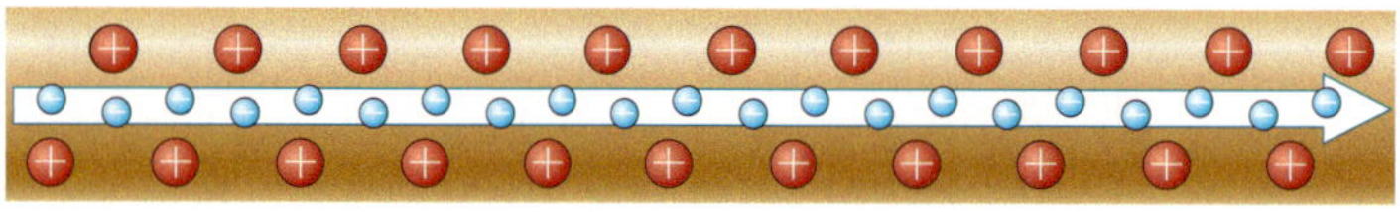

5 Leitung im Kupferdraht (Modellvorstellung)

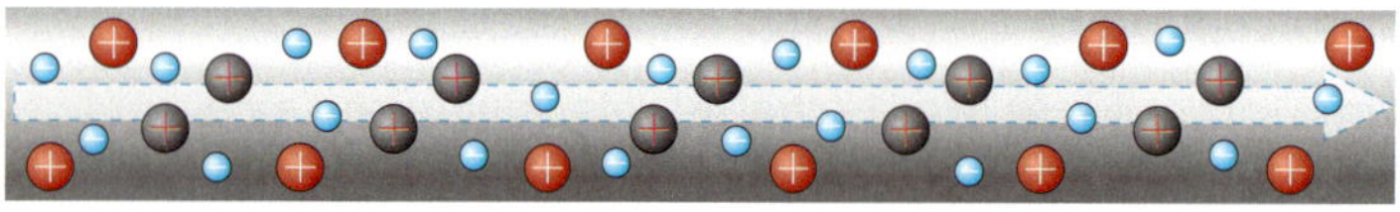

6 Leitung im Konstantandraht (Modellvorstellung)

Die Elektronen können relativ schnell durch den Kupferdraht strömen. Sie stoßen nur selten gegen die positiven Teilchen. Die Stromstärke ist groß.
Im Konstantandraht sind die positiven Teilchen dagegen nicht in Reihen angeordnet. → 6 Die Elektronen stoßen oft an und kommen relativ langsam voran. Die Stromstärke ist gering.
Die Stöße der Elektronen lassen die positiven Teilchen stärker hin- und herschwingen: Der Draht wird warm.

Drähte lassen den Elektronenstrom nicht ungehindert durch. Sie haben einen elektrischen Widerstand.
Je schlechter ein Draht leitet, desto größer ist sein Widerstand.

Widerstand • Er wird in Formeln mit R bezeichnet (engl. resistance: Widerstand). Die Einheit ist 1 Ohm (1 Ω). Große Widerstände gibt man in Kiloohm (kΩ) oder Megaohm (MΩ) an: 1000 Ω = 1 kΩ; 1000 kΩ = 1 MΩ.
Vielfachmessgeräte können Stromstärke, Spannung und Widerstand messen.

Aufgaben

1 ○ Ergänze: „Je besser ein Draht leitet, desto ... ist sein Widerstand."

2 ◐ Nenne den Draht mit dem größeren Widerstand. → 5 6 Begründe.

3 ○ Rechne um:

2000 Ω = ? kΩ	200 kΩ = ? MΩ
32 kΩ = ? Ω	12 MΩ = ? kΩ = ? Ω

Material A

Stromstärke bei verschiedenen Drähten

Materialliste: Glühlampe (4 V; 1 A oder 6 V; 0,6 A), Netzgerät (4 oder 6 V), Drähte aus Kupfer, Eisen, Konstantan (jeweils 0,2 mm dick und 0,5 m lang), Messgerät (Ampere), 2 Tonnenfüße, 2 Isolatoren, Kabel

1 ▢ Die Lampe wird über die verschiedenen Drähte angeschlossen. → 7 Leuchtet sie immer gleich hell?

a Schließe die Lampe direkt an das Netzgerät an. Beschreibe, wie hell sie leuchtet.

b Gleich sollen die Drähte in den Stromkreis eingebaut werden. Wird sich die Helligkeit der Lampe verändern? Schreibe deine Vermutung auf.

c Baue die Drähte nacheinander in den Stromkreis ein. Beobachte und vergleiche jeweils, wie hell die Lampe leuchtet. Vergleiche auch mit deiner Vermutung.

2 ▢ Baue das Messgerät in den Stromkreis ein.

a Miss bei den drei Drähten jeweils die Stromstärke. Trage die Messwerte in eine Tabelle ein. → 8

b Gib an, welcher Draht den größten Strom zulässt und welcher den kleinsten.

c Der Widerstand eines Drahts ist groß, wenn er nur einen kleinen Strom zulässt. Ordne den Drähten einen Widerstand zu: groß, mittel, klein. Ergänze die Tabelle.

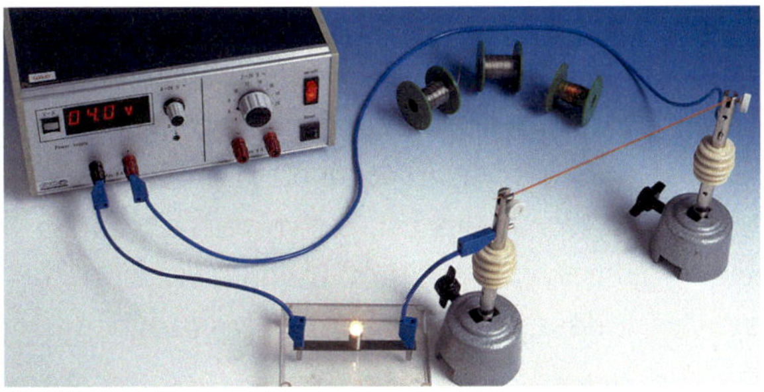

7 Die Lampe zeigt die Stromstärke an.

Draht aus:	Stromstärke	Widerstand
Kupfer	? mA	?
Eisen	? mA	?
Konstantan	? mA	?

8 Stromstärke und Widerstand der Drähte

Achtung • Blanke Drähte nicht berühren, solange sie Teil des Stromkreises sind.

Material B

Drähte und Stromstärke

Draht aus:	Stromstärke
Kupfer	3,64 A
Eisen	0,63 A
Konstantan	0,12 A

9 Gleiche Spannung – verschiedene Stromstärken

1 ▢ In einem Versuch werden gleich lange und dicke Drähte aus verschiedenen Stoffen an ein Netzgerät angeschlossen. Es werden unterschiedliche Stromstärken gemessen. → 9

a Sortiere die Drähte nach ihrem Widerstand. Beginne mit dem größten Widerstand.

b Ergänze:
- Der Draht mit der größten Stromstärke hat den ... Widerstand.
- Der Draht mit dem größten Widerstand lässt den ... Strom zu.

Wovon hängt der Widerstand ab?

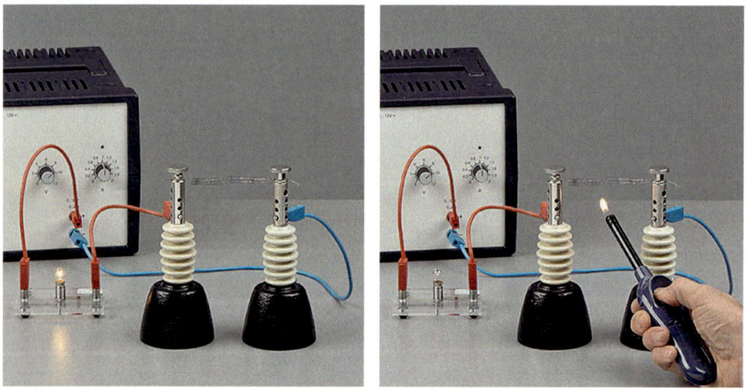

1 Die Glühlampe wird abgedunkelt – mit einer Flamme!

Materialien zur Erarbeitung: A–B

Der Draht wird heiß – die Lampe wird dunkel. Der Widerstand des Drahts hat sich verändert. Wovon hängt er ab?

Temperatur • Je wärmer ein Draht ist, desto größer ist in der Regel sein Widerstand. → 2
Bei steigender Temperatur schwingen die positiven Teilchen im Draht stärker hin und her, sodass die strömenden Elektronen häufiger gegen sie stoßen. Stelle dir vor, dass dein Gegenspieler beim Fußball nicht nur einfach dasteht, sondern sich rasch hin- und herbewegt. Dann wird es schwerer, an ihm vorbeizukommen.
Nur bei Konstantan hängt der Widerstand nicht von der Temperatur ab.

Länge • Je länger ein Draht ist, desto größer ist sein Widerstand. → 2
Auf ihrem Weg durch den langen Draht stoßen die Elektronen viel häufiger gegen positive Teilchen als im kurzen Draht.

Dicke • Je dünner ein Draht ist, desto größer ist sein Widerstand. → 2
Im dünnen Draht haben die Elektronen nur wenig Platz, um gleichzeitig durchzukommen.

Material • Kupfer hat nur einen geringen Widerstand. Deshalb benutzt man es oft für elektrische Leitungen. Die meisten anderen Metalle haben einen größeren Widerstand. → 3
Kunststoffe und andere Isolatoren haben einen besonders hohen Widerstand. Das liegt aber nicht daran, dass die positiven Teilchen in ihnen besonders unregelmäßig verteilt sind. In ihnen gibt es kaum freie Elektronen, sodass praktisch kein Strom möglich ist.

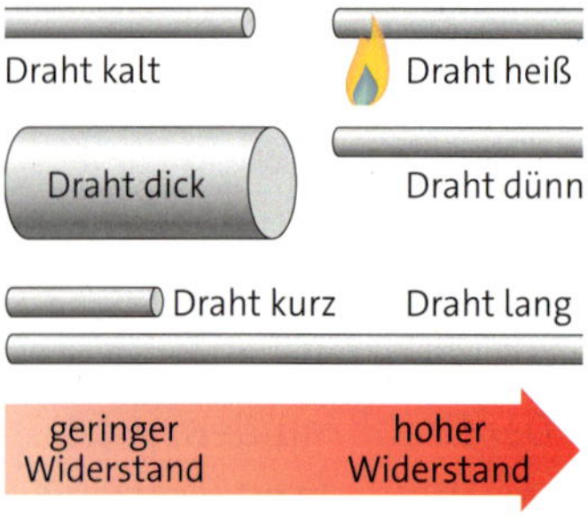

2 Temperatur, Länge, Dicke

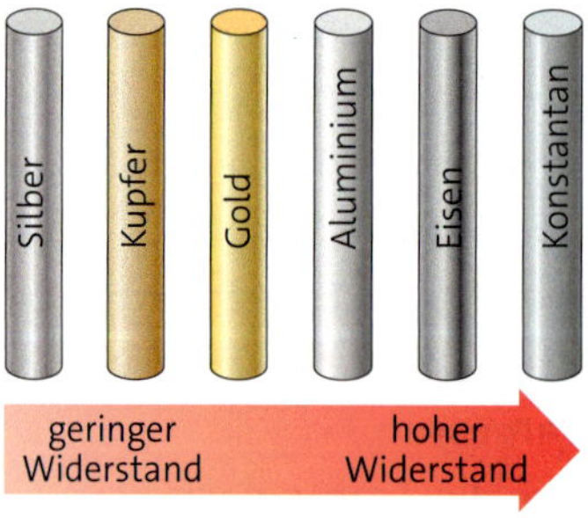

3 Material

Der Widerstand eines Drahts hängt vom Material ab.
Der Widerstand ist umso größer:
- je länger der Draht ist
- je dünner der Draht ist
- je höher die Temperatur ist

Aufgabe

1 ○ Bilde Sätze zu Bild 2 nach folgendem Muster: „Je länger der Draht ist, desto ... ist sein Widerstand und desto ... leitet der Draht."

der Konstantandraht

Material A

Widerstand beim Erwärmen und Abkühlen

Materialliste: Drähte aus Eisen und Konstantan (jeweils 0,5 m lang, 0,2 mm dick), Bleistiftmine, Messgerät (Ohm), 2 Tonnenfüße, 2 Isolatoren, Kabel, Föhn, Eisspray

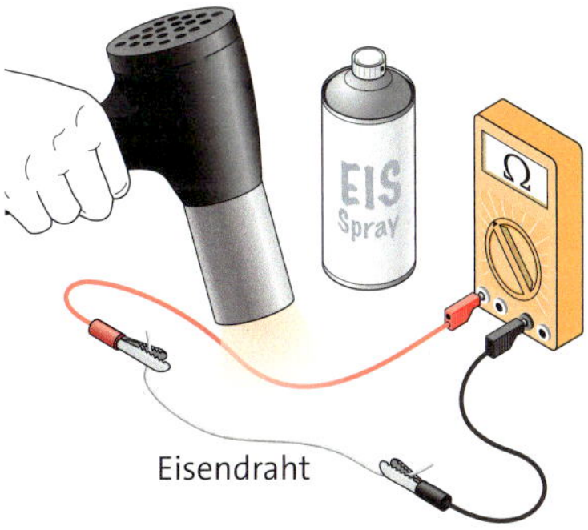

4 Ändert sich der Widerstand?

1 Wie verändert sich der Widerstand von Gegenständen, wenn sie erwärmt oder abgekühlt werden?

a ▢ Miss nacheinander den Widerstand der Drähte und der Bleistiftmine. → 4
Lege eine Tabelle an. → 5
Notiere die Messwerte unter „bei Raumtemperatur".

b ▢ Erwärme mit dem Föhn. Miss den Widerstand der Drähte und der Mine. Trage in die Tabelle ein, wie sich der Widerstand verändert: wird größer, wird kleiner, bleibt gleich.

c ▢ Kühle mit dem Eisspray. Miss wieder den Widerstand. Ergänze die Tabelle.

d ◪ Vergleiche, wie sich der Widerstand der Gegenstände beim Erwärmen und beim Abkühlen verhält.

Gegenstand	Widerstand		
	bei Raumtemperatur	bei Erwärmung	bei Abkühlung
Eisendraht	? Ω	? Ω	? Ω
Konstantandraht	? Ω	? Ω	? Ω
Bleistiftmine	? Ω	? Ω	? Ω

5 Beispieltabelle

Material B

Widerstand – Länge und Dicke von Drähten

Materialliste: Netzgerät (6 V), Eisendrähte (1 m lang, verschieden dick), 2 Tonnenfüße, 2 Isolatoren, Messgerät (Ohm), Kabel

1 ◪ Untersuche, wie der Widerstand eines Drahts von seiner Länge abhängt.

a Plane den Versuch. Lies vorher die Methode „Versuche planen" auf der nächsten Doppelseite.

b Lass die Planung vom Lehrer oder von der Lehrerin überprüfen. Wenn deine Planung in Ordnung ist, kannst du den Versuch durchführen.

c Beschreibe, ob der Versuch deine Vermutung bestätigt.

2 ◪ Untersuche, wie der Widerstand eines Drahts von seiner Dicke abhängt.

Material C

Heizdraht

1 Der Toaster ist eingeschaltet, der Draht wird heiß. → 6

a ▢ Gib an, wie sich der Widerstand des Drahts ändert.

b ● Erkläre mit einem Modell, warum der Draht heiß wird.

6 Glühender Heizdraht

Wovon hängt der Widerstand ab?

Methode

Versuche planen

„Wovon hängt der Widerstand eines Drahts ab?“ Solche Fragen werden in der Physik oft gestellt. Der erste Schritt auf dem Weg zur Antwort ist eine Vermutung: „Der elektrische Widerstand eines Drahts hängt vom Material, von der Länge, der Dicke und der Temperatur ab.“
Die Vermutung muss überprüft werden. Das geschieht mit einem Versuch. Er muss gut geplant sein:

1. Vermutung genau aufschreiben Beschränke dich auf nur einen Zusammenhang. Beispiel: „Je länger ein Draht ist, desto größer ist sein elektrischer Widerstand.“

2. Versuchsidee und -skizze Jetzt brauchst du eine Idee, wie du den Zusammenhang untersuchen kannst. Zeichne sie als Skizze auf. Gib die benötigten Materialien und Messgeräte an. Die Skizze hilft dir, den Versuchsablauf zu verstehen und den Versuch richtig aufzubauen. → 1

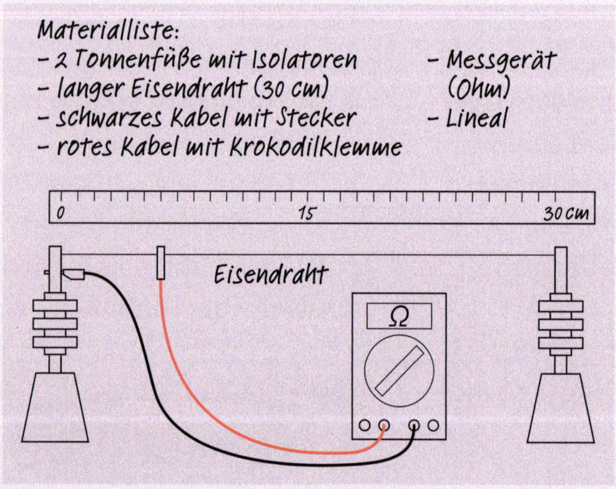

1 Versuchsskizze: Länge und Widerstand des Drahts

3. Durchführung planen Beschreibe genau, wie der Versuch durchgeführt werden soll. Verändere nur eine physikalische Größe! Die folgenden Fragen können dir bei der Planung helfen:
- Welche Größen werden gemessen? Beispiel: Länge des Drahts, Widerstand
- Welche Größe wird verändert? Beispiel: Länge des Drahts
- Welche Größen müssen gleich bleiben? Beispiel: Material, Dicke und Temperatur des Drahts
- Welche Messgeräte werden benutzt? Beispiel: Lineal, Messgerät (Ohm)
- In welchen Abständen wird gemessen? Beispiel: Widerstand bei 5 cm, 10 cm, 15 cm … Drahtlänge messen
- Wie groß sind die Messbereiche? Beispiel: Der Draht ist 50 cm lang. Beim Messgerät (Ohm) wird zunächst der größte Messbereich eingestellt.

4. Aufgaben verteilen Wenn ihr den Versuch in einer Gruppe durchführt, müsst ihr euch vorher absprechen:
- Wer besorgt das Material?
- Wer baut den Versuch auf (und wieder ab)?
- Wer misst?
- Wer schreibt das Protokoll?

Nun ist die Planung abgeschlossen. Der Versuch kann beginnen.

Aufgaben

1 Merles Planung für einen Versuch ist nicht vollständig. → 2

a Beschreibe, was in der Skizze fehlt.

b In der Durchführung ist eine Angabe überflüssig. Nenne sie.

c Vervollständige die Skizze und die Durchführung im Heft.

2 Michael kann aus seinen Messwerten nicht ablesen, ob seine Vermutung stimmt. → 3

a Beschreibe, was Michael ändern muss, damit er eine Vermutung überprüfen kann.

b Teile Michaels Vermutung in zwei auf.

c Plane einen Versuch, um eine dieser Vermutungen zu überprüfen.

Vermutung: Je dicker der Draht ist, desto kleiner ist sein Widerstand.

Versuchsskizze:

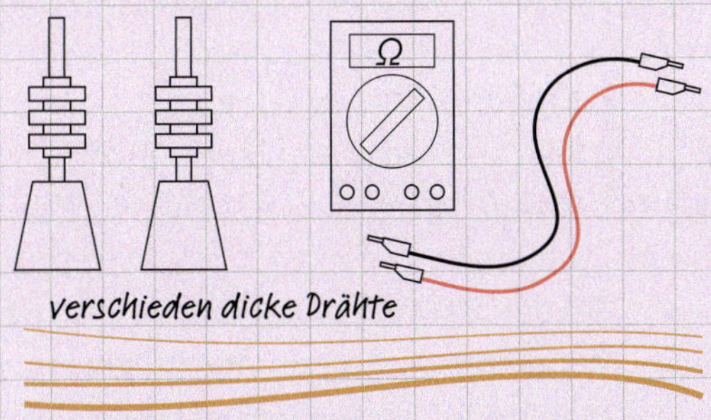

Durchführung: Ich spanne erst einmal den dünnsten Draht zwischen den Isolatoren ein. Beim Widerstandsmesser stelle ich den größten Messbereich ein. Dann schalte ich das Messgerät ein. Ich messe den Widerstand des Drahts. Wenn der Messwert sehr klein ist, schalte ich auf den nächstkleineren Messbereich um. Ich notiere den Messwert.
Dann ...

2 Merles Versuchsplanung

Vermutung: Der Widerstand eines Drahts hängt von der Länge und vom Material ab.

Versuchsskizze:

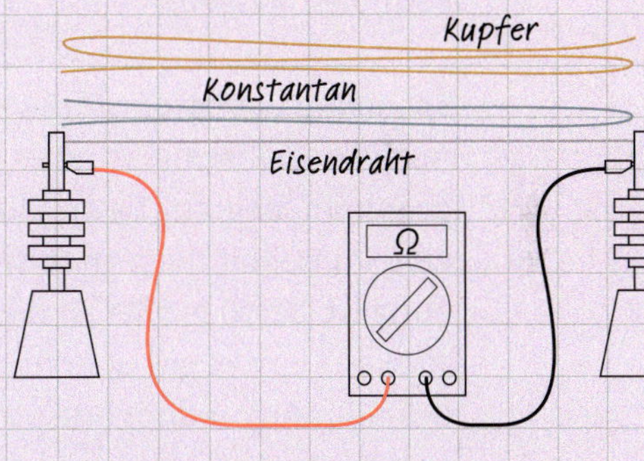

Durchführung: Ich messe den Widerstand bei verschieden langen Drähten aus unterschiedlichen Materialien.

Messwerte:

Messung	Länge	Material	Widerstand
1	1 m	Eisen	2 Ohm
2	2 m	Konstantan	8 Ohm
3	3 m	Kupfer	2 Ohm

3 Michaels Versuch

Widerstand: Spannung und Stromstärke

[1] Bauteile mit festem Widerstand

Material zur Erarbeitung: A

Solche Bauteile werden in vielen Schaltungen verwendet. Wenn man die Spannung kennt, kann man einfach berechnen, welche Stromstärke die Bauteile zulassen.

Spannung und Stromstärke • Wenn man die Spannung an einer Glühlampe erhöht, beginnt sie zu leuchten und wird immer heller. Je größer die Spannung ist, desto größer ist die Stromstärke. → [2] Es gilt aber nicht „doppelte Spannung → doppelte Stromstärke".

Die Stromstärke wächst mit zunehmender Spannung immer langsamer an. Die Kennlinie wird immer flacher. Die Stromstärke ist nicht proportional zur Spannung.

Bei unseren Bauteilen in Bild 1 gilt dagegen: „Doppelte Spannung → doppelte Stromstärke". → [3] Die Stromstärke ist proportional zur Spannung. Die Kennlinie ist eine Gerade. Wenn man die Spannung durch die Stromstärke teilt, ergibt sich immer derselbe Wert:

$$\frac{U}{I} = 1000\,\frac{\text{V}}{\text{A}}.$$

Misst man den Widerstand des Bauteils, erhält man den gleichen Zahlenwert: $R = 1000\,\Omega$!

Das ist kein Zufall, denn der elektrische Widerstand ist so festgelegt:

$$\text{Widerstand} = \frac{\text{Spannung}}{\text{Stromstärke}}$$

$$R = \frac{U}{I};\quad 1\,\Omega = 1\,\frac{\text{V}}{\text{A}}$$

Bei den Bauteilen von Bild 1 bleibt der Widerstand immer (nahezu) gleich. Man nennt sie Festwiderstände.

U in V	1,0	2,0	4,0	6,0
I in A	0,1	0,2	0,3	0,4

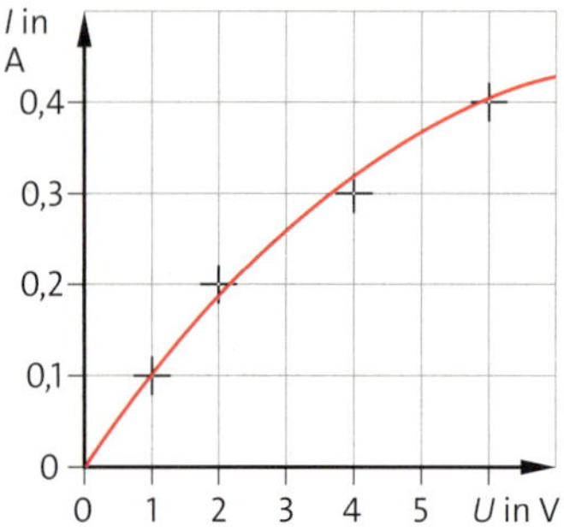

[2] Glühlampe

U in V	1,0	2,0	4,0	6,0
I in mA	1,0	2,0	4,0	6,0

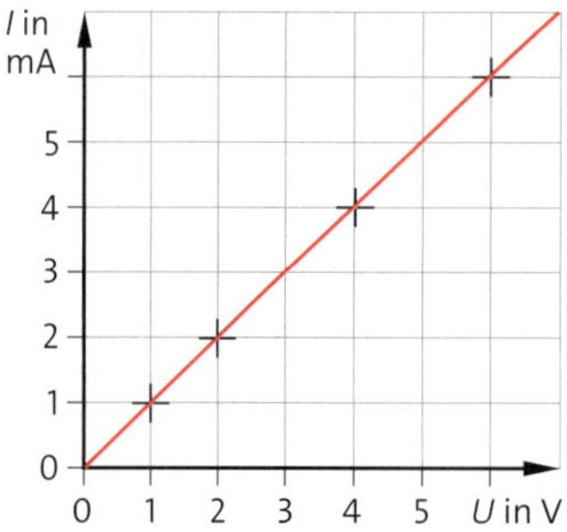

[3] Bauteile von Bild 1

Aufgaben

1 ○ Am Festwiderstand liegt eine Spannung von 10 V. → [3] Berechne die Stromstärke.

2 ◐ Berechne den Widerstand der Glühlampe bei den vier Messungen. → [2] Beschreibe, wie sich der Widerstand mit zunehmender Stromstärke verändert.

der Widerstand
die Kennlinie
der Festwiderstand

Material A

Spannung und Stromstärke

Wenn die Spannung an einem Draht erhöht wird, steigt die Stromstärke. Überprüfe die folgende Vermutung:

- Doppelte Spannung → doppelte Stromstärke.
- Dreifache Spannung → dreifache Stromstärke.

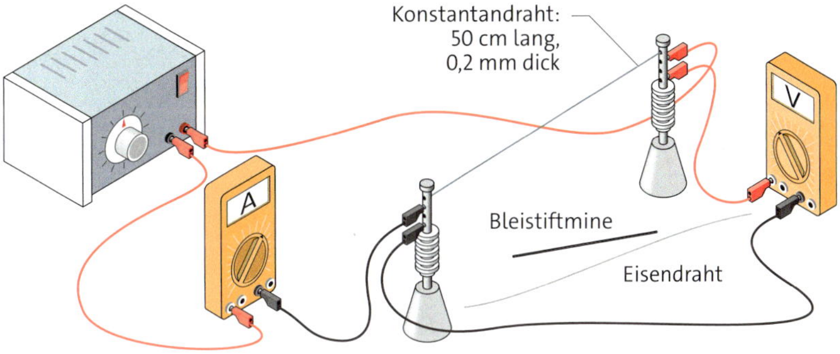

4 Spannung und Stromstärke am Draht messen

Materialliste: Netzgerät (6 V), Drähte aus Eisen und Konstantan (jeweils 0,5 m lang, 0,2 mm dick), Bleistiftmine, 2 Tonnenfüße, 2 Isolatoren, 2 Messgeräte (Ampere, Volt), Kabel

1 Spanne den Eisendraht in die Schaltung ein. → 4
Erhöhe die Spannung in 1-V-Schritten von 0 auf 6 V.

a Miss jeweils Spannung und Stromstärke. Trage die Werte in eine Tabelle ein. → 5

b Zeichne ein Diagramm für die Messwerte. Die Spannung kommt an die waagerechte Achse, die Stromstärke an die senkrechte.

c Trage die Messwerte in das Diagramm ein.

d Gib an, ob die Vermutung für den Eisendraht gilt.

U in V	0	1,0	...	6,0
I in A	0	?	...	?

5 Beispieltabelle

2 Wiederhole Messung und Auswertung mit dem Konstantandraht.

3 Wiederhole Messung und Auswertung mit der Bleistiftmine.

Achtung • Blanke Drähte und die Bleistiftmine nicht berühren, solange sie Teil des Stromkreises sind.

Material B

Widerstand berechnen

1 Berechne den Widerstand der Glühlampe für die vier Messungen. → 2
Beschreibe und erkläre, wie sich der Widerstand der Glühlampe ändert.

Material C

R, *U*, *I* berechnen

Festwiderstand	A	B	C
U in V	12	?	1,5
I in A	0,18	1,28	?
R in Ω	?	180	1000

6 Messwerte

1 Berechne:

a den Widerstand von Bauteil A

b die Spannung an Bauteil B
Tipp: Löse $R = \frac{U}{I}$ nach *U* auf.

c die Stromstärke im Bauteil C
Tipp: Löse $R = \frac{U}{I}$ nach *I* auf.

Technische Widerstände

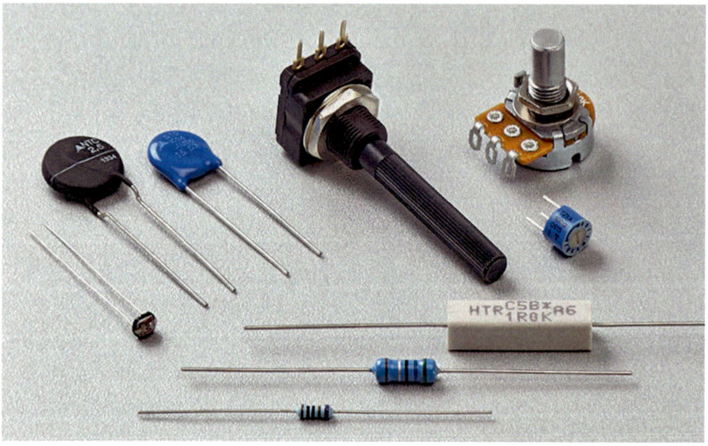

1 Viele Widerstände mit verschiedenen Eigenschaften

Schaltzeichen

2 Festwiderstand

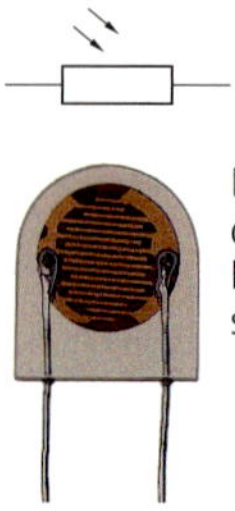

3 Fotowiderstand (LDR)

4 Heißleiter

5 Kaltleiter

6 Verstellbare Widerstände (Potentiometer)

Diese elektrischen Bauteile werden alle als Widerstände bezeichnet.

Festwiderstände • Ihr Widerstand (in Ω) bleibt immer „fest“. Sie bestehen aus einer dünnen leitenden Schicht auf einem nicht leitenden „Stäbchen“. → 2

Veränderliche Widerstände • Ihr Widerstand (in Ω) verändert sich z. B. mit der Helligkeit oder mit der Temperatur:

- Der Widerstand eines Fotowiderstands sinkt, wenn es heller wird. Man spricht auch von einem LDR (engl. light dependent resistor). → 3
- Der Widerstand eines Heißleiters sinkt, wenn die Temperatur steigt. Man spricht von einem NTC-Widerstand (engl. negative temperature coefficient). → 4
- Der Widerstand eines Kaltleiters steigt, wenn die Temperatur steigt. Man spricht von einem PTC-Widerstand (engl. positive temperature coefficient). → 5

Verstellbare Widerstände • Sie haben einen kleinsten und einen größten Widerstand (in Ω). Die Werte dazwischen kann man durch Drehen oder Schieben an einem Regler einstellen. → 6

Aufgaben

1 ○ Nenne drei verschiedene Arten technischer Widerstände.

2 ◐ „Widerstand“ kommt hier in zwei Bedeutungen vor. Beschreibe sie.

der Fotowiderstand
der Heißleiter
der Kaltleiter

Material A

Messungen an technischen Widerständen

Materialliste: Messgerät (Ohm), Festwiderstände, Fotowiderstand (LDR), Heißleiter (NTC), Kaltleiter (PTC), verstellbare Widerstände (Drehwiderstand, Schiebewiderstand ...), Kabel mit Krokodilklemmen, Föhn

1 Festwiderstände

a □ Miss den Widerstand (in Ω) verschiedener Festwiderstände und notiere ihn.

b ◐ Die Farbringe auf den Festwiderständen geben an, welchen Widerstand die Bauteile haben sollen. → 7 Vergleiche mit deinen Messwerten.

c □ Erwärme einen Festwiderstand mit dem Föhn. Miss dabei mehrmals den Widerstand und notiere die Messwerte. Vergleiche mit dem Widerstand des kalten Festwiderstands.

2 Verstellbare Widerstände
Miss jeweils den kleinsten und den größten Widerstand (in Ω).
□ Notiere die Bezeichnungen der verstellbaren Widerstände und die Messwerte in einer Tabelle.

3 Fotowiderstand (LDR)

a Miss den Widerstand (in Ω):
- LDR beleuchtet
- LDR abgedunkelt

□ Gib an, ob der Widerstand (in Ω) im Hellen oder im Dunkeln größer ist.

b ◐ Überlege und beschreibe, wozu man den Fotowiderstand verwenden könnte.

4 Heißleiter (NTC)

a Miss den Widerstand (in Ω):
- NTC bei Raumtemperatur
- NTC bei höherer Temperatur (mit Föhn erwärmen)

□ Gib an, wie sich der Widerstand beim Erwärmen verändert.

b ◐ Überlege und beschreibe, wozu man den Heißleiter verwenden könnte. Finde mehrere Möglichkeiten.

5 Kaltleiter (PTC)

a □ Führe den Versuch und die Messung wie beim Heißleiter durch.

b ◐ Überlege und beschreibe, wozu man den Kaltleiter verwenden könnte.

Ringfarbe	1. Ring (1. Ziffer)	2. Ring (2. Ziffer)	3. Ring (Multiplikator)	4. Ring (Toleranz)
Schwarz	0	0		
Braun	1	1	0	±1 %
Rot	2	2	00	±2 %
Orange	3	3	000	
Gelb	4	4	0000	
Grün	5	5	00000	
Blau	6	6	000000	
Violett	7	7	0000000	
Grau	8	8		
Weiß	9	9		
Gold				±5 %
Silber				±10 %
Keine				±20 %

Dieser Festwiderstand hat 1000 Ω ±5 %:
Braun Schwarz Rot Gold
1 0 00 ±5 %
Der Widerstand liegt zwischen 950 und 1050 Ω.

7 Farbcode für Festwiderstände

Technische Widerstände

Erweitern und Vertiefen

Technische Widerstände als Sensoren

Elektronisches Thermometer • Dieses Fieberthermometer hat in seiner Spitze einen kleinen Heißleiter (NTC). → 1 Je höher die Temperatur ist, desto niedriger ist sein Widerstand. → 2 Ein kleiner Computer rechnet den gemessenen Widerstand mithilfe der Kennlinie des Heißleiters in Grad Celsius um. Das Display des Thermometers zeigt diesen Wert an.

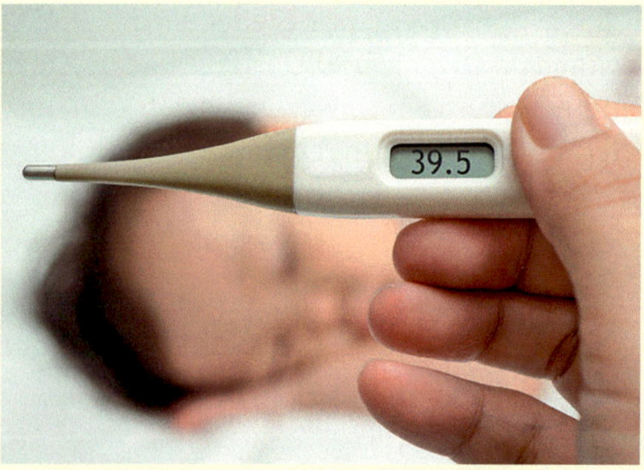

1 Elektronisches Thermometer

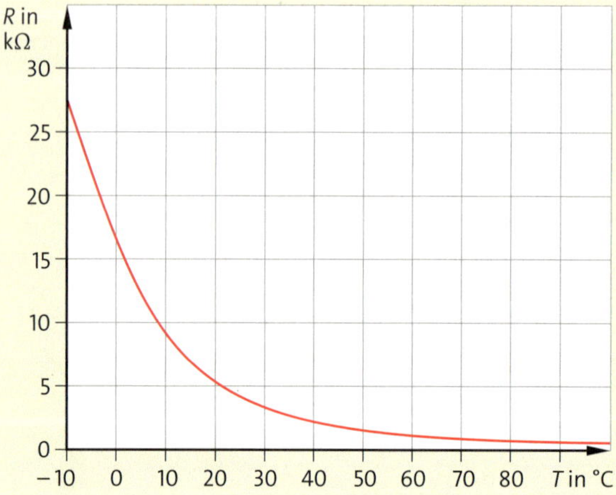

2 Kennlinie des Heißleiters

Heizungsanlage • An der Nordwand dieses Hauses ist ein Kaltleiter (PTC) angebracht. → 3 Je höher die Temperatur draußen ist, desto höher ist sein Widerstand. → 4 Der gemessene Widerstand wird an den Heizkessel gemeldet. Ein Computer rechnet den Wert mithilfe der Kennlinie des Kaltleiters in °C um. Wenn es draußen kälter als 0 °C ist, wird das Wasser im Kessel auf 60 °C aufgeheizt. Bei 10 °C Außentemperatur wird das Wasser nur auf 40 °C erwärmt. Ab 20 °C Außentemperatur wird nicht mehr geheizt.

3 Temperaturfühler am Haus

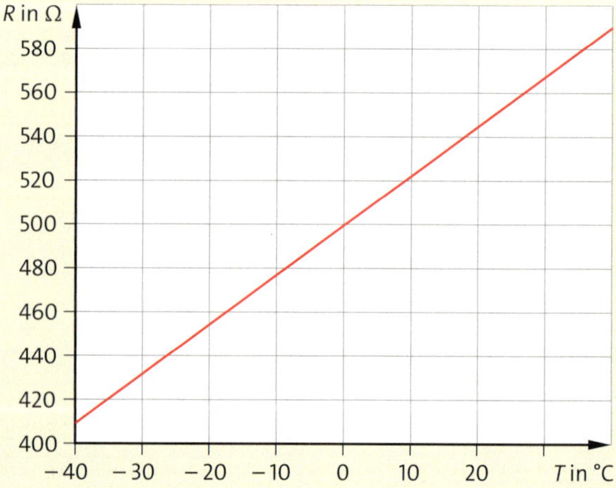

4 Kennlinie des Kaltleiters

Beleuchtung • Viele Straßenlaternen, Leuchten im Garten oder Scheinwerfer an modernen Fahrrädern gehen automatisch an, wenn es dunkel wird. Sie nutzen einen Fotowiderstand (LDR). → 5
Der Widerstand (in Ω) des Bauteils wird ständig gemessen. Je dunkler es draußen ist, desto höher ist der Messwert. → 6 Ein kleiner Computer schaltet die Beleuchtung automatisch ein, wenn ein bestimmter Widerstand überschritten wird.

5 Sensor einer Solarleuchte im Garten

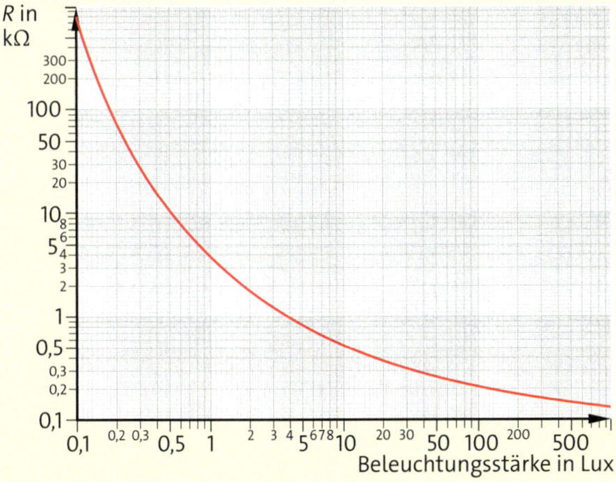

6 Kennlinie des Fotowiderstands

Aufgaben

1 Thermometer

a ○ Lies den Widerstand des Heißleiters bei 0 °C ab. → 2

b ○ Der Widerstand beträgt 5 kΩ. Lies ab, wie hoch die Temperatur ist. → 2

2 Heizungsanlage

a ○ Lies den Widerstand des Kaltleiters bei verschiedenen Temperaturen ab. → 4 7

b ◐ Der Widerstand beträgt 560 Ω. Lies ab, wie hoch die Außentemperatur ist. → 4 Gib an, ob noch geheizt werden muss.

Temperatur	Widerstand
−20 °C	?
−10 °C	?
0 °C	?
10 °C	?
20 °C	?
30 °C	?

7 Kaltleiter: Temperatur und Widerstand

3 Beleuchtung

a ○ In einer Solarleuchte ist ein Fotowiderstand. Beschreibe, wie sich sein Widerstand (in Ω) ändert, wenn es dunkel wird.

b ○ Lies den Widerstand des Fotowiderstands bei Dämmerung (100 Lux) und bei Dunkelheit (0,1 Lux) ab. → 6

c ○ Die Solarleuchte schaltet sich ein, wenn der Widerstand mindestens 30 kΩ beträgt. Lies die zugehörige Helligkeit ab. → 6

Dioden

1 Leuchtdioden (LED, engl.: light emitting diode)

Material zur Erarbeitung: A

Dioden sind „Einbahnstraßen" für den elektrischen Strom. Manche Dioden können sogar leuchten.

Durchlassen oder Sperren • Eine Glühlampe lässt den Elektronenstrom immer durch – egal, in welche Richtung die Elektronen strömen. Bei einer Diode ist es anders: → 2

- Wenn die Diode in Sperrrichtung eingebaut ist, lässt sie praktisch keinen Elektronenstrom zu. Ihr Widerstand ist sehr groß (ca. 1 MΩ).

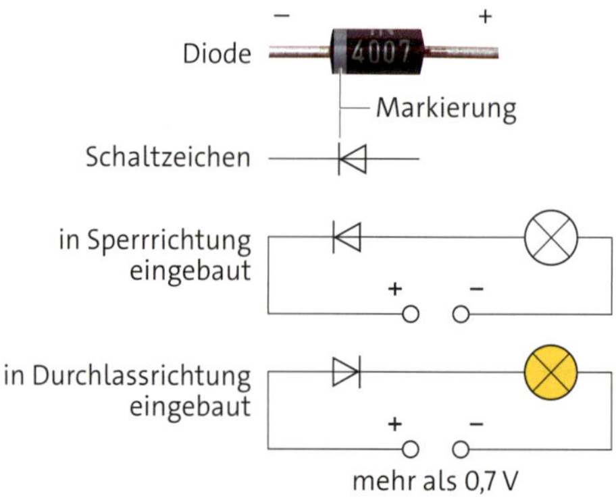

2 Diode (Typ 1N4007)

- Wenn die Diode in Durchlassrichtung eingebaut ist, lässt sie den Elektronenstrom fast ungehindert durch. Dazu muss die Spannung allerdings über einer bestimmten „Schwelle" liegen (bei Dioden aus Silicium: 0,6 V). Dann ist der Widerstand der Diode sehr klein (unter 100 Ω).

Diode richtig einbauen • Die Diode ist in Durchlassrichtung eingebaut, wenn ihr „Beinchen" am Markierungsring mit dem Minuspol der elektrischen Energiequelle verbunden ist. → 2
Bei einer Leuchtdiode muss das kurze „Beinchen" mit dem Minuspol verbunden sein.

Dioden sind gute Leiter, wenn sie in Durchlassrichtung geschaltet sind und die Spannung größer ist als die Schwellenspannung.
Dioden haben einen sehr großen Widerstand, wenn sie in Sperrrichtung geschaltet sind.

Aufgaben

1 ○ Ergänze die Sätze im Heft:
a In Durchlassrichtung leiten Dioden ...
b In Sperrrichtung ...

2 ◐ „Dioden sind Einbahnstraßen für den elektrischen Strom." Erkläre diese Aussage.

3 ◐ Eine Diode ist in Durchlassrichtung geschaltet. Trotzdem ist ihr Widerstand sehr hoch. Erkläre das.

Material A

Dioden im Gleichstromkreis

Bei Festwiderständen ist es egal, „wie herum“ sie in den Stromkreis eingebaut werden. Stimmt das auch für Dioden?

Materialliste: Batterie (4,5 V) oder Netzgerät (6 V, Gleichspannung), Diode (Typ 1 N 4001), Glühampe (6 V; 2,4 W), LED (5 mm, 20 mA), Festwiderstand (180 Ω), Kabel

1 Baue den Stromkreis mit der Diode auf. → 3

a Beobachte, ob die Lampe leuchtet.

b Vertausche die Anschlüsse an der elektrischen Energiequelle. Beobachte wieder die Lampe.

c Drehe nun die Diode um. Leuchtet die Lampe jetzt?

d Schreibe eine Einbauregel für die Diode auf: „Die Lampe leuchtet nur, wenn der Ring der Diode …“

2 Baue den Stromkreis mit der LED auf. → 4

a Beobachte, ob die LED leuchtet.

b Vertausche die Anschlüsse an der Batterie. Beobachte wieder die LED.

c Drehe nun die LED um. Leuchtet sie jetzt?

d Schreibe eine Einbauregel für die Leuchtdiode auf: „Die LED leuchtet nur, wenn ihr kurzes Bein …“

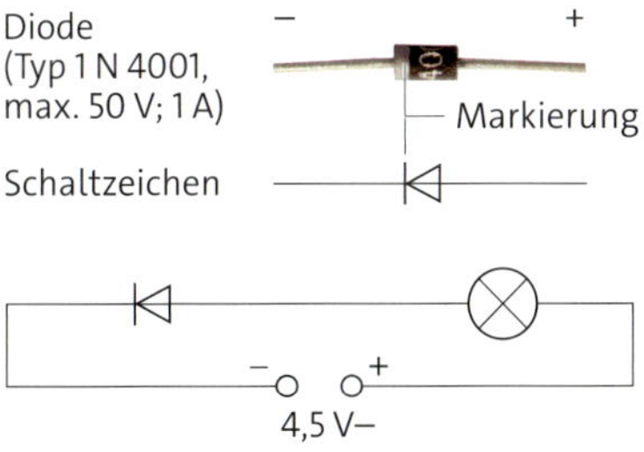

3 Schaltplan für die Diode

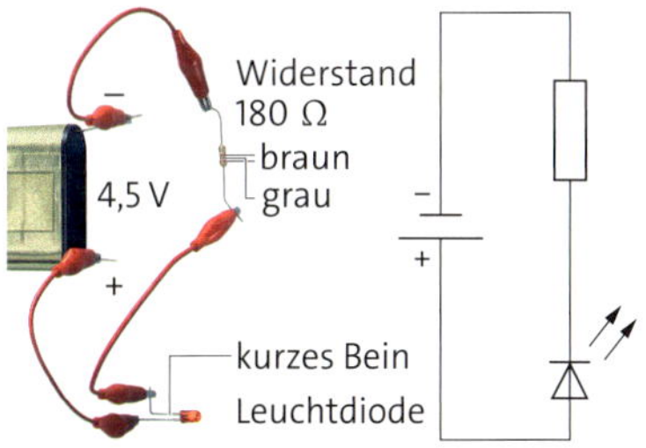

4 Schaltung für die LED

Material B

Polprüfer

Materialliste: Batterie (4,5 V) 2 LEDs (rot, grün), Netzgerät (6 V, Gleichspannung), Festwiderstand (180 Ω), Lüsterklemme

1 Baue einen Polprüfer für Spannungen bis 6 V. → 5 6

a Beschreibe, wann die rote LED leuchtet und wann die grüne.

b Teste den Polprüfer auch am Netzgerät.

Achtung • Polprüfer nicht an elektrischen Energiequellen mit mehr als 6 V testen.

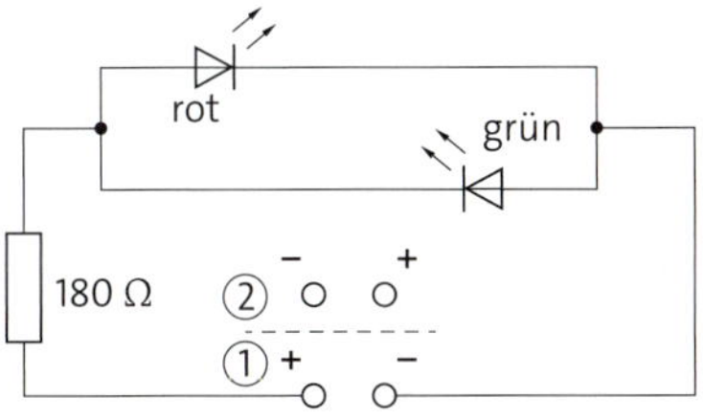

5 Schaltplan für den Polprüfer

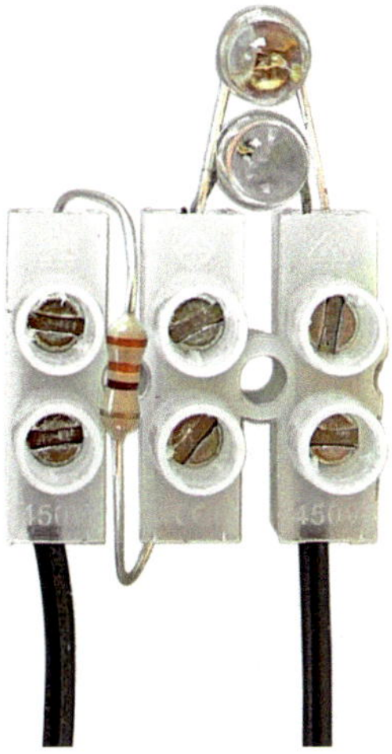

6 Polprüfer

Schaltungen von zwei Widerständen*

1 Elektronische Schaltung mit Festwiderständen und LEDs

Material zur Erarbeitung: A

Zwei Widerstände können in Reihe oder parallel geschaltet werden. Dadurch erhält man neue Widerstandswerte.

Reihenschaltung • In einem Versuch ist die Stromstärke bei verschiedenen Schaltungen von Festwiderständen gemessen worden. → 2

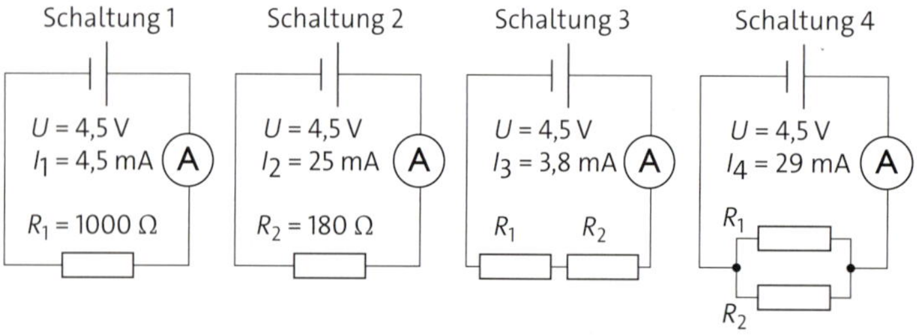

Schaltung	Spannung	Stromstärke	Widerstand
1	4,5 V	4,5 mA	1000 Ω
2	4,5 V	25 mA	180 Ω
3 Reihenschaltung	4,5 V	3,8 mA	1180 Ω
4 Parallelschaltung	4,5 V	29 mA	153 Ω

2 Verschiedene Schaltungen von zwei Widerständen

Die Reihenschaltung lässt eine kleinere Stromstärke zu als die einzelnen Festwiderstände. Also hat die Reihenschaltung einen größeren Gesamtwiderstand als jedes einzelne Bauteil. Es gilt:

Bei der Reihenschaltung summieren sich die Widerstände R_1 und R_2 zum Gesamtwiderstand R_{gesamt}:
$R_{gesamt} = R_1 + R_2$.

Parallelschaltung • Sie lässt eine größere Stromstärke zu als die einzelnen Festwiderstände. → 2 Also hat die Parallelschaltung einen kleineren Gesamtwiderstand als jedes einzelne Bauteil. Es gilt:

Bei der Parallelschaltung summieren sich die Kehrwerte der Widerstände R_1 und R_2 zum Kehrwert des Gesamtwiderstands R_{gesamt}:

$$\frac{1}{R_{gesamt}} = \frac{1}{R_1} + \frac{1}{R_2}.$$

Aufgaben

1 ○ Ergänze im Heft:

a Bei der ...schaltung ist der Gesamtwiderstand größer als der größte Einzelwiderstand.

b Bei der ...schaltung ist der Gesamtwiderstand kleiner als der kleinste Einzelwiderstand.

2 ◐ Zwei Widerstände (180 Ω) werden einmal in Reihe und einmal parallel geschaltet. Berechne die Gesamtwiderstände.

Material A

Zwei Widerstände in verschiedenen Schaltungen

Materialliste: 2 Festwiderstände (100 Ω, 220 Ω), Glühlampe (6 V; 0,1 A), Netzgerät (6 V), Messgerät (Ohm), Kabel

1 Schalte die beiden Widerstände einmal in Reihe und einmal parallel. Miss die Gesamtwiderstände. → 3

2 Finde heraus, in welcher Schaltung die Glühlampe heller leuchtet. → 4
Erkläre deine Beobachtung.

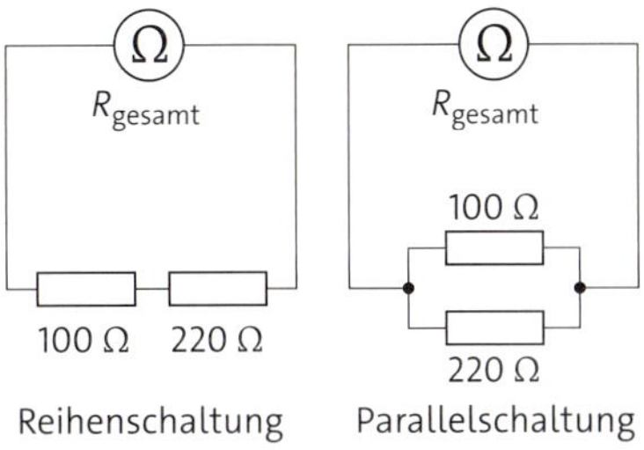

3

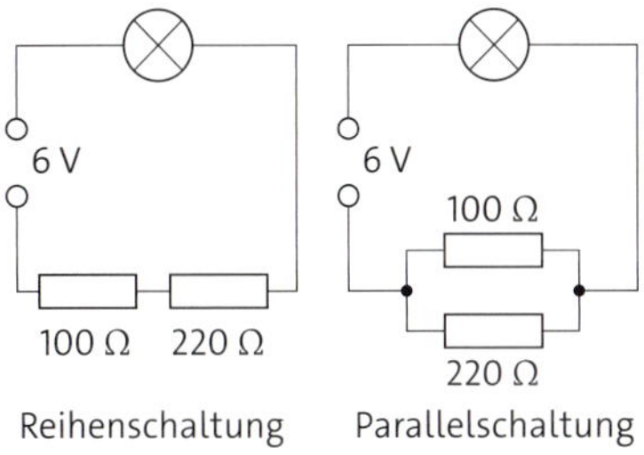

4

Material B

Widerstände berechnen

1 Berechne die fehlenden Werte. → 5
Achtung: Die letzte Zeile ist besonders knifflig!

R_1 in Ω	R_2 in Ω	R_{gesamt} in Ω	
		Reihe	Parallel
100	100	?	?
100	200	?	?
100	1	?	?
100	1000	?	?
100	1 MΩ	?	?
100	?	500	?
?	200	300	?
?	$= R_1$	?	$\frac{100}{6}$

5

Material C

Die Gleichung für den Gesamtwiderstand herleiten

1 Zwei Widerstände sind parallel geschaltet. → 6
Die Gleichung für den Gesamtwiderstand lässt sich aus den Beziehungen zwischen Spannung, Stromstärke und Widerstand herleiten. Bringe dazu die Rechenschritte in die richtige Reihenfolge. → 7

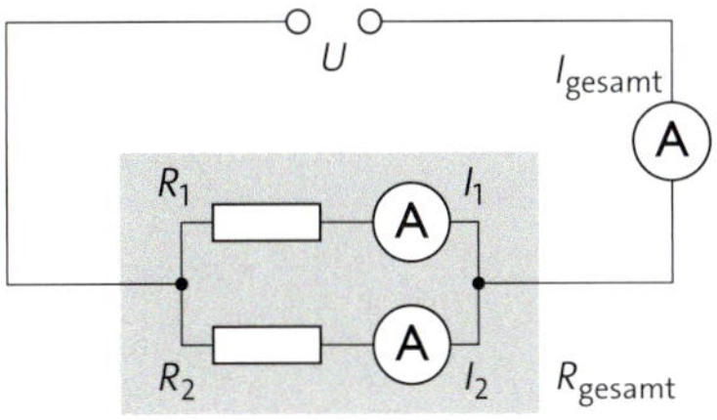

6

Für die Stromstärke I gilt:
$I = \frac{U}{R}$.

Kürzen von U führt zur gewünschten Gleichung:
$\frac{1}{R_{gesamt}} = \frac{1}{R_1} + \frac{1}{R_2}$.

An beiden Widerständen liegt die gleiche Spannung U.

Für die Gesamtstromstärke folgt:
$I_{gesamt} = I_1 + I_2$
$\frac{U}{R_{gesamt}} = \frac{U}{R_1} + \frac{U}{R_2}$

Die Stromstärken in den beiden Widerständen summieren sich zur Gesamtstromstärke:
$I_{gesamt} = I_1 + I_2$.

7 Schritte zur Herleitung des Gesamtwiderstands

Widerstände

Zusammenfassung

Widerstand • Drähte lassen den Elektronenstrom nicht ungehindert durch. Sie haben einen elektrischen Widerstand. → 1 2
Je schlechter ein Draht leitet, desto größer ist sein Widerstand. Es gilt:

$$\text{Widerstand} = \frac{\text{Spannung}}{\text{Stromstärke}};\ R = \frac{U}{I};\ 1\,\Omega = 1\,\frac{\text{V}}{\text{A}}.$$

Der Widerstand eines Drahts hängt vom Material ab. → 3 Der Widerstand ist umso größer, je länger und je dünner der Draht ist. → 4 Der Widerstand nimmt in der Regel mit der Temperatur zu.

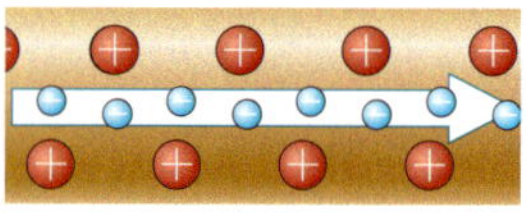

1 Kupferdraht: Widerstand klein

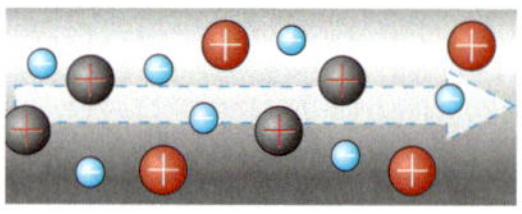

2 Konstantandraht: Widerstand größer

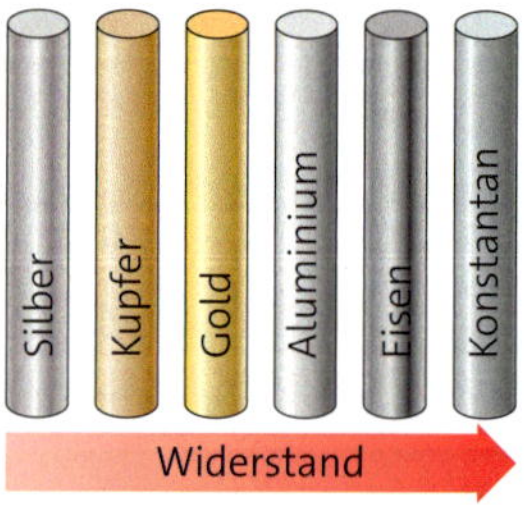

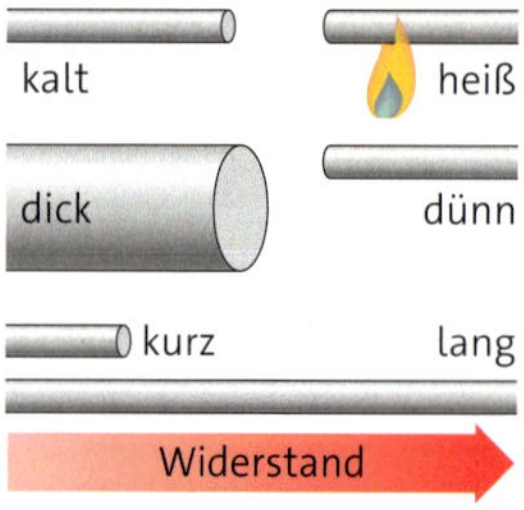

3 4 Abhängigkeit des Widerstands von Material, Temperatur, Dicke und Länge des Drahts

Technische Widerstände • Festwiderstände haben einen konstanten Widerstand (in Ω). → 5
Bei Heißleitern wird der Widerstand kleiner, wenn die Temperatur steigt. Bei Kaltleitern wird er größer, wenn die Temperatur steigt.
Bei Fotowiderständen wird der Widerstand kleiner, wenn sie heller beleuchtet werden.
Bei verstellbaren Widerständen verändert man den Widerstand durch einen Regler.

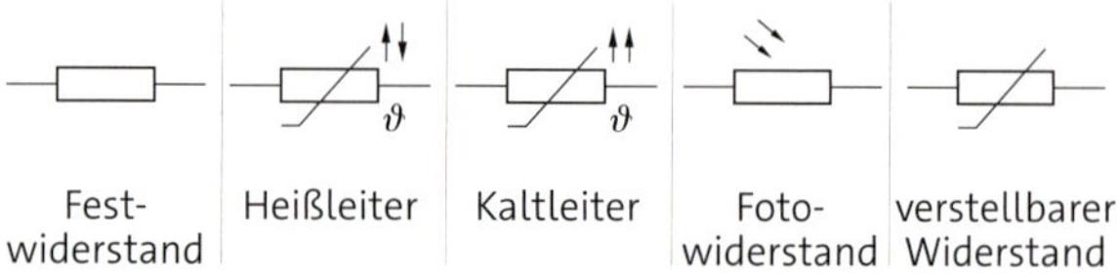

5 Schaltzeichen für technische Widerstände

Schaltungen von Widerständen* • Bei Reihenschaltungen ist der Gesamtwiderstand so groß wie die Summe der einzelnen Widerstände:
$R_{gesamt} = R_1 + R_2$. → 6
Bei Parallelschaltungen summieren sich die Kehrwerte der Widerstände:

$$\frac{1}{R_{gesamt}} = \frac{1}{R_1} + \frac{1}{R_2}.$$ → 7

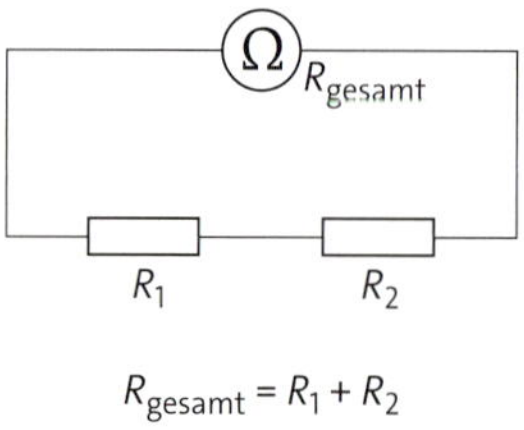

6 Reihenschaltung

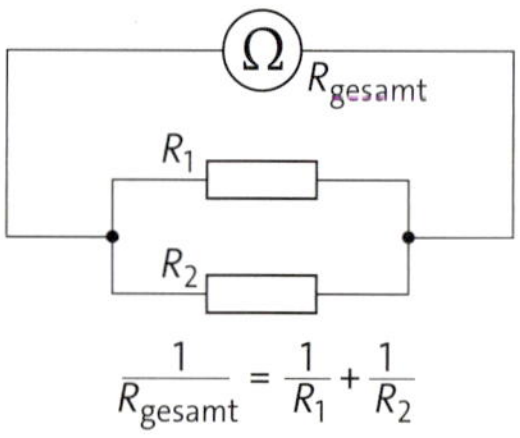

7 Parallelschaltung

Dioden • Sie leiten den Elektronenstrom gut, wenn sie in Durchlassrichtung eingebaut sind und die Spannung größer ist als die Schwellenspannung. → 8
Dioden haben einen sehr großen Widerstand, wenn sie in Sperrrichtung geschaltet sind.

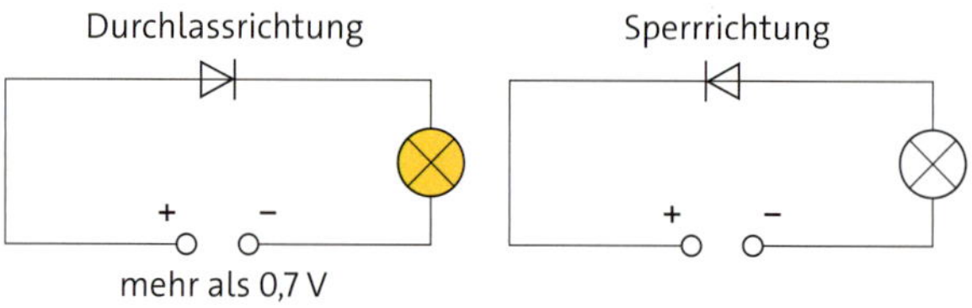

8 Diode: „Einbahnstraße" für den Strom

Aufgaben

Widerstand

1 ▢ Ergänze die Zusammenhänge:

a Bei gleicher Spannung an verschiedenen Drähten gilt:
Großer Widerstand → ... Stromstärke.

b Bei gleicher Spannung an einem Kupferdraht gilt:
Temperatur nimmt zu → Widerstand ...

2 ◐ Zwei Lampen werden nacheinander an ein Netzgerät angeschlossen. Für die gleiche Stromstärke muss man einmal 5 V und einmal 12 V einstellen. Erkläre den Unterschied.

3 Du hast vier gleich lange Drähte zur Auswahl: Eisendrähte mit 0,2 und 0,4 mm Dicke und Kupferdrähte mit 0,2 und 0,4 mm Dicke.
◐ Wähle den Draht mit dem größten Widerstand aus. Begründe deine Wahl.

4 An einem Konstantandraht sind Spannung und Stromstärke gemessen worden. → 9

a ▢ Ergänze die Tabelle im Heft.

b ◐ Berechne den Widerstand des Drahts.

***U* in V**	2,0	4,0	6,0	9,0
***I* in mA**	50	?	?	?

9 Konstantandraht

5 ◐ Berechne die fehlenden Werte. → 10

U	10,2 V	9 V	10 V	50 V	?	?
I	20 mA	0,2 A	?	?	25 mA	0,23 A
R	?	?	180 Ω	1 kΩ	180 Ω	1 kΩ

10 *R*, *U* und *I* berechnen

Technische Widerstände

6 ◐ Ordne die Tabelle im Heft richtig. → 11

Bauteil	Zusammenhang
Heißleiter	Temperatur ↑ → Widerstand ↑
Fotowiderstand	Temperatur ↑ → Widerstand ↓
Festwiderstand	Beleuchtung ↑ → Widerstand ↓
Kaltleiter	Widerstand ändert sich nicht.

11 Verschiedene technische Widerstände

Schaltungen von Widerständen*

7 Zwei Festwiderstände werden einmal in Reihe und einmal parallel geschaltet:
$R_1 = 180\,\Omega$, $R_2 = 560\,\Omega$.

a ▢ Ergänze: Bei der Reihenschaltung ist der Gesamtwiderstand ... als 560 Ω.

b ▢ Ergänze: Bei der Parallelschaltung ist der Gesamtwiderstand ... als 180 Ω.

c ◐ Berechne die Gesamtwiderstände.

Dioden

8 Eine Batterie, eine Diode und eine Lampe sollen so geschaltet werden, dass die Lampe leuchtet.

a ▢ Zeichne den Schaltplan. Gib an, ob die Diode in Sperr- oder in Durchlassrichtung eingebaut ist.

b ◐ Vergleiche den Widerstand der Diode in Durchlassrichtung und in Sperrrichtung.

Teste dich! (Lösungen auf Seite 385)

Energietransport im Stromkreis

1 Elektrogeräte wandeln elektrische Energie in andere Energieformen um.

a ○ Gib die elektrische Energiequelle der Geräte an. → 1 – 4

b ○ Zeichne einfache Energieketten für die Geräte.

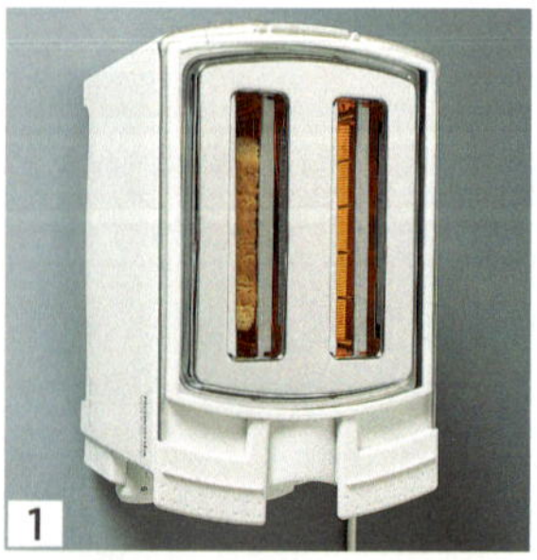

1

2

3

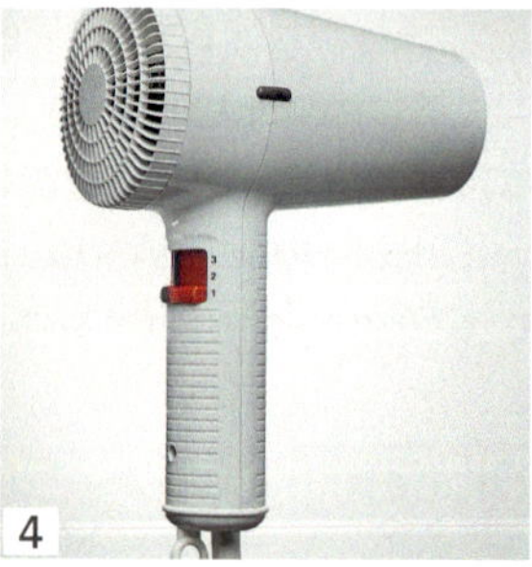

4

2 Energie wird oft in Kreisläufen transportiert.

a ○ Nenne jeweils das Transportmittel für die Energie: Zentralheizung, Kettensäge, elektrischer Stromkreis.

b ◐ Vergleiche eine Heizungsanlage und einen elektrischen Stromkreis mit Lampe. → 5

Heizungsanlage	Elektrischer Stromkreis
Rohre	Leitungen
?	?

5 Vergleich zweier Kreisläufe

3 Ein Fernsehgerät mit einer Leistung von 200 W ist 4 h lang eingeschaltet.

a ○ Berechne, wie viel elektrische Energie das Gerät umwandelt.

b ○ Berechne, wie teuer die umgewandelte Energie ist. 1 kWh kostet 0,30 €.

4 ◐ Berechne, wie lange die folgenden Geräte mit 1 kWh elektrischer Energie betrieben werden: Bügeleisen (1000 W), Heizlüfter (2000 W), Fernseher (160 W), Glühlampe (60 W), Energiesparlampe (11 W).

Stromstärke – Spannung – Leistung

Größe	gibt an:
Stromstärke	wie kräftig die elektrische Energiequelle den Elektronenstrom antreibt
Spannung	wie viel elektrische Energie ein Gerät pro Sekunde umwandelt
Widerstand	wie viele Elektronen pro Sekunde an einer Stelle des Stromkreises vorbeiströmen
Leistung	wie kräftig ein Draht oder ein Gerät den Elektronenstrom bremst

6 Verschiedene elektrische Größen

5 ○ Ordne die Tabelle im Heft richtig. → 6

6* ○ Die Fahrradbeleuchtung besteht aus einem Dynamo und zwei Lampen für Scheinwerfer und Rücklicht.

a Zeichne den Schaltplan.

b Zeichne die Messgeräte (Ampere, Volt) an den Lampen und am Dynamo ein.

c Am Scheinwerfer werden 400 mA und am Rücklicht 100 mA gemessen. Berechne die Stromstärke am Dynamo.

7 ◐ Berechne die Leistung der Lampen. → 7
Gib an, welche Lampe mehr Energie braucht.

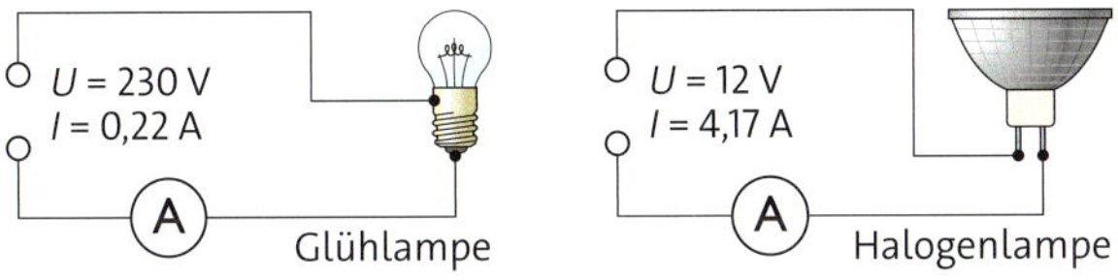

7 Welche Lampe braucht mehr Energie?

8* ◐ Ein Schweißgerät hat eine Leistung von 6 kW. Die Stromstärke beträgt 15 A. Berechne die Spannung am Schweißgerät.

9 ◐ Sicherungen

a Erkläre, wie die Schmelzsicherung funktioniert. → 8

b Die Schmelzsicherung unterbricht einen Stromkreis. Ist es sinnvoll, sofort eine neue Schmelzsicherung einzusetzen? Begründe deine Antwort.

c Durch Überlastung ist die 10-A-Sicherung für eine Küche „herausgesprungen". Michael sagt: „Das macht nichts, dann setze ich eine 16-A-Sicherung ein." Nimm Stellung dazu.

10 ◐ Das Kind steckt eine Nadel in die Steckdose. → 9 Erkläre, warum es überlebt.

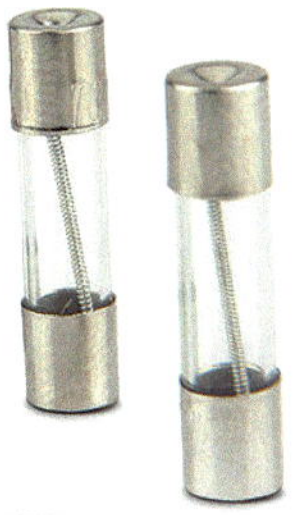

8

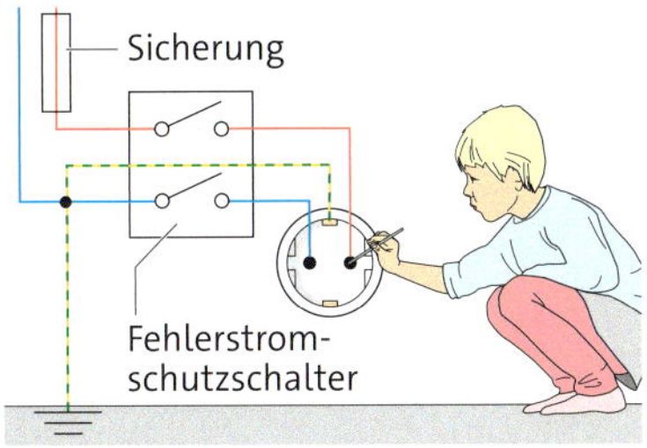

9

Widerstände

11 Drähte beeinflussen die Stromstärke in einem Stromkreis.

a ○ Nenne physikalische Größen, von denen der Widerstand eines Drahts abhängt.

b ○ Zwei gleich lange Eisendrähte sind unterschiedlich dick: 0,5 mm (Draht A) und 0,2 mm (Draht B). Gib an, welcher Draht den größeren Widerstand hat.

c ◐ An beiden Drähten liegt die gleiche Spannung. Gib an, in welchem Draht die Stromstärke größer ist. Begründe.

12 ◐ Ein eingeschalteter Heizlüfter hat folgende Werte: 230 V und 2000 W.

a Erkläre mit dem Modell der elektrischen Leitung, wodurch der Heizdraht im eingeschalteten Heizlüfter heiß wird.

b Der ausgeschaltete Heizlüfter hat einen viel kleineren Widerstand als der eingeschaltete Heizlüfter. Begründe den Unterschied.

c* Berechne den Widerstand des eingeschalteten Heizlüfters.

13 Ein Bügeleisen, eine Kaffeemaschine und ein Toaster sind an einer Mehrfachsteckdose angeschlossen. Es werden folgende Stromstärken gemessen: Bügeleisen 5,2 A; Kaffeemaschine 2,6 A; Toaster 4,3 A.

a ◐ Berechne jeweils den Widerstand der Heizdrähte in den eingeschalteten Geräten.

b* ● Die Steckdose ist mit einer 16-A-Sicherung abgesichert. Kann noch ein Haartrockner mit 1000 Watt angeschlossen werden? Begründe deine Antwort mit einer Rechnung.

Bewegungen

Schnecken kriechen langsam. Wie groß ist das „Schneckentempo“? Wie kann man es messen? Wie schnell bin ich mit dem Fahrrad?

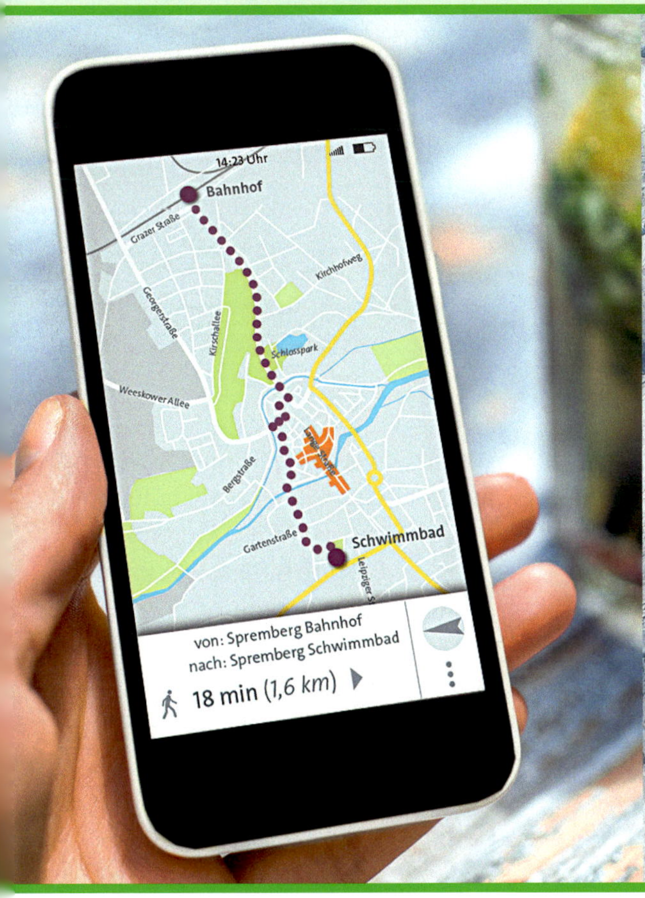

Das Navi sagt mir, wann ich ankomme und welche Route am schnellsten ist. Zauberei? Berechnung!

Bei dieser Abfahrt ändert sich das Tempo ständig. Kennst du noch mehr solcher Bewegungen? Gibt es auch Bewegungen, die immer gleich schnell bleiben?

Die Geschwindigkeit

1 Wie schnell fährt der Radfahrer wirklich?

Kannst du die Geschwindigkeit von Radfahrern oder Autos gut schätzen? Was bedeutet überhaupt „Geschwindigkeit“ und wie misst man sie?

Auto	A	B	C
Weg *s*	100 m	100 m	100 m
Zeit *t*	10,0 s	6,2 s	12,8 s
Geschwindigkeit *v*	10,0 $\frac{m}{s}$	16,1 $\frac{m}{s}$	7,8 $\frac{m}{s}$

2 Geschwindigkeit ermitteln

Wer ist schneller? • Schülerinnen und Schüler messen an ihrer Schule, wie lange die Autos für 100 Meter brauchen. → 2 Auto B fährt viel schneller als Auto A. Daher braucht Auto B viel weniger Zeit als Auto A. Auto B hat die höhere Geschwindigkeit.

Geschwindigkeit • Wie groß ist die Geschwindigkeit der Autos genau? Halten sie „Tempo 30“ ein? Wir berechnen als Erstes, wie weit die Autos pro Sekunde kommen. Je weiter sie pro Sekunde kommen, desto schneller fahren die Autos:

- Auto B legt 10,0 Meter pro Sekunde zurück. → 3
- Auto B legt 16,1 Meter pro Sekunde zurück.
- Auto C legt 7,8 Meter pro Sekunde zurück.

Auto B ist also am schnellsten, Auto C ist am langsamsten. Zu den gleichen Zahlen kommt man, wenn man den zurückgelegten Weg durch die benötigte Zeit teilt:

$\frac{100\,\text{m}}{10{,}0\,\text{s}} = 10{,}0\,\frac{\text{m}}{\text{s}}$ (Auto A). → 2

Die Geschwindigkeit wird in der Physik genau auf diese Weise festgelegt und berechnet:

Geschwindigkeit = $\frac{\text{Weg}}{\text{Zeit}}$; $v = \frac{s}{t}$.

Kilometer pro Stunde • „Tempo 30" heißt: Die Autos dürfen höchstens mit einer Geschwindigkeit von 30 Kilometern pro Stunde fahren ($30\,\frac{\text{km}}{\text{h}}$). Auto A fährt mit einer Geschwindigkeit von 10,0 Metern pro Sekunde ($10{,}0\,\frac{\text{m}}{\text{s}}$). Wie viele Kilometer pro Stunde sind das?

Die Umrechnung von Metern pro Sekunde in Kilometer pro Stunde geht in drei Schritten. → 4 Das Ergebnis ist:

$1\,\frac{\text{m}}{\text{s}} = 3{,}6\,\frac{\text{km}}{\text{h}}$.

Wenn du also den Zahlenwert der Geschwindigkeit in $\frac{\text{m}}{\text{s}}$ mit 3,6 malnimmst, erhältst du den Zahlenwert der Geschwindigkeit in $\frac{\text{km}}{\text{h}}$:

- Auto A: $v = 10{,}0\,\frac{\text{m}}{\text{s}} \xrightarrow{\cdot 3{,}6} 36{,}0\,\frac{\text{km}}{\text{h}}$
- Auto B: $v = 16{,}1\,\frac{\text{m}}{\text{s}} \xrightarrow{\cdot 3{,}6} 58{,}0\,\frac{\text{km}}{\text{h}}$
- Auto C: $v = 7{,}8\,\frac{\text{m}}{\text{s}} \xrightarrow{\cdot 3{,}6} 28{,}1\,\frac{\text{km}}{\text{h}}$

Nur das Auto C ist nicht zu schnell gefahren!

Auto A fährt 100 m in 10,0 s. Berechne, wie viele Meter es pro Sekunde fährt.

	Weg s	Zeit t	
: 10 ↓	100 m	10,0 s	↓ : 10
	10,0 m	1,0 s	

Auto A fährt 10,0 Meter pro Sekunde.

3 Beispielrechnung: Meter pro Sekunde

	Weg s	Zeit t	
· 60 ↓	1 m	1 s	↓ · 60
· 60 ↓	60 m	60 s = 1 min	↓ · 60
	3600 m	60 min = 1 h	
	3,6 km	1 h	

1 Meter pro Sekunde ist gleich 3,6 Kilometer pro Stunde.

4 Umrechnung: Meter pro Sekunde in Kilometer pro Stunde

Aufgaben

1 ○ Ergänze die Aussagen:

a Je weiter ein Auto in 1 h kommt, desto ... ist seine Geschwindigkeit.

b Je weniger Zeit ein Auto für 10 km benötigt, desto ...

2 ◐ Max fährt 50 m in 10 s, Sara braucht dafür nur 9 s.

a Gib an, wer schneller ist – ohne zu rechnen. Begründe deine Antwort.

b Berechne die Geschwindigkeiten in $\frac{\text{m}}{\text{s}}$ und $\frac{\text{km}}{\text{h}}$. Runde auf 2 Stellen.

Die Geschwindigkeit

Material A

Wie schnell ist ...?

Materialliste: Stoppuhren, Messband, Modellautos mit Antrieb, Fußball

1 Legt eine 5 m lange „Rennstrecke“ fest.

a ○ Schätzt, wie lange die Modellautos für die Strecke benötigen. Notiert die Zeiten in Sekunden (s).

b ◐ Messt, wie lange die Modellautos benötigen. Tipp: Oft drückt man die Stoppuhr nicht genau zur rechten Zeit. Messt die Zeit daher mit mehreren Stoppuhren und bildet dann den Mittelwert. → 3 So mitteln sich die Ungenauigkeiten meistens wieder heraus.

c ◐ Berechnet und vergleicht die Geschwindigkeiten eurer Modellautos.

Drei Zeitnehmer haben Jans 100-m-Lauf gestoppt: 12,8 s / 13,1 s / 13,0 s. Berechne den Mittelwert.

Rechnung:

$$t_{mittel} = \frac{12{,}8\,s + 13{,}1\,s + 13{,}0\,s}{3}$$

$$t_{mittel} = \frac{38{,}9\,s}{3} = 13{,}0\,s$$

3 Beispielrechnung: Mittelwert

1

2

2 Wie schnell ist ein scharf geschossener Fußball?
◐ Plant einen Versuch, um seine Geschwindigkeit zu bestimmen.
Führt den Versuch nach Absprache mit dem Lehrer oder der Lehrerin durch.

Material B

Geschwindigkeitskontrolle

Bei drei Autos sind Wege und Zeiten gemessen worden. → 4

Auto	A	B	C
Weg s	50 m	50 m	100 m
Zeit t	3,4 s	5,2 s	12,8 s
Geschwindigkeit v	? $\frac{m}{s}$	? $\frac{m}{s}$	? $\frac{m}{s}$
	? $\frac{km}{h}$	? $\frac{km}{h}$	? $\frac{km}{h}$

4 Autos mit verschiedenen Geschwindigkeiten?

1 ○ Wer war schneller: das Auto A oder das Auto B? Gib es an, ohne zu rechnen. Begründe deine Antwort.

2 ◐ Wer war schneller: das Auto B oder das Auto C? Beantworte die Frage, ohne die Geschwindigkeiten zu berechnen.
Begründe deine Antwort.

3 ◐ Übertrage die Tabelle ins Heft. Berechne für jedes Auto die Geschwindigkeit. Runde immer auf 2 Stellen.

Material C

Geschwindigkeiten

Berechne die Antworten auf die folgenden Fragen mithilfe der Tabellen und Fotos.
Tipp: Achte jeweils auf die Größenangaben!

1 Wie weit kannst du in 1 h zu Fuß gehen?

2 Wie weit kannst du in 8 h mit dem Fahrrad fahren?

3 Wer ist schneller: ein Auto auf der Landstraße oder ein Gepard?

4 Wie viel Zeit (in s und in min) benötigt eine Schnecke für 1 m?

5 Wie lange benötigt der Schall für 1 km?

6 Licht ist von der Sonne zur Erde 500 s lang unterwegs.

a Wie viele Minuten braucht das Licht von der Sonne zu uns?

b Vergleiche damit, wie lange das Licht vom Mond zur Erde benötigt (Entfernung: rund 400 000 km).

7 Mit welcher Geschwindigkeit (in $\frac{km}{h}$) umkreist der Mond die Erde?

Geschwindigkeiten in der Natur	
mäßiger Wind (Windstärke 4)	$7\ \frac{m}{s}$
Rennpferd	$25\ \frac{m}{s}$
Falke	$28\ \frac{m}{s}$
Orkan (Windstärke 12)	$60\ \frac{m}{s}$
Schall in Luft	$340\ \frac{m}{s}$
Erde um die Sonne	$30\ \frac{km}{s}$
Licht	$300\,000\ \frac{km}{s}$

5

Geschwindigkeiten im Alltag	
Fußgänger	$5\ \frac{km}{h}$
Radfahrer	$15\ \frac{km}{h}$
Mofa	$25\ \frac{km}{h}$
Auto (im Ort)	$50\ \frac{km}{h}$
Auto (Landstraße)	$100\ \frac{km}{h}$
Regionalexpress	$160\ \frac{km}{h}$
Düsenverkehrsflugzeug	$950\ \frac{km}{h}$

6

7 Schnecke: $5\ \frac{mm}{s}$

8 Gepard: $34\ \frac{m}{s}$

9 Fußball: bis zu $130\ \frac{km}{h}$

10 Mond umkreist Erde: $1\ \frac{km}{s}$

11 Rennwagen: bis zu $360\ \frac{km}{h}$

12 ICE: bis zu $350\ \frac{km}{h}$

Die Geschwindigkeit

Erweitern und Vertiefen

Der kleine Computer am Fahrrad

Wie schnell fahre ich? • Der Tachometer (kurz: Tacho) zeigt in jedem Moment die Geschwindigkeit an. → 1 Er ist ein kleiner Computer. Und so wird die Geschwindigkeit im Prinzip gemessen: An einer Speiche des Vorderrads ist ein Magnet befestigt. → 2 An der Vordergabel sitzt ein magnetischer Schalter, der Reedkontakt. Jedes Mal wenn der Magnet am Schalter vorbeikommt, wird ein Stromkreis geschlossen. Dann wird ein elektrisches Signal an den Computer gesendet. Zwischen zwei Signalen dreht sich das Vorderrad einmal. Das Fahrrad legt also zwischen zwei Signalen einen Weg zurück, der genauso lang ist wie der Umfang des Reifens. Der Computer kennt diesen Umfang. Er misst außerdem, wie viel Zeit zwischen zwei Signalen vergeht. Aus dem zurückgelegten Weg und der benötigten Zeit berechnet der Computer die momentane Geschwindigkeit.

1 Tacho am Fahrrad

2 Magnet und Reedkontakt

Aufgaben

1 ◐ Der Tacho muss den Reifenumfang kennen. Beschreibe einen Versuch, wie du diesen Umfang am Fahrrad bestimmen kannst.

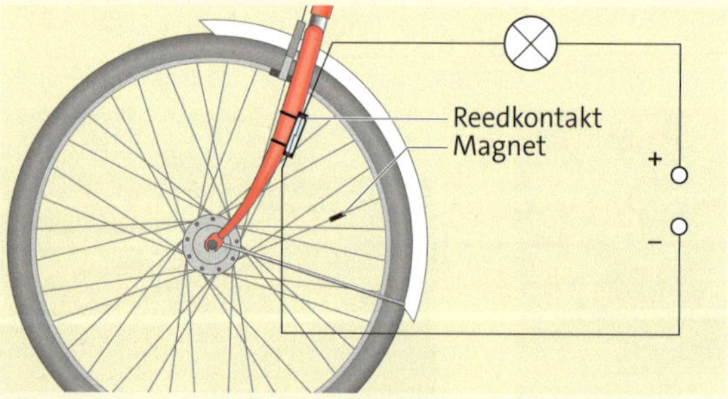

3 Modellversuch zum Tacho

2 Ein Modellversuch zeigt, wie der Tacho funktioniert. → 3

a ○ Drehe das Rad. Miss die Zeit zwischen 6 Signalen.

b ◐ Berechne den Weg, den das Fahrrad zwischen 6 Signalen zurückgelegt hätte.

c ◐ Berechne die Geschwindigkeit.

3 Luka sagt: „Ich habe meinen Tacho mit einem Trick dazu gebracht, immer die doppelte Geschwindigkeit anzuzeigen."
● Beschreibe, wie Luka seinen Tacho umgebaut hat.

Erweitern und Vertiefen

Der „Blitzer“ am Straßenrand

4 Blitzerkasten

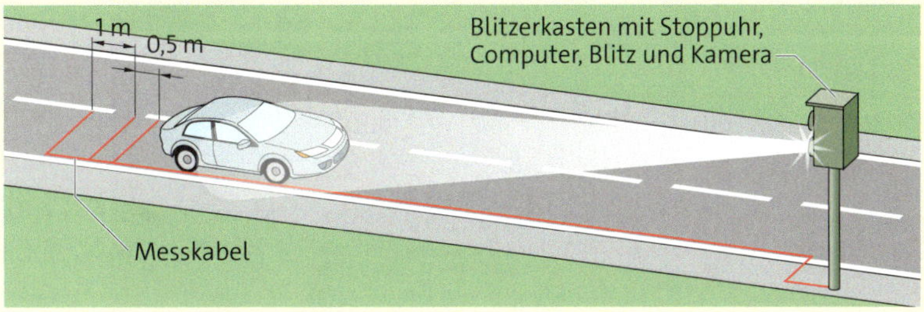

5 Aufbau der Messung

Drei Kabel in der Straße • Solche Kästen siehst du an Ortseinfahrten und Kreuzungen. → 4 Damit fotografiert die Polizei Raser. Zum Blitzerkasten gehören drei Kabel in der Straße. → 5 Wenn ein Auto über das erste Kabel fährt, wird die Stoppuhr im Blitzerkasten gestartet. Sie misst, wie lange das Auto bis zum zweiten und dritten Kabel braucht. Daraus berechnet der Computer die Geschwindigkeit zwischen den Kabeln. Wenn sie höher ist als erlaubt, fotografiert die Kamera das Auto. Der Blitz sorgt für Helligkeit.

Lasersäule • In der Säule ist ein Laser. → 6 Er sendet rasch hintereinander Blitze aus, die für das Auge ungefährlich sind. Die Blitze werden von einem vorbeifahrenden Auto zurückgeworfen, ein Messgerät in der Säule fängt sie wieder auf. Ein Computer berechnet aus der Laufzeit der Blitze den Ort des Autos zu verschiedenen Zeiten. Dann berechnet er den Weg des Autos zwischen zwei Blitzen, teilt ihn durch die Zeit zwischen den Blitzen und erhält so die Geschwindigkeit des Autos. Raser werden fotografiert. Der Blitz dafür kann rötlich oder infrarot (also unsichtbar) sein.

Aufgaben

1 ○ Gib an, wie viele Kabel vor dem Blitzerkasten verlegt sind und wie groß der Abstand zwischen ihnen ist. → 5

2 ◔ Der „Blitzer“ misst zwischen den ersten beiden Kabeln folgende Zeiten: → 5
0,045 s; 0,050 s; 0,060 s; 0,040 s; 0,070 s.
Berechne die Geschwindigkeit der Autos. Wer fährt schneller als $70\,\frac{km}{h}$?

3 ◔ Ein Auto ist 50 m von der Lasersäule entfernt. → 6 Berechne die Zeit vom Aussenden des Laserblitzes bis zum Auffangen. Tipp: Der Blitz hat Lichtgeschwindigkeit.

6 Lasersäule

Verschiedene Bewegungen

1 Gleiches Ziel – verschiedene Bewegungen

Seilbahn und Mountainbiker fahren ins Tal. Ihre Bewegungen sind verschieden.

Gleichförmig – ungleichförmig • Die Seilbahn fährt mit gleichbleibender Geschwindigkeit: Ihre Bewegung ist gleichförmig. Die Mountainbiker fahren mal schnell, mal langsam: Ihre Bewegung ist ungleichförmig.

Geschwindigkeiten • Der Tacho am Fahrrad zeigt an, wie schnell man gerade fährt: Er misst die momentane Geschwindigkeit. Nach der Radtour berechnet der Tacho die durchschnittliche Geschwindigkeit: $v_d = \frac{s_{gesamt}}{t_{gesamt}}$.

Diagramme • Seilbahn A fährt in einer Sekunde 5 m weit, in zwei Sekunden 10 m, in drei Sekunden 15 m ... Es gilt:
- doppelte Zeit → doppelter Weg
- dreifache Zeit → dreifacher Weg

Der Weg ist proportional zur Zeit. Wege und Zeiten liegen im Diagramm auf einer Geraden durch den Ursprung. → 2
Seilbahn B fährt mit 8 m pro Sekunde. Sie ist schneller als Seilbahn A. Ihre Gerade im Diagramm ist steiler. → 3
Die Fahrt der Mountainbiker ergibt im Diagramm eine „geknickte" Linie. → 4

Bei einer gleichförmigen Bewegung bleibt die Geschwindigkeit gleich. Wege und Zeiten liegen im Diagramm auf einer Ursprungsgeraden.

Geschwindigkeit* • Mit einem Steigungsdreieck kannst du die Geschwindigkeit im Diagramm ermitteln. → 5

Aufgaben

1 ○ Nenne je drei gleichförmige und ungleichförmige Bewegungen.

2 ◔ Seilbahn C fährt mit $4\,\frac{m}{s}$. Beschreibe ihre Gerade im Diagramm 3.

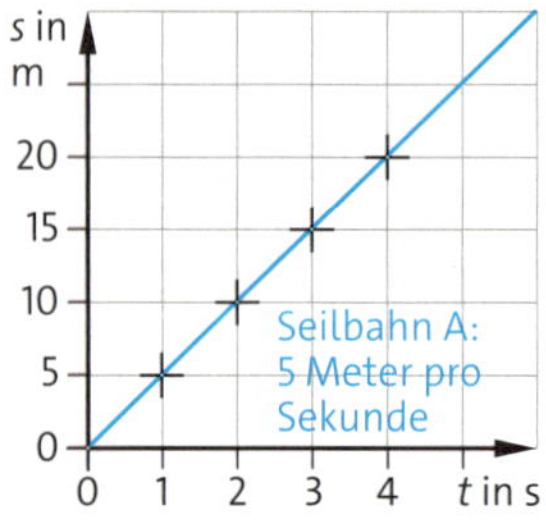

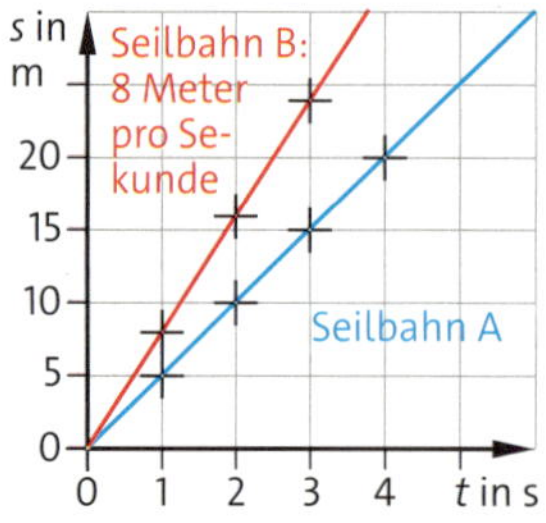

2 3 Gleichförmige Bewegungen

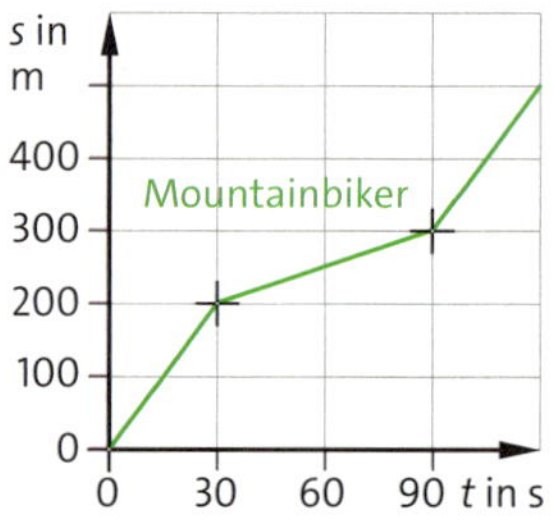

4 Ungleichförmig

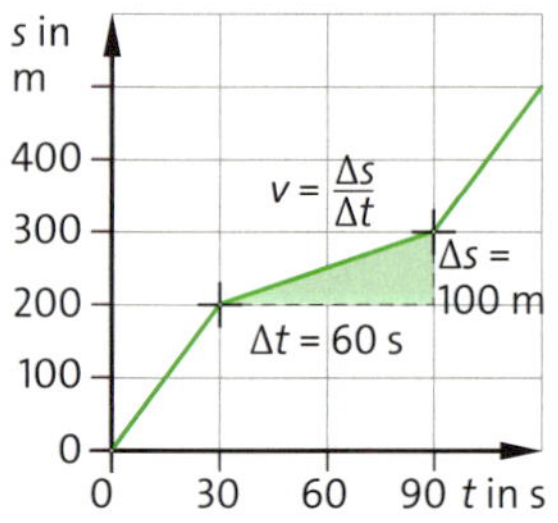

5 Geschwindigkeit

die gleichförmige Bewegung
die ungleichförmige Bewegung
die Momentangeschwindigkeit
die Durchschnittsgeschwindigkeit

Material A

Gleichförmig oder ungleichförmig?

1 Ordne nach gleichförmigen und ungleichförmigen Bewegungen. → 6 – 13 Begründe jeweils.

6

7

8

9

10

11

12

13

Material B

Bewegung im Diagramm

1 Das Diagramm zeigt die Fahrten von drei Autos.

a Gib an, welche Autos sich gleichförmig bewegen. Begründe jeweils.

b Die Autos mit den gleichförmigen Bewegungen fahren unterschiedlich schnell. Gib an, welches Auto schneller fährt. Begründe deine Antwort.

c Gib die richtige Beschreibung an und begründe:

- Auto 2 fährt erst schneller und dann langsamer.
- Auto 2 fährt erst langsamer und dann schneller.

d* Bestimme die Geschwindigkeiten von Auto 2 mit Steigungsdreiecken.

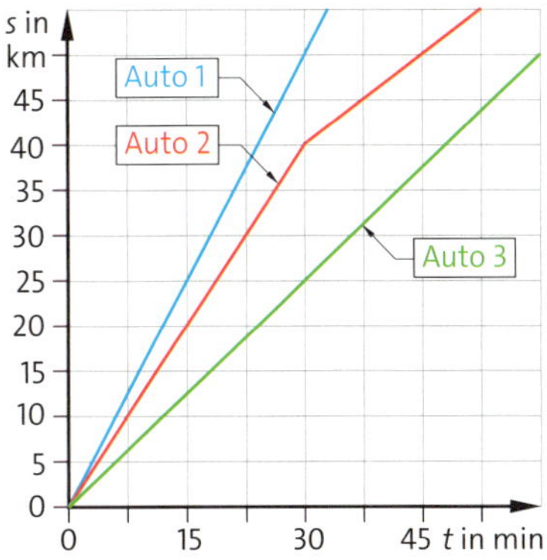

14 Bewegungen im Diagramm

Verschiedene Bewegungen

Material C

„Wagenrennen"

1 Das Diagramm zeigt die Fahrt von zwei Wagen. → 1
Beantworte die Fragen mithilfe des Diagramms:

a ▢ Wie weit fahren die Wagen in 1,5 s; 3,0 s; 4,5 s; 6,0 s?

b ▢ Wie lange brauchen die Wagen für 20 m, 50 m, 70 m?

c ▢ Welcher Wagen ist schneller? Begründe deine Antwort.

2 ◪ Bestimme die Geschwindigkeit beider Wagen.

1 Bewegung vergleichen

Material D

Sportfest

Beim Sportfest sind immer zwei Läufer gegeneinander angetreten. Die Diagramme zeigen Wege und Zeiten. → 2 3

1 ▢ Gib für beide Läufe an, wer gewonnen hat.

2 ◪ Berechne die Geschwindigkeit von:

a Jan

b* Özlem

3 ◪ Beschreibe den Lauf von Özlem und Larissa wie ein Sportreporter. → 3 4

4 ◪ Skizziere den Lauf von Gregor und Kevin in einem Diagramm. → 4

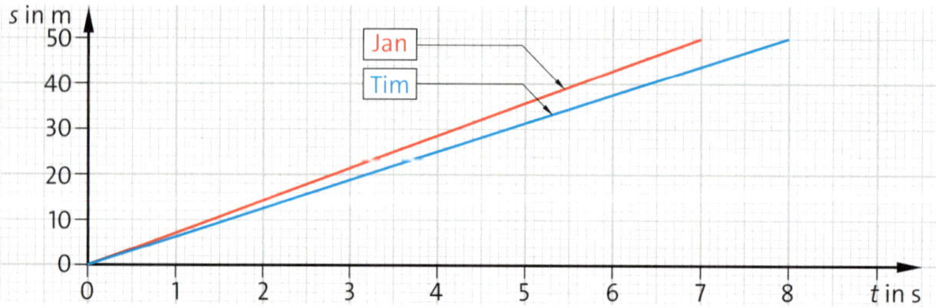

2 50-m-Lauf: Jan gegen Tim

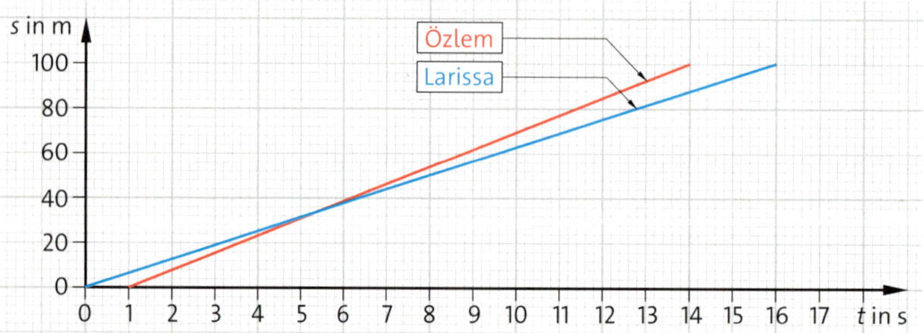

3 100-m-Lauf: Özlem gegen Larissa

Auf den ersten 400 Metern laufen Gregor und Kevin Kopf an Kopf. Doch was ist das? Kevin bleibt stehen und bindet sich die Schuhe zu! Gregor ist schon bei 600 Metern – da erst startet Kevin endlich wieder und rast los. Bei 900 Metern holt er Gregor ein. Gleichauf kommen beide nach 3 Minuten und 20 Sekunden ins Ziel. Schade, schade – Kevin hätte seine Schuhe besser zubinden sollen!

4 Reportage: 1000-m-Rennen

Material E*

Lena und Toni

Lena joggt zu einem See. Ihr Tempo bleibt immer gleich. Ihr Hund Toni läuft mit. Mal bleibt er zurück, mal ist er recht weit voraus. Das Diagramm zeigt ihre Bewegungen. → 5

1 Beantworte die folgenden Fragen mithilfe des Diagramms:

a ○ Welche Linie gehört zu Lenas Lauf?

b ○ Wann erreicht Lena den See?

c ◐ Wann macht Toni Pause?

2 ◐ Notiere weitere Fragen und Antworten.

3 ● Beschreibe Tonis Bewegung genauer. Berechne seine höchste Geschwindigkeit. Tipp: Ein ähnliches Beispiel ist unten beschrieben. → 6

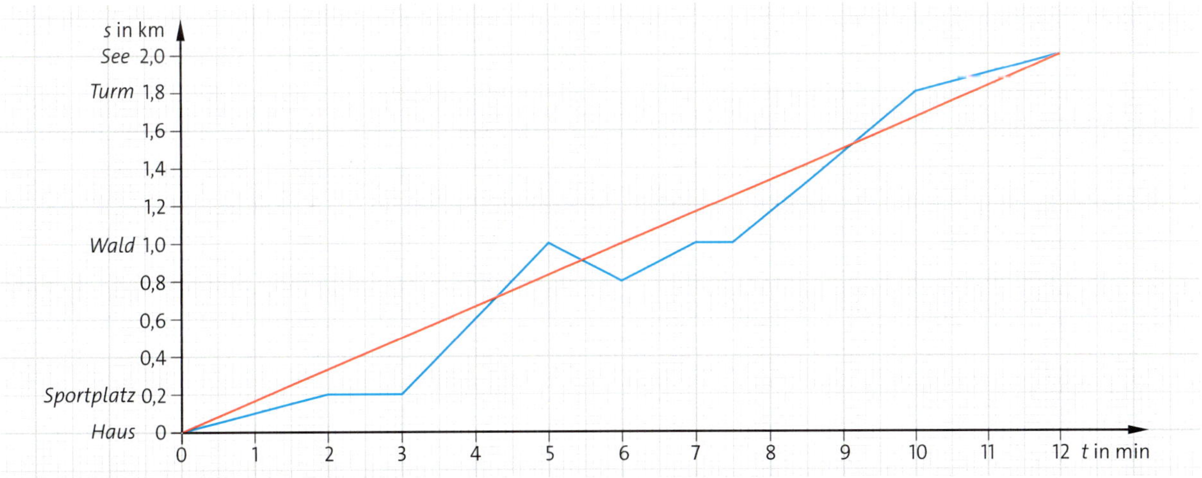

5 Lena joggt mit ihrem Hund Toni.

1 In den ersten 15 min legt Laura 5 km zurück:
$v = \frac{5000\,\text{m}}{15 \cdot 60\,\text{s}} = 5{,}56\,\frac{\text{m}}{\text{s}} = 20\,\frac{\text{km}}{\text{h}}$.

2 In den folgenden 10 min geht es bergauf. Laura kommt in dieser Zeit nur 2 km weiter:
$v = \frac{2000\,\text{m}}{10 \cdot 60\,\text{s}} = 3{,}33\,\frac{\text{m}}{\text{s}} = 12\,\frac{\text{km}}{\text{h}}$.

3 Bei Kilometer 7 macht Laura 5 min lang Pause.

4 Dann fährt sie 5 min weiter.

5 Laura hat ihre Trinkflasche vergessen! Sie fährt 5 min mit gleicher Geschwindigkeit zurück. Im Diagramm geht die Kurve nach unten.

6 Nun geht es wieder vom Rastplatz los.

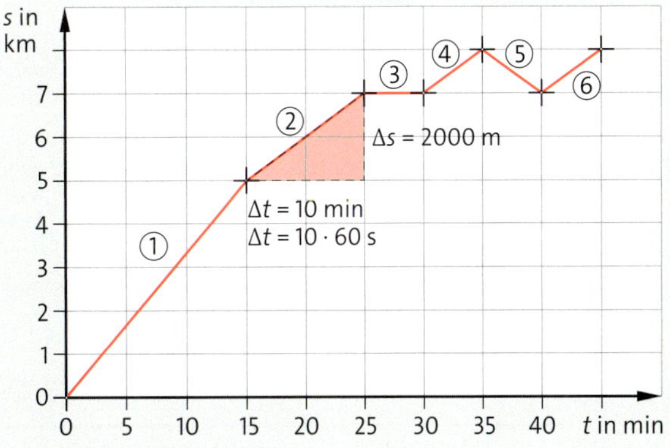

7 Radtour im Diagramm

6 So fängt Lauras Radtour an – genauer beschrieben.

Verschiedene Bewegungen

Methode

Messwerte im Diagramm darstellen

Die Fahrt von zwei Modellautos soll im Diagramm dargestellt werden. → 1 2

1. Achsen zeichnen Das Diagramm soll etwa eine halbe Heftseite groß sein. Zeichne die Achsen auf die Heftlinien. Schreibe die gemessenen Größen an die Achsen.
Autos: Zeit *t* in s, Weg *s* in m

2. Achsen einteilen Nimm den größten Wert, der auf der Achse eingetragen werden soll. Wähle die Einheit so, dass der größte Wert nahe am Ende der Achse liegt. Dann unterteilst du die Achse.
Autos: Die größte Zeit ist 14,1 s. Die Achse ist 14,5 cm lang. Wir nehmen für 1 s immer 1 cm.

3. Messwerte einzeichnen Zeichne die Wertepaare mit spitzem Bleistift als Kreuze ein.
Autos: Zeichne eine dünne Linie von 5,5 s aus nach oben und eine von 6 m aus nach rechts. Markiere den Schnittpunkt mit einem Kreuz.

4. Kurve zeichnen Wenn die Kreuze ungefähr auf einer Geraden liegen, zeichne eine „Ausgleichsgerade“ zwischen ihnen hindurch. Wenn die Kreuze nicht auf einer Geraden liegen, zeichne eine glatte „Ausgleichskurve“ möglichst nahe zwischen ihnen hindurch.
Autos: Die Kreuze für Auto 1 liegen ungefähr auf einer Geraden: Zeichne eine Ausgleichsgerade. Die Kreuze für Auto 2 liegen nicht auf einer Geraden: Zeichne eine Ausgleichskurve.

Weg *s* in m	0	1	2	3	4	5	6	7	8	9	10	
Zeit *t* in s	0	1,5	2,6	4,3	5,6	6,9	8,3	9,9	11,1	12,8	14,1	**Auto 1**
	0	0,6	1,5	2,4	3,1	4,2	5,5	6,8	8,5	10,5	13,5	**Auto 2**

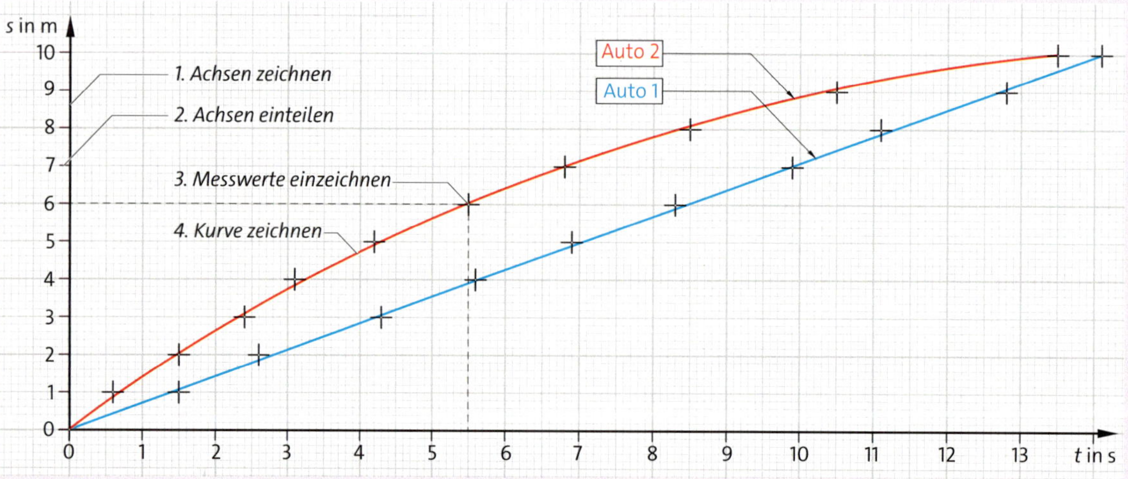

1 2 Fahrten von Modellautos: Wertetabelle und Diagramm

Material F

Elektroauto

Materialliste: kleines Elektroauto, Messband, Stoppuhren

1 Ihr braucht eine 10 m lange, gerade Strecke. Lasst das Auto mit gleichbleibender Geschwindigkeit durch die Strecke fahren. Messt, wie lange es für 1 m, 2 m ... benötigt.

a Berechnet jeweils den Mittelwert der gemessenen Zeiten. Tragt ihn in eine Tabelle ein. → 3

b Stellt die Bewegung des Autos im Diagramm dar. Tipp: Methode „Messwerte im Diagramm darstellen" auf der linken Seite

c Berechnet die Geschwindigkeit des Autos. Gebt sie in $\frac{m}{s}$ und in $\frac{km}{h}$ an.

Weg *s* in m	0	1	2	...
Zeit *t* in s	0	?	?	?

3 Beispieltabelle Auto

Material G

Radfahren

1 Die Tabelle zeigt die Fahrt von drei Radfahrern. → 4

a Stelle jede Bewegung in einem Diagramm dar.

b Gib an, welche Bewegungen gleichförmig sind.

Weg *s* in m	0	20	40	60	80	100	
Zeit *t* in s	0	4,8	9,6	14,4	19,2	24,0	**Rad 1**
	0	3,6	7,2	10,8	14,4	18,0	**Rad 2**
	0	10,0	14,1	17,3	20,0	22,4	**Rad 3**

4 Drei Fahrten mit Fahrrädern

Material H

Modelleisenbahn

Materialliste: Modelleisenbahn, Messband, Stoppuhren

1 Baut ein langes, gerades Gleis auf. Lasst den Zug mit gleichbleibender Geschwindigkeit fahren. Messt, wie lange er für 20 cm, 40 cm ... benötigt.

a Berechnet jeweils den Mittelwert der Zeiten. Tragt ihn in eine Tabelle ein. → 5

b Wiederholt die Messung mit anderen Geschwindigkeiten.

c Erhöht die Geschwindigkeit während einer Fahrt langsam und gleichmäßig. Messt wieder die Zeiten.

d Stellt jede Bewegung in einem Diagramm dar.

Weg *s* in cm	0	20	40	...
Zeit *t* in s	0	?	?	?

5 Beispieltabelle Eisenbahn

Material I*

Joggen – mit dem Computer aufzeichnen

Materialliste: Handy mit App, Computer

1 Zeichne einen langen Lauf mit dem Handy auf (Einheit für den Weg: 1 km). Übertrage die Daten auf den Computer. Stelle die Bewegung im Diagramm dar. Tipp: Methode „Messwerte im Diagramm darstellen – mit dem Computer"

Verschiedene Bewegungen

Methode

Messwerte im Diagramm darstellen – mit dem Computer*

Zeit *t*		Weg *s*
0 min 00 s	0 s	0 m
3 min 02 s	182 s	1000 m
6 min 14 s	374 s	2000 m
9 min 00 s	540 s	3000 m
12 min 10 s	730 s	4000 m
15 min 20 s	920 s	5000 m
18 min 20 s	1100 s	6000 m
21 min 10 s	1270 s	7000 m
23 min 50 s	1430 s	8000 m
27 min 00 s	1620 s	9000 m
30 min 00 s	1800 s	10000 m

1 Radtour auf dem Uferradweg

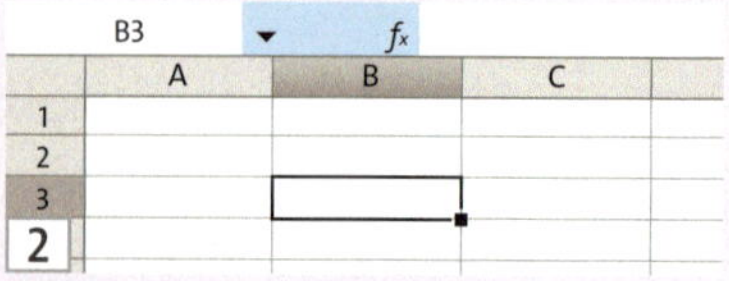

2

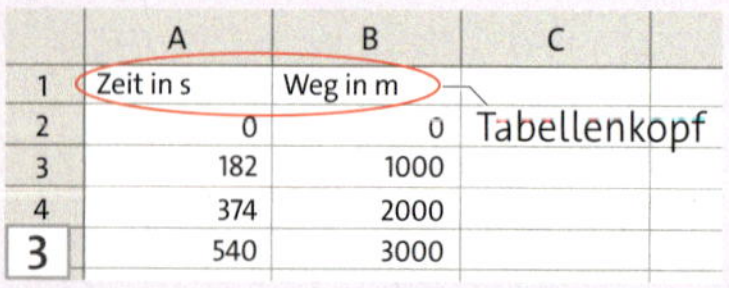

3

Finnja, Ahmet, Tom und Sara haben eine Fahrradtour gemacht. Wege und Zeiten haben sie mit dem Handy aufgezeichnet. → 1 Nun sollen sie ihre Fahrt in einem Diagramm am Computer darstellen. Hier lernst du am Tabellenkalkulationsprogramm Excel (2010), wie das geht. Bei neueren Versionen und anderen Tabellenkalkulationsprogrammen sind die Schritte ähnlich.

1. Tabelle anlegen Beim Starten des Programms öffnet sich eine Tabelle. Die Spalten in der Tabelle haben Buchstaben, die Zeilen haben Zahlen. So findest du die Zelle B3 in der Spalte B, Zeile 3. → 2 In jede Zelle kannst du Buchstaben, Zahlen oder Formeln eintragen. Durch Anklicken wählst du eine Zelle aus.

2. Messwerte eintragen Erstelle den Tabellenkopf: → 3
- In die Spalte A kommt die Größe für die waagerechte Achse.
- In die Spalte B kommt die Größe für die senkrechte Achse.

Trage die Messwerte jeweils in den Zellen darunter ein.

3. Messwerte einzeichnen Wähle alle Zellen mit Messwerten aus. → 4 Führe dann folgende Schritte aus: Einfügen → Diagramm → Punkt (XY) (nur mit Datenpunkten) → Weiter. Danach kannst du das Diagramm benennen, die Achsen beschriften und ein Gitternetz einfügen. Lass das Diagramm in der Tabelle anzeigen. → 5

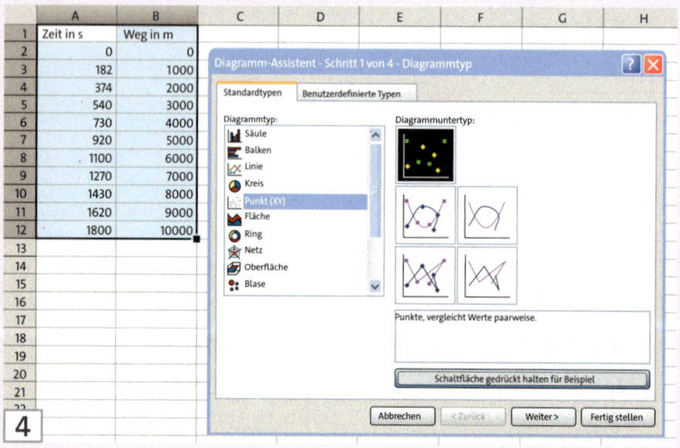

4

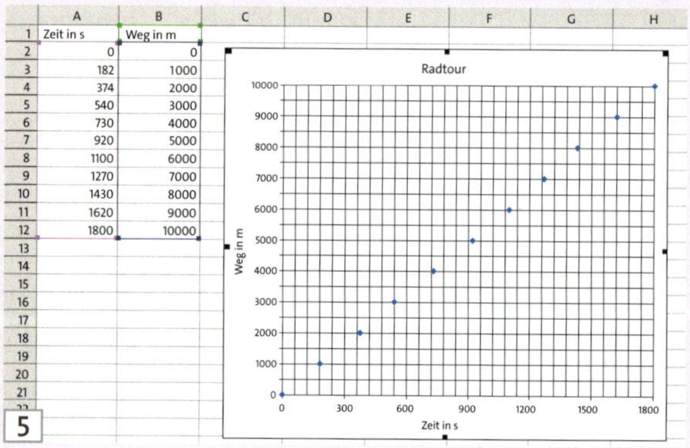

5

4. Kurve zeichnen Die Punkte liegen bei der Radtour etwa auf einer Geraden. Das Programm zeichnet die Ausgleichsgerade so:

- Klicke im Diagramm mit der rechten Maustaste auf einen Messpunkt. Es öffnet sich ein Menü. Wähle „Trendlinie hinzufügen". → 6
- Wähle im Fenster „Trendlinie" den Typ „Linear". Setze bei den Optionen einen Haken bei „Formel im Diagramm darstellen".
- Die Gerade soll im Punkt (0|0) starten. Setze bei den Optionen bei „Schnittpunkt" einen Haken und füge in das Feld daneben den Wert 0,0 ein.
- Auf „Schließen" drücken und die Gerade ist im Diagramm. → 7

(Trendlinie in der Tabellenkalkulation von OpenOffice [4.x]: Diagramm mit Doppelklick auswählen und folgende Schritte ausführen: Einfügen → Trendlinien → linear → OK.)
Wenn die Punkte im Diagramm nicht auf einer Geraden liegen, wählst du als Diagrammtyp: Punkt (XY) (Punkte mit Linien und Datenpunkten).

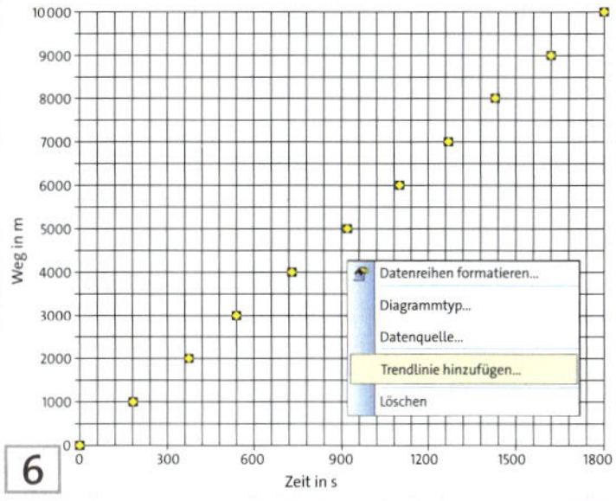

6

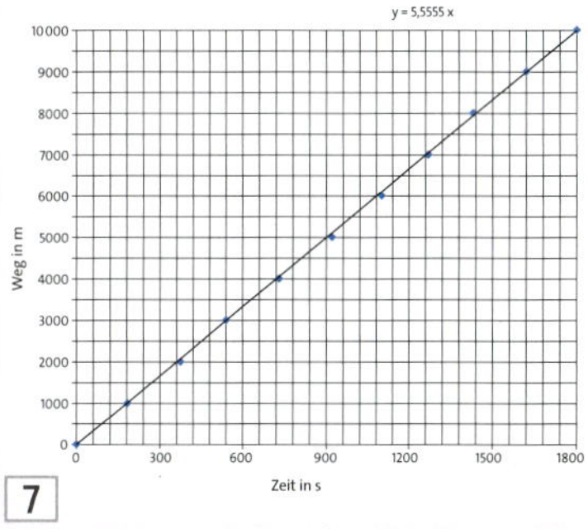

7

Geschwindigkeit berechnen • Wie schnell sind die vier Radler auf den einzelnen Kilometern gefahren? Für die Berechnung verwenden wir die Gleichung $v = \frac{s}{t}$:

- Ergänze zunächst den Tabellenkopf in der Zelle C1. → 8
- Schreibe in die Zelle C3 die Rechenvorschrift: =B3/A3.
  Das = sagt dem Programm, dass es um eine Berechnung geht.
  Der / sagt dem Programm, dass geteilt wird.
  B3 sagt dem Programm, wo es den Zähler für den Bruch findet: in der Zelle B3.
  A3 sagt dem Programm, wo es den Nenner für den Bruch findet: in der Zelle A3.
- Nun „greifst" du die rechte untere Ecke der Zelle C3 mit der Maus. Ziehe die Maus mit gedrückter linker Taste nach unten. In jeder markierten Zelle wird dann die Geschwindigkeit berechnet. → 9 Dabei wird aus B3/A3 automatisch B4/A4, B5/A5 ...
- Runde auf 2 Stellen: Zellen auswählen → Format → Zellen formatieren → Kategorie Zahl → Dezimalstellen 2.

	A	B	C
1	Zeit in s	Weg in m	v in m/s
2	0	0	
3	182	1000	=B3/A3
4	374	2000	
5	540	3000	
6	730	4000	
7	920	5000	

8

	A	B	C
1	Zeit in s	Weg in m	v in m/s
2	0	0	
3	182	1000	5,494505
4	374	2000	5,347593
5	540	3000	5,555555
6	730	4000	5,479452
7	920	5000	5,434782
8	1100	6000	5,454545
9	1270	7000	5,511811
10	1430	8000	5,594405
11	1620	9000	5,555555
12	1800	10000	5,555555
13			
14			

9

Mit Geschwindigkeiten rechnen

1 Wegweiser im Bayerischen Wald

Material zur Erarbeitung: A

4 Stunden bis zum Gipfel des Rachel: Wie viele Kilometer muss man laufen?

Wege berechnen • Der Wegweiser steht an einem Wanderweg in den Bergen. → 1 Ein Wanderer legt hier im Mittel 3 Kilometer in einer Stunde zurück. In 4 Stunden wandert er 4-mal so weit, also 12 Kilometer. → 2 Der Weg zum Gipfel ist also 12 Kilometer lang.

Wege berechnen* • Du kannst die Wegstrecke auch mithilfe der Gleichung für die Geschwindigkeit berechnen. Auflösen nach dem Weg ergibt: → 3
$s = v \cdot t;\ s = 3\,\frac{\text{km}}{\text{h}} \cdot 4\,\text{h} = 12\,\text{km}.$

Zeiten berechnen • Ein Jogger ist mit $10\,\frac{\text{km}}{\text{h}}$ unterwegs. Wie lange braucht er bis zum Gipfel? Für 1 km braucht er 6 min. → 4 Für 12 km braucht er 12-mal so lange, also 72 min = 1 h 12 min.

Zeiten berechnen* • Du kannst die Zeit für den Jogger auch mithilfe der Gleichung für die Geschwindigkeit berechnen. Auflösen nach der Zeit ergibt:

$t = \frac{s}{v};\ t = \frac{12\,\text{km}}{10\,\frac{\text{km}}{\text{h}}} = 1{,}2\,\text{h}.$ → 5

Umrechnung von 0,2 h in min:
0,2 h = 0,2 · 60 min = 12 min
Der Jogger braucht also 1 h und 12 min bis zum Gipfel.

Aufgaben

1 Auf der Wanderung zum Gipfel des Rachel kann man einen reizvollen Abstecher von 1,5 h machen. Um wie viele Kilometer wird die Tour dadurch länger?
○ Berechne den zusätzlichen Weg. Gehe von $v = 3\,\frac{\text{km}}{\text{h}}$ aus.

2 Ein langsamerer Wanderer ist mit $2{,}5\,\frac{\text{km}}{\text{h}}$ unterwegs.
◐ Berechne für den langsameren Wanderer die Zeit bis zum Gipfel des Rachel.

	Weg s	Zeit t	
	3 km	1 h	
·4	12 km	4 h	·4

2 Wege berechnen

$v = \frac{s}{t}$ | · t
$v \cdot t = s$ | Umstellen
$s = v \cdot t$

3 Auflösen nach s

	Weg s	Zeit t	
	10 km	60 min	
: 10	1 km	6 min	: 10
· 12	12 km	72 min	· 12

4 Zeiten berechnen

$v = \frac{s}{t}$ | · t
$v \cdot t = s$ | : v
$t = \frac{s}{v}$

5 Auflösen nach t

Material A

Der Schulweg

Materialliste: Routenplaner, Computer

1 Wie kommst du zur Schule? Wie lange dauert es?
a ○ Schätze die Zeiten: zu Fuß, mit dem Rad, mit dem Bus ...
b ◑ Gib deine Adresse ins Startfeld des Routenplaners ein und die Adresse der Schule ins Zielfeld. Wähle aus, wie du zur Schule kommst. Lass den Routenplaner die Wege und Zeiten berechnen.
c ◑ Vergleiche die berechneten Zeiten mit deinen geschätzten. Vergleiche auch den vorgeschlagenen Weg mit deinem tatsächlichen Schulweg. Erkläre jeweils die Abweichungen.

2 Suche weitere Ziele in der Umgebung.
a ◑ Lass den Routenplaner jeweils die Wege und Zeiten berechnen.
b ● Stelle Vermutungen an, wie der Routenplaner die Zeiten berechnet.

Material B

Zeiten berechnen

1 ◑ Mirko überlegt, ob er baden oder klettern möchte. → 6 Wohin braucht er weniger Zeit? Berechne es. Tipp: Im Durchschnitt läuft Mirko $4\,\frac{km}{h}$ schnell und er radelt mit $18\,\frac{km}{h}$.

6 Mirko hat die Wahl.

Material C

Wege berechnen

1 Von A-Dorf nach B-Stadt kommt man über die Landstraße oder über die Autobahn. → 7 Von der Zeit her nimmt sich das nichts: Man braucht auf beiden Wegen 40 min.
a ○ Gib an, welcher Weg länger ist.
b ◑ Berechne, wie lang beide Wege sind. Tipp: Auf der Landstraße beträgt die durchschnittliche Geschwindigkeit $60\,\frac{km}{h}$, auf der Autobahn sind es $100\,\frac{km}{h}$.

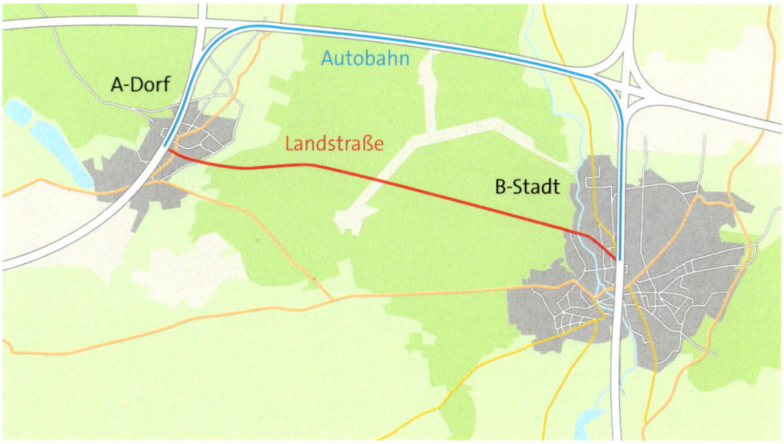

7 Verschiedene Wege berechnen

Gas geben und bremsen*

[1] [2] Stunts nur für Profis – nicht nachmachen!

Die Bewegungen der Motorradfahrer sind bestimmt nicht gleichförmig. Wie ändert sich ihre Geschwindigkeit?

Beschleunigen – verzögern • Mit dem Fahrrad kannst du ordentlich „Gas geben" oder kräftig bremsen. Beim Gasgeben wirst du schneller, beim Bremsen langsamer.

> Bei einer beschleunigten Bewegung nimmt die Geschwindigkeit zu.
> Bei einer verzögerten Bewegung nimmt die Geschwindigkeit ab.

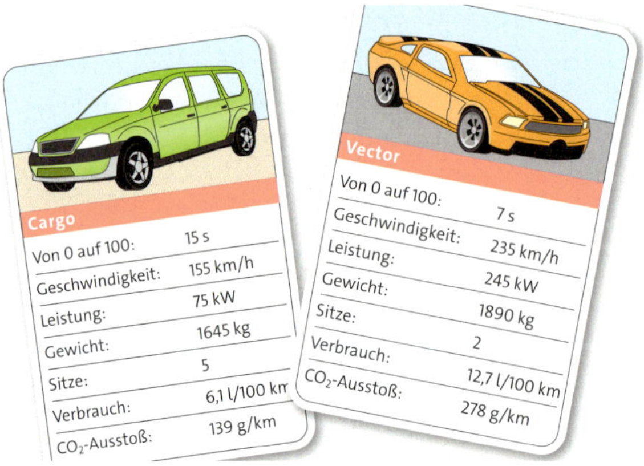

[3] Zwei Autos – zwei Beschleunigungen

Beschleunigung • Auf der Spielkarte eines Auto-Quartetts steht: → [3] „Von 0 auf 100: 15 s". Das bedeutet:

- Der Cargo beschleunigt aus dem Stand heraus in 15 s auf eine Geschwindigkeit von 100 $\frac{km}{h}$.
- Der Vector braucht nur 7 s, um 100 $\frac{km}{h}$ zu erreichen. Seine Geschwindigkeit ändert sich viel schneller. Der Vector hat eine größere Beschleunigung als der Cargo.

Aufgaben

1 ○ Gib an, welcher Motorradfahrer sich beschleunigt bewegt und welcher verzögert. → [1] [2]

2 ○ Ergänze die folgenden Aussagen:

a Wenn ein Läufer schneller wird, ist seine Bewegung ...

b Wenn ein Auto abbremst, ist seine Bewegung ...

c Die Beschleunigung eines Transporters ist viel ... als die eines Rennwagens.

die beschleunigte Bewegung
die verzögerte Bewegung
die Beschleunigung

Material A

Beschleunigt – verzögert

1 Ordne die Bewegungen in beschleunigt, verzögert und gleichförmig. → 4 – 8

2 Ergänze jeweils drei weitere Beispiele.

4

5

6

7

8

Material B

Von 0 auf ...

Materialliste: Fahrrad mit Tacho, Stoppuhren

1 Ihr braucht eine lange, gerade Strecke. Messt, wie lange zwei Radfahrer jeweils brauchen, um auf 10, 20 und 30 $\frac{km}{h}$ zu beschleunigen. Notiert die Werte. Zeichnet die Messwerte mit verschiedenen Farben in ein Diagramm ein (Zeit nach rechts, Geschwindigkeit nach oben). Lest ab, wer schneller beschleunigt hat.

Material C

Bewegung in Diagrammen

1 Ordne den verschiedenen Wagen die Bewegungen zu: gleichförmig, beschleunigt, verzögert. → 9 Begründe deine Zuordnungen.

2 Gib an, welcher Wagen die größere Beschleunigung hat. → 10 Begründe deine Entscheidung.

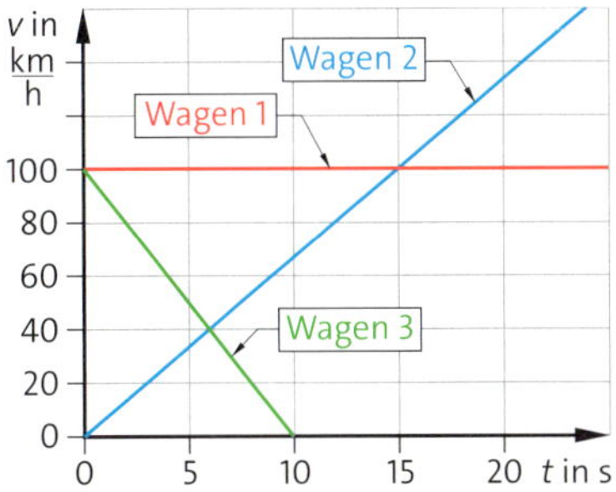

9 Bewegungen vergleichen

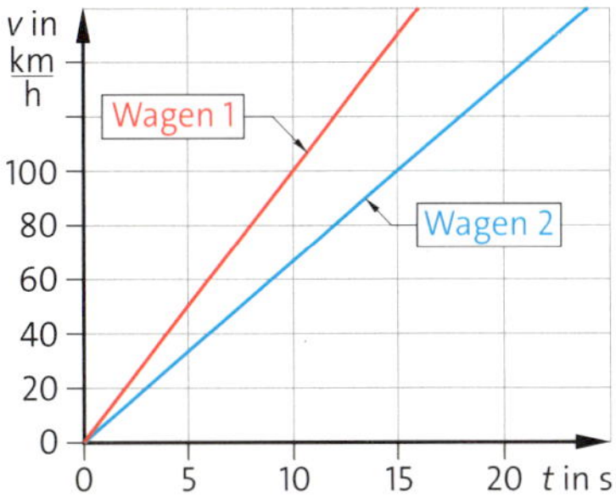

10 Beschleunigung vergleichen

Zusammenfassung

Geschwindigkeit • Die Geschwindigkeit gibt an, wie schnell sich ein Gegenstand bewegt.

Geschwindigkeit = $\frac{\text{Weg}}{\text{Zeit}}$; $v = \frac{s}{t}$

1 1 Meter pro Sekunde

2 Tachometer

Wir geben die Geschwindigkeit in Metern pro Sekunde $\left(\frac{\text{m}}{\text{s}}\right)$ oder in Kilometern pro Stunde $\left(\frac{\text{km}}{\text{h}}\right)$ an.

Umrechnung: $1\,\frac{\text{m}}{\text{s}} = 3{,}6\,\frac{\text{km}}{\text{h}}$ (·3,6 ; :3,6) → 1

Ein Tachometer (Tacho) misst die momentane Geschwindigkeit. → 2
Um die durchschnittliche Geschwindigkeit zu berechnen, teilt man die gesamte zurückgelegte Strecke durch die benötigte Zeit.

3 Gleichförmig

4 Ungleichförmig

5 Beschleunigt

6 Verzögert

Gleichförmig • Bei gleichförmigen Bewegungen bleibt die Geschwindigkeit gleich groß. → 3
Weg und Zeit sind proportional zueinander:
- doppelte Zeit → doppelter Weg
- dreifache Zeit → dreifacher Weg

Im Diagramm der gleichförmigen Bewegung liegen die Messwerte für Weg und Zeit auf einer Geraden durch den Nullpunkt. → 7

Ungleichförmig • Bei ungleichförmigen Bewegungen ändert sich die Geschwindigkeit. → 4
Im Diagramm liegen die Messwerte für Weg und Zeit nicht auf einer Geraden. → 8 9

Beschleunigt* • Bei beschleunigten Bewegungen nimmt die Geschwindigkeit zu, bei verzögerten Bewegungen nimmt sie ab. → 5 6

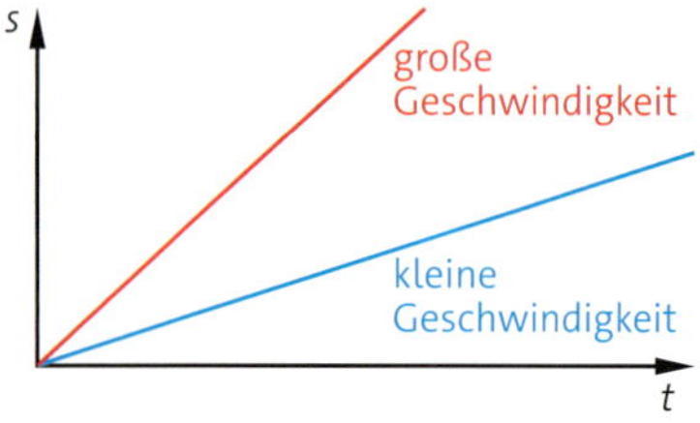

7 Gleichförmige Bewegungen

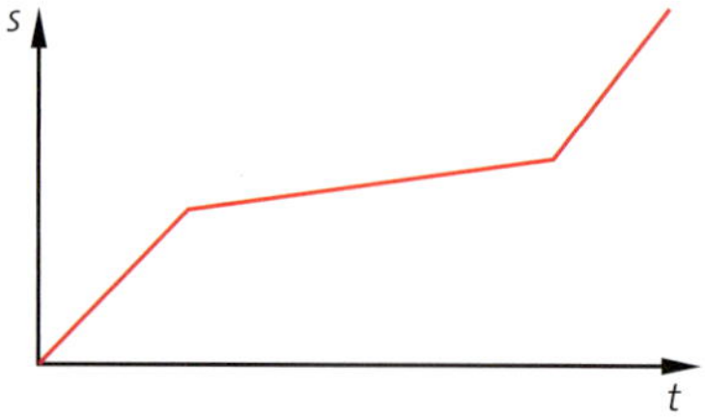

8 Ungleichförmige Bewegung

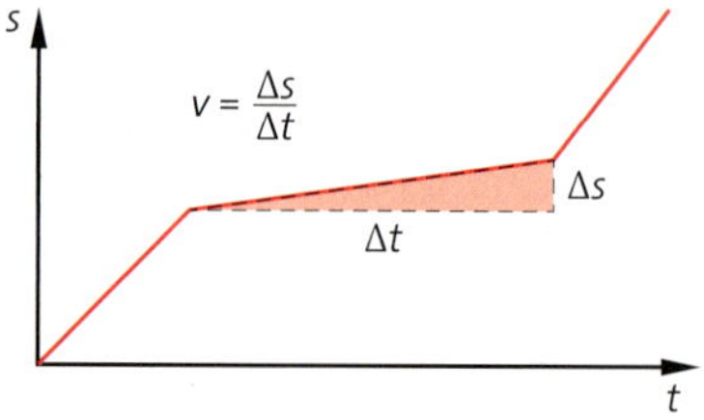

9 Geschwindigkeit im Diagramm

Teste dich! (Lösungen auf Seite 386)

1 ▢ Ordne in gleichförmige und in ungleichförmige Bewegungen:
Auto in der Stadt, Radfahrer auf dem Schulweg, Minutenzeiger der Uhr, Flugzeug in Reiseflughöhe, Sprung vom 5-m-Turm, Tanker in ruhiger See, Läufer beim Start.

2 ▢ Max sagt: „Ich bin mit meinem Fahrrad schon einmal 45 Stundenkilometer gefahren." Beschreibe, was er damit meint. Gib die Geschwindigkeit physikalisch richtig an.

3 ▢ Der Weltrekord im 100-m-Lauf der Männer beträgt 9,58 s. Er wurde 2009 von Usain Bolt in Berlin aufgestellt. Berechne die durchschnittliche Geschwindigkeit in $\frac{m}{s}$ und $\frac{km}{h}$.

4 Frau Meier erzählt: „Das war ein Verkehr auf der Autobahn. Ich habe für die 270 Kilometer heute 3 Stunden gebraucht!"

a ▢ Berechne ihre durchschnittliche Geschwindigkeit in $\frac{km}{h}$.

b ◪ An normalen Tagen fährt sie die Strecke im Schnitt mit 120 $\frac{km}{h}$. Berechne, wie lange sie dann für die Fahrt braucht.

c ◪ Berechne, wie weit Frau Meier in 3,5 h bei einer Geschwindigkeit von 120 $\frac{km}{h}$ kommt.

5 Marina fährt mit dem Fahrrad 18 $\frac{km}{h}$ schnell. Felix sagt: „Da bin ich ja zu Fuß noch schneller! Ich bin 75 m in 12,5 s gelaufen."
◪ Rechne nach, ob Felix recht hat.
Tipp: Berechne zuerst seine Geschwindigkeit in $\frac{m}{s}$. Rechne dann in $\frac{km}{h}$ um.

6 Schülerinnen und Schüler haben die Fahrten zweier Autos untersucht. → 10

a ▢ Gib an, welches Auto insgesamt schneller war.

b ◪ Berechne die Durchschnittsgeschwindigkeit in $\frac{m}{s}$ und $\frac{km}{h}$ für beide Autos.

c ◪ Stelle beide Bewegungen im gleichen Diagramm dar.

d ▢ Gib an, welches Auto (nahezu) gleichförmig fuhr. Begründe deine Auswahl.

Weg *s* in m	0	50	100	150	200	
Zeit *t* in s	0	4	8	13	30	**Auto A**
	0	5	9	15	20	**Auto B**

10 Fahrt zweier Autos

7 Das Diagramm zeigt die Bewegung eines Radfahrers. → 11

a ▢ Ist die Bewegung gleichförmig oder ungleichförmig? Begründe deine Antwort.

b ▢ Gib an, wann der Radfahrer angehalten hat.

c ◪ Wie erkennst du im Diagramm, wann der Radfahrer schnell gefahren ist und wann langsam? Beschreibe es an Beispielen.

d* ◪ Berechne die Geschwindigkeit des Radfahrers zwischen Minute 3 und Minute 10.

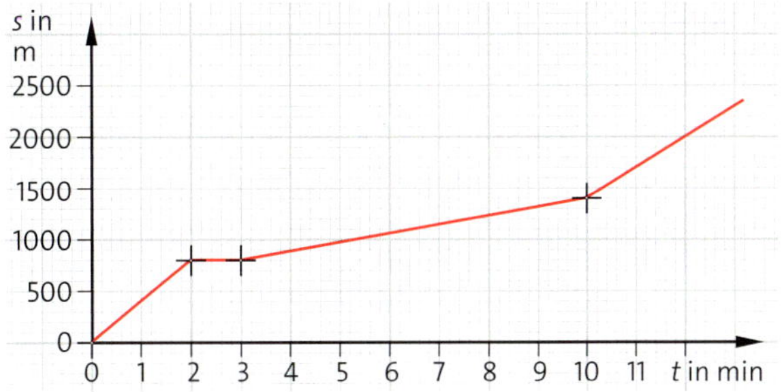

11 Fahrt mit dem Fahrrad

Kräfte und ihre Wirkungen

Die größere Kraft gewinnt nicht immer – wenn man die kleinere Kraft geschickt einsetzt und den Schwung des Gegners nutzt. Was ist das überhaupt: die Kraft?

Dieser Wanderweg führt nicht gerade nach oben, sondern in vielen Kurven. Man läuft länger, aber es ist nicht so anstrengend. Spart man damit Energie?

Plötzlich muss man heftig bremsen. Wovon hängt es ab, ob man rechtzeitig steht? Wie werden die Menschen im Auto geschützt?

Was Kräfte bewirken

1 Skijoering: Mit einer Pferdestärke unterwegs

Material zur Erarbeitung: A

Volle Kraft voraus! Was kann man mit Kräften alles bewirken?

2 Kräfte erkennt man an ihren Wirkungen.

Kräfte – physikalisch gesehen • Im Alltag sprechen wir von kräftigen Farben und Worten, von der „Sehkraft" oder von der „Waschkraft".
In der Physik verstehen wir etwas anderes unter Kraft.

> Physikalische Kräfte erkennt man an ihren Wirkungen. Auf einen Körper wirkt eine Kraft, wenn er: → 2
> - schneller oder langsamer wird,
> - umgelenkt wird,
> - verformt wird.

Für eine physikalische Kraft braucht man immer zwei Körper:
- einen Körper, der die Kraft ausübt
- einen Körper, auf den die Kraft wirkt

Aufgaben

1 In den folgenden Beispielen ist von Kräften die Rede:
- Im Alter lässt die Sehkraft nach.
- Ein Autofahrer gibt Gas und überholt einen Bus.
- Ein Apfel fällt vom Baum.
- Tom schlägt einen Nagel in die Wand – und verbiegt ihn dabei.
- Lanin hat starke Waschkraft.
- Maria hat viel Kraft.

a ○ Nenne die Beispiele, in denen physikalische Kräfte eine Rolle spielen.

b ◐ Begründe jeweils deine Entscheidung. Schreibe dazu jeweils die Wirkung der Kraft auf.

2 Nenne jeweils die beiden Körper, die aufeinander einwirken. → 1 2

Material A

Kräfte auf eine Kugel

Materialliste: Stahlkugel, schmale Rinne (U-Profil), Klötze, Teppich, starker Magnet

1 ▢ Stelle die Rinne etwas schräg auf dem Boden auf.
a Lass die Kugel in der Rinne hinunterrollen. Markiere, wie weit sie gerollt ist.
b Verändere den Aufbau so, dass die Kugel weiter rollt. Notiere, was du veränderst.
c Vergleiche, wie weit die Kugel auf glattem Boden und auf Teppich rollt.
d Beschreibe die Bewegung der Kugel in der Rinne und auf dem Boden genau.

2 Ändere mit dem Magneten die Geschwindigkeit und die Richtung der rollenden Stahlkugel auf dem Boden. → 3 Probiere verschiedene Möglichkeiten aus.
▢ Beschreibe jeweils genau, wie sich die Bewegung der Kugel ändert.

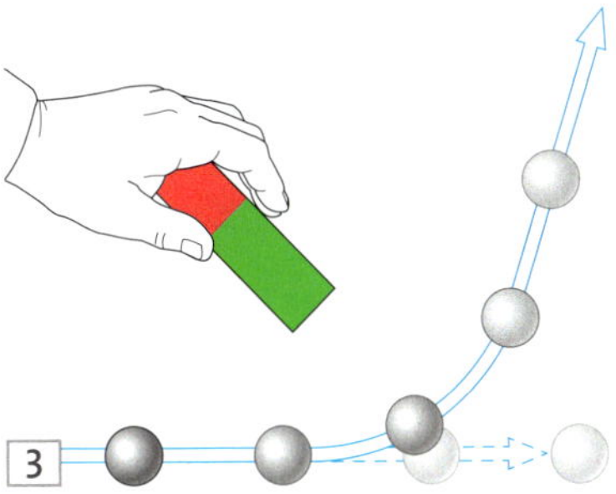
3

Material B

Kräfte im Sport

1 ◐ Im Sport werden überall physikalische Kräfte ausgeübt. → 4 – 11
a Gib für jedes Beispiel die Wirkung(en) der Kraft an.
b Nenne jeweils die beiden Körper, die aufeinander einwirken.

4

5

6

7

8

9

10

11

Kräfte messen

1 Wie stark ist Lena?

Materialien zur Erarbeitung: A, C*

Mit dem elastischen Band trainierst du deine Muskeln. Und du kannst messen, wie stark du bist.

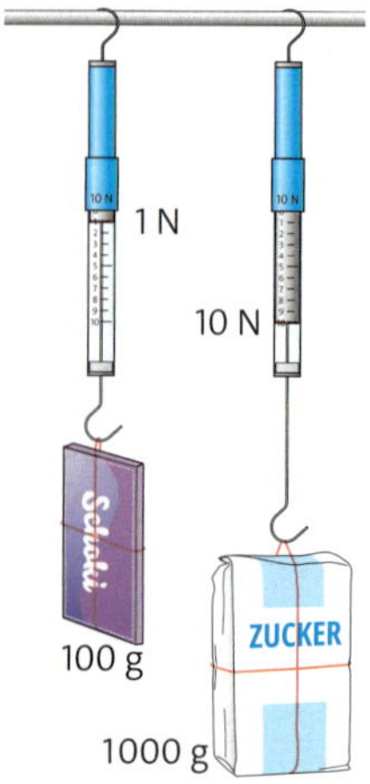

2 Kraftmessung

Kräfte messen • Je weiter du das Band dehnen kannst, desto größer ist deine Kraft. Nach dem gleichen Prinzip funktionieren viele Kraftmesser. → 2 In ihnen wird eine Schraubenfeder gedehnt. → 3 Die Skala zeigt die Kraft in Newton (N) an. 1 Newton (1 N) ist die Kraft, die man z. B. zum Heben einer 100-g-Tafel Schokolade benötigt.

Kräfte messen wir über die Dehnung einer Schraubenfeder. Die Einheit der Kraft ist 1 Newton (1 N).

Gesetz von Hooke* • Für Schraubenfedern gilt bei kleinen Kräften: → 4

- 2-fache Kraft → 2-fache Verlängerung
- 3-fache Kraft → 3-fache Verlängerung

Die Verlängerung einer Schraubenfeder ist proportional zur Kraft (solange die Kraft nicht zu groß ist).

Dieser Zusammenhang gilt für viele elastische Körper. Er wurde von Robert Hooke (1635–1703) entdeckt.

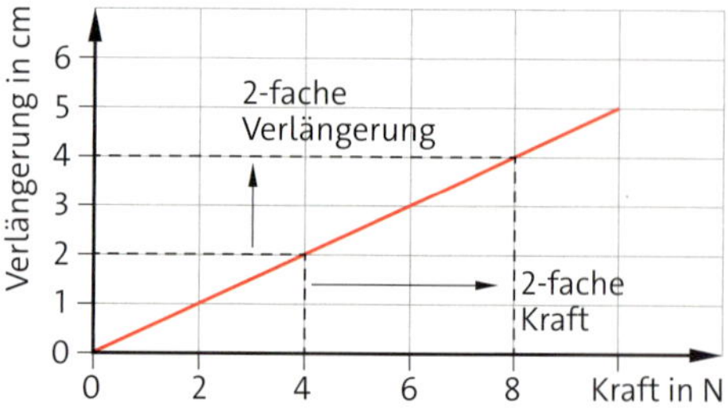

4 Dehnung einer Schraubenfeder

Aufgaben

1 ○ Nenne die Teile des Kraftmessers.

2 ◐ Beschreibe, wie der Kraftmesser funktioniert.

3 ○ Große Kräfte gibt man oft in Kilonewton (kN) an: 1 kN = 1000 N. Rechne um: 12 kN = ? N; 7300 N = ? kN.

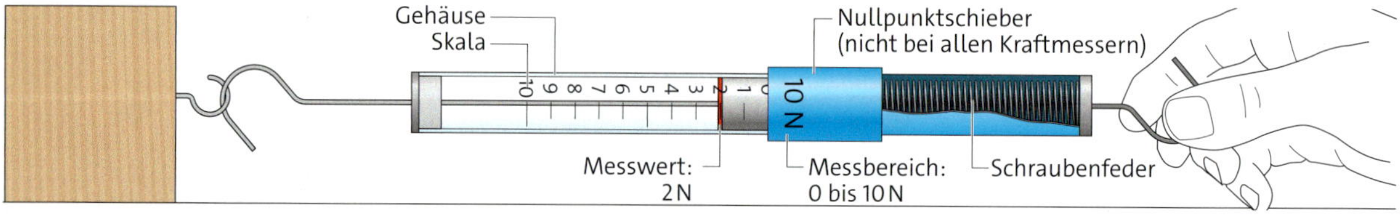

3 Aufbau eines Federkraftmessers

das Newton (N)
der Federkraftmesser
das Gesetz von Hooke

Material A

Kraft beim Heben messen

Materialliste: verschiedene Kraftmesser, Wägestücke zum Anhängen, Waage

1 Hebe den Kraftmesser langsam nach oben. → 5

a ▢ Lies ab, bei welcher Kraft sich das Wägestück hebt. Trage Masse und Kraft in eine Tabelle ein.

b ▢ Miss Masse und Kraft bei den anderen Wägestücken.

c ◪ Zeichne ein Diagramm:
- waagerechte Achse – Masse in g
- senkrechte Achse – Kraft in N

d* ■ Wie hängen Kraft und Masse zusammen? Stelle eine Vermutung auf.

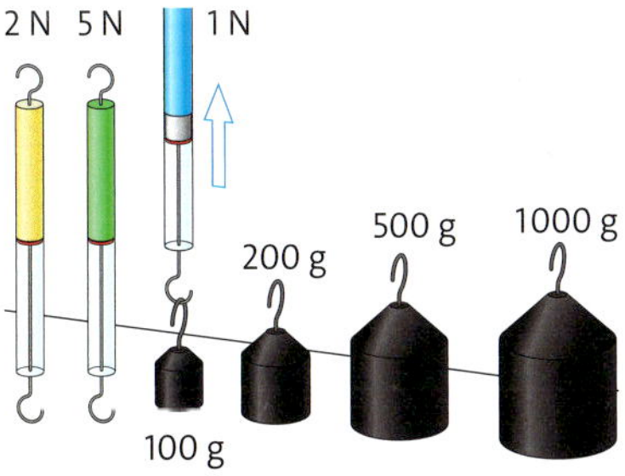

Beachte beim Messen:
- Zu große Kräfte beschädigen die Feder. Achte auf den Messbereich.
- Stelle den Kraftmesser vor dem Messen „auf null". Schiebe dazu z.B. den Nullpunktschieber auf die Null.
- Lies den Wert auf der Skala in Augenhöhe ab (also nicht von schräg oben oder unten).

5 Beim Anheben messen

Material B

Kraft beim Ziehen messen

Materialliste: Klotz mit Haken (oder Milchpackung mit Band), Wägestücke, Kraftmesser

1 ▢ Ziehe den Klotz mit dem Kraftmesser langsam über den Tisch. → 6 Lies ab, wie groß die Reibungskraft ist. Untersuche verschiedene Unterlagen. Vergleiche die Messwerte.

2 ◪ Untersuche, wie die Reibungskraft von der Masse, der Reibfläche und der Geschwindigkeit abhängt. Schreibe deine Ergebnisse in Je-desto-Sätzen auf.

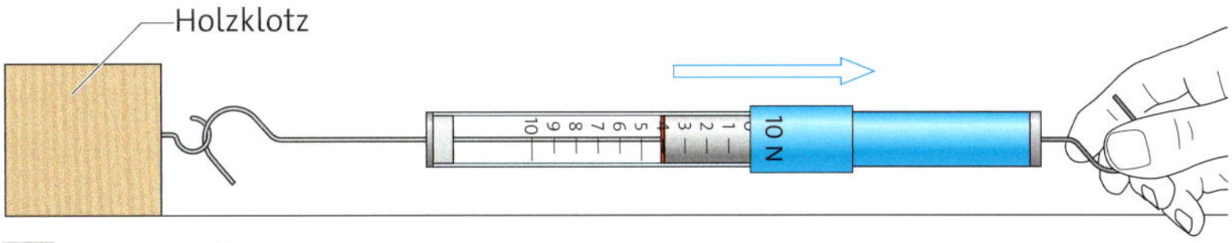

6 Beim Ziehen messen

Material C*

Kraft und Verlängerung

Materialliste: Schraubenfeder, Gummiband, viele Wägestücke zum Anhängen, Stativmaterial, Lineal, Waage

1 ◪ Wie hängt die Verlängerung der Schraubenfeder und des Gummibands von der Masse der angehängten Wägestücke ab? → 7 Beantwortet diese Frage durch Messungen. Zeichnet ein Diagramm. Fertigt ein Protokoll an.

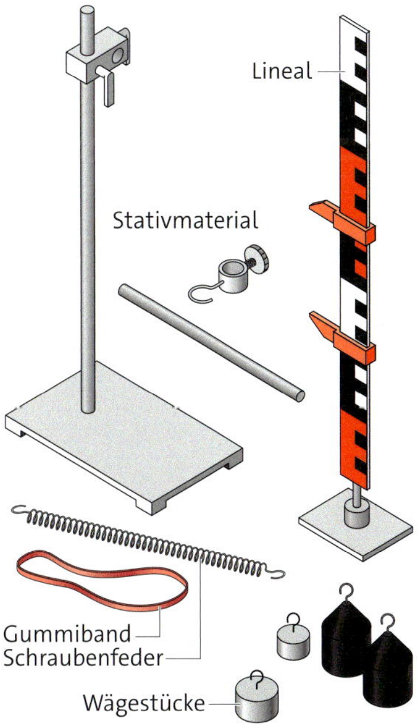

7 Versuchsmaterial

Kräfte darstellen

1 Richtig treffen – erst den Ball, dann die Löcher in der Wand

Peter möchte oben links ins Loch treffen. Dazu reicht es nicht, einfach nur kräftig gegen den Ball zu treten.

Drei Dinge • Trifft der Ball ins Ziel? Das hängt davon ab:

- wie fest Peter schießt („Größe" oder Betrag der Kraft)
- in welche Richtung Peter schießt (Richtung der Kraft)
- wo Peters Fuß den Ball trifft (Angriffspunkt der Kraft)

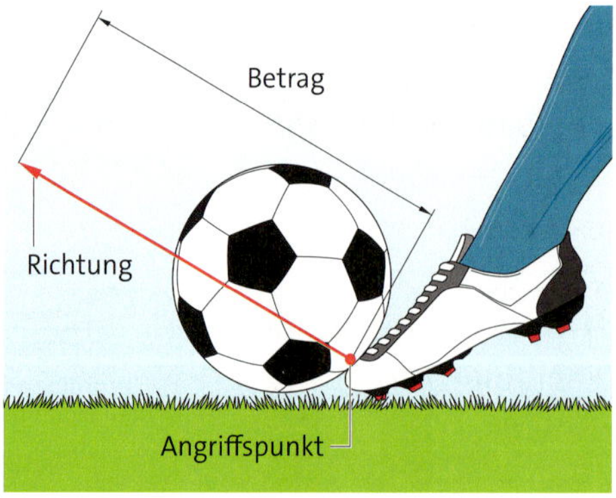

2 So zeichnen wir eine Kraft.

Kraftpfeile • Wir zeichnen Kräfte als Pfeile. → 2 Der Kraftpfeil:

- beginnt im Angriffspunkt der Kraft.
- hat die gleiche Richtung wie die Kraft.
- ist umso länger, je größer die Kraft ist.

Formelzeichen • In Formeln und Rechnungen steht der Buchstabe *F* für die Kraft (engl. force).

Die Wirkung einer Kraft wird durch Betrag, Richtung und Angriffspunkt der Kraft bestimmt. Wir zeichnen Kräfte als Pfeile.

Aufgaben

1 ○ Drei Dinge bestimmen die Wirkung einer Kraft. Nenne sie.

2 ◐ Peter trifft einmal oben links und einmal unten rechts ins Loch. → 1 Fertige jeweils eine Skizze an und zeichne die Kraft als Pfeil ein (Peter musst du nicht zeichnen). → 3

3 Oben links und unten rechts

der Betrag der Kraft
die Richtung der Kraft
der Angriffspunkt der Kraft
der Kraftpfeil

Material A

Kraftpfeile

1 Sechs Kinder ziehen an einem Sprungtuch. → 4

a ▢ Gib an, welche Kräfte den gleichen Betrag haben. Beschreibe, wie du die Kräfte vergleichst.

b ▢ Gib an, welche Kräfte die gleiche Richtung haben.

2 ◐ Wo ist der Kraftpfeil richtig gezeichnet? → 5 6
Begründe deine Antwort.

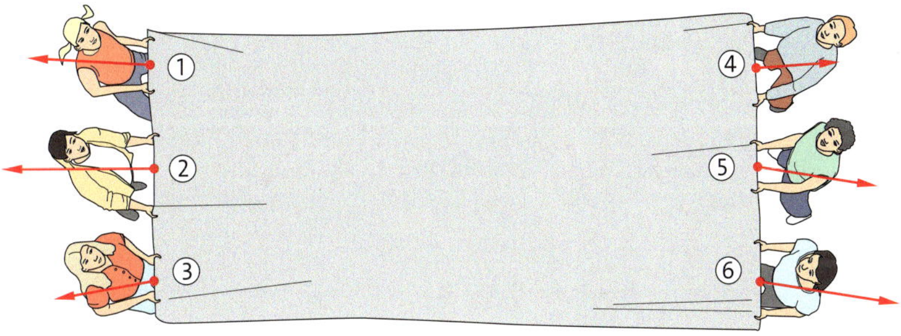

4 Sechs Kräfte an einem Sprungtuch

3 Hier sind drei Kraftpfeile gezeichnet. → 7

a ▢ Ermittle, wie groß die Kräfte sind.

b ▢ Zeichne im gleichen Maßstab Kräfte mit folgenden Beträgen in dein Heft: 1,6 N; 5 N; 10 N; 20,8 N.

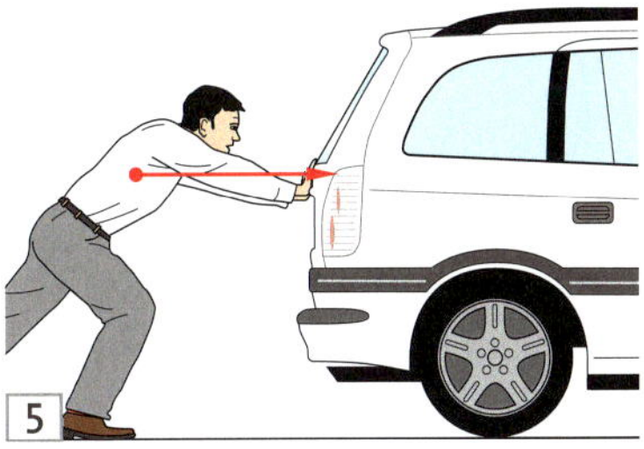

5

6

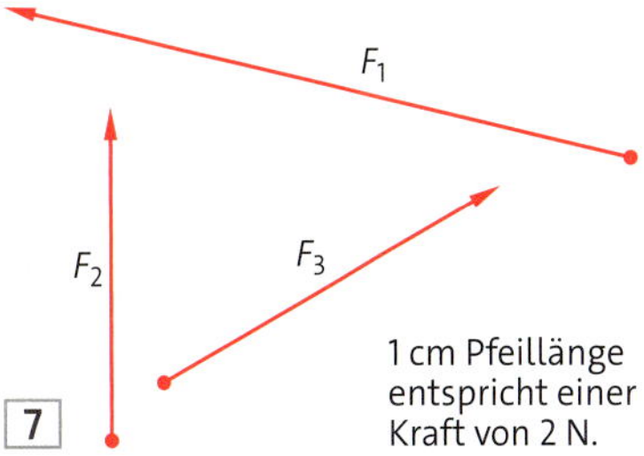

7

Material B

Drei Dinge

Materialliste: Kraftmesser, Blattfeder, Stativmaterial

1 ◐ Ziehe mit dem Kraftmesser an der Blattfeder. → 8
Untersuche, wie sich die Veränderung von Angriffspunkt, Richtung und Betrag der Kraft auf die Blattfeder auswirkt. Skizziere jeweils das Ergebnis im Heft.

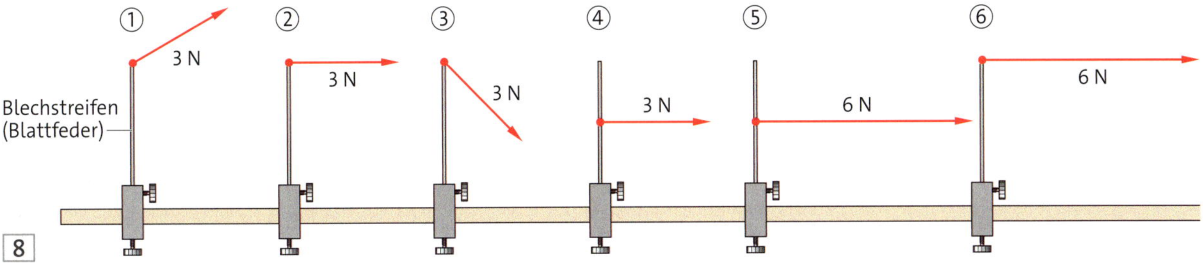

8

Auf dem Mond ist alles leichter

1 Alan L. Bean auf dem Mond (Apollo 12, 1969)

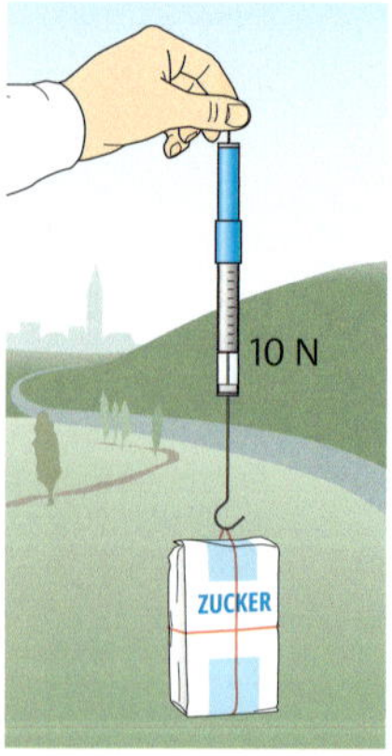

2 Auf der Erde

Die Ausrüstung des Astronauten wiegt 163 Kilogramm. Auf der Erde könnte er sie nicht anheben – auf dem Mond kann er sie weit tragen.

Masse • 1 Kilogramm, das ist z. B. die Masse einer Tüte Zucker. Die Tüte enthält überall gleich viel Zucker – auf der Erde wie auf dem Mond. Ihre Masse ist daher auf der Erde genauso groß wie auf dem Mond. Das Gleiche gilt für die Ausrüstung des Astronauten: Ihre Masse ist überall gleich groß.

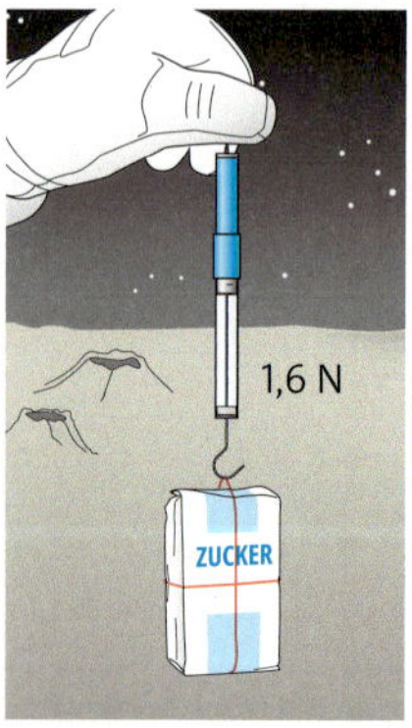

3 Auf dem Mond

Gewichtskraft • Die Erde zieht die Tüte Zucker und alle anderen Gegenstände an. Diese Anziehungskraft bezeichnen wir als Gewichtskraft. Wir müssen sie „überwinden", um einen Gegenstand anzuheben. Für 1 kg Zucker ist dafür auf der Erde eine Kraft von rund 10 N nötig. → 2 Auf dem Mond genügen schon 1,6 N zum Anheben. → 3 Der Mond übt nämlich eine viel kleinere Gewichtskraft aus als die Erde. Deshalb kann der Astronaut seine Ausrüstung auf dem Mond anheben und tragen.

> Die Masse eines Gegenstands ist überall gleich groß – unabhängig vom Ort.
> Die Gewichtskraft auf einen Gegenstand ist vom Ort abhängig.

Ortsfaktor* • Die Erde zieht jedes Kilogramm eines Gegenstands mit einer Gewichtskraft von rund 10 N (genauer: 9,81 N) an. Auf dem Mond beträgt die Gewichtskraft nur rund 1,6 N pro Kilogramm. Erde und Mond haben verschiedene „Ortsfaktoren":

- Auf der Erde beträgt der Ortsfaktor $g = 9{,}81\,\frac{\text{N}}{\text{kg}}$.
- Auf dem Mond beträgt er nur $g = 1{,}6\,\frac{\text{N}}{\text{kg}}$.

Wenn man die Masse eines Gegenstands und den Ortsfaktor kennt, kann man die Gewichtskraft auf den Gegenstand berechnen:

> Gewichtskraft = Masse · Ortsfaktor
> $F_G = m \cdot g$

Aufgaben

1 Berechne die Gewichtskräfte, die auf die Ausrüstung des Astronauten wirken – auf der Erde und auf dem Mond.

2 „Auf dem Mond bin ich viel leichter als auf der Erde." Nimm Stellung dazu.

die Gewichtskraft
der Ortsfaktor*

Material A

Unterschiedliche Gewichtskräfte

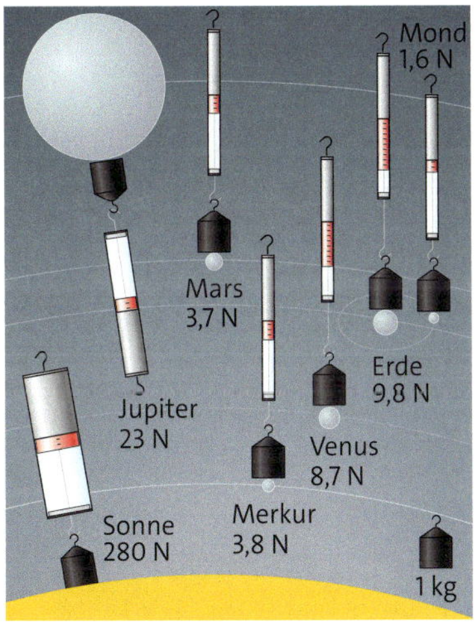

4 Himmelskörper und Gewichtskräfte

1 Die Gewichtskraft ist auf den Himmelskörpern verschieden groß. → 4

a ○ Ordne die Himmelskörper nach dem Betrag der Gewichtskräfte.

b ○ Gib an, wo die Gewichtskraft etwa so groß wie auf der Erde ist.

c* ○ Gib den Ortsfaktor für den Mars an.

d* ◐ Berechne die Gewichtskraft, die auf der Venus auf dich wirken würde.

e ◐ Woran liegt es, dass die Gewichtskräfte verschieden groß sind? Stelle eine Vermutung an.

Material B

Schwere Ausrüstung – leichter gemacht

1 Auf der Erde übte der Astronaut Alan L. Bean seinen Einsatz nicht mit der echten Ausrüstung, sondern mit einer Attrappe. Sie war genauso schwer anzuheben wie die richtige Ausrüstung auf dem Mond. → 1

a ◐ Wog die Attrappe weniger oder mehr als die echte Ausrüstung? Begründe deine Antwort.

b* ● Berechne die Masse der Attrappe. Könntest du die Attrappe anheben?

Material C

Schwierige Landung

1 Im Jahr 2014 landete die Weltraumsonde Philae auf dem Kometen „Tschuri" – eine Sensation in der Geschichte der Raumfahrt.

a ◐ Vergleiche die Gewichtskräfte auf „Tschuri" und auf der Erde. → 5

b ● „Für Astronauten wäre das Gehen auf ‚Tschuri' sehr gefährlich. Ein kleiner Hüpfer würde sie auf eine ewige Reise in den Weltraum befördern." Erkläre diese Aussage.

Die Landung der Sonde auf „Tschuri" (Durchmesser: 4 km) war sehr holprig. Nach dem Aufsetzen blieb Philae nicht wie geplant stehen, sondern prallte wieder bis zu einer Höhe von 1 km ab. Erst beim dritten Bodenkontakt kam die Sonde zur Ruhe – 1 km vom geplanten Landeplatz entfernt.

Die Sonde hatte beim Landen eine Masse von 100 kg. Auf sie wirkte aber nur eine Gewichtskraft von 0,01 N!

Heute fliegt Philae mit „Tschuri" durch das Sonnensystem.

5 Philae landet auf „Tschuri" (das Bild ist eine Illustration).

Auf dem Mond ist alles leichter

Erweitern und Vertiefen

Warum fällt alles nach unten?

Oben und unten • Alles fällt nach unten, wenn es losgelassen wird. Das ist die natürliche Ordnung: Schweres „will" nach unten. Diese einfache Erklärung genügte – bis Menschen vermuteten, dass die Erde eine Kugel sei. Sie fragten sich: Fällt auf der anderen Seite der Erde alles in den Himmel? → 1 Leben die Menschen dort mit den Füßen nach oben? Zwei geniale Naturforscher, Johannes Kepler (1571–1630) und Isaac Newton (1643–1727), zerbrachen sich über diese Frage viele Jahre den Kopf. Sie kamen auf die folgende Idee: „Unten" ist immer die Richtung zum Erdmittelpunkt hin – bei uns genau wie auf der Südhalbkugel.

Gravitationskraft • Aber was ist das für ein geheimnisvolles Ding im Erdmittelpunkt, das uns anzieht: ein riesiger Magnet? Wir sind nicht aus Eisen und fallen trotzdem. Nein, jedes Stück der Erde zieht uns an. → 2 Alle Kräfte zusammen ergeben die Gewichtskraft. Sie ist zum Mittelpunkt der Erde hin gerichtet. Wie kommt es zur Anziehung? Newton erkannte: Jeder Gegenstand zieht jeden anderen Gegenstand an. Die Anziehung ist umso größer, je größer die Masse der Gegenstände ist. Das Material der Gegenstände ist unwichtig. Diese Anziehungskraft zwischen Gegenständen wird Gravitationskraft genannt. Mit ihr konnte Newton erklären, warum die Erde um die Sonne sowie der Mond um die Erde kreist und wie Ebbe und Flut entstehen.
Auch zwischen dir und deinem Nachbarn wirkt die Gravitationskraft. Sie ist aber so gering, dass ihr sie nicht bemerkt.

1 Alles fällt nach unten?

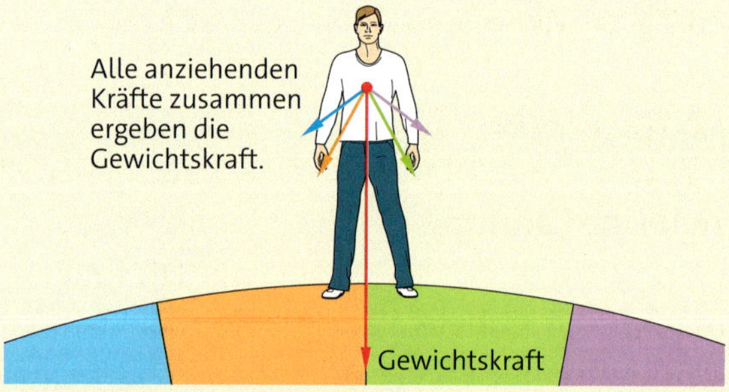

2 Die Erde zieht uns an.

Aufgaben

1 ◐ Aus dem Weltall gesehen, „hängen" entweder wir oder die Menschen in Australien kopfunter an der Erdkugel. Erkläre, warum niemand von der Erde herunterfällt.

2 ● Vergleiche die Gravitationskraft mit der Magnetkraft.

Erweitern und Vertiefen

Gravitation in der Welt der Sterne

Keine Sterne ohne Gravitationskraft • Vor vielen Milliarden Jahren gab es noch keine Sterne. Auch Sonne, Erde und Mond existierten noch nicht. Im Weltall gab es nur riesige Gaswolken. Die Gasteilchen hätten sich immer weiter im Weltall verteilt wie der Duft von Parfüm im Zimmer – wenn es die Gravitationskraft nicht gäbe. Die Anziehungskräfte zwischen den Teilchen sind zwar nur sehr schwach. Aber sie führten über Millionen von Jahren dazu, dass sich die Gaswolken zusammenballten. Die Gasteilchen wurden dabei immer schneller. Die Temperatur der Wolken stieg, bis ein heiß glühender Ball wie unsere Sonne entstand. Auch heute noch gibt es solche Gaswolken im Universum. → 3 Dort bilden sich in den nächsten Millionen Jahren neue Sterne.

3 Der Orion-Nebel

Schwarze Löcher • Die Sterne sind nicht gleichmäßig im Weltraum verteilt. Fast alle gehören zu riesigen scheibenförmigen Sterneninseln, den Galaxien. → 4 Die Sonne und alle anderen Sterne, die du mit bloßem Auge siehst, gehören mit 100 Milliarden weiterer Sterne zur Milchstraße, unserer „Heimatgalaxie". Die Sterne einer Galaxie kreisen um ein gemeinsames Zentrum – wie die Planeten um die Sonne. Die Planeten werden von der Gravitationskraft der Sonne gehalten. Und was hält die Galaxien zusammen? Die hellen Sterne im Zentrum der Galaxien haben viel zu wenig Masse dafür. Sternenforscher vermuten daher, dass im Zentrum der Galaxien extrem schwere dunkle Himmelskörper sind: Schwarze Löcher. Diese „saugen" mit ihrer unvorstellbar großen Gravitationskraft alles auf, was in ihre Nähe kommt – sogar Licht.

4 Die Andromeda-Galaxie

Aufgaben

1 ○ Beschreibe, wie die Sonne entstanden ist.

2 ◔ Beschreibe, was Sternenforscher unter einem „Schwarzen Loch" verstehen.

Wenn mehrere Kräfte wirken

1 Geht es hoch oder runter?

Materialien zur Erarbeitung: A–B

Vier Propeller sorgen für Auftrieb, die Gewichtskraft zieht die Drohne nach unten. Wann steigt die Drohne auf, wann sinkt sie ab?

Resultierende Kraft und Kräftegleichgewicht • Alle Auftriebskräfte an den Propellern wirken in dieselbe Richtung. → 2 Sie addieren sich zur gesamten Auftriebskraft auf die Drohne. Die Gewichtskraft wirkt entgegengesetzt dazu. Sie ergibt zusammen mit der Auftriebskraft die resultierende Kraft auf die Drohne: → 3 – 5

- Wenn die Propeller sehr schnell drehen, ist die Auftriebskraft groß. → 3 Sie ist größer als die Gewichtskraft. Die resultierende Kraft auf die Drohne ist nach oben gerichtet. Die Drohne steigt auf.
- Wenn die Propeller langsam drehen, ist die Auftriebskraft kleiner als die Gewichtskraft. Die resultierende Kraft auf die Drohne ist also nach unten gerichtet. → 4 Die Drohne sinkt ab.
- Wenn die Kräfte nach oben und unten gleich groß sind, ist die resultierende Kraft gleich null. → 5 Dann schwebt die Drohne in einer Höhe.

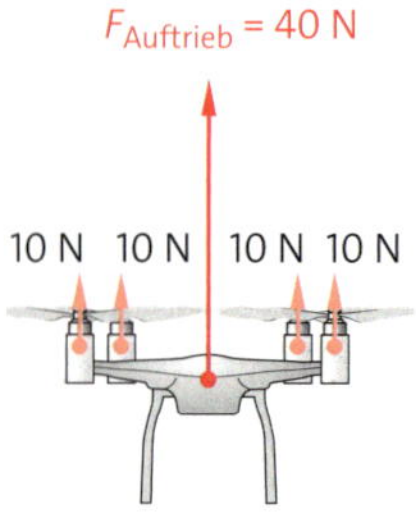

2 Kräfteaddition

Wenn mehrere Kräfte auf einen Gegenstand wirken, gilt:

- Kräfte mit gleicher Richtung addieren sich in ihrer Wirkung.
- Bei zwei entgegengesetzten Kräften ist die resultierende Kraft so groß wie die Differenz der Kräfte. Die resultierende Kraft hat dieselbe Richtung wie die größere Kraft.
- Gleich große entgegengesetzte Kräfte heben sich in ihrer Wirkung auf (Kräftegleichgewicht).

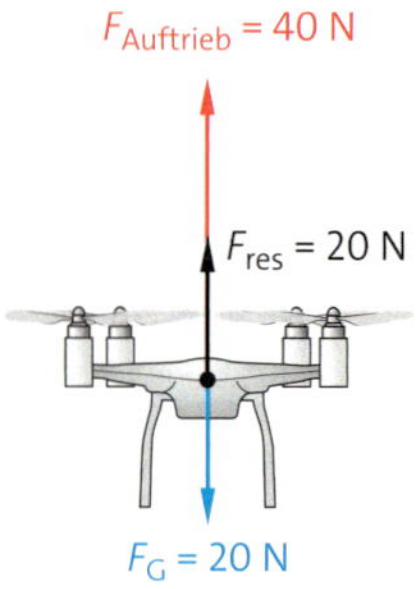

3 Steigt auf

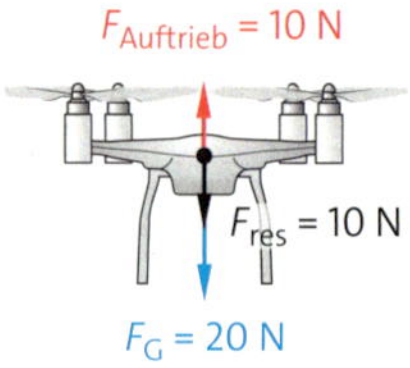

4 Sinkt ab

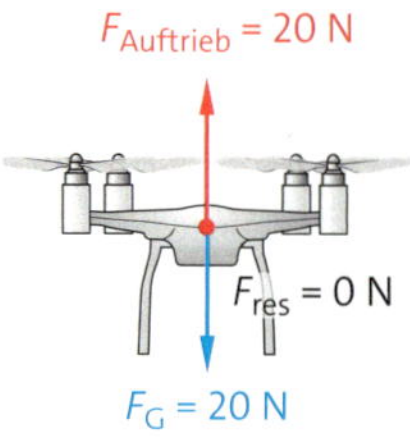

5 Schwebt

Aufgaben

1 Jeder Propeller der Drohne bewirkt diesmal eine Auftriebskraft von 6 N.

a ○ Berechne die resultierende Kraft auf die Drohne (F_G = 20 N).

b ◐ Gib an, ob die Drohne steigt oder sinkt. Begründe.

2 ◐ Gib an, in welchem Fall die Drohne im Kräftegleichgewicht ist. → 3 – 5 Begründe deine Wahl.

die resultierende Kraft
das Kräftegleichgewicht

Material A

Kräfte in gleicher Richtung

Materialliste: 2 gleiche Kraftmesser, Trinkflasche (gefüllt, aus Kunststoff), Faden

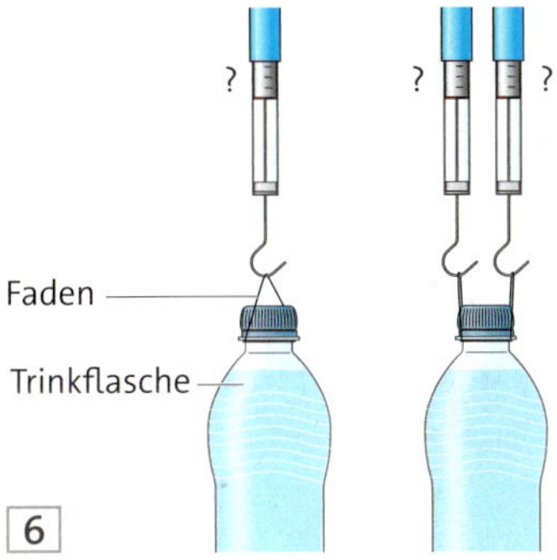

6

1 Hänge die Trinkflasche erst an einen Kraftmesser, dann an zwei. → 6

a ▢ Miss jeweils die Kräfte. Vergleiche die Ergebnisse.

b ◙ Schreibe eine Regel für das Zusammenwirken von zwei gleich gerichteten Kräften auf.

Material B

Kräfte in entgegengesetzte Richtungen

Materialliste: 2 gleiche Kraftmesser, Blechstreifen, Tischklemme, Lineal mit Stativ

1 Spanne den Blechstreifen fest ein, sodass er aufrecht steht. → 7

a ▢ Biege den Blechstreifen mit einem Kraftmesser in eine Richtung. Miss für zwei verschiedene Kräfte, wie sehr das freie Ende des Blechstreifens ausgelenkt wird. Notiere die Messwerte.

b ▢ Biegt diesmal den Blechstreifen mit zwei Kraftmessern genauso weit wie zuvor mit einem. Notiert jeweils die beiden Kräfte.

c ◙ Schreibe eine Regel für das Zusammenwirken von zwei entgegengesetzt gerichteten Kräften auf.

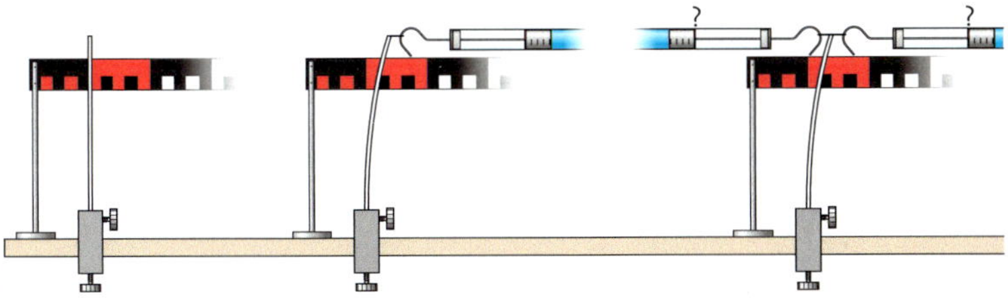

7

Material C

Kräfte berechnen

1 ▢ Linus schiebt mit aller Kraft. Der Schrank bewegt sich aber erst bei einer Kraft von 600 N. → 8 Berechne, mit welcher Kraft Marie helfen muss.

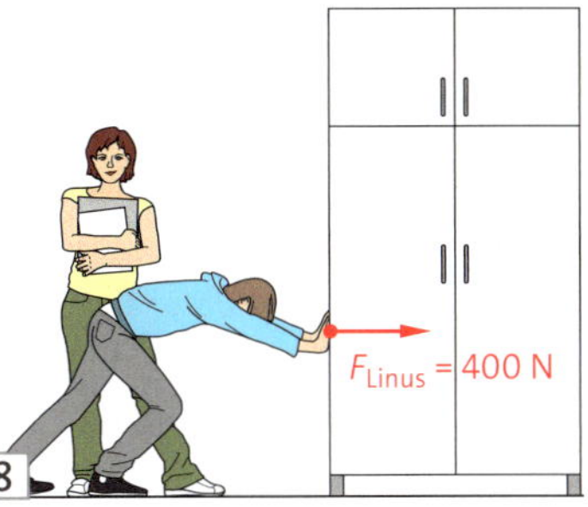

8

2 ▢ Berechne, wie groß die resultierende Kraft ist. → 9 Gib ihre Richtung an.

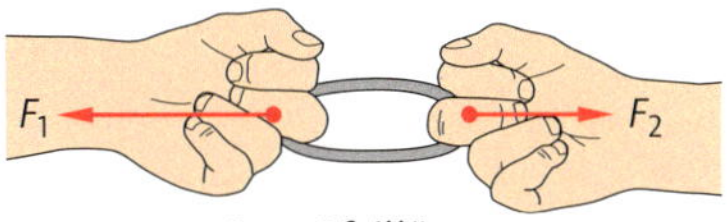

9 1 cm Pfeillänge entspricht einer Kraft von 20 N.

Große Wirkung – mit kleiner Kraft

1 Mit dem richtigen Schlüssel geht es leichter.

Materialien zur Erarbeitung: A–B

Manchmal reicht die Kraft nicht. Dann helfen uns die richtigen Werkzeuge.

Muttern lösen • Mit dem Maulschlüssel kannst du festsitzende Muttern lösen. Je länger der Kraftarm des Maulschlüssels ist, desto kleiner ist die Kraft, die du einsetzen musst. → 2

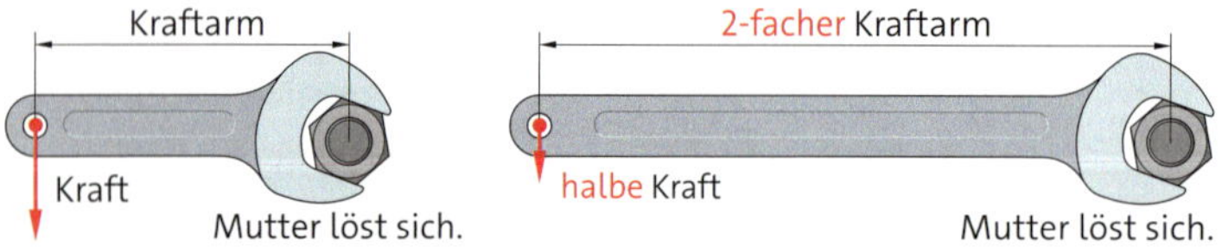

2 Kraft und Kraftarm beim Maulschlüssel

Schränke anheben • Leon will einen schweren Schrank anheben. → 3 Die Kraft von 1000 N ist zu groß für ihn. Stattdessen setzt Leon eine lange Eisenstange und einen Klotz als Hebel ein. Der Kraftarm ist 5-mal so lang wie der Lastarm. Dadurch braucht Leon nur ein Fünftel der Kraft zum Heben, also 200 N. Das schafft er locker.

Je länger der Kraftarm eines Maulschlüssels ist, desto geringer ist die Kraft zum Drehen.
Je länger der Kraftarm und je kürzer der Lastarm eines Hebels ist, desto geringer ist die Kraft zum Heben.

Aufgaben

1 ◯ Nenne die beiden Größen, von denen die Drehwirkung eines Maulschlüssels abhängt.

2 ◔ Du kannst eine festsitzende Mutter nicht mit deinem Maulschlüssel lösen. Beschreibe, wie dir ein langes Eisenrohr helfen kann. Begründe dein Vorgehen.

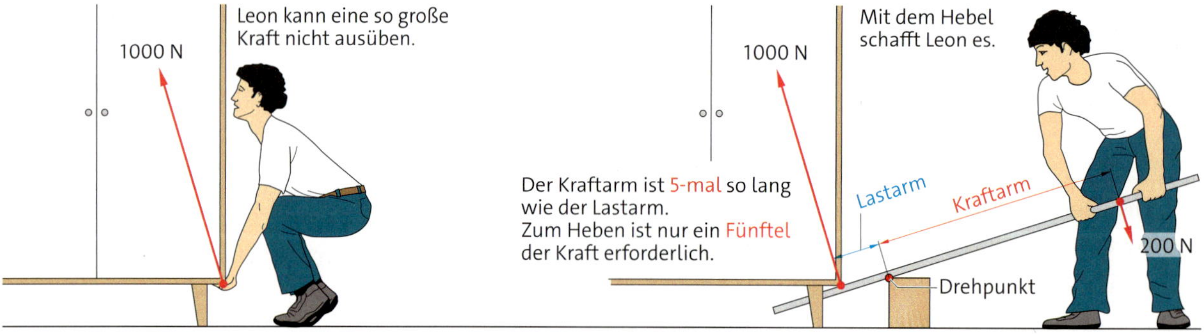

3 Kräfte beim Hebel

Material A

Maulschlüssel

Materialliste: Schraubstock, dicke Metallschraube mit Mutter, passende Maulschlüssel mit verschiedener Länge

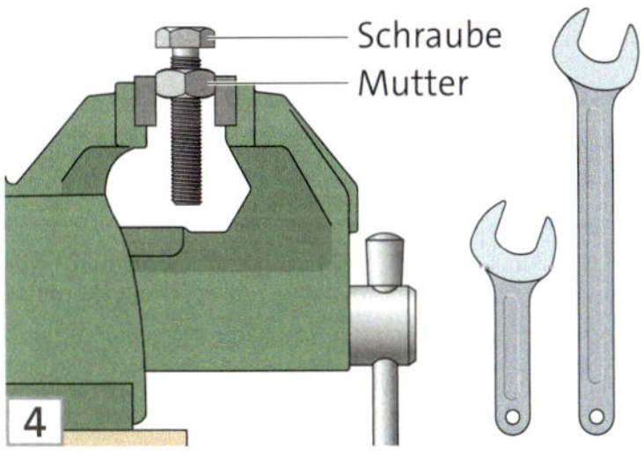

4

1 Spanne die Mutter fest in den Schraubstock ein. → 4
a Drehe die Schraube mit einem langen Maulschlüssel in der Mutter fest. Versuche, die Schraube mit einem kurzen Schraubenschlüssel zu lösen.
b Löse die Schraube wieder. Drehe sie dann mit dem kurzen Schraubenschlüssel fest und löse sie mit dem langen.
c ○ Vergleiche die beiden Versuchsergebnisse.

Material C

„Dosenöffner“

1 ◐ Mit dem Schraubendreher kann man den festsitzenden Deckel einer Farbdose öffnen. → 6 Erkläre, wie das funktioniert.

6

Material B

Hebel

Materialliste: Stativ mit Drehachse und Lochstange, Wägestück, Kraftmesser

1 Mit diesem Hebel kannst du ein Wägestück anheben und oben halten. → 5
a ◐ Vergleiche diesen Hebel mit dem Hebel zum Schrankheben. → 3
b ◐ Untersuche, wie sich die Kraft zum Halten ändert:
- wenn das Wägestück immer weiter außen hängt
- wenn der Kraftmesser immer weiter innen angreift

Notiere deine Messwerte in einer Tabelle.

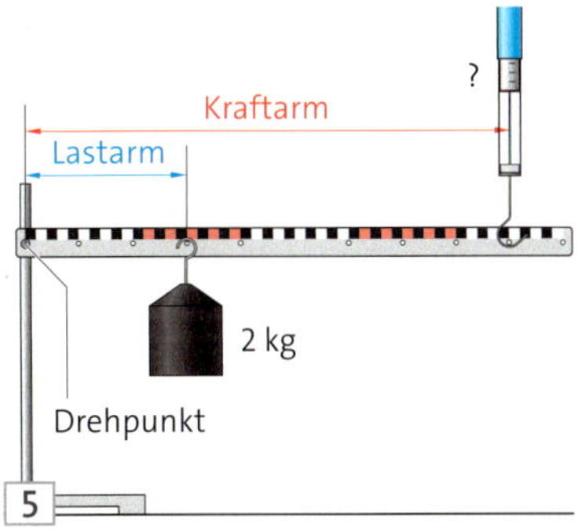

5

c ○ Vervollständige:
- Je weiter außen das Wägestück hängt, desto …
- Je weiter außen die Kraft angreift, desto …

d ◐ Die Kraft zum Heben soll halb so groß sein wie die Gewichtskraft auf das Wägestück. Gib verschiedene Möglichkeiten an.

Material D

Kneifzange

1 Diese Zange kneift Drähte und Nägel durch. → 7
a ◐ „Die Kneifzange besteht aus zwei Hebeln.“ Erkläre diese Aussage. Skizziere dazu die Zange und kennzeichne Kraftarme, Lastarme und den Drehpunkt.
b ● Erkläre, wie die Zange funktioniert.

7

Große Wirkung – mit kleiner Kraft

Erweitern und Vertiefen

Hebel im Alltag

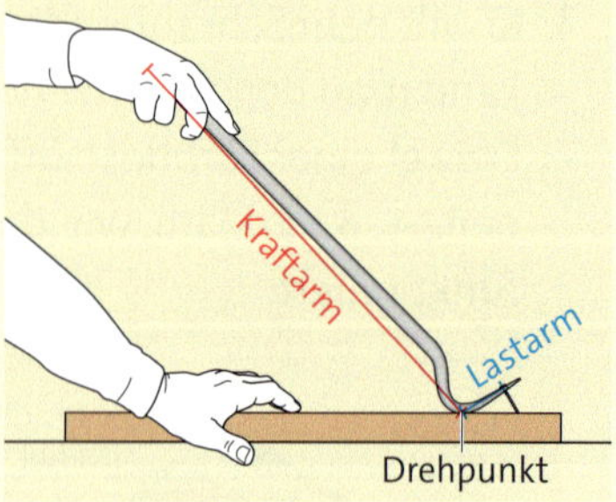

1 Nageleisen

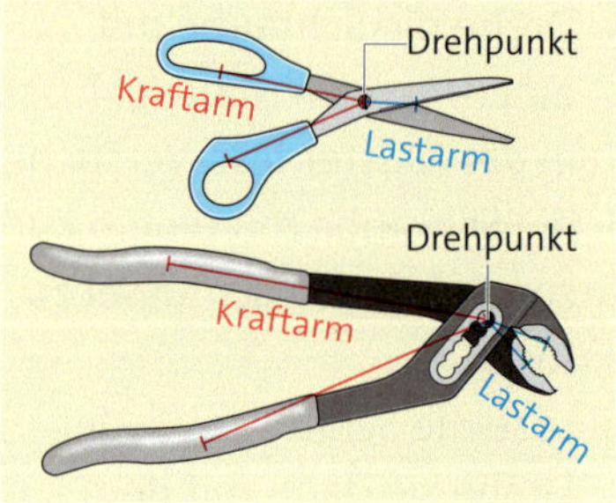

2 Küchenschere, Rohrzange

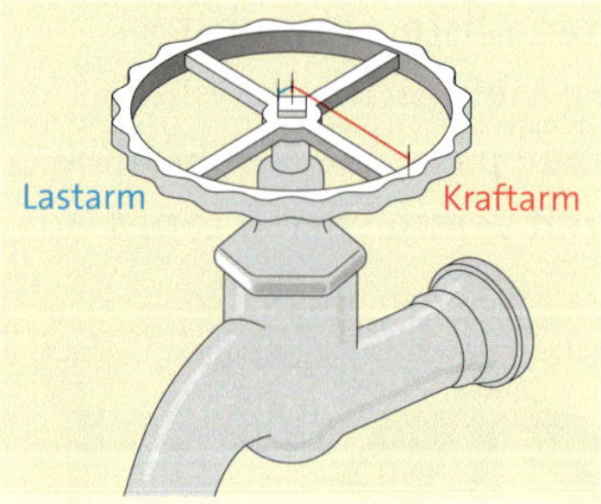

3 Griff am Wasserhahn

„Winkelhebel" • Mit einem Nageleisen ziehst du Nägel leicht aus Brettern. → 1 Das Nageleisen ist ein Hebel. Kraft- und Lastarm bilden keine Linie, sondern einen Winkel.

Zwei Hebel • Zangen und Scheren bestehen aus zwei Hebeln, die gegeneinandergedreht werden. → 2 Die Handgriffe sind die Kraftarme und die Schneiden die Lastarme.

„Runde Hebel" • Wasserhähne müssen fest zugeschraubt werden. Die Griffe wirken wie Hebel: Der äußere Radius ist der Kraftarm, der innere ist der Lastarm. → 3 Schraubendreher funktionieren nach dem gleichen Prinzip.

Aufgaben

1 ◐ Auch mit dem Zimmermannshammer kann man Nägel ziehen. → 4 Beschreibe und erkläre, wie man vorgeht.

2 ○ Sortiere die Werkzeuge: Winkelhebel, zwei Hebel, „runde Hebel". → 1 – 6

3 ◐ Fotografiere viele Werkzeuge, die Hebel enthalten: Nussknacker, Gartenscheren, Kurbeln ... Drucke je ein Foto aus.
Zeichne die Hebel in die Fotos ein: Drehpunkt, Kraftarm, Lastarm, Kräfte. Stelle damit ein beschriftetes Poster zusammen.

4 Zimmermannshammer

5 Tretkurbel beim Fahrrad

6 Astschere

Erweitern und Vertiefen

Am kürzeren Hebel sitzen

Hebel beim Menschen • Beim Heben eines Gegenstands wirkt dein Unterarm wie ein Hebel. → 7 Der Beuger (Bizeps) zieht den Unterarm mit der Last nach oben. Das Ellenbogengelenk ist der Drehpunkt. Der Kraftarm ist nur etwa ein Fünftel so lang wie der Lastarm. Deshalb muss die Kraft vom Beuger 5-mal so groß sein wie die Gewichtskraft auf die Last.
Der Hebel „Unterarm“ soll nicht die Kraft verstärken. Er bringt stattdessen einen anderen Vorteil: Während sich der Beuger nur ein ganz kurzes Stück bewegt, wird die Last über eine viel größere Strecke gehoben.

Hebel beim Kran • Dieser Auslegerkran hebt ein Brückenteil mehrere Meter an, dreht sich und setzt das Teil millimetergenau ab. → 8 Der lange Ausleger wird von einem hydraulischen „Muskel“ gehoben und gesenkt. Wie beim Arm ist der Kraftarm viel kürzer als der Lastarm. Der Vorteil ist der gleiche wie beim Arm des Menschen. Der „Muskel“ beim Kran muss allerdings besonders stark sein.

8 Auslegerkran

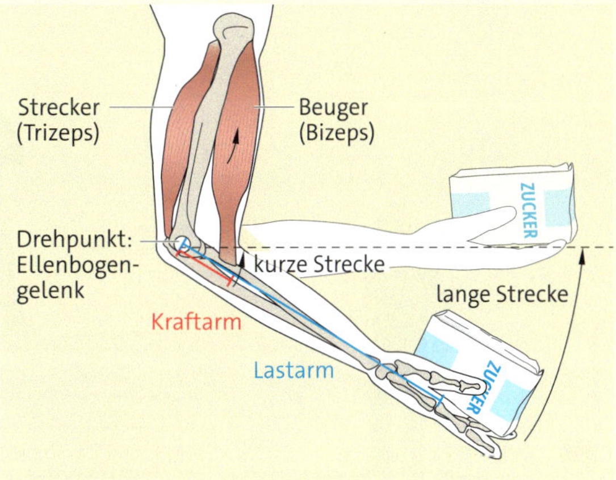

7 Hebel beim Beugen des Arms

Aufgaben

1 ◯ Nenne den Vorteil eines Hebels, bei dem der Lastarm länger ist als der Kraftarm.

2 Beim Ballwerfen streckt der Strecker den Unterarm blitzschnell. → 9
a ◯ Vergleiche die Lage und Länge der Hebelarme beim Beugen und beim Strecken.
b ◔ Erkläre, wie der Ball beim Werfen so schnell wird.

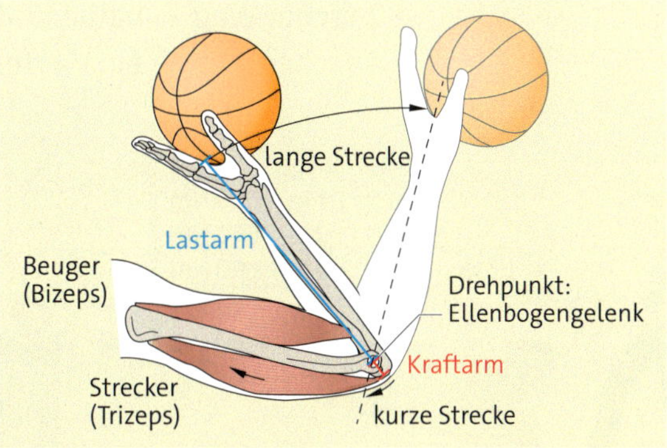

9 Hebel beim Strecken des Arms

Kraft und Energie

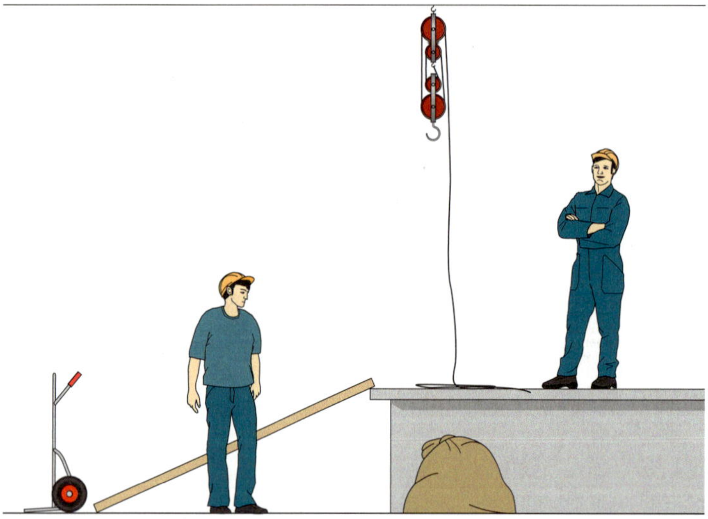

1 Wie geht es am leichtesten?

Materialien zur Erarbeitung: A–B

Die beiden Arbeiter überlegen, wie sie den schweren Sack am leichtesten nach oben bringen: auf der Rampe oder mit dem Flaschenzug – oder doch einfach hochheben?

Die Goldene Regel der Mechanik • Der schwere Sack wiegt 60 kg – das ist fast zu schwer zum Hochheben.
Mit der Sackkarre geht es viel leichter. Je länger die Rampe ist, desto geringer ist die Kraft zum Schieben: → 2

- 2-facher Weg → halbe Kraft
- 4-facher Weg → ein Viertel der Kraft

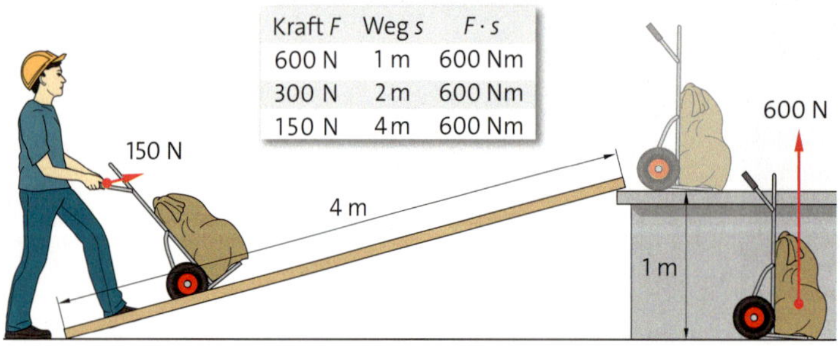

Kraft *F*	Weg *s*	*F* · *s*
600 N	1 m	600 Nm
300 N	2 m	600 Nm
150 N	4 m	600 Nm

2 Rampe: Kraft und Weg

Der gleiche Zusammenhang zwischen Kraft und Weg gilt beim Flaschenzug. → 3 Hier „erkauft" man sich die kleinere Kraft mit dem längeren Weg, den man das Seil nach unten ziehen muss.

Bei Rampen und Flaschenzügen gilt die Goldene Regel der Mechanik: Je geringer die Kraft ist, desto länger ist der Weg. Das Produkt „Kraft mal Weg" bleibt stets gleich groß: $F \cdot s$ = konstant.

Kraft mal Weg • Die Goldene Regel der Mechanik wurde 1594 vom Italiener Galileo Galilei entwickelt. Damals konnte niemand erklären, warum das Produkt „Kraft mal Weg" konstant ist. Heute weißt du, dass jeder Vorgang einen „Treibstoff" benötigt. Ohne Energie läuft nichts. Um den Sack anzuheben,

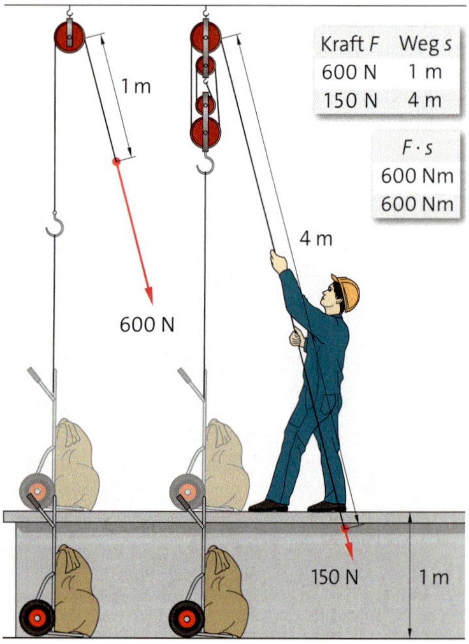

Kraft *F*	Weg *s*	*F* · *s*
600 N	1 m	600 Nm
150 N	4 m	600 Nm

3 Flaschenzug: Kraft und Weg

die **Goldene Regel der Mechanik**

muss man Energie auf ihn übertragen. Diese Energie ist umso größer:

- je größer die Kraft zum Heben ist
- je höher der Sack gehoben wird

Für die übertragene Energie ist es unwichtig, wie der Sack nach oben kommt: durch Heben, auf einer Rampe oder mit einem Flaschenzug.

> Mit Rampen und Flaschenzügen kann man die Kraft verringern, aber keine Energie sparen. Um einen Gegenstand auf eine bestimmte Höhe anzuheben, muss man immer gleich viel Energie übertragen.
> Bei konstanter Kraft in Bewegungsrichtung gilt für die Energie:
> Energie = Kraft mal Weg
> $E = F \cdot s$

Energie pro Meter • Du kannst den Zusammenhang zwischen Kraft, Weg und Energie auch anders beschreiben. Man muss immer eine Energie von 600 Joule übertragen, um den Sack 1 Meter hoch zu befördern:

- Beim senkrechten Heben überträgt man die 600 Joule auf einem Weg von 1 Meter: 600 Joule pro Meter. Die Kraft beträgt dabei 600 N.
- Bei der Rampe überträgt man die 600 Joule auf einem Weg von 4 Metern: 150 Joule pro Meter. → 2 Die Kraft beträgt dabei 150 N.

Die Zahl bei der Energie pro Meter ist stets genauso groß wie die Zahl bei der Kraft. Denn die Kraft gibt an, wie viel Energie pro Meter übertragen wird:

$F = \frac{E}{s}$.

Lageenergie berechnen* • Die Kraft zum gleichmäßigen Heben eines Gegenstands ist genauso groß wie die Gewichtskraft auf den Gegenstand:

$F = m \cdot g$.

Beim Anheben auf die Höhe h wird Energie übertragen:

$E = F \cdot s$

$E = m \cdot g \cdot h$

> Die Lageenergie E eines Gegenstands mit der Masse m beträgt in der Höhe h:
> $E = m \cdot g \cdot h$.

Aufgaben

1 Ergänze die folgenden Sätze zur Goldenen Regel der Mechanik:

a ○ Je geringer die Kraft ist, desto ... der Weg.

b ◐ Je kürzer der Weg ist, desto ... die Kraft.

2 ◐ Der Tank ist leer, gerade 200 m vor der Tankstelle. Um das Auto zu schieben, setzt Herr Bär eine Kraft von 100 N ein. Berechne die Energie, die er für das Schieben bis zur Tankstelle braucht.

3* Das Auto von Herrn Bär wird mit einer Hebebühne 2 m angehoben.

a ◐ Berechne, wie viel Energie dem Auto (m = 1000 kg) beim Heben zugeführt wird.

b ◐ Vergleiche mit der Energie, die Herr Bär zum Schieben des Autos benötigt hat (Aufgabe 2).

Kraft und Energie

Material A

Rampe: Weg und Kraft

Materialliste: Wagen, Wägestücke, Kraftmesser, Holzklotz (10 cm hoch), glatte Bretter (20 cm, 40 cm lang), Messband

1 ○ Hebe den Wagen auf verschiedene Weise um 10 cm an. → 1 – 4

a Miss jeweils die Kraft und notiere sie. → 2

b Ergänze: „Je länger der Weg, desto ... die Kraft."

c Berechne jeweils das Produkt „Kraft mal Weg". → 2 Was fällt dir auf?

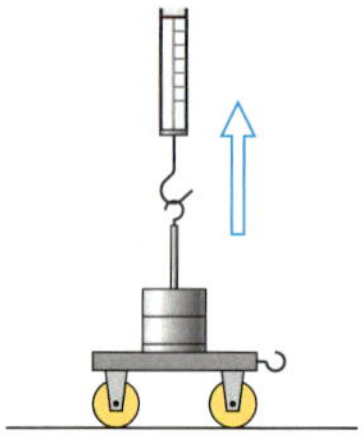

1 Heben

	Weg s in m	Kraft F in N	$F \cdot s$ in Nm
senkrecht heben	0,10	?	?
steile Rampe	0,20	?	?
flache Rampe	0,40	?	?

2 Beispieltabelle: Rampe

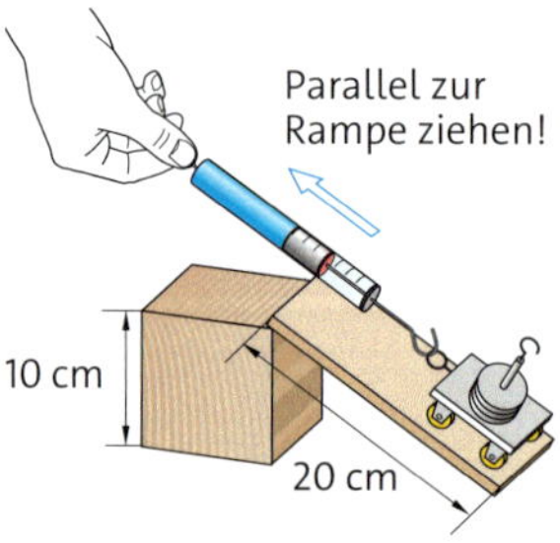

3 Ziehen, steile Rampe

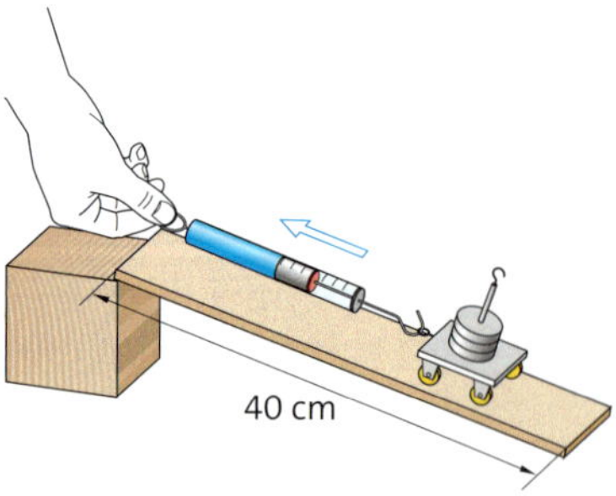

4 Ziehen, flache Rampe

Material B

Seilzug: Weg und Kraft

Materialliste: Wägestück, Kraftmesser, feste Rolle, lose Rolle, Flaschenzug (4 Rollen), Faden, Stativmaterial, Messstab

1 ○ Hebe das Wägestück auf verschiedene Weise um 10 cm an. → 5

a Miss jeweils die Zugkraft und notiere sie. → 6

b Ergänze: „Je länger der Zugweg, desto ... die Zugkraft."

c Berechne jeweils das Produkt „Kraft mal Weg". → 6 Was fällt dir auf?

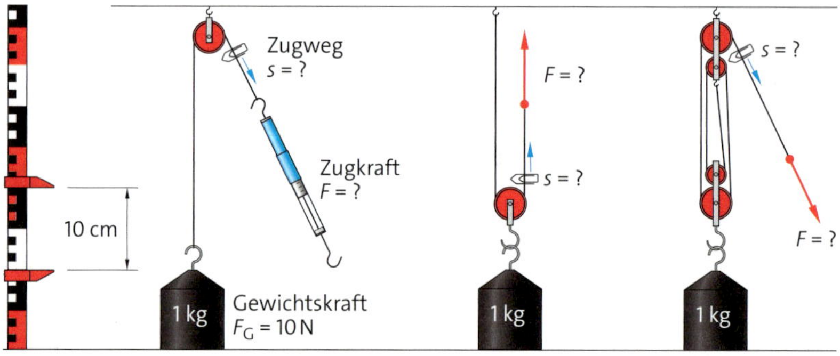

5 Anheben mit Rollen und Flaschenzug

	Zugweg s in m	Zugkraft F in N	$F \cdot s$ in Nm
Feste Rolle	?	?	?
Lose Rolle	?	?	?
Flaschenzug	?	?	?

6 Beispieltabelle: Rollen und Flaschenzug

Material C

Serpentinen

1 Die Straße schlängelt sich zum Malojapass nach oben. → 7 Sie benötigt 31 km für einen Höhenunterschied von 1490 m. Hätte man die Straße ganz gerade den Berg hinauf gebaut, wäre sie nur 24 km lang.
Erkläre, welchen Vorteil es hat, dass die Serpentinen 7 km länger sind als die gerade Straße. Verwende dabei die Goldene Regel der Mechanik.

7 Straße zum Malojapass

Material D

„Berggang"

8 „Du hast den falschen Gang drin!"

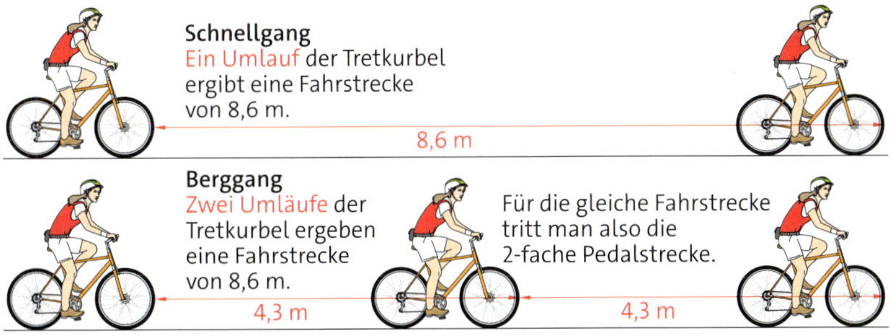

9 Verschiedene Gänge – verschiedene Wege

1 Tim muss kräftig in die Pedale treten, er hat den „Schnellgang" gewählt. → 8 Fenja hat es viel leichter, denn sie hat den „Berggang" gewählt.
Erkläre, warum die Kraft im Berggang kleiner ist als im Schnellgang.
Tipp: Doppelte Pedalstrecke → ... Kraft. → 9

Material E

Energie berechnen

1 Die „Queen Mary 2" ist eines der größten Kreuzfahrtschiffe der Welt. Bei normaler Fahrt wird sie mit einer Kraft von 4300 kN angetrieben.
Berechne, wie viel Energie (in MJ) die Queen Mary braucht, um von England nach Florida 6000 km über den Atlantik zu fahren.

2* Dilara klettert im Gebirge 200 m hoch.

a Berechne, wie viel Energie nötig ist, um Dilara 200 m anzuheben. Sie wiegt 50 kg.

b Berechne, wie viel Schokolade Dilara essen dürfte, um diese Energie aufzubringen.
Tipp: 100 g Schokolade haben eine Energie von 2400 kJ. Unser Körper nutzt davon 25 % für die Bewegung.

Kräfte

Zusammenfassung

1 Kräfte erkennt man an ihren Wirkungen.

Physikalische Kräfte • Auf einen Körper wirkt eine Kraft, wenn er schneller oder langsamer wird, wenn er umgelenkt oder verformt wird. → 1
Wir messen Kräfte über die Dehnung einer Schraubenfeder. → 2 Die Einheit der Kraft ist 1 Newton (1 N).

Betrag, Richtung und Angriffspunkt bestimmen die Wirkung einer Kraft.

Gesetz von Hooke* • Die Verlängerung einer Schraubenfeder ist proportional zur Kraft (solange die Kraft nicht zu groß ist). → 3

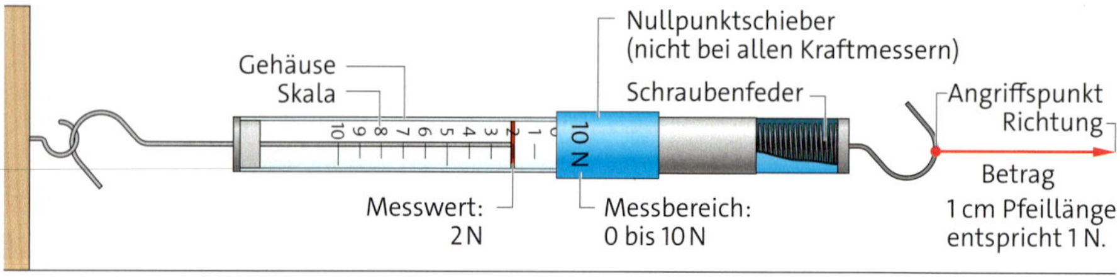

2 Federkraftmesser

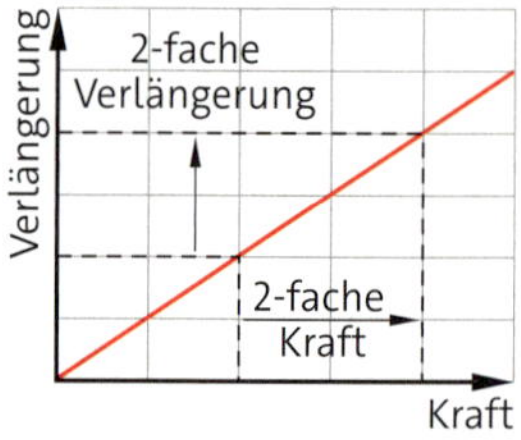

3 Gesetz von Hooke

Masse und Gewichtskraft • Die Masse eines Gegenstands ist überall gleich groß. → 4 5
Die Gewichtskraft auf einen Gegenstand hängt vom Ort ab.

Ortsfaktor* • Die Gewichtskraft F_G auf einen Körper mit der Masse m berechnet man so:
$F_G = m \cdot g$.
Der Ortsfaktor g beträgt auf der Erde $9{,}81\,\frac{N}{kg}$ und auf dem Mond $1{,}6\,\frac{N}{kg}$.

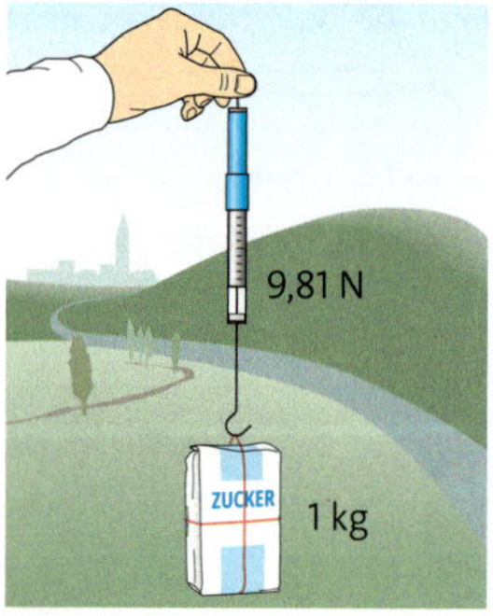

4 Auf der Erde

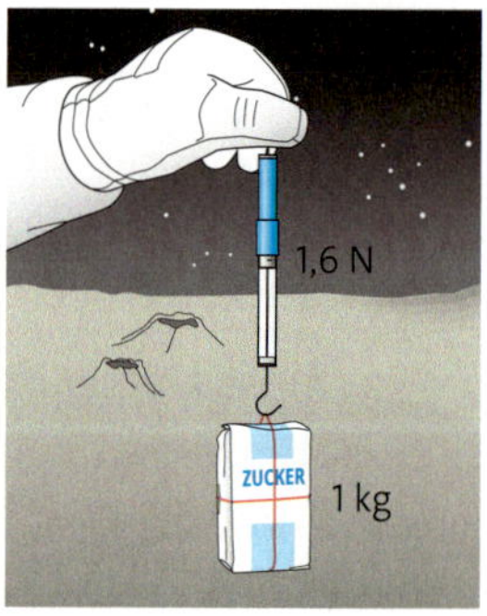

5 Auf dem Mond

Mehrere Kräfte auf einen Gegenstand • Kräfte mit gleicher Richtung addieren sich zur resultierenden Kraft. → 6
Bei zwei Kräften mit entgegengesetzter Richtung ist die resultierende Kraft so groß wie die Differenz der Kräfte. → 7 Sie hat dieselbe Richtung wie die größere Kraft.

Gleich große Kräfte mit entgegengesetzten Richtungen heben sich in ihren Wirkungen auf. Der Gegenstand ist im Kräftegleichgewicht. → 8

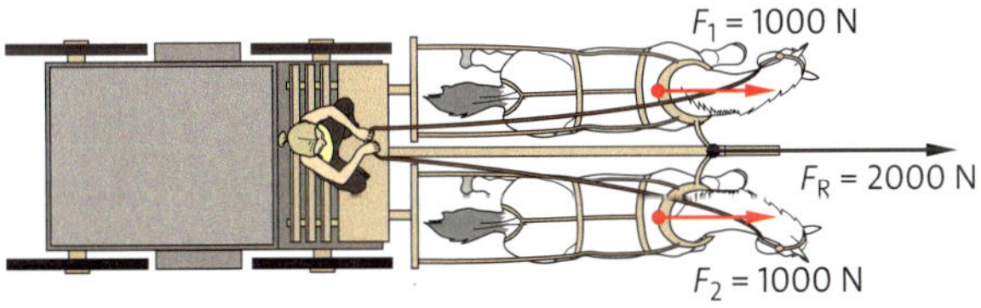

6 Kräfte in gleicher Richtung

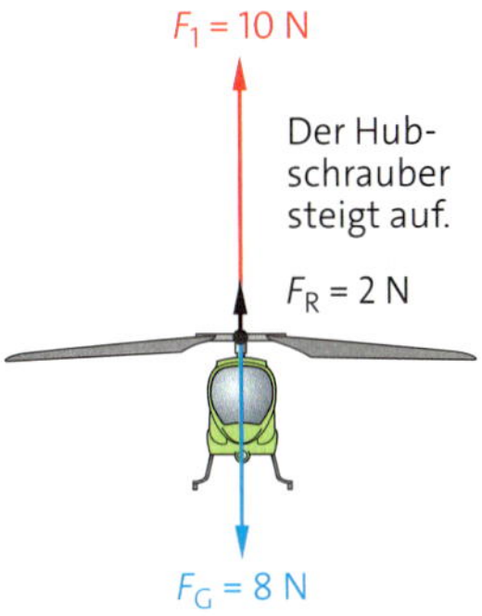

7 Kräfte in entgegengesetzter Richtung

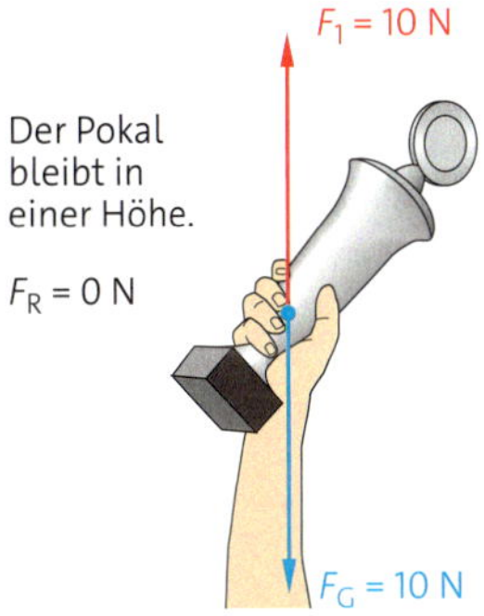

8 Kräftegleichgewicht

Große Wirkung – mit kleiner Kraft • Je länger der Kraftarm bei einem Maulschlüssel oder einem Hebel ist, desto geringer ist die erforderliche Kraft zum Drehen oder Heben. → 9

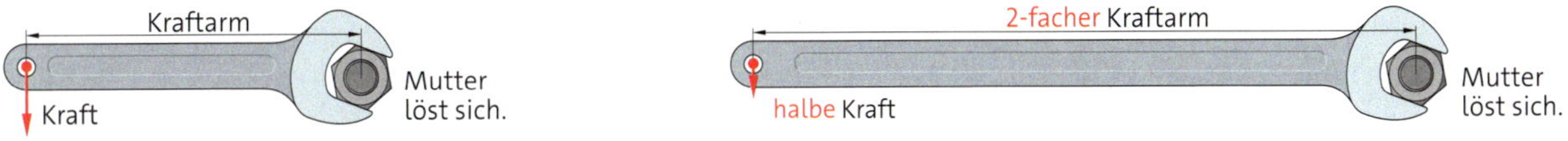

9 2-facher Kraftarm – halbe Kraft

Kraft und Energie • Bei Rampen und Flaschenzügen gilt die Goldene Regel der Mechanik:
Je geringer die Kraft, desto länger der Weg. → 10
Das Produkt bleibt stets gleich groß:
$F \cdot s$ = konstant.
Bei konstanter Kraft in Bewegungsrichtung berechnet man die übertragene Energie so:
Energie = Kraft mal Weg
$E = F \cdot s$.

Lageenergie* • Die Lageenergie E eines Körpers mit Masse m in der Höhe h berechnet man so:
$E = m \cdot g \cdot h$.

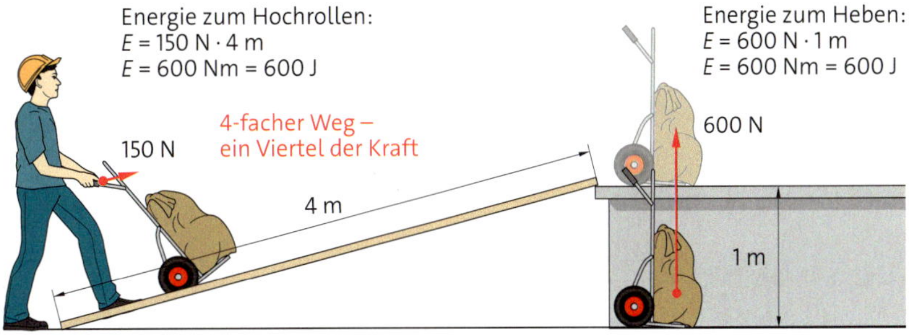

10

Aufgaben

Kraft und Kraftmessung

1 ▢ Gib an, welche Wirkungen eine Kraft haben kann. Beschreibe jeweils ein Beispiel.

2 ▢ Lies die Kräfte richtig ab. → 1

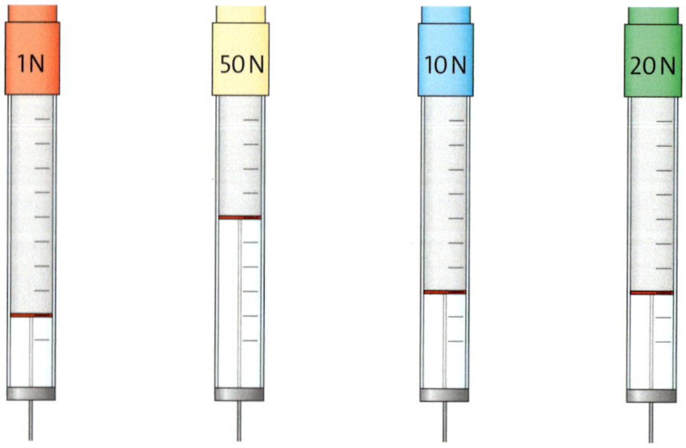

1 Kräfte ablesen

3* Die Dehnung von Schraubenfedern und einem Gummiband ist gemessen worden. → 2

a ◐ Stelle die Messwerte im Diagramm dar.

b ◐ Gib an, welche Feder „stärker" ist. Begründe deine Auswahl.

Kraft in N	Verlängerung in cm		
	Feder A	Feder B	Gummiband
1,0	3,2	4,0	3,7
2,0	6,0	7,9	8,7
3,0	9,0	12,1	14,7
4,0	12,4	16,3	20,4

2 Kraft und Verlängerung

Masse und Gewichtskraft

4 ◐ Gib an, welcher Gegenstand auf der Erde und welcher auf dem Mond mit einer Kraft von 10 N angezogen werden würde: Milchtüte (1 kg), Kasten Cola (13 kg), Auto (0,8 t), Korb mit Äpfeln (6 kg). Begründe deine Auswahl.

Wenn mehrere Kräfte wirken

5 Bei diesem Aufzug übt das Gegengewicht eine große Kraft aus. → 3

a ▢ Berechne die Kraft, mit der die Seilwinde die Kabine hält.

b ◐ Beschreibe, welchen Vorteil das Gegengewicht bringt.

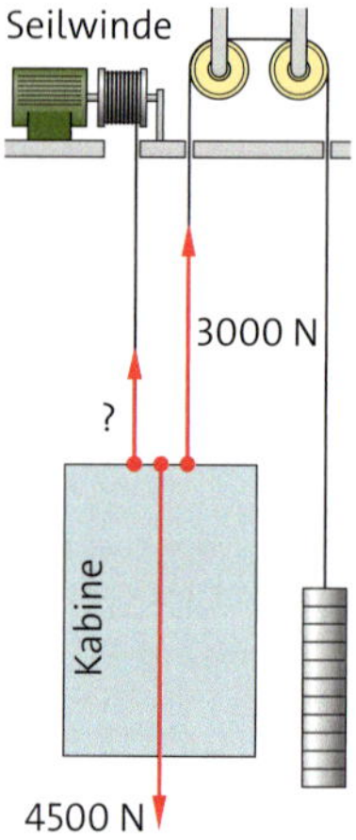

3 Aufzug

4 Hantel in Ruhe

6 ◐ Die Hantel bewegt sich nicht. → 4 Kilian sagt: „Auf die Hantel wirken keine Kräfte." Nimm Stellung dazu. Fertige eine Skizze an.

Goldene Regel und Energie

7 Mit diesem Nussknacker kann die Walnussernte kommen. → 5

a ◐ Erkläre, wie der Nussknacker funktioniert.

b ◐ Schätze ab, um wie viel die Kraft zum Knacken der Nüsse verringert wird.

8 „Die längere Astschere hat einen Vorteil – und einen Nachteil.“ → 6 Erkläre diese Aussage.

9 Der Arbeiter rollt ein schweres Fass eine lange Rampe hoch. → 7

a Gib an, welchen Vorteil die Rampe bringt.

b Ergänze: „Die Kraft zum Heben des Fasses ist … so groß wie die zum Hochrollen.“

c Berechne die beiden Kräfte.

d Berechne die Energie, die dem Fass zugeführt wird.

10 Der Eingang einer Schule hat vier Stufen. Er soll durch eine Rampe rollstuhlgerecht werden. → 8 Berechne, wie lang die Rampe mindestens sein sollte. Tipps:

- Jede Stufe ist 16 cm hoch.
- Fahrer und Rollstuhl wiegen zusammen 100 kg.
- Der Rollstuhlfahrer wird mit einer Kraft von 100 N geschoben.

11 Ein Bagger lädt 2500 kg Sand auf die 1,5 m hohe Ladefläche eines Lasters.

a Berechne die Kraft zum Heben des Sands.

b Berechne die Energie zum Heben.

5 Nussknacker

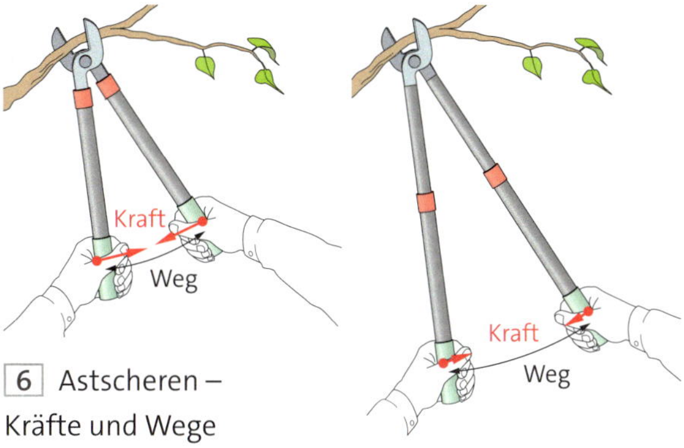

6 Astscheren – Kräfte und Wege

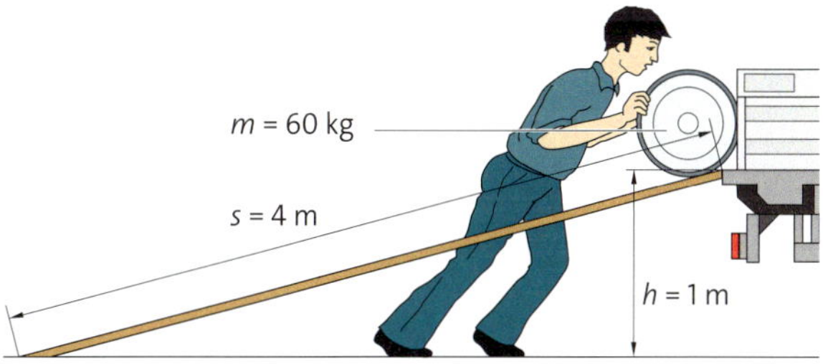

7 Mit der Rampe geht es leichter.

12 Tanja hat einen kleinen Hubschrauber mit Elektromotor. Die Batterien haben eine Energie von 20 kJ gespeichert.
Berechne, wie hoch der Hubschrauber mit der Energie der Batterien höchstens aufsteigen kann. Er wiegt 700 g.

8 Wie lang muss die Rampe sein?

Vorsicht beim Bremsen und Kurvenfahren

1 Festhalten, sonst wird es schmerzhaft!

Materialien zur Erarbeitung: A–B

Wenn du dich im Bus nicht festhältst, kommst du ganz schön ins Schlingern.

Körper sind träge • Stefan steht im Bus und hält sich nicht fest:

- Der Bus bremst heftig. → 2 Stefan bewegt sich aber ungebremst geradeaus weiter, weil keine Kraft an ihm angreift. Deshalb fällt er im Bus nach vorne.
- Der Bus fährt ruckartig an. → 3 Stefan wird aber nicht mit beschleunigt, weil keine Kraft an ihm angreift. Daher fällt er im Bus nach hinten.
- Der Bus fährt plötzlich nach links. → 4 Stefan bewegt sich aber geradeaus weiter. Seine Bewegungsrichtung ändert sich nicht, weil keine Kraft an ihm angreift.

Laura steht auch im Bus. Sie hält sich aber fest. Der Bus übt über die Haltestange Kräfte auf sie aus. Dadurch macht Laura alle Bewegungsänderungen mit.

Jeder Gegenstand ist träge. Er bleibt in Ruhe oder bewegt sich geradeaus mit unveränderter Geschwindigkeit weiter – solange keine Kraft auf ihn einwirkt.

Trägheit und Masse • Du brauchst eine große Kraft, um einen schweren Medizinball zu werfen. Auch zum Fangen benötigst du eine große Kraft. Dabei spürst du die Trägheit des Balls. Sie ist viel größer als beim Tischtennisball.

Je größer die Masse eines Gegenstands ist, desto träger ist er.

Aufgaben

1 ○ Laura steht im Bus und hält sich fest. Beschreibe, in welchen Situationen das wichtig ist.

2 ◐ Gib an, was träger ist: ein voller Einkaufswagen oder ein leerer. Erläutere dies an einem Beispiel.

2

3

4

Material A

Die eigensinnige Kugel

Materialliste: Brett (weiches Holz, 10 cm × 20 cm), Faden, Haken, Stahlkugel, Hammer

Lege die Kugel auf das Brett. Schlage mit dem Hammer leicht auf die Kugel, sodass eine kleine Mulde im Brett entsteht.

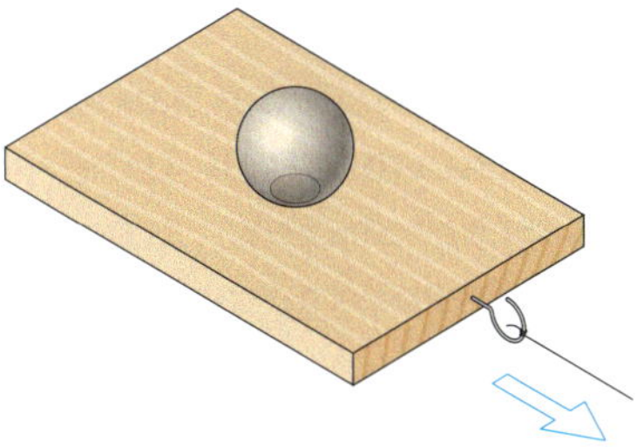

5 Wohin bewegt sich die Kugel?

1 Ziehe das Brett mit der Kugel auf verschiedene Weise: → 5
- langsam und gleichmäßig geradeaus
- schnell und ruckartig geradeaus
- erst langsam, dann etwas schneller und dann plötzlich abstoppen
- erst langsam, dann schneller und dann plötzlich um die Kurve

Sage immer erst voraus, wie sich die Kugel bewegt. Ziehe dann und beobachte.

2 Beschreibe und erkläre die Beobachtungen.

Material C

Die rollende Flasche

1 Im Zugabteil liegt eine Flasche auf dem Boden. → 7
Immer wenn der Zug anhält oder anfährt, rollt sie weg.
a Gib jeweils an, in welche Richtung die Flasche rollt.
b Erkläre, warum sie rollt.

7 Warum rollt die Flasche?

Material B

Der träge Turm

Materialliste: 20 gleiche Münzen (1 Euro oder 50 Cent), dünnes Lineal, glatte Tischplatte

1 Staple die Münzen auf dem Tisch zu einem Turm. → 6
a Baue den Turm Münze für Münze mit dem Lineal ab – ohne ihn anzufassen! Beschreibe deine Beobachtung.
b Erkläre deine Beobachtung. Wie verändert sich die Trägheit des Turms?

6 Wie baut man den Turm ab?

Material D

Raumsonde Voyager

1 Die Sonde fliegt mit über $60\,000\,\frac{km}{h}$ durchs leere All – ganz ohne Treibstoff! → 8
Erkläre, wie das möglich ist.

8 Voyager 1

Reagieren und bremsen

1 Rechtzeitiges Anhalten kann Leben retten!

Materialien zur Erarbeitung: A–B

Ein Kind rennt auf die Straße. Was geschieht bis zum Stillstand des Autos?

Anhalteweg • Der Autofahrer braucht einen Moment zum Reagieren und bremst dann ab. Der Weg bis zum Anhalten besteht aus zwei Abschnitten:

Anhalteweg = Reaktionsweg + Bremsweg

Reaktionsweg • Das Auto fährt während der Reaktionszeit einige Meter ungebremst mit 30 $\frac{km}{h}$ weiter (gleichförmige Bewegung).

Der Reaktionsweg ist umso länger:
- je länger die Reaktionszeit ist
- je größer die Geschwindigkeit ist

Bremsweg • Dann bremst der Autofahrer (verzögerte Bewegung). Der Bremsweg ist abhängig von der Bremskraft, der Masse des Autos, den Reifen und dem Straßenzustand. Ganz besonders wichtig ist die Geschwindigkeit: → 3

Geschwindigkeit	Bremsweg
25 $\frac{km}{h}$	3,5 m
50 $\frac{km}{h}$	14,0 m
100 $\frac{km}{h}$	56,0 m

3 Bremsweg eines Autos (Straße trocken)

Der Bremsweg nimmt viel schneller zu als die Geschwindigkeit:
2-fache Geschwindigkeit
→ 4-facher Bremsweg!

Aufgaben

1 ○ Gib jeweils an, wie sich Reaktionsweg und Bremsweg ändern:
2-fache Geschwindigkeit → ?

2 ◐ Berechne, wie weit das Auto in der Tempo-30-Zone während der Reaktionszeit von 1 s („Schrecksekunde") fährt. → 2

3 ○ Gib den Bremsweg des Autos bei 200 $\frac{km}{h}$ auf der Autobahn an. → 3

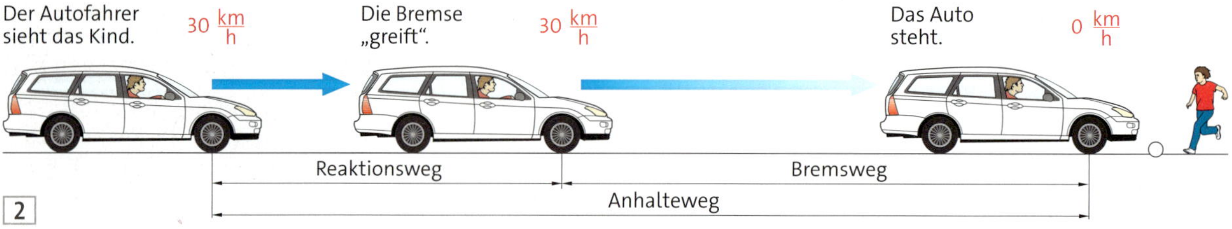

2

der Anhalteweg
der Reaktionsweg
der Bremsweg

Material A

Wer reagiert am schnellsten?

Materialliste: Leiste mit Markierungen → 4

1 Dein Versuchspartner hält die Leiste hoch. Wenn er sie fallen lässt, musst du schnell zufassen. Lest die Reaktionszeit an der Oberkante der Hand auf der Leiste ab.

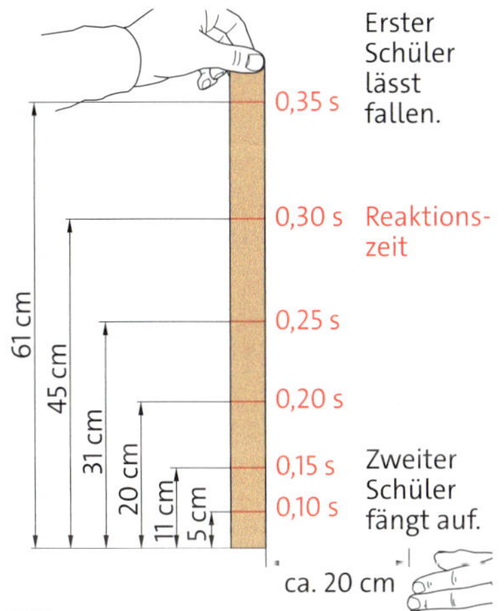

4 Reaktionszeit messen

Material C

Energie beim Bremsen

1 Anja fährt mit dem Fahrrad bei angezogener Felgenbremse 20 m weit, das Rad blockiert nicht. Gleich danach berührt sie vorsichtig die Bremsbacken – sie sind ganz schön heiß geworden! Erkläre die Beobachtung. Stelle die Energieumwandlung in einer Energiekette dar.

Material B

Bremsweg messen

Materialliste: Fahrrad (Mofa) mit Tacho, Messband

1 Ihr braucht eine lange, gerade Strecke auf dem Schulhof. Teilt sie durch eine Linie ca. 30 m vor dem Ende. → 5
Einer von euch fährt auf dem Fahrrad mit 10 $\frac{km}{h}$ (15, 20, 25, 30) bis zur Linie. Dann bremst er immer gleich stark ab.

Achtung • Nur das Hinterrad zum Blockieren bringen!

a Messt den Bremsweg jeweils 3-mal. Bildet den Mittelwert. Notiert ihn.

b Übertrage die Ergebnisse in ein Diagramm: Bremsweg in Abhängigkeit von der Geschwindigkeit.

c Stelle eine Regel auf:
- 2-fache Geschwindigkeit → ? Bremsweg
- 3-fache Geschwindigkeit → ? Bremsweg

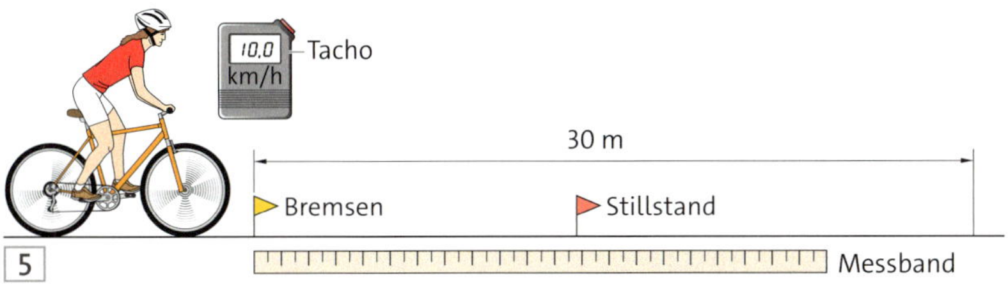

5

Material D

Langer Anhalteweg

1 Der Anhalteweg kann durch viele Bedingungen verlängert werden:
Müdigkeit, Nässe, abgefahrene Reifen, Alkohol, Kopfsteinpflaster, abgenutzte Bremsbeläge, hohe Geschwindigkeit.

a Gib an, welche Bedingungen Auswirkungen haben:
- auf den Reaktionsweg
- auf den Bremsweg
- auf den Reaktionsweg und den Bremsweg

b Beurteile, auf welche Bedingungen die Fahrerin oder der Fahrer Einfluss hat.

Reagieren und bremsen

Erweitern und Vertiefen

Sicherheit kommt an

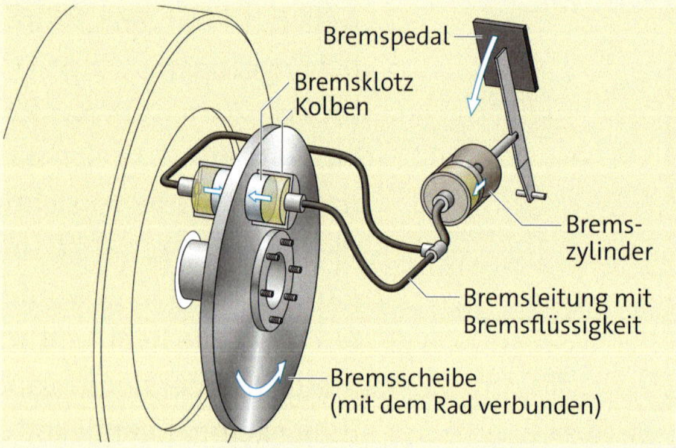

1 Aufbau der Bremsanlage

2 Glühende Bremsscheibe

Gute Bremsen • Beim Bremsen werden Bremsklötze mit großer Kraft gegen rotierende Bremsscheiben gepresst. → 1 So wird die Reibung zwischen beiden möglichst groß. Dabei wird die Bewegungsenergie des Wagens in thermische Energie umgewandelt. Die Bremsscheiben können dadurch mehrere Hundert Grad Celsius heiß werden und zu glühen anfangen. → 2 Die Bremsen haben oft eine größere Leistung als der Motor. Ein Auto beschleunigt z. B. in 8 s von 0 auf 100 $\frac{km}{h}$. Bei einer Notbremsung steht es nach 3,7 s. Die Bewegungsenergie ändert sich beim Bremsen also etwa doppelt so schnell wie beim Beschleunigen – die Leistung der Bremsen ist doppelt so groß wie die des Motors.

Bei langen Talfahrten sollte andauerndes Bremsen vermieden werden. Es besteht die Gefahr, dass die thermische Energie nicht schnell genug von den Bremsscheiben an die Umgebung abgegeben werden kann. Die Bremsscheiben überhitzen, die Bremsflüssigkeit beginnt zu sieden und die Bremse versagt.

Abstand halten • Vor allem bei schlechter Sicht kommt es immer wieder zu Auffahrunfällen. Der Grund dafür ist ein zu geringer Abstand. Sieh dir dazu das Bild unten an: → 3 Auto 1 bremst. Würde Auto 2 gleichzeitig bremsen, bliebe der Abstand zwischen ihnen etwa gleich. Für den Fahrer von Auto 2 beginnt aber erst die

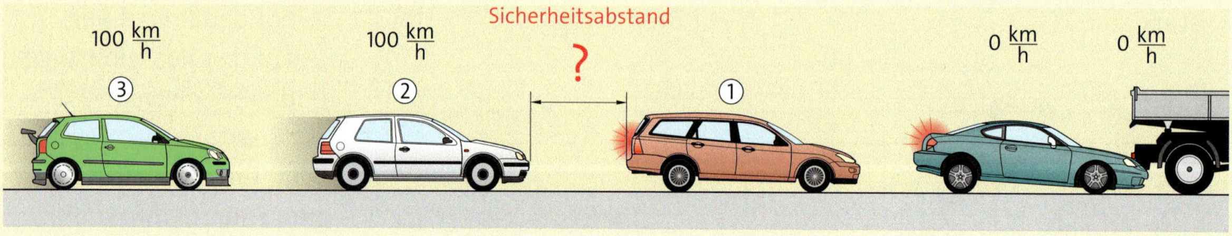

3 Sicherheitsabstand einhalten – Auffahrunfall vermeiden!

Reaktionszeit, wenn er das Bremslicht von Auto 1 wahrnimmt. Während dieser Reaktionszeit fährt sein Wagen mit unverminderter Geschwindigkeit weiter. Bei $100\,\frac{\text{km}}{\text{h}}$ und einer Reaktionszeit von 1 s („Schrecksekunde") legt Auto 2 noch 28 m zurück, bevor der Bremsweg beginnt. Hier hätte der Sicherheitsabstand mindestens 28 m betragen müssen. Er wäre dann aber immer noch sehr kurz: Oft sind nämlich die Reaktionszeiten länger. Bei einem Auffahrunfall kommt hinzu, dass sich der Bremsweg des Vordermanns durch den Aufprall verkürzt. Deshalb muss der Sicherheitsabstand wesentlich größer als der Reaktionsweg sein!

ABS • So etwas kommt leider immer wieder vor: Ein Auto schert plötzlich aus der Parklücke aus. → 4 Der von hinten kommende Fahrer bremst mit voller Kraft und versucht auszuweichen. Doch die Reifen greifen nicht optimal, weil die Straße nass ist. Wenn die Räder blockieren, rutschen die Reifen und das Auto lässt sich nicht mehr lenken.

Hier hilft das Antiblockiersystem (kurz: ABS). Die Drehzahl der Räder wird ständig an einen Bordcomputer gemeldet. Sobald ein Rad viel langsamer als die anderen dreht und Blockiergefahr besteht, verringert das ABS von allein ganz kurz die Bremskraft auf dieses Rad. Die Folge ist, dass das Rad weiterhin rollt und voll gelenkt und gebremst werden kann. Bis zu 10-mal pro Sekunde vollzieht sich dieses Wechselspiel. Man spricht von einer „elektronischen Stotterbremse". Das Auto lässt sich auf diese Weise auch noch beim Bremsen lenken.

Automatische Assistenten • Moderne Notbremssysteme arbeiten in Gefahrensituationen völlig selbstständig. Wenn der Abstand zum vorausfahrenden Auto plötzlich zu klein wird und ein Auffahrunfall droht, bremst das System von allein – viel schneller, als der Fahrer es selbst könnte.

Wenn ein Fußgänger auf die Straße läuft und der Abstand für eine Notbremsung zu kurz ist, dann wird das Auto von einem automatischen Ausweichsystem um den Fußgänger herumgelenkt.

Aufgaben

1 ○ Der Sicherheitsabstand hilft, Unfälle zu vermeiden. Gib dafür eine Begründung.

2 ◐ Beschreibe das „Stotterbremsen" beim ABS. Was wird dadurch erreicht?

3 ● „ABS macht Autofahren sicherer, aber zu schnelles Fahren wird damit nicht ungefährlicher." Nimm Stellung zu dieser Aussage.

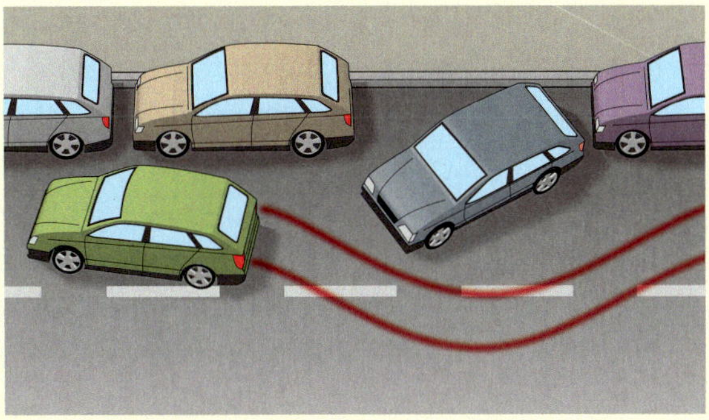

4 Beim Ausweichen hilft das ABS.

Fahrradhelm und Sicherheitsgurt

1 Trägst du einen Helm beim Radfahren?

Material zur Erarbeitung: A

Radfahren mit Helm und Autofahren mit Gurt schützt dein Leben!

Kraft beim Abbremsen • Ein fallendes Ei zerbricht auf dem harten Küchenboden. Die Kraft beim Abbremsen durch den Boden ist zu groß. Das fallende Ei „überlebt", wenn es auf eine dicke Schicht aus Schaumstoff fällt. Die Kraft beim Abbremsen ist kleiner. Auch im Fahrradhelm ist eine dicke Schaumstoffschicht. Sie verringert die Kraft auf den Kopf beim Aufprall.

Bremsweg, Energie, Kraft • Beim Bremsen wird Bewegungsenergie umgewandelt. Wieder gilt: „Energie = Kraft mal Weg." Wird die gleiche Energie auf einem längeren Bremsweg umgewandelt, ist die Kraft entsprechend kleiner:
- 2-facher Bremsweg → $\frac{1}{2}$ Kraft
- 10-facher Bremsweg → $\frac{1}{10}$ Kraft

Wenn der Bremsweg sehr kurz ist, wird die Kraft so groß, dass das Ei (oder der Kopf) zerbricht, bevor die ganze Bewegungsenergie umgewandelt ist.

Sicherheitsgurt • Ein Auto prallt mit 50 $\frac{km}{h}$ gegen eine Mauer. Der nicht angeschnallte Fahrer „fliegt" mit 50 $\frac{km}{h}$ geradeaus weiter, bis er durch Lenkrad und Windschutzscheibe abgebremst wird. Lenkrad und Scheibe werden nur wenige Millimeter eingedrückt: Das ist der Bremsweg. Die Kraft beim Abbremsen ist so groß wie die Kraft beim Aufprall aus 10 m Höhe. → 2 Der angeschnallte Fahrer wird vom Gurt auf einer Strecke von bis zu 30 cm abgebremst. Jedes Auto hat außerdem vorne eine Knautschzone aus Blech. → 3 Beim Aufprall wird sie um 30 bis 50 cm zusammengedrückt. Der Bremsweg des angeschnallten Fahrers wird entsprechend verlängert.

Fahrradhelm, Sicherheitsgurt und Knautschzone verlängern den Bremsweg des Menschen, sodass gefährlich hohe Kräfte beim Abbremsen verringert werden.

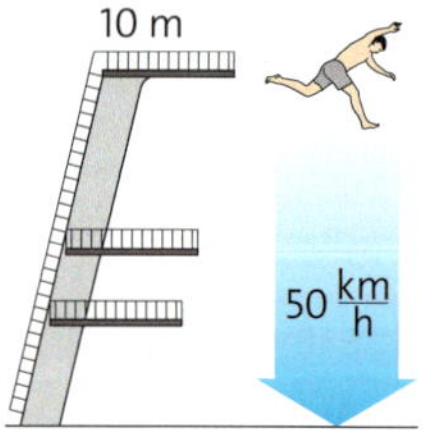

2 Aufprall mit 50 $\frac{km}{h}$

3 Eingedrückte Knautschzone

Aufgaben

1 ○ Erkläre, wie ein Fahrradhelm deinen Kopf schützt.

2 ◐ Begründe, dass die Knautschzone nur hilft, wenn man angeschnallt ist.

der Fahrradhelm
der Sicherheitsgurt
die Knautschzone

Material A

Eisturz

Materialliste: 2 hart gekochte Eier (Schale ohne Sprung), Topf, Schaumstoff (3 cm dick)

1 Lass ein Ei aus 50 cm Höhe in den Topf fallen.
Lass das andere Ei aus 50 cm auf den Schaumstoff fallen. Pass auf, dass das Ei beim Hochspringen nicht neben die Unterlage fällt.

a Beschreibe deine Beobachtung.

b Gib an, auf welches Ei beim Abbremsen die größere Kraft gewirkt hat.

c Vergleiche die Bremswege der beiden Eier.

Material B

Nackenstütze und Airbag

Fährt ein Auto von hinten auf, wird dein Körper nach vorne geschleudert. Ohne Nackenstütze bleibt der Kopf zurück. Die Halsmuskeln werden überdehnt, das Genick kann brechen. Mit Nackenstütze werden Kopf und Körper gemeinsam beschleunigt.

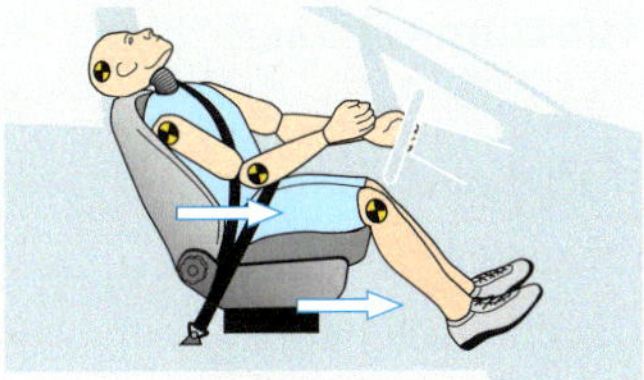

1 Beschreibe, wie Nackenstütze und Airbag schützen.

Beim Unfall wird der Airbag blitzschnell (0,03 s) aufgeblasen. Er verlängert den Bremsweg von Kopf und Brust. Außerdem verhindert er, dass die Muskeln im Nacken überdehnt werden, die den Kopf halten.

Material C

Geschwindigkeit und Bewegungsenergie

Geschwindigkeit	Bewegungsenergie (m = 60 kg)
20 $\frac{km}{h}$	0,93 kJ
30 $\frac{km}{h}$	2,08 kJ
40 $\frac{km}{h}$	3,70 kJ
60 $\frac{km}{h}$	8,33 kJ
80 $\frac{km}{h}$	14,82 kJ
100 $\frac{km}{h}$	23,15 kJ
120 $\frac{km}{h}$	33,33 kJ

4 2-fache Geschwindigkeit → ?

1 Wie hängt die Bewegungsenergie von der Geschwindigkeit ab?

a Überprüfe mithilfe der Tabelle, welcher Zusammenhang stimmt: → 4
- 2-fache Geschwindigkeit → 2-fache Energie
  3-fache Geschwindigkeit → 3-fache Energie
- 2-fache Geschwindigkeit → 4-fache Energie
  3-fache Geschwindigkeit → 9-fache Energie

b Stelle die Tabellenwerte im Diagramm dar.

2 Ein Crash bei 50 $\frac{km}{h}$ ist wie ein Aufprall aus 10 m Höhe. → 2 Ein Crash bei 100 $\frac{km}{h}$ ist wie ein Aufprall aus:
- 20 m Höhe?
- 40 m Höhe?

Wähle aus und begründe.
Tipp: Die Bewegungsenergie beim Aufprall ist so groß wie die Lageenergie beim „Absprung".

Kraft und Bewegung*

1 Ball nach hinten – Tim nach vorn!

Materialien zur Erarbeitung: A–C

Tim hat sich einen seltsamen Antrieb ausgedacht. Wie funktioniert das?

Wechselwirkung • Tim wirft den Ball nach hinten. Er übt eine Kraft aus, die den Ball beschleunigt. Gleichzeitig setzt sich Tim nach vorne in Bewegung. Von alleine geht das nicht: Irgendjemand muss eine Kraft auf Tim ausüben. Dieser Jemand ist – der Ball! Jan zieht Jana zu sich – und setzt sich gleichzeitig selbst in Bewegung. → 2 Auf Jana wirkt eine Kraft und auf Jan auch. Jan und Jana treffen sich in der Mitte: Die Kräfte sind gleich groß.

2 Jan zieht – und wird gezogen.

Diese Bewegungen sind Beispiele für das Wechselwirkungsprinzip:

Eine Kraft gibt es nie alleine. Wenn du eine Kraft auf einen Körper ausübst, übt der Körper eine gleich große Kraft auf dich aus. Die Kräfte sind entgegengesetzt gerichtet.

Anders als beim Kräftegleichgewicht greifen die Kräfte an verschiedenen Körpern an und heben sich nicht auf.

Kraft und Beschleunigung • Du musst eine große Kraft ausüben, um einen vollen Mattenwagen anzuschieben, abzubremsen oder um die Kurve zu lenken. Zu zweit beschleunigt ihr den Wagen schneller, weil ihr eine größere Kraft ausübt. Und ein leerer Wagen lässt sich ganz schnell anschieben.

Je größer die Kraft auf einen Körper ist, desto schneller ändert sich seine Geschwindigkeit.
Je schwerer ein Körper ist, desto langsamer ändert sich seine Geschwindigkeit bei gleicher Kraft.

Aufgaben

1 Tim kann den Ball mit großer oder kleiner Kraft werfen. → 1 Welchen Einfluss hat das auf seine Bewegung? Erkläre deine Antwort.

2 Große Wohnmobile fahren langsamer an als Pkws mit gleich starken Motoren. Erkläre den Unterschied.

das Wechselwirkungsprinzip

Material A

Abstoßend

Materialliste: 2 Rollbretter (Rollen in Fahrtrichtung)

1 Zwei gleich schwere Personen sitzen sich auf den Rollbrettern gegenüber. → 3

a ▢ Beide stoßen sich gegenseitig ab. Beschreibt eure Beobachtung.

b ▢ Diesmal stößt sich nur einer ab, der andere hält die Arme steif. Beschreibt wieder eure Beobachtung.

c ◪ Erklärt die Ergebnisse.

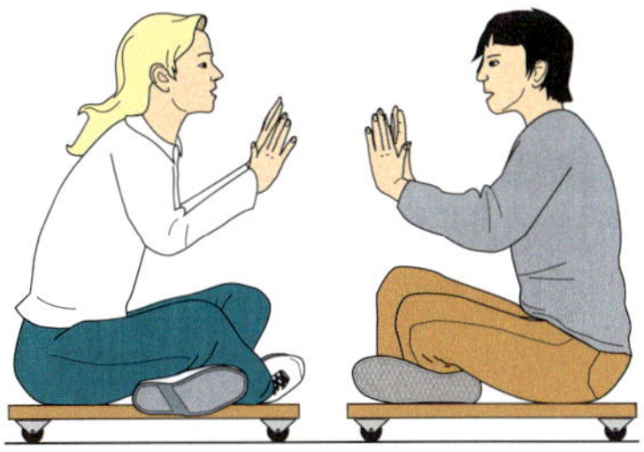

3

Material B

Anziehend

Materialliste: flaches Gefäß mit Wasser, 2 „Flöße“ aus Styropor, Magnet, gleich schwere Schraube, Gummiringe, Knete

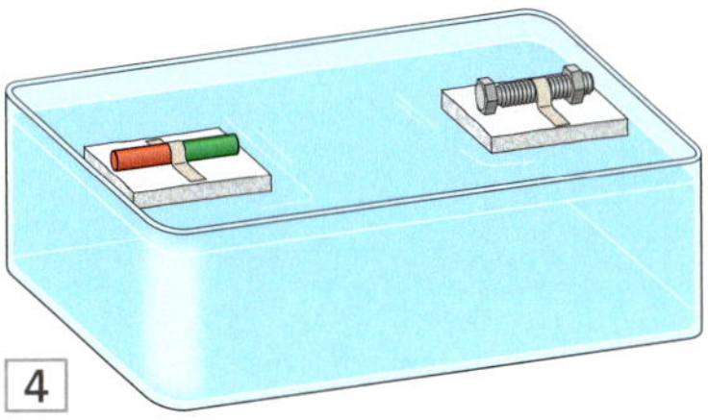

4

1 ▢ Setze die Flöße ins Wasser. → 4

a Halte das Magnetfloß fest und lass das Schraubenfloß aus 5 cm Entfernung los. Beobachte und beschreibe.

b Halte das Schraubenfloß fest und lass das Magnetfloß aus 5 cm Entfernung los. Vergleiche.

c Halte die Flöße fest und lass sie aus 10 cm Abstand los. Beobachte und vergleiche.

2 ◪ Beschwere ein Floß zusätzlich mit Knete (ohne es zu versenken). Wiederhole den Versuch 1. Beschreibe und erkläre die Unterschiede.

Material C

Beschleunigend

Materialliste: Mattenwagen, viele Turnmatten

1 ◪ Schiebt den Wagen unterschiedlich schnell an. Verändert dazu die Kraft und die Masse. Schreibt die Ergebnisse so auf: „Je ..., desto ...“

Material D

Das Airboat

1 Das Boot wird von einem großen Propeller hinter dem Fahrer angetrieben. → 5 Wie kommt es vorwärts?
◪ Setze die Erklärung fort: Der Propeller schleudert Luft mit großer Kraft nach hinten heraus. ...

5 Airboat in Florida (USA)

Kraft und Bewegung*

Erweitern und Vertiefen

Volle Kraft zurück – es geht nach vorn!

Laufen • Der Startblock muss fest verankert sein, denn der Läufer stößt sich mit großer Kraft nach hinten ab. → 1 Der Startblock übt eine ebenso große Kraft nach vorne aus. Sie beschleunigt den Sprinter.
Bei jedem Schritt übst du eine Kraft nach hinten auf die Erde aus. Die Erde übt auf dich eine Kraft nach vorne aus. Sie bringt dich voran.

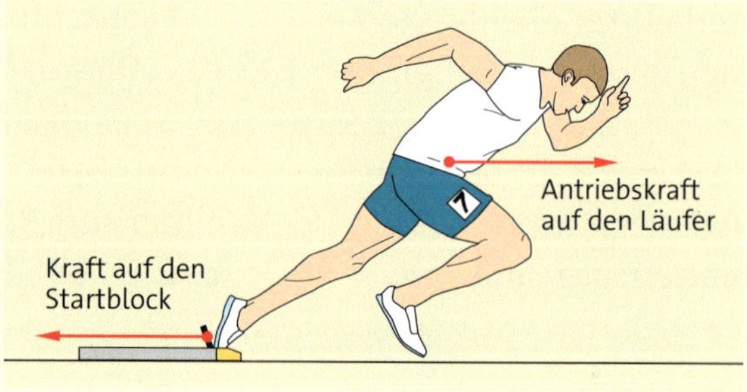

1 Wechselwirkung beim Starten

Radfahren • Du übst über Pedale, Kette, Zahnkränze und Hinterrad eine nach hinten gerichtete Kraft auf die Straße aus. → 2 Die Kraft von der Straße auf das Fahrrad bewirkt, dass du nach vorne fährst.

2 Wechselwirkung beim Radfahren

Rudern • Über die Ruder übt man eine Kraft nach hinten auf das Wasser aus. → 3 Die Kraft vom Wasser auf das Boot setzt das Boot nach vorne in Bewegung.

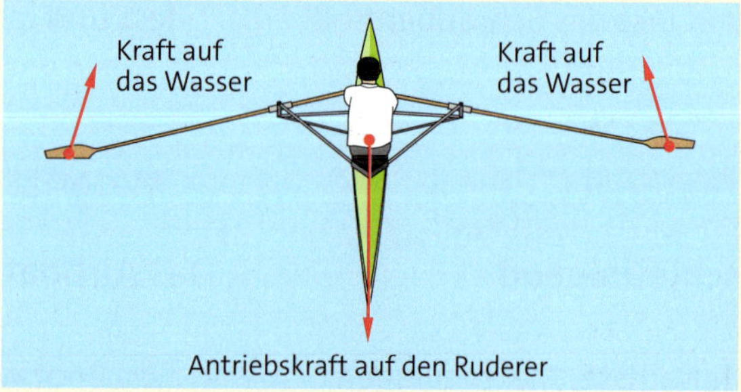

3 Wechselwirkung beim Rudern

Eis und Glätte • „Schneeregen und Glatteis führten gestern in Baden-Württemberg zum Verkehrschaos." Oft sind es gerade Lkws, die Steigungen nicht schaffen und Staus auslösen. Ein starker Motor allein hilft nicht. Wenn die Räder keine Kraft auf die glatte Straße ausüben können, kommt auch keine Kraft von der Straße zustande, die die Lkws antreibt.

Aufgaben

1 ○ Erkläre das Starten beim Sprint mit dem Wechselwirkungsprinzip.

2 ◐ Erkläre den Vorteil der Spikes. → 4

4 Sprintschuhe mit Spikes

Erweitern und Vertiefen

Immer schneller?

Höchstgeschwindigkeit • Karla startet mit ihrem Fahrrad. → 5 Sie tritt kräftig in die Pedale und wird immer schneller. Bald hat sie ihre Höchstgeschwindigkeit erreicht. Warum wird sie jetzt nicht mehr schneller, trotz aller Kraft?

Wechselspiel der Kräfte • Für die Antwort sind zwei Kräfte wichtig:

- Die Antriebskraft treibt Karla voran. → 5 Sie kommt durch die Wechselwirkung mit der Straße zustande. → 2
- Die Reibungskraft bremst Karla. Sie wird hauptsächlich von der Luft ausgeübt, die von Karla zur Seite geschoben wird.

Bei niedriger Geschwindigkeit ist die Reibungskraft sehr klein. Die Antriebskraft ist viel größer. Karla wird immer schneller.
Mit zunehmender Geschwindigkeit wächst die Reibungskraft stark an.
Bald ist sie genauso groß wie die Antriebskraft. Karla wird nun gleich stark abgebremst wie angetrieben (Kräftegleichgewicht). Jetzt wird Karla nicht mehr schneller.

Energie • Beim Radfahren wandelt Karlas Körper gespeicherte Energie um und stellt sie für die Bewegung bereit. → 6
Beim Anfahren dient die bereitgestellte Energie hauptsächlich zum Beschleunigen.
Mit zunehmender Geschwindigkeit schiebt Karla immer mehr Luft pro Sekunde zur Seite. Das kostet viel Energie.
Bald wird die bereitgestellte Energie nur noch zum Wegschieben der Luft eingesetzt. Jetzt wird Karla nicht mehr schneller.

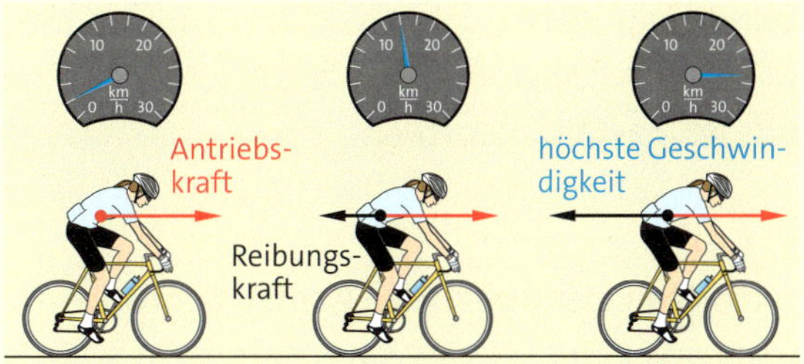

5 Wechselspiel der Kräfte beim Radfahren

6 Energie beim Radfahren

Aufgaben

1 Übertrage die Kraftpfeile ins Heft und ergänze jeweils die resultierende Kraft. → 5

2 Erkläre, warum Karla auch bei voller Kraft nicht schneller als $25\,\frac{km}{h}$ wird.

3 Herr Müller springt mit dem Fallschirm aus 2000 m Höhe. In 10 s beschleunigt er auf $200\,\frac{km}{h}$. Nun wird er nicht mehr schneller. 800 m über dem Boden öffnet er den Fallschirm und wird in 2 s auf $15\,\frac{km}{h}$ abgebremst.
Erkläre den Geschwindigkeitsverlauf mithilfe der Gewichtskraft und der Reibungskraft, die die Luft ausübt.

Sicherheit im Straßenverkehr

Zusammenfassung

Trägheit • Jeder Gegenstand bleibt in Ruhe oder bewegt sich geradeaus mit unveränderter Geschwindigkeit weiter, solange keine Kraft auf ihn einwirkt. → 1 Je größer die Masse des Gegenstands ist, desto träger ist er.

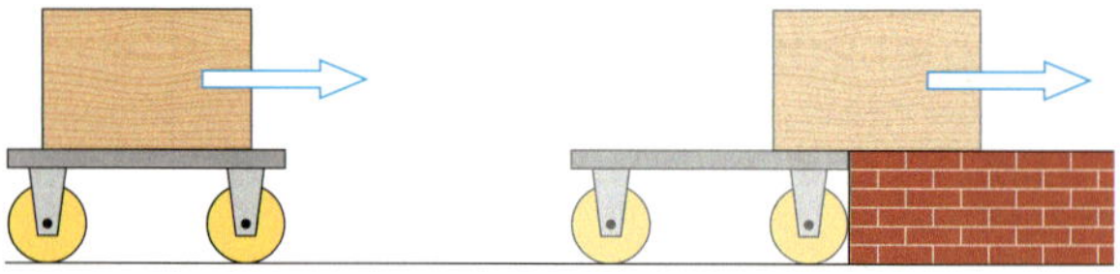

1 Der Klotz ist träge, er rutscht weiter.

Anhalteweg • Der Anhalteweg setzt sich aus Reaktionsweg und Bremsweg zusammen: → 2
- 2-fache Reaktionszeit oder Geschwindigkeit → 2-facher Reaktionsweg
- 2-fache Geschwindigkeit → 4-facher Bremsweg

Sicherheit • Fahrradhelm, Sicherheitsgurt und Knautschzone verlängern den Bremsweg des Menschen, sodass gefährlich hohe Bremskräfte verringert werden.

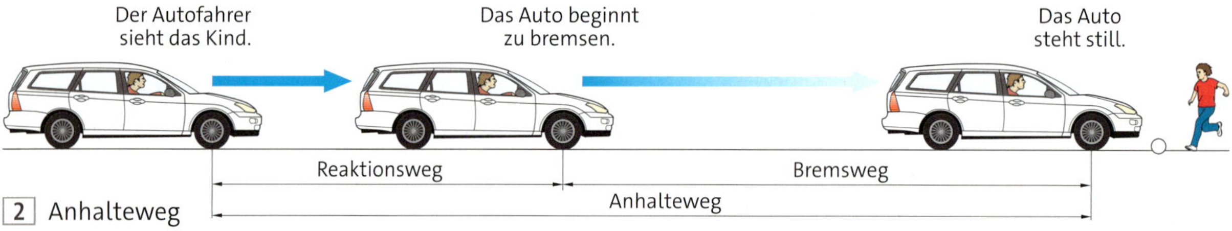

2 Anhalteweg

Wechselwirkungsprinzip* • Eine Kraft gibt es nie alleine. Wenn du eine Kraft auf einen Körper ausübst, übt der Körper eine gleich große Kraft auf dich aus. Die Kräfte sind entgegengesetzt gerichtet. → 3

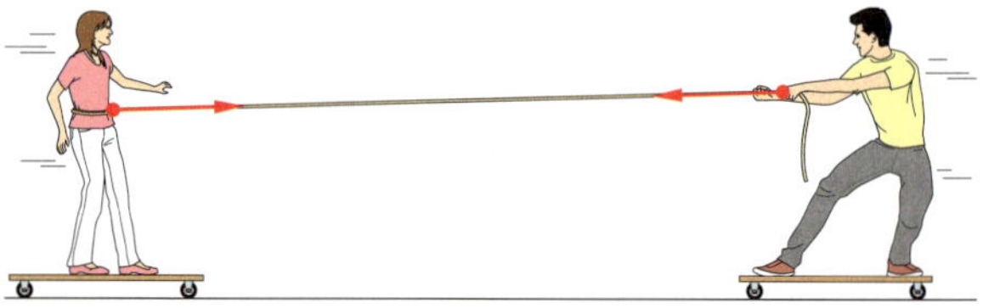

3 Wechselwirkungsprinzip

Kraft und Beschleunigung* • Je größer die Kraft auf einen Körper ist, desto schneller ändert sich seine Geschwindigkeit. → 4

Je schwerer ein Körper ist, desto langsamer ändert sich seine Geschwindigkeit durch die gleiche Kraft. → 5

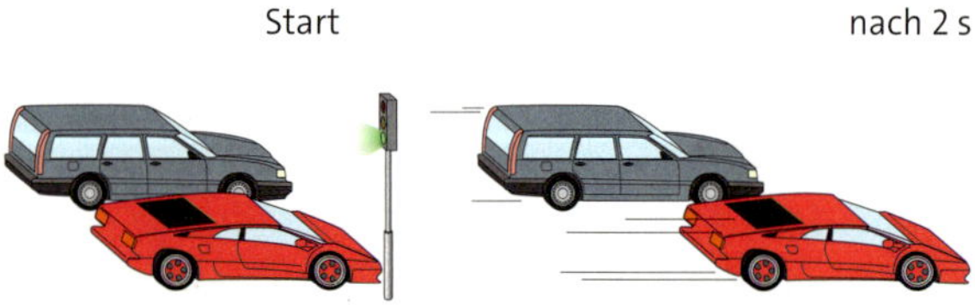

4 Größere Kraft → größere Beschleunigung

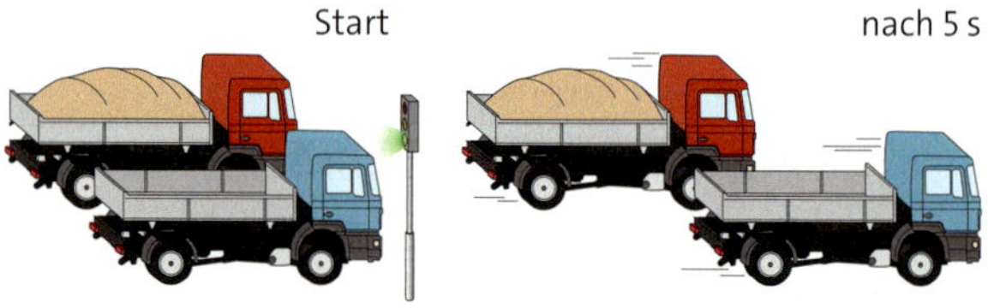

5 Größere Masse → kleinere Beschleunigung

Aufgaben

1 An einem Wagen ist eine Metallkugel frei beweglich aufgehängt. → 6

▢ Skizziere im Heft, wie die Kugel hängt, wenn:

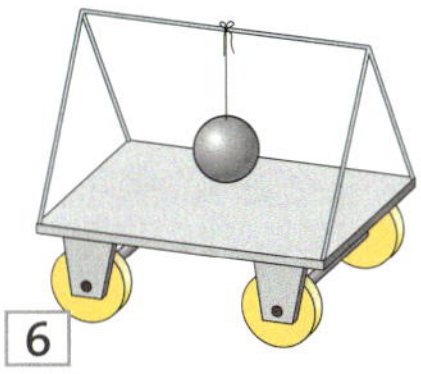

6

a der Wagen in Längsrichtung angestoßen wird

b der Wagen gleichmäßig geradeaus geschoben wird

c der rollende Wagen plötzlich auf ein Hindernis prallt

d der rollende Wagen auf einmal nach links um eine Kurve gelenkt wird

2 ◐ Bei einem Crashtest fliegt der Dummy über das Auto. → 7 Erkläre seine Bewegung.

7 Crashtest

3 Beim Start an der Ampel beschleunigen die Autos schneller als Busse, obwohl die Busse stärkere Motoren haben.

◐ Erkläre diese Beobachtung.

4 Marie fährt auf ihrem Fahrrad mit einer Geschwindigkeit von $16\,\frac{\text{km}}{\text{h}}$. Plötzlich läuft eine Katze quer vor ihr über die Straße. Marie braucht 1 s, um zu reagieren.

◐ Berechne Maries Reaktionsweg.

5 Ein Auto fährt auf trockener Straße mit $40\,\frac{\text{km}}{\text{h}}$. Bei einer Vollbremsung beträgt sein Bremsweg 9 m.

a ▢ Gib an, wie lang der Bremsweg bei $80\,\frac{\text{km}}{\text{h}}$ (und gleicher Bremskraft) ist: 9 m, 18 m, 27 m oder 36 m.

b ▢ Begründe deine Antwort.

c ● Berechne Reaktionsweg und Anhalteweg bei $40\,\frac{\text{km}}{\text{h}}$. Die Reaktionszeit beträgt 1 s.

6 ◐ Der Sicherheitsgurt ist lebenswichtig.

a Beschreibe, wie er dich schützt.

b Beschreibe, was die „Knautschzone" ist und was sie bewirkt.

7* ◐ Plane einen Versuch zum Wechselwirkungsprinzip. Verwende dazu einen Magneten, eine Eisenschraube und zwei kleine Wagen.

8* ◐ Erkläre, wie die Rakete vorwärtskommt. → 8

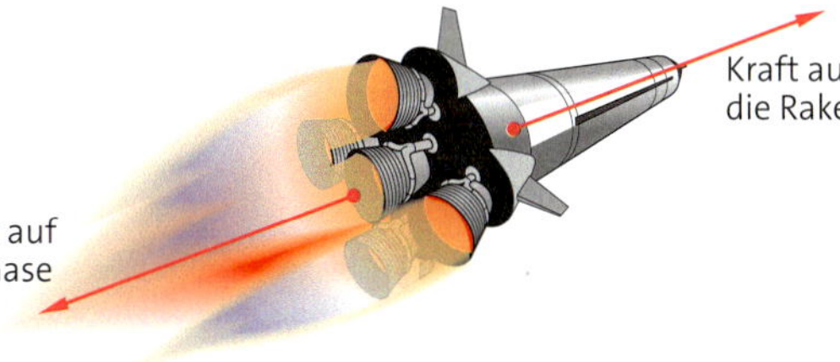

8 Raketenantrieb

Kräfte und ihre Wirkungen

Teste dich! (Lösungen auf Seite 387)

Kraft und Masse

1 Drei gleich lange Kraftmesser haben verschiedene Messbereiche:
0 bis 1 N; 0 bis 10 N; 0 bis 100 N.
Wenn man eine 100-g-Tafel Schokolade an die Kraftmesser hängt, verlängern sie sich um:
1 mm, 1 cm, 10 cm.

a ▢ Gib an, welche Verlängerung zu welchem Kraftmesser gehört.

b ◪ Begründe deine Zuordnung.

2 „Der Pokal bewegt sich nicht, weil keine Kraft auf ihn wirkt." → [1]
◪ Nimm Stellung zu dieser Aussage.

3 ▢ Lege eine Tabelle mit zwei Spalten an: Masse und Gewichtskraft. Trage Folgendes in die jeweils richtige Spalte ein:
Newton, überall gleich groß, Kilogramm, Waage, vom Ort abhängig, Kraftmesser.

4 ◪ Gib an, mit welchem Flaschenöffner die Flaschen leichter aufgehen. → [2] Begründe deine Antwort physikalisch.

Goldene Regel und Energie

5 ◪ Straßen in den Bergen werden oft in Serpentinen angelegt. → [3] Erkläre ihren Vorteil mithilfe der Goldenen Regel der Mechanik.

6 Ein kleines Auto wird über eine Rampe auf ein Schiff hochgeschoben.

a ▢ Das Auto wiegt 800 kg. Berechne die Gewichtskraft auf das Auto.

b ◪ Die Rampe ist 6,4 m lang, der Höhenunterschied beträgt 0,8 m. Berechne die Kraft zum Hochschieben des Autos.

c ◪ Berechne die übertragene Energie.

d ◪ Statt einer Rampe wird beim nächsten Auto ein Flaschenzug eingesetzt. Zum Hochheben ziehen zwei Arbeiter mit einer Kraft von insgesamt 800 N am Seil. Berechne, wie viele Meter Seil sie ziehen müssen, bis das Auto um 0,8 m angehoben ist.

7 Im Rheinfall von Schaffhausen stürzen 700 000 L Wasser pro Sekunde 23 m tief.

a ▢ Beschreibe die Energieumwandlung beim Herabstürzen des Wassers.

[1] Alle für einen

[2] Flaschenöffnen leicht gemacht

[3] Serpentinen

b Berechne die Gewichtskraft auf 700 000 L Wasser. Tipp: 1 L Wasser wiegt 1 kg.

c Berechne die Lageenergie der Wassermenge vor dem Herabstürzen.

d Vergleiche mit der chemischen Energie in einer 100-g-Tafel Schokolade: E_{ch} = 2,3 MJ.

Sicherheit im Straßenverkehr

8 Ein Busfahrer stellt einen offenen Becher mit Kaffee auf das Armaturenbrett. Bald darauf muss er scharf bremsen.

a Beschreibe, was mit dem Becher passiert.

b Erkläre diesen „Unfall".

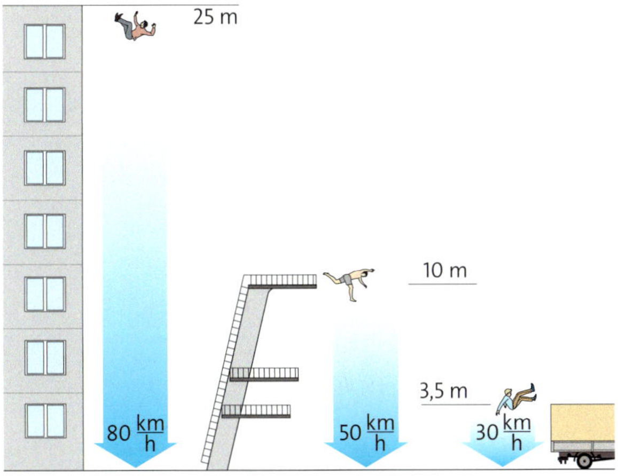

4 Lebensgefahr!

5 Die Straße schiebt das Auto an?

9 Lastwagen benötigen viel stärkere Bremsen als Autos. Begründe den Unterschied.

10 Der Anhalteweg

a Nenne die Teilwege, aus denen sich der Anhalteweg eines Autos zusammensetzt.

b Die Reaktionszeit beträgt 1 s. Berechne den Reaktionsweg bei 50 $\frac{km}{h}$ und bei 100 $\frac{km}{h}$.

c Bei 50 $\frac{km}{h}$ beträgt der Bremsweg 14 m. Berechne den Bremsweg bei 100 $\frac{km}{h}$.

d Berechne den Anhalteweg bei 50 $\frac{km}{h}$ und bei 100 $\frac{km}{h}$.

e Bei einem Unfall mit 50 $\frac{km}{h}$ beträgt der Bremsweg nur 0,7 m statt 14 m. Vergleiche die Bremskräfte auf den Fahrer.

11 In der Zeichnung geht es um die Folgen von Verkehrsunfällen. → 4 Erkläre den Zusammenhang.

12* Erkläre die Verse physikalisch: → 5

„Der Fahrer tritt aufs Gaspedal,
die Straße spürt das allemal!
Sie schiebt das Auto samt Motor
(zum Glück kommt Glatteis selten vor)!"

13* Die Drohne steigt, obwohl die Gewichtskraft sie nach unten zieht. → 6 Erkläre es.

6 Aufsteigende Drohne

Elektromagnetische Induktion

Riesige Turbinen drehen sich im Wind – und dabei entsteht elektrische Energie. Wie geschieht das?

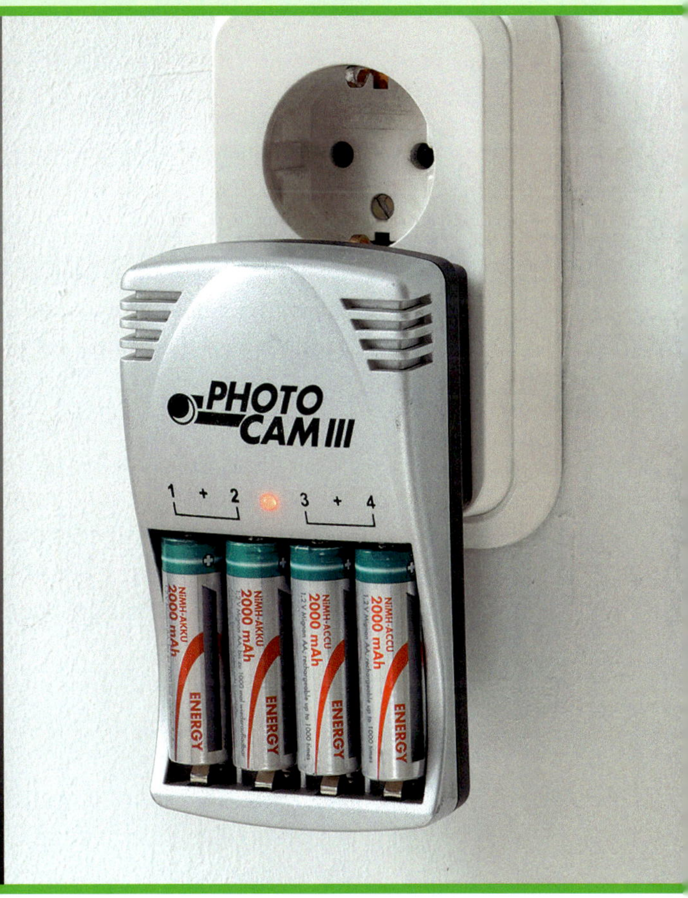

Die schwarze Scheibe mit dem Netzkabel ist das Ladegerät. Das Handy liegt einfach nur darauf – und wird doch aufgeladen!

Die Steckdose hat 230 Volt Wechselspannung, die Akkus brauchen 1,5 Volt Gleichspannung. Wie passt das Ladegerät die Spannung an?

Spannung erzeugen durch Induktion

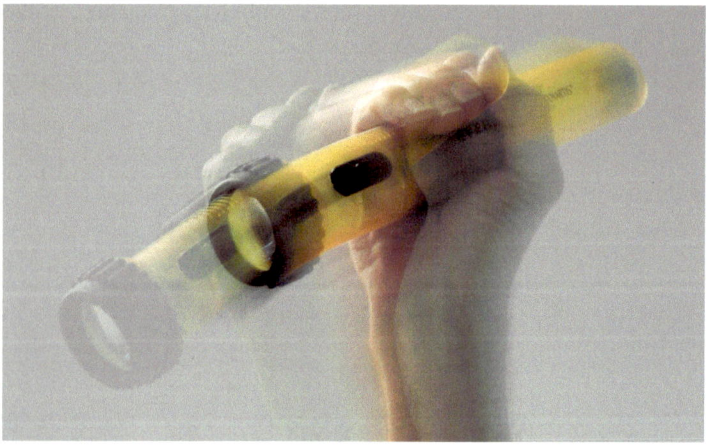

1 Der Akku wird geladen – durch Schütteln!

Materialien zur Erarbeitung: A–B

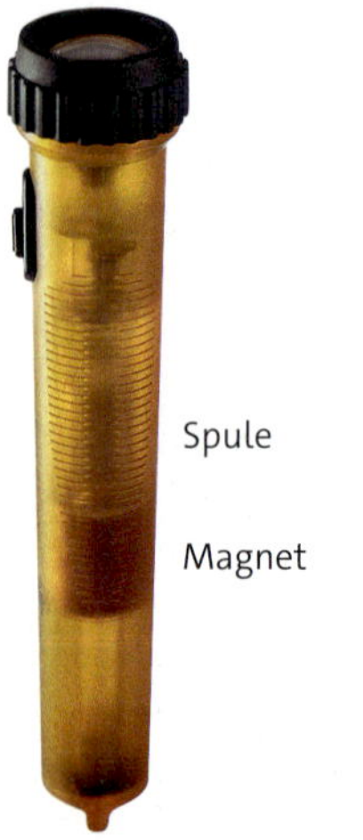

2 Schüttellampe

Bei der Schüttellampe saust ein Magnet immer wieder durch eine Spule. Dadurch wird die Lampe aufgeladen.

Induktion • Wenn man einen Magneten in eine Spule hinein- und wieder herausbewegt oder vor ihr dreht, entsteht an der Spule eine Spannung. → 3 Diesen Vorgang nennt man Induktion. Die Induktionsspannung ist umso größer:

- je schneller der Magnet bewegt wird
- je mehr Windungen die Spule hat
- je stärker der Magnet ist

Eine Induktionsspannung tritt auch auf, wenn die Spule bewegt wird und der Magnet steht.

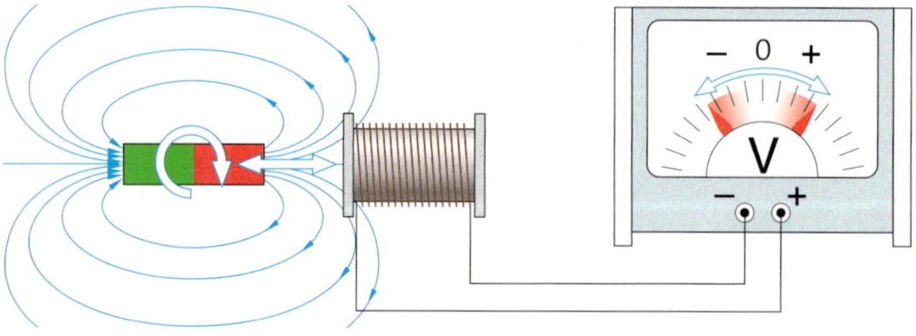

3 Der Magnet wird bewegt – eine Induktionsspannung entsteht.

Wechselspannung • Wenn man den Magneten auf die Spule zubewegt, schlägt der Zeiger des Spannungsmessers in die eine Richtung aus. Bewegt man den Magneten weg, schlägt der Zeiger in die andere Richtung aus. Die Polung der Spannung wechselt. Man spricht von einer Wechselspannung.

So entsteht die Induktionsspannung • Jeder Magnet ist von einem Magnetfeld umgeben. An den Magnetpolen ist es viel stärker als weit davon entfernt. Wenn der Magnet zur Spule hin- oder von ihr wegbewegt wird, ändert sich die Stärke des Magnetfelds in der Spule. Und das Erstaunliche ist: Dadurch werden die Elektronen im Spulendraht angetrieben – obwohl sie nicht magnetisch sind! An den Spulenanschlüssen entsteht eine Spannung.

Immer wenn sich ein Magnetfeld in einer Spule ändert, entsteht eine Induktionsspannung an den Anschlüssen der Spule.

Aufgaben

1 Du sollst mit einem Magneten und einer Spule eine möglichst hohe Induktionsspannung erzeugen. Beschreibe, wie Magnet und Spule beschaffen sein müssen und wie du vorgehst.

2 Bei der Schüttellampe entsteht eine Wechselspannung. Erkläre, was damit gemeint ist.

Material A

Spannung erzeugen – mit Spule und Magnet

Materialliste: Spule (600 Windungen), Zylindermagnet, Messgerät (Spannung, mit Zeiger in Mittelstellung)

1 Schließe den Spannungsmesser an die Spule an. → 4

a ▢ Bewege den Magneten in verschiedene Richtungen. Erzeuge einen möglichst großen Zeigerausschlag. Beschreibe, wie es dir gelingt.

b ▢ Untersuche den Zeigerausschlag genauer. Führe erst den Nordpol des Magneten in die Spule hinein und ziehe ihn wieder heraus. Wiederhole dies mit dem Südpol. Beschreibe jeweils die Bewegung des Zeigers.

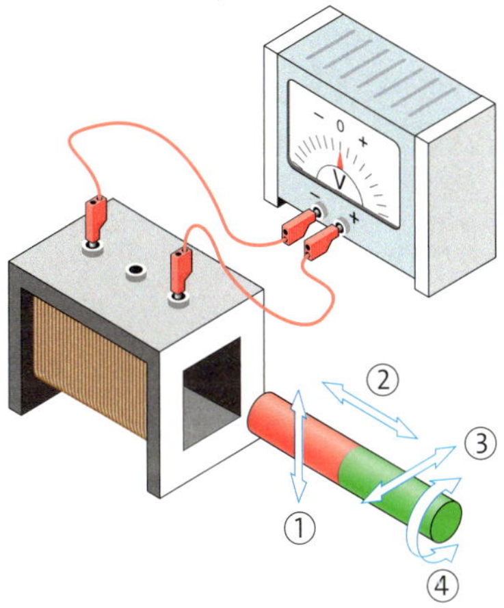

4 Wann schlägt der Zeiger aus?

Material B

Wie wird die Spannung möglichst hoch?

Materialliste: Messgerät (Spannung), verschiedene Magnete, Spulen mit verschiedenen Windungszahlen, Eisenkern, Kabel → 5

1 Erzeugt mit dem Versuchsmaterial eine möglichst große Induktionsspannung. Eine Idee zeigt Bild 6.
▢ Beschreibt eure Ergebnisse: „Die Spannung ist umso größer, je ..."

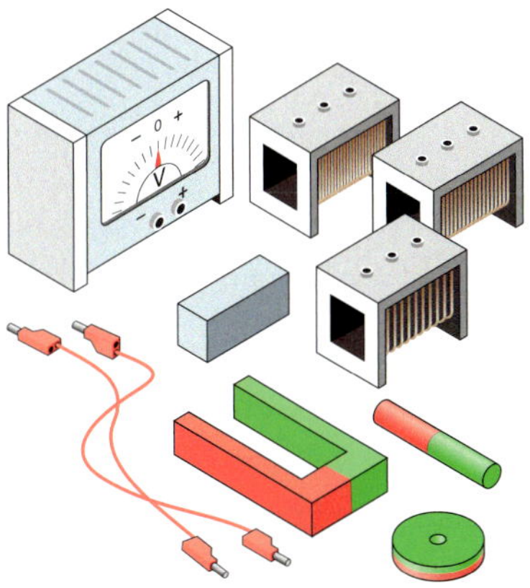

5 Versuchsmaterial

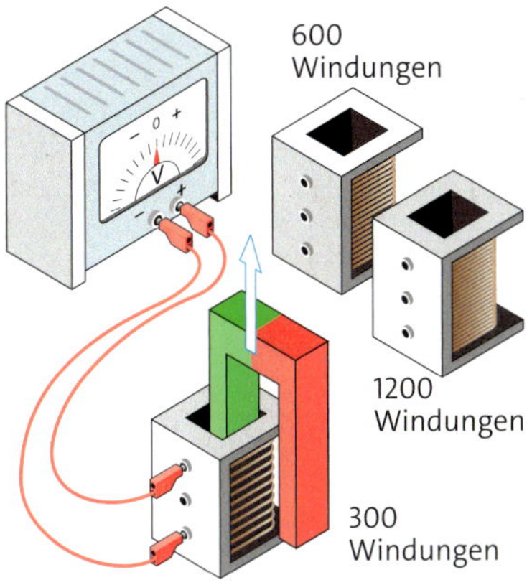

6 Verschiedene Windungszahl

Material C

Spannung erzeugen – mit Elektromagneten

Materialliste: 2 Spulen mit Eisenkernen, Batterie (4,5 V), Taster oder Schalter, Messgerät (Spannung)

1 Schließe die eine Spule mit dem Taster an die Batterie an: Das ist der Elektromagnet. Schließe das Messgerät an die andere Spule an. Finde einen Aufbau, bei dem eine Induktionsspannung angezeigt wird.
Tipp: Nutze den Taster.
◪ Skizziere den Versuchsaufbau. Beschreibe, wie du mit zwei Spulen eine Induktionsspannung erzeugst.

Generatoren

[1] Induktionsspule im Kraftwerk für eine Großstadt

Auch die elektrische Energie für Großstädte wird durch Induktion erzeugt – aber die Magnete und Spulen sind viel größer als bei der Schüttellampe.

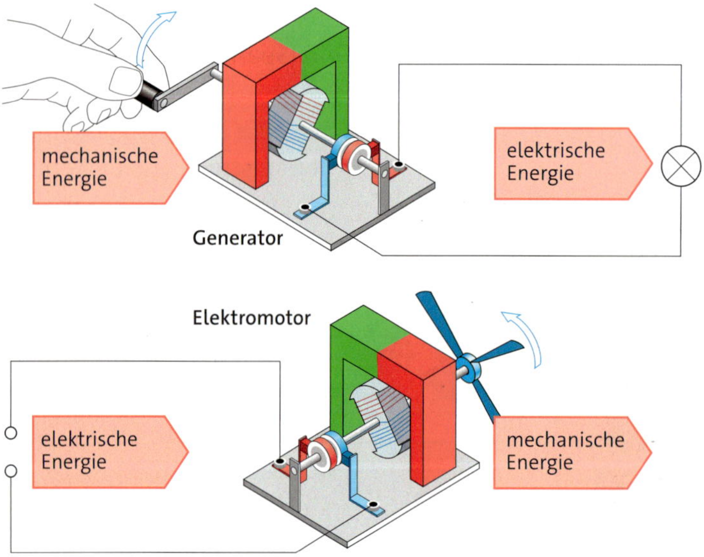

[2] Generator und Elektromotor im Vergleich

Generator • Die elektrischen Energiequellen in den großen Kraftwerken funktionieren ähnlich wie der Dynamo am Fahrrad oder wie ein Handgenerator zum Kurbeln. Sie werden alle als Generatoren bezeichnet.
In dem Generator von Bild 2 wird eine Spule in einem Magneten gedreht. Durch Induktion entsteht eine Wechselspannung an der Spule.
Die Wechselspannung beträgt beim Fahrraddynamo rund 6 V, beim Kraftwerk z. B. 20 000 V.

Im Generator wird elektrische Energie durch Induktion erzeugt.

Generator – Elektromotor • Generatoren sind ähnlich aufgebaut wie Elektromotoren. → [2] Ein Elektromotor kann auch als Generator betrieben werden und umgekehrt. → [5]
Beide Geräte sind Energiewandler:

- Dem Generator wird durch Drehen des Magneten mechanische Energie zugeführt. Er wandelt sie in elektrische Energie um.
- Dem Motor wird elektrische Energie zugeführt. Er wandelt sie in mechanische Energie um.

Aufgaben

1 ○ Nenne die beiden wichtigsten Bestandteile eines Generators.

2 ◔ Beschreibe die Energieumwandlungen beim Motor und beim Generator. Zeichne die Energieketten.

Material A

Fahrraddynamos

1 Bei Fahrrädern werden verschiedene Dynamos eingesetzt. → 3 4

a ▢ Ordne jeweils den Zahlen 1–3 die Bauteile zu: Spule, Eisenkern, Magnet.

b ▢ Bei beiden Dynamos dreht sich das gleiche Bauteil. Nenne es.

c ◪ Beschreibe den Unterschied in der Anordnung von Spule und Magnet.

3 Seitenläuferdynamo

4 Nabendynamo

Material B

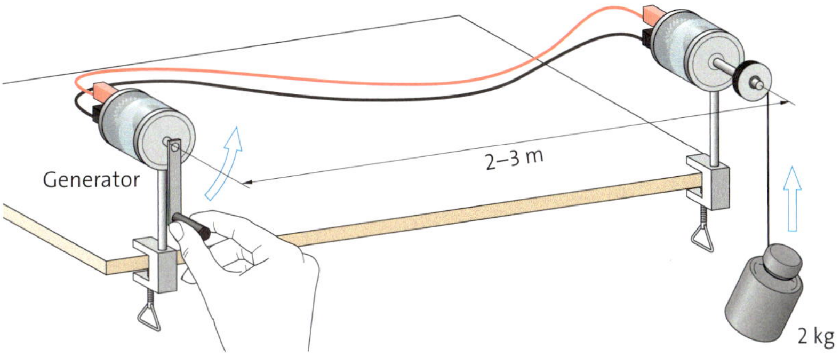

5 Welche Funktion hat der zweite Generator?

Generator – Motor

Materialliste: 2 Handgeneratoren, 2 Kabel, Rolle mit Faden, Wägestück (2 kg), 2 Tischklemmen

1 Verbinde die Generatoren durch die Kabel. → 5 Ersetze eine Kurbel durch die Rolle mit Faden. Hänge das Wägestück an.

a ▢ Drehe die Kurbel. Beschreibe, was passiert.

b ◪ Nenne die Energieformen, die hier auftreten. Zeichne die Energiekette.

c ◪ Das Wägestück wird angehoben. Erkläre, wie es dazu kommt.

Material C

Dynamo als Motor

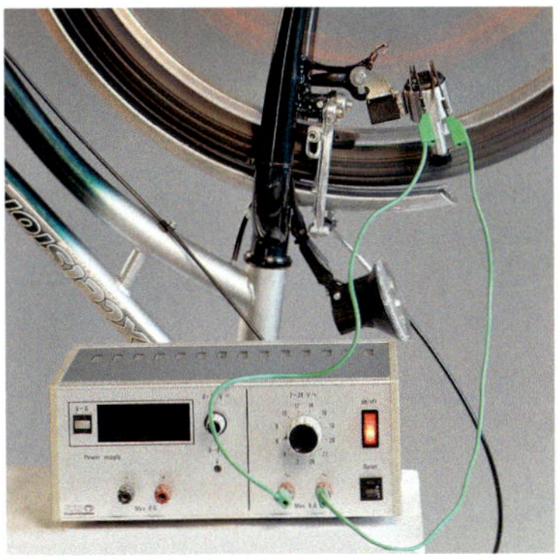

6 Dynamo als Elektromotor

Materialliste: Fahrrad mit Dynamo, Netzgerät (0–6 V, Wechselspannung), Kabel

1 Schließt den Dynamo an das Netzgerät an (Anschlüsse mit Wechselspannungszeichen). → 6
Erhöht die Spannung langsam von 2 V auf 6 V. Setzt das Rad gleichzeitig mit der Hand in Bewegung.
▢ Beschreibt, was passiert.

Generatoren

Erweitern und Vertiefen

Die ersten Generatoren

Faraday entdeckt die Induktion • Der englische Physiker und Chemiker Michael Faraday (1791–1867) untersuchte ab 1821 die magnetische Wirkung von elektrischen Strömen. Dabei experimentierte er mit Spulen und Dauermagneten. Führte er einen Magneten an eine Spule, so entstand an den Enden der Spule eine Spannung. Die Spannung war so klein, dass er sie mit den damaligen Messgeräten kaum nachweisen konnte. Erst 1831 gelang ihm der Versuch, mit dem er das allgemeine Gesetz der Induktion aufstellte. → 1

Pixii baut den ersten Generator • Schon ein Jahr nach der Entdeckung der Induktion baute der französische Mechaniker Hippolyte Pixii (1808–1835) den ersten Generator. → 2 Mit einer Kurbel drehte er einen starken Bügelmagneten vor zwei Spulen mit sehr vielen Windungen. Die Induktionsspannung betrug mehrere Hundert Volt.

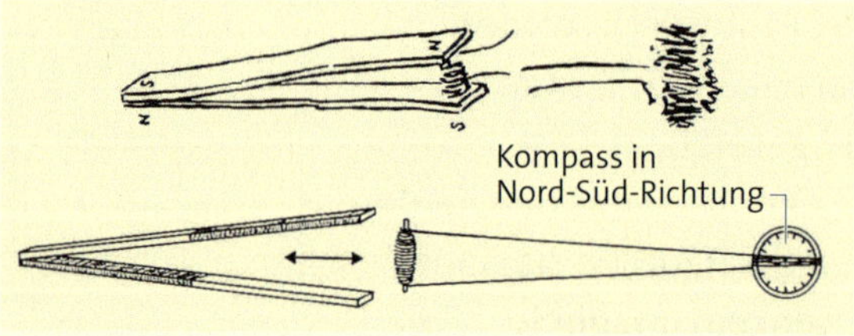

1 Versuch von Faraday (1831)

Siemens verbessert den Generator • 1866 erfand Werner von Siemens (1818–1892) einen Generator mit einem Elektromagneten. → 3 Damit konnte elektrische Energie in großem Umfang produziert werden. Das förderte den Einsatz von Elektromotoren. Dadurch wurde die Dampfmaschine abgelöst und eine neue industrielle Entwicklung ermöglicht.

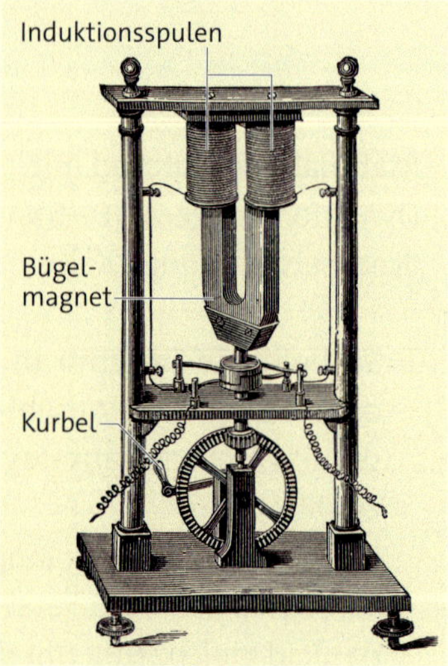

2 Generator von Pixii

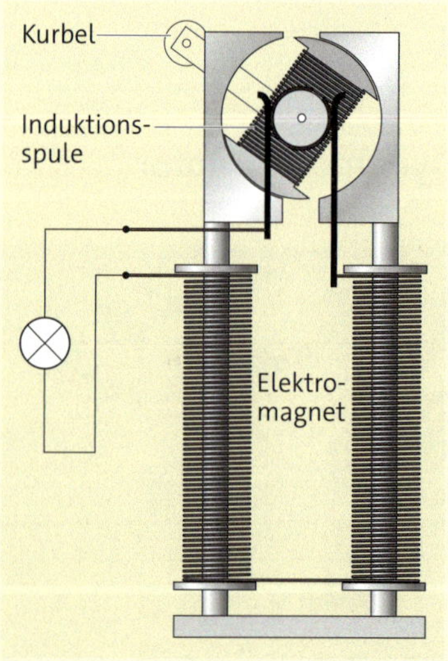

3 Generator von Siemens

Aufgaben

1 ○ Beschreibe, wie der erste Generator von Pixii funktionierte. → 2

2 ◔ Beschreibe den Versuch von Faraday. → 1

3 ◔ Der Generator von Siemens ist anders aufgebaut als der Generator von Pixii. Beschreibe die Unterschiede. → 2 3

Erweitern und Vertiefen

Vom kleinen Nabendynamo zum großen Kraftwerksgenerator

Nabendynamo • Beim Nabendynamo ist die Spule mit ihren elektrischen Anschlüssen fest mit der Vorderachse des Fahrrads verbunden. → 4 Im Gehäuse sind viele kleine Dauermagnete eingeklebt. Das Gehäuse dreht sich mit dem Rad um die Spule herum. Die Induktionsspannung beträgt rund 6 V, die Leistung 3 W.

Kraftwerksgenerator • Im Prinzip sind diese riesigen Generatoren ähnlich aufgebaut wie ein Seitenläuferdynamo. Heißer Dampf oder heißes Gas dreht große Turbinen. → 5 6 Diese wiederum drehen einen Magneten in einer Spule. Der Magnet ist ein Elektromagnet. In der Spule wird eine Spannung erzeugt. Die Induktionsspannung beträgt z. B. 20 000 V, die Leistung des Generators mehr als 500 000 kW.

4 Nabendynamo

5 Transport einer Dampfturbine im Kraftwerk

Aufgabe

1 Nenne Gemeinsamkeiten und Unterschiede zwischen Nabendynamo und Kraftwerksgenerator.

6 Turbinen und Generator im Betrieb

Wechselspannung – genauer betrachtet

1 Was hat die Steckdose für eine Spannung?

Material zur Erarbeitung: A

Die elektrische Energie für unsere Haushalte wird meist von Generatoren in Kraftwerken oder Windenergieanlagen erzeugt. Die Generatoren „liefern" eine Wechselspannung.

Wechselspannung an der Steckdose • Die elektrische Energie wird von den Generatoren über das Stromnetz zu unseren Steckdosen transportiert. An den Steckdosen liegt eine Wechselspannung von 230 V. Die Spannung wechselt 50-mal pro Sekunde von Plus zu Minus und wieder zurück. → 2 Ein gesamter Wechsel dauert also eine fünfzigstel Sekunde ($\frac{1}{50}$ s).

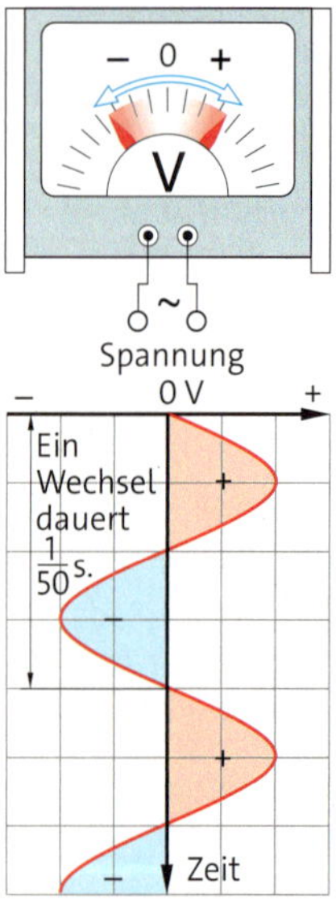

2 Wechselspannung: Die Polung wechselt.

Die Spannung an der Steckdose wechselt 50-mal pro Sekunde von Plus auf Minus und wieder zurück. Man sagt, die Wechselspannung hat eine Frequenz von 50 Hertz (50 Hz).

Wechselspannung an Geräten • Wenn elektrische Geräte an eine Wechselspannung angeschlossen werden, fließt in ihnen ein Wechselstrom. Die Elektronen werden im schnellen Wechsel erst in die eine Richtung und dann in die andere angetrieben. → 3

3 Modell für den Wechselstrom

Bei Toastern oder Glühlampen wird der Glühdraht erwärmt – egal, in welcher Richtung die Elektronen durch den Draht strömen. Bei Gleichstrommotoren muss die Wechselspannung dagegen erst durch eine elektronische Schaltung in eine Gleichspannung umgewandelt werden.

Die elektrische Energie wird auch bei Wechselspannung nur in eine Richtung transportiert: von der Quelle zum Gerät.

Aufgaben

1 ○ „Die Wechselspannung der Steckdose hat 50 Hz." Erkläre, was das bedeutet.

2 ◐ Gib an, was mit Wechselstrom gemeint ist: die strömende Energie oder der Elektronenstrom.

die Wechselspannung
die Frequenz
der Wechselstrom

Material A

Wechselspannung

Materialliste: Spule, drehbarer Stabmagnet, Spannungsmesser (mit Mittelstellung), Kabel

1 Baue den Versuch auf. → 4

a Drehe den magnetischen Nordpol gleichmäßig auf die Spule zu. Wann erreicht die Spannung ihren größten Pluswert? Beschreibe die Position des Magneten.

b Drehe den Magneten gleichmäßig weiter. Beschreibe, wann die Spannung null ist und wann sie ihren größten Minuswert erreicht.

c Zeichne die Spannungskurve ab. → 5 Trage die größten und kleinsten Spannungswerte ein. Zeichne jeweils die Position von Magnet und Spule dazu.

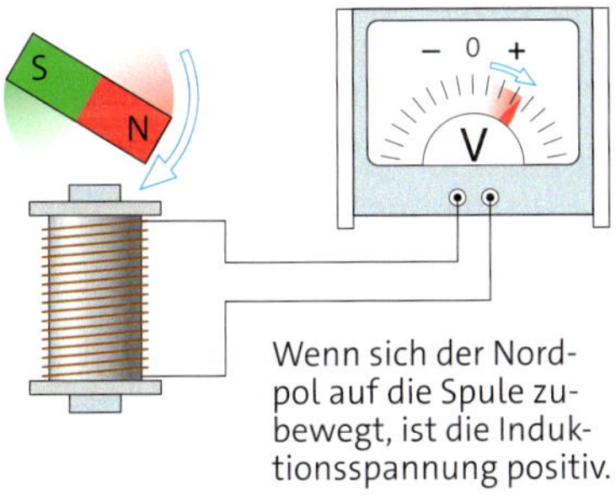

4 Wechselspannung messen

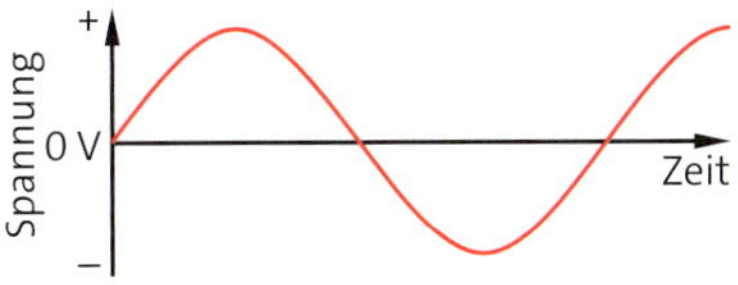

5 Wechselspannung: Diagramm

Material B

Anzeige der Polung

Materialliste: 2 LEDs (grün, rot), Batterie (4,5 V), Netzgerät (4,5 V, Wechselspannung), Widerstand (180 Ω), Lüsterklemme, 2 lange Kabel

1 Baue einen Polprüfer für Spannungen bis 6 V. → 6

a Halte die Kabel an die Pole der Batterie. Beschreibe, wann die rote LED leuchtet und wann die grüne.

b Schließe den Polprüfer an das Netzgerät an. Vergleiche.

c Bewege den Polprüfer schnell hin und her. Skizziere die farbigen Lichtspuren. Erkläre deine Beobachtung.

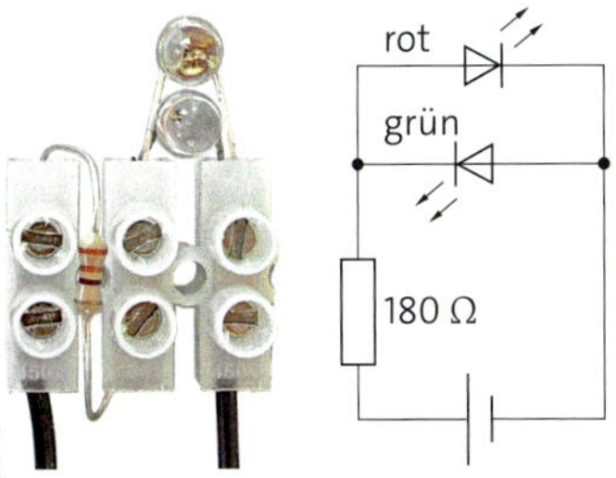

6

Material C

„Schlangenlinie“

Materialliste: DIN-A4-Papier, Lineal, Bleistift, Kreppband

1 Bei Wechselspannung bewegt sich der Zeiger des Spannungsmessers hin und her. → 2 Ein Modellversuch zeigt, wie diese Bewegung als „Schlangenlinie“ aufgezeichnet werden kann: → 7

- Eine Person fährt am Lineal mit dem Bleistift auf und ab. Das stellt die Zeigerbewegung dar.
- Währenddessen zieht die zweite Person das Blatt zur Seite. Diese Bewegung stellt den zeitlichen Verlauf dar.

Zeichnet eine „Zickzacklinie“ und eine „Schlangenlinie“ auf. Beschreibt, wie sich die „Zeigerbewegung“ unterscheidet.

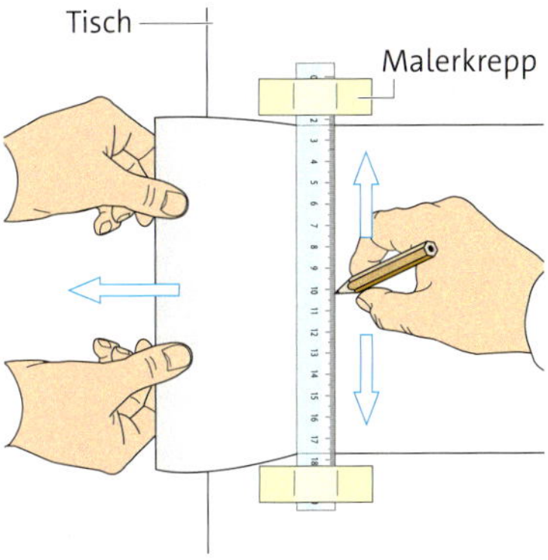

7 Modellversuch

Transformatoren ändern Spannungen

1 Die Leitungsdrähte liegen frei – ist das nicht gefährlich?

Materialien zur Erarbeitung: A–B

Diese Lampen kann man gefahrlos an den blanken Leitungsdrähten verschieben. Sie werden nämlich nicht mit 230 V betrieben. Ein Transformator hat die Spannung auf 12 V gesenkt.

Aufbau des Transformators • Ein „Trafo" besteht aus zwei Spulen mit einem gemeinsamen Eisenkern. → 2 Sie werden Feldspule (Primärspule) und Induktionsspule (Sekundärspule) genannt. Die Spulen haben keine leitende Verbindung.

Achtung • Nie mit Spannungen über 25 V experimentieren!

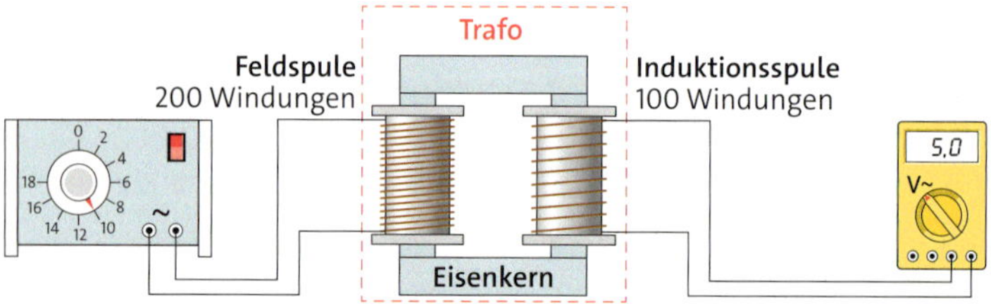

2 Halb so viele Windungen → Spannung wird halbiert.

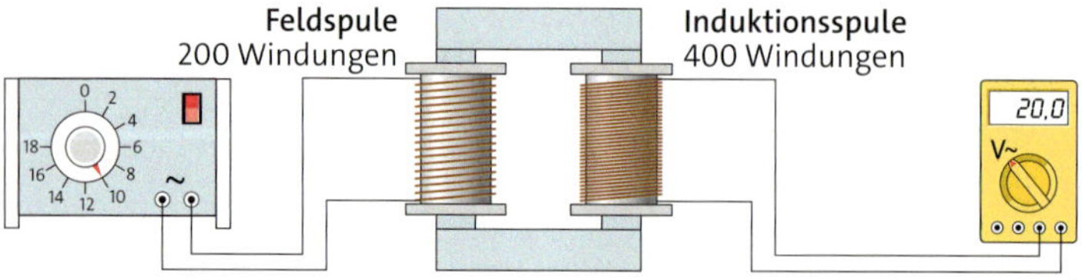

3 Doppelt so viele Windungen → Spannung wird verdoppelt.

So kommt es zur Induktion • Wenn ein Strom durch die Feldspule fließt, wird der Eisenkern magnetisch. Bei Wechselstrom ändert sich sein Magnetfeld ständig. Es durchdringt auch die Induktionsspule. Das sich ändernde Magnetfeld bewirkt eine Wechselspannung an der Induktionsspule.

Trafos ändern Spannungen • Der Lampentrafo senkt die Spannung. → 1

Ein Trafo senkt die Spannung, wenn seine Induktionsspule weniger Windungen hat als die Feldspule: Halb so viele Windungen → Spannung wird halbiert. → 2

Mit Trafos kann man die Spannung auch erhöhen.

Ein Trafo erhöht die Spannung, wenn seine Induktionsspule mehr Windungen hat als die Feldspule: Doppelt so viele Windungen → Spannung wird verdoppelt. → 3

Aufgaben

1 ○ Ergänze den Satz: „Ein Trafo verringert die Spannung, wenn …"

2 ◐ Feld- und Induktionsspule sind nicht mit Kabeln verbunden. Erkläre, wie es zu der Spannung an der Induktionsspule kommt.

3 ◐ Begründe, warum ein Trafo nicht mit Gleichstrom funktioniert.

Material A

Spannung ändern

Materialliste: Netzgerät (6 V, Wechselspannung), Spulen (300–1200 Windungen), Messgerät (Spannung), Eisenkern (geschlossen), Kabel

1 Baue die Schaltung auf. → 4

a ▢ Miss die Induktionsspannung. Notiere den Messwert in einer Tabelle. → 5

b ▢ Nimm den oberen „Eisenbalken" ab. Miss die Induktionsspannung. Vergleiche.

c ◪ Schließe den Eisenkern wieder. Miss die Induktionsspannung bei verschiedenen Spulenkombinationen.

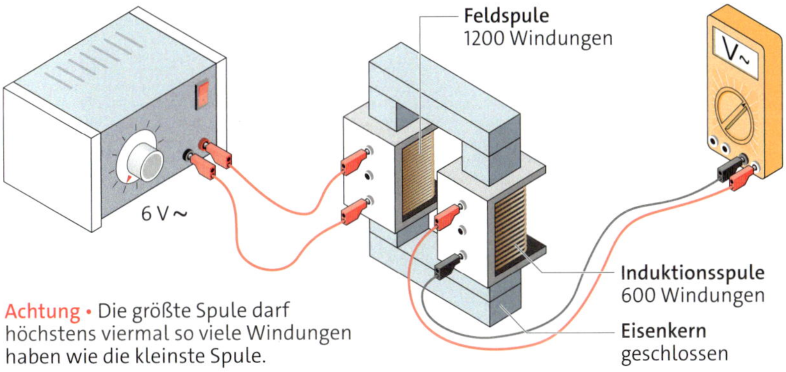

Achtung • Die größte Spule darf höchstens viermal so viele Windungen haben wie die kleinste Spule.

4 Transformator: Aufbau zum Messen der Induktionsspannung

Feldspule		Induktionsspule	
Windungen	**Spannung**	**Windungen**	**Spannung**
1200	6 V	600	?
1200	6 V	300	?
...	...	...	...

5 Beispieltabelle

Material B

Jede Windung zählt

Materialliste: Netzgerät (6 V, Wechselspannung), Eisenkern (geschlossen), Spule (300 Windungen), Messgerät (Spannung), langes Experimentierkabel

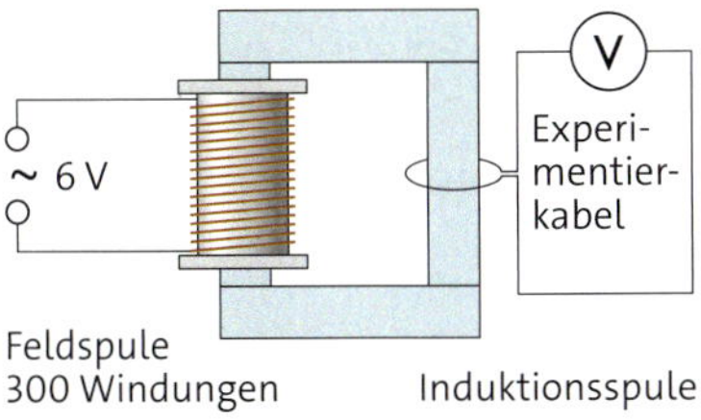

6 Starte mit einer Windung.

1 Die Induktionsspule hat diesmal nur ganz wenige Windungen. → 6

a ▢ Schlinge das Kabel einmal um den Eisenkern. Miss die Induktionsspannung und notiere sie. → 7

b ▢ Wickle nacheinander zwei, drei ... Windungen auf den Eisenkern. Miss jeweils die Induktionsspannung.

c ◪ Formuliere eine Regel: „Mit jeder zusätzlichen Windung ..."

Feldspule		Induktionsspule	
Windungen	**Spannung**	**Windungen**	**Spannung**
300	6 V	1	? mV
300	6 V	2	? mV
...	...	...	...

7 Beispieltabelle

Transformatoren ändern Ströme

1 Elektroschweißen – ein Trafo (oben links) macht's möglich.

Material zur Erarbeitung: A

Der Schweißtrafo macht die Stromstärke so groß, dass Metalle schmelzen.

Spannung und Stromstärke ändern • Der Schweißtrafo wird mit 230 V betrieben, die Stromstärke in der Feldspule beträgt rund 10 A. Seine Induktionsspannung ist viel geringer als 230 V. Dafür ist der Induktionsstrom mehr als 100 A groß! Bei diesem Trafo gilt: „Spannung runter, Stromstärke rauf."

Kann man mit einem Fahrraddynamo eine 230-V-Lampe zum Leuchten bringen? → 2 Der Trafo erhöht die Spannung von 6 V auf 230 V. Die 230-V-Lampe leuchtet aber nicht. Die Stromstärke im 230-V-Stromkreis ist viel geringer als im 6-V-Stromkreis. Sie ist so klein, dass die 230-V-Lampe dunkel bleibt. Bei diesem Trafo gilt: „Spannung rauf, Stromstärke runter."

Für Transformatoren gilt:
- Spannung wird gesenkt → Stromstärke wird vergrößert.
- Spannung wird erhöht → Stromstärke wird verringert.

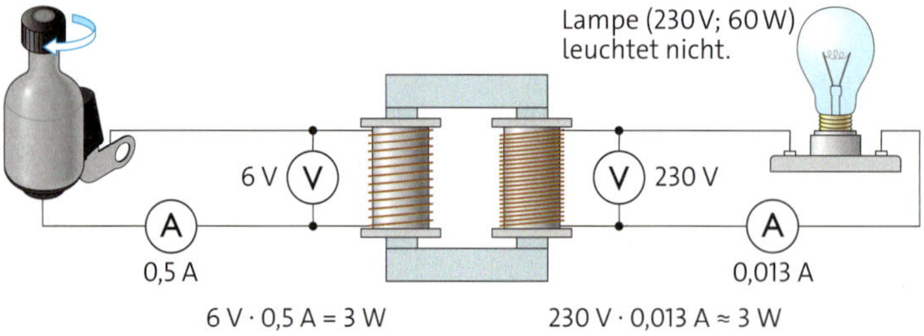

2 Spannung wird erhöht. → Stromstärke wird verringert.

Transformator und Energie • Der Trafo überträgt elektrische Energie von der Feldspule auf die Induktionsspule. Er kann nicht mehr Energie abgeben, als ihm zugeführt wird. Im Idealfall gibt der Trafo genauso viel elektrische Energie pro Sekunde ab, wie er erhält:

$E_{Feldspule} = E_{Induktionsspule}$

$U_{Feld} \cdot I_{Feld} \cdot t = U_{Ind} \cdot I_{Ind} \cdot t$

$U_{Feld} \cdot I_{Feld} = U_{Ind} \cdot I_{Ind}$

Aufgaben

1 ○ Ergänze: „Der Schweißtrafo ... die Spannung. Die Induktionsspule hat ... Windungen als die Feldspule."

2 ◐ Gib an, wie der Trafo Spannung und Stromstärke ändert: Feldspule 1200 Windungen, Induktionsspule 300 Windungen.

3 ◐ Die 230-V-Lampe bleibt dunkel. → 2 Begründe mithilfe der Energie, die der Trafo pro Sekunde überträgt.

Material A

Stromstärke ändern

Materialliste: Netzgerät (6 V, Wechselspannung), 2 Spulen (1200 und 600 Windungen), Eisenkern (geschlossen), Lampe (12 V; 3 W), Messgerät (Stromstärke), Schalter, Kabel

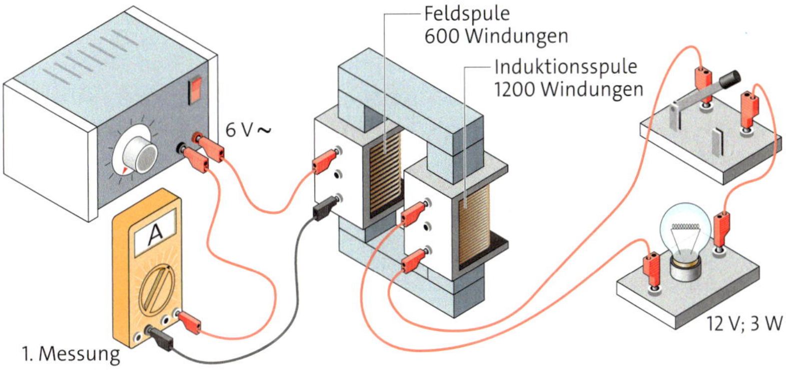

3 Transformator: Aufbau zum Messen der Stromstärken

1 Baue einen Trafo auf, der die Spannung des Netzgeräts vergrößert. → 3 Schließe die Lampe an die Induktionsspule an. Schließe den Schalter nur für Messungen.

a ▢ Gib die Induktionsspannung an.

b ▢ Miss zunächst die Stromstärke in der Feldspule und dann in der Induktionsspule. Vergleiche beide Messwerte.

c ◐ Formuliere einen Zusammenhang zwischen Spannung und Stromstärke: „Wenn der Trafo die Spannung erhöht, ...“

Material B

Induktionsherd – ein Modellversuch

In vielen Küchen gibt es Induktionsherde. Unser Modellversuch enthält als Feldspule eine Netzspule mit 600 Windungen und als Induktionsspule eine Schmelzrinne mit einer einzigen Windung. → 4

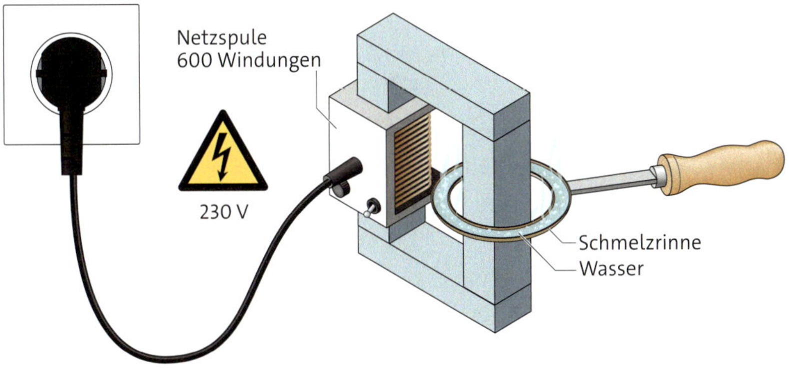

4 Induktionsherd (Modellversuch)

1 ▢ Gib an, ob der Trafo die Spannung vergrößert oder verkleinert. Begründe deine Angabe.

2 ▢ Vergleiche die Stromstärken in der Feldspule und in der Induktionsspule.

3 ◐ Erkläre, wie die große Hitze in der Induktionsspule entsteht.

Vielleicht kann eure Lehrkraft den Versuch vorführen.

Erweitern und Vertiefen

Elektroautos aufladen – mit Induktion

Akku laden – ohne Kabel • Elektroautos haben eine Reichweite von 200 bis 300 km. Dann müssen die Akkus wieder geladen werden. Das kann mit Induktion geschehen. Der Fahrer parkt das Fahrzeug über der Feldspule. → 1 Die Induktionsspule ist unter dem Auto angebracht. → 2 Die Wechselspannung hat eine Frequenz von fast 100 kHz. In einer Stunde werden mehrere Kilowattstunden elektrische Energie übertragen.

1 Kabellose Ladestation für Elektroautos in New York. Die Feldspulen sehen wie Gullydeckel aus.

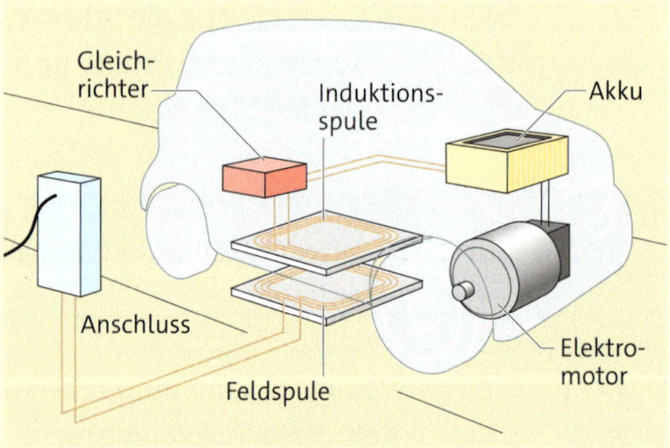

2 Aufladen durch Induktion (Prinzip)

Zum Aufladen des Akkus und für den Elektromotor ist eine Gleichspannung erforderlich. Die Induktionsspannung wird daher im Auto durch einen Gleichrichter in Gleichspannung umgewandelt.

Elektroautos als Akkus • Elektroautos werden in Zukunft vielleicht auch als Speicher für elektrische Energie genutzt. Bei starkem Wind und Sonnenschein produzieren Wind- und Solarkraftwerke oft viel mehr elektrische Energie, als gerade gebraucht wird. Einen Teil dieser überschüssigen Energie könnte man in die Akkus von Elektroautos leiten, die gerade aufgeladen werden. Wenn in windstiller Nacht mehr elektrische Energie gebraucht wird, als Wind- und Solarkraftwerke liefern, holt man sich einen Teil der gespeicherten Energie von den Akkus der Elektroautos zurück.

Aufgaben

1 ○ Nenne die Teile im Elektroauto, die für das Aufladen durch Induktion nötig sind.

2 ◐ Beschreibe, wie das Elektroauto aufgeladen wird. → 2

3 ○ Elektroautos werden oft ohne Induktion über ein frei liegendes Kabel aufgeladen. Nenne Vorteile des Aufladens ohne Kabel.

4 ◐ „Elektroautos als Speicher für überschüssige Energie“: Erkläre, was damit gemeint ist.

Erweitern und Vertiefen

Kochen mit Induktion

Herkömmlicher Elektroherd • Die Kochstelle wird erhitzt und die Energie durch Wärmeleitung auf die Töpfe übertragen. Die Kochstellen brauchen eine Weile, bis sie heiß sind, und bleiben nach dem Ausschalten lange warm. Das verbraucht unnötig Energie.

Induktionsherd • Hier wird die Wärme direkt im Topfboden erzeugt. Die Feldspule ist eine große Kupferspule unter der Kochstelle. → 3 Die Induktionsspule ist der Topfboden. Sie hat nur eine Windung. Im Topfboden entstehen große Wechselströme, die ihn erhitzen. Die Kochstelle dagegen bleibt kalt. → 4
Man darf kleine Töpfe auch auf große Kochstellen stellen, ohne dass Energie verloren geht. Die Wärme entsteht ja direkt im Topfboden und nicht in der Kochstelle.
Schaltet man die Kochstelle höher oder niedriger, fließen sofort größere oder kleinere Ströme im Topfboden. Man braucht also nicht zu warten, dass die Kochstelle heißer wird oder abkühlt. Sobald man den Topf von der Kochstelle nimmt, hört die Induktion auf.
Für Induktionsherde sind nur besondere Töpfe geeignet. Die Induktionströme sind nur bei ihnen so groß, dass die Topfböden kräftig erhitzt werden.

3 Induktionsherd (Kochstelle aufgeschnitten)

4 Neben der Pfanne bleibt es kalt!

Aufgaben

1 ○ Nenne die Vorteile des Kochens mit Induktion.

2 ◐ „Beim Induktionsherd wird nur der Topfboden erhitzt." Erkläre diese Beobachtung.

3 ● Induktionsherde benötigen weniger elektrische Energie als herkömmliche Elektroherde. Begründe den Unterschied.

Aus Wechselstrom wird Gleichstrom

1 Die Akkus werden im Ladegerät aufgeladen.

Materialien zur Erarbeitung: A–B

Die Akkus von Elektroautos, Handys oder Taschenlampen werden mit Gleichstrom geladen. Die Steckdose liefert aber Wechselstrom.

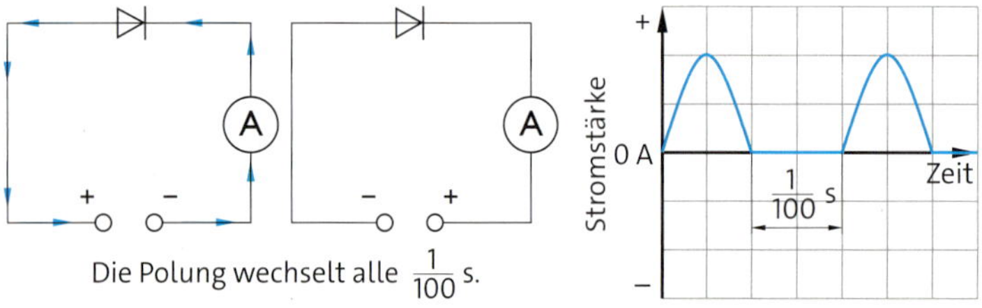

2 Eine Diode: Strom in eine Richtung – mit Pausen

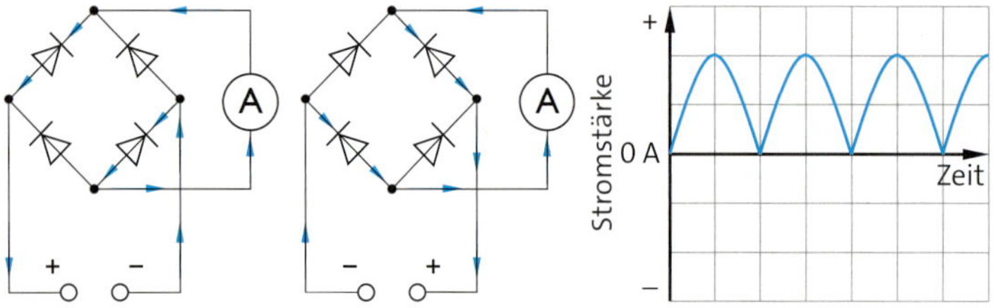

3 Vier Dioden: Strom in eine Richtung – ohne Pausen

Ladegerät • Die Akkus können nicht direkt an die Steckdose angeschlossen werden. Sie werden z. B. in ein Ladegerät eingelegt. → 1 Das Ladegerät ändert zunächst die Wechselspannung von 230 V auf die gewünschte Voltzahl. Das kann ein Trafo machen. Dann wird der Wechselstrom in Gleichstrom umgewandelt. Dafür setzt man oft Dioden ein. Sie lassen den Strom nur in einer Richtung durch.

Gleichrichter • Wenn man nur eine Diode in den Wechselstromkreis einbaut, bekommt man einen Gleichstrom mit Pausen. → 2 Die Elektronen fließen zwar nur in eine Richtung, aber der Strom ist mal größer und mal kleiner. Und die Hälfte der Zeit fließen gar keine Elektronen.
Einen „pulsierenden" Gleichstrom ohne Pausen erhält man mit vier Dioden. → 3 Die Elektronen fließen immer in derselben Richtung aus der Schaltung heraus – egal, in welcher Richtung sie hineinfließen! Diese Schaltung nennt man Brückengleichrichter.

Wechselstrom kann mit Dioden in Gleichstrom umgewandelt werden.

Aufgaben

1 ○ Nenne die beiden Aufgaben des Ladegeräts. → 1

2 ◐ Die Diode wird andersherum eingebaut. → 2 Beschreibe, wie sich die Stromstärkekurve ändert.

Material A

Diode im Wechselstrom

Materialliste: Netzgerät (4 V, Wechselspannung), Gleichstrommotor mit Ritzel, Kabel, Diode (Typ 1N 4001) → 4

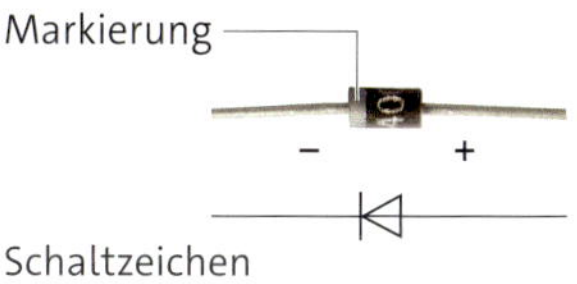

4 Diode 1N 4001 (bis 50 V, bis 1 A)

1 Schließe den Motor an das Netzgerät an. → 5 Berühre das Ritzel.
Beschreibe deine Beobachtung.

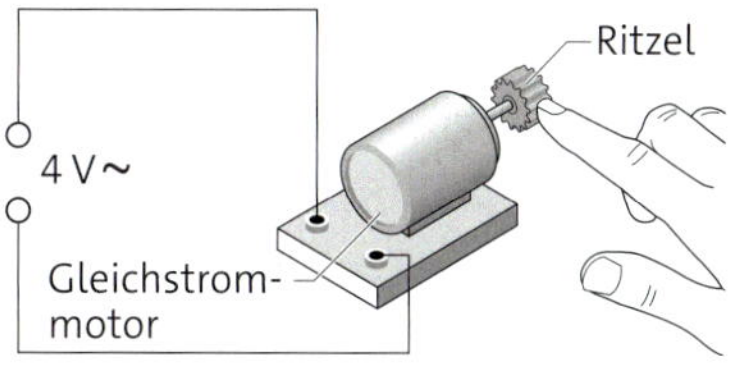

5

2 Baue nun die Diode in den Stromkreis ein. → 6 Vertausche auch ihre Einbaurichtung.
Beschreibe wieder.

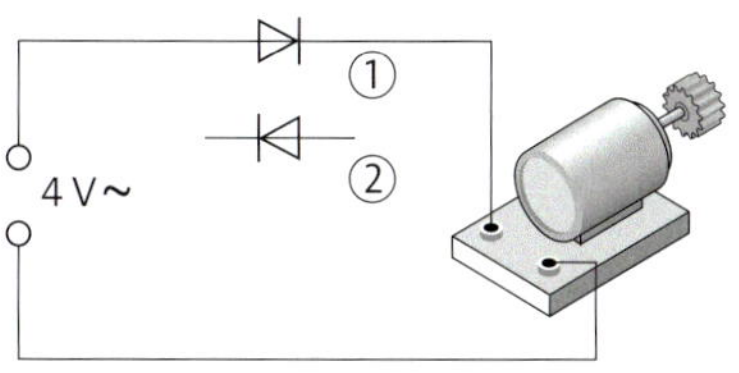

6

Material B

Gleichrichtung – hör mal!

Materialliste: Netzgerät (4 V, Wechselspannung), 4 Dioden (Typ 1N 4001; Bild 4), Lautsprecher, Kabel

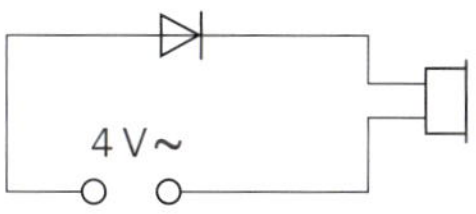

7 Schaltung mit Diode

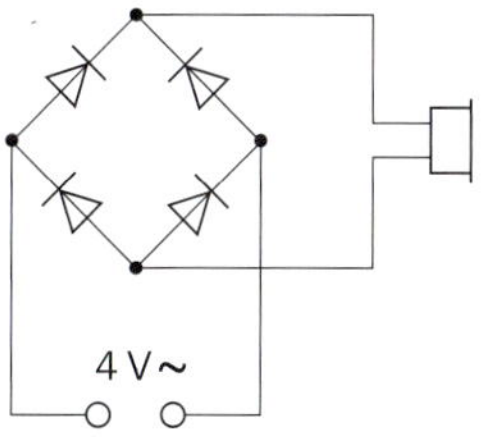

8 ... mit Brückengleichrichter

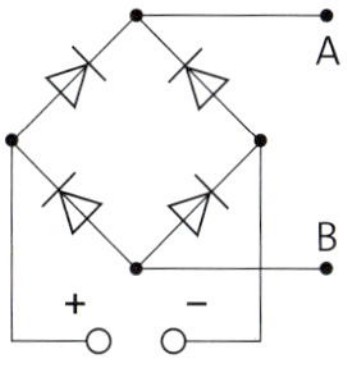

9

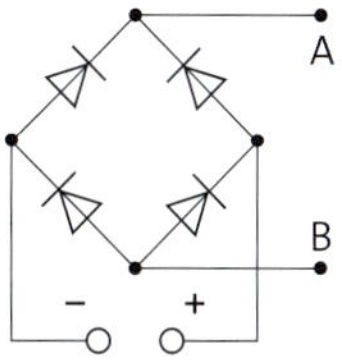

10

1 Schließe eine Diode und den Lautsprecher in Reihe an das Netzgerät an. → 7
Beschreibe, was du hörst.

2 Baue einen Brückengleichrichter ein. → 8
Achte auf die richtige Polung der Dioden!
Beschreibe, was du hörst. Vergleiche mit Versuch 1.

3 Wie funktioniert der Brückengleichrichter?

a Gib jeweils an: → 9 10
- Welche Dioden sind in Durchlassrichtung geschaltet?
- Welche Dioden sind in Sperrrichtung geschaltet?

b Gib jeweils an, mit welchem Pol der Punkt A und mit welchem Pol der Punkt B leitend verbunden ist.

c Erkläre, wie der Brückengleichrichter funktioniert.

Material C

Einfaches Ladegerät

1 Erkläre, wie das Ladegerät funktioniert. → 11

2 Erkläre, wie ein Brückengleichrichter das Gerät verbessern würde. → 3

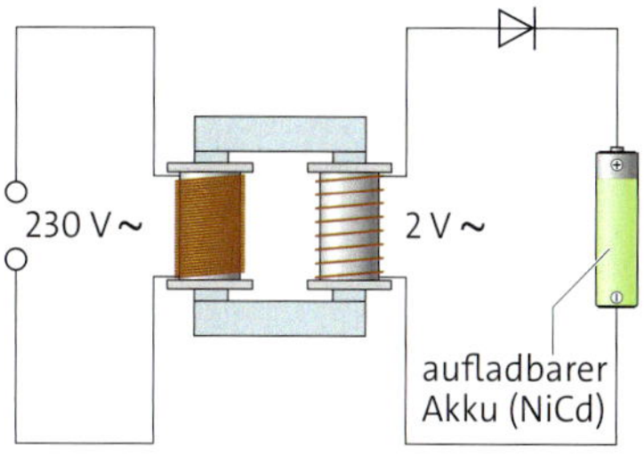

11 Einfaches Ladegerät

Energietransport im großen Stil

1 Kraftwerk, Transformatoren und Überlandleitungen

Materialien zur Erarbeitung: A–B

Auf Kraftwerke, Transformatoren und Überlandleitungen können wir nicht verzichten. Sie sichern unsere Versorgung mit elektrischer Energie.

Energietransport bei verschiedenen Spannungen • Alle Kraftwerke mit Turbinen erzeugen eine Wechselspannung. Sie beträgt z. B. 20 000 V. → 2 Die elektrische Energie wird von dort aus über Hunderte von Kilometern durch Überlandleitungen transportiert. An ihnen liegt z. B. eine Spannung von 220 000 V. Die Spannung an der Steckdose beträgt aber nur 230 V. Warum transportiert man die elektrische Energie nicht gleich bei 230 V?

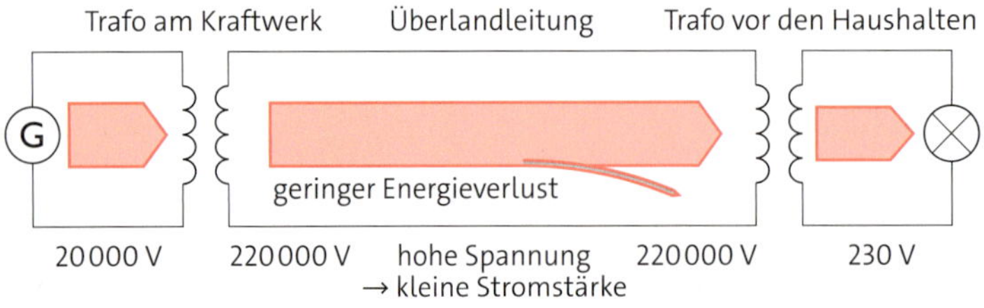

2 Elektrischer Energietransport mit Transformatoren

Stromstärke und Energieverlust • Elektrischer Strom erwärmt die Leitungen. Elektrische Energie geht als thermische Energie verloren – je größer die Stromstärke ist, desto mehr. Bei 100 A wird 10 000-mal mehr elektrische Energie in thermische Energie umgewandelt als bei 1 A!

Hochspannung verringert Verluste • Am Kraftwerk erhöhen Trafos die Spannung von 20 kV auf 220 kV. Im gleichen Maß wird die Stromstärke verringert. Dadurch sind die Energieverluste beim Transport gering. Erst kurz vor unseren Haushalten wird die Spannung auf 230 V heruntertransformiert. Die elektrische Energie wird dann auf die vielen einzelnen Leitungen der Verbraucher verteilt.

Bei hohen Spannungen braucht man nur kleine Stromstärken, um eine bestimmte Menge an elektrischer Energie zu transportieren. Bei kleinen Stromstärken wird viel weniger thermische Energie von den Leitungen abgegeben als bei großen Stromstärken.

Aufgaben

1 ○ Gib die Spannungen an, bei denen elektrische Energie zu uns transportiert wird.

2 ◐ Erkläre, weshalb die Spannung einmal herauf- und einmal heruntertransformiert wird. → 2

Material A

Elektrischer Energietransport ohne Hochspannung

Materialliste: Netzgerät (6 V, Wechselspannung), Glühlampe (6 V; 3 W), 2 Messgeräte (Spannung, Stromstärke), 2 Konstantandrähte (0,2 mm dick, jeweils 2 m lang)

1 Das Netzgerät stellt den Generator im Kraftwerk dar. → 3 Die Drähte stehen für die Überlandleitung. Die Lampe stellt ein Elektrogerät im Haushalt dar.

a ○ Baue den Versuch ohne die Messgeräte auf. Beobachte die Drähte und die Lampe.

b ◐ Vermute, warum die Lampe nicht leuchtet.

c ◐ Miss nun Spannung und Stromstärke an der Lampe. Erkläre, warum die Lampe nicht leuchtet.

d ◐ Beschreibe die Unterschiede zum tatsächlichen Energietransport vom Kraftwerk zum Haushalt.

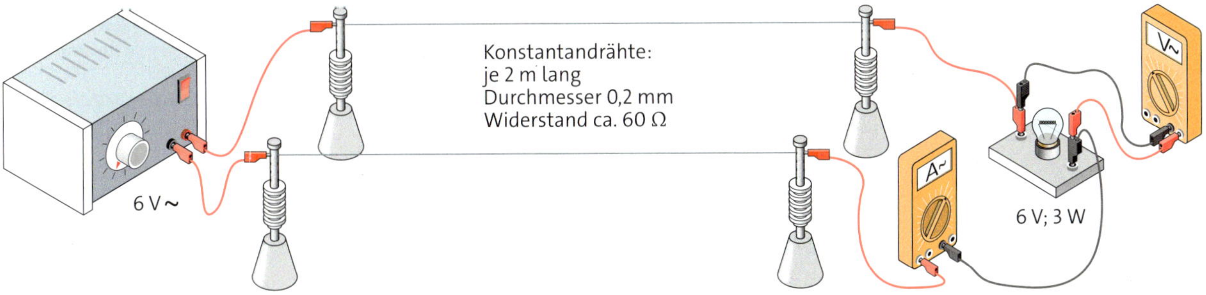

3 Elektrischer Energietransport ohne Transformator

Material B

Elektrischer Energietransport mit Hochspannung

Materialliste: wie Material A und 2 Spulen (150 Windungen), 2 Spulen (1200 Windungen)

1 Plane einen Modellversuch für den Energietransport mit Hochspannung. → 2

a ◐ Starte mit dem Aufbau von Material A (ohne Messgeräte). → 3 Jetzt soll aber eine „Hochspannung" an den Konstantandrähten liegen.

b ○ Beschreibe, wie die Trafos aufgebaut sind: am Netzgerät und an der Lampe.

c ◐ Berechne die Spannung an den Konstantandrähten.

d ◐ Beschreibe die Unterschiede zum Versuch ohne Hochspannung.
Erkläre, warum die Lampe jetzt leuchten müsste.

e ◐ Nenne Unterschiede zum tatsächlichen Energietransport vom Kraftwerk zum Haushalt. → 2

2 Nur eure Lehrkraft darf den Versuch durchführen. Wenn sie es tut, sollte sie Spannung und Stromstärke an der Lampe messen.

Achtung • Lehrerversuch!
An den Konstantandrähten liegt eine Spannung von mehr als 25 V. Elektrounfall vermeiden!

Energietransport im großen Stil

Erweitern und Vertiefen

Der europäische Energieverbund

Höchstspannung • Wenn du fernsiehst, kann die elektrische Energie dafür irgendwo in Europa erzeugt worden sein: in einem Kernkraftwerk in Frankreich, in einem Wasserkraftwerk in Österreich ... Die Länder Europas sind durch ein weitverzweigtes Höchstspannungsnetz (Spannungen von 220 kV bis 380 kV) elektrisch miteinander verbunden. Bevor die elektrische Energie in die Haushalte oder Fabriken kommt, wird die Spannung in mehreren Stufen heruntertransformiert. → 1

Energiehandel • Die Länder kaufen und verkaufen elektrische Energie. → 2 Wenn zum Beispiel Wasserkraftwerke nach der Schneeschmelze in der Schweiz viel elektrische Energie liefern, wird sie ins Ausland verkauft. Fallen in Spanien Kraftwerke aus, kauft das Land mehr elektrische Energie ein.
Elektrische Energie wird auf „Strombörsen" gehandelt. → 3 Sonnenschein- und Windvorhersagen oder Schwankungen im Bedarf verändern stündlich den Preis.

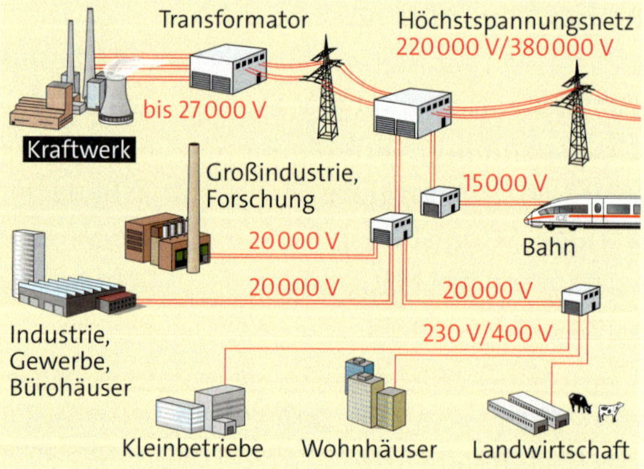

1 Energietransport: verschiedene Spannungen

Aufgaben

1 ○ Gib an, bei welchen Spannungen man von Höchstspannung spricht.

2 ◐ Beschreibe, was der europäische Energieverbund ist.

3 ◐ Gib an, wovon der Strompreis an den Strombörsen abhängt.

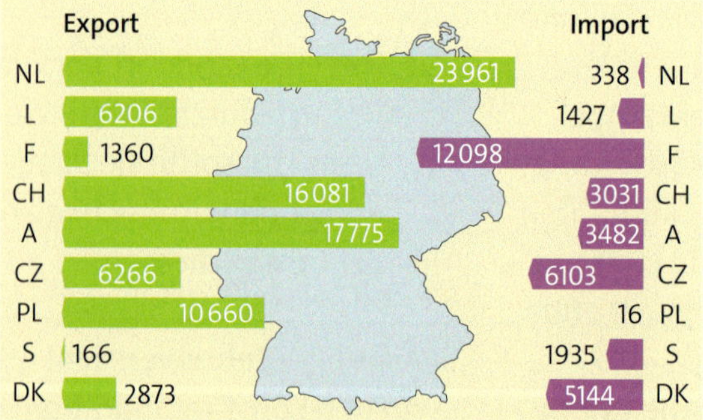

2 Austausch elektrischer Energie mit Nachbarländern in Millionen kWh (2015; Quelle ENTSO-E)

3 Arbeitsplatz an der Strombörse in Leipzig (European Energie Exchange, © & ™ EEX AG)

Erweitern und Vertiefen

Zukünftige Netze für elektrische Energie

Energiewende • Die Kernkraftwerke in Deutschland sollen bald abgeschaltet werden. Dafür werden Wind- und Solarkraftwerke gebaut. Sie erfordern neue Leitungen und eine neue Art der Energieverteilung.

Leitungen • Riesige Windparks in der Nordsee transportieren ihre elektrische Energie mit Hochspannungs-Gleichstrom zum Festland. Anschließend soll elektrische Energie durch Hochspannungs-Gleichstrom-Übertragung (HGÜ) auch nach Süddeutschland gelangen.

Energieverteilung • Windräder und Solarzellen liefern elektrische Energie je nach Wind und Sonnenschein. Computergesteuerte Verteilstationen fassen Windparks, Solaranlagen, Biogasanlagen, Speicherkraftwerke ... zu einem virtuellen Kraftwerk zusammen. → 4

Bei Windstille wird z. B. automatisch ein Pumpspeicherkraftwerk eingeschaltet. Bei starkem Wind wird dagegen Wasser in das obere Becken des Pumpspeicherkraftwerks gepumpt. Die Verteilstation ist das „Gehirn" des virtuellen Kraftwerks. Energiezähler bei den Verbrauchern melden ihm laufend den Bedarf. Die Station steuert Erzeugung und Transport elektrischer Energie entsprechend.

Aufgaben

1 ○ Nenne Gründe, warum das Stromnetz in Deutschland umgebaut wird.

2 ○ Gib an, was im Beispiel zum virtuellen Kraftwerk gehört. → 4

3 ◐ Nenne Vorteile virtueller Kraftwerke.

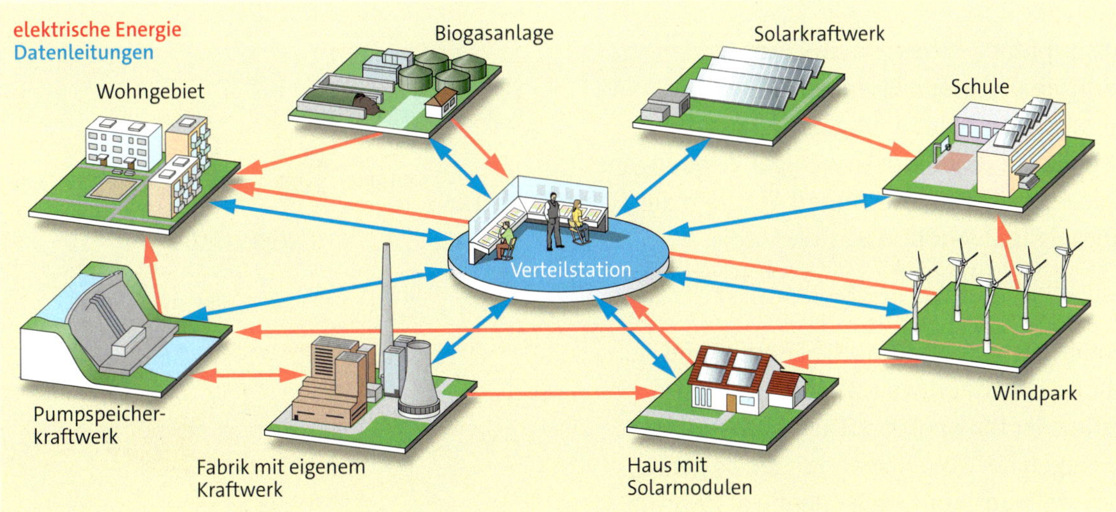

4 Virtuelles Kraftwerk mit Verbrauchern (Beispiel)

Elektromagnetische Induktion

Zusammenfassung

Induktion • In einer Spule wird eine Spannung erzeugt, solange sich das Magnetfeld in ihr ändert. Um das Magnetfeld zu ändern, kann man:

- den Magneten und die Spule gegeneinander bewegen → 1 2
- den Elektromagneten an- und abschalten → 3

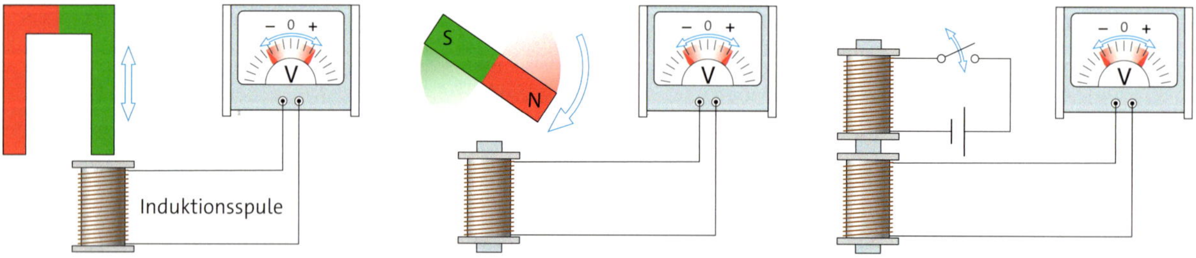

1 – 3 Das Magnetfeld in der Spule ändert sich. → An der Spule misst man eine Spannung.

Generator • Bei vielen Generatoren dreht sich ein Magnet in einer Spule oder eine Spule in einem Magneten. → 4 Das Magnetfeld in der Spule ändert sich ständig. Durch Induktion entsteht eine Wechselspannung an der Spule. Wenn eine Glühlampe an den Generator angeschlossen wird, fließt ein Wechselstrom.

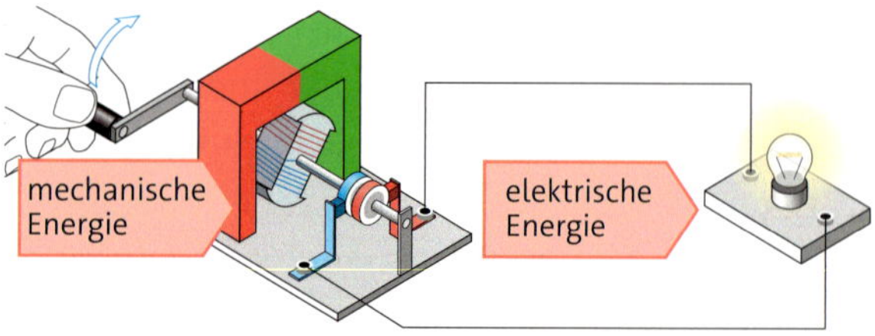

4 Generator (mit drehbarer Spule)

Transformator • Er besteht aus zwei Spulen auf einem gemeinsamen Eisenkern. → 5 Der Trafo wird mit Wechselspannung betrieben. Wenn die Induktionsspule weniger Windungen als die Feldspule hat, verringert der Trafo die Spannung und erhöht die Stromstärke.

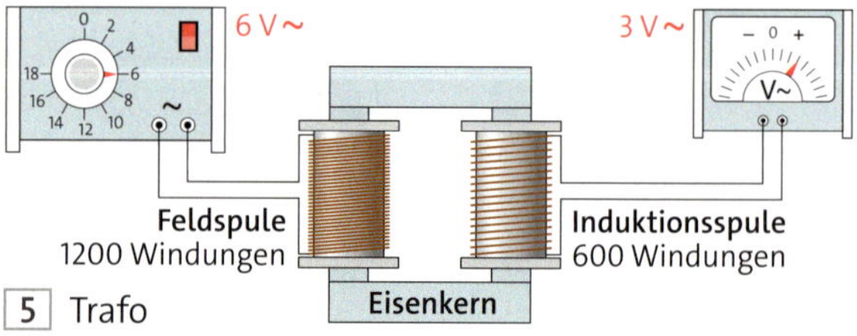

5 Trafo

Energietransport • Elektrische Energie wird bei hohen Spannungen vom Kraftwerk zum Verbraucher transportiert. Die Stromstärken sind wegen der hohen Spannungen so gering, dass unterwegs nur wenig Energie als Wärme verloren geht. → 6

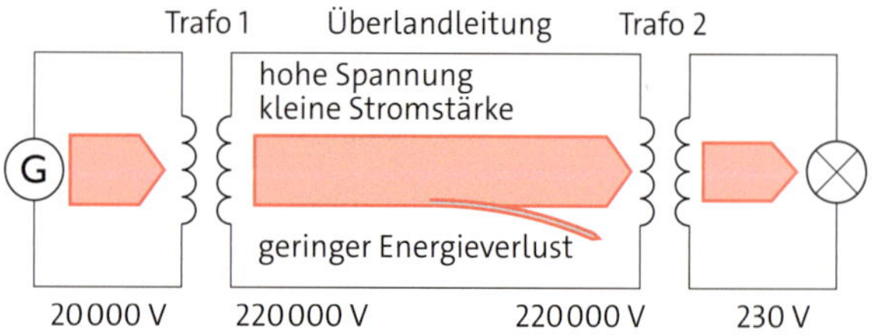

6 Energietransport mit Hochspannung

Teste dich! (Lösungen auf Seite 388)

Induktion und Generator

1 Mit einer Spule soll elektrische Energie erzeugt werden.

a ▢ Nenne die Dinge, die du dazu benötigst. (Eine weitere Spule soll nicht dabei sein.)

b ◧ Beschreibe, wie du vorgehst.

c ◧ Beschreibe verschiedene Möglichkeiten, wie du besonders hohe Spannungen erreichst.

2 ◧ Elektrische Energie kann auch ohne Bewegung mit Spulen erzeugt werden.

a ▢ Nenne die Teile, die du dazu benötigst.

b ◧ Skizziere einen Versuchsaufbau.

c ◧ Beschreibe, wie du vorgehst.

3 Ein Fahrraddynamo erzeugt elektrische Energie.

a ▢ Nenne die Teile, aus denen ein Fahrraddynamo aufgebaut ist.

b ▢ Zeichne die Energiekette.

c ▢ Schreibe die richtigen Aussagen ins Heft:

- Der Dynamo erzeugt eine Wechselspannung.
- Der Dynamo erzeugt eine Gleichspannung.
- Die Spannung beträgt 6 V.
- Die Spannung beträgt 230 V.

d ◧ Erkläre, wie der Dynamo funktioniert.

Transformator

4 ◧ Skizziere, wie ein Transformator aufgebaut ist. Beschrifte das Bild mit den Fachbegriffen.

5 Die Spannung an der Induktionsspule eines Trafos beträgt 12 V, die Spannung an der Feldspule 6 V.

a ▢ Gib an, welche Spule mehr Windungen hat.

b ◧ Die Feldspule hat 300 Windungen. Berechne, wie viele Windungen die Induktionsspule hat.

6 Ein Trafo soll die Spannung an der Steckdose auf 2,3 V verringern.

a ▢ Gib die Spannung an der Steckdose an.

b ◧ Gib an, welche Spule mehr Windungen hat. Begründe.

c ◧ Die Feldspule hat 10 000 Windungen. Berechne, wie viele Windungen die Induktionsspule hat.

7 Transformatoren ändern auch die Stromstärke.

a ◧ „Was an Spannung gewonnen wird, geht an Stromstärke verloren." Erkläre, was mit der Aussage gemeint ist.

b ◧ Ein Trafo erhöht die Spannung von 6 V auf 600 V. In der Feldspule fließt ein Strom von 0,5 A. Schreibe die richtigen Aussagen ins Heft:

- Der Trafo erhöht die Stromstärke.
- Der Trafo verringert die Stromstärke.
- Die Stromstärke in der Induktionsspule beträgt 0,5 A.
- Die Stromstärke in der Induktionsspule beträgt 50 A.
- Die Stromstärke in der Induktionsspule beträgt 0,005 A.

8 Trafos werden beim Energietransport vom Kraftwerk zum Verbraucher eingesetzt.

a ▢ Zeichne den Schaltplan.

b ▢ Nenne die Aufgaben der Transformatoren.

c ◧ Begründe den Einsatz der Trafos. Verwende die Begriffe Hochspannung, Stromstärke und thermische Energie.

Wärme

Es lohnt sich, unsere Häuser „warm anzuziehen“. So braucht man weniger Energie zum Heizen und die Umwelt wird geschont.

Die Lücke in der Brücke ist ganz wichtig – damit die Brücke im Sommer nicht kaputtgeht!

Unsere Lebensweise braucht sehr viel elektrische Energie. Wärmekraftwerke versorgen uns damit – auch in Zukunft?

Ein warmes Haus – ohne Heizung

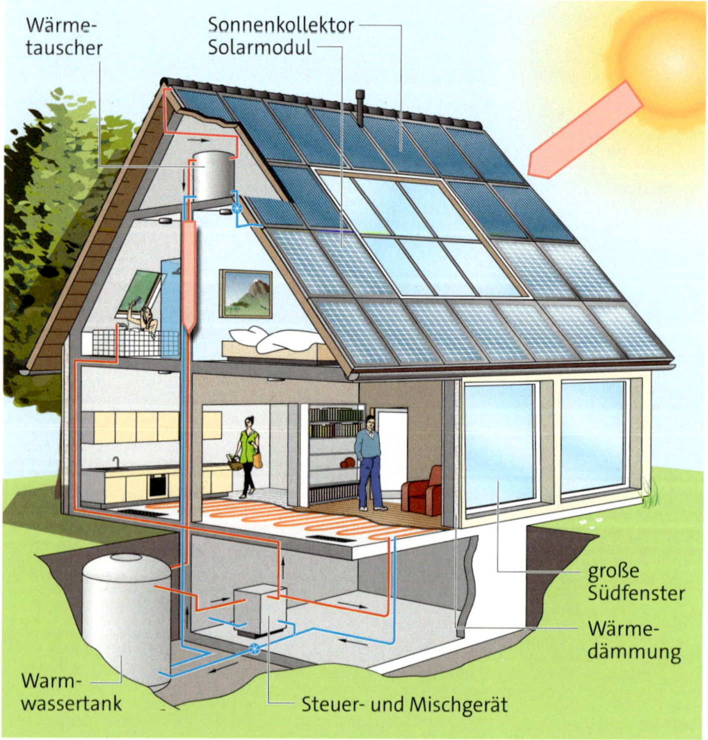

1 Ein Passivhaus

Dieses Haus wird praktisch nur von der Sonne beheizt. Trotzdem müssen seine Bewohner auch im Winter nicht frieren.

Passivhaus • Durch die großen Fenster an der Südseite fällt viel Strahlung von der Sonne ins Haus ein. → 1 Auch die Sonnenkollektoren auf dem Dach absorbieren viel Strahlung. Die dabei aufgenommene Energie heizt das Wasser im großen Tank auf. Das Haus ist besonders gut wärmegedämmt. Die nach außen strömende warme Luft erwärmt die ins Haus strömende kühlere Luft. Auch die Abwärme der elektrischen Geräte und der Bewohner heizt das Haus.

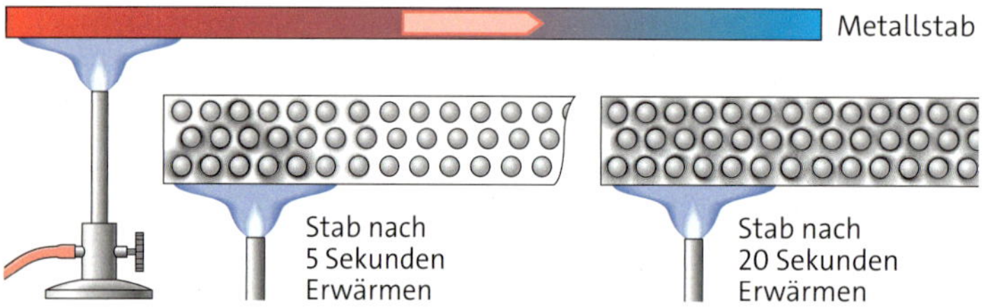

2 Wärmeleitung im Teilchenmodell

Thermische Energie wird transportiert • Strahlung transportiert die thermische Energie von der Sonne durch den Weltraum und die Atmosphäre hindurch bis zum Haus. Die Strahlung dringt durch die Fenster und erwärmt Wände, Luft und Gegenstände in den Räumen. In den Sonnenkollektoren erwärmt die Strahlung eine Flüssigkeit. Die erwärmte Flüssigkeit strömt in den Wärmetauscher und erwärmt dort das Wasser für den Warmwassertank. Das erwärmte Wasser strömt aus dem Tank in die Heizkörper und zu den Wasserhähnen. Die Wände eines Hauses leiten im Winter thermische Energie von der warmen Innenseite zur kühlen Außenseite. Im Teilchenmodell stellen wir uns die Wärmeleitung so vor: Wenn ein Metallstab an einem Ende erwärmt wird, bewegen sich seine Teilchen dort besonders kräftig hin und her. → 2 Sie stoßen dabei heftig gegen ihre Nachbarteilchen. Dadurch schwingen die Nachbarteilchen kräftiger hin und her und geben Energie durch Stöße an die nächsten Teilchen weiter. So gelangt die thermische Energie vom heißen zum kühlen Ende des Stabs.
Die Außenwände des Passivhauses haben eine gute Wärmedämmung. Die Dämmstoffe enthalten viel Luft, die ein besonders schlechter Wärmeleiter ist.

die Strahlung
die Wärmeströmung
die Konvektion
die Wärmeleitung

Alle Körper geben thermische Energie durch Strahlung ab. Für den Energietransport durch Strahlung ist keine Materie erforderlich.
Bei der Wärmeströmung (Konvektion) wird thermische Energie von strömenden warmen Flüssigkeiten oder Gasen transportiert.
Bei der Wärmeleitung gelangt thermische Energie in einem Gegenstand von seiner wärmeren zur kälteren Seite.

3 kg Wasser werden um 4 °C erwärmt. Berechne die Zunahme der thermischen Energie des Wassers.

Masse	Temperaturzunahme	Energiezunahme
1 kg	1 °C	4,19 kJ
3 kg (· 3)		12,6 kJ (· 3)

Masse	Temperaturzunahme	Energiezunahme
3 kg	1 °C	12,6 kJ
	4 °C (· 4)	50,4 kJ (· 4)

Die thermische Energie des Wassers nimmt um 50,4 kJ zu.

3 Beispielaufgabe

Wasser als Energiespeicher • Der Warmwassertank im Passivhaus wirkt wie eine Thermosflasche. Falls das Wasser doch einmal zu sehr abkühlt, gibt es einen „Tauchsieder“ als Notheizung. Bei der Planung des Warmwassertanks muss berechnet werden, wie viel Energie gespeichert werden soll.

3 kg Wasser werden um 4 °C erwärmt. Berechne die Zunahme der thermischen Energie des Wassers.

$\Delta E_{therm} = c \cdot m \cdot \Delta T$; $\Delta E_{therm} = 4{,}19 \frac{kJ}{kg \cdot °C} \cdot 3\,kg \cdot 4\,°C = 50{,}4\,kJ$

4 Beispielaufgabe*

Mit Wasser kann man umso mehr thermische Energie speichern:
- je größer seine Masse ist und
- je mehr seine Temperatur zunimmt.

Beim Erwärmen von 1 kg Wasser um 1 °C nimmt seine thermische Energie um 4,19 kJ zu. → 3

Thermische Energie berechnen* • Bei anderen Wassermassen m und Temperaturerhöhungen ΔT kann man die Zunahme ΔE_{therm} der thermischen Energie so berechnen: → 4

$\Delta E_{therm} = c \cdot m \cdot \Delta T$.
Dabei ist c die spezifische Wärmekapazität von Wasser:
$c = 4{,}19 \frac{kJ}{kg \cdot °C}$.

Aufgaben

1 ○ Beschreibe, was man unter einem Passivhaus versteht.

2 ◐ Erkläre, wie das Wasser im Warmwassertank erwärmt wird. → 1

3 ◐ Beschreibe, wo Wärmeleitung, -strömung und Strahlung bei der Heizung des Passivhauses genutzt werden.

4 ◐ Berechne die Zunahme der thermischen Energie des Wassers:
a 1 kg Wasser wird um 80 °C erwärmt.
b 80 kg Wasser werden um 50 °C erwärmt.

Ein warmes Haus – ohne Heizung

Material A

Wärmeleitung

Materialliste: Gasbrenner, Streichhölzer, Wachskügelchen, Stativmaterial, Metallrohr

1 Befestige die Streichhölzer mit den Wachskügelchen auf der Stativstange oder auf dem Metallrohr. → 1 Erhitze das freie Ende der Stange oder des Rohrs.

a ○ Beschreibe deine Beobachtung.

b ◐ Erkläre die Beobachtung. Verwende dabei das Teilchenmodell.

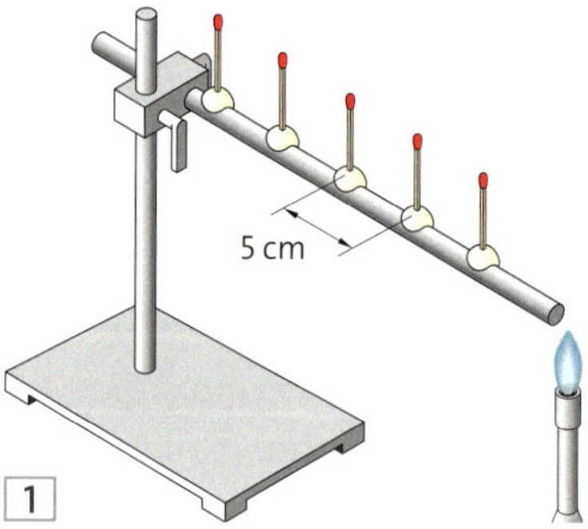

1

Material B

Thermische Energie wird transportiert

1 ◐ Ordne den Bildern zu: Wärmeleitung, Strahlung, Wärmeströmung. → 2 – 4

2 ◐ Beschreibe jeweils ein weiteres Beispiel für die drei Arten des Wärmetransports.

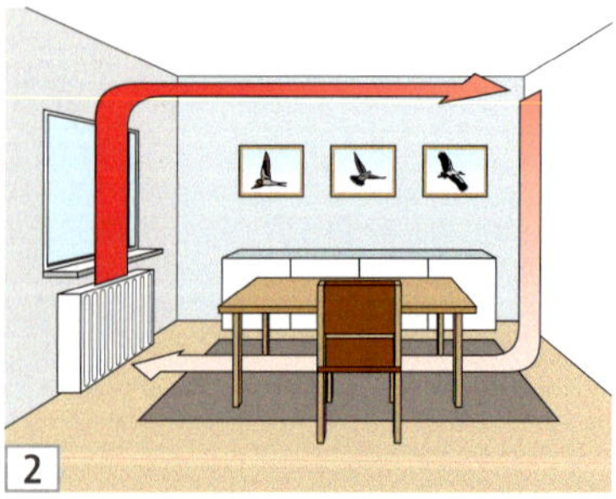

2

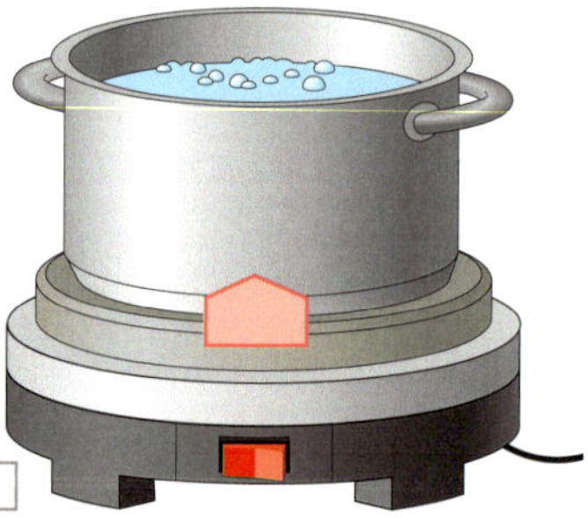

3

4

Material C*

Erwärmen von Wasser

1 ◐ Ergänze die Tabelle.

ΔE_{therm}	m	ΔT
419 kJ	10 kg	?
?	1,7 kg	80 °C
20,95 kJ	?	10 °C

Material D

Wärmerückgewinnung

1 ◐ Beschreibe, wie das Lüftungssystem dieses Passivhauses funktioniert. → 5

2 ◐ „Das Lüftungssystem spart Heizenergie und Geld." Erkläre diese Aussage.

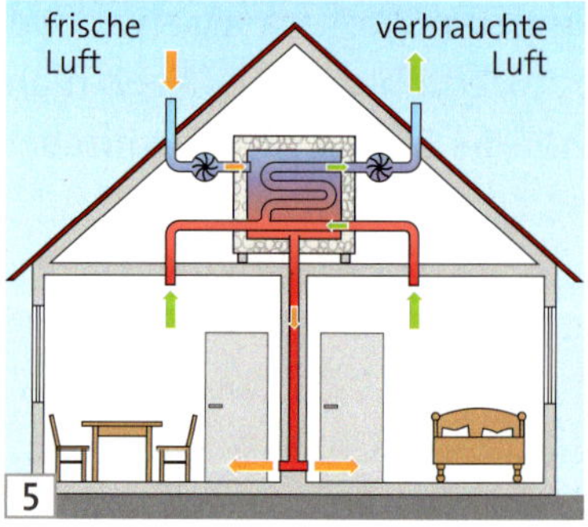

5

Material E

Wassertank zum Heizen

1 ▢ Das Wasser im Tank wird im Sommer aufgeheizt und heizt im Winter das Haus.
→ 6 Beschreibe den Energiefluss im Sommer und im Winter.

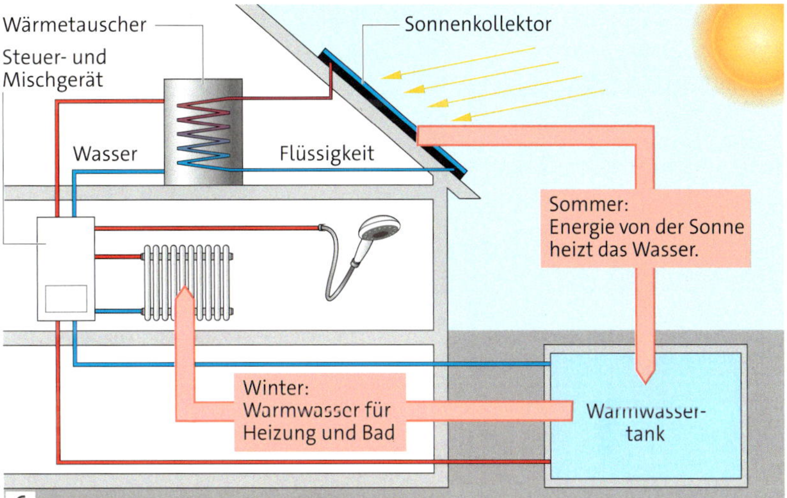

6

2 Familie Mustermann überlegt, ob ein Tank mit 40 m³ Wasser zum Heizen für ihr geplantes Passivhaus ausreicht.
◐ Hilf ihnen mit einer Berechnung. Gehe dabei von diesen Angaben aus:
- Die Familie Mustermann benötigt jährlich eine Energie von 10 000 000 kJ zum Heizen.
- Das Wasser im Tank wird bis September um 80 °C erwärmt. Es kühlt bis Mai wieder um 80 °C ab.
- 1 m³ Wasser hat eine Masse von 1000 kg.

Material F

Energiezufuhr in Diagrammen

1 In zwei Versuchen wurde Wasser erhitzt. Dabei wurde untersucht:
- Wie hängt die zugeführte thermische Energie von der Temperaturzunahme ab?
- Wie hängt die zugeführte thermische Energie von der Wassermasse ab?

Die Diagramme zeigen die Messwerte. → 7 8

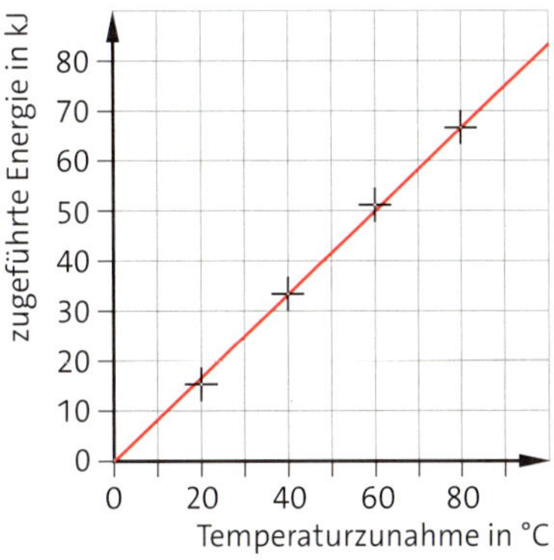

7 Erwärmen von 0,2 kg Wasser

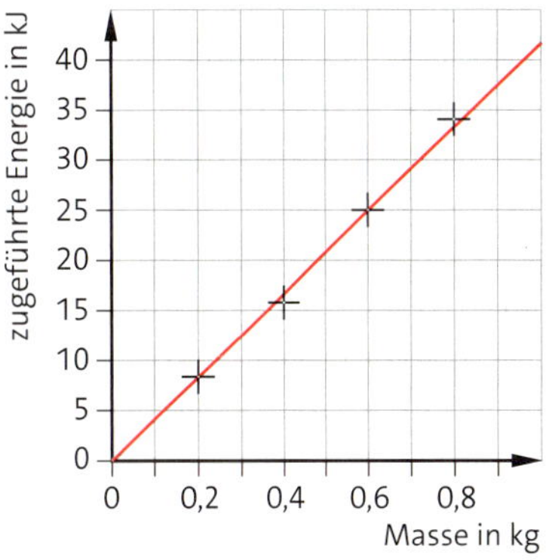

8 Erwärmen um 10 °C

a ◐ Formuliere zu jedem Versuch und Diagramm einen Je-desto-Satz.

b* ● Berechne die spezifische Wärmekapazität c von Wasser mithilfe der Diagramme.

Wärmedämmung spart Energie

1 Das Wärmebild zeigt, wo die Wärmedämmung gut ist.

Materialien zur Erarbeitung: A–C

Das ganze Haus wird beheizt. Eine Hälfte ist außen aber viel kühler als die andere. Sie gibt weniger Energie ab. Wie wird das erreicht?

Wärmedämmung und Energie • Unsere Häuser sollen eine gute Wärmedämmung haben. Das spart beim Heizen viel Energie und Geld.
Bei einem schlecht gedämmten Haus fließt im Winter ständig viel thermische Energie nach außen. → 2 Die Heizung muss andauernd genauso viel thermische Energie nachliefern, damit die Temperatur im Haus gleich bleibt. Dann befindet sich das Haus im thermischen Gleichgewicht.
Bei einem gut gedämmten Haus fließt bei gleicher Innentemperatur viel weniger Energie nach außen. → 3 Die Heizung muss entsprechend weniger Energie nachliefern.

Beim Heizen strömt im thermischen Gleichgewicht genauso viel thermische Energie pro Sekunde in das Haus hinein wie hinaus. Die Temperatur im Haus bleibt konstant. Gute Wärmedämmung verringert bei gleicher Innentemperatur den Energiestrom von innen nach außen.

Der U-Wert • Wie viel thermische Energie pro Sekunde durch eine Hauswand (oder ein Fenster) nach außen fließt, hängt von mehreren Bedingungen ab:
- Je größer die Wand ist, desto mehr Energie fließt pro Sekunde durch sie hindurch. → 4

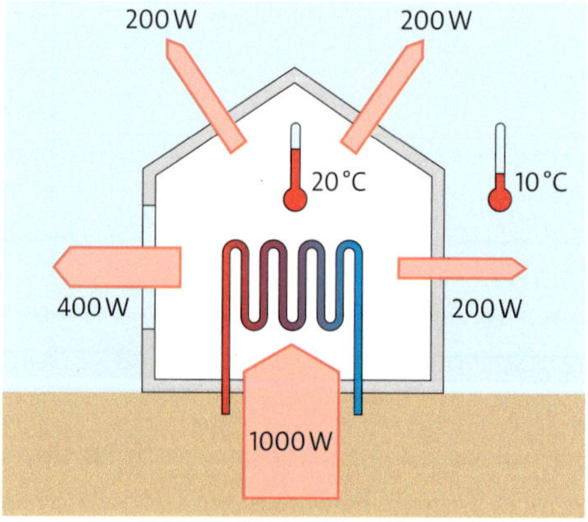

2 Schlechte Wärmedämmung

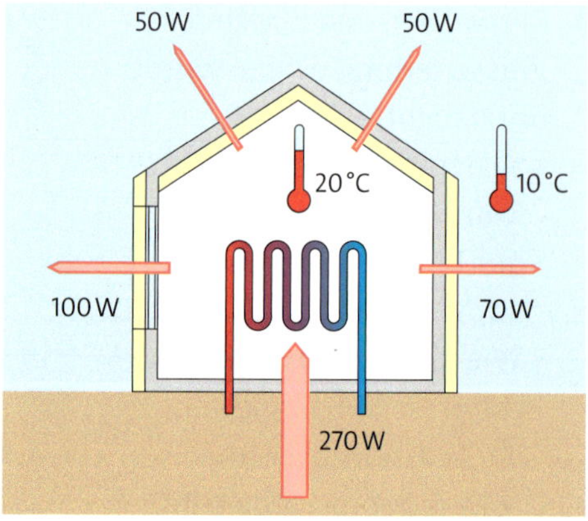

3 Gute Wärmedämmung

das thermische Gleichgewicht
der U-Wert

- Je mehr sich die Temperaturen innen und außen unterscheiden, desto größer ist der Energiestrom durch die Wand hindurch. → 5
- Der Energiestrom hängt sehr stark vom Material der Wand ab. → 6

Bei einer 36,5 cm dicken Wand aus Mauerziegeln fließt in jeder Sekunde eine Energie von 0,8 J pro m^2 Wand und pro °C Temperaturunterschied nach außen. Der Energiestrom beträgt $0{,}8\frac{J}{s} = 0{,}8\,W$.
Bei einer 30 cm dicken Wand aus Hohlblocksteinen beträgt der Energiestrom nach außen nur 0,34 W. Die Wand aus Hohlblocksteinen hat einen geringeren U-Wert. → 7

Je kleiner der U-Wert einer Wand oder eines Fensters ist, desto besser ist die Wärmedämmung.

Aufgaben

1 Beschreibe und vergleiche die Energieströme bei einem Haus mit schlechter und mit guter Wärmedämmung. → 2 3

2 Setze den Satz fort: Ein Haus ist im thermischen Gleichgewicht, wenn ...

3 „Gute Dämmung spart Energie und Geld." Erkläre diese Aussage.

4 Nenne zwei Materialien, die sich besonders gut als Dämmstoff eignen. → 6 Begründe deine Auswahl.

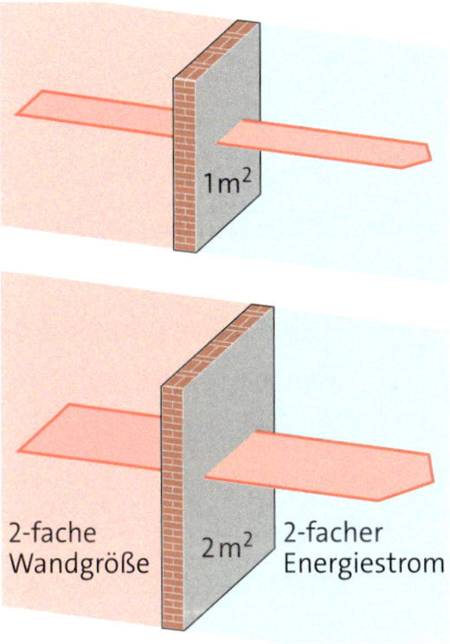

4 Einfluss der Wandgröße

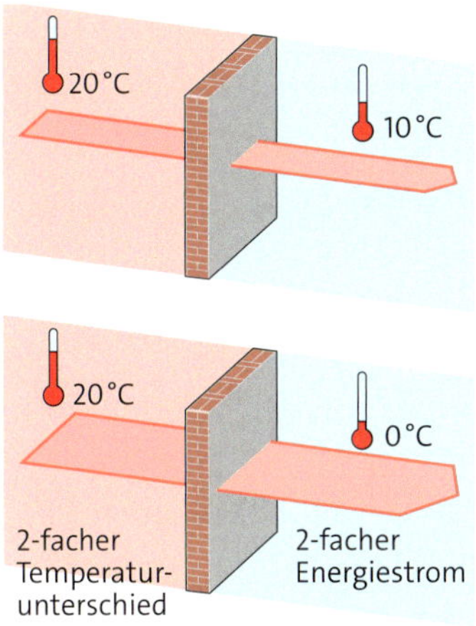

5 Einfluss der Temperatur

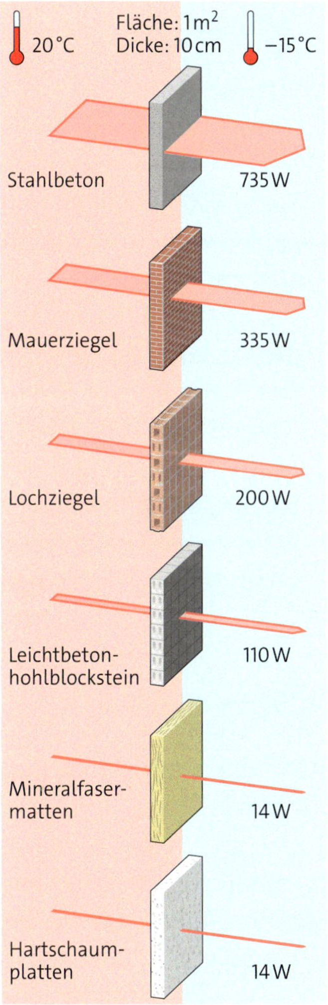

6 Einfluss des Materials

Bauteil	Dicke in cm	U-Wert in $\frac{W}{m^2 \cdot °C}$
Außenwand		
• Mauerziegel	36,5	0,8
• Hohlblocksteine aus Bimsstein	30	0,34
• Holzrahmenbau mit Steinwolle	12	0,2
Fenster		
• Holzfenster, 1-fach verglast	0,4	5,9
• Kunststofffenster, 2-fach isolierverglast	2,4	1,1
• Kunststofffenster, 3-fach isolierverglast	3,4	0,6

7 Material und Energiestrom

Wärmedämmung spart Energie

Material A

Thermisches Gleichgewicht

Materialliste: Halogenlampe, Digitalthermometer, Alufolie, Stoppuhr

1 Stecke den Messfühler des Thermometers in eine „Tasche" aus Alufolie. → 1 Lege ihn auf den Tisch unter die ausgeschaltete Lampe.

a ▢ Warte, bis sich die Temperaturanzeige nicht mehr verändert. Notiere dann die Temperatur.

b ▢ Bestrahle die „Tasche" aus Alufolie nun mit der Halogenlampe. Miss jede Minute die Temperatur und notiere auch diese Messwerte.

c ◪ Zeichne in einem Diagramm die Temperatur in Abhängigkeit von der Zeit auf.

d ◪ Beschreibe und erkläre die Messkurve.

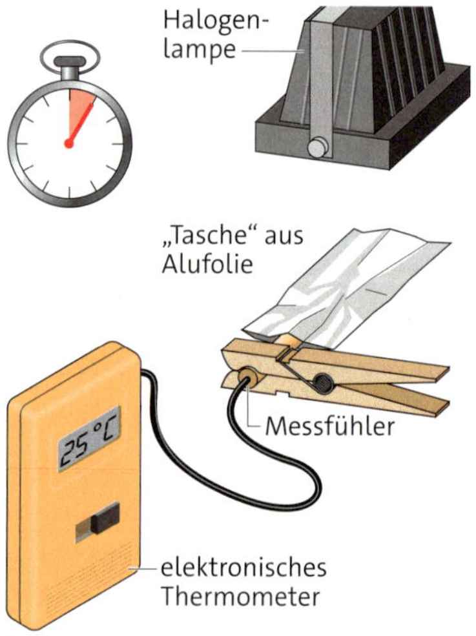

1

Material B

Aufheizen und Abkühlen im Modellhaus

Materialliste: Isolierbox aus Styropor als Modellhaus, Halogenlampe (12 V; 10 W) als Heizung, Ventilator mit Batterie, elektronisches Thermometer mit Temperaturfühler, Netzgerät (12 V), Stoppuhr, Kabel, Klebstoff

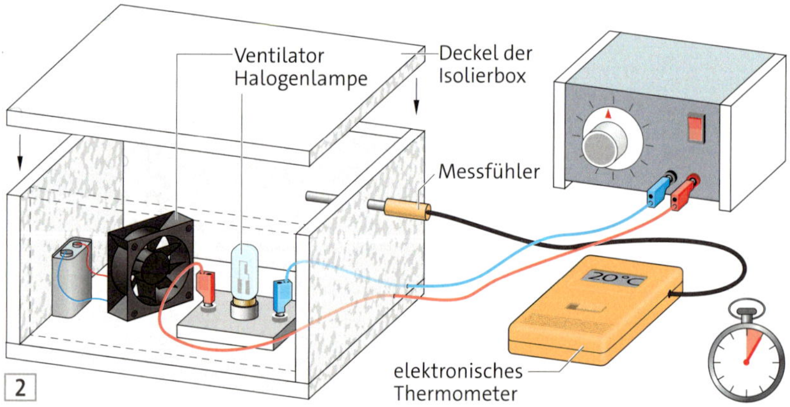

2

1 Stecke die Kabel und den Messfühler durch kleine Löcher in eine Seite der Box. → 2 Dichte die Löcher sorgfältig ab.

a ▢ Schalte den Ventilator ein und verschließe die Box mit dem Deckel. Wenn sich die Temperatur im Modellhaus nicht mehr ändert, notiere den Wert.

b ▢ Schalte die Lampe ein. Miss jede Minute die Temperatur, bis sie nicht mehr weiter steigt. Notiere die Messwerte in einer Tabelle.

c ▢ Schalte die Lampe wieder aus und miss die Temperatur weiter jede Minute.

d ◪ Zeichne ein Diagramm für das Aufheizen und eines für das Abkühlen.

e ◪ Beschreibe und vergleiche die beiden Messkurven.

Material C

Fließgleichgewicht

Materialliste: Wasseranschluss, Bürette, Stativmaterial

1 Drehe den Wasserhahn ein wenig auf, sodass der Wasserstand in der geöffneten Bürette langsam steigt. → 3

a ◯ Vermute, wie sich der Wasserstand verändern wird.

b ◐ Beobachte und erkläre das Versuchsergebnis.

2 Vergleiche den Versuch mit einem beheizten Haus. → 4

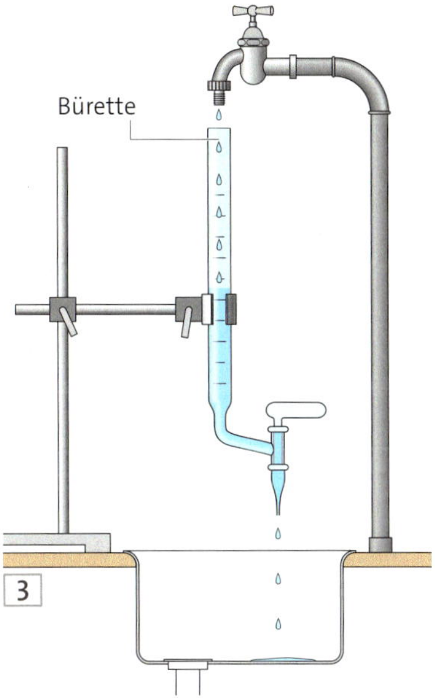

3

Versuch	Beheiztes Haus
?	Haus
zufließendes Wasser	?
abfließendes Wasser	?
?	Temperatur

4 Gleichgewichte im Vergleich

Material D

Heizenergie sparen

1 „Stellen Sie nicht zu hohe Raumtemperaturen ein: In allen Wohnräumen reichen 20 °C, im Schlafzimmer genügen schon 16 °C. Senkt man die Raumtemperatur nur um 1 °C, verringern sich die Heizkosten um 8 %!“

◐ Erkläre diesen Energiespartipp. Verwende dabei den Begriff thermisches Gleichgewicht.

2 ◐ Moderne Heizungssysteme senken nachts die Temperaturen in den Wohnräumen automatisch ab. Erkläre diese Maßnahme.

Material E

Rechnen mit U-Werten

1 Ein älteres Schulgebäude hat an der Nordseite eine lange, fensterlose Außenwand. Sie ist 40 m lang, 3 m hoch und hat ein 36,5 cm dickes Mauerwerk aus Mauerziegeln.

a ◐ An einem kalten Wintertag sind die Klassenräume auf 21 °C geheizt, draußen sind es dagegen nur –10 °C. Berechne den Energiestrom durch die Nordwand.
Tipp: Tabelle 7 auf Seite 317

b ◐ Gib der Schule Energiespartipps.

c ● Stelle eine Gleichung für die Berechnung des Energiestroms auf.

2 Bild 6 auf Seite 317 vergleicht 10 cm dicke Wände aus verschiedenen Materialien.
◐ Berechne den U-Wert für:

a eine Wand aus Stahlbeton

b eine Platte aus Hartschaum

3 Ein Fenster mit 2-facher Isolierverglasung hat einen U-Wert von $1{,}1 \frac{\text{W}}{\text{m}^2 \cdot {}^\circ\text{C}}$, bei einem Fenster mit 3-facher Isolierverglasung sind es nur $0{,}6 \frac{\text{W}}{\text{m}^2 \cdot {}^\circ\text{C}}$.
◐ Vergleiche die Energieströme durch beide Fenster.

Fenster erwärmen das Haus zusätzlich

1 Energie auffangen – auch durch große Fenster an der Südseite

Materialien zur Erarbeitung: A–B

Die großen Südfenster bewirken, dass es im Haus wärmer ist als ohne Fenster. Wie ist das möglich?

Strahlung und Temperatur • Wir betrachten zunächst genauer, welche Strahlung Körper bei verschiedenen Temperaturen aussenden.
Ein 1100 °C heißer Stahl leuchtet hell und gelb. → 2 Beim Abkühlen wird er langsam dunkelrot und leuchtet immer schwächer. Unter 600 °C hört er auf zu glühen. Wir nehmen die Strahlung des glühenden Stahls mit den Augen wahr: Er sendet Licht aus.

2 Glühend heißer Stahl beim Abkühlen

Auch wenn der heiße Stahl nicht mehr glüht, sendet er noch unsichtbare Infrarotstrahlung aus. Man spürt sie, wenn man in der Nähe steht: Die Infrarotstrahlung wird von der Haut absorbiert und erwärmt sie.
Die Oberfläche der Sonne ist etwa 5600 °C heiß! Sie sendet hauptsächlich Licht aus. Es durchdringt den Weltraum und versorgt die Erde mit Energie.

Alle Körper senden Strahlung aus. Ein heißes Bügeleisen, deine Hand und sogar Eiswürfel senden Infrarotstrahlung aus. Ab einer Temperatur von 600 °C nehmen wir die Strahlung heißer Körper als Licht wahr. Farbe und Helligkeit hängen von der Temperatur ab.

Glasplatten • Eine Glasplatte lässt Licht fast ungehindert durch. → 3
Dagegen nimmt sie die Infrarotstrahlung einer warmen Kochplatte fast vollständig auf. → 4 Dadurch steigt die Temperatur der Glasplatte.

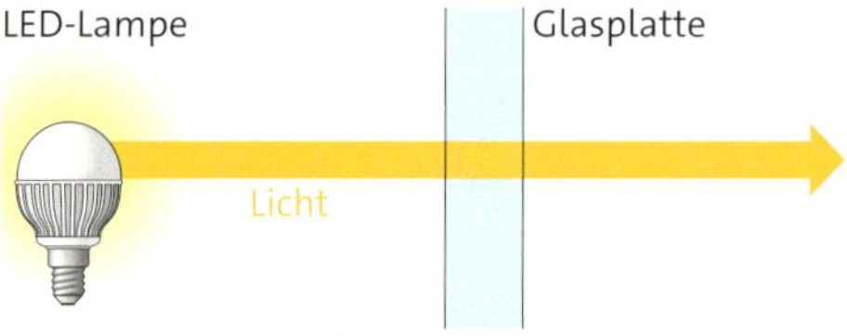

3 Glas lässt Licht durch.

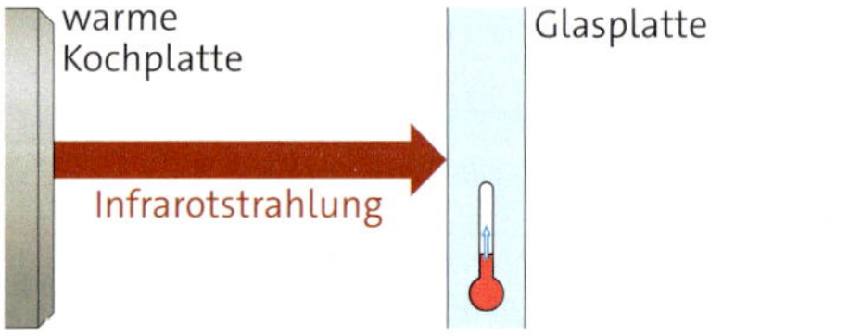

4 Glas absorbiert Infrarotstrahlung.

Glasplatten lassen Licht fast ungehindert durch. Sie absorbieren Infrarotstrahlung dagegen fast vollständig.

Treibhauseffekt • Bild 5 zeigt vereinfacht, wie ein Fenster im Sonnenlicht für eine zusätzliche Erwärmung des Zimmers sorgt:

- Die Glasscheibe lässt das Sonnenlicht fast ungehindert ins Zimmer durch (1).
- Die Innenwand absorbiert einen großen Teil des durchgelassenen Sonnenlichts. Ihre Temperatur steigt dadurch. Sie gibt nun verstärkt Infrarotstrahlung ab (2).
- Die Glasscheibe absorbiert die Infrarotstrahlung der Wand. Ihre Temperatur steigt dadurch. Sie gibt nun verstärkt Infrarotstrahlung ab – zurück zur Wand und nach draußen (3).
- Die Wand absorbiert die Infrarotstrahlung, die von der Glasscheibe kommt. Die Temperatur der Wand steigt weiter und sie gibt noch mehr Infrarotstrahlung ab (4).
- Im thermischen Gleichgewicht wird die Wand durch einen doppelt so großen Energiestrom wie ohne Fenster aufgeheizt. → 5 Und es wird genauso viel Energie nach außen zurückgestrahlt, wie von der Sonne einfällt.

Ein Fenster nach Süden bewirkt, dass das Zimmer vom einfallenden Sonnenlicht und von der Infrarotstrahlung der erwärmten Glasscheibe erwärmt wird.

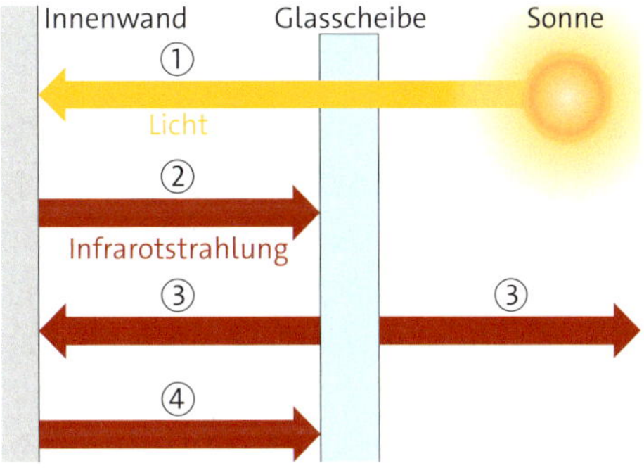

5 Doppelte Erwärmung der Wand im thermischen Gleichgewicht

6 Treibhaus an einer Mauer

Diese Art der Erwärmung wird z. B. bei Treibhäusern genutzt. → 6 Daher kommt der Name Treibhauseffekt.

Aufgaben

1 ▢ „Glas lässt jede Art von Strahlung durch.“ Nimm Stellung zu dieser Behauptung.

2 ◪ Wenn du eine Hand nahe an die Wange hältst, spürst du eine Erwärmung. Erkläre die Beobachtung.

3 ◪ Nach Süden gerichtete Fenster sorgen am Tag für höhere Temperaturen im Zimmer. Erkläre diese Beobachtung anhand einer Skizze.

Fenster erwärmen das Haus zusätzlich

Material A

Strahlung und Glasplatte

Materialliste: leuchtende Glühlampe (60 W), heißes Bügeleisen, Glasplatte

1 ◔ Beschreibe und vergleiche deine Beobachtungen.

a Halte deine Hand etwa 15 cm neben die leuchtende Glühlampe und warte 10 s. Schiebe dann die Glasplatte zwischen die Lampe und deine Hand. → 1

b Wiederhole den Versuch – diesmal mit dem heißen Bügeleisen anstelle der leuchtenden Glühlampe. Stelle das Bügeleisen dazu aufrecht hin.

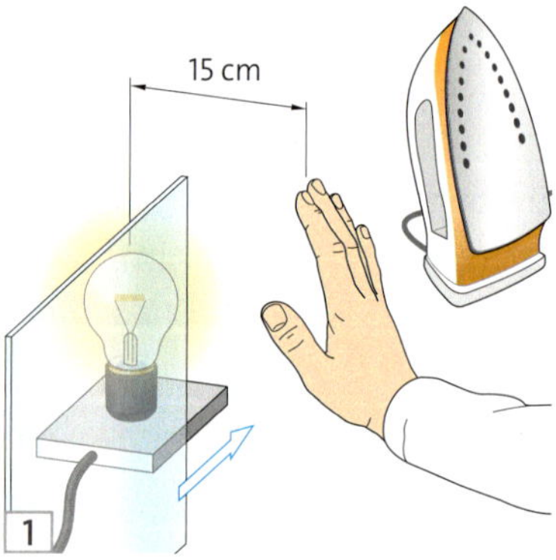

1

Material B

Treibhauseffekt

Materialliste: Isolierbox aus Styropor, schwarze Pappe, Platte aus Acrylglas, elektronisches Thermometer mit Temperaturfühler, Baustrahler (500 W), Stativ, Stativklemme; zusätzlich für Versuch 2: zweite Acrylglasplatte, 4 Korkwürfel (1 cm dick), breites Klebeband

1 Welchen Einfluss hat die Glasplatte auf die Temperatur im Modellhaus? → 2

a ○ Miss jeweils die Temperatur, wenn sie sich nicht mehr ändert:
- Scheinwerfer ausgeschaltet, ohne Glasplatte
- Scheinwerfer eingeschaltet, ohne Glasplatte
- Scheinwerfer eingeschaltet, mit Glasplatte

b ○ Halte gleich nach der letzten Messung erst die eine Seite der Glasplatte nahe an deine Wange, dann die andere. Beschreibe deine Beobachtung.

c ◔ Erkläre die Temperaturunterschiede.

2 ● Wiederhole den Versuch mit einer 2-fach-Verglasung. → 3 Vergleiche mit den Temperaturen bei der einzelnen Glasplatte. Erkläre die Unterschiede.

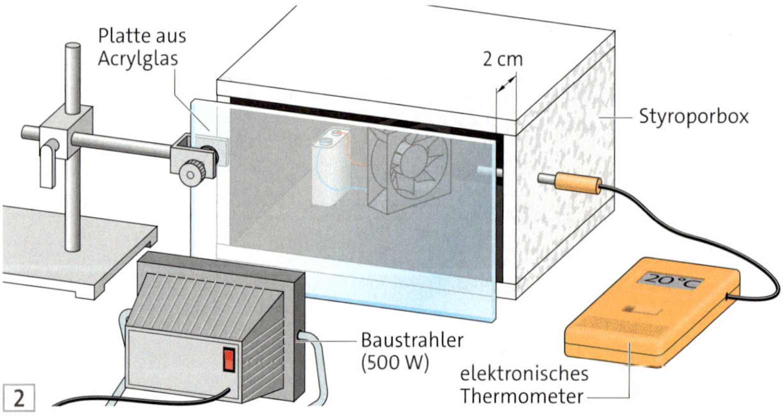

2

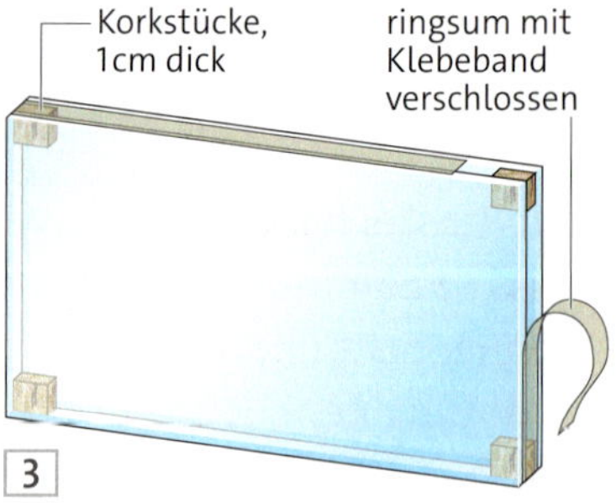

3

Material C

Energiesparende Fenster

1 Erkläre, warum man durch den Einbau neuer Fenster Energie und Heizkosten sparen kann.

2 Für welches Fenster würdest du dich entscheiden? → 4 5 Begründe deine Entscheidung.

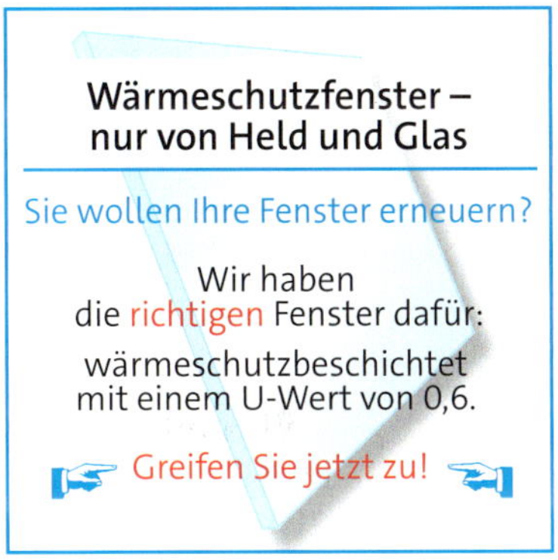

4

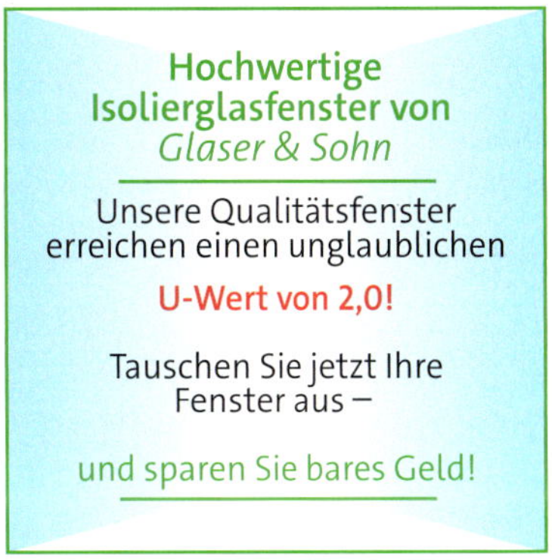

5

3 Beschreibe, wie Wärmeschutzfenster aufgebaut sind. → 6 Erkläre, weshalb bei ihnen der Energiestrom vom beheizten Zimmer in die kalte Umgebung viel geringer ist als bei einem 1-fach verglasten Fenster.

Bei 1-fach verglasten Fenstern ist der Energiestrom aus dem beheizten Raum in die kalte Umgebung recht groß. Sie geben Energie durch Strahlung ab und die außen vorbeiströmende kalte Luft nimmt viel thermische Energie mit (Konvektion).
Bei 2-fach verglasten Fenstern ist der Energiestrom schon deutlich kleiner. Sie haben einen gasgefüllten Zwischenraum. Das Gas ist ein sehr schlechter Wärmeleiter. Der Zwischenraum ist so schmal, dass es in ihm nicht zur Konvektion kommt. Dadurch wird der Wärmetransport nach außen stark reduziert.
Um die Wärmeleitung im gasgefüllten Zwischenraum weiter zu verringern, könnte man den Zwischenraum verbreitern. Ab einer bestimmten Breite würde aber Konvektion im Zwischenraum einsetzen. Um das zu verhindern, baut man eine dritte Scheibe in die Mitte und erhält ein 3-fach verglastes Fenster.
Wärmeschutzfenster haben eine hauchdünne unsichtbare Metallschicht z. B. auf der Rückseite der innersten Glasscheibe. Sie reflektiert Infrarotstrahlung wieder zurück ins Zimmer und sorgt dadurch für eine zusätzliche Erwärmung.

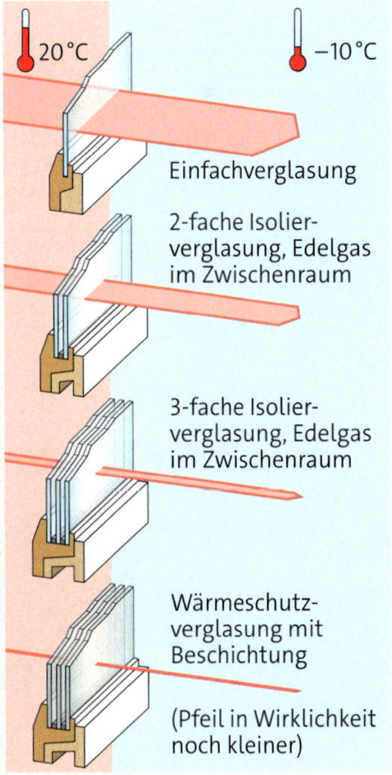

6 Vom 1-fach verglasten Fenster zum Wärmeschutzfenster

Der Treibhauseffekt der Atmosphäre

1 Der Mond über der Atmosphäre der Erde

Mond und Erde sind etwa gleich weit von der Sonne entfernt. Auf dem Mond liegt die Durchschnittstemperatur nur bei –55 °C, auf der Erde bei 15 °C. Eine wesentliche Ursache für den Unterschied ist die Atmosphäre der Erde.

Natürlicher Treibhauseffekt • Die Atmosphäre der Erde besteht aus einem Gemisch von Gasen: Stickstoff, Sauerstoff, Kohlenstoffdioxid, Wasserdampf, Stickoxide, Methan ... Die Atmosphäre wirkt für die Erde wie ein Südfenster für ein Haus. → 2 Zum einen lässt sie viel Sonnenlicht durch. Zum anderen absorbiert die Atmosphäre einen großen Teil der Infrarotstrahlung von der Erde und wird dadurch erwärmt. Die Erdoberfläche wird durch das Sonnenlicht und die Infrarotstrahlung der Atmosphäre erwärmt. Ohne diesen natürlichenTreibhauseffekt läge die Durchschnittstemperatur auf der Erde bei –19 °C, mit ihm sind es 15 °C.
Für den natürlichen Treibhauseffekt sind hauptsächlich die sogenannten Treibhausgase Kohlenstoffdioxid (CO_2), Methan (CH_4), Wasserdampf und Lachgas (N_2O) verantwortlich.
Der Mond hat praktisch keine Atmosphäre und deshalb auch keinen natürlichen Treibhauseffekt.

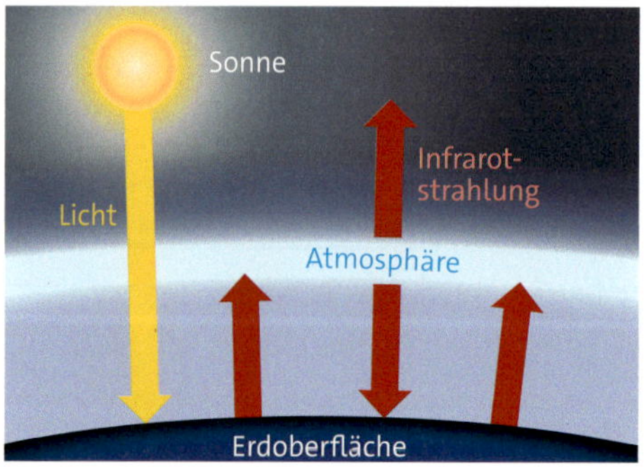

2 Treibhauseffekt der Erde (vereinfacht)

Die Erde wird durch den natürlichen Treibhauseffekt der Atmosphäre stärker erwärmt als durch das Sonnenlicht allein.

Verstärkter Treibhauseffekt • Die Menschheit verbrennt gewaltige Mengen an Kohle, Öl, Gas und Holz – um Kraftwerke zu betreiben, Autos anzutreiben, Wälder zu roden und vieles mehr. Bei jeder Verbrennung entsteht Kohlenstoffdioxid. Wenn es in die Atmosphäre gelangt, verstärkt es den natürlichen Treibhauseffekt. → 3
Das Treibhausgas Methan entsteht beim Anbau von Reis, bei der Massentierhaltung und in Sümpfen. Außerdem wird es bei der Gewinnung von Kohle, Gas und Öl freigesetzt.
Lachgas entsteht unter anderem bei übermäßigem Einsatz von Stickstoffdünger in der Landwirtschaft.

der natürliche Treibhauseffekt
die Treibhausgase
der anthropogene Treibhauseffekt

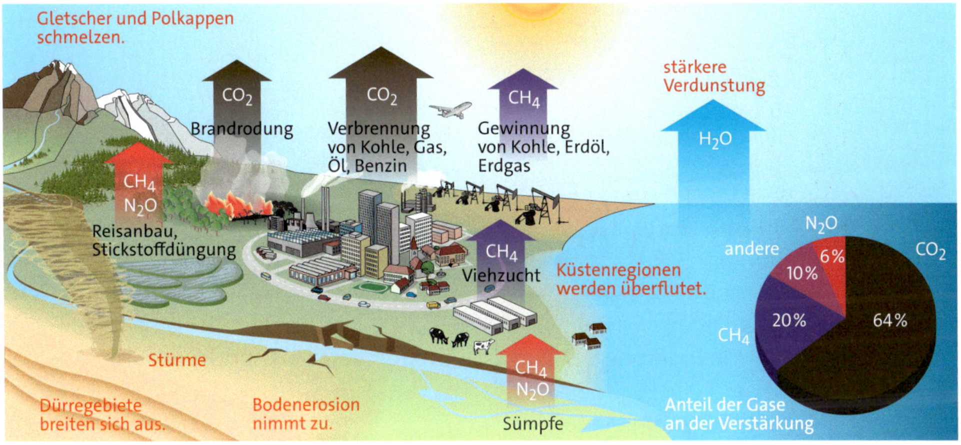

3 Verstärkung des Treibhauseffekts – Ursachen und Folgen

Die Menschheit verstärkt zurzeit den natürlichen Treibhauseffekt. Heutige Berechnungen sagen einen Anstieg der Durchschnittstemperatur auf der Erde zwischen 0,3 °C und 5,5 °C bis zum Jahr 2100 voraus. Man spricht vom anthropogenen Treibhauseffekt (griech. anthropos: der Mensch).

Folgen • Die Erwärmung durch den verstärkten Treibhauseffekt kann dramatische Folgen haben: Dürren und Überschwemmungen nehmen zu, Gletscher schmelzen, die Meere steigen an, Inseln verschwinden im Meer, Klimazonen verschieben sich. Es ist sehr schwierig, sichere Vorhersagen für einzelne Gebiete zu berechnen. Wenn z. B. die riesigen Gletscher auf Grönland abschmelzen würden, würde sehr viel kaltes Süßwasser in den Nordatlantik fließen. Dadurch könnte der warme Golfstrom zum Erliegen kommen. Eine Eiszeit mit anwachsenden Gletschern wäre die Folge. Wird es in Europa also langfristig wärmer oder kälter? Für eine zuverlässige Antwort weiß man noch zu wenig über die Meeresströmungen.

Das Klima auf der Erde kann sich durch den verstärkten Treibhauseffekt verändern. Die Folgen für einzelne Gebiete der Erde lassen sich noch nicht sicher voraussagen. Sie können aber dramatisch sein.

Aufgaben

1 ○ Nenne die Durchschnittstemperatur auf der Erde, wenn es keine Atmosphäre gäbe.

2 ◔ Beschreibe, wie der natürliche Treibhauseffekt zustande kommt.

3 ◔ Beschreibe, was man unter dem anthropogenen Treibhauseffekt versteht. Nenne Ursachen und mögliche Folgen.

Der Treibhauseffekt der Atmosphäre

Material A

Temperaturanstieg und Treibhausgase

1 ▢ Lies ab, um wie viel sich die Durchschnittstemperatur auf der Erde zwischen 1850 und 2013 verändert hat. → 1

2 ◐ Vergleiche die Kurven miteinander. → 1 2 Beschreibe, was dir auffällt.

3 ◐ Schlage Maßnahmen gegen die weitere Zunahme von CO_2 in der Atmosphäre vor.

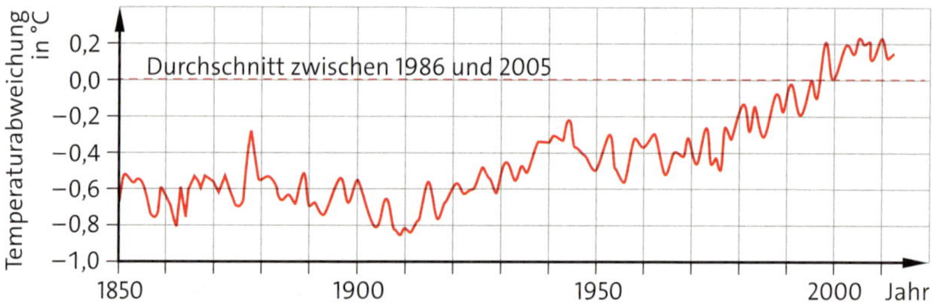

1 Veränderung der Durchschnittstemperatur auf der Erde

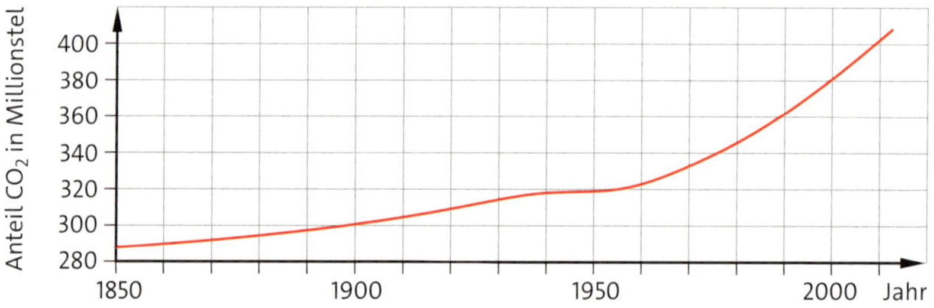

2 Anteil von CO_2 an der Atmosphäre

Material B

Ende des Permafrosts

1 ▢ Erkläre den Begriff Permafrostboden. → 3 Gib die Ursache für das Auftauen an.

2 ◐ Erkläre, warum die aufgetauten Böden Kohlenstoffdioxid und Methan abgeben.

3 ◐ „Methan ist für die Atmosphäre besonders problematisch." Erkläre die Aussage.

4 ◐ Beschreibe, wie sich die Erwärmung der Permafrostböden selbst verstärkt.

Die globale Erwärmung kann sich in manchen Gebieten der Erde sehr stark auswirken. Ein Beispiel sind die ausgedehnten Permafrostböden in weiten Teilen Sibiriens, Nordamerikas und Tibets. Diese Böden waren bis vor Kurzem permanent (ständig) gefroren. Sie enthalten riesige Mengen abgestorbener Pflanzen. Wenn die Permafrostböden auftauen, zersetzen Mikroorganismen dieses kohlenstoffreiche Material. Dabei entstehen Kohlenstoffdioxid und Methan, die in die Atmosphäre entweichen. Methan absorbiert Infrarotstrahlung noch viel stärker als Kohlenstoffdioxid. Der Treibhauseffekt wird zusätzlich verstärkt, sodass die Temperatur noch stärker ansteigt. Die Permafrostböden tauen dann schneller auf und es entweichen immer mehr Treibhausgase in immer kürzerer Zeit. Die Erwärmung verstärkt sich also selbst. Wenn dieser Prozess einsetzt, kann er kaum noch rückgängig gemacht werden.

3 Das Auftauen der Permafrostböden und seine Folgen

Material C*

Wie wird sich das Klima entwickeln?

1 Forscher versuchen, die Veränderungen des Klimas vorherzusagen. Sie „füttern" die leistungsstärksten Computer der Welt mit verschiedenen Klimamodellen. → 4

a ▢ Die Voraussagen für den Anstieg der Temperatur bis zum Jahr 2100 unterscheiden sich deutlich. Lies den geringsten und den größten Wert ab.

b ▢ Nenne die Annahmen, unter denen diese Werte eintreten.

2 ◐ Zuverlässige Vorhersagen sind wichtig für politische Entscheidungen. Erläutere dies an einem Beispiel. → 5

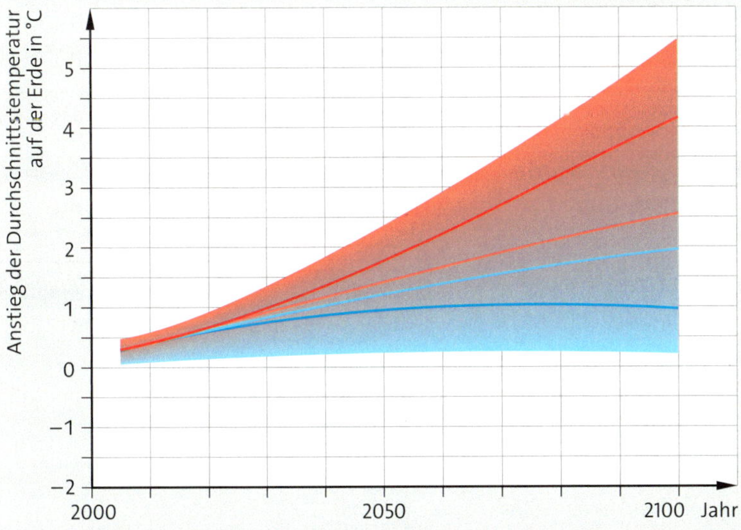

Modellannahmen

— Die wirtschaftlichen Bedingungen auf der Welt sind sehr unterschiedlich. Die Bevölkerung nimmt stark zu. Die Wirtschaft wächst langsam. Die technische Entwicklung ist langsam.

— Die Weltwirtschaft wächst sehr rasch. Das Maximum der Bevölkerung wird gegen 2050 erreicht. Rascher Fortschritt sparsamer Technologien auf Basis von Erdöl, Kohle, Erdgas und von erneuerbaren Energien

— Die wirtschaftlichen Bedingungen auf der Welt gleichen sich an. Das Maximum der Weltbevölkerung wird gegen 2050 erreicht. Schnellere Veränderungen hin zur Dienstleistungs- und Informationsgesellschaft.

— Die Atmosphäre bleibt wie im Jahr 2000.

4 Vorhersagen und Annahmen zur Temperatur auf der Erde

Es ist sehr teuer, den Ausstoß an CO_2 bei allen Kraftwerken und Autos deutlich zu senken. Daher möchten die Betreiber von Kraftwerken und die Hersteller von Autos die Kosten für die technischen Entwicklungen auf viele Jahrzehnte verteilen.
Nach einigen Voraussagen haben wir aber nicht mehr so viel Zeit: Große Küstengebiete werden vorher von steigenden Meeren überflutet, Millionen Menschen müssen fliehen. Wenn diese Vorhersagen richtig sind, sollte der CO_2-Ausstoß schon in wenigen Jahren deutlich sinken. Politiker können durch rechtzeitige Gesetze mit geeigneten Vorschriften dafür sorgen.

5 Früher oder später?

Ausdehnen beim Erwärmen

1 Die Inseln der Malediven sind im Durchschnitt nur 1 m hoch.

Materialien zur Erarbeitung: A–B

Ein starker Anstieg der Meere würde viele Inselvölker bedrohen.

Flüssigkeiten • Bei einer weltweiten Erwärmung können die Gletscher abschmelzen, sodass sehr viel Wasser ins Meer fließt. Das ist aber nicht der einzige Grund für einen Anstieg der Meere: Flüssigkeiten dehnen sich in der Regel beim Erwärmen aus. → 2 Das nutzt man z. B. beim Messen der Temperatur mit dem Flüssigkeitsthermometer.

Wenn die Durchschnittstemperatur der Meere in einem längeren Zeitraum um 1 °C zunimmt, steigt der Meeresspiegel durch die Ausdehnung des Wassers um rund 40 cm.

Wie stark sich eine Flüssigkeit beim Erwärmen ausdehnt, hängt vom Material ab. → 2 3 1 Liter Wasser dehnt sich zum Beispiel beim Erwärmen von 20 °C auf 30 °C um 2,1 Promille (Tausendstel) aus. Ein tausendstel Liter ist 1 mL, also sind 2,1 tausendstel Liter gleich 2,1 mL. Spiritus dehnt sich etwa 7-mal so stark aus wie Wasser.

Wenn Flüssigkeiten abkühlen, ziehen sie sich in der Regel zusammen.

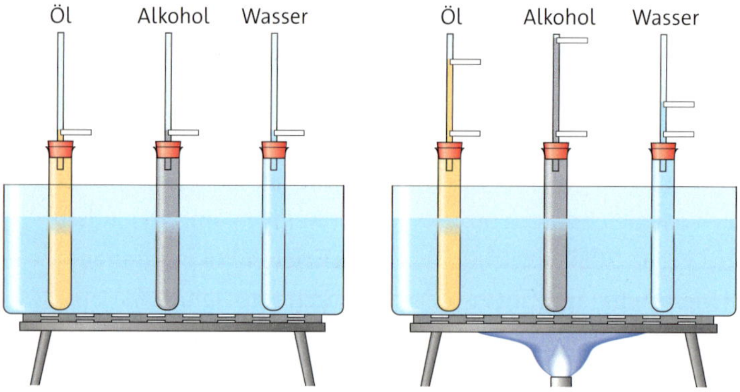

2 Flüssigkeiten dehnen sich in der Regel beim Erwärmen aus – je nach Material verschieden stark.

Material	Relative Volumenzunahme in Promille
Flüssigkeiten	
Spiritus	14
Mineralöl	7
Wasser	2,1
Quecksilber	1,8
Feste Körper	
Blei	0,87
Aluminium	0,69
Silber	0,57
Kupfer	0,50
Gold	0,43
Eisen	0,35
Chrom	0,15
Gase	
Sauerstoff	34
Stickstoff	34
CO_2	34

3 Ausdehnung beim Erwärmen von 20 °C auf 30 °C

Feste Körper • Auch feste Körper dehnen sich in der Regel beim Erwärmen aus. → 3 Die Ausdehnung ist in der Regel schwächer als bei Flüssigkeiten. Bei langen Brücken kann die Ausdehnung vom kalten Winter zum heißen Sommer hin mehrere Zentimeter betragen. Dehnungsfugen sorgen dafür, dass sich die Brücke bei hohen Temperaturen ausdehnen kann, ohne anzustoßen und dabei beschädigt zu werden. → 4

Gase • Wenn man einen Bratschlauch bei 20 °C verschließt und in den warmen Ofen legt, bläht er sich auf. → 5 Die Luft im Bratschlauch dehnt sich nämlich beim Erwärmen aus.
Gase dehnen sich bei Raumtemperatur stärker aus als Flüssigkeiten oder feste Körper. → 3 Ihre Ausdehnung hängt nicht vom Material ab.

Teilchenmodell • Die Ausdehnung beim Erwärmen kann mit dem Teilchenmodell erklärt werden. → 6 Je höher die Temperatur eines Körpers ist, desto heftiger bewegen sich seine Teilchen hin und her. Sie nehmen dann immer mehr Raum ein. Das ist wie beim Tanzen in einer Disco: Je wilder sich die Tänzer hin- und herbewegen, desto größer wird ihr „Aktionsradius“.

Flüssigkeiten, feste Körper und Gase dehnen sich beim Erwärmen in der Regel aus. Ihr Volumen nimmt zu.
Beim Abkühlen nimmt ihr Volumen in der Regel genauso wieder ab.

4 Dehnungsfuge einer Brücke im Winter und im Sommer

5 Die Luft im Bratschlauch dehnt sich beim Erwärmen aus.

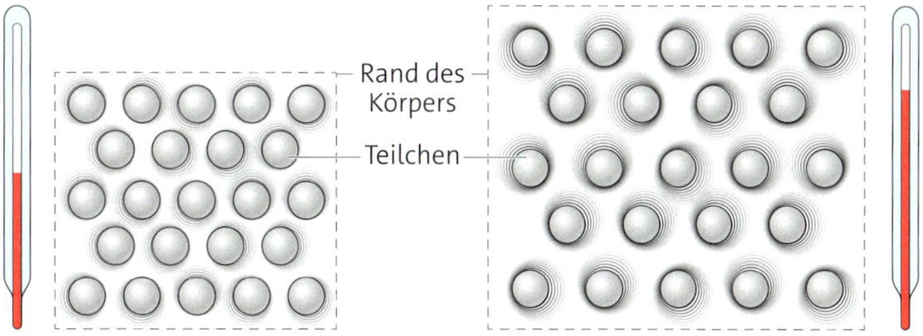

6 Ausdehnung im Teilchenmodell

Aufgaben

1 ○ Nenne jeweils ein Material, das sich beim Erwärmen möglichst schwach/stark ausdehnt. → 3

2 ◐ Gib zwei Gründe an, weshalb der Meeresspiegel bei einer weltweiten Erwärmung steigt.

3 ◐ Erkläre, warum sich feste Körper beim Erwärmen ausdehnen. → 6

Ausdehnen beim Erwärmen

Material A

Verschiedene Körper werden erwärmt

Materialliste
- Versuch 1: leere Getränkedose, Kochtopf, kaltes Wasser (aus dem Wasserhahn), heißes Wasser, Topflappen oder hitzebeständige Handschuhe
- Versuch 2: leere Metalldose, großer Nagel, Hammer, Zange, Teelicht, Feuerzeug
- Versuch 3: Glasflasche, angefärbtes Wasser (Lebensmittelfarbe), Stopfen mit Loch, Steigrohr (5 mm Durchmesser), Knete

1 Fülle die Getränkedose bis zum Trinkloch mit kaltem Wasser. Trockne die Dose oben ab. Stelle sie dann vorsichtig in einen Topf mit heißem Wasser. → 1
Beschreibe und erkläre, was beim Erwärmen des Wassers in der Dose passiert.

2 Schlage den Nagel in den Dosenboden. → 2 Bewege ihn mit der Zange ein paar Mal auf und ab. Erhitze dann den Nagel über der Flamme. Versuche ihn danach wieder in das Loch zu schieben.
Beschreibe und erkläre deine Beobachtung.

3 Fülle die Flasche zur Hälfte mit gefärbtem Wasser und verschließe sie mit dem Stopfen. Schiebe das Steigrohr bis in das Wasser. Dichte das Loch im Stopfen mit Knete ab.

a Erwärme die Flasche mit deinen Händen. → 3 Beschreibe und erkläre deine Beobachtung.

b Fülle die Flasche und wiederhole den Versuch. Vergleiche.

1

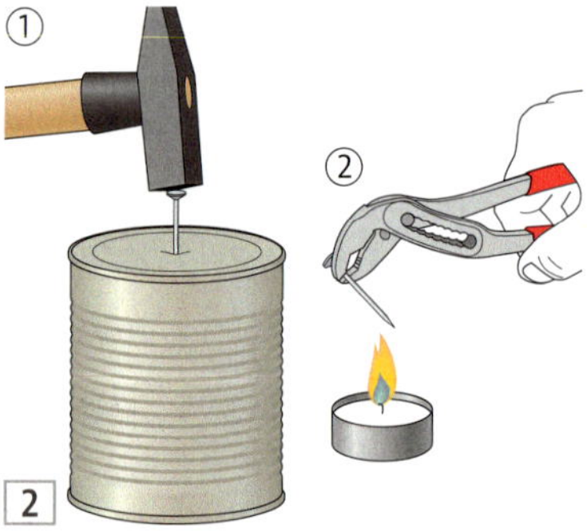

2

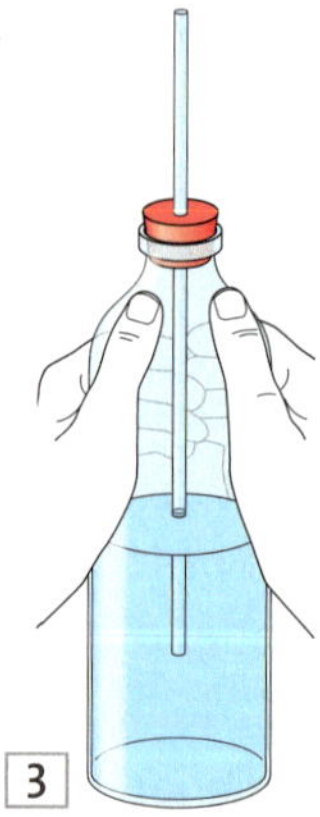
3

Material B

Verschiedene Flüssigkeiten werden erwärmt

Materialliste: 2 Bechergläser, kaltes Wasser, heißes Wasser (60 °C), Reagenzgläser, Stopfen mit Loch, Steigrohre (5 mm Durchmesser), Stoppuhr, verschiedene Flüssigkeiten

Achtung • Verwende bei heißem Wasser Topflappen oder hitzebeständige Handschuhe!

1 Untersuche das Volumen der Flüssigkeiten beim Erwärmen. Formuliere Fragen. Plane Versuche und führe sie durch. Werte die Versuche aus. Schreibe ein ausführliches Protokoll.

Material C

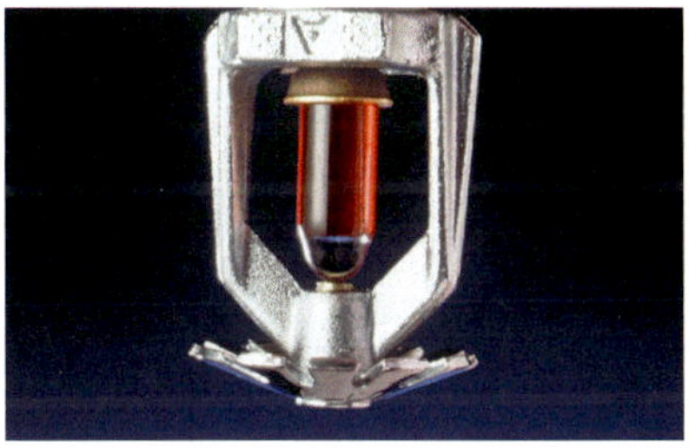

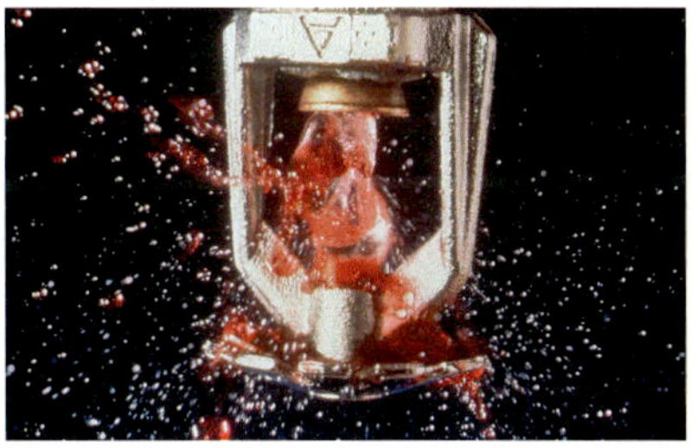

4 – 6 Feuer! Das Glasröhrchen im Sprinkler platzt und lässt Löschwasser nachströmen.

Temperaturänderungen mit Folgen

1 Wenn Körper erwärmt oder abgekühlt werden, kann das sichtbare Auswirkungen haben. → 4 – 8
Beschreibe und erkläre die Beispiele. Verwende dazu auch das Teilchenmodell.

7 Die Straßendecke hat die heißen Sommertage nicht überstanden.

8 Die Flasche war nicht so eingebeult, als sie in das Gefrierfach gelegt wurde.

Material D

Erwärmen und Ausdehnen – ein Modellversuch

1 Die Platte unter den Kügelchen rüttelt zuerst ganz leicht, dann immer stärker. → 9

Erkläre die folgenden Aussagen:

a Der Versuch ist ein Modell für das Erwärmen von Wasser. → 10

b Der Versuch ist ein Modell für das Ausdehnen von Wasser beim Erwärmen.

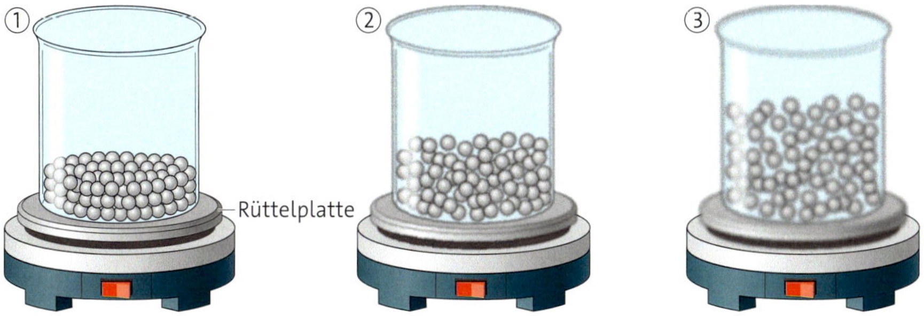

9 Modellversuch: Kugeln werden gerüttelt.

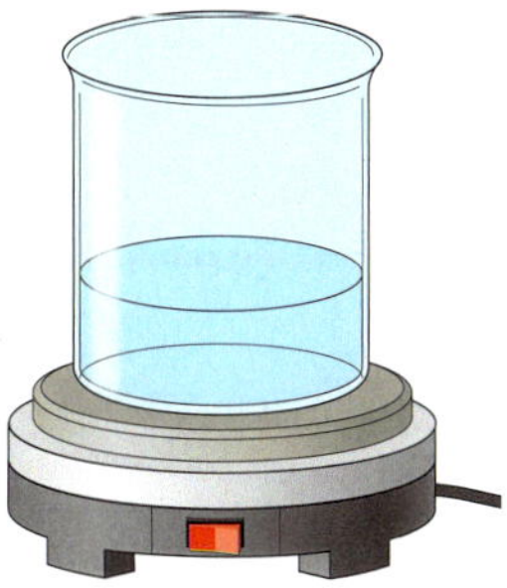

10 Erwärmen von Wasser

Der absolute Nullpunkt*

1 Maschine zum Abkühlen auf beinahe minus 273,15 °C

Mit großem Aufwand erreicht man tiefe Temperaturen, aber nur bis –273,15 °C!

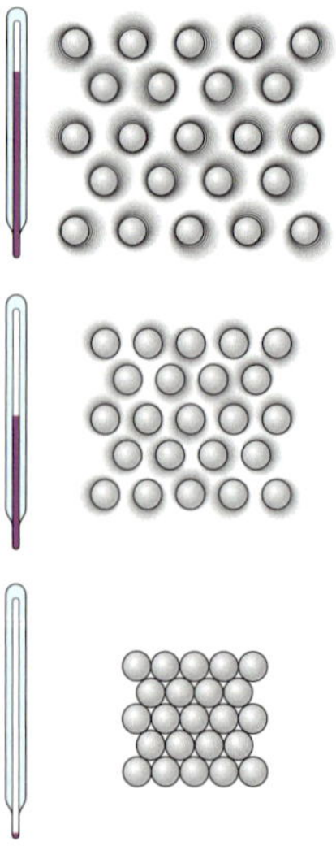

2 Temperatur – Teilchenbewegung

Absoluter Nullpunkt • In explodierenden Sternen wird es Milliarden Grad Celsius heiß. Auf der Erde liegt die Temperatur zwischen 50 °C und –90 °C. Im Weltall hat man –272 °C gemessen. Temperaturen unter –273,15 °C gibt es aber nicht – sagt die Physik. Das ist der absolute Nullpunkt der Temperatur.

Temperatur und Teilchenbewegung • Wir stellen uns vor, dass sich die Teilchen eines Körpers ständig hin- und herbewegen. → 2 Bei hoher Temperatur bewegen sie sich sehr schnell, bei geringer Temperatur langsamer. Wenn man einen Körper immer weiter abkühlt, bewegen sich die Teilchen irgendwann gar nicht mehr. Dann ist der absolute Nullpunkt erreicht.

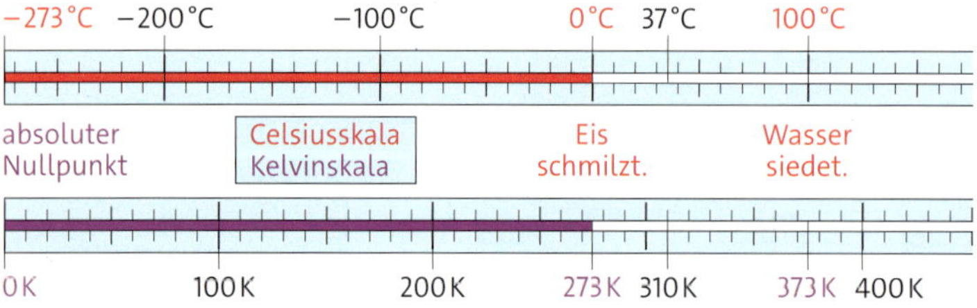

3 Celsiusskala und Kelvinskala

Kelvinskala • Jede Temperaturskala richtet sich an besonderen Temperaturen aus: → 3

- Die Fixpunkte der Celsiusskala sind die Schmelztemperatur von Eis und die Siedetemperatur von Wasser.
- Im Jahr 1848 schlug William Thomson, der spätere Lord Kelvin of Largs, den absoluten Nullpunkt der Temperatur als Fixpunkt vor. Dieser Fixpunkt wird als 0 Kelvin (0 K) bezeichnet.

0 °C entsprechen 273,15 K; 100 °C entsprechen 373,15 K. Der Unterschied wird oft auf 273 Grad gerundet.

Es gibt eine untere Grenze für die Temperatur: –273,15 °C (absoluter Nullpunkt). Bei dieser Temperatur hört die Bewegung der Teilchen auf. Die Kelvinskala beginnt mit dem absoluten Nullpunkt der Temperatur. Sie ist gegenüber der Celsiusskala um rund 273 Grad verschoben.

Aufgaben

1 ○ Bestimme auf der Kelvinskala: Siedetemperatur von Wasser, Schmelztemperatur von Eis, –200 °C, 200 °C.

2 ◑ Bestimme auf der Celsiusskala: absoluter Nullpunkt, 100 K, 500 K.

3 ◑ Die Oberfläche der Sonne ist rund 5600 °C heiß. Berechne in Kelvin.

der absolute Nullpunkt der Temperatur
die Kelvinskala

Material A

Bestimmung des absoluten Nullpunkts

1 In einem Versuch ist das Volumen eines Gases bei verschiedenen Temperaturen gemessen worden. → 4 Du kannst mit diesen Messwerten den absoluten Nullpunkt der Temperatur bestimmen!

a ○ Übertrage das Diagramm sorgfältig auf ein DIN-A4-Blatt im Querformat. Das Diagramm soll am rechten Rand des Blatts liegen.

b ◔ Setze die Temperaturachse mit gleicher Einteilung nach links fort. Verlängere auch die Messgerade nach links, bis sie die waagerechte Achse trifft. Lies die Temperatur am Schnittpunkt ab.

c ● Im Diagramm nimmt das Volumen des Gases bis zum absoluten Nullpunkt der Temperatur auf null ab. Erkläre, warum das in der Realität nicht sein kann. Tipp: Die Größe der Gasteilchen ist unveränderlich.

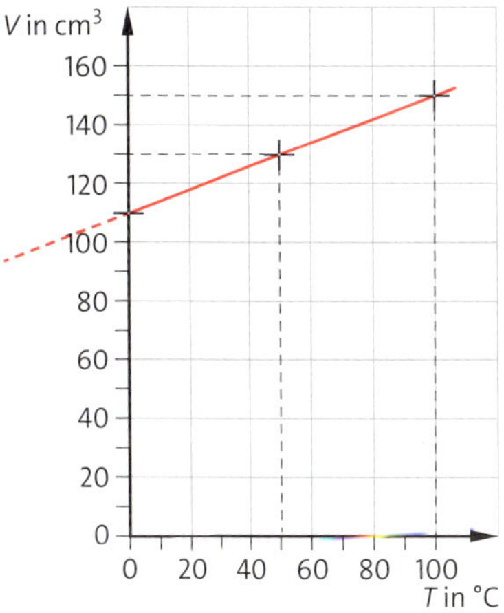

4 Volumen eines Gases bei Temperaturen zwischen 0 °C und 100 °C

Material B

Die Farbtemperatur

1 Lampen gibt es in vielen Weißtönen. → 5 Sie haben eine Farbtemperatur in Kelvin. → 6 Ein Glühdraht mit dieser Temperatur würde in der gleichen Farbe leuchten.

a ○ Gib die Farbtemperaturen in den Räumen an. → 7

b ◔ Welche Farbtemperaturen würdest du für ein Klassenzimmer, ein Wohnzimmer und eine Arztpraxis wählen? Begründe. → 8

5

6

7

Bezeichnung	Eigenschaften, Farbeindruck
Warmweiß	warm, behaglich, gemütlich, wie bei Glühlampen
Kaltweiß	unaufdringlich, hell, freundlich, einladend
Tageslichtweiß	kühl, fördert Aufmerksamkeit und Konzentration, wie Tageslicht

8

Energie im Kraftwerk besser nutzen

1 Heizkraftwerk (bei Hannover)

Material zur Erarbeitung: A

Das Heizkraftwerk wandelt die zugeführte chemische Energie zu 31 % in elektrische Energie um. Sein Wirkungsgrad beträgt aber 88 %!

Wirkungsgrad • Im Kraftwerk wird Kohle verbrannt, um Wasser zu verdampfen und den Dampf zu erhitzen. → 2 Er treibt Turbinen an und diese treiben Generatoren an. Die chemische Energie der Kohle wird in thermische Energie und in elektrische Energie umgewandelt. Allerdings wird nicht die gesamte zugeführte Energie in nutzbare Energie umgewandelt.

Der Wirkungsgrad einer Energieumwandlung gibt an, wie groß der Anteil der nutzbaren Energie ist:

$$\text{Wirkungsgrad} = \frac{\text{nutzbare Energie}}{\text{zugeführte Energie}}.$$

Im Winter wandelt das Heizkraftwerk die zugeführte chemische Energie zu 31 % in elektrische Energie um. → 3 Man sagt, der elektrische Wirkungsgrad beträgt 31 %. Außerdem wird die zugeführte Energie zu 57 % in thermische Energie umgewandelt, mit der Fabriken und Wohnungen beheizt werden. Der gesamte Wirkungsgrad des Heizkraftwerks beträgt dann 88 %.

Wirkungsgrad erhöhen • Der elektrische Wirkungsgrad des Heizkraftwerks kann bis zu 40 % betragen. Wenn man ihn noch weiter verbessern könnte, müsste man weniger Kohle verbrennen, um die gleiche Menge an elektrischer Energie zu erzeugen. Das würde

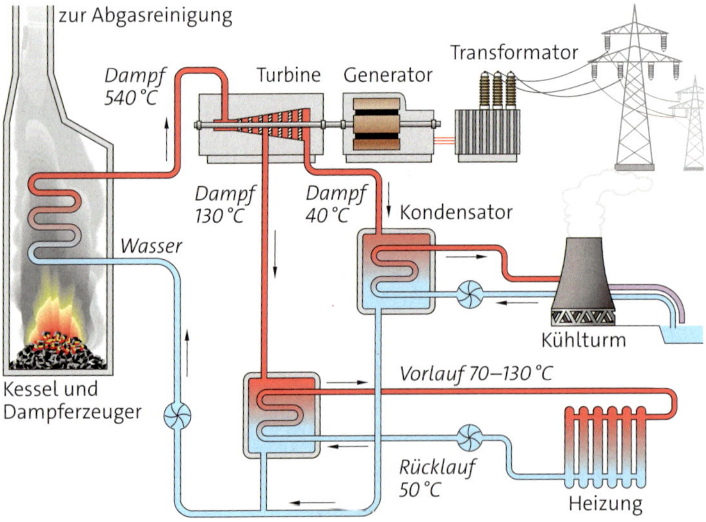

2 Aufbau des Heizkraftwerks (vereinfacht)

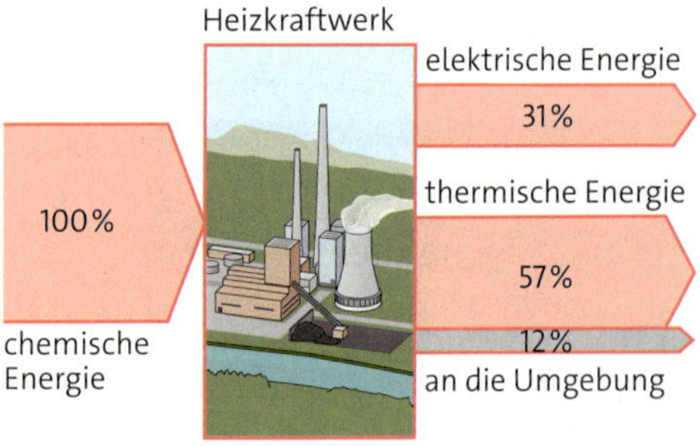

3 Wirkungsgrad: 88 %

das Heizkraftwerk
der irreversible Vorgang*

den CO_2-Ausstoß senken und das Klima schonen. Der Weg dorthin führt über den Temperaturunterschied vor und nach der Turbine. Der Zusammenhang lässt sich gut am Thermogenerator zeigen. → 4 Das heiße Wasser entspricht dem heißen Dampf vor der Turbine. Das kalte Wasser entspricht dem abgekühlten Dampf nach der Turbine. Der Thermogenerator entspricht Turbine und Generator:

- Wenn unten heißes Wasser und oben Eiswasser ist, dreht sich der Propeller schnell. → 4 Es fließt viel thermische Energie von heiß nach kalt. → 5 Der Thermogenerator wandelt einen großen Teil davon in elektrische Energie um: Der Wirkungsgrad ist groß.
- Wenn sich die Temperaturen wenig unterscheiden, dreht sich der Propeller langsam. Es fließt wenig thermische Energie und der Thermogenerator wandelt nur einen kleinen Teil davon in elektrische Energie um. → 6

Bei Wärmekraftwerken ist es ähnlich:

Der elektrische Wirkungsgrad eines Wärmekraftwerks ist umso größer, je mehr sich die Temperaturen vor und nach der Turbine unterscheiden.

Der Dampf wird im Wärmekraftwerk nach der Turbine durch Kondensator und Kühlturm abgekühlt, um einen hohen elektrischen Wirkungsgrad zu erreichen. Seine thermische Energie wird an die Umgebung abgegeben und nicht in elektrische Energie umgewandelt. Der elektrische Wirkungsgrad liegt also auf jeden Fall unter 100 %.

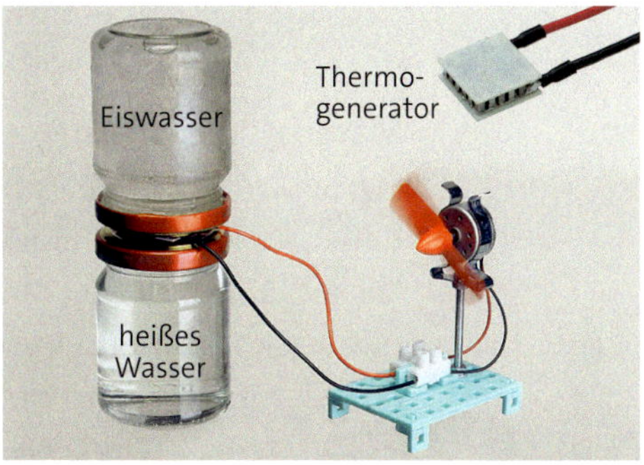

4 Elektrische Energie durch Temperaturunterschied

In Gas-und-Dampf-Kraftwerken wird Gas verbrannt. Das heiße Verbrennungsgas trifft mit rund 1200 °C auf die Turbinen. Der elektrische Wirkungsgrad liegt bei mehr als 60 %.

Nicht umkehrbar* • Thermische Energie fließt von alleine immer nur von warm nach kalt, niemals umgekehrt.

Vorgänge, die von alleine immer nur in eine Richtung ablaufen, bezeichnet man als irreversibel.

Aufgaben

1 Beschreibe die Energieumwandlungen im Heizkraftwerk. → 2

2 Beschreibe, wie man in Wärmekraftwerken einen hohen elektrischen Wirkungsgrad erreicht.

3 „Wenn man den elektrischen Wirkungsgrad von Wärmekraftwerken erhöht, schont man das Klima."
Erkläre diese Aussage.

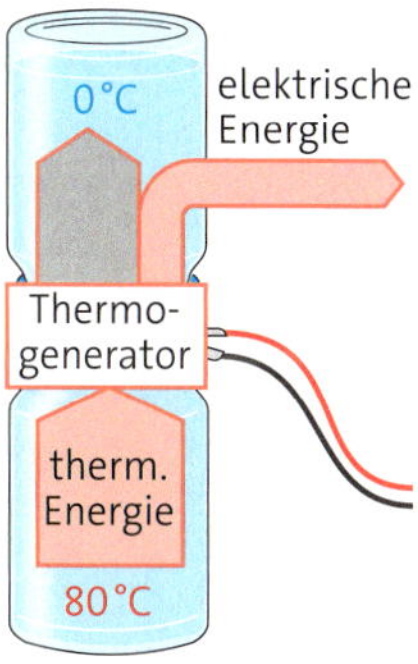

5 Wirkungsgrad groß

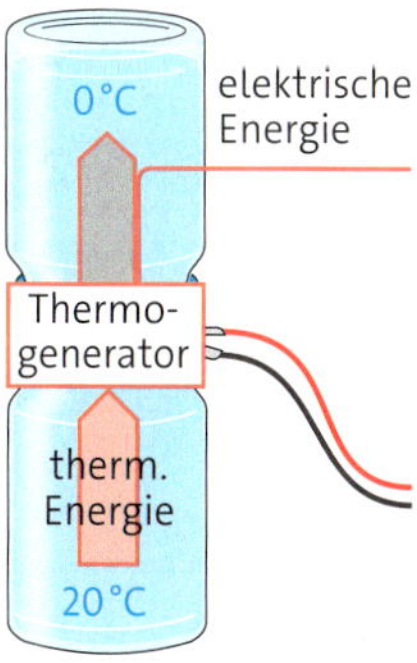

6 Wirkungsgrad klein

Energie im Kraftwerk besser nutzen

Material A

Der Thermogenerator

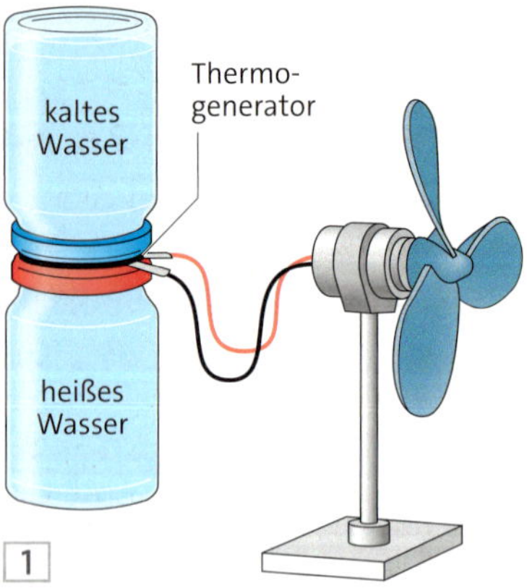

1

Materialliste: Thermogenerator, Solarmotor mit Propeller, Kabel, kleine Marmeladengläser mit Metalldeckel, Wasser mit verschiedenen Temperaturen, Eiswasser, Thermometer

Achtung • Verwende bei heißem Wasser Topflappen oder hitzebeständige Handschuhe!

1 Stelle immer zwei mit Wasser gefüllte Gläser mit den Deckeln aufeinander und schiebe den Thermogenerator dazwischen. → 1
○ Beschreibe deine Beobachtungen. → 2

2 ◐ Gib an, in welche Richtung die thermische Energie strömt. → 3 Tipp: Die Metalldeckel transportieren thermische Energie durch Wärmeleitung.

3 ◐ Zeichne die Energiekette für den Aufbau von Bild 1.

3

Temperatur oben	Temperatur unten	Propeller dreht sich:
0 °C	60 °C	schnell/rechtsherum
60 °C	0 °C	schnell/linksherum
?	?	?

2 Beispieltabelle

Material B

Der Stirlingmotor

1 ○ Notiere die Aussagen des Textes in Kurzform. → 4

2 ○ Zeichne die Energiekette für den Stirlingmotor.

3 ◐ Überprüfe die Aussagen durch einen Versuch.

4 ● Begründe, weshalb der Wirkungsgrad des Stirlingmotors unter 100 % liegt.

Heizt man den Kolben und kühlt die Kühlrippen, läuft der Motor schnell. Heizt man auch die Kühlrippen, wird der Motor langsamer. Ohne Temperaturunterschied bleibt er stehen.

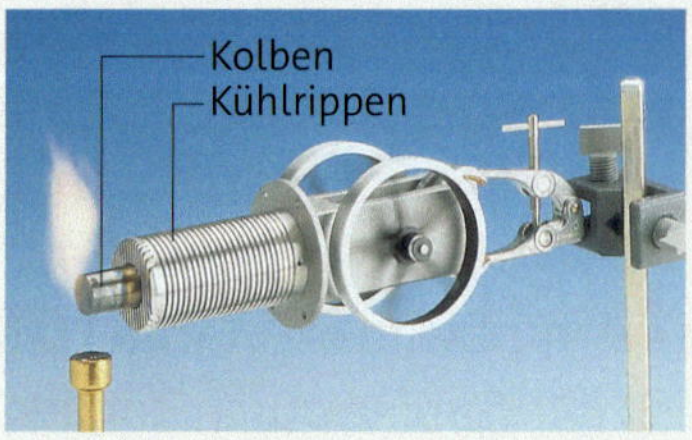

Kolben	Kühlrippen	Motor dreht sich:
heiß	kalt	?
heiß	warm	?
heiß	heiß	?

4 Stirlingmotor im Einsatz

Erweitern und Vertiefen

Kombinierte Wärmekraftwerke

Gas-und-Dampf-Kraftwerke • Bei GuD-Kraftwerken wird zum Beispiel Erdgas in eine Turbine geleitet und dort verbrannt. → 5 Das Abgas ist bis zu 1500 °C heiß und steht unter sehr hohem Druck. Es treibt die Turbine an und diese einen ersten Generator, der elektrische Energie erzeugt.
Das Abgas verlässt die Turbine mit einer Temperatur von 600 °C. Seine immer noch große thermische Energie wird genutzt, um Wasser zu verdampfen. Der heiße Dampf treibt eine weitere Turbine an und diese einen zweiten Generator.
Der gesamte elektrische Wirkungsgrad des GuD-Kraftwerks liegt bei mehr als 60 %.

Blockheizkraftwerke • Diese Kraftwerke erreichen besonders hohe Wirkungsgrade von bis zu 90 %, weil sie auch die Abwärme des Kühlwassers und der Abgase nutzen.
Beispielsweise treibt ein Dieselmotor einen Generator an, der elektrische Energie erzeugt. → 6 Das Kühlwasser und die Abgase erwärmen in einem Wärmetauscher Wasser. Das erwärmte Wasser wird zum Heizen oder für das warme Wasser in Wohnungen genutzt.
Blockheizkraftwerke werden deshalb oft in der Nähe von Wohnanlagen und Fabriken gebaut. Im Vergleich zu Kraftwerken ohne Nutzung der Abwärme brauchen sie viel weniger Energie und erzeugen weniger CO_2.

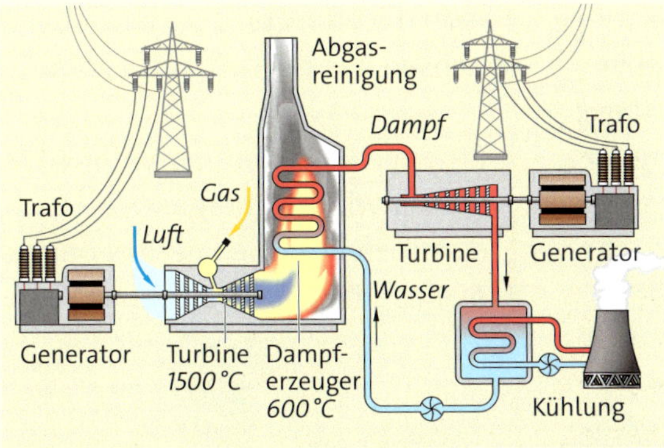

5 Aufbau eines Gas-und-Dampf-Kraftwerks

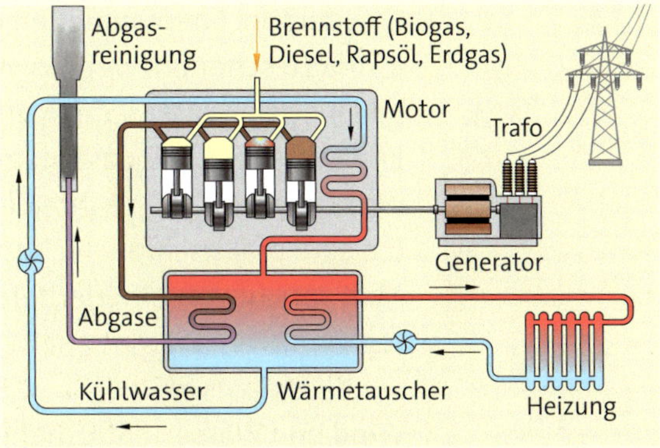

6 Aufbau eines Blockheizkraftwerks

Aufgaben

1 GuD-Kraftwerke
a Erkläre den Begriff GuD-Kraftwerk.
b Beschreibe, wie im GuD-Kraftwerk elektrische Energie erzeugt wird. Erkläre den hohen elektrischen Wirkungsgrad.

2 Blockheizkraftwerke
a Erkläre, weshalb der Wirkungsgrad beim Blockheizkraftwerk so hoch ist.
b Erkläre, wieso Blockheizkraftwerke oft in der Nähe von Wohnanlagen gebaut werden.

Nachhaltige Energieversorgung

1 – 4 Elektrische Energie erzeugen – ohne Kohle

Kohle- und Gaskraftwerke sind eine Hauptquelle für das Treibhausgas CO_2. Wir brauchen Alternativen.

Erneuerbare Energiequellen • Um das Klima zu schonen, werden Windenergieanlagen, Wasserkraftwerke, Solarkraftwerke und Biogasanlagen immer wichtiger. → 1 – 4 Ihre Energiequellen sind praktisch unerschöpflich. Man spricht von erneuerbaren oder regenerativen Energiequellen.

Wind und Wasser • Strömendes Wasser und Wind können mithilfe von Turbinen Generatoren antreiben. → 1 2 Der Wirkungsgrad von Wasserkraftwerken liegt bei 90 %. 10–40 g CO_2 gehen pro Kilowattstunde (kWh) elektrischer Energie aus Wasserkraftwerken in die Atmosphäre. Windenergieanlagen haben einen Wirkungsgrad von bis zu 40 %, 10–40 g CO_2 gehen pro kWh in die Atmosphäre.

Sonne • Die Solarmodule auf Dächern und Feldern haben einen Wirkungsgrad von etwa 15 % und schlagen mit 50–100 g CO_2 pro kWh zu Buche. In sehr sonnigen Gebieten der Erde gibt es Solarkraftwerke mit gebogenen Spiegeln. → 3 Sie erzeugen Wasserdampf, der Turbinen und Generatoren antreibt. Diese Anlagen haben einen Wirkungsgrad von rund 20 % und einen CO_2-Ausstoß unter 30 g pro kWh.

Biogas • Aus Pflanzen- und Tierresten entsteht in Biogasanlagen unter Luftabschluss Biogas. → 4 6 Es enthält hauptsächlich Methan. Das Gas wird verbrannt, um Turbinen und Generatoren anzutreiben. Der Wirkungsgrad beträgt rund 35 %. Die Anlagen erzeugen zwar 250 g CO_2 pro kWh – so viel CO_2 haben die Pflanzen aber zuvor beim Wachsen aus der Luft aufgenommen.

Erneuerbare Energiequellen liefern immer wieder Energie. Wir erzeugen damit elektrische Energie, ohne die Atmosphäre stark zu belasten.

Aufgaben

1 ○ Erkläre den Begriff erneuerbare Energiequellen.

2 ◐ Erstelle eine Tabelle mit den Wirkungsgraden und dem CO_2-Ausstoß der beschriebenen Kraftwerke.

3 ● Zeichne Energieketten für die beschriebenen Kraftwerke.

Material A

Die Leistung einer einfachen Solaranlage

Materialliste: Solarmodul, Solarmotor, Halogenleuchte, Bindfaden, Wägestück, 2 Vielfachmessgeräte (Stromstärke, Spannung), Kabel

1 Bestimme die Leistung des Solarmoduls. → 5

a Miss die Spannung U und die Stromstärke I.

b Berechne die elektrische Leistung P.

c Die Solaranlage für einen 4-Personen-Haushalt hat eine maximale Leistung von 4 kW. Vergleiche mit der einfachen Solaranlage.

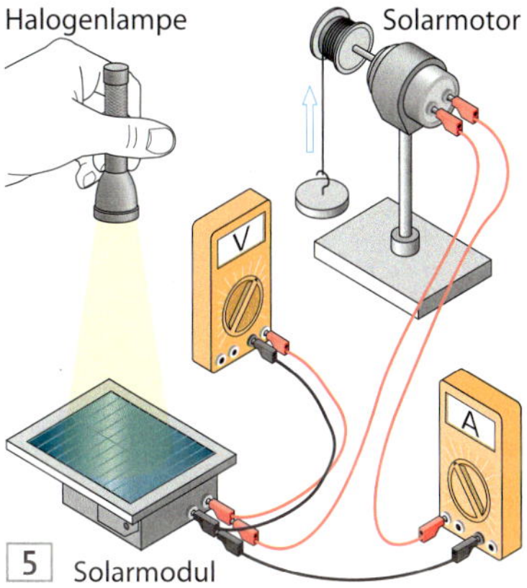

5 Solarmodul

Material B

Biogasanlage

1 Eine Biogasanlage besteht aus vielen Teilen. → 6

a Nenne die Ausgangsstoffe und die Produkte der Biogasanlage.

b Beschreibe die Entstehung von Biogas in der Anlage.

c 1 Hektar (1 ha) Mais kann pro Jahr 5 Haushalte mit elektrischer Energie versorgen. In Deutschland gibt es rund 40 Millionen Haushalte. Berechne die benötigte Anbaufläche.

d Deutschland besitzt insgesamt etwa 17 Millionen Hektar Anbaufläche. Vergleiche mit dem Ergebnis aus Teil c.

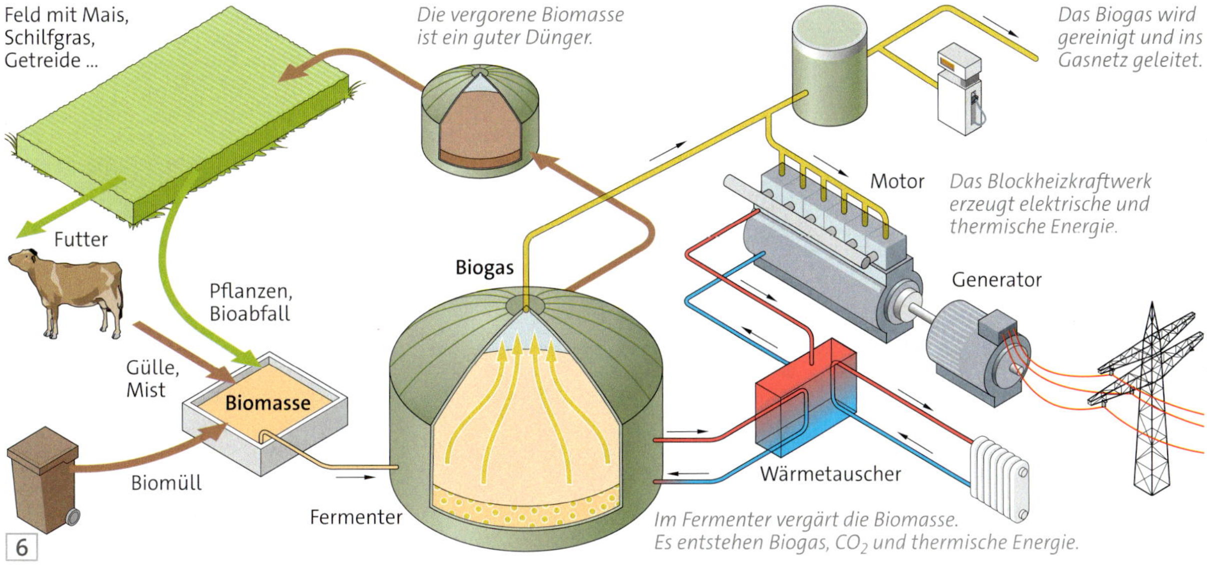

6

Kraftwerke im Überblick

	Wärmekraftwerk	Wasserkraftwerk
elektrischer Wirkungsgrad	35–60 %	70–96 %
Energieträger	Kohle, Erdgas und Biogas, Müll, Holzabfälle	Wasser kein Bedarf an Brennstoffen
Standort	an Gewässern (Kühlung erforderlich) Eine günstige Verkehrsanbindung (Eisenbahn, Schifffahrt), Lagerflächen und Kühlmöglichkeiten sind nötig.	Stauseen im Bergland, Staustufen von Flüssen
Beeinflussung der Umwelt	Abwärme heizt die Umwelt auf. Kohle und Erdgas: Verstärkung des Treibhauseffekts durch großen Ausstoß von CO_2 Biogas und Holzabfälle: Es wird die gleiche Menge CO_2 ausgestoßen, wie beim Wachsen der Pflanzen gebunden wurde.	Beim Bau von Stauseen und Staustufen wird erheblich in das Landschaftsbild und in die Natur (Beispiel: Fischwanderung wird behindert) eingegriffen.
Aussichten für die Zukunft	Wärmekraftwerke sind noch unverzichtbar. Technische Verbesserungen zur Erhöhung des Wirkungsgrads und zur Verringerung der Umweltbelastung werden erforscht.	Die existierenden Wasserkraftwerke werden weitergenutzt werden. Wasserkraft ist in Deutschland aber kaum noch ausbaubar, nur der Bau von kleineren Kraftwerken ist möglich.
Kosten für die Erzeugung von 1 kWh elektrischer Energie (Stand 2013)	Kohle, Erdgas: 4–10 Cent Biogas: 13–21 Cent	rund 10 Cent
CO_2 pro kWh elektrischer Energie (inkl. Bau, Betrieb und Abriss der Kraftwerke)	Erdgas, Kohle: 400–1200 g	10–40 g

1 Vergleich von Kraftwerken bei der Erzeugung elektrischer Energie

Aufgaben

1 ○ Ordne die Fotos den Kraftwerken zu. → 2 – 6

2 ○ Ordne die Kraftwerke nach elektrischem Wirkungsgrad.

3 ◐ Vergleiche, wie stark die Kraftwerke die Umwelt mit CO_2 belasten.

2

3

Windenergieanlage	Fotovoltaikanlage	Kernkraftwerk
20–40 %	15–20 %	35 %
Wind kein Bedarf an Brennstoffen	Sonnenlicht kein Bedarf an Brennstoffen	Uran ($^{235}_{92}U$)
Der Standort muss windreich sein (volle Leistung bei Windstärke 6–7): Bau vor allem im Meer, an Küsten, auf Bergen und Anhöhen.	Montage auf allen Hausdächern mit Südlage, freie Felder	an Gewässern (Kühlung erforderlich)
Lärm durch Rotorblätter, Beeinträchtigung des Landschaftsbilds, flimmernder Schatten durch bewegte Rotorblätter Gefährdung von Vögeln und Fledermäusen	Während des Betriebs wird die Umwelt nicht belastet, dafür aber bei der Herstellung und Entsorgung der Anlagen. Die Anlagen bedecken eine große Fläche.	Während des Betriebs wird nur sehr wenig CO_2 ausgestoßen. Die radioaktiven Abfälle müssen über Jahrtausende sicher gelagert werden. Die Umwelt kann bei unsachgemäßem Betrieb, Unfällen, Naturkatastrophen oder Anschlägen mit radioaktiven Stoffen belastet werden.
Die Aussichten sind gut. Im Meer und und an Küsten gibt es noch Ausbaumöglichkeiten. Zur Versorgungssicherheit ist der Ausbau des Verbundnetzes (Leitungen von Nord- nach Süddeutschland) und eine Zwischenspeicherung an windreichen Tagen nötig.	Die Aussichten sind gut, insbesondere bei steigendem Wirkungsgrad und geringeren Herstellungskosten. Zur Versorgungssicherheit ist der Ausbau des Verbundnetzes und eine Zwischenspeicherung an sonnenscheinreichen Tagen nötig.	In Deutschland ist die Abschaltung aller Kernkraftwerke geplant. In anderen Ländern (z. B. China) werden neue Kernkraftwerke gebaut.
Festland: 5–11 Cent Meer: 12–19 Cent	8–14 Cent	6–10 Cent
10–40 g	50–100 g	10–30 g

4

5

6

Kraftwerke im Überblick

Methode

Eine Pro-und-Kontra-Debatte

Windenergieanlagen können Wärme- und Kernkraftwerke ersetzen. Allerdings sind nicht alle Standorte für den Bau von Windfarmen geeignet. Anwohner werden durch den Lärm belästigt und niemand möchte neue Hochspannungsleitungen vor seiner Haustür haben. Tiere werden gestört und Vögel gefährdet. Soll die Windenergie also bei uns weiter ausgebaut werden?
Es ist sehr aufwendig, alle Argumente dafür und dagegen alleine zu finden. Bei einer Pro-und-Kontra-Debatte wird diese Aufgabe auf mehrere Gruppen verteilt. Wenn alle Argumente in der Debatte ausgetauscht worden sind, kannst du dir eine fundierte Meinung bilden.

1 Windenergie ausbauen?

1. Vorbereitung Macht euch mit dem Thema vertraut. Stimmt ab, um ein erstes Meinungsbild zu bekommen: Wie viele sind für den Ausbau der Windenergie, wie viele dagegen?

2. Standpunkte formulieren Für die Debatte braucht ihr gegensätzliche Standpunkte. → 3
Bildet für jeden Standpunkt eine Gruppe.

3. Standpunkte festigen Findet sachliche Argumente für euren Standpunkt (z. B. in diesem Buch). Sammelt auch Gegenargumente und überlegt, wie ihr sie widerlegen könnt.
Bestimmt zum Schluss einen Gruppensprecher.

4. Die Debatte führen Die Debatte braucht einen geordneten Rahmen und Ablauf:
- Stellt drei Tische längs nebeneinander für die Pro-Gruppen auf und drei Tische direkt gegenüber für die Kontra-Gruppen. Die Gruppensprecher und sitzen jeweils am Tisch, die Gruppen als Zuschauer dahinter.
- Die Lehrkraft eröffnet und leitet die Debatte. Sie begrüßt die Zuschauer, nennt das Thema und stellt die Gesprächsteilnehmer vor.
- Die Gruppensprecher halten jeweils einen kurzen Eingangsvortrag (3 Minuten). Danach tauschen die Gruppensprecher in Rede und Gegenrede ihre Argumente und Gegenargumente aus (ca. 15–20 Minuten).

5. Die Debatte auswerten Jetzt sind die Zuschauer an der Reihe. Sie sagen, welche Argumente sie überzeugend finden und welche nicht, was gut gelungen ist und was nicht. Zum Abschluss stimmt ihr nochmals über die Ausgangsfrage ab. Vergleicht mit dem ersten Meinungsbild und diskutiert die Unterschiede.

Aufgabe

1 ● Führt eine Pro-und-Kontra-Debatte zum Ausbau der Windenergie. Überzeugt eure Zuschauer!

2 Wer hat die besseren Argumente?

Pro	Kontra
Eltern Wir machen uns wegen unserer Kinder große Sorgen über die weltweite Erwärmung. Wie kann man denn den CO_2-Ausstoß verringern? Eine Lösung könnte sein, mehr erneuerbare Energiequellen zu nutzen und Windenergieanlagen zu bauen.	**Eltern** Wir wohnen ganz nahe an einer großen Windfarm. Immer wenn wir aus dem Fenster schauen, ärgern uns die riesigen Teile und das ständige Hell-Dunkel der Rotoren gewaltig. Und jetzt sollen noch zusätzlich neue gebaut werden?
Politiker/Politikerin Kernenergie kann gefährlich sein, Wärmekraftwerke produzieren zu viel CO_2. Die Lösung für das Energieproblem sind die erneuerbaren Energiequellen. Windenergieanlagen sind ein wichtiger Teil davon. Deutschland muss als Vorbild vorangehen, auch wenn es vielleicht noch Probleme mit der Windenergie gibt.	**Politiker/Politikerin** Erneuerbare Energiequellen sind keine Lösung für das Klimaproblem. Sie sind zu teuer, ihr Strom kostet zu viel und sie verschandeln die Landschaft. Es bleibt nur die Möglichkeit, weiterhin auf Kernenergie und Wärmekraftwerke zu setzen, auch wenn die Kohlekraftwerke zu viel CO_2 produzieren.
Umweltschützer/Umweltschützerin Warum verstehen die Menschen nicht, dass es nur durch ein radikales Umdenken möglich ist, das Problem mit dem CO_2 in den Griff zu bekommen? Die Fakten sind doch bekannt und trotzdem gibt es viele Menschen, die gegen Windenergieanlagen sind. Das kann ich nicht verstehen, es gibt so viele Argumente dafür.	**Konzernchef/Konzernchefin** Ich leite einen wichtigen Stromkonzern und verstehe nicht, wie Leute gegen Kernenergie und Wärmekraftwerke sein können. Trotz der Probleme liefern sie günstig Energie. Windenergieanlagen können dies nicht gewährleisten. Außerdem sind die Ängste vor einer weltweiten Erwärmung übertrieben. Die Menschen müssen darüber aufgeklärt werden.

3 Rollenkarten für die Pro-und-Kontra-Debatte

Zusammenfassung

Thermische Energie wird transportiert

Strahlung	Wärmeströmung (Konvektion)	Wärmeleitung
Alle Körper geben thermische Energie durch Strahlung ab. Für den Energietransport durch Strahlung ist keine Materie erforderlich.	Bei der Wärmeströmung (Konvektion) wird thermische Energie von strömenden warmen Flüssigkeiten oder Gasen transportiert.	Bei der Wärmeleitung fließt thermische Energie in einem Gegenstand von seiner wärmeren zur kälteren Seite.

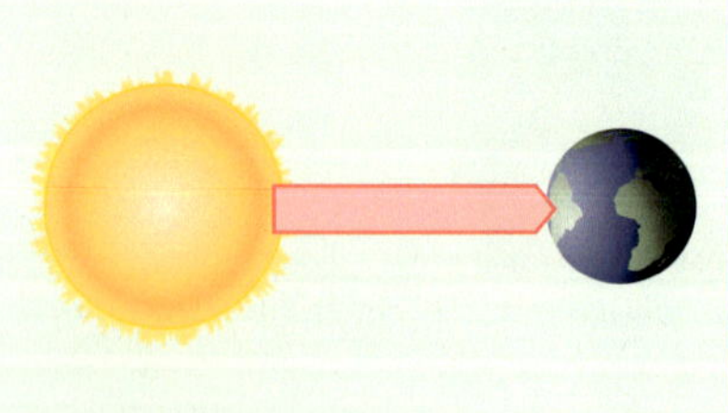

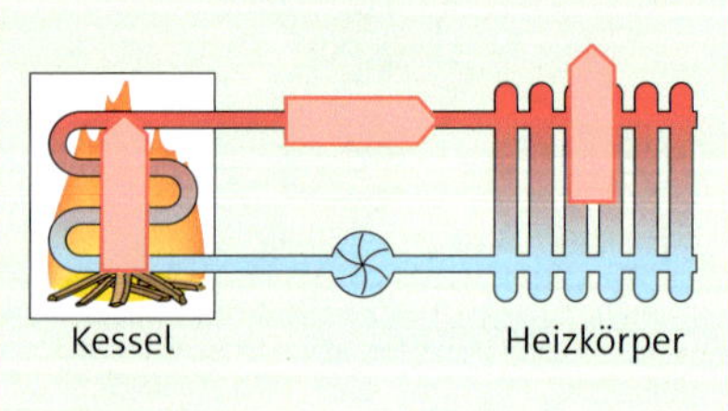

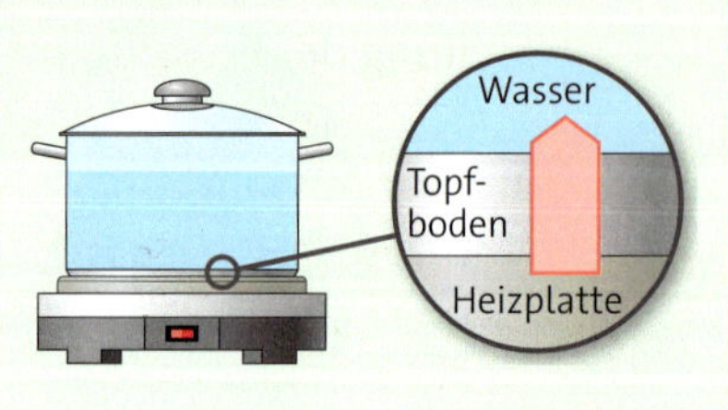

1 Wärmetransportarten

Strahlung – Temperatur • Körper senden unterhalb von 600 °C unsichtbare Infrarotstrahlung aus. Ab 600 °C senden sie auch Licht aus. Farbe und Helligkeit hängen von der Temperatur ab.

Wasser als Energiespeicher • Mit Wasser kann man umso mehr thermische Energie speichern:
- je größer seine Masse ist und
- je mehr seine Temperatur zunimmt.

Beim Erwärmen von 1 kg Wasser um 1 °C nimmt seine thermische Energie um 4,19 kJ zu.

Thermische Energie berechnen* • Für die Zunahme der thermischen Energie von Wasser beim Erwärmen gilt:

$$\Delta E_{therm} = c \cdot m \cdot \Delta T \quad \text{mit} \quad c = 4{,}19\,\frac{\text{kJ}}{\text{kg} \cdot {}^\circ\text{C}}$$

(c: spezifische Wärmekapazität von Wasser).

Heizen und Wärmedämmung • Im thermischen Gleichgewicht strömt beim Heizen genauso viel thermische Energie pro Sekunde in ein Haus hinein wie hinaus. → 2 Die Temperatur im Haus bleibt dann konstant.

Eine gute Wärmedämmung verringert den Energiestrom von innen nach außen – bei gleicher Temperatur im Haus. Die Wärmedämmung eines Bauteils (Wand, Fenster) ist umso besser, je kleiner sein U-Wert ist.

Je geringer der Temperaturunterschied zwischen innen und außen ist, desto kleiner ist der Energiestrom von innen nach außen.

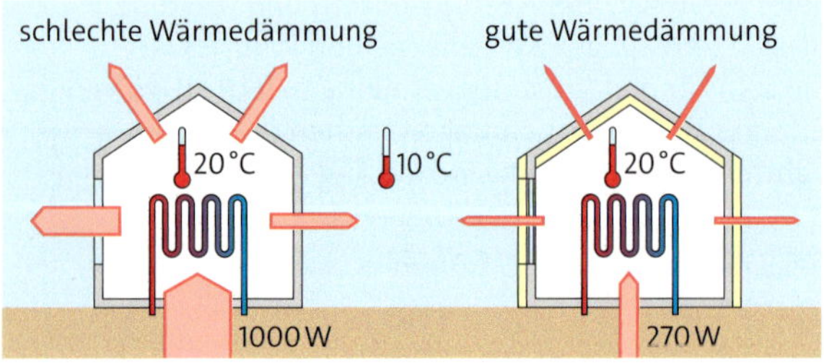

2 Weniger Heizen dank Wärmedämmung

Strahlung und Treibhauseffekt • Glasscheiben lassen Licht fast ungehindert durch und absorbieren Infrarotstrahlung fast vollständig. Zimmer mit Südfenstern werden vom Sonnenlicht und von der Infrarotstrahlung der erwärmten Glasscheiben erwärmt (Treibhauseffekt). → 3
Die Erde wird vom Sonnenlicht und von der Infrarotstrahlung der erwärmten Atmosphäre erwärmt (natürlicher Treibhauseffekt). → 4

Die wichtigsten Treibhausgase sind: Kohlenstoffdioxid, Methan, Wasserdampf und Lachgas.
Die Menschheit verstärkt zurzeit den natürlichen Treibhauseffekt, sodass die Durchschnittstemperatur auf der Erde ansteigt. → 5 Das Klima kann sich dadurch verändern.
Elektrische Energie lässt sich mit erneuerbaren Energiequellen erzeugen, ohne den Treibhauseffekt weiter zu verstärken.

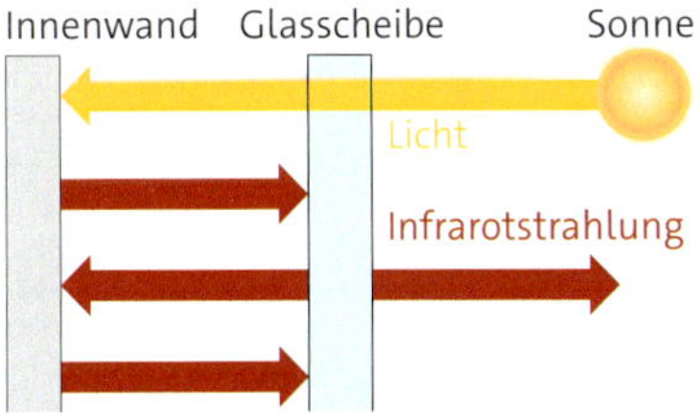

3 Treibhauseffekt

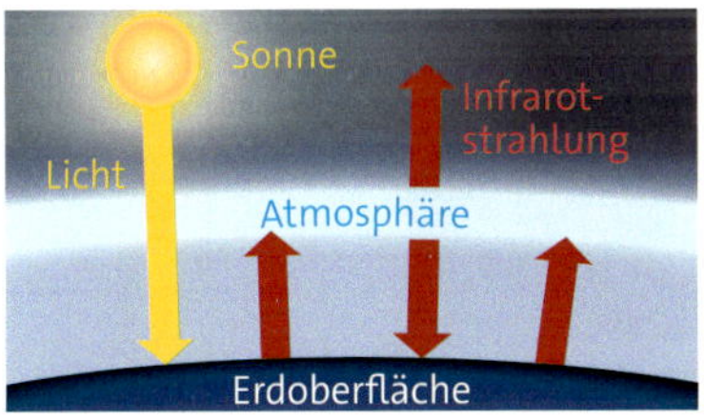

4 Natürlicher Treibhauseffekt

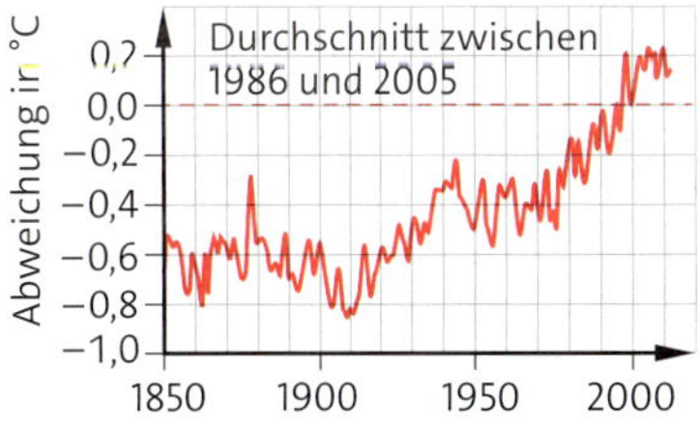

5 Globale Erwärmung

Ausdehnen beim Erwärmen • Das Volumen der meisten Körper nimmt beim Erwärmen zu. → 6

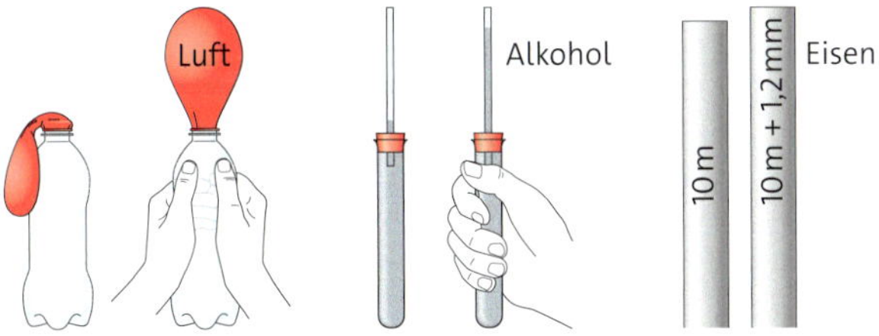

6 Ausdehnen beim Erwärmen um 10 °C

Absoluter Nullpunkt* • Es gibt eine untere Grenze für die Temperatur: −273,15 °C. → 7 Bei dieser Temperatur hört die Bewegung der Teilchen auf.

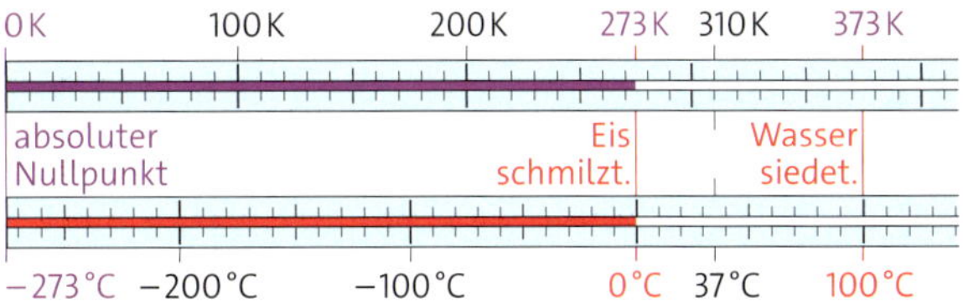

7 Kelvinskala und Celsiusskala

Wirkungsgrad • Bei Energieumwandlungen gilt:

$$\text{Wirkungsgrad} = \frac{\text{nutzbare Energie}}{\text{zugeführte Energie}}.$$ → 8

Der Wirkungsgrad kann nie größer als 100 % sein.
Der elektrische Wirkungsgrad eines Wärmekraftwerks ist umso größer, je mehr sich die Temperaturen vor und nach der Turbine unterscheiden.

8 Wirkungsgrad eines Kohlekraftwerks: 40 %

Irreversible Vorgänge* • Vorgänge, die von alleine immer nur in eine Richtung ablaufen

Teste dich! (Lösungen auf Seite 389)

Thermische Energie wird transportiert

1 ○ Nenne die drei verschiedenen Arten, thermische Energie zu transportieren.

2 ○ Gib jeweils an, ob es um Wärmeleitung, Strahlung oder Wärmeströmung (Konvektion) geht. → 1 – 4

1

2

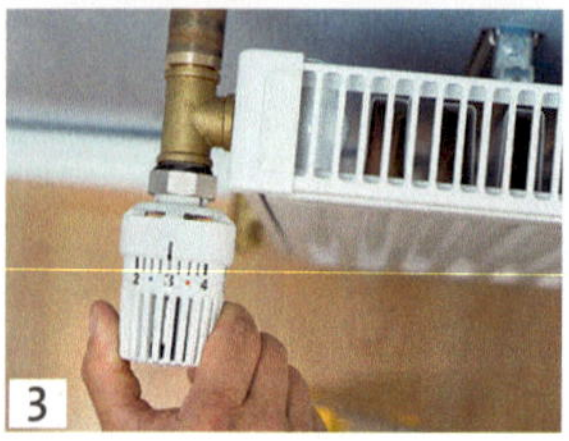
3

4

Heizen

3 ◐ In vielen Wohnungen lässt sich ohne großen Aufwand Energie beim Heizen einsparen. Beschreibe verschiedene Möglichkeiten.

4 Bei alten Häusern strömt im Winter oft viel thermische Energie durch die Fenster ins Freie.

a ○ Nenne drei Größen, von denen der Energiestrom durch die Fenster abhängt.

b ◐ Beschreibe mehrere Möglichkeiten, den Energiestrom durch die Fenster zu verringern.

c ◐ Ein 3 m^2 großes Fenster hat einen U-Wert von $0{,}6 \frac{W}{m^2 \cdot °C}$. Berechne, wie viel Energie in jeder Sekunde bei einem Temperaturunterschied von 20 °C nach außen strömt.

5 ◐ Erkläre, warum zur Sonne hin ausgerichtete große Fenster für höhere Temperaturen in der Wohnung sorgen.

6 Eine Aluminiumfolie wird beleuchtet. → 5
Ihre Temperatur steigt erst schnell, dann langsamer und zum Schluss gar nicht mehr.
◐ Erkläre diesen Temperaturanstieg. Verwende den Begriff thermisches Gleichgewicht.

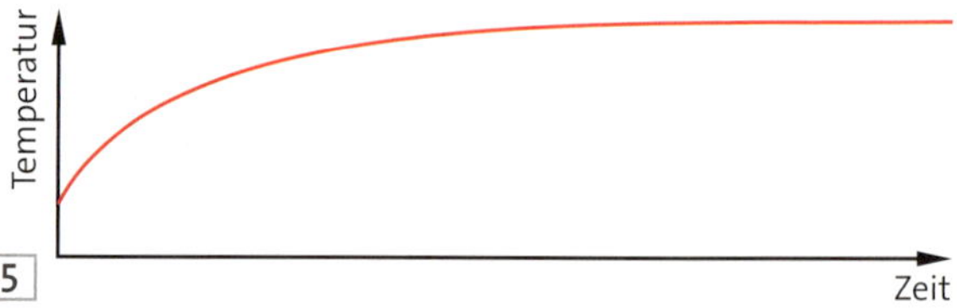

5

7 Siri hat eine einfache Gartenlaube, die mit einem Holzofen geheizt wird. Im Winter wird es drinnen trotzdem nicht richtig warm.

a ◐ Siris Freundin Nadja sagt: „Das kann doch nicht sein. Solange du Holz nachlegst, wird es immer wärmer.“ Nimm Stellung zu Nadjas Aussage.

b ● Erkläre, warum es in der Laube wärmer wird als zuvor, wenn die Wände mit Styroporplatten verkleidet sind. Tipp: thermisches Gleichgewicht

8 Jonas nimmt ein Vollbad: 100 kg Wasser werden um 30 °C erwärmt. Lea setzt sich Teewasser auf: 1 kg Wasser wird um 90 °C erwärmt.

a ◐ Lea sagt: „Im kochenden Teewasser ist viel mehr thermische Energie gespeichert als im warmen Badewasser.“ Nimm Stellung dazu.

b ◐ Berechne jeweils die thermische Energie im erwärmten Wasser und vergleiche sie.

Treibhauseffekt

9 Der Treibhauseffekt

a ○ Gib die Durchschnittstemperaturen auf der Erde an: ohne/mit Treibhauseffekt.

b ○ Nenne Gase, die für den natürlichen Treibhauseffekt verantwortlich sind.

c ◐ Erkläre, wie der natürliche Treibhauseffekt zustande kommt.

d ◐ Erkläre, wie der natürliche Treibhauseffekt durch die Menschen verstärkt wird.

e ◐ Der Meeresspiegel steigt bei einer globalen Erwärmung an. Nenne zwei Gründe dafür.

f ○ Nenne Möglichkeiten, um die globale Erwärmung abzuschwächen.

Ausdehnen beim Erwärmen

10 ◐ Alisa taucht einen eingedellten Tischtennisball in warmes Wasser – und schon ist die Delle weg. Erkläre diese Reparatur.

11 Bimetall

a ○ Gib an, welcher Metallstreifen sich beim Erwärmen stärker ausdehnt. → 6
Tipp: Tabelle 3 auf Seite 328

b ◐ Der Bimetallstreifen besteht aus zwei Metallstreifen, die fest miteinander verbunden sind. → 7 Erkläre, warum er sich verbiegt.

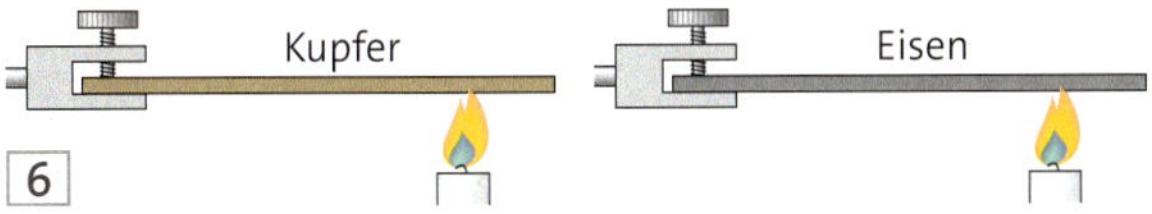

6

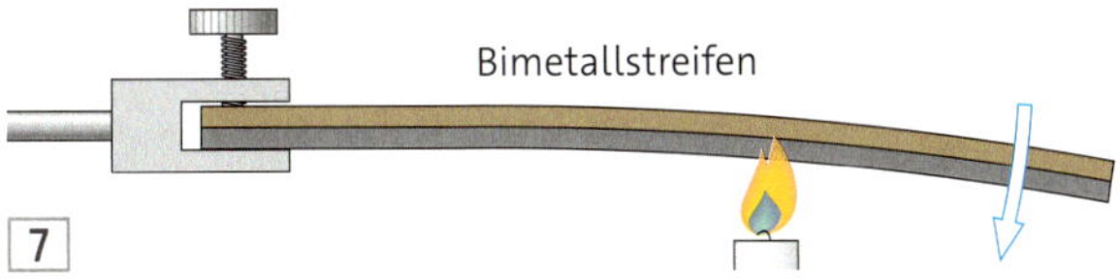

7

Absoluter Nullpunkt*

12 ○ Sheldon sagt: „Ich habe eine Temperatur von 309 Kelvin." Rechne nach, ob er Fieber hat.

13 ◐ Erkläre mit dem Teilchenmodell, dass es eine tiefste Temperatur gibt.

Wirkungsgrad und Kraftwerke

14 Wirkungsgrad eines Motorradmotors

a ◐ „Der Wirkungsgrad des Motors beträgt etwa 20 %." Erkläre diese Aussage. Tipp: → 8

b ◐ Erkläre, warum der Wirkungsgrad einer Maschine nie mehr als 100 % betragen kann.

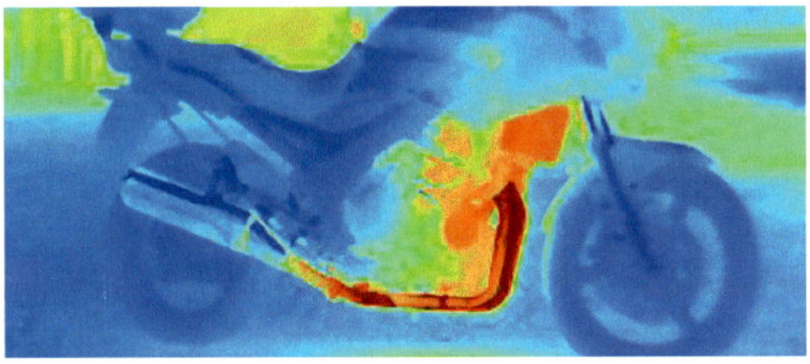

8 Wärmebild eines gerade abgestellten Motorrads

15 Kohlekraftwerke

a ○ Gib den elektrischen Wirkungsgrad eines Kohlekraftwerks ungefähr an.

b ○ Ergänze: Ein Kohlekraftwerk produziert mehr ... Energie als elektrische Energie.

c ◐ Der Wirkungsgrad von Heizkraftwerken ist viel größer als der elektrische Wirkungsgrad. Erkläre den Unterschied.

d ◐ „Kohlekraftwerke verstärken den Treibhauseffekt." Begründe diese Aussage.

e ○ Nenne Kraftwerke, die den Treibhauseffekt nur wenig verstärken. Gib jeweils den elektrischen Wirkungsgrad an.

Struktur der Materie

An die Tomaten wird kein Mikrofon gehalten, sondern ein Geigerzähler. Er zeigt an, ob sie radioaktiv belastet sind.
Was ist das: Radioaktivität?

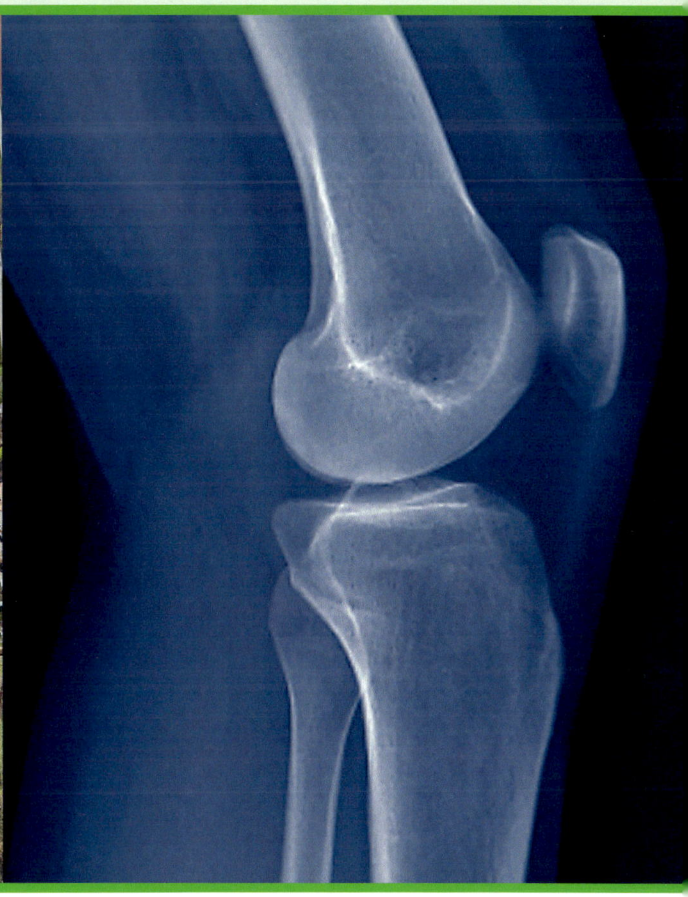

Was geschieht im Kernkraftwerk? Wie gefährlich ist so ein Kraftwerk und welche Schutzmaßnahmen gibt es? Verstärken Kernkraftwerke den Treibhauseffekt?

Röntgenstrahlung macht das Innere des Körpers sichtbar. Auch die unsichtbare Strahlung radioaktiver Körper kann in der Medizin und in der Technik genutzt werden.

Radioaktivität – überall!

1 Was zeigt das Knacken an?

Das Knacken des Geigerzählers zeigt Radioaktivität an – auch wenn gar kein radioaktiver Stoff in der Umgebung ist.

Unsichtbare Strahlung • Der Geigerzähler zeigt eine unsichtbare Strahlung an. Dabei handelt es sich weder um Infarotstrahlung noch um Ultraviolettstrahlung. Wir sind ihr ständig ausgesetzt. Sie kommt aus dem Weltraum und von radioaktiven Stoffen in unserer Umgebung. So sind z. B. manche Gesteine und Lebensmittel (leicht) radioaktiv. Je intensiver die Strahlung ist, desto größer ist die Anzahl der Impulse, die der Geigerzähler misst. Der Geigerzähler knackt mal häufiger, mal seltener. Die radioaktiven Stoffe senden die unsichtbare Strahlung ganz unregelmäßig von selbst aus. Man kann nicht vorhersagen, wann es passiert.

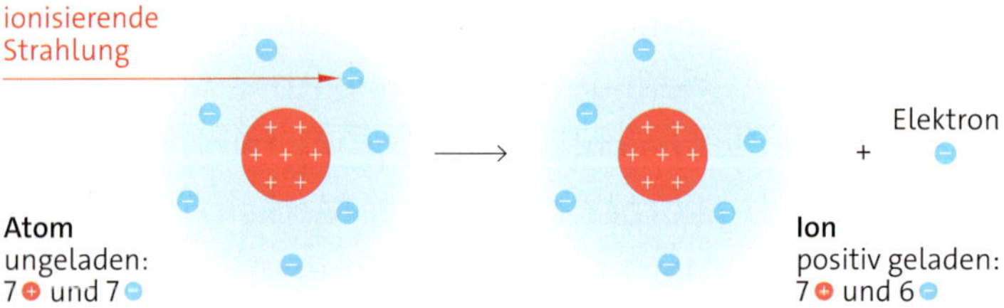

2 Ionisierende Strahlung

Ionisierende Strahlung • Wenn die Strahlung radioaktiver Stoffe auf ein Atom trifft, kann sie Elektronen aus der Atomhülle herausschlagen. → 2 Dann wird das Atom zu einem positiv geladenen Ion. Man spricht deshalb von ionisierender Strahlung. Wenn sie in unseren Körper eindringt, kann sie Atome und Moleküle verändern und dadurch schädlich für uns sein.

> Die Strahlung radioaktiver Stoffe ist unsichtbar und ionisierend. Sie kann mit dem Geigerzähler nachgewiesen werden. Wir sind ständig einer geringen ionisierenden Strahlung ausgesetzt.

Aufgaben

1 Petra misst in ihrer Klasse mit dem Geigerzähler:
1. Minute: 23 Impulse, 2. Minute: 21 Impulse, 3. Minute: 25 Impulse.

a ○ Beschreibe, was der Geigerzähler anzeigt.

b ◐ Erkläre, warum es nicht immer gleich viele Impulse sind.

2 ◐ Erkläre den Begriff ionisierende Strahlung.

3 ◐ Ein Atom wird von ionisierender Strahlung getroffen. Beschreibe den Vorgang der Ionisierung.

Material A

Geigerzähler im Einsatz

Materialliste: Geigerzähler, Kaliumdünger, Kochsalz

1 Stellt den Geigerzähler auf den leeren Tisch und schaltet ihn ein. Lasst ihn 5 min lang zählen.
▢ Notiert eure Beobachtung.

2 Legt den Kaliumdünger auf den Tisch. Er enthält ein Kaliumsalz. Haltet den Geigerzähler dicht über den Dünger. → 3 Lasst wieder 5 min lang zählen.
▢ Notiert wieder eure Beobachtung. Vergleicht mit dem vorigen Versuch.

3 Kaliumdünger und Geigerzähler

3 Wiederholt den Versuch mit Kochsalz. Das ist ein Natriumsalz.
◐ Vergleicht mit dem vorigen Versuchsergebnis. Erklärt den Unterschied.

Material B

Radioaktive Lebensmittel

Materialliste: Geigerzähler, Kakaopulver, weiße Bohnen, Pflaumen

1 Stellt den Geigerzähler auf den leeren Tisch und schaltet ihn ein. Lasst ihn 5 min lang zählen.
▢ Notiert euren Messwert.

2 Haltet den Geigerzähler dicht über die verschiedenen Lebensmittel. Lasst ihn jeweils 5 min lang zählen.
a ▢ Notiert die Messwerte.
b ▢ Vergleicht mit dem Messwert bei leerem Tisch.
c ◐ Erklärt den Unterschied. Tipp: Kakaopulver, weiße Bohnen und Pflaumen enthalten viel Kalium.

Material C

Radioaktiver Staub

Zwei dünne Lagen eines Taschentuchs aus Papier werden am Ansaugrohr eines Staubsaugers befestigt. → 4 Die Luft wird 10 min lang durch dieses Taschentuch gesaugt. Anschließend misst der Geigerzähler am Taschentuch 1204 Impulse in 5 min.
Nun wird das Taschentuch verbrannt. Der Geigerzähler misst über der Asche diesmal 1210 Impulse in 5 min.

1 Wenn man den Geigerzähler an ein frisches Taschentuch hält, misst er 104 Impulse in 5 min.
◐ Erkläre, warum der Messwert nach dem Staubsaugen viel höher ist.

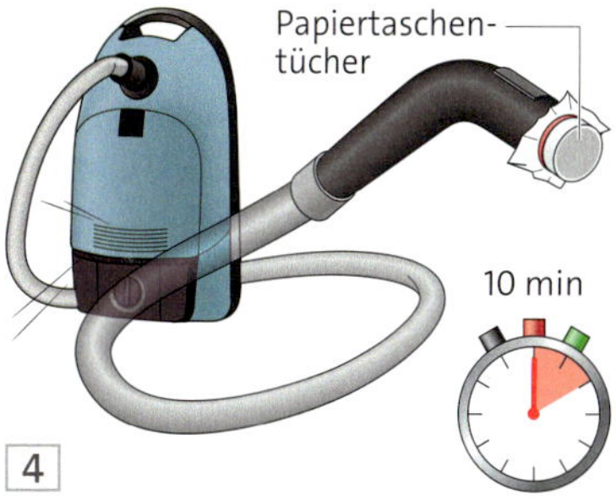

4

2 ▢ Gib jeweils an, ob die Aussagen richtig oder falsch sind:
a An der Asche der Taschentücher misst der Geigerzähler weniger Impulse als vorher.
b Das Verbrennen der Taschentücher zerstört die radioaktiven Stoffe.
c Die radioaktiven Stoffe sind auch nach dem Verbrennen der Taschentücher noch vorhanden.

Ionisierende Strahlung – näher betrachtet

1 Schützen die Anzüge vor Radioaktivität?

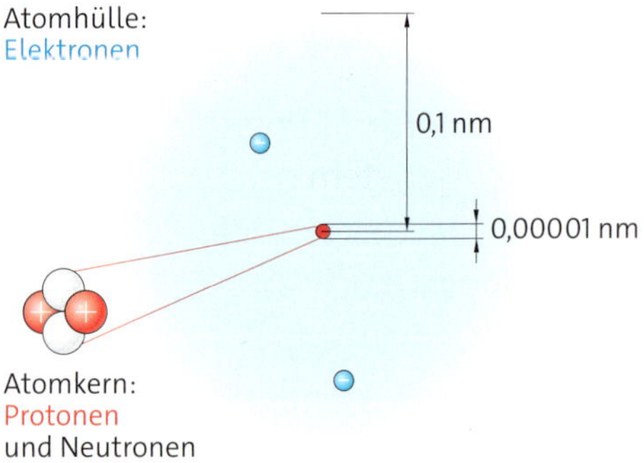

3 Heliumatom im Kern-Hülle-Modell

Strahlung radioaktiver Stoffe kann uns schädigen. Lässt sie sich abschirmen?

Drei Strahlungsarten • Ein Teil der Strahlung wird schon durch eine 4–8 cm dicke Luftschicht oder ein Blatt Papier gestoppt. → 2 Dieser Teil der Strahlung wird Alpha-Strahlung (α-Strahlung) genannt.
Ein anderer Teil der Strahlung wird zum Beispiel erst durch ein 4–5 mm dickes Alublech gestoppt. Er wird Beta-Strahlung (β-Strahlung) genannt.
Ein weiterer Teil der Strahlung wird erst durch sehr dicke Bleiblöcke gestoppt. Er wird Gamma-Strahlung (γ-Strahlung) genannt.

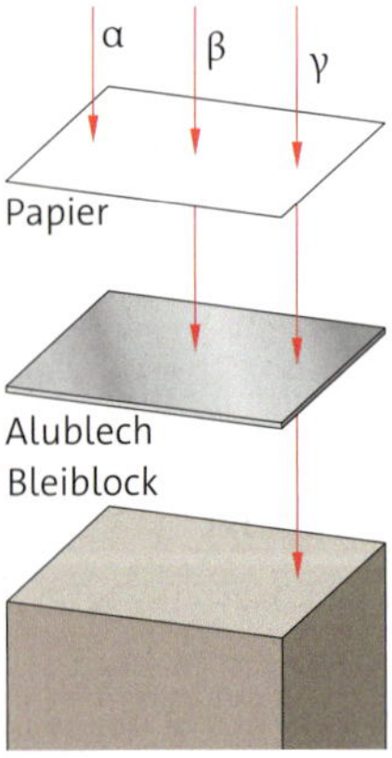

2 Strahlungsarten

Radioaktive Stoffe geben drei Arten ionisierender Strahlung ab: α-Strahlung, β-Strahlung und γ-Strahlung. Sie lassen sich unterschiedlich gut abschirmen.

Atome • Die Entstehung der Strahlungsarten beschreiben wir mit einem Modell vom Aufbau der Atome: → 3

- Protonen und Neutronen bilden den Atomkern. Protonen sind elektrisch positiv, Neutronen sind ungeladen.
- Die elektrisch negativen Elektronen bilden die Atomhülle. Im Atom sind gleich viele Elektronen und Protonen.

Atome mit gleich vielen Protonen gehören zum selben Element:

- Alle Wasserstoff-Atome haben 1 Proton. Sie sind elektrisch 1-fach positiv, die Kernladungszahl ist 1.
- Alle Kohlenstoff-Atome haben 6 Protonen. Sie sind elektrisch 6-fach positiv, ihre Kernladungszahl ist 6.

Die Atome eines Elements können unterschiedlich viele Neutronen haben. Man spricht von Isotopen:

- Die Isotope des Wasserstoffs können 0, 1 oder 2 Neutronen haben. → 4

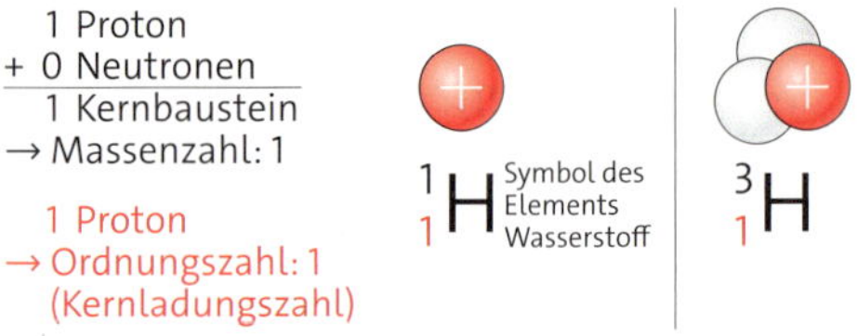

4 Zwei Isotope des Wasserstoffs

die Strahlungsarten
der Atomkern
die Atomhülle
das Element
das Isotop

- Die Isotope des Kohlenstoffs haben meistens 6 Neutronen, seltener sind es 8 Neutronen.

Das Periodensystem der Elemente zeigt, wie viele Protonen (und Elektronen) ein Element besitzt.

> Atome bestehen aus Protonen, Neutronen und Elektronen. Protonen und Neutronen bilden den Atomkern, Elektronen die Atomhülle. Alle Atome eines Elements haben gleich viele Protonen im Atomkern. Die Isotope eines Elements haben verschieden viele Neutronen.

Umwandlung von Atomkernen • Manche Atomkerne wandeln sich einfach so in Atomkerne anderer Elemente um:

- Dabei können Heliumkerne mit hoher Geschwindigkeit abgestrahlt werden: Das ist die α-Strahlung. → 5
- Andere Atomkerne strahlen bei ihrer Umwandlung ein Elektron mit hoher Geschwindigkeit ab: Das ist die β-Strahlung. → 6
- Bei Umwandlungen wird auch oft eine Strahlung abgegeben, die ähnlich wie Licht ist: die γ-Strahlung. → 7

> In radioaktiven Stoffen wandeln sich Atomkerne um. Dabei wird ionisierende Strahlung abgegeben.

Reichweite der Strahlungsarten • Die relativ großen Heliumkerne der α-Strahlung stoßen in Materie mit vielen Atomen und Molekülen zusammen. Dabei geben sie ihre Energie schnell ab. Ihre Reichweite ist gering.

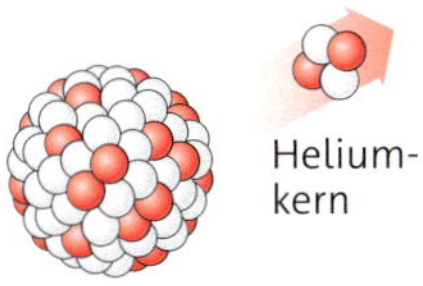

5 α-Strahlung

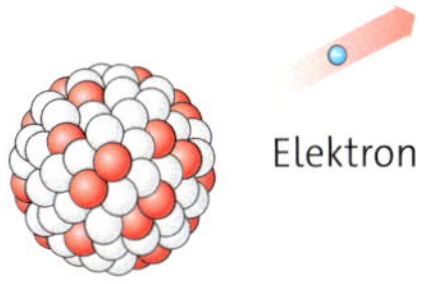

6 β-Strahlung

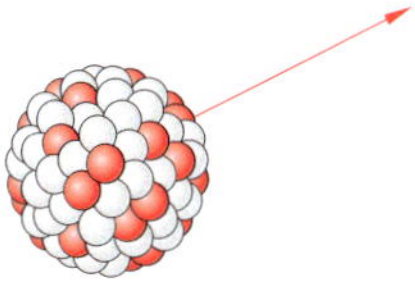
7 γ-Strahlung

Die Elektronen der β-Strahlung sind viel kleiner und schneller als Heliumkerne. Ihre Reichweite ist größer.
Die γ-Strahlung durchdringt Materie fast ungeschwächt.

Quarks* • Protonen und Neutronen bestehen aus noch kleineren Teilchen, den Quarks. → 8 Man kennt sechs Quarks: Up, Down, Top, Bottom, Strange und Charme. Das Proton besteht aus zwei Up-Quarks und einem Down-Quark. Beim Neutron ist es umgekehrt.

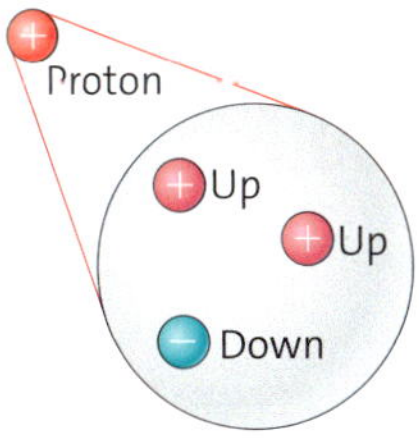

8 Proton, Quarks

Aufgaben

1 ○ Nenne drei Arten ionisierender Strahlung. Gib Unterschiede an.

2 ◐ Hier geht es um Isotope von Kohlenstoff (C) und Uran (U):
$^{12}_{6}C$, $^{14}_{6}C$, $^{235}_{92}U$, $^{238}_{92}U$.

a Erläutere, was Isotope sind.

b Gib für die vier Isotope jeweils die Anzahl Protonen und Neutronen an.

3 ◐ Beschreibe den Aufbau eines Helium-Atoms. Gib auch die Kurzschreibweise an: $^{?}_{?}He$.

4 ● „Mit einem Schutzanzug kann man sich vor ionisierender Strahlung schützen.“ Nimm Stellung.

Ionisierende Strahlung – näher betrachtet

Material A

Isotope

1 ▢ Bild 1 zeigt verschiedene Isotope eines Elements.
a Nenne das Element.
b Schreibe jeweils die Massenzahl und die Ordnungszahl der Atomkerne auf.
c Gib die drei Isotope in Kurzschreibweise an: ${}^{?}_{?}?$.

2 ▢ Bild 2 zeigt zwei Isotope des Kohlenstoffs.
a Schreibe jeweils die Massenzahl und die Ordnungszahl der Atomkerne auf.
b Gib die beiden Isotope in Kurzschreibweise an: ${}^{?}_{?}C$.
c Nenne das Isotop, das von den beiden in der Natur häufiger vorkommt.

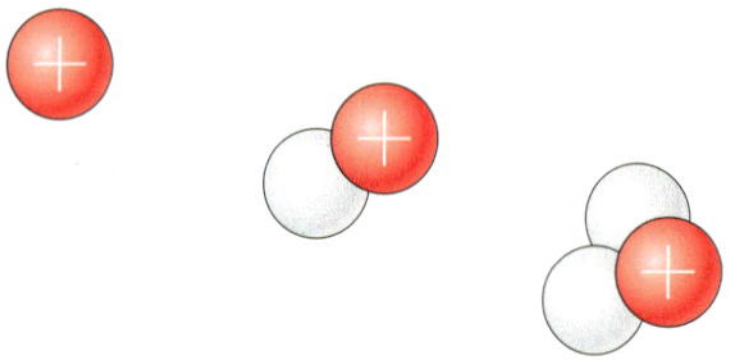

1 Drei Isotope eines Elements

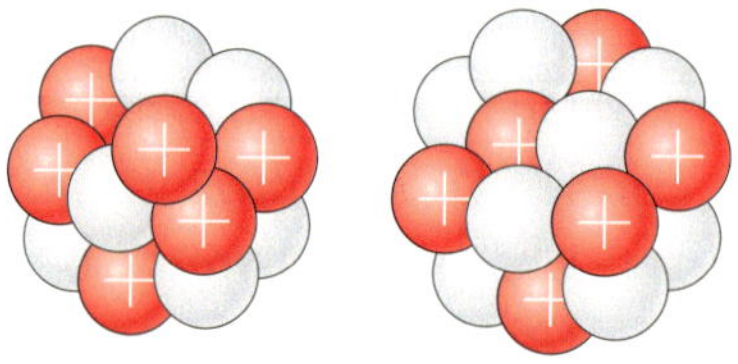

2 Zwei Kohlenstoff-Isotope

Material B

Größenvergleich

Bei einem Heliumatom ist der Durchmesser der Hülle rund 5000-mal so groß wie der Durchmesser des Kerns. Veranschauliche diesen Längenunterschied in einem Vergleich.

1 ◐ Ein Fußballfeld ist rund 100 m lang. → 3 Es ist 5000-mal so lang wie …
a Berechne, wie lang $\frac{1}{5000}$ von 100 m ist.
b Wähle einen Gegenstand aus dem Alltag, der so lang oder dick ist: ein Fußball, eine Euromünze, ein Haar.

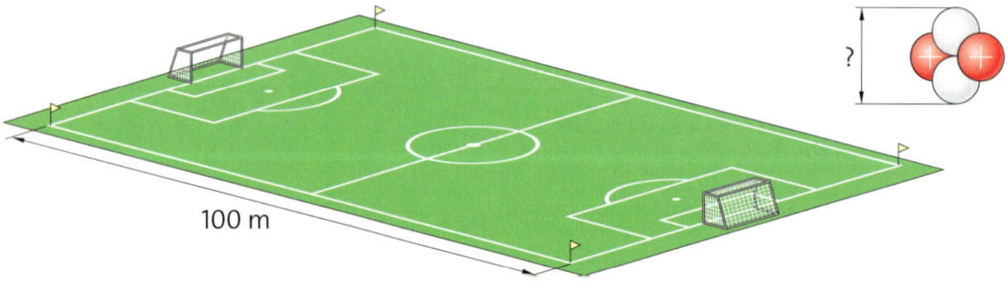

3 Zum Vergleich

Material C

Welche Strahlungsart?

1 ◐ Ein radioaktiver Stoff wird in eine Nebelkammer gehalten. → 4 5 Die Nebelstreifen zeigen den Weg der ionisierenden Strahlung an. (Ähnliche „Spuren" kennst du von Düsenflugzeugen am Himmel.)
a Schätze ab, wie weit die Strahlung in Luft kommt. → 4
b Beschreibe, welchen Einfluss der Streifen Papier auf die Strahlung hat. → 5
c Gib an, um welche Strahlungsart es sich handelt.

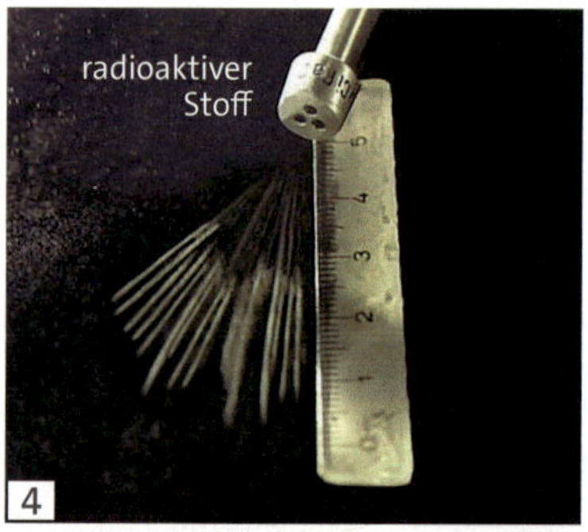

4

5

Material D*

Massenzahlen im Periodensystem der Elemente

Die Massenzahl von Protonen und Neutronen ist 1. Die Massenzahl eines einzelnen Atomkerns ist immer eine ganze Zahl (geteilte Protonen oder Neutronen gibt es nicht). Trotzdem sind fast alle Massenzahlen im Periodensystem der Elemente „Kommazahlen". Wie kommt es dazu?

1 Beschreibe, wie sich die Isotope $^{35}_{17}Cl$ und $^{37}_{17}Cl$ unterscheiden. → 6

2 Erkläre, weshalb die Massenzahlen im Periodensystem der Elemente „Kommazahlen" sind.

3 Nur die Massenzahlen sind „Kommazahlen", die Ordnungszahlen nicht. Erkläre den Unterschied.

Chlor kommt in der Natur zu 75,77 % als $^{35}_{17}Cl$ und zu 24,23 % als $^{37}_{17}Cl$ vor. Die mittlere Massenzahl für natürlich vorkommendes Chlor ist daher 35,48:

$$\frac{75{,}77}{100} \cdot 35 + \frac{24{,}23}{100} \cdot 37 = 35{,}48$$

Das ist fast genau die Massenzahl für Chlor im Periodensystem der Elemente.

6 Zwei Chlor-Isotope

Material E*

Kernumwandlungen – näher betrachtet

1 Beschreibe, was bei den beiden Kernumwandlungen im Atomkern passiert. → 7

Gib dabei an, wie sich die Anzahl von Protonen und Neutronen verändert.

2 Stelle die Reaktionsgleichungen auf:

a Uran $^{235}_{92}U$ sendet bei seiner Kernumwandlung α-Strahlung aus.

b Kohlenstoff $^{14}_{6}C$ sendet bei seiner Kernumwandlung β-Strahlung aus.

	α-Strahlung	β-Strahlung	γ-Strahlung
Art der Strahlung	Heliumkerne	Elektronen	wie Licht
Umwandlung des Atomkerns	Der Atomkern verliert 2 Protonen und 2 Neutronen. Die Ordnungszahl nimmt also um 2 ab, die Massenzahl um 4.	Ein Neutron wandelt sich in ein Proton und ein Elektron um. Die Ordnungszahl nimmt also um 1 zu, die Massenzahl bleibt gleich.	Die Energie des Atomkerns nimmt ab, der Aufbau ändert sich nicht.
Beispiel	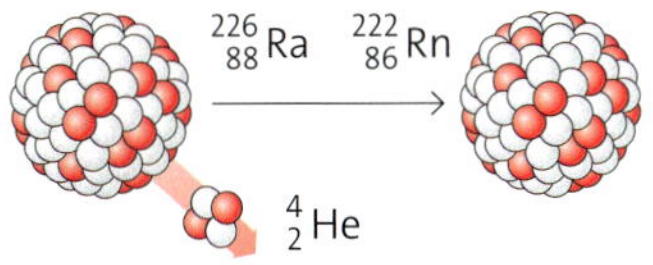	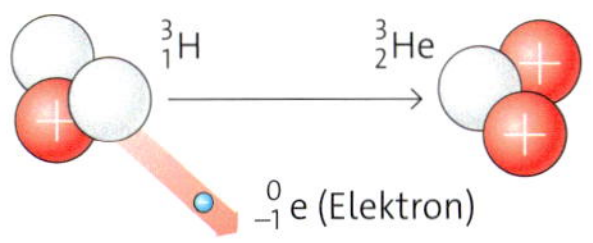	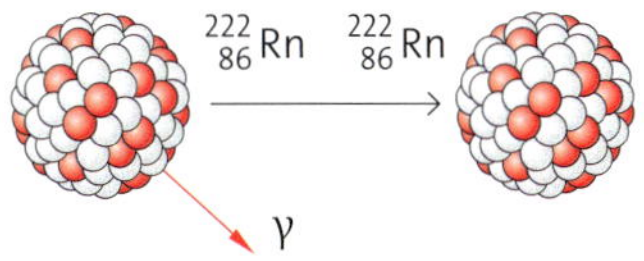
Reaktionsgleichung	$^{226}_{88}Ra \rightarrow ^{222}_{86}Rn + ^{4}_{2}He$	$^{3}_{1}H \rightarrow ^{3}_{2}He + ^{0}_{-1}e$	$^{222}_{86}Rn \rightarrow ^{222}_{86}Rn + \gamma$

7 Strahlungsarten und Kernumwandlungen

Die Halbwertszeit

1 Dieser Abfall ist radioaktiv – wie lange noch?

Radioaktive Abfälle können die Umwelt belasten. Man muss sie für lange Zeit sicher aufbewahren. Wie lange?

Halbwertszeit • Barium $^{137}_{56}Ba$ ist radioaktiv. Die Energie seiner Atomkerne nimmt ab, indem sie γ-Strahlung aussenden. Von 100 Atomkernen wandeln sich in 2,6 min durchschnittlich 50 Kerne um – also die Hälfte. → 2 Von den verbleibenden 50 Kernen wandeln sich in den nächsten 2,6 min durchschnittlich 25 Kerne um – also wieder die Hälfte. Das geht immer so weiter. Radium $^{226}_{88}Ra$ wandelt sich viel langsamer um als Barium $^{137}_{56}Ba$. Nach 1620 a (a: Jahr) ist noch die Hälfte der Atomkerne vorhanden, nach 3240 a ist es noch ein Viertel und so weiter.

Die Halbwertszeit gibt an, wie lange es durchschnittlich dauert, bis sich die Hälfte eines radioaktiven Materials umgewandelt hat. Sie ist für jedes radioaktive Isotop verschieden.

Aktivität • Bei einem radioaktiven Gesteinsbrocken wandeln sich 2460 Kerne in 1 s um, bei einem anderen sind es nur 30. Der erste Gesteinsbrocken zeigt die größere Aktivität.

Die Aktivität eines radioaktiven Gegenstands gibt an, wie viele Kerne sich in ihm pro Sekunde umwandeln. Die Einheit der Aktivität ist 1 Becquerel (1 Bq): → 3
1 Becquerel =
1 Kernumwandlung pro Sekunde.

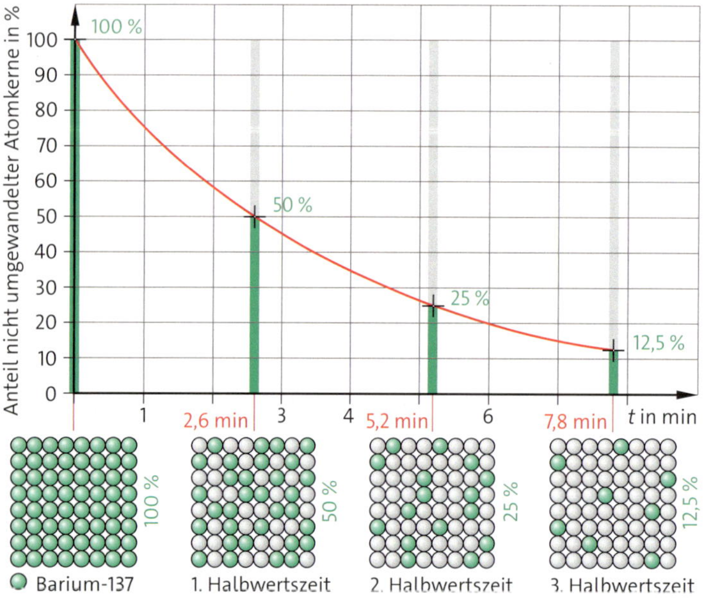

2 Die Umwandlung von Barium $^{137}_{56}Ba$

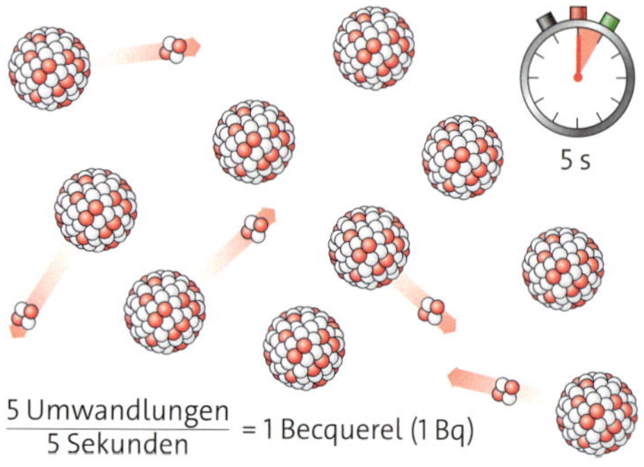

3 Die Aktivität

die **Aktivität**
das **Becquerel**
die **Halbwertszeit**

Die Aktivität eines radioaktiven Materials sinkt in der Halbwertszeit auf die Hälfte.

Radioaktiver Abfall • Radioaktive Abfälle mit langen Halbwertszeiten müssen zum Teil für Jahrtausende sicher aufbewahrt werden. Erst dann ist die Aktivität so niedrig, dass keine Gefahr mehr für die Umwelt besteht.

Altersbestimmung • Kohlenstoff $^{14}_{6}C$ ist radioaktiv (Halbwertszeit: 5730 a). Im Kohlenstoffdioxid CO_2 der Luft ist hauptsächlich Kohlenstoff $^{12}_{6}C$ enthalten, aber auch ein kleiner Anteil $^{14}_{6}C$. Das CO_2 der Luft wird von den Pflanzen aufgenommen. So gelangen $^{12}_{6}C$ und $^{14}_{6}C$ über die Nahrungskette in alle Lebewesen. Nach dem Tod eines Lebewesens ist die Aufnahme von Kohlenstoff beendet. Von nun an nimmt der Anteil von $^{14}_{6}C$ im Vergleich zu $^{12}_{6}C$ langsam ab – es wandeln sich ja nur Atomkerne von $^{14}_{6}C$ um. Wenn die Aktivität in einem „uralten" Stück Holz nur halb so groß ist wie in einem vergleichbaren frischen Stück Holz, kann man genauer sagen, wie alt es ist: 5730 Jahre! → 4

4 Je älter, desto geringer die Aktivität

Aufgaben

1 ▢ Kohlenstoff $^{14}_{6}C$ wandelt sich radioaktiv um. Ergänze die Tabelle. → 5

Vergangene Zeit	Vorhandene Atome
0 a	12 000 000
5 730 a	?
11 460 a	?
17 290 a	?
22 920 a	?

5 Umwandlung von Kohlenstoff $^{14}_{6}C$

2 Du hast 100 Euro. Jede Woche gibst du jeweils die Hälfte des Gelds aus.
a ▢ Vermute, wie viele Wochen das Geld reichen wird.
b ◙ Stelle die Abnahme des Gelds im Diagramm dar.
c ◙ Bestimme, wie viel Geld du noch nach 5 bzw. 10 Wochen hast.

3 ▢ Berechne jeweils die Aktivität:
a 10 Kernumwandlungen in 10 s
b 12 Kernumwandlungen in 3 s
c 4 Kernumwandlungen in 16 s

4 100 g Kohlenstoff aus dem Gewebe gerade gestorbener Tiere haben eine Aktivität von 24 Bq.
In Teilen Sibiriens ist der Boden dauerhaft gefroren. Dort hat man „tiefgefrorene" Mammuts (ausgestorbene Verwandte der Elefanten) ausgegraben.
◙ 100 g Kohlenstoff aus dem Gewebe eines Mammuts haben eine Aktivität von 6 Bq. Berechne, vor wie vielen Jahren es gelebt hat.

Die Halbwertszeit

Material A

Aktivitäten

Strahlungsquelle	Aktivität
Radium (1 g)	$37 \cdot 10^9$ Bq
natürliches Uran (1 g)	$12 \cdot 10^3$ Bq
Erwachsener (70 kg)	$9 \cdot 10^3$ Bq
Radiumstrahler für den Unterricht	$3{,}7 \cdot 10^3$ Bq (Beispiel)
Kaliumchlorid (1 g)	16 Bq
natürlicher Kohlenstoff (1 g)	0,24 Bq

1

1 Die Tabelle zeigt die Aktivität verschiedener Stoffe. → 1

a Wähle die richtige Aussage aus und begründe durch eine Rechnung.
Die Aktivität von Radium ist ungefähr
- 3-mal
- 3000-mal
- 3 000 000-mal

so groß wie die von natürlichem Uran.

b Bei einem Stück Urangestein misst man eine Aktivität von 125 Bq. Erkläre, was das bedeutet.

c In 1 g natürlichem Uran wandeln sich ständig Atomkerne um. Berechne, wie viele es in 1 min sind.

d Wir Menschen sind auch radioaktiv. Das liegt zum großen Teil an radioaktiven Kaliumisotopen. Nimm Stellung zur folgenden Diskussion: „Der Mensch hat fast die gleiche Aktivität wie natürliches Uran. – Das stimmt doch gar nicht, seine Aktivität ist etwa halb so groß wie die von natürlichem Kohlenstoff."

Material B

Halbwertszeit (Modellversuch)

Materialliste: 100 Würfel

1 Jeder Würfel stellt den Atomkern eines radioaktiven Stoffs dar.
Werft alle Würfel gleichzeitig. Nach dem Wurf stellen die Sechser die umgewandelten Atomkerne dar. Sortiert nach jedem Wurf die Sechser aus.
Jeder Wurf stellt den gleichen Zeitabschnitt dar: eine Sekunde.

a Tragt die Ergebnisse nach jedem Wurf in eine Tabelle ein. → 2

Vergangene Zeit	Atomkerne	
	umgewandelt	noch vorhanden
0 s	0	100
1 s	?	?
...	...	...

2 Beispieltabelle für die Messwerte

b Stelle die Ergebnisse in einem Diagramm dar.
Trage die vergangene Zeit auf der waagerechten Achse ein und die Zahl der noch vorhandenen Atomkerne auf der senkrechten Achse.

c Bestimme die Halbwertszeit des radioaktiven Stoffs mithilfe des Diagramms.

d Vergleiche den Modellversuch mit der Umwandlung von Barium $^{137}_{56}Ba$.
Nenne Gemeinsamkeiten und Unterschiede.

Material C

Halbwertszeiten

1 Verschiedene Stoffe – verschiedene Halbwertszeiten

a ▢ Sortiere die Tabelle im Heft. → 3 Beginne mit der längsten Halbwertszeit.

b ◐ Iod $^{131}_{53}$I wird bei Erkrankungen der Schilddrüse eingesetzt. Seine Aktivität beträgt anfangs 200 000 000 Bq. Berechne, auf welchen Wert sie in 24 Tagen absinkt.

c ◐ Radioaktive Abfälle aus Kernkraftwerken enthalten Plutonium $^{239}_{94}$Pu. Berechne, in wie vielen Jahren die Aktivität von Plutonium auf ein Viertel absinkt.

Isotop	Halbwertszeit
Kalium $^{40}_{19}$K	1 260 000 000 a
Caesium $^{137}_{55}$Cs	30 a
Radon $^{222}_{86}$Rn	3,8 d
Plutonium $^{239}_{94}$Pu	24 390 a
Iod $^{131}_{53}$I	8 d
Radium $^{226}_{88}$Ra	1 620 a
Kohlenstoff $^{14}_{6}$C	5 730 a
Uran $^{238}_{92}$U	4 500 000 000 a

3 a: Jahre; d: Tage

Material E

Altersbestimmung

1 Im Lippischen Landesmuseum in Detmold ist eine Kindermumie aus Alt-Peru zu sehen. → 5 Ihr Alter wurde auf 6400 Jahre bestimmt. ◐ Beschreibe, wie man das Alter bestimmen könnte.

5

Material D

Radium und Barium

Zeit: Messung nach ... Minuten	Radium $^{226}_{88}$Ra Impulse in 15 s	Barium $^{137}_{56}$Ba Impulse in 15 s
0	554	1040
1	524	755
2	550	552
3	560	441
4	541	329
5	528	270
6	529	210
7	561	149
8	560	119
9	532	103
10	551	89
11	543	78

4 Mit dem Geigerzähler gemessen

1 Mit einem Geigerzähler sind Proben von Radium $^{226}_{88}$Ra und Barium $^{137}_{56}$Ba untersucht worden. → 4

a ◐ Trage die Messwerte in ein gemeinsames Diagramm ein: waagerechte Achse – Zeit, senkrechte Achse – Anzahl der Impulse in 15 s.

b ▢ Beschreibe den Verlauf der beiden Messkurven.

c ◐ Vergleiche den Verlauf der beiden Messkurven miteinander. Gib an, welcher Stoff die kürzere Halbwertszeit hat. Beschreibe, wie du diese Information aus dem Diagramm abliest.

Die Strahlenbelastung

1 Hier wird die Strahlenbelastung gemessen. Ist sie zu hoch?

Wie stark werden wir durch ionisierende Strahlung belastet?

Wirkung der Strahlung auf Menschen • Ionisierende Strahlung kann Zellen in unserem Körper verändern. Der Körper repariert viele davon oder baut sie ab. Manche Veränderungen führen aber zu Krebserkrankungen.
Keimzellen und die Embryonen im Mutterleib sind besonders gefährdet. Bei Keimzellen kann ionisierende Strahlung das Erbgut verändern. Die Veränderungen können weitervererbt werden und zu Missbildungen bei den Nachkommen führen.
Ionisierende Strahlung von außen dringt unterschiedlich weit in den Körper ein. α- und β-Strahlung werden größtenteils schon von der Haut abgeschirmt, empfindliche Organe im Innern werden nicht geschädigt. γ-Strahlung dringt tief in das Gewebe ein und ist deshalb gefährlicher.
Besonders gefährlich sind radioaktive Stoffe im Innern des Körpers. Sie können mit der Nahrung oder der Atemluft aufgenommen werden. α- und β-Strahlung von innen kann innere Organe schwer schädigen. → 2
Bei starker ionisierender Strahlung kommt es zur Strahlenkrankheit: Die Zahl der roten Blutkörperchen geht zurück, Durchfall, Erbrechen, Hautschäden und Haarausfall treten auf. In besonders starken Fällen stirbt das Opfer.

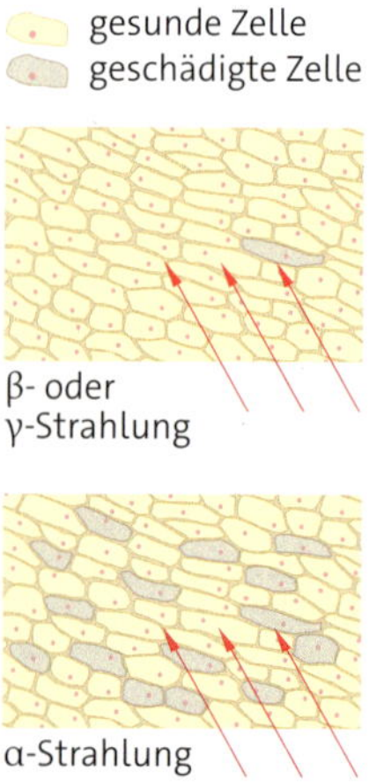

2 α-Strahlung ionisiert besonders viele Atome.

Strahlenbelastung • Wie stark ein Lebewesen durch ionisierende Strahlung geschädigt wird, hängt unter anderem von der aufgenommenen Energie, der Masse des Lebewesens, der Strahlungsart und der Dauer der Strahlung ab.

Ionisierende Strahlung verändert Zellen im Körper. Dadurch kann es zu Erkrankungen und zu Veränderungen des Erbguts kommen.
Die Strahlenbelastung wird in Sievert (Sv) angegeben. In Deutschland liegt die natürliche Strahlenbelastung bei 4 Millisievert pro Jahr. Die Strahlenbelastung durch künstliche Quellen soll in der Regel nicht mehr als 1 Millisievert pro Jahr betragen.

Aufgaben

1 ○ Beschreibe die Wirkung ionisierender Strahlung auf den Körper.

2 ◐ Berechne, ob die Strahlenbelastung über 1 mSv pro Jahr liegt. → 1

3 ● Nimm Stellung: „α- und β-Strahlung bleiben in der Haut hängen. Sie sind also ungefährlich für uns."

die **Strahlenkrankheit**
die **Strahlenbelastung**
das **Sievert**

Material A

Strahlenbelastung

1 Unsere Strahlenbelastung entsteht durch natürliche und künstliche Strahlungsquellen. → 3

a ▢ Sortiere die Strahlungsquellen nach der Strahlenbelastung. Fange mit der größten Belastung an.

b ◔ Erkläre, was mit „künstlich" gemeint ist.

Strahlenbelastung durch natürliche Strahlungsquellen 52,5 %

Strahlenbelastung durch künstliche Strahlungsquellen 47,5 %

Kosmische Strahlung – 0,3 mSv
So nennt man die Strahlung, die aus dem Weltall auf die Erde trifft.

Radon – 1,1 mSv
Radon ist ein Edelgas. Man findet es vor allem dort in der Luft, wo in den Gesteinsschichten Radium und Uran vorkommen (z.B. im Schwarzwald oder im Erzgebirge).

Erdstrahlung – 0,4 mSv
Vor allem dort, wo in der Erde uran- und radiumhaltiges Gestein gefunden wird, ist die Erdstrahlung erheblich.

Innere Strahlung – 0,3 mSv
Auch im Innern unseres Körpers entsteht Strahlung. Sie geht vor allem von Kalium und Kohlenstoff aus, die wir mit der Nahrung aufnehmen.

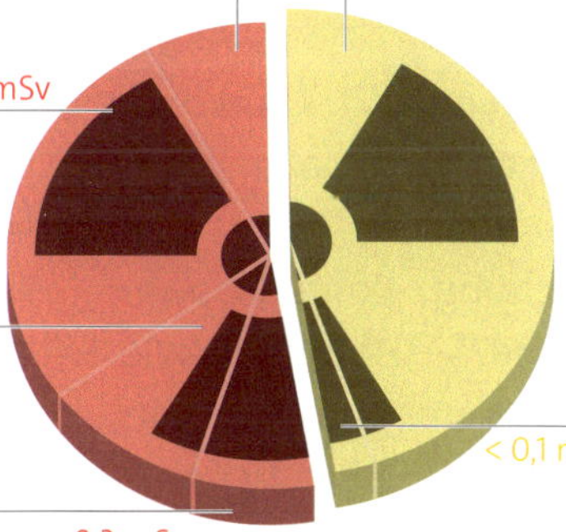

Medizinische Strahlung – 1,8 mSv
Dazu zählt auch die Röntgenstrahlung, besonders in Computertomografen (CT). Die Belastung ist von Person zu Person unterschiedlich. Sie soll möglichst gering gehalten werden. Um überflüssiges Röntgen zu vermeiden, gibt es z.B. einen Röntgenpass, in den jeder Röntgenvorgang eingetragen werden soll.

Strahlung durch Kernkraftwerke (und Folgen des Unfalls von Tschernobyl) – < 0,1 mSv
Im Verhältnis zu den anderen Strahlungsquellen ist die Belastung durch Kernkraftwerke gering – aber nur, wenn diese störungsfrei arbeiten und ihre radioaktiven „Abfälle" sicher gelagert werden.

3 Jährliche Strahlenbelastung und woher sie kommt

Material B

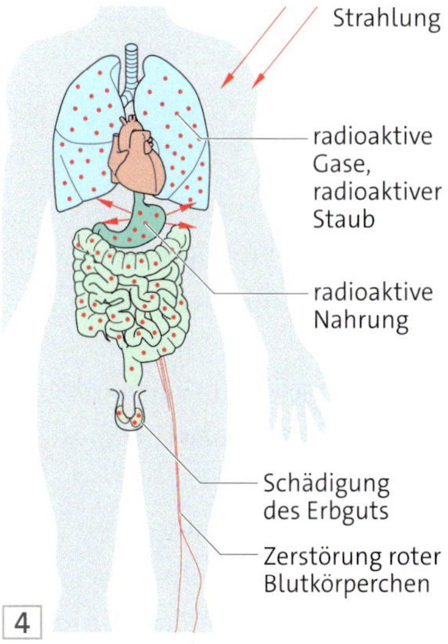

4

Strahlung von außen und von innen

1 Die Wirkung ionisierender Strahlung auf uns kann sehr unterschiedlich sein – je nachdem wo die Strahlung auftritt.

a ▢ Nenne Quellen ionisierender Strahlung, die auf uns einwirken können. → 3 4

b ◔ Ergänze die Tabelle. → 5

c ◔ „Radioaktiver Staub und radioaktive Nahrung sind besonders gefährlich für uns." Erkläre diese Aussage.

Strahlungsquelle	Wirkung der Strahlung
kosmische Strahlung	Zellveränderungen in der Haut
?	?

5 Beispieltabelle

Ionisierende Strahlung für den Menschen

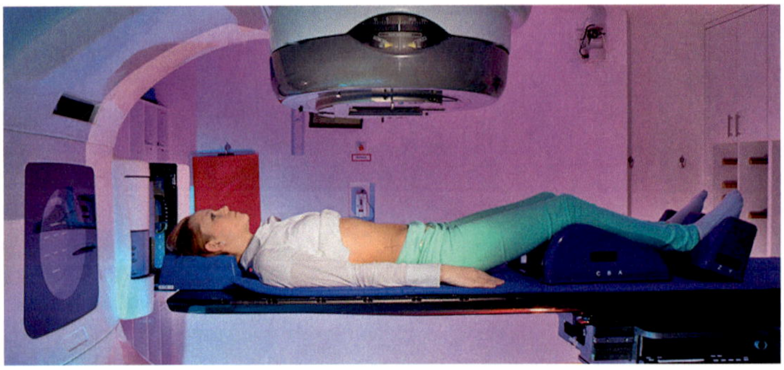

1 Strahlentherapie bei der Krebsbehandlung

Ionisierende Strahlung hilft, Krankheiten zu erkennen und zu behandeln.

Röntgenuntersuchung • Röntgenstrahlung ist ionisierend. Sie ist ähnlich wie die γ-Strahlung, kommt aber nicht aus dem Atomkern. Bei der Untersuchung trifft Röntgenstrahlung auf den Körper. → 2 Sie durchdringt weiche Körperteile fast ungehindert, wird aber von Knochen aufgehalten. Dadurch werden die Knochen z. B. auf einer Fotoplatte sichtbar. → 3 Ärzte können an dem Bild erkennen, ob Knochen gebrochen sind und wie sie am besten behandelt werden. Röntgenaufnahmen sind sehr nützlich, stellen aber eine zusätzliche Strahlenbelastung für den Körper dar.

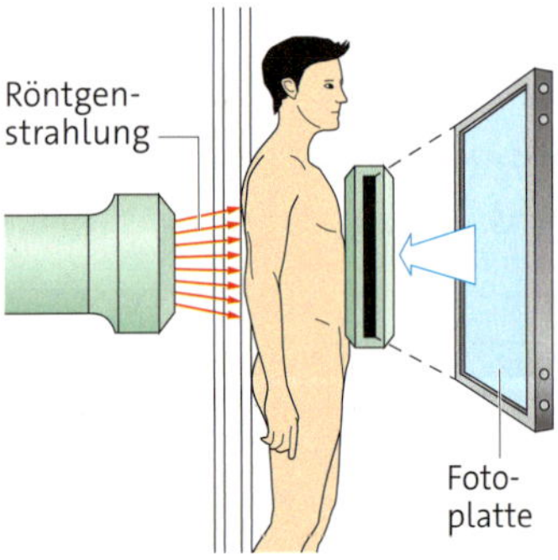

2 Röntgenuntersuchung

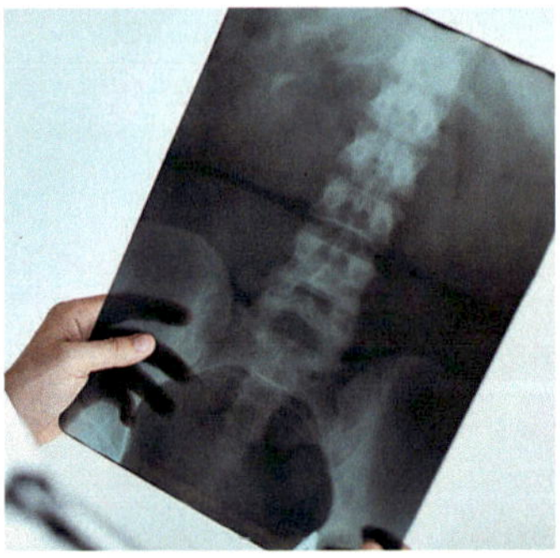

3 Röntgenbild

Mit Röntgenstrahlung werden auch Schweißnähte und Tragflächen von Flugzeugen untersucht. Damit erkennt kann man winzige Risse und Löcher.

Zellen töten • Krebs bildet sich, wenn sich Zellen im Körper verändern und gesundes Gewebe überwuchern. Die ionisierende Strahlung von „Strahlenkanonen" soll nur diese Krebszellen gezielt zerstören. → 1 Besonders effektiv ist die Bestrahlung von innen: Dabei werden radioaktive Stoffe in die Mitte der Krebstumoren gebracht. In der Technik wird die zerstörerische Wirkung der γ-Strahlung genutzt, um Insekten und Bakterien abzutöten. Nach der Ernte werden Reis, Gemüse oder Gewürze bestrahlt und dadurch länger haltbar gemacht.

Röntgenstrahlung wird eingesetzt, um das Innere von Körpern sichtbar zu machen. Ionisierende Strahlung kann genutzt werden, um Zellen zu töten oder zu verändern.

Aufgaben

1 ○ Sortiere die Beispiele für den Einsatz ionisierender Strahlung in „Untersuchen" und „Behandeln".

2 ◐ Beschreibe, wie ein Röntgenbild von der Wirbelsäule entsteht. → 2

3 ● Bei Röntgenuntersuchungen werden Körperteile mit Bleiwesten abgedeckt. Erkläre diese Maßnahme.

Material A

Bestrahlung eines Tumors

1 Beschreibe, wie der Tumor bestrahlt wird. → 4 Erkläre, warum der Tumor aus unterschiedlichen Richtungen bestrahlt wird.

Krebstumoren werden mit ionisierender Strahlung „beschossen". Um die gesunden Zellen zu schonen, bestrahlt man aus verschiedenen Richtungen. Dadurch werden die gesunden Zellen nur kurz belastet, die Krebszellen aber ständig.

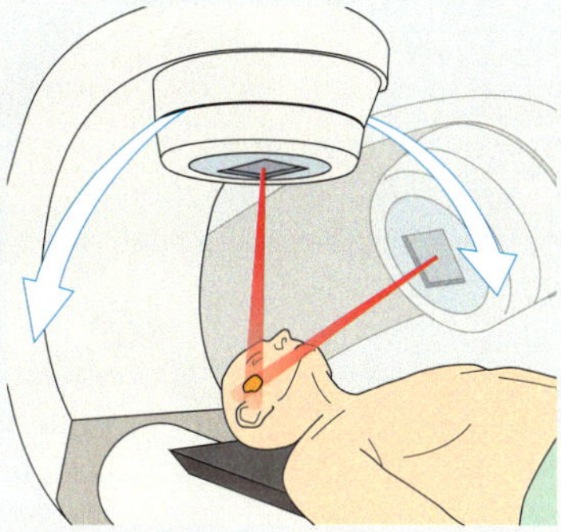

4 Die „Strahlenkanone" wird gedreht.

Material B

Die Computertomografie

1 Vergleiche die Computertomografie mit einer Röntgenuntersuchung. → 5

2 Bewerte die Aussage: „Ich lasse lieber eine Computertomografie machen. Röntgen ist mir viel zu gefährlich."

Bei der Computertomografie (CT) werden viele Röntgenaufnahmen aus verschiedenen Richtungen gemacht. Diese Aufnahmen können am Computer zu 3-dimensionalen Bildern zusammengefügt werden. Jede Röntgenaufnahme belastet den Körper. Bei einem CT ist die Strahlenbelastung besonders hoch, weil viele Einzelbilder gemacht werden. Bei einem CT des Bauchraums kann sie bis zu 20 mSv betragen.

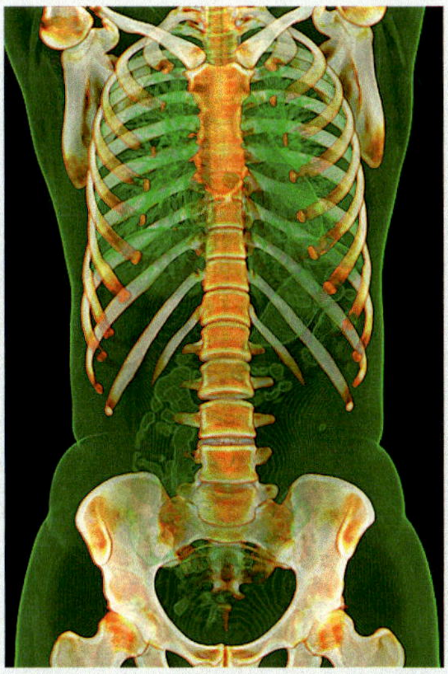

5 Computertomografie (CT)

Material C

Pflanzen züchten

1 Beschreibe, wie man ionisierende Strahlung zur Pflanzenzucht einsetzt. → 6

Kartoffeln und Äpfel waren vor 100 Jahren kleiner als heute. Nur nach jahrzehntelangen Züchtungen wurden sie größer und robuster gegenüber Krankheiten. Dazu wählte man immer wieder die „besseren" Pflanzen aus und vermehrte sie.
Heute kann man das Erbgut von Pflanzen durch Bestrahlung verändern und auf diese Weise viel schneller neue Sorten züchten.

6 Schneller Züchten

Die Kernspaltung

1 Yamal, ein atomgetriebener russischer Eisbrecher

Der Eisbrecher braucht täglich 300 g Uran für seinen Antrieb. Hätte das Schiff einen Dieselmotor, würde es 350 t Treibstoff am Tag verbrauchen! Wie lässt sich so viel Energie aus nur 300 g Uran gewinnen?

Spaltung eines Atomkerns von Uran $^{235}_{92}U$	
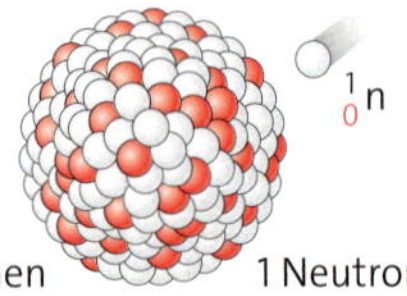	Ein Atomkern wird von einem Neutron getroffen und nimmt es auf.
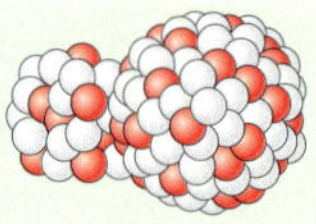	Die Energie des Neutrons bewirkt, dass sich der Atomkern teilt. Es bilden sich zwei kleinere Kerne anderer Elemente, z. B. Krypton und Barium. Es können aber auch andere Elemente entstehen.
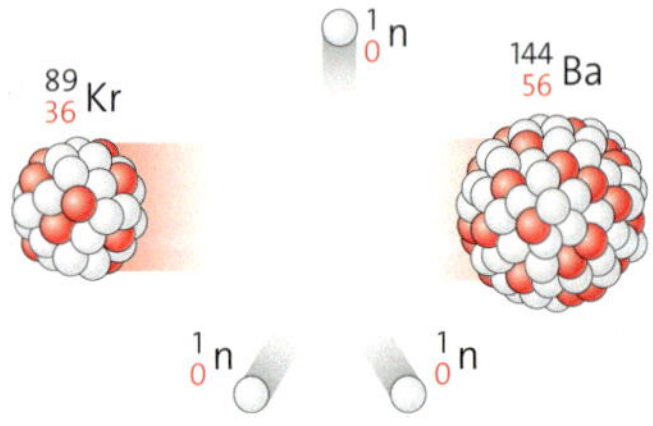	Die positiv geladenen neuen Kerne stoßen sich gegenseitig ab. Sie bewegen sich mit großer Geschwindigkeit auseinander. Zusätzlich werden Neutronen freigesetzt, die ebenfalls sehr schnell sein können.

2

Atomerne lassen sich spalten • Bei der radioaktiven Umwandlung von Atomkernen wird Energie mit der ionisierenden Strahlung abgegeben. Diese Energie ist aber zu gering, um damit einen Eisbrecher oder ein Kernkraftwerk zu versorgen. Stattdessen wird ein anderer Vorgang genutzt: Atomkerne des Isotops Uran $^{235}_{92}U$ werden durch Neutronen gespalten. → 2

Atomkerne von Uran $^{235}_{92}U$ lassen sich durch Neutronen spalten. Es entstehen zwei kleinere Atomkerne und freie Neutronen. Dabei wird viel Energie freigesetzt.

Kernkraftwerk • Im Kraftwerk wird die Kernspaltung genutzt, um elektrische Energie zu erzeugen. Im Druckbehälter befinden sich Brennelemente mit Uran $^{235}_{92}U$. → 3 Bei der Kernspaltung entstehen neue Atomkerne und Neutronen, die sich schnell auseinanderbewegen. Sie stoßen mit Wasserteilchen zusammen und geben dabei Energie ab. Dadurch wird das Wasser auf über 300 °C erwärmt. Durch den großen Druck im Druckbehälter siedet es nicht. Im Wärmetauscher gibt es seine thermische Energie an das Wasser im 2. Kreislauf ab. Der entstehende Wasserdampf treibt eine Turbine mit Generator an. Der Wirkungsgrad des Kernkraftwerks beträgt etwa 35 %.

Kernkraftwerke erzeugen elektrische Energie ähnlich wie Kohlekraftwerke. Die Energie dafür stammt aus Kernspaltungen.

die Kernspaltung
das Kernkraftwerk
die Kettenreaktion

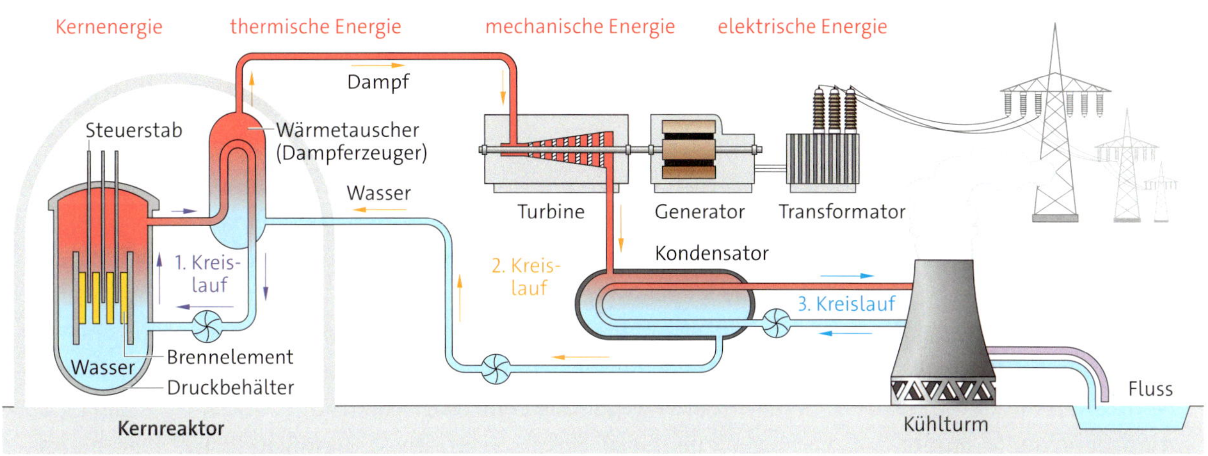

3 Aufbau eines Kernkraftwerks

Kettenreaktion • Bei der Spaltung eines Kerns von Uran $^{235}_{92}U$ werden beispielsweise 3 Neutronen freigesetzt. → 4 Diese Neutronen können 3 weitere Atomkerne spalten. Dabei werden 9 Neutronen freigesetzt, die nun 9 Kerne spalten können usw. Die Zahl der Kernspaltungen steigt lawinenartig an, genauso die abgegebene Energie. Man spricht von einer unkontrollierten Kettenreaktion.

In Kernkraftwerken läuft eine kontrollierte Kettenreaktion ab. → 5 Nur jeweils ein freigesetztes Neutron löst eine weitere Kernspaltung aus. Die anderen Neutronen werden unter anderem von den Steuerstäben „abgefangen". Je tiefer die Steuerstäbe eingeschoben werden, desto mehr Neutronen nehmen sie auf – die Anzahl der Kernspaltungen sinkt.

Im Kernkraftwerk läuft eine kontrollierte Kettenreaktion ab. Die Anzahl der Kernspaltungen pro Sekunde bleibt gleich.

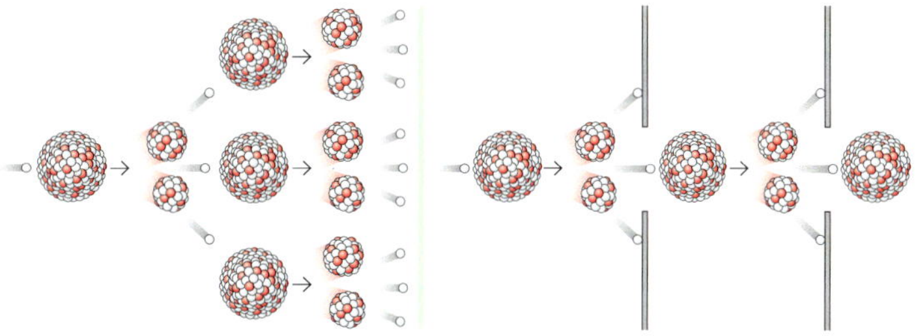

4 5 Kettenreaktion: unkontrolliert und kontrolliert

Aufgaben

1 ▢ Beschreibe die Spaltung von $^{235}_{92}U$.

2 ◔ Vergleiche das Kernkraftwerk mit einem Kohlekraftwerk.

3 ◔ Beschreibe beim Kernkraftwerk die Funktion der Kreisläufe, der Turbinen und des Generators.

4 ▢ Beschreibe, wie die Zahl der Kernspaltungen pro Sekunde im Druckbehälter verändert werden kann.

5 ◔ Vergleiche kontrollierte und unkontrollierte Kettenreaktionen.

Die Kernspaltung

Material A

Energie durch Spaltung

Die Kernspaltung lässt sich mit einem Modellversuch darstellen. → 1

1 Vergleiche das Zusammenfügen der Protonen und Neutronen mit dem Zusammenfügen der Magnete.

2 Erkläre, wie die Energie in den Magneten gespeichert wird. Tipp: Kraft, Weg

3 Vergleiche die Spaltung von Atomkernen mit dem Loslassen der Magnete.

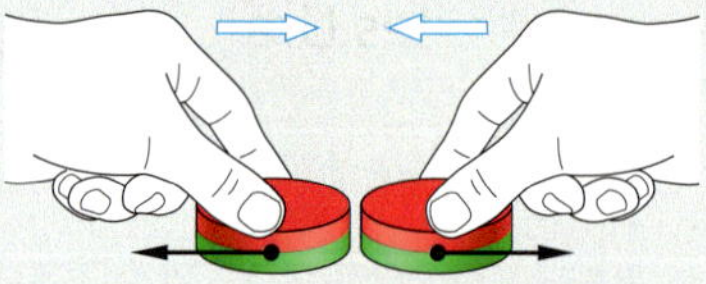

Gleiche Pole zweier Magnete stoßen sich gegenseitig ab. Um die beiden Magnete zusammenzuschieben, braucht man Energie. Die Magnete bleiben nur zusammen, wenn man sie festhält. So lange bleibt die Energie gespeichert. Lässt man die Magnete los, bewegen sie sich auseinander. Die Energie wird in Bewegungsenergie umgewandelt.
Protonen sind elektrisch positiv. Sie stoßen sich gegenseitig ab. Protonen haben sich (zusammen mit Neutronen) vor langer Zeit in Sternen gegen die elektrische Abstoßung zusammengefügt. Dazu war sehr viel Energie nötig. Sie ist in den Atomkernen bis heute als Kernenergie gespeichert. Wenn man einen Atomkern spaltet, bewegen sich die Bruchstücke mit großer Geschwindigkeit auseinander. Ein Teil der gespeicherten Kernenergie wird in Bewegungsenergie der Bruchstücke umgewandelt.

1 Von Magneten und Protonen

Material B

Kettenreaktion mit Zündhölzern (Lehrerversuch)

Materialliste: Zündhölzer, Brett mit Löchern für die Zündhölzer, Nägel, Material zum Aufstellen des Bretts

1 Dieser Modellversuch wird hinter einer Schutzscheibe durchgeführt. → 2 In jedem Loch steckt ein Zündholz, ohne zu wackeln. Das Brett wird schräg aufgestellt oder aufgehängt.

a Das unterste Zündholz wird entzündet. Beschreibe deine Beobachtung.

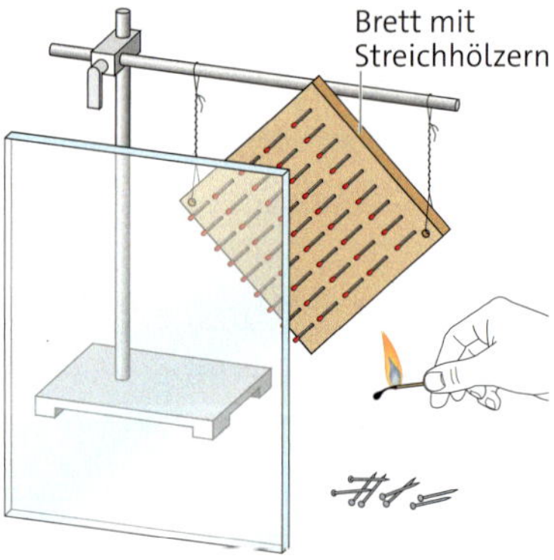

2 Kettenreaktion

b Nun wird jedes dritte, dann jedes zweite Zündholz durch einen Nagel ersetzt. Wieder wird das unterste Zündholz entzündet. Beobachte und vergleiche die Kettenreaktionen mit Teil a.

c Vergleiche den Modellversuch mit Zündhhölzern und die kontrollierte beziehungsweise unkontrollierte Kettenreaktion im Uran. Beschreibe Gemeinsamkeiten und Unterschiede.

Material C

Natürliches und angereichertes Uran

1 ▢ Nenne den Unterschied zwischen natürlichem, angereichertem und hochangereichertem Uran. → 3

2 ◔ Erkläre, warum es in natürlichem Uran nicht zur Kettenreaktion kommt.

Nur das Uran-Isotop $^{235}_{92}U$ ist leicht spaltbar. In natürlichem Uran gehören von 1000 Atomen aber bloß 7 zu $^{235}_{92}U$ – zu wenig für eine Kettenreaktion. Freie Neutronen werden von den viel häufigeren Kernen $^{238}_{92}U$ eingefangen, ohne zu spalten.
In Kernkraftwerken wird deshalb angereichertes Uran eingesetzt. Von 1000 Atomen gehören rund 30 zu $^{235}_{92}U$.
Der russische Eisbrecher Yamal verwendet hochangereichertes Uran. Von 1000 Atomen gehören mehr als 900 zu $^{235}_{92}U$.

3 Uran für Kraftwerke

Material D

Die Atombombe

1945 ließen die USA eine Atombombe über der japanischen Stadt Hiroshima explodieren. Bei der Explosion wurde nicht einmal 1 kg Uran $^{235}_{92}U$ gespalten. Trotzdem zerstörte die freigesetzte Energie Hiroshima fast völlig. Rund 80 000 Menschen starben sofort.

1 ◔ Beschreibe den Aufbau der Atombombe mit eigenen Worten. → 4

2 ▢ Beschreibe, was man bei Atombomben unter der kritischen Masse versteht.

3 ◔ Begründe, dass ein Kernkraftwerk nicht explodieren kann wie eine Atombombe.

Bei Atombomben sollen extrem viele Atomkerne $^{235}_{92}U$ in einer unkontrollierten Kettenreaktion ganz schnell gespalten werden. Dafür wird hochangereichertes Uran verwendet. Außerdem braucht man viel mehr Uran $^{235}_{92}U$ als im Kernkraftwerk. Die mindestens nötige Masse an reinem $^{235}_{92}U$ beträgt rund 50 kg. Man spricht von der kritischen Masse.
Die Atombombe von Hiroshima enthielt an einer Seite einen Stift und an der anderen Seite eine passende Röhre aus $^{235}_{92}U$. Weder der Stift noch die Röhre hatten die kritische Masse, sodass die Bombe gefahrlos zusammengebaut und transportiert werden konnte. Beim Zünden der Bombe explodierte etwas Sprengstoff. Dadurch wurde die Röhre auf den Stift geschossen. Röhre und Stift wogen nun zusammen 64 kg – die kritische Masse war überschritten. Die Neutronenquelle am vorderen Ende der Bombe lieferte freie Neutronen und die unkontrollierte Kettenreaktion setzte ein.

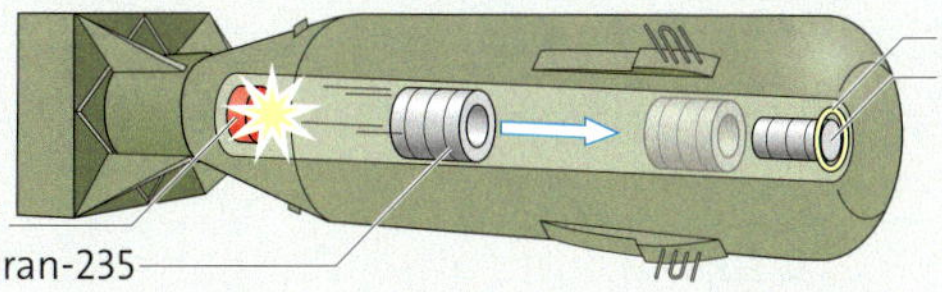

4 Atombombe von Hiroshima

Sicherheit von Kernkraftwerken

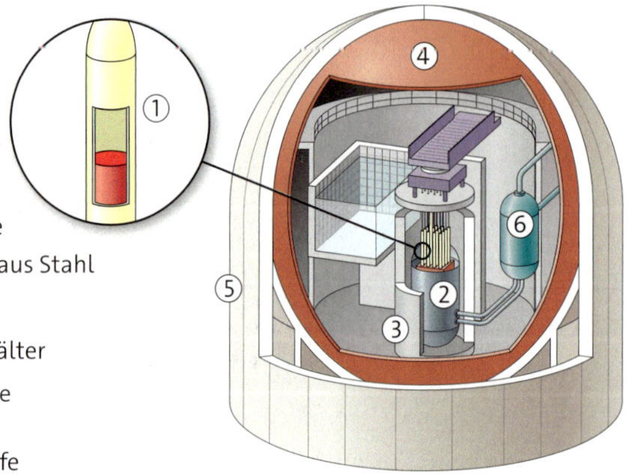

① Hüllrohre der Brennelemente
② Druckbehälter aus Stahl
③ Betonmauer
④ Sicherheitsbehälter
⑤ Reaktorgebäude
⑥ getrennte Wasserkreisläufe

1 Schutzmaßnahmen im Kernreaktor

Im Kernreaktor befindet sich eine große Menge an hochradioaktiven Stoffen, die oft auch giftig sind. Mehrere Barrieren sollen verhindern, dass diese Stoffe oder ihre ionisierende Strahlung in die Umwelt gelangen. → 1

Schutzmaßnahmen • Das angereicherte Uran befindet sich in Hüllrohren. Sie sind gasdicht und haben Platz für die radioaktiven Bruchstücke. Der Druckbehälter besteht aus 25 cm dickem Stahl und hält sehr großem Druck stand. Eine dicke Betonmauer um den Druckbehälter schirmt die ionisierende Strahlung ab. Der kugelförmige Sicherheitsbehälter aus dickem Stahl soll verhindern, dass radioaktive Stoffe entweichen. Das von den Brennelementen erhitzte Wasser verlässt den Sicherheitsbehälter nicht. Das Reaktorgebäude aus dickem Stahlbeton schützt den Reaktor nach außen.

Risiken • Trotz aller Maßnahmen kann das Versagen von Mensch und Technik nie restlos ausgeschlossen werden. Einer der schwersten Unfälle ist der Ausfall des Hauptkühlsystems (1. Kreislauf). Ohne Wasserkühlung schmelzen die Brennelemente. Dabei können Barrieren zerstört werden und große Mengen radioaktiver Stoffe entweichen. Ein Problem ist auch die Nachwärme. Sie entsteht, weil sich die Bruchstücke aus den Kernspaltungen selbst radioaktiv umwandeln und dabei Energie abgeben. Daher muss ein Notkühlsystem nach einem solchen Unfall über Jahre hinweg den Reaktorkern kühlen.

Radioaktiver Abfall • Bei den Kernspaltungen entstehen hochradioaktive Bruchstücke. Nach einigen Betriebsjahren ist die Strahlenbelastung im Reaktor etwa 10 Milliarden Mal so groß wie zu Beginn. Außerdem werden die Reaktorteile radioaktiv. Die großen Mengen radioaktiver Abfälle werden zunächst in Zwischenlager gebracht, nach einem Endlager wird gesucht.

Die Sicherheitssysteme von Kernkraftwerken sollen das Austreten radioaktiver Stoffe und ionisierender Strahlung verhindern. Der radioaktive Abfall muss sicher über Jahrtausende eingelagert werden.

Aufgaben

1 Beschreibe die Schutzmaßnahmen im Kernkraftwerk.

2 Beschreibe die Probleme mit dem radioaktiven Abfall.

der Kernreaktor
die Nachwärme
der radioaktive Abfall

Material A

Notabschaltung und Nachwärme

1 Beschreibe die Notabschaltung eines Kernkraftwerks. → 2

2 Erkläre, warum Kernkraftwerke auch Jahre nach dem Abschalten noch gekühlt werden müssen.

Bei der Notabschaltung eines Kernkraftwerks werden die Steuerstäbe voll zwischen die Brennelemente eingefahren. Obwohl die Kettenreaktion abbricht, muss weiter gekühlt werden. Bei den Kernspaltungen sind nämlich radioaktive Stoffe entstanden. Sie geben bei Kernumwandlungen Energie ab, die in thermische Energie umgewandelt wird. Diese Energie muss abgeführt werden, damit die Brennelemente nicht schmelzen. Wegen der langen Halbwertszeit der Spaltprodukte muss ein abgeschaltetes Kernkraftwerk über Jahrzehnte gekühlt werden.

2 Abschalten und Kühlen

Material B

„Alte" Brennelemente

Jährlich werden rund 30 % der Brennelemente im Kernkraftwerk ausgetauscht.

1 Beschreibe den Weg „alter" Brennelemente. → 3

2 Nenne Eigenschaften der Castorbehälter.

3 Zwischenlager und Endlager – beschreibe, was damit gemeint ist.

Die verbrauchten, hochradioaktiven Brennelemente werden in spezielle Behälter geladen: die Castorbehälter. Diese müssen absolut dicht sein und allen äußeren Einflüssen standhalten. Außerdem leiten sie die Nachwärme von den Brennelementen in die Umgebung und dürfen keine ionisierende Strahlung entweichen lassen.
Ein Castorbehälter ist 6 m lang, 2 m breit, wiegt (gefüllt) 120 t und kostet 1,5 Millionen Euro.
In den Zwischenlagern werden die Castorbehälter durch kalte Frischluft gekühlt. Meistens befinden sich die Zwischenlager neben Kernkraftwerken. Dort dürfen die Brennelemente 40 Jahre lang gelagert werden. Dann sollen sie für Jahrtausende in ein Endlager tief unter der Erde kommen. In Deutschland wird seit Langem nach einem sicheren Standort dafür gesucht.

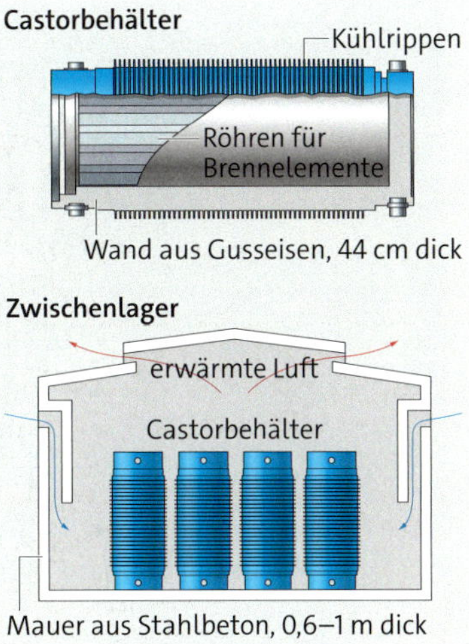

3 Der Weg verbrauchter Brennelemente

Sicherheit von Kernkraftwerken

Erweitern und Vertiefen

Zerstörung durch Kernenergie

Der Reaktorunfall von Fukushima • Am 11. März 2011 wurde Japan durch ein starkes Erbeben erschüttert. Anschließend wurden Küstengebiete von einem Tsunami überflutet und verwüstet. Dabei wurde das Kernkraftwerk von Fukushima schwer beschädigt. Die Kühlsysteme fielen aus, das Kühlwasser verdampfte, es bildete sich Wasserstoff. Es kam zur Kernschmelze und das Kraftwerk geriet außer Kontrolle. Mehrere Reaktorblöcke wurden durch Wasserstoffexplosionen zerstört. → 1 Radioaktive Stoffe wurden freigesetzt und breiteten sich als Wolke über dem Pazifik und bewohnten Teilen Japans aus. Mehr als 100 000 Menschen wurden aus einem Umkreis von 30 km um das Kraftwerk herum evakuiert, als erhöhte Strahlenwerte gemessen wurden. → 2 Sie kamen in Notunterkünften unter. Es kann Jahrzehnte dauern, bis die Flüchtlinge zurückkehren dürfen. Ein Teil des Gebiets wird wohl dauerhaft gesperrt bleiben.

Monatelang gelangten radioaktive Stoffe aus dem Reaktor in die Umwelt. 10 Millionen Liter radioaktiv belastetes Kühlwasser flossen ins Meer. Die Folgen für Menschen und Tiere sind schwer abzuschätzen.
Die Böden sind hauptsächlich durch radioaktives Caesium $^{137}_{55}Cs$ (β-Strahlung, Halbwertszeit: 30 Jahre) belastet. Etwa 8 % Japans sind davon betroffen. Das Caesium kann über die Nahrung in den menschlichen Körper gelangen und dort zu Schäden führen. Nahrungsmittel, die auf den belasteten Böden angebaut werden, weisen eine erhöhte Aktivität auf. Der Grenzwert von 500 Bq pro Kilogramm Reis oder Tee wird auch 60 km entfernt vom zerstörten Kernkraftwerk noch überschritten. Mit dem Abgraben der oberen Erdschichten wurde begonnen. So kann die Belastung zwar verringert werden, aber die gewaltigen Erdmengen müssen wie Atommüll behandelt werden.

1 Zerstörtes Reaktorgebäude 4 des Kernkraftwerks Fukushima Daiichi, ein Jahr nach der Explosion

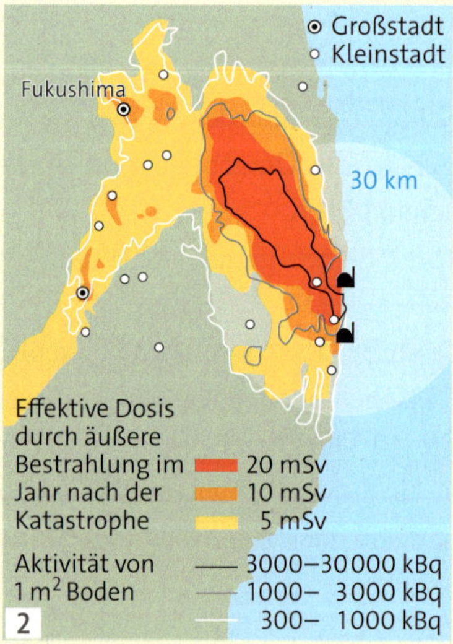

2

Aufgaben

1 Beschreibe, wie es im Kraftwerk von Fukushima zur Kernschmelze kam.

2 Erkläre, warum es Jahrzehnte dauern wird, bis die Gegend um Fukushima wieder bewohnbar ist.

3 Erkläre, warum es gefährlich ist, wenn Caesium $^{137}_{55}Cs$ in den Körper gelangt.

Die Atombombe von Hiroshima • Am 6.8.1945 explodierte die Bombe 580 m über der Stadt. Die Druckwelle zerstörte in wenigen Sekunden fast die gesamte Innenstadt. → 3 Nach der Druckwelle folgte ein Feuerball. Im Zentrum der Explosion war er zwischen 3000 und 4000 °C heiß. Noch in 10 km Entfernung gingen Bäume in Flammen auf. Von den 255 000 Einwohnern starben rund 80 000 sofort. Die freigesetzten radioaktiven Stoffe belasteten die Erde und den Fluss, aus dem viele Überlebende tranken. Durch die hohe Strahlenbelastung bekamen viele Opfer Haarausfall und rote Flecke. Etliche starben kurz darauf qualvoll an inneren Verletzungen. Insgesamt kamen durch die Explosion und die Spätfolgen mehr als 150 000 Menschen ums Leben. Hiroshima ist wieder aufgebaut worden. In einem Mahnmal brennt eine Flamme, die erst gelöscht werden soll, wenn die letzte Atomwaffe weltweit zerstört worden ist.

3 Kurz nach der Explosion: Die Innenstadt und die Menschen darin sind völlig vernichtet worden.

Aufgabe

4 Ein sehr eindrucksvolles Gedicht zum Thema „Hiroshima" stammt von Marie-Luise Kaschnitz. → 4

a ○ Wer ist wohl die Hauptperson in dem Gedicht?

b ◐ Beschreibe das Leben, das die Hauptperson führt.

c ● Hat die Autorin hat mit ihrem Gedicht recht? Nimm Stellung dazu.

Hiroshima

Der den Tod auf Hiroshima warf
Ging ins Kloster, läutete dort die Glocken.
Der den Tod auf Hiroshima warf
Sprang vom Stuhl in die Schlinge, erwürgte sich.
Der den Tod auf Hiroshima warf
Fiel in Wahnsinn, wehrt Gespenster ab
Hunderttausend, die ihn angehen nächtlich
Auferstandene aus Staub für ihn.
Nichts von alledem ist wahr.
Erst vor kurzem sah ich ihn
Im Garten seines Hauses vor der Stadt.
Die Hecken waren noch jung und die Rosenbüsche zierlich.
Das wächst nicht so schnell, daß sich einer verbergen könnte
Im Wald des Vergessens. Gut zu sehen war
Das nackte Vorstadthaus, die junge Frau
Die neben ihm stand im Blumenkleid
Das kleine Mädchen an ihrer Hand
Der Knabe, der auf seinem Rücken saß
Und über seinem Kopf die Peitsche schwang.
Sehr gut erkennbar war er selbst
Vierbeinig auf dem Grasplatz, das Gesicht
Verzerrt von Lachen, weil der Photograph
Hinter der Hecke stand, das Auge der Welt.
R

4 Gedicht von Marie-Luise Kaschnitz (1901–1974)

Kernenergie und Klima

1 Smog in einer chinesischen Stadt

Kohlekraftwerke und Kernkraftwerke erzeugen elektrische Energie – aber nur Kohlekraftwerke geben viel CO_2 an die Atmosphäre ab. Sollte man zum Schutz des Klimas Kohlekraftwerke durch Kernkraftwerke ersetzen?

Ausstoß von CO_2 • Kohlekraftwerke erzeugen viel Kohlenstoffdioxid. Dieses Gas entsteht immer beim Verbrennen von Kohle, Erdgas oder Öl. Es verstärkt den Treibhauseffekt, sodass die Temperatur der Atmosphäre steigt.
In Kernkraftwerken wird nichts verbrannt. Die Nutzung der Kernenergie ist dennoch nicht CO_2-neutral. So braucht man für Abbau und Transport von Uran Maschinen und Fahrzeuge. Sie benötigen Energie – und die stammt meist aus Verbrennungsmotoren oder Kohlekraftwerken.
Um die CO_2-Belastung bei der Erzeugung elektrischer Energie besser vergleichen zu können, berücksichtigt man neben den Emissionen beim Betrieb der Kraftwerke auch die Vorgänge davor: Bergbau, Transport und Verarbeitung der Rohstoffe, Bau der Kraftwerke ... Dabei schneiden Kernkraftwerke ziemlich günstig ab: Im Vergleich zu Kohlekraftwerken werden je Kilowattstunde elektrischer Energie nur ungefähr 5 % CO_2 verursacht.

Bau neuer Kernkraftwerke • China ist ein aufstrebendes Land mit einem gewaltigen und immer noch wachsenden Energiebedarf. 30 Kernkraftwerke sind gegenwärtig im Einsatz, weitere 21 befinden sich im Bau. Bis 2030 sollen 10 % der Energie von Kernkraftwerken geliefert werden. China bezieht derzeit zwei Drittel seiner Energie aus Kohle. Das führt besonders in den Großstädten zu dicken Smogdecken. → 1 Der Neubau von Kernkraftwerken soll die Abhängigkeit von Kohle und den Ausstoß von CO_2 verringern. Die Frage nach der Endlagerung des radioaktiven Abfalls ist dabei noch unbeantwortet.

Kernkraftwerke verstärken den Treibhauseffekt viel weniger als Kohlekraftwerke.

Aufgaben

1 Vergleiche den Ausstoß von CO_2 bei Kohle- und Kernkraftwerken.

2 Begründe, warum China neue Kernkraftwerke baut.

3 Vergleiche die Zukunft der Kernenergie in Deutschland und China.

Material A

Kernkraftwerke – Pro und Kontra

Die friedliche Nutzung der Kernenergie kann gefährlich sein. Die Endlagerung der radioaktiven Abfälle ist nicht geklärt. Kernkraftwerke erzeugen aber viel weniger CO_2 als Kohlekraftwerke. Außerdem wächst unser Energiebedarf. Sollen unsere Kernkraftwerke vielleicht doch weiterbetrieben werden?

1 ● Führt eine Pro-und-Kontra-Debatte und überzeugt eure Klasse!
Findet für jede Rolle Argumente (nicht nur) im Buch, die eure Position unterstützen. → 3

2 Wer hat die besseren Argumente?

Pro	Kontra
Eltern Woher soll unser Strom denn kommen, wenn alle Kernkraftwerke abgeschaltet werden? Wir sind auf die Kernenergie angewiesen. Außerdem liefert sie billige und zuverlässige Energie. Die Entsorgung der Abfälle wird auch noch gelöst und dann spricht nichts mehr gegen die Nutzung der Kernenergie.	**Eltern** Wir machen uns wegen unserer Kinder große Sorgen. Der Atommüll und die gefährlichen Unfälle machen die Kernenergie unberechenbar. So eine Katastrophe wie in Fukushima kann vielleicht auch bei uns in Deutschland passieren. Darum müssen alle Kernkraftwerke sofort abgeschaltet werden.
Politiker/Politikerin Zwischenfälle wie in Fukushima können in Deutschland nicht passieren. Unsere Kernkraftwerke sind absolut sicher. Außerdem lösen sie das CO_2-Problem, weil sie der Umwelt nicht schaden. Deshalb müssen wir auch weiterhin Kernkraftwerke nutzen und genauso wie China neue bauen.	**Politiker/Politikerin** Kernenergie kann für Mensch und Umwelt gefährlich sein. Die Endlagerung des strahlenden Mülls ist immer noch nicht geklärt. Es wird höchste Zeit, die Kernkraftwerke abzuschalten. Deutschland muss als Vorbild vorangehen, auch wenn andere Länder weiterhin auf Kernenergie setzen.
Konzernchef/Konzernchefin Ich leite einen wichtigen Stromkonzern und verstehe nicht, wie Leute gegen Kernenergie sein können. Trotz der Probleme liefert sie günstig Energie. Erneuerbare Energien können dies nicht leisten. Außerdem sind die Ängste vor Kernenergie übertrieben. Die Menschen müssen darüber aufgeklärt werden.	**Umweltschützer/Umweltschützerin** Warum verstehen die Menschen nicht, dass die Kernenergie große Gefahren und Probleme beinhaltet? Fukushima und Hiroshima haben das gezeigt. Die Fakten sind bekannt und trotzdem gibt es immer noch Menschen, die für die Kernenergie sind. Das verstehe ich nicht, es gibt so viele Argumente dagegen.

3 Rollenkarten für die Pro-und-Kontra-Debatte

Kernfusion in der Sonne*

1 Die Sonne – im Innern bis zu 15 Millionen Grad Celsius heiß!

Die Sonne gibt in einer Sekunde so viel Energie ab, wie die ganze Menschheit nach heutigem Stand für 760 Jahre benötigt. Was geschieht in der Sonne?

Unsere wichtigste Energiequelle • Ohne Sonne gäbe es kein Leben auf der Erde. Seit 4,5 Milliarden Jahren spendet sie Licht und Wärme und wird dies für weitere 5 Milliarden Jahre tun. Ohne Licht könnten Pflanzen keine Fotosynthese durchführen. Kohle, Öl und Gas gäbe es nicht. Wir könnten unseren Energiebedarf auch nicht durch Wind-, Wasser- oder Solarkraftwerke decken. Für alles liefert die Sonne die Energie.

2 Bilanz der Kernfusion zu Helium

Kernfusion • Bei der Spaltung von großen Atomkernen wird viel Energie abgegeben. Noch mehr Energie wird bei der Verschmelzung von kleinen Atomkernen in der Sonne freigesetzt. Dieser Vorgang heißt Kernfusion. Die freigegebene Energie heizt die Sonne extrem stark auf. Bei mehreren Millionen Grad Celsius hält es die Wasserstoff-Atome in der Sonne nicht zusammen: Protonen und Elektronen sind voneinander getrennt. Die positiven Protonen haben so viel Bewegungsenergie, dass sie sich trotz der elektrischen Abstoßung sehr nahe kommen. Für kurze Zeit können sie sich sogar verbinden. Daraus kann sich in mehreren Schritten ein Heliumkern entwickeln. → 2
Bei der Fusion von 50 g Wasserstoff zu Helium wird so viel Energie freigesetzt wie bei der Spaltung von 300 g Uran oder der Verbrennung von 350 t Diesel.

Bei Kernfusionen in der Sonne verschmelzen Protonen und Neutronen zu Heliumkernen. Dabei wird sehr viel Energie freigesetzt.

Aufgaben

1 Erkläre, warum es ohne die Sonne kein Leben auf der Erde gäbe.

2 In der Sonne kommen sich Protonen trotz elektrischer Abstoßung sehr nahe. Erkläre, wie das möglich ist.

3 Vergleiche Kernspaltung und Kernfusion.

Material A

Kernfusion – näher betrachtet

1 Die Kernfusion von Wasserstoff zu Helium in der Sonne läuft in mehreren Schritten ab. Bringe die Texte in die richtige Reihenfolge. → A – C Ordne jedem Text ein Bild zu. → 3 – 5

Zwei Kerne Helium ${}^{3}_{2}$He verschmelzen zu einem Kern Helium ${}^{4}_{2}$He. Zwei Protonen werden dabei abgegeben.

A

Aus einem Kern Wasserstoff ${}^{2}_{1}$H entsteht durch Einfang eines weiteren Protons ein Kern Helium ${}^{3}_{2}$He.

B

Die Protonen im Innern der Sonne haben eine so hohe Bewegungsenergie, dass sie sich trotz der elektrischen Abstoßung verbinden können. Diese Verbindung ist nicht stabil. Erst durch die Umwandlung eines Protons in ein Neutron entsteht ein stabiler Kern Wasserstoff ${}^{2}_{1}$H. Dabei werden ein Positron (e^+, positives Elektron) und ein Neutrino (ν) abgegeben.

C

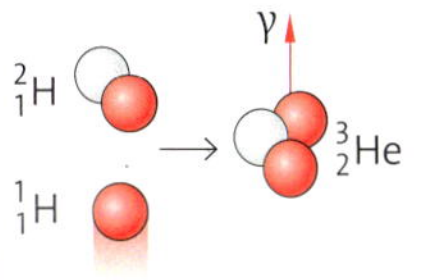

3

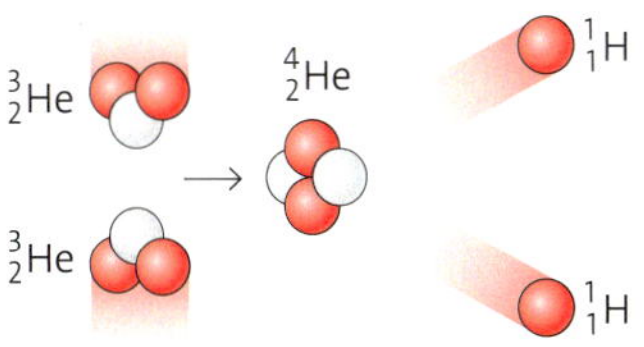

4

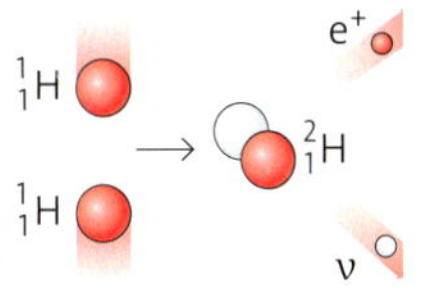

5

Material B

Wie sind die vielen Elemente entstanden?

1 Beschreibe, wie leichte und schwere Elemente entstanden sind. → 6

Die Wissenschaft nimmt an, dass unser Universum in einem Urknall „geboren" wurde. Danach entstanden zuerst die leichten Elemente Wasserstoff und Helium. Schwerere Elemente bildeten sich erst im Lauf von Jahrmilliarden.
Im „Leben" eines Sterns entstehen durch Fusion zuerst Helium, später schwerere Elemente bis hin zum Eisen. Dabei wird Energie freigesetzt. Für die Fusion von noch schwereren Elementen wird dagegen viel Energie benötigt. Sie steht zur Verfügung, wenn sehr große Sterne am Ende ihres „Lebens" in einer Supernova explodieren.

6

Zusammenfassung

Aufbau der Atome • Atome bestehen aus Protonen, Neutronen und Elektronen: → 1
- Protonen und Neutronen bilden den Atomkern.
- Elektronen bilden die Atomhülle.

Das Atom enthält gleich viele Protonen und Elektronen.
Alle Atome eines Elements haben die gleiche Anzahl von Protonen im Atomkern.
Die Isotope eines Elements haben verschieden viele Neutronen.

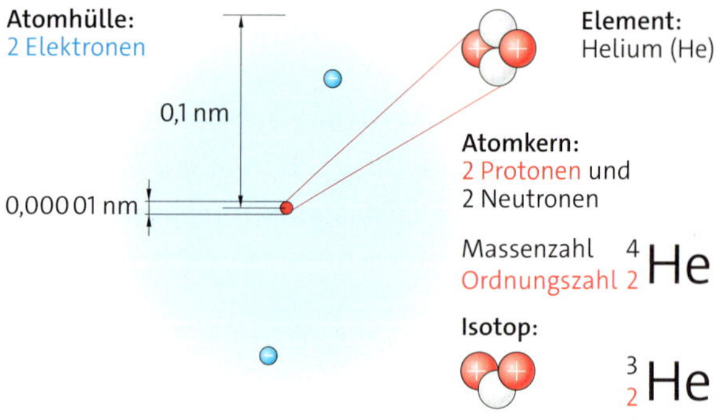

1 Helium im Kern-Hülle-Modell

Radioaktivität • In radioaktiven Stoffen wandeln sich Atomkerne um. Dabei werden drei Arten ionisierender Strahlung abgegeben: α-Strahlung, β-Strahlung und γ-Strahlung. → 2 3

Die Strahlung radioaktiver Stoffe kann mit dem Geigerzähler nachgewiesen werden. Wir sind ständig einer geringen ionisierenden Strahlung ausgesetzt.

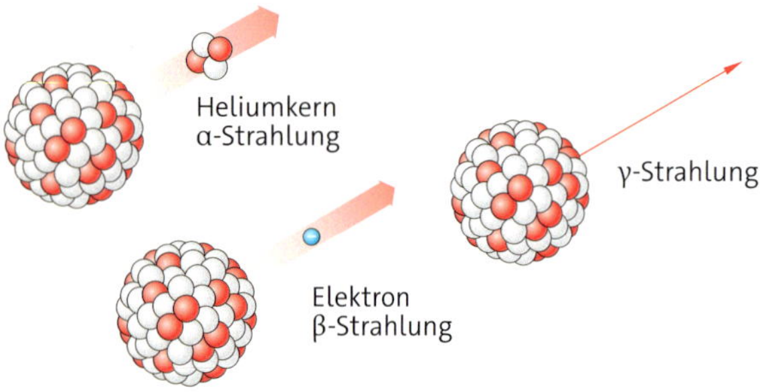

2 Drei Strahlungsarten

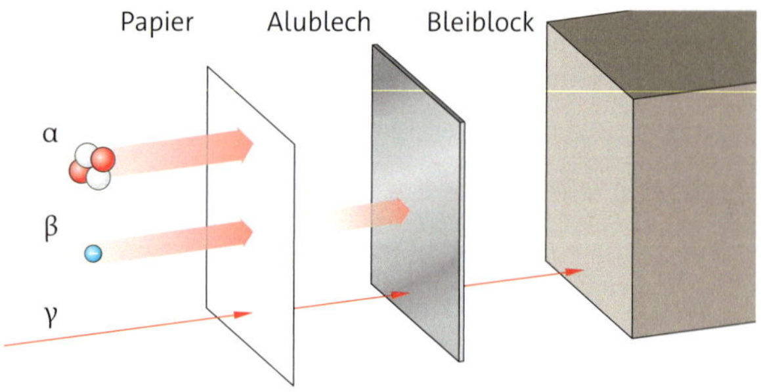

3 Abschirmung

Halbwertszeit und Aktivität • Die Halbwertszeit gibt an, wie lange es durchschnittlich dauert, bis sich die Hälfte eines radioaktiven Materials umgewandelt hat. → 4 Sie ist für jedes radioaktive Isotop verschieden.
Die Aktivität eines radioaktiven Gegenstands gibt an, wie viele Kerne sich in ihm pro Sekunde umwandeln.
Die Einheit der Aktivität ist 1 Becquerel (1 Bq):
1 Becquerel = 1 Kernumwandlung pro Sekunde.

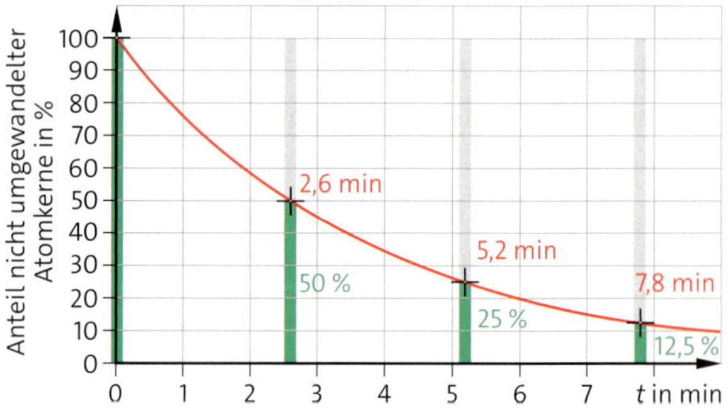

4 Die Umwandlung von Barium $^{137}_{56}$Ba

Ionisierende Strahlung im Dienst der Menschen • Röntgenstrahlung wird eingesetzt, um das Innere von Körpern sichtbar zu machen. Ionisierende Strahlung kann genutzt werden, um Zellen zu töten oder zu verändern. Das wird z. B. bei der Krebstherapie oder der Pflanzenzucht genutzt.

Strahlenbelastung • Ionisierende Strahlung verändert Zellen im Körper. Dadurch kann es zu Erkrankungen und zu Veränderungen des Erbguts kommen. Die Strahlenbelastung wird in Sievert (Sv) angegeben. In Deutschland liegt die natürliche Strahlenbelastung bei 4 Millisievert pro Jahr.

Kernspaltung • Atomkerne von Uran $^{235}_{92}U$ lassen sich durch Neutronen spalten. → 5 Es entstehen zwei kleinere Atomkerne und freie Neutronen. Dabei wird viel Energie freigesetzt.
Kernkraftwerke erzeugen elektrische Energie ähnlich wie Kohlekraftwerke – die Energie dafür stammt aber aus Kernspaltungen. → 6
Im Kernkraftwerk läuft eine kontrollierte Kettenreaktion ab. → 7
Kernkraftwerke verstärken den Treibhauseffekt viel weniger als Kohlekraftwerke.
Die Sicherheitssysteme von Kernkraftwerken sollen das Austreten radioaktiver Stoffe und ionisierender Strahlung verhindern. Der radioaktive Abfall muss sicher über Jahrtausende eingelagert werden – zuerst in Zwischenlagern, dann in Endlagern.

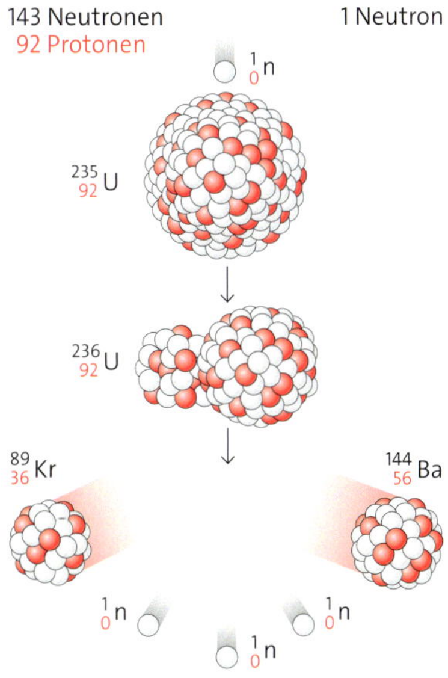

5 Kernspaltung von Uran $^{235}_{92}U$

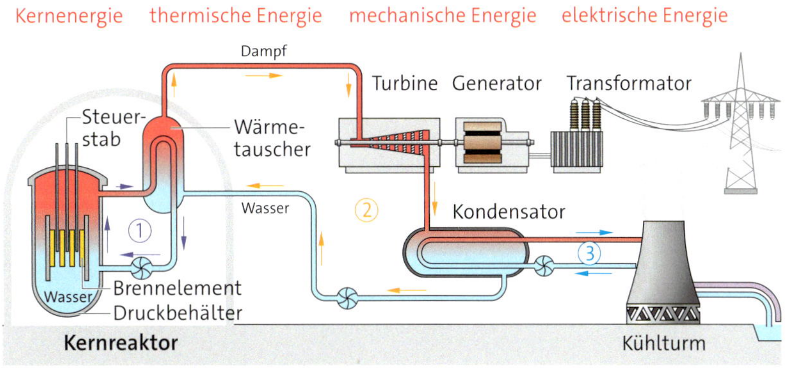

6 Aufbau eines Kernkraftwerks

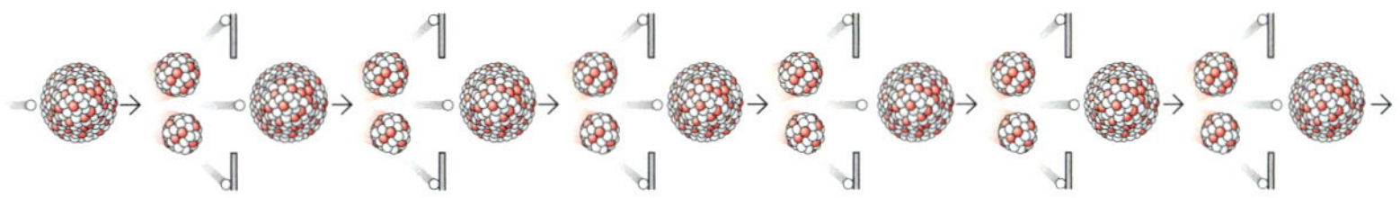

7 Kontrollierte Kettenreaktion

Energie durch Kernfusion* • Bei der Kernfusion in der Sonne verschmelzen Protonen und Neutronen zu Heliumkernen $^{4}_{2}He$. Dabei wird sehr viel Energie freigesetzt.

Struktur der Materie

Teste dich! (Lösungen auf Seite 390)

Radioaktivität

1 ▢ Nenne Arten ionisierender Strahlung.

2 ◐ Beschreibe, wie du feststellen kannst, ob die Leuchtziffern einer Uhr radioaktiv sind.

3 ◐ Erläutere den Begriff Isotop am Beispiel des Wasserstoffs. Zeichne die drei Isotope.

4 ▢ Gib jeweils an, wie viele Protonen und Neutronen das Isotop hat.

a Stickstoff: $^{14}_{7}N$ und $^{15}_{7}N$

b Caesium: $^{133}_{55}Cs$ und $^{137}_{55}Cs$

5 Die folgenden Begriffe gehören zum Thema radioaktive Kernumwandlung:
5 mm dickes Alublech, negativ, Elementumwandlung, wie Licht, positiv, dicke Bleiplatten, schwach, Strahlung aus Teilchen, neutral, Papier, weniger stark, keine Elementumwandlung, stark.

a ◐ Trage die Begriffe richtig in die Tabelle ein. → 1

b ▢ Ordne die Bilder richtig zu. → A – C

c* ▢ Schreibe ein Beispiel für jede Art der Kernumwandlung als Reaktionsgleichung auf.

6 ▢ Plutonium $^{239}_{94}Pu$ gibt bei seiner Umwandlung α-Strahlung ab. Gib an, in welches Element es sich umwandelt.

7 ▢ Ein radioaktiver Stoff hat eine Halbwertszeit von 30 Jahren. Wähle aus, was das bedeutet:

- In 30 Jahren ist die Aktivität nur noch halb so hoch, in 60 Jahren ist sie ganz weg.
- In 30 Jahren löst sich die Hälfte des radioaktiven Stoffs auf und verschwindet völlig.
- In 30 Jahren sinkt die Aktivität um die Hälfte.
- In 30 Jahren ist der Stoff nicht mehr radioaktiv.

8 1 g natürliches Kalium hat eine Aktivität von 28 Bq. Im menschlichen Körper sind rund 100 g davon enthalten.

a ▢ Beschreibe, was die Aktivität bedeutet.

b ◐ Berechne, wie viele Kalium-Atome im Körper durchschnittlich in 1 s zerfallen.

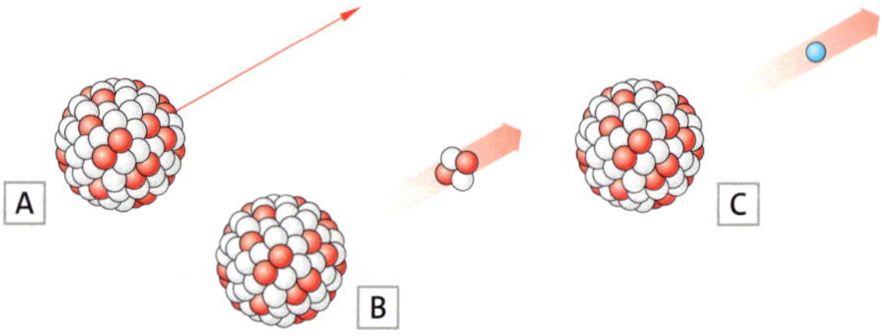

	α-Strahlung	β-Strahlung	γ-Strahlung
Art der Strahlung	?	?	?
elektrisch	?	?	?
ionisierend	?	?	?
Wird gestoppt durch:	?	?	?
Bild	?	?	?
Elementumwandlung	?	?	?
Reaktionsgleichung	?	?	?

1 Strahlung radioaktiver Körper

9 Caesium $^{137}_{55}Cs$ entsteht bei der Kernspaltung im Kernkraftwerk. Bei Unfällen wie in Fukushima gelangte es in die Umwelt – mit gefährlichen Folgen für die Menschen.

a Erkläre, was die Zahlen 137 und 55 am Symbol Cs für Caesium bedeuten.

b Lies aus dem Diagramm die Halbwertszeit von Caesium $^{137}_{55}Cs$ ab. → 2

c Wann sind anfangs 100 g Caesium $^{137}_{55}Cs$ nicht mehr radioaktiv? Nach 30, 60, 90 oder mehr als 100 Jahren? Begründe deine Antwort.

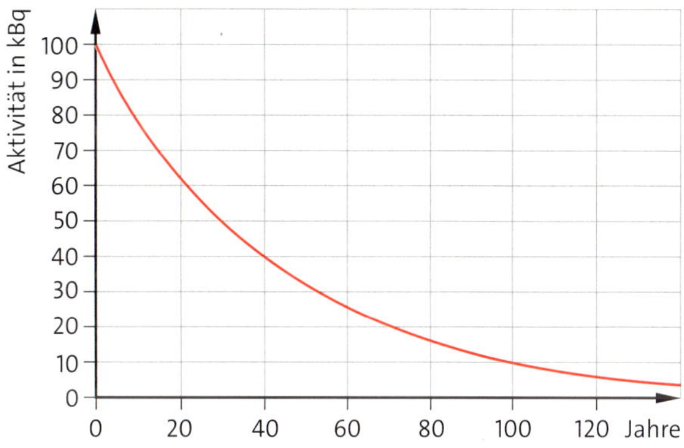

2 Aktivität einer Probe von $^{137}_{55}Cs$

10 „Schwangere Frauen sollten ionisierende Strahlung besonders vermeiden.“ Begründe diesen wichtigen Rat.

11 Ionisierende Strahlung wird in der Medizin eingesetzt. Beschreibe verschiedene Beispiele. Nenne jeweils Vor- und Nachteile.

12 Bei der von außen auf uns wirkenden Strahlung ist die γ-Strahlung besonders gefährlich, bei der von innen wirkenden Strahlung ist es die α-Strahlung. Begründe diesen Unterschied.

Kernspaltung

13 Bei der Kernspaltung von Uran $^{235}_{92}U$ entstehen neue Elemente. Beschreibe und skizziere den Vorgang der Spaltung. Tipp: Zeichne bei den Kernen keine einzelnen Protonen und Neutronen.

14 Wie entsteht bei der Kernspaltung im Kernkraftwerk thermische Energie? Stelle eine Wirkungskette auf: „Ein Neutron dringt in den Urankern ein. → ...“

15 Beschreibe den Ablauf einer unkontrollierten und einer kontrollierten Kettenreaktion von Uran $^{235}_{92}U$. Skizziere jeweils ähnlich wie in Aufgabe 13.

16 Beschreibe die Funktionsweise eines Kernkraftwerks. Nenne mögliche Gefahren.

17 Angereichertes Uran wird oft als Brennstoff bezeichnet. Erkläre, warum dieser Begriff eigentlich nicht passt.
Tipp: Vergleiche mit dem Brennstoff Kohle.

18 „Die radioaktiven Abfälle aus Kernkraftwerken können der Menschheit noch in vielen Tausend Jahren gefährlich werden.“ Erkläre diese Aussage.

19 Beschreibe den Unterschied zwischen Endlagern und Zwischenlagern.

Kernfusion*

20 Im Innern der Sonne setzt die Kernfusion gewaltige Mengen an Energie frei. Beschreibe den Vorgang.

Vier Berufe „mit Physik“

Metallbauer/-in – Nutzfahrzeugbau

Ausbildungsdauer: 3,5 Jahre

Erwarteter Schulabschluss: Berufsbildungsreife oder Mittlerer Schulabschluss

Wichtige Schulfächer: Physik, Mathematik, Technik

Ausbildungsvergütung: 375–905 €

Art der Ausbildung: duale Ausbildung

Tätigkeiten: Metallbauer im Nutzfahrzeugbau stellen zum Beispiel Karosserien und Aufbauten für Nutzfahrzeuge und Maschinen her. Sie fertigen selbst Teile aus Stahlblechen und anderen Metallen an, installieren aber auch Fertigteile und ganze hydraulische, pneumatische und elektrische Anlagen. Unter anderem bauen und warten sie Kühltransporter, Löschfahrzeuge und Erntemaschinen. Physikalische Kenntnisse werden besonders in Elektrotechnik, Steuerungstechnik und Mechanik benötigt.

Weiterbildung (Beispiele): Metallbauermeister/-in, Techniker/-in – Metallbautechnik

1

Mechatroniker/-in – Kältetechnik

Ausbildungsdauer: 3,5 Jahre

Erwarteter Schulabschluss: überwiegend Mittlerer Schulabschluss, auch Berufsbildungsreife

Wichtige Schulfächer: Physik, Mathematik, Technik

Ausbildungsvergütung: 375–1155 €

Art der Ausbildung: duale Ausbildung

Tätigkeiten: Mechatroniker für Kältetechnik installieren und warten Kälte-, Klima- und Wärmepumpenanlagen. Dazu montieren sie einzelne Teile in der Werkstatt vor, die dann beim Kunden installiert werden. Sie arbeiten mit mechanischen und elektronischen Bauteilen, verlegen Rohre und programmieren Steuerungseinheiten. Sie überprüfen laufende Anlagen und weisen die Kunden in die Bedienung ein. Physikalische Kenntnisse werden besonders in Elektrotechnik und Steuerungstechnik sowie über das Verhalten von Flüssigkeiten und Gasen benötigt.

Weiterbildung (Beispiele): Kälteanlagenbaumeister/-in oder Techniker/-in – Kältetechnik

2

Medizinisch-techn. Radiologieassistent/-in

Ausbildungsdauer: 3 Jahre

Erwarteter Schulabschluss: in der Regel Mittlerer Schulabschluss

Wichtige Schulfächer: Physik, Chemie, Biologie, Mathematik, Englisch

Ausbildungsvergütung: keine, teilweise Kosten für Schulgeld und Gebühren

Art der Ausbildung: Berufsfachschule

Tätigkeiten: Medizinisch-technische Radiologieassistenten erstellen Röntgenaufnahmen, Computertomografien und Magnetresonanztomografien. Sie führen die Bestrahlung von Tumorpatienten durch, warten die benötigten Apparate und stellen sie fachgerecht ein. Sie lagern und dokumentieren die Untersuchungsergebnisse.
Physikalische Kenntnisse werden besonders in den Bereichen Elektrodynamik, elektromagnetische Wellen, Magnetismus und Kernphysik benötigt.

Weiterbildung (Beispiele): Medizinische Technik (Studium), Techniker/-in – Medizintechnik

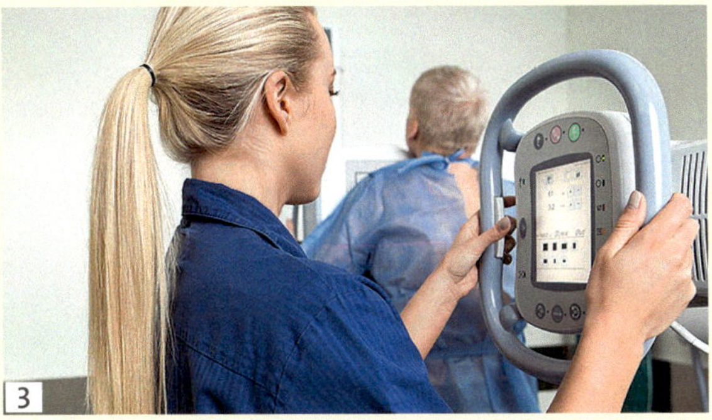

3

Werkstoffprüfer/-in – Metalltechnik

Ausbildungsdauer: 3,5 Jahre

Erwarteter Schulabschluss: Mittlerer Schulabschluss oder Hochschulreife

Wichtige Schulfächer: Physik, Chemie, Mathematik, Informatik, Technik

Ausbildungsvergütung: 860–1155 €

Art der Ausbildung: duale Ausbildung

Tätigkeiten: Werkstoffprüfer untersuchen metallische Materialien und Produkte. Sie entnehmen Proben und untersuchen sie auf Eigenschaften wie Härte, Verformbarkeit oder Rissbildung. Dafür stellen sie eigene Versuchsreihen auf, vergleichen ihre Ergebnisse mit den Vorgaben und dokumentieren sie. Bei Werkstofffehlern oder fehlerhaften Bauteilen forschen sie nach den Ursachen und erstellen Lösungsvorschläge.
Physikalische Kenntnisse werden insbesondere in der Mechanik und für das Verständnis der Eigenschaften der Werkstoffe benötigt.

Weiterbildung (Beispiele): Industriemeister/-in – Metall, Techniker/-in – Werkstofftechnik

4

Optik – Seite 74/75

1 a Lichtquelle: Scheinwerfer des Autos
Lichtempfänger: Augen des Autofahrers
Lichtweg: Das Licht trifft vom Scheinwerfer auf die Fußgänger und wird dann teilweise zum Autofahrer gestreut.
b Die Fußgänger verhalten sich richtig: Sie gehen neben der Fahrbahn dem Verkehr entgegen. Dadurch sehen sie mögliche Gefahren eher. Autofahrer sehen die Fußgänger hier früher, weil der rechte Scheinwerfer des Abblendlichts weiter leuchtet als der linke. Der äußere Fußgänger hat ein helles Kleidungsstück an.
Verbesserungsvorschläge: hellere Kleidung, Reflektoren umhängen oder anstecken, Lampe mit blinkenden LEDs umhängen, hintereinander gehen
c Höhere Sicherheit für Radfahrer: Lampen einschalten, Reflektoren am Rad sauber halten, helle Kleidung tragen, auf dem Rücken oder am Sattel ein rotes Blinklicht befestigen
d Man kann vielleicht selbst alles sehen. Aber viel wichtiger ist es für die eigene Sicherheit, dass man von anderen gesehen wird. Deshalb ist es verboten, ohne Licht zu fahren.

2 a Wenn Licht von der Laterne auf Tims lichtundurchlässigen Körper fällt, entsteht hinter Tim ein Schatten. Auf dem Boden im Schattenraum entsteht ein Schattenbild von Tim.
b Zeichnung:

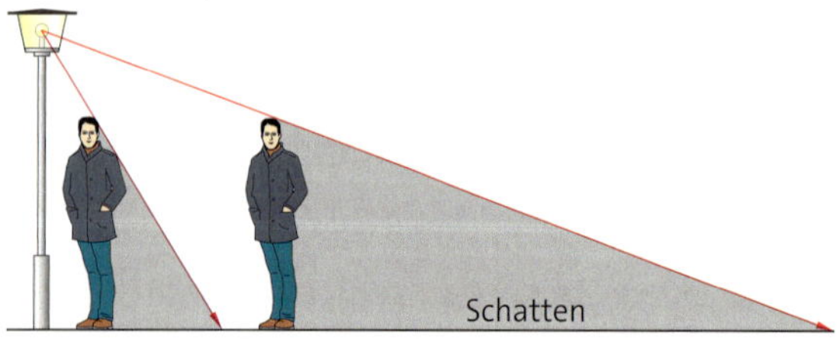

Zwei Schatten sieht man zwischen zwei Laternen.

3 a Eine einfache Lochkamera besteht aus einem innen schwarzen Kasten, der an einer Seite ein winziges Loch hat. Gegenüber befindet sich eine Mattscheibe (Schirm).
b Zeichnung:

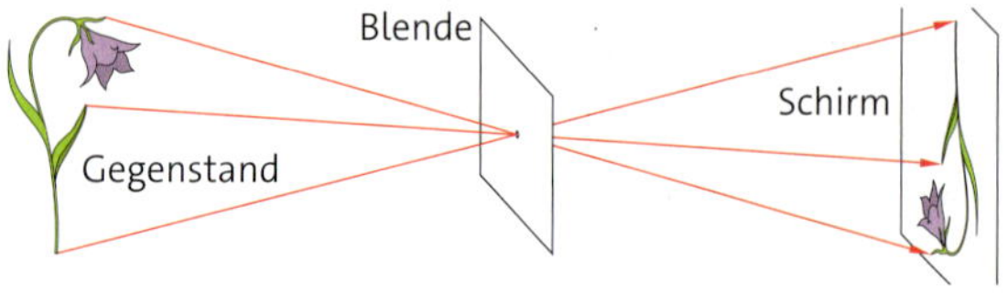

c Größere Bilder: näher an den Gegenstand herangehen oder den Abstand zwischen Loch und Schirm vergrößern.
Schärfere Bilder: kleineres Loch
d Das Bild auf dem Schirm hat die Form einer kopfstehenden Flamme.

4 a Vorteil: Die Linsenkamera erzeugt helle und scharfe Bilder.
Nachteil: Das scharfe Bild entsteht nur in einem bestimmten Abstand hinter der Sammellinse.
b Das Foto steht auf dem Kopf. Begründung: Der Tropfen ist eine kugelförmige Sammellinse. Das Bild des Hauses müsste auf dem Kopf stehen.

5 a Die Bildweite wird größer.
b Die Sammellinse muss zum Schirm hin verschoben werden, damit das Bild wieder schärfer wird. Begründung: Wenn die Gegenstandsweite größer wird, wird die Bildweite wieder kleiner.
c Die Linse des Auges wölbt sich stärker (kleinere Brennweite), damit die Bildweite wieder kleiner wird.

6 a 1 Hornhaut, 2 Pupille, 3 Linse, 4 Ringmuskel, 5 Netzhaut, 6 Sehnerv
b Die Sehnerven übermitteln die Informationen der Netzhautbilder an das Gehirn. Dort erst entsteht der Seheindruck unserer Umgebung.
Beispiel: Die Netzhautbilder einer Blume stehen auf dem Kopf und sind seitenverkehrt. Das Gehirn erzeugt auf der Grundlage seiner Erfahrungen daraus den Seheindruck einer 3-dimensionalen, aufrecht stehenden und seitenrichtigen Blume.

7 a Der Spiegel sieht schwarz aus, weil er das Licht nicht in die Kamera reflektiert.
b Das Reflexionsgesetz lautet:
- Einfallswinkel = Reflexionswinkel
- Einfallender und reflektierter Lichtstrahl liegen in einer Ebene mit dem Einfallslot.

Skizze:

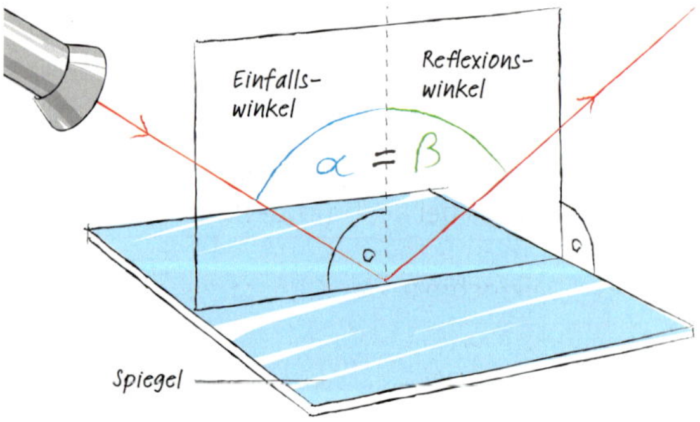

c Skizze:

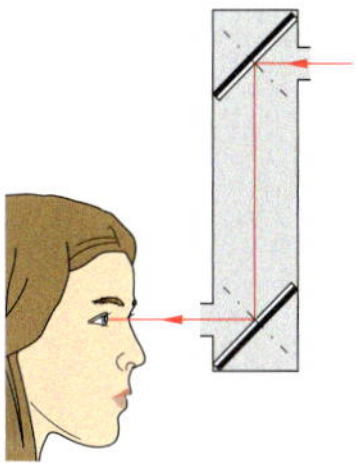

8 a Licht wird beim Übergang von Luft in Glas gebrochen, wenn das Licht schräg auftrifft.
b Der Strohhalm hat keinen Knick. Das Licht, das vom eingetauchten Strohhalm zum Auge gelangt, wird an der Wasserfläche vom Lot weg gebrochen. Deshalb erscheint der eingetauchte Strohhalm angehoben.
Zeichnung:

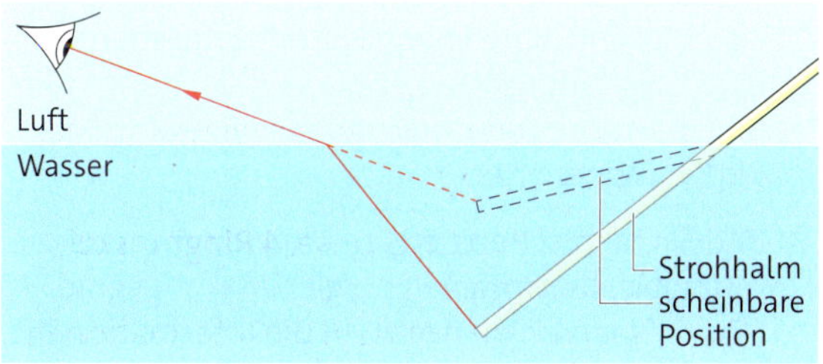

9 a Spektralfarben: Rot, Orange, Gelb, Grün, Blau, Violett
b Farben, die an das sichtbare Spektrum anschließen: Ultraviolett und Infrarot
Die ultraviolette Strahlung ist der Bestandteil des Sonnenlichts, der Sonnenbrand verursacht.
Unser Körper sendet Infrarotstrahlung aus. Sie kann von einer Wärmebildkamera sichtbar gemacht werden.
c Farben, die zusammen Weiß ergeben: Blau, Grün, Rot

Akustik – Seite 93

1 a Schallquellen: Gitarrensaiten, Lautsprecher, Stimmbänder, Flügel einer Mücke, Blätter im Wind
b Lichtquellen: Sonne, Lampen, Feuer, Computerbildschirm, Laserpointer
c Schallempfänger: Ohr, Mikrofon, eine Dämmwand, Glas, das bei bestimmten Tönen schwingt, Holz
d Auge, Mikrochip in der Kamera, Belichtungsmesser, Solarzelle

2 Sara zupft die Gitarrensaite an.
Die Saite beginnt zu schwingen.
Die schwingende Saite reißt die Luft in der Umgebung immer wieder mit.
Dadurch entstehen Luftverdichtungen und -verdünnungen.
Die breiten sich in der Luft aus.
Wenn sie Björns Ohr erreichen, hört er den Gitarrenton.

3 Das Gummiband erzeugt einen lauten, hohen Ton, wenn es straff gespannt und stark angezupft wird.

4 a Die schnell schwingenden Flügel der Insekten sind Schallquellen.
b Ein Ton mit 600 Hz (Mücke) ist höher als ein Ton mit 240 Hz (Hummel). Die Flügel der Mücke schlagen schneller hin und her als die der Hummel.

5 a Man zählt die Sekunden zwischen Blitz und Donner. Der Donner braucht 3 Sekunden für 1 Kilometer.
b Der Blitz ist rund 340 Meter weit entfernt eingeschlagen.
c Das Licht ist viel schneller als der Schall. Deshalb sehen wir zuerst den Blitz und hören erst etwas später den Donner.

6 a Das Ohr besteht aus Außenohr, Mittelohr und Innenohr.
b Das Außenohr (1) besteht aus Ohrmuschel (4), Gehörgang (5) und Trommelfell (6). Sie fangen den Schall auf und leiten ihn zum Mittelohr. Das Trommelfell wird durch die Schallwellen in Schwingungen versetzt.
Im Mittelohr (2) leiten Hammer, Amboss und Steigbügel (7) den Schall zum Innenohr weiter und verstärken ihn.
Im Innenohr (3) werden die Schallwellen in der Schnecke (8) in Signale umgewandelt, die über den Gehörnerv (9) zum Gehirn übertragen werden.
c Der Schall braucht unterschiedlich lange, um zu beiden Ohren zu kommen. Aus diesem Zeitunterschied kann unser Gehirn erkennen, aus welcher Richtung das Klingeln des Weckers kommt.

7 a Die Lärmschutzwand reflektiert die Schallwellen von den Anwohnern weg.
b Bei einer Absenkung um 10 Dezibel sinkt die Lautstärke um die Hälfte. Der Lärmschutz ist also besser als von den Anwohnern gefordert. Die Anwohner können zufrieden sein.

Magnetismus und Elektromagnetismus – Seite 115

1 a Magnete ziehen an: Eisen, Cobalt, Kupfer.
b An den Polen ist die Anziehung am stärksten.
c Zwei Magnete stoßen sich ab, wenn sich gleichnamige Pole gegenüberstehen.

2 Das eine freie Ende des Hufeisenmagneten ist der Nordpol und das andere der Südpol. Der Nordpol der Kompassnadel wird in der Nähe der Magnetpole zum Südpol des Magneten ausgerichtet.

3 a Skizze ähnlich wie Bild 1 auf Seite 108.
b Der Nordpol des Magneten dreht sich nach Norden – zum magnetischen Südpol der Erde hin.

4 Der Ringmagnet hat einen Nord- und einen Südpol (mindestens).

5 a Man streicht mit einem Pol des Magneten mehrmals in gleicher Richtung über den Eisennagel.
b Beim Überstreichen werden die Elementarmagnete im Eisennagel einheitlich ausgerichtet:

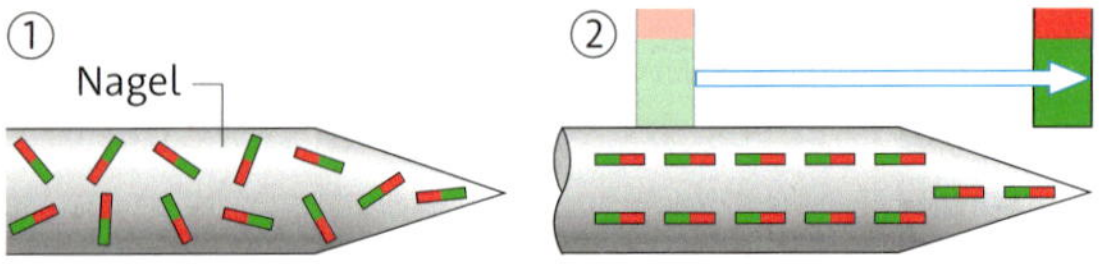

6 a Die Spule mit Eisenkern wird an eine Batterie oder ein Netzgerät angeschlossen.
b Vergleich:

Stabmagnet	Elektromagnet
besteht aus magnetischen Stoffen	besteht aus einer Spule und einem Eisenkern
hat einen Nordpol und einen Südpol	hat einen Nordpol und einen Südpol
Pole können nicht vertauscht werden.	Pole können vertauscht werden.
zieht Eisen an	zieht Eisen an
ist dauernd magnetisch	ist nur bei eingeschaltetem Strom magnetisch

7 Der Strom wird eingeschaltet. An den Enden des Rotors bildet sich ein Nordpol und ein Südpol aus. Gleiche Pole von Rotor und Dauermagnet stoßen sich gegenseitig ab. Der Rotor dreht sich.

8 Legt man eine Glasplatte über den Magneten und streut dann Eisenpulver auf die Glasplatte, ordnen sich die Eisenspäne im Magnetfeld an und machen es damit sichtbar.
Man stellt einen Kompass an verschiedenen Stellen im Magnetfeld auf und zeichnet auf, wie die Kompassnadel ausgerichtet wird.

9 Siehe Bild 7 auf Seite 103. Wenn der Strom eingeschaltet ist, wird die Kompassnadel aus der Nord-Süd-Richtung ausgelenkt.

10 a Die Feldlinien gehen vom Nordpol eines Magneten zu seinem Südpol.
b Der Pfeil an einer Feldlinie zeigt an, in welche Richtung der Nordpol einer Kompassnadel an dieser Stelle zeigen würde.
c Je dichter die Feldlinien in einem Bereich gezeichnet sind, desto stärker ist dort das Magnetfeld.

Energie – Seite 150/151

1 Bild 1: thermische Energie, Strahlungsenergie
Bild 2: Spannenergie
Bild 3: Lageenergie, Bewegungsenergie
Bild 4: Lageenergie

2 Bild 5: chemische Energie → Bewegungsenergie (nutzbar), thermische Energie; Wirkungsgrad: 30 %
Bild 6: Strahlungsenergie → elektrische Energie (nutzbar), thermische Energie; Wirkungsgrad: 15 %
Bild 7: elektrische Energie → thermische Energie (nutzbar); Wirkungsgrad: 100 %
Bild 8: chemische Energie → elektrische Energie (nutzbar), thermische Energie; Wirkungsgrad: 40 %

3 Energiewandler Mensch: chemische Energie → mechanische Energie, thermische Energie
Energiewandler Generator: mechanische Energie → elektrische Energie (und thermische Energie)
Energiewandler Glühlampe: elektrische Energie → Strahlungsenergie (und thermische Energie)

4 Chemische Energie: Apfel, Tank mit Heizöl, Batterie, Kerze; weitere: Birne, Olivenöl, Benzin
Thermische Energie: Magma im Vulkan, Warmwasserspeicher, heiße Kochplatte, Kachelofen; weitere: Wärmflasche, heißer Stein, Thermosflasche
Spannenergie: gespannter Bogen, gedehnte Stahlfeder; weitere: gespanntes Gummi, gespannte Gitarrensaite, Trampolin mit Springer darauf
Lageenergie: Wasser im Stausee, Achterbahnwagen ganz oben; weitere: Auto auf einem Berg, Kugel oben auf einer Rampe, Buch auf dem Tisch
Bewegungsenergie: rollendes Fahrrad, fahrendes Auto, Wind; weitere: rollende Kugel, Schlitten auf Talfahrt, fließendes Wasser

5 Die Lageenergie ist am größten: 4.
Die Spannenergie ist am größten: 2 und 7.
Die Bewegungsenergie nimmt zu: 1 und 6.

6 a Das Auto kommt bis zur Höhe 1.
b Der Wagen kommt nicht zur Höhe 3, weil er dann ja rechts mehr Energie als links hätte. Der Wagen kommt nicht zur Höhe 2, weil er bei der Fahrt mechanische Energie durch Reibung verliert.
c Die Aussage ist falsch. Die Energie bleibt zwar insgesamt erhalten, ein Teil der mechanischen Energie wird aber durch Reibung in thermische Energie umgewandelt. Diese Energie fehlt dann der Bewegung, sodass der Wagen die Höhe 2 nicht mehr erreicht.

7 a Die Muskeln wandeln die zugeführte chemische Energie zu 25 % in Bewegungsenergie um.
b Jan muss etwa 600 kJ über die Schokolade zu sich nehmen. 100 g Schokolade haben rund 2300 kJ. 26 g Schokolade haben rund 600 kJ.

8 a Die Dauerleistung des Menschen beträgt normalerweise nicht mehr als 75 W.
b Der elektrische Staubsauger hat etwa die 12-fache Leistung.

9 a Zu messen: Masse des nach oben gepumpten Wassers, Tischhöhe, Zeit für das Pumpen
b Zunächst wird die Lageenergie des nach oben gepumpten Wassers berechnet. Dann teilt man das Ergebnis durch die Zeit für das Pumpen.

10 a Bei Martin ist die physikalische Leistung größer.
b Martin erhöht seine Lageenergie in der gleichen Zeit mehr, weil er eine größere Masse hat.
c Martin: $56 \cdot 10\,\text{J} \cdot 5 = 2800\,\text{J}$
Tobias: $53 \cdot 10\,\text{J} \cdot 5 = 2650\,\text{J}$
d Martin: $P = \frac{2800\,\text{J}}{7\,\text{s}} = 400\,\text{W}$
Tobias: $P = \frac{2650\,\text{J}}{7\,\text{s}} = 380\,\text{W}$

Elektrische Energie – Seite 220/221

1 a Elektrische Energiequelle: Steckdose (bzw. Kraftwerk)
b Energiewandler Toaster: elektrische Energie → thermische Energie, Strahlungsenergie
Energiewandler Mixer: elektrische Energie → Bewegungsenergie, thermische Energie
Energiewandler Glühlampe: elektrische Energie → Strahlungsenergie, thermische Energie
Energiewandler Föhn: elektrische Energie → Bewegungsenergie, thermische Energie

2 a Zentralheizung: Wasser; Kettensäge: Sägekette; elektrischer Stromkreis: Elektronenstrom
b Tabelle:

Heizungsanlage	Elektrischer Stromkreis
Rohre	Leitungen
Kessel und Pumpe	Netzgerät
Heizkörper	Lampe
Wasserstrom	Elektronenstrom

3 Energie = Leistung mal Zeit
$E = 200\,\text{W} \cdot 4\,\text{h} = 800\,\text{Wh} = 0{,}8\,\text{kWh}$
Kosten: $0{,}8\,\text{kWh} \cdot 0{,}30\,\frac{€}{\text{kWh}} = 0{,}24\,€$

4 Energie = Leistung mal Zeit
Bügeleisen: $1000\,\text{Wh} = 1000\,\text{W} \cdot t$; $t = \frac{1000\,\text{Wh}}{1000\,\text{W}} = 1\,\text{h}$
Heizlüfter: $1000\,\text{Wh} = 2000\,\text{W} \cdot t$; $t = \frac{1000\,\text{Wh}}{2000\,\text{W}} = 0{,}5\,\text{h}$
Fernseher: $1000\,\text{Wh} = 160\,\text{W} \cdot t$; $t = 6{,}25\,\text{h}$
Glühlampe: $1000\,\text{Wh} = 60\,\text{W} \cdot t$; $t = 16{,}7\,\text{h}$
Sparlampe: $1000\,\text{Wh} = 11\,\text{W} \cdot t$; $t = 90{,}9\,\text{h}$

5 Korrigierte Tabelle:

Größe	gibt an:
Stromstärke	wie viele Elektronen pro Sekunde an einer Stelle des Stromkreises vorbeiströmen
Spannung	wie kräftig die elektrische Energiequelle den Elektronenstrom antreibt
Widerstand	wie kräftig ein Draht oder ein Gerät den Elektronenstrom bremst
Leistung	wie viel elektrische Energie ein Gerät pro Sekunde umwandelt

6 a/b Schaltplan:

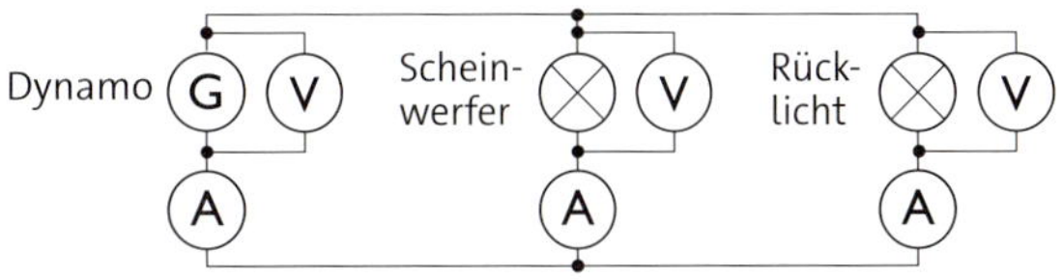

c Der Dynamo treibt die elektrischen Ströme für beide Lampen an: $I = 400\,\text{mA} + 100\,\text{mA} = 500\,\text{mA}$.

7 Leistung: $P = U \cdot I$
Glühlampe: $P = 230\,\text{V} \cdot 0{,}22\,\text{A} = 50{,}6\,\text{W}$
Halogenlampe: $P = 12\,\text{V} \cdot 4{,}17\,\text{A} = 50{,}0\,\text{W}$
Beide Lampen brauchen etwa gleich viel Energie.

8 Leistung: $P = U \cdot I$
$6000\,\text{W} = U \cdot 15\,\text{A}$; $U = \frac{6000\,\text{W}}{15\,\text{A}} = 400\,\text{V}$

9 a Eine Schmelzsicherung reagiert auf die Wärmewirkung des elektrischen Stroms. Wenn die Stromstärke im Schmelzdraht zu groß wird, wird er sehr heiß und schmilzt durch. Dadurch wird der Stromkreis unterbrochen.
b Es ist nicht sinnvoll, einfach nur eine neue Sicherung einzusetzen. Die Ursache für das Auslösen der Sicherung kann immer noch vorhanden sein. Dann würde eine neue Schmelzsicherung sofort wieder durchschmelzen oder es kann an anderer Stelle zu einem Schaden kommen.
c Es ist sehr gefährlich, eine 10-A-Sicherung durch eine 16-A-Sicherung zu ersetzen. Geräte und Zuleitungen mit 10-A-Sicherungen sind auf eine maximale Stromstärke von 10 A ausgelegt. Eine 16-A-Sicherung würde z. B. bei 12 A noch nicht auslösen, die Leitungen könnten aber schon in Brand geraten oder Geräte könnten beschädigt werden.

10 Über die Nadel, das Kind und den Fußboden fließt ein Fehlerstrom zur Erde. Im FI-Schutzschalter wird die Stromstärke zwischen Außenleiter und Neutralleiter verglichen. Da sie unterschiedlich ist, unterbricht der Schalter den Stromkreis.

11 a Physikalische Größen, von denen der Widerstand eines Drahts abhängt: Dicke, Länge, Temperatur, Material des Drahts
b Der dünnere Draht (Draht B, 0,2 mm dick) besitzt den größeren Widerstand.
c Im dickeren Draht ist bei gleicher Spannung die Stromstärke größer, weil sein Widerstand kleiner ist.

12 a Die strömenden Elektronen stoßen gegen die Metallatome des Drahts. Diese schwingen dadurch stärker hin und her als zuvor. Die heftigere Bewegung der Atome nehmen wir als höhere Temperatur des Drahts wahr.
b Im ausgeschalteten Heizlüfter ist der Heizdraht viel kühler als im eingeschalteten Heizlüfter. Die Metallatome im kühleren Heizdraht bewegen sich weniger heftig hin und her als im heißen Heizdraht. Dadurch behindern sie den Elektronenstrom weniger als die Metallatome im heißen Heizdraht.
c Gegeben: $U = 230\,\text{V}$, $P = 2000\,\text{W}$
Gesucht: R, I
Gleichungen: $R = \frac{U}{I}$ und $P = U \cdot I$
Rechnungen: $2000\,\text{W} = 230\,\text{V} \cdot I$; $I = \frac{2000\,\text{W}}{230\,\text{V}} = 8{,}7\,\text{A}$
$R = \frac{230\,\text{V}}{8{,}7\,\text{A}} = 26{,}5\,\Omega$

13 a Gegeben: $U = 230\,\text{V}$, Stromstärken I
Gesucht: R
Gleichung: $R = \frac{U}{I}$
Bügeleisen: $R = \frac{230\,\text{V}}{5{,}2\,\text{A}} = 44\,\Omega$
Kaffeemaschine: $R = \frac{230\,\text{V}}{2{,}6\,\text{A}} = 88\,\Omega$
Toaster: $R = \frac{230\,\text{V}}{4{,}3\,\text{A}} = 53\,\Omega$
b Stromstärke im Haartrockner:
$P = U \cdot I$; $1000\,\text{W} = 230\,\text{V} \cdot I$; $I = \frac{1000\,\text{W}}{230\,\text{V}} = 4{,}3\,\text{A}$
Stromstärke beim Betrieb aller Geräte:
$I = 5{,}2\,\text{A} + 2{,}6\,\text{A} + 4{,}3\,\text{A} + 4{,}3\,\text{A} = 16{,}4\,\text{A}$
Die Sicherung würde den Stromkreis unterbrechen. Man kann den Haartrockner nicht gleichzeitig mit den anderen Geräten einschalten.

Bewegungen – Seite 242/243

1 Gleichförmige Bewegungen: Minutenzeiger der Uhr, Flugzeug in Reiseflughöhe, Tanker in ruhiger See
Ungleichförmige Bewegungen: Auto in der Stadt, Radfahrer auf dem Schulweg, Sprung vom 5-m-Turm, Läufer beim Start

2 Max hat beim Radfahren schon einmal eine Geschwindigkeit von $v = 45\,\frac{\text{km}}{\text{h}}$ erreicht.

3 Gegeben: $s = 100\,\text{m}$, $t = 9{,}58\,\text{s}$
Gleichung: $v = \frac{s}{t}$
Rechnung: $v = \frac{100\,\text{m}}{9{,}58\,\text{s}} = 10{,}44\,\frac{\text{m}}{\text{s}} = 37{,}6\,\frac{\text{km}}{\text{h}}$

4 a Gegeben: $s = 270\,\text{km}$, $t = 3\,\text{h}$
Gleichung: $v = \frac{s}{t}$
Rechnung: $v = \frac{270\,\text{km}}{3\,\text{h}} = 90\,\frac{\text{km}}{\text{h}}$
b Gegeben: $s = 270\,\text{km}$, $v = 120\,\frac{\text{km}}{\text{h}}$
Gleichung: $v = \frac{s}{t}$
Rechnung: $120\,\frac{\text{km}}{\text{h}} = \frac{270\,\text{km}}{t}$
$t = \frac{270\,\text{km}}{120\,\frac{\text{km}}{\text{h}}} = 2{,}25\,\text{h} = 2\,\text{h}, 15\,\text{min}$
c In 1 h fährt Frau Meier 120 km weit. In 3,5 h fährt sie $3{,}5 \cdot 120\,\text{km} = 420\,\text{km}$ weit.

5 Gegeben: $s = 75\,\text{m}$, $t = 12{,}5\,\text{s}$
Gleichung: $v = \frac{s}{t}$
Rechnung: $v = \frac{75\,\text{m}}{12{,}5\,\text{s}} = 6{,}0\,\frac{\text{m}}{\text{s}} = 21{,}6\,\frac{\text{km}}{\text{h}}$
Felix ist schneller als $18\,\frac{\text{km}}{\text{h}}$ gelaufen.

6 a Auto B war über 200 m schneller.

b Gegeben: $s = 200\,m$, Zeiten t
Gleichung: $v = \frac{s}{t}$
Auto A: $v = \frac{200\,m}{30\,s} = 6{,}67\,\frac{m}{s} = 24\,\frac{km}{h}$
Auto B: $v = \frac{200\,m}{20\,s} = 10{,}0\,\frac{m}{s} = 36\,\frac{km}{h}$
c Diagramm:

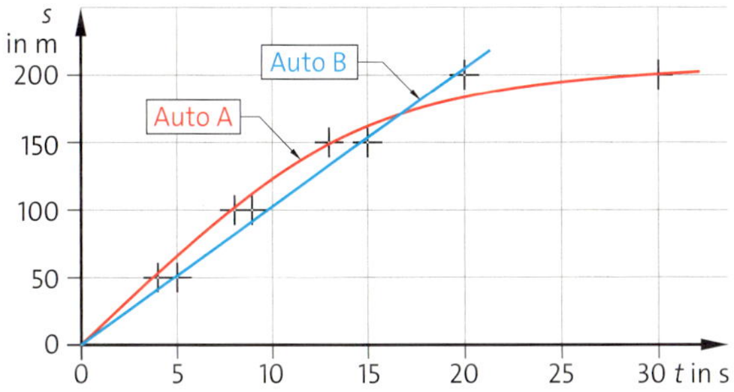

d Auto B ist nahezu gleichförmig gefahren. Der zurückgelegte Weg ist proportional zur Zeit. Im Diagramm gehört zum Auto B eine Gerade, die im Ursprung beginnt.

7 a Die Bewegung ist nicht gleichförmig. Die Kurve im Diagramm ist keine Gerade, die Geschwindigkeit ändert sich mehrmals.
b Der Radfahrer hat zwischen Minute 2 und Minute 4 angehalten.
c Je steiler die Kurve ansteigt, desto größer ist die Geschwindigkeit. Ab Minute 10 fährt der Radler viel schneller als zwischen Minute 3 und 10.
d Gegeben: $s = 700\,m$, $t = 7\,min = 420\,s$
Gleichung: $v = \frac{s}{t}$; $v = \frac{700\,m}{420\,s} = 1{,}67\,\frac{m}{s} = 6\,\frac{km}{h}$

Kräfte und ihre Wirkungen – Seite 284/285

1 a 0 bis 1 N: 10 cm; 0 bis 10 N: 1 cm; 0 bis 100 N: 1 mm
b Die Federkraftmesser haben unterschiedlich „harte" Federn. Die Feder im Kraftmesser mit dem kleinsten Maximalwert ist am „weichsten": Sie wird durch die gleiche Kraft (1 N) am weitesten gedehnt. Die Feder im 100-N-Kraftmesser ist am „härtesten": Sie wird durch eine Kraft von 1 N kaum gedehnt.

2 Die Aussage stimmt nicht. Der Pokal befindet sich in Ruhe, weil ein Kräftegleichgewicht herrscht. Auf den Pokal wirken die Gewichtskraft und die Stützkräfte der Arme.

3 Tabelle siehe rechts.

4 Mit dem längeren Flaschenöffner geht das Öffnen leichter, weil er einen längeren Kraftarm hat.

5 Diese Straßen erleichtern den Aufstieg wie eine lange Rampe. Je länger der Weg bis zur gleichen Höhe ist, desto geringer ist die Kraft, die man einsetzen muss, um nach oben zu kommen.

6 a Die Gewichtskraft auf 1 kg beträgt rund 10 N. Die Gewichtskraft auf 800 kg beträgt rund 8000 N.
Berechnung mit einer Gleichung:
$F_G = m \cdot g$; $F_G = 800\,kg \cdot 9{,}81\,\frac{m}{s} = 7848\,N$
b Bei einem 8-fachen Weg ist nur ein Achtel der Kraft zum direkten Heben erforderlich, also rund 1000 N (genauer: 981 N).
c Gegeben: $F_G = 8000\,N$; $h = 0{,}8\,m$
Energie: $E = F_G \cdot h$
$E = 8000\,N \cdot 0{,}8\,m = 6400\,Nm = 6400\,J$
d Ein Zehntel der Kraft bedeutet einen 10-fachen Weg. Die Arbeiter müssen also 8 m Seil ziehen.

7 a Beim Herabstürzen wird die Lageenergie des Wassers in Bewegungsenergie umgewandelt.
b Die Gewichtskraft auf 1 kg beträgt rund 10 N. Die Gewichtskraft auf 700 000 kg beträgt rund 7 000 000 N.
Berechnung mit einer Gleichung: $F_G = m \cdot g$
$F_G = 700\,000\,kg \cdot 9{,}81\,\frac{m}{s} = 6\,867\,000\,N$
c Lageenergie: $E = F_G \cdot h$
$E = 6\,867\,000\,N \cdot 23\,m = 157\,941\,000\,J \approx 158\,MJ$
d Die chemische Energie von 69 Tafeln Schokolade beträgt rund 158 MJ.

8 a Der Becher bewegt sich in Fahrtrichtung weiter nach vorne und prallt gegen die Frontscheibe.
b Der nicht befestigte Kaffeebecher bewegt sich aufgrund seiner Trägheit unverändert weiter, wenn der Bus abrupt bremst, bis er von der Frontscheibe aufgehalten wird.

9 Lastwagen haben eine viel größere Masse als Autos. Sie sind deshalb viel träger als Autos. Um einen gleich langen Bremsweg zu erreichen, müssen deshalb die Bremskräfte bei Lastwagen viel größer sein als bei Autos.
Lastwagen haben beim Bremsen aus der gleichen Geschwindigkeit viel mehr Bewegungsenergie umzuwandeln als Autos. Bei gleich langem Bremsweg müssen die Bremskräfte bei Lastwagen deshalb größer sein als bei Autos.

Masse	Gewichtskraft
Kilogramm	Newton
Waage	Kraftmesser
überall gleich groß	vom Ort abhängig

10 a Der Anhalteweg setzt sich aus dem Reaktionsweg und dem Bremsweg zusammen.

b Reaktionsweg bei $50\,\frac{km}{h} = 13{,}9\,\frac{m}{s}$:

$s = v \cdot t$; $s = 13{,}9\,\frac{m}{s} \cdot 1\,s = 13{,}9\,m$

Bei doppelter Geschwindigkeit ist der Reaktionsweg doppelt so lang, also 27,8 m.

c Bei doppelter Geschwindigkeit ist der Bremsweg viermal so lang, also 56 m.

d Anhalteweg bei $50\,\frac{km}{h}$: 13,9 m + 14 m = 27,9 m

Anhalteweg bei $100\,\frac{km}{h}$: 27,8 m + 56 m = 83,8 m

e Der Bremsweg beim Unfall beträgt nur ein Zwanzigstel des normalen Bremswegs. Die Bremskraft ist also beim Unfall 20-mal so groß wie normalerweise.

11 Die Zeichnung zeigt, mit welcher Geschwindigkeit man aufprallt, wenn man aus verschiedenen Höhen fällt. Wenn ein nicht angeschnallter Beifahrer bei einem Frontalunfall mit $30\,\frac{km}{h}$ gegen das Armaturenbrett prallt, entspricht das einem Aufprall nach einem Fall aus 3,5 m Höhe. Bereits hier sind schwere Verletzungen wahrscheinlich. Ein ungeschützter Aufprall bei $50\,\frac{km}{h}$ (Fall aus 10 m Höhe) oder $80\,\frac{km}{h}$ (Fall aus 25 m Höhe) kann tödlich sein.

12 Die Räder üben beim Beschleunigen eine Kraft nach hinten auf die Straße aus. Die Straße übt eine gleich große Kraft auf die Räder und damit auf das Auto nach vorne aus.
Bei Glatteis können die Räder keine Kraft auf die Straße ausüben, sie drehen durch. Dann übt auch die Straße keine Kraft nach vorn auf das Auto aus.

13 Die Propeller üben eine Kraft nach unten auf die Luft aus. Die Luft übt eine gleich große Kraft nach oben auf die Propeller und damit auf die Drohne aus. Diese Auftriebskraft ist größer als die Gewichtskraft, mit der die Erde die Drohne nach unten zieht. Deshalb steigt die Drohne auf.

Elektromagnetische Induktion – Seite 309

1 a Man benötigt außer der Spule einen Magneten.
b Der Magnet wird schnell in die Spule hinein- und herausbewegt. Man kann auch die Spule auf den Magneten zu- und wieder von ihm wegbewegen.
c Je schneller sich der Magnet oder die Spule hin- und herbewegt, desto größer ist die Spannung. Ebenso erhöhen eine Spule mit vielen Windungen und ein starker Magnet die Spannung.

2 a Materialliste: 2 Spulen, 2 Eisenkerne oder ein gemeinsamer Eisenkern, Netzgerät oder Batterie und Schalter, Kabel
b Siehe S. 308, Bild 3 (Messgerät kann entfallen).
c Beide Spulen werden mit ihren Eisenkernen aneinandergestellt. Eine Spule wird an das Netzgerät oder die Batterie und Schalter angeschlossen. Beim Ein- und Ausschalten des Stroms entsteht eine Induktionsspannung an der anderen Spule.

3 a Der Dynamo enthält einen mehrpoligen Magneten und eine Induktionsspule (mit Eisenkern).
b Mechanische Energie (Bewegungsenergie) → elektrische Energie (nutzbar), thermische Energie
c Der Dynamo erzeugt eine Wechselspannung. Die Spannung beträgt 6 V.
d Wenn sich das Rad dreht, wird im Dynamo ein mehrpoliger Magnet in einer Spule (Seitenläuferdynamo) oder ein mehrpoliger Magnet um eine Spule (Nabendynamo) gedreht. Das Magnetfeld in der Spule ändert sich jeweils. Durch Induktion entsteht eine Spannung an der Spule.

4 Siehe S. 308, Bild 5 (Messgerät kann entfallen).

5 a Die Induktionsspule hat mehr Windungen als die Feldspule.
b Die Spannung an der Induktionsspule ist doppelt so hoch wie an der Feldspule. Also hat die Induktionsspule doppelt so viele Windungen wie die Feldspule: Feldspule 300 Windungen, Induktionsspule 600 Windungen.

6 a Spannung an der Steckdose: $U = 230\,V$
b Die Induktionsspule hat weniger Windungen als die Feldspule, damit die Induktionsspannung geringer ist als die Spannung an der Steckdose.
c Die Induktionsspannung ist ein Hundertstel der Feldspannung. Also hat die Induktionsspule ein Hundertstel so viele Windungen wie die Feldspule: Feldspule 10 000 Windungen, Induktionsspule 100 Windungen.

7 a Für Transformatoren gilt: Spannung wird erhöht. → Stromstärke wird gesenkt. Begründung:
Im Idealfall gilt wegen der Energieerhaltung:
$U_{Feld} \cdot I_{Feld} = U_{Ind} \cdot I_{Ind}$.
Wenn die Induktionsspannung größer ist als die Feldspannung, muss die Induktionsstromstärke kleiner sein als die Feldstromstärke, damit beide Produkte gleich groß bleiben.
b Der Trafo verringert die Stromstärke.
Die Stromstärke in der Induktionsspule beträgt 0,005 A.

8 a Siehe S. 308, Bild 6.
b Der erste Trafo erhöht die Spannung und senkt die Stromstärke. Der zweite Trafo senkt die Spannung und erhöht die Stromstärke.
c Die Überlandleitungen übertragen sehr viel elektrische Energie. Bei niedriger Spannung müsste die Stromstärke dafür sehr groß sein. Dann würden die Leitungen sehr heiß werden und den größten Teil der zugeführten Energie als thermische Energie ungenutzt in die Umgebung abgeben. Bei Hochspannung wird die elektrische Energie dagegen bei kleiner Stromstärke übertragen. Die Leitungen werden nur wenig erwärmt und es geht kaum Energie als thermische Energie an die Umgebung verloren.

Wärme – Seite 346/347

1 Strahlung, Wärmeströmung, Wärmeleitung

2 Bild 1: Strahlung; Bild 2: Wärmeleitung; Bild 3: Wärmeströmung (und Strahlung), Bild 4: Strahlung

3 Energie beim Heizen einsparen: Temperatur in den Räumen geeignet senken, im Winter nur Stoßlüften, Fenster und Außentüren abdichten, nachts Rollläden herunterlassen

4 a Der Energiestrom hängt vom Temperaturunterschied, von der Fläche und vom U-Wert des Fensters ab.
b Möglichkeiten zur Verringerung des Energiestroms: Innentemperatur geeignet senken; Fenster mit geringerem U-Wert verwenden; Vorhänge, Jalousien und Rollläden herunterlassen
c Energie, die in 1 s durch 3 m² Fenster strömt:

$$E = 0{,}6\,\frac{\frac{\text{J}}{\text{s}}}{\text{m}^2\cdot{}^\circ\text{C}}\cdot 1\,\text{s}\cdot 3\,\text{m}^2\cdot 20\,^\circ\text{C} = 36\,\text{J}$$

5 Die Fenster lassen das Sonnenlicht fast ungehindert durch. Das Zimmer absorbiert das Sonnenlicht und erwärmt sich. Das erwärmte Zimmer sendet mehr Infrarotstrahlung aus als zuvor. Die Infrarotstrahlung wird fast völlig vom Fenster absorbiert. Das erwärmte Fenster sendet mehr Infrarotstrahlung aus als zuvor – zur Hälfte ins Zimmer und zur Hälfte nach außen. Die ins Zimmer abgestrahlte Infrarotstrahlung heizt das Zimmer zusätzlich auf.

6 a Die kalte Alufolie absorbiert einen Teil der Strahlung und wird dadurch erwärmt. Je höher ihre Temperatur steigt, desto mehr Infrarotstrahlung gibt sie ab. Dadurch steigt die Temperatur immer langsamer an. Wenn das thermische Gleichgewicht erreicht ist, gibt die Alufolie in jeder Sekunde genauso viel Energie durch Infrarotstrahlung ab, wie sie durch das Licht aufnimmt. Dann steigt die Temperatur der Folie nicht mehr weiter an.

7 a Nadja hat unrecht. Die Temperatur steigt in der Laube beim Aufheizen zunächst an. Mit zunehmender Temperatur wird auch der Energiestrom nach außen immer größer. Bei einer bestimmten Temperatur strömt die zugeführte Energie nach außen, ohne die Laube weiter zu erwärmen (thermisches Gleichgewicht).
b Die Wärmedämmung verringert bei gleichem Temperaturunterschied den Energiestrom nach außen. Dadurch steigt die Temperatur beim Aufheizen in der gedämmten Laube stärker an als in der ungedämmten. Das thermische Gleichgewicht wird erst bei einer höheren Innentemperatur erreicht.

8 a Lea hat unrecht. Wie viel thermische Energie im Wasser gespeichert ist, hängt von der Temperatur und der Masse ab. Die Temperaturdifferenz ist beim Teewasser 3-mal so groß wie beim Badewasser. Die Masse des Badewassers ist aber 100-mal so groß wie die Masse des Teewassers. Dieser Unterschied ist viel größer als der bei der Temperaturdifferenz.

b Bad: $E = 4{,}19\,\frac{\text{kJ}}{\text{kg}\cdot{}^\circ\text{C}}\cdot 100\,\text{kg}\cdot 30\,^\circ\text{C} = 12\,570\,\text{kJ}$

Tee: $E = 4{,}19\,\frac{\text{kJ}}{\text{kg}\cdot{}^\circ\text{C}}\cdot 1\,\text{kg}\cdot 90\,^\circ\text{C} = 377\,\text{kJ}$

Im Badewasser ist rund 33-mal so viel thermische Energie gespeichert.

9 a Ohne/Mit Treibhauseffekt: –19 °C/15 °C
b Treibhausgase: Kohlenstoffdioxid, Methan, Wasserdampf, Lachgas
c Die Atmosphäre lässt einen Großteil des Sonnenlichts fast ungehindert durch. Die Erdoberfläche absorbiert das Licht und erwärmt sich. Die erwärmte Erdoberfläche sendet mehr Infrarotstrahlung aus als zuvor. Die Infrarotstrahlung wird zum Großteil von der Atmosphäre absorbiert. Die erwärmte Atmosphäre sendet mehr Infrarotstrahlung aus als zuvor – zur Hälfte zur Erdoberfläche und zur Hälfte ins Weltall. Die zur Erdoberfläche abgestrahlte Infrarotstrahlung heizt die Erde zusätzlich auf.
d Die Menscheit verbrennt zum Heizen, Kochen, Antreiben von Autos oder Kraftwerken sehr viel Kohle, Erdgas und Holz. Dabei wird sehr viel CO_2 erzeugt und an die Atmosphäre abgegeben.
Das Abtauen der Permafrostböden, der Ausbau der Rinderzucht und des Reisanbaus führen zu mehr Methan in der Atmosphäre.
e Die Gletscher Grönlands und der Antarktis können abschmelzen. Das Wasser der Meere dehnt sich beim Erwärmen aus.

f Beispiele: elektrische Energie aus erneuerbaren Energiequellen oder Kernkraftwerken, weniger Auto fahren, mehr Elektrofahrzeuge, weniger Energie zum Heizen (Wärmedämmung, Südfenster, Sonnenkollektoren), weniger Rinderzucht

10 Die Luft im Ball wird erwärmt und dehnt sich aus. Dabei presst sie die Delle nach außen.

11 a Der Kupferstreifen dehnt sich stärker aus.
b Der Eisenstreifen „hindert" den Kupferstreifen daran, sich gerade auszudehnen. Der Kupferstreifen dehnt sich aber beim Biegen „auf der Außenbahn" weiter aus als der Eisenstreifen.

12 309 K entsprechen 36 °C. Sheldon hat kein Fieber.

13 Wir stellen uns vor, dass sich die Teilchen bei sinkender Temperatur immer langsamer bewegen. Wenn sich die Teilchen gar nicht mehr bewegen, kann die Temperatur nicht weiter sinken.

14 a Der Motor wandelt die zugeführte chemische Energie zu 15 % in nutzbare mechanische Energie um und zu 85 % in thermische Energie des Motors, der Abgase und der Abgasanlage.
b Bei einem Wirkungsgrad von mehr als 100 % müsste der Motor mehr Energie abgeben, als ihm zugeführt wird. Nach dem Energieerhaltungssatz ist das nicht möglich.

15 a Wirkungsgrad des Kohlekraftwerks: rund 40 %
b Ein Kohlekraftwerk produziert mehr thermische Energie als elektrische Energie.
c Heizkraftwerke erzeugen neben elektrischer Energie auch thermische Energie zum Heizen. Die nutzbare thermische und elektrische Energie ergeben zusammen den hohen Wirkungsgrad.
d Beim Verbrennen der Kohle entsteht sehr viel CO_2, das an die Atmosphäre abgegeben wird.
e Wasserkraftwerk: 70–95 %; Windenergieanlage: 20–40 %; Fotovoltaikanlage: 15–20 %; Kernkraftwerk: 35 %

Struktur der Materie – Seite 378/379

1 Ionisierende Strahlung: Alpha-, Beta- und Gamma-Strahlung sowie Röntgenstrahlung

2 Mit einem Geigerzähler kann geprüft werden, ob die Leuchtziffern radioaktiv sind.

3 Bei Isotopen eines Elements enthalten die Atomkerne immer gleich viele Protonen, aber unterschiedlich viele Neutronen. Die Atomkerne von Wasserstoff enthalten immer genau ein Proton und dazu 0, 1 oder 2 Neutronen.
Zeichnung der Wasserstoff-Isotope: S. 354, Bild 1

4 $^{14}_{7}N$: 7 Protonen, 7 Neutronen
$^{15}_{7}N$: 7 Protonen, 8 Neutronen
$^{133}_{55}Cs$: 55 Protonen, 78 Neutronen
$^{137}_{55}Cs$: 55 Protonen, 82 Neutronen

5 Tabelle siehe unten.

6 Das Plutonium verliert 2 Protonen (und 2 Neutronen). Es entsteht ein Atomkern mit 92 Protonen, also ein Urankern.
Reaktionsgleichung: $^{239}_{94}Pu \rightarrow ^{235}_{92}U + ^{4}_{2}He$

7 In 30 Jahren sinkt die Aktivität um die Hälfte.

8 a Die Aktivität gibt an, wie viele Atomkerne sich pro Sekunde umwandeln.
b In 1 g natürlichem Kalium wandeln sich 28 Atomkerne pro Sekunde um. In 100 g natürlichem Kalium wandeln sich 2800 Atomkerne pro Sekunde um.

9 a Ein Caesiumkern besteht aus 137 Teilchen. Davon sind 55 Protonen und 82 Neutronen.
b Die Halbwertszeit beträgt etwa 30 Jahre.
c Nach mehr als 100 Jahren
Begründung: In jeweils 30 Jahren wandelt sich immer nur die Hälfte des vorher vorhandenen Caesiums um. Nach 90 Jahren sind noch etwa 12,5 g $^{137}_{55}Cs$ vorhanden, nach 120 Jahren noch 6,25 g.

	α-Strahlung	β-Strahlung	γ-Strahlung
Art der Strahlung	Strahlung aus Teilchen	Strahlung aus Teilchen	wie Licht
elektrisch	positiv	negativ	neutral
ionisierend	stark	weniger stark	schwach
Wird gestoppt durch:	Papier	5 mm dickes Alublech	dicke Bleiplatten
Bild	B	C	A
Elementumwandlung	Elementumwandlung	Elementumwandlung	keine Elementumwandlung
Reaktionsgleichung	$^{226}_{88}Ra \rightarrow ^{222}_{86}Rn + ^{4}_{2}He$	$^{3}_{1}H \rightarrow ^{3}_{2}He + ^{0}_{-1}e$	$^{222}_{86}Rn \rightarrow ^{222}_{86}Rn + \gamma$

10 Das ungeborene Kind kann durch die ionisierende Strahlung einen besonders großen Schaden erleiden, weil sich seine Zellen sehr schnell teilen – und damit auch die geschädigten Zellen.

11 Diagnose: Der menschliche Körper wird mit Röntgenstrahlung durchleuchtet. Dabei werden insbesondere die Knochen gut sichtbar. Nachteil: Die Strahlung kann Zellen schädigen.
Diagnose: Ein radioaktiver Stoff wird dem Körper zugeführt und sammelt sich in einem Tumor. Aufgrund der Strahlung kann der Tumor gefunden werden. Nachteil: Die Strahlung entsteht im Körperinnern und kann gesunde Zellen schädigen.
Therapie: Der Tumor wird mit ionisierender Strahlung „beschossen" und zerstört. Nachteil: Die Strahlung kann gesunde Zellen schädigen.
Therapie: Ein radioaktiver Stoff wird in einen Tumor eingeschleust. Die Strahlung zerstört die Krebszellen. Nachteil: Die Strahlung entsteht im Körperinnern und kann gesunde Zellen schädigen.

12 Von außen: γ-Strahlung dringt tief in den Körper ein und kann innere Organe schädigen.
Von innen: α-Strahlung ist sehr gefährlich, wenn sie über Nahrungsmittel oder Gase im Körper entsteht. Sie kann wegen ihrer großen Ionisierungsfähigkeit innere Organe stark schädigen.

13 Wenn ein Neutron in einen Urankern eindringt, kann er sich spalten. Dabei entstehen zwei kleinere Atomkerne und freie Neutronen. Sie bewegen sich mit großer Geschwindigkeit auseinander. Skizze:

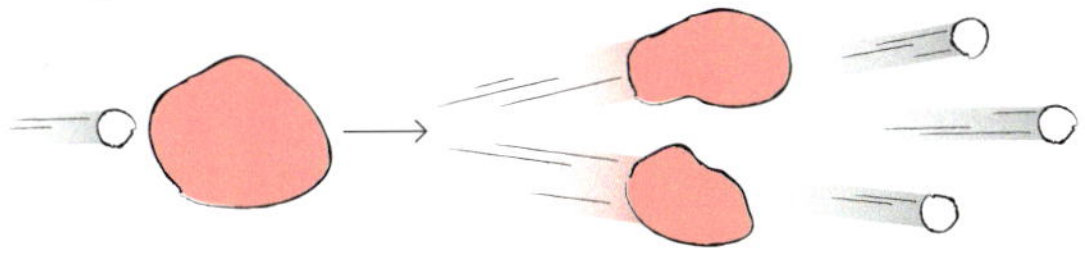

14 Ein Neutron dringt in den Urankern ein. → Der Urankern spaltet sich. → Die Bruchstücke und freigesetzte Neutronen bewegen sich mit großer Geschwindigkeit auseinander. → Bei Stößen geben sie Energie an Wasserteilchen ab. → Die Wasserteilchen bewegen sich heftiger als zu vor. → Temperatur und thermische Energie des Wassers steigen.

15 Unkontrolliert: Jede Kernspaltung löst mehrere neue Kernspaltungen aus. – Kontrolliert: Jede Kernspaltung löst nur eine neue Kernspaltung aus. Skizzen siehe rechts.

16 Im Reaktor wird durch Kernspaltungen sehr viel Energie freigesetzt. Das Wasser im Druckbehälter wird auf über 330 °C erhitzt. Im Wärmetauscher gibt es seine thermische Energie an das Wasser im 2. Kreislauf ab. Dieses verdampft und der Dampf wird erhitzt. Er treibt die Turbine und den Generator an, der elektrische Energie erzeugt.
Gefahren: Bei einem Unfall können radioaktive Stoffe und ionisierende Strahlung aus dem Reaktor austreten. Besonders gefährlich wäre ein Ausfall des 1. Kreislaufs. Die thermische Energie aus den Kernspaltungen würde nicht mehr abgeführt werden. Das Wasser könnte verdampfen, den Reaktor zum Bersten bringen und als radioaktive Wolke austreten. Die hochradioaktiven Brennelemente könnten schmelzen, die Reaktorwand zerstören und ins Erdreich und Grundwasser gelangen.

17 Beim Verbrennen oxidiert die Kohle, Energie wird freigesetzt und über Strahlung abgegeben. Es findet eine Stoffumwandlung statt, keine Elementumwandlung.
Uran wird nicht oxidiert, sondern gespalten. Es findet eine Elementumwandlung statt. Dabei wird sehr viel Energie freigesetzt.

18 Viele Bestandteile der Abfälle sind hochradioaktiv und haben lange Halbwertszeiten. Bei den Kernumwandlungen wird viel Energie freigesetzt. Die Abfälle müssen daher gekühlt werden. Außerdem geben die Abfälle ionisierende Strahlung ab.

19 In Zwischenlagern werden die „verbrauchten" Brennelemente aufbewahrt, bis ihre Aktivität und Wärmeentwicklung genügend abgeklungen sind. Danach sollen die Brennelemente in Endlagern (z. B. Bergwerken) für viele Jahrtausende auch ohne Überwachung durch Menschen sicher eingeschlossen werden, ohne die Umwelt zu gefährden.

20 In der Sonne kommen Wasserstoffkerne gegen die elektrische Abstoßung so nah zusammen, dass die sehr stark anziehende Kernkraft zwischen ihnen wirkt. In mehreren Schritten verschmelzen Wasserstoffkerne zu Heliumkernen. Dabei wird sehr viel Energie freigesetzt.

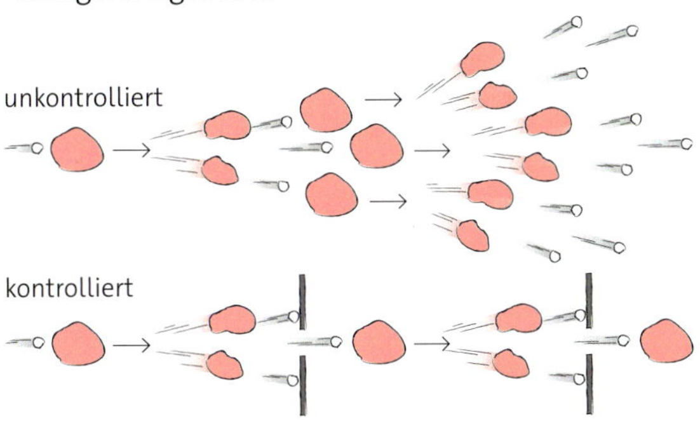

Größe	Zeichen	Einheit		Weitere Einheiten		Beziehungen
Temperatur	T	Kelvin	K	Grad Celsius	°C	0 K ≙ −273,15 °C 0 °C ≙ 273,15 K
Länge	l	Meter	m	Meile Zoll	mi ″	1 mi = 1609 m 1″ = 2,54 cm
Fläche	A	Quadratmeter	m^2	Hektar	ha	$1\,ha = 10\,000\,m^2$
Volumen	V	Kubikmeter	m^3	Liter	l, L	$1\,l = 1\,dm^3 = 0{,}001\,m^3$ $1\,m^3 = 1000\,l$
Masse	m	Kilogramm	kg	Tonne	t	1 t = 1000 kg
Dichte	ϱ	Kilogramm pro Kubikmeter	$\frac{kg}{m^3}$	Gramm pro Kubikzentimeter	$\frac{g}{cm^3}$	$1\,\frac{g}{cm^3} = 1000\,\frac{kg}{m^3}$
Kraft	F	Newton	N			$1\,N = 1\,\frac{J}{m}$
Druck	p	Pascal	Pa	Bar	bar	$1\,Pa = 1\,\frac{N}{m^2}$ 1 bar = 10 000 Pa
Energie	E	Joule	J	Kilowattstunde	kWh	1 J = 1 Nm = 1 Ws 1 kWh = 3,6 MJ
Leistung Energiestrom	P	Watt	W			$1\,W = 1\,\frac{J}{s} = 1\,\frac{Nm}{s}$
Zeit	t	Sekunde	s	Minute Stunde	min h	1 min = 60 s 1 h = 60 min = 3600 s
Frequenz	f	Hertz	Hz			$1\,Hz = \frac{1}{s}$
Geschwindigkeit	v	Meter pro Sekunde	$\frac{m}{s}$	Kilometer pro Stunde	$\frac{km}{h}$	$1\,\frac{m}{s} = 3{,}6\,\frac{km}{h}$
Beschleunigung	a	Meter pro Sekunde zum Quadrat	$\frac{m}{s^2}$			
Stromstärke	I	Ampere	A			
Spannung	U	Volt	V			$1\,V = 1\,\frac{W}{A}$
Widerstand	R	Ohm	Ω			$1\,\Omega = 1\,\frac{V}{A}$
Aktivität	A	Becquerel	Bq			$1\,Bq = \frac{1}{s}$
Äquivalentdosis	D	Sievert	Sv			

1 Physikalische Größen und ihre Einheiten

Grundgröße	Einheit	
Länge	Meter	m
Masse	Kilogramm	kg
Zeit	Sekunde	s
Stromstärke	Ampere	A
Temperatur	Kelvin	K
Stoffmenge	Mol	mol
Lichtstärke	Candela	cd

2 Grundgrößen und Einheiten des SI-Systems

SI-Einheiten • Wir geben Längen in Metern und Kilometern an, Flächen z. B. in Quadratmetern. In England verwendet man Fuß, Meilen und Quadratfuß. Temperaturen werden bei uns in Grad Celsius angegeben, in England in Fahrenheit. Damit die verschiedenen Einheiten bei internationalen Projekten nicht zu Fehlern führen, hat man ein gemeinsames Einheitensystem festgelegt (SI-System). Es enthält 7 Grundgrößen. → 2 Die anderen Größen werden aus ihnen abgeleitet.

Vorsilbe	Abkürzung	Faktor	
Deka-	D	10	10^{1}
Hekto-	h	100	10^{2}
Kilo-	k	1000	10^{3}
Mega-	M	1 000 000	10^{6}
Giga-	G	1 000 000 000	10^{9}

3 Vielfache von Einheiten

Vorsilbe	Abkürzung	Faktor	
Dezi-	d	0,1	10^{-1}
Zenti-	c	0,01	10^{-2}
Milli-	m	0,001	10^{-3}
Mikro-	µ	0,000 001	10^{-6}
Nano-	n	0,000 000 001	10^{-9}

4 Teile von Einheiten

Stoff	c in $\frac{\text{kJ}}{\text{kg} \cdot {}^\circ\text{C}}$
Blei	0,13
Eisen	0,45
Sand, Stein	0,7 bis 0,9
Glas	0,78
Speiseöl	2,2
Glykol	2,40
Ethanol	2,42
Milch	3,9
Wasser	4,19
Luft	1,01

5 Spezifische Wärmekapazität

Brennstoff	Heizwert
Holz, trocken	$15 \frac{\text{MJ}}{\text{kg}}$
Braunkohlenbrikett	$20 \frac{\text{MJ}}{\text{kg}}$
Steinkohle	$30 \frac{\text{MJ}}{\text{kg}}$
Benzin	$41 \frac{\text{MJ}}{\text{kg}}$ $31 \frac{\text{MJ}}{\text{l}}$
Erdöl	$42–48 \frac{\text{MJ}}{\text{kg}}$ $36–41 \frac{\text{MJ}}{\text{l}}$
Heizöl, Diesel	$43 \frac{\text{MJ}}{\text{kg}}$ $36 \frac{\text{MJ}}{\text{l}}$
Erdgas	$19–54 \frac{\text{MJ}}{\text{m}^3}$

6 Heizwert

1-m-Stab	Längenausdehnung
Porzellan	0,003 mm
Granit	0,005 mm
Glas	0,009 mm
Beton	0,012 mm
Eisen (Stahl)	0,012 mm
Kupfer	0,016 mm
Messing	0,016 mm
Aluminium	0,024 mm
Zink	0,027 mm
Asphalt	0,20 mm

7 Erwärmen um 1 °C

	Batterie (Zelle)	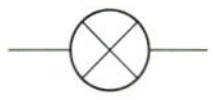	Glühlampe	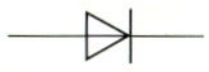	Diode
	Netzgerät	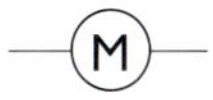	Motor	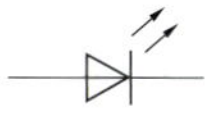	Leuchtdiode (LED)
	Leiterverzweigung mit leitender Verbindung		Generator	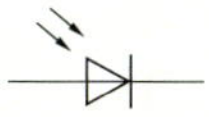	Solarzelle
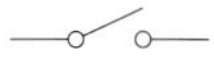	Schalter (geöffnet)	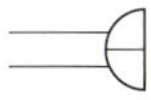	Summer		Sicherung
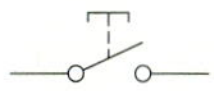	Taster (geöffnet)	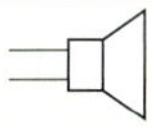	Lautsprecher		Festwiderstand
	Erdung	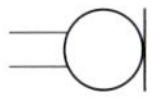	Mikrofon	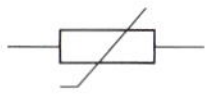	veränderbarer Widerstand
	Strommesser (Amperemeter)		Spule	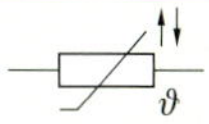	Heißleiterwiderstand (NTC)
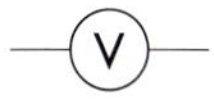	Spannungsmesser (Voltmeter)	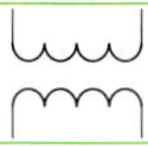	Transformator	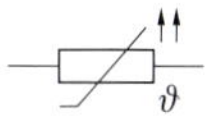	Kaltleiterwiderstand (PTC)
	Widerstandsmesser (Ohmmeter)				Fotowiderstand (LDR)

8 Schaltzeichen (Schaltsymbole)

Operatoren

Die meisten Aufgaben in diesem Buch beginnen mit einem Verb:

- **Nenne** die drei Wärmetransportarten.
- **Beschreibe** den Aufbau eines Kraftmessers.
- **Erkläre**, warum hinter der Sammellinse ein Bild des Gegenstands entsteht.
- **Erläutere** den Begriff Wirkungsgrad.
- **Skizziere** einen Elektromagneten.
- **Untersuche**, wie der Widerstand eines Drahts von der Temperatur abhängt.
- **Nimm Stellung** zu der Aussage: „Moderne Heizungsanlagen haben einen Wirkungsgrad von 110 %."

Diese Verben geben an, was du tun sollst. Sie werden auch als Operatoren bezeichnet. → 1

Operator	**Das sollst du tun:**
Nenne Gib an	Notiere Namen oder Begriffe. Verwende Fachwörter.
Beschreibe	Formuliere etwas so genau und ausführlich mit Fachwörtern, dass ein anderer es sich gut vorstellen kann.
Erkläre	Verstehe, wie etwas funktioniert oder aufgebaut ist. Führe die Funktionsweise und den Aufbau auf Regeln und Gesetze zurück.
Begründe	Gib die wichtigen Gründe oder Ursachen an.
Erläutere	Erkläre ausführlich anhand von einem oder mehreren Beispielen.
Vergleiche	Stelle Gemeinsamkeiten und Unterschiede z. B. in einer Tabelle dar.
Skizziere	Fertige ein ganz einfaches Bild an, das auf den ersten Blick verständlich ist.
Zeichne	Gib dir Mühe, ein genaues und vollständiges Bild anzufertigen.
Berechne	Stelle den Rechenweg dar und gib das Ergebnis an.
Ermittle Bestimme	Komme durch eine Rechnung, eine Zeichnung oder einen Versuch zu einem Ergebnis.
Untersuche	Erforsche einen Zusammenhang mit einem oder mehreren Versuchen. Mache dir vorher einen Plan. Führe Protokoll.
Nimm Stellung Bewerte	Entscheide dich, ob du einer Aussage zustimmst oder sie ablehnst. Begründe dann deine Entscheidung. Führe sie auf Regeln und Gesetze zurück.

1 Operatoren im Physikunterricht und ihre Bedeutung

Hinweis: Fett gedruckte Begriffe sind Lernwörter.

L

M

N

O

Bild- und Textquellenverzeichnis

Titelbild o.: Shutterstock/Anna Omelchenko | Titelbild u.: Colourbox/Anterovium unten | © EEX AG™/mauritius images/imagebroker.com 306/3 | A1Pix/R. Naumann 106/2 | action press/ESA/action press 253/5, KYODO NEWS 370/1, REX/Justin Quinnell 37/7, REX/WXY Architecture & Urban Des 300/1 | Agentur Focus/SCIENCE PHOTO LIBRARY 132/2 | akg images/Science Photo Library 135/3, PHOTO CNES 29/7, Science Photo Library 271/8 | B. Heepmann, Herford 199/7, 215/6, 295/6 | blue fire Megacoaster powered by GATPROM/Hans-Joerg Haas 231/6, 242/4 | Clip Dealer/Alexandra Buss 261/8 | Colourbox 16/2, 82/1, 240/1, 381/4 | Cornelsen Verlag 36/2, 61/1, 62/2–3, 62/9, 78/2, 78/5, 104/2, 107/5, 110/2, 163/6, 166/1, 184/1a, 184/1k, 186/5, 192/1, 220/2–3, 284/2, 288/2, 329/5a–b | Cornelsen/Boris Mahler 220/4 | Cornelsen/Heinz Mahler 15/r., 31/9, 63/7, 75/5, 75/7, 203/7, 226/1, 287/r., 288/1, 302/1 | Cornelsen/Hommel, Herford 335/4 | Cornelsen/Joachim Lichtenberger 43/7, 50/3a–b, 64/3a–c, 65/5 | Cornelsen/Mahler 39/7, 40/3, 331/8 | Cornelsen/Markus Gaa 11/r. 18/2–3, 23/3, 24/1, 25/6, 31/8, 39/4, 41/5, 42/1a–b, 45/4–6, 55/8a–b, 60/1–3, 61/5, 67/6, 71/6–7, 74/1, 78/4, 86/2, 97/8, 99/8, 100/1–3, 125/6, 129/3, 140/1, 154/1, 155/7a–h, 161/8, 162/1, 171/5, 181/4, 183/3–5, 184/1h, 185/6, 187/6–7, 191/4, 191/6, 193/4, 204/1a–b, 210/1 | Cornelsen/Thomas Gattermann 171/3, 197/8 | Cornelsen/Volker Döring 25/2, 29/5, 32/3, 34/2, 57/3, 58/1, 59/5, 61/6, 63/9, 66/1, 73/13, 83/4, 104/3, 105/8, 134/2, 184/2–3, 220/1, 291/6, 351/3 | Cornelsen/Volker Minkus 54/4–5 | ddp images 260/4 | Deutsche Bahn AG/Uwe Miethe 227/12 | euroluftbild.de/Hans Blossey 311/r., 341/5, VISUM 340/3 | F1online 16/1, 17/5, 77/r., 90/6, 108/2, 250/1, 347/8, Phototake RM 363/5 | Fotolia/06photo 180/1, absurdovruslan 256/1, Africa Studio 4/m., 94, Aleksei Golovanov 196/3, Alex Ishchenko 346/1, Alexander Rochau 125/8, AlexandreNunes 69/5e, alexlmx 184/1i, Alextype 346/2, Andrew Orlemann 338/3, Andrey Burmakin 15/l., Andrey Popov 346/3, animaflora 341/6, awfoto 269/5, benjaminnolte 276/3, BillionPhotocom 90/4, Bjoern Wylezich 304/1, Blazej Lyjak 260/5, Boris Ryaposov 6/o., 244, boxparacorreo@gmail.com 227/11, chairman 68/3, chru53 293/5, Coprid 184/1d, Cpro 126/1, demarco 214/1, DiversityStudio 69/5f, DjiggiBodgi.com 56/1, Dreadlock 229/4, Dusan Kostic 284/1, Elisabeth Burrell 184/1g, Erwin Wodicka 125/4, Evgeny Korshenkov 184/1c, Fabian Schmidt 340/2, fotofabrika 163/4, Fiedels 50/1, frenzelll 170/1, Horticulture 260/6, industrieblick 245/r., Ingo Bartussek 68/1, 316/1, Janni 231/12, 242/5, Jean-Philippe WALLET 380/2, Jonas Glaubitz 122/1, Jörg Hackemann 69/5c, Jürgen Fälchle 231/13, 338/4, Katja Xenikis 77/l., konradbak 128/1, Korta 338/2, lev dolgachov 362/3, LVDESIGN 21/11, magicbeam 90/7, Matthias Stolt 223/r., Max Topchii 69/5b, michaeljung@163.com 69/5a, Nick Freund 248/1, Oleksandr 287/l., panoramarx 334/1, PhotoSG 125/5, Piotr Marcinski 90/3, PixelPower 45/7–8, powell83 202/1, Ralf Gosch 231/10, rh2010 223/l., Robert Kneschke 247/10, Robert Przybysz 68/4, Robert Schneider 222, 231/8, rs31 5/u., Schlierner 338/1, Scott Griessel 69/5d, Sergej Toporkov 172/1, Sergey Novikov 23/6, Simon Kraus 346/4, Stefan Holm 231/7, 242/3, stockphoto-graf 184/1e, Stu Porter Photography 227/8, Subbotina Anna 90/5, Tadeusz Ibrom 321/6, Tom Wang 372/1, Tyler Olson 381/3, Valua Vitaly 90/8, Vlad Ivantcov 185/4, Vladimir Vitek 285/6, WavebreakMediaMicro 227/9, www.fhmedien.de 229/6, www.schurr-fotografie.de 231/11, Yordan Rusev 184/1b | Glow Images/Cultura 96/1, 130/2, imagebroker.com 26/1, 271/6, 362/1 | Grossman, Nathan 194/1 | Hagemeister 329/4a, 329/4b | Heinz-W. Hommel, Herford 38/1b, 38/2b | Image Source/Fstop 283/7 | imago 37/6, 124/2, 146/2, 147/5, 212/3, 238/1, 245/l., 246/1, 247/7–8, 270/1, 274/2, Photoshot/Evolve 63/8, Bluegreen Pictures 279/5, nph 124/1, StockTrek Images 324/1, Westend61 147/6, 247/5 | Interfoto/imagebroker/Hans Blossey 127/7 | Juniors Bildarchiv 106/1, J.-L. Klein & M.-L. Hubert 227/7 | Jürgen Kirstein 354/4–5 | laif/Ã©Benoit DECOUT/REA 360/1, Denis-Huot/hemifr 44/1, IML/Loukas Hapsis 364/1, Katja Hoffmann 90/9, Zenit/Paul Langrock 4/u., 6/u., 116, 286, 320/1 | Lippisches Landesmuseum Detmold 359/5 | Marina Goldberg 165 | mauritius images/Alamy Stock Photo/Alchemy 91/11–12, Alamy Stock Photo/James Boardman 109/3, Alamy Stock Photo/Julie g Woodhouse 81/9, Alamy Stock Photo/Kuttig - People - 2 78/6, Alamy Stock Photo/Media-WorldImages 247/4, Alamy Stock Photo/Miguel A. Munoz Pellicer 213/5, Alamy Stock Photo/Mouse in the House 226/2, Alamy Stock Photo/NASA Photo 227/10, Alamy Stock Photo/O.D. vande Veer 91/10, Alamy Stock Photo/Science Lab 374/1, Alamy Stock Photo/Ton Koene/VWPics 356/1, Alamy Stock Photo/transport picture library/paul ridsdale 241/6, Alamy Stock Photos/Malcolm Schuyl 241/5, Alamy Stock Photos/Malcolm Schuyl 242/6, Alamy/Asia File 122/2, Alamy/blickwinkel 29/6, Alamy/BRIAN HARRIS 11/l., Alamy/David R. Frazier Photolibrary, Inc. 125/9, 311/l., Alamy/Dinodia Photos 102/1, Alamy/Ian Shaw 95/l., Alamy/KHALED KASSEM 3, 10, Alamy/Lawren Lu 18/1, Alamy/Len Collection 21/10, Alamy/Michael Patrick O'Neill 109/4, Alamy/paul ridsdale pictures 104/1, Alamy/Philip Lewis 153/l., 163/3, Alamy Stock Photo/PjrStudio 301/3, Bluegreen Pictures/David Shale 17/7, Cultura/Monty Rakusen 380/1, Detlev van Ravenswaay 28/2, fact 240/2, imagebroker.com 88/1, 91/13, 188/1, 298/1, 328/1, 341/4, 342/1, imageBROKER/Kreutzer 241/8, Klaus Scholz 66/2, Mito Images/Robert Niedring 228/1, 242/2, Photo Alto 153/r., Pixtal 205/6, Reinhard Eisele 265/7, Science Faction/Ed Darack 28/1, Science Faction/NASA - Hubble Space Telescope 255/3, Science Source 117/l., Alamy Stock Photo/travel images 293/4, Trigger Image/Craig Roberts 37/8, Westend61 22/1, Westend61/Michaela Rehle 320/2, Mauritius Images 127/5, 293/6 | Meyer, L., Potsdam 228/2 | NASA/Lunar and Planetary Institute/Houston Texas 252/1 | NTL, Austria 49/4–5 | Okapia/ISM/Sovereign 349/r., Lighthoese/Francesco Tomasinelli 13/6, NAS/Dante Fenolio 17/6 | PantherMedia/Daniel Loretto 247/9, Mihajlo Maricic 7/u., 348, Peter Jobst 259/7, Volodymyr Melnyk 247/6 | Photoshot/Fritz Pölking 64/1, NHPA 17/3–4, NHPA 247/11 | picture-alliance/dpa 32/1–2, 117/r., 138/1, 331/7, DPPI Media 146/1 | Phywe Systeme GmbH & Co. KG, Göttingen 336/u. | Schlichting 36/1 | Science & Society/National Media Museum/SSPL 36/3 | SEG Hausgeräte GmbH 301/4 | Shutterstock/auremar 90/2, baranq 242/1, D. Kucharski, K. Kucharska 132/1, Dmitry Vinogradov 296/1, Everett Historical 371/3, Igor Klimov 113/5, Joshua David Treisner 78/3, Kanisorn Pringthongfoo 333/7, Kenneth Dedeu 202/2, Kjpargeter 184/1f, Lisa A 70/1, LuckyImages 14/1, Lukas Gojda 241/4, mimagephotography 231/9, MNI 177/7, nito 95/r., NorGal 208/1, parinyabinsuk 212/1, pattarastock 41/6, PHANTHIT MALISUWAN 70/4, PhotoBarmaley 13/7, PlanilAstro 255/4, salajean 12/1, sevenke 221/8, Stoyan Yotov 352/1, Suriya KK 333/6, 333/5, Syda Productions 124/3, 268/4, thieury 277/m., Vladimir Arndt 163/5, You can more 184/1j, Yury Kosourov 216/1 | Siemens Pressebild/press photo 290/1 | sofarobotnik, Augsburg 1 | Stephan Elleringmann/laif 332/1 | Sven Theis, Steinhagen 35/4, 36/4–5, 38/1a, 38/2a | Topic Media 78/1, 87/4, 125/7, 199/6, Norbert Eisele-Hein 230/1 | Tyco FireProtection Products 158/1, 331/4–6 | vario images/AGF Creative 4/o., 76, euroluftbild.de 284/3, 349/l., FLPA 126/u., imageBROKER 5/o., 152, MITO images 110/1, Westend61 129/4, Aufwind-Luftbilder 241/7, Silke Reents 7/o., 310 | W. Böhm, München 74/3 | Your_Photo_Today 189/2

S. 371/r.: Kaschnitz, Marie Luise: Gesammelte Werke, Band 5: Die Gedichte. Insel Verlag, Frankfurt a. M. 1985